삼조북맹회편三朝北盟會編

【제3책】

삼조북맹회편【제3책】三朝北盟會編

1판 1쇄 발행　2025년 10월 27일

—

찬　자 | 서몽신

역주자 | 유원준 · 박영록 · 장미경 · 김금남

책임 역주자 | 유원준

발행인 | 이방원

—

발행처 | 세창출판사

신고번호 · 제1990-000013호 | 주소 · 서울 서대문구 경기대로 58 경기빌딩 602호

전화 · 02-723-8660 | 팩스 · 02-720-4579

http://www.sechangpub.co.kr | e-mail: edit@sechangpub.co.kr

—

ISBN　979-11-6684-456-0 94910

979-11-6684-395-2 (세트)

—

· 이 책은 한국연구재단의 지원으로 세창출판사가 출판, 유통합니다.

· 잘못된 책은 구입하신 서점에서 바꾸어 드립니다.

—

이 저서는 2021년 대한민국 교육부와 한국연구재단의 지원을 받아 수행된 연구임(NRF-2021S1A5A7079852).

삼조북맹회편 三朝北盟會編

권15~권21

【제3책】

An Annotated Translation of

"Sanchaobeimenghuibian"

서몽신徐夢莘 찬

유원준 · 박영록 · 장미경 · 김금남 역주

세창출판사

동아시아를 하나로 아우르는 방대한 문화권을 이룩하는 데 크게 기여한 당조唐朝는 안사安史의 난 이후 번진藩鎭의 난립으로 약해지다가 황소黃巢의 난으로 치명타를 입고 주전충朱全忠의 후량後梁에게 망하게 되면서, 대륙은 오대십국의 분열기를 맞게 된다. 그 가운데 오대의 세 번째 왕조인 후진後晉의 석경당石敬瑭은 제위에 오르기 위해 거란의 도움을 받고자 현 북경北京과 대동大同을 중심으로 하는 연운 16주燕雲十六州를 거란에 할양하였다. 그리고 이렇게 할양해 준 연운 16주는 이후 송조에게 가장 아픈 손가락이 되었다.

오대십국의 분열상은 송조의 통일로 표면상 종결되었지만, 송의 국세는 당조만 못하였다. 북방의 거란이 막강한 군사력으로 압박하는 상황에 더해 서북부에 서하西夏가, 티베트에 토번吐蕃이, 운남에 대리大理가 새로 들어서면서 10세기 동아시아는 거란과 송의 남북 관계가 중심축으로 작동하고 동쪽의 고려와 서쪽의 서하가 횡축을 형성하며, 토번吐蕃과 대리大理가 또 다른 보조축을 형성한 보기 드문 다자간 각축전의 무대가 되었다.

이런 복잡한 상황은 1005년 거란과 송이 전연澶淵의 맹약을 체결하면서 일단락되어 110여 년에 걸친 장기 평화라는 새로운 국면에 진입하였다. 전연의 맹약은 거란에게는 물론 송조에게도 매우 긍정적인 외교적 성과물이었다. 장기적인 군사 외교적 안정이 송조 경제 발전의 기반이 되었고, 논란의 중심에 있던 세폐 부담도 국방비의 규모에 비하면 결코 과중한 것이 아니었기 때문이다. 하지만 어떤 합리적인 논증에도 불구하고 '전연체제'는 중화사상에 매몰된 송조 사대부에게 늘 굴욕적인 것으로 인식되었다. 세폐가 곧 조공일 수밖에 없다는 인식과 통일제국으로서의 영토적 불완전성을 공인했다는 점이 바로 그 핵심이었다.

송의 통치자는 자기 왕조가 한과 당처럼 명실상부한 통일제국으로 인정받기 위해서는 장성 이남의 영토를 온전히 장악하고, 북방 유목민에 대한 최소한의 군사적 균형을 유지해야 한다는 것을 잘 알고 있었다. 그리고 자신들의 군사적 열세가 현 장성 일대에 해당하는 연운 지역의 지리적 이점을 상실한 데 있고, 세폐는 그 지역을 포기한 데에 따른 결과물이라고 여겼다. 따라서 연운 지역 포기를 공식화한 전연체제의 극복이야말로 송조가 달성해야 할 최대의 과제라고 생각하였다.

하지만 이를 달성하려면 중문경무重文輕武를 표방한 '조종지법祖宗之法'을 손봐야 했고, 왕안석의 신법이 바로 그러한 도전이었다. 그러나 많은 논란 끝에 추진한 신법은 서하와의 전쟁에서 대패함으로써 무위로 돌아갔고, 신종神宗이 급서하자 이런 일련의 상황에 대한 책임을 둘러싼 내부 갈등은 커져만 갔다. 이런 상태에서 송조는 예상치 못한 금의 갑작스러운 흥기와 거란의 급속한 쇠퇴라는 상황을 맞이하면서 여진과의 동맹에 대한 논란이 벌어졌다. 이때 송조가 채택할 수 있는 방안은 다음과 같은 세 가지가 있었다.

첫째는 거란을 도와 여진을 평정하고 우호를 굳건히 유지하면서 반대급부로 연운 16주 할양을 요구하는 것이다.

둘째는 여진을 도와 거란을 멸하고 연운 16주를 취하는 등 거란의 옛 영토를 여진과 나누는 것이다.

셋째는 거란과 여진을 공존시켜 북방 세력을 양분하여 송조가 상대적 우위를 유지하는 것이다.

물론 이 세 가지 선택지는 송조가 상황을 주도할 수 있는 군사력이 없었기에 실현성이 떨어지는 이론에 불과하나, 결과적으로 송조는 새로운 강적을 도와주는 최악의 선택지를 고르는 우를 범하였다. 이런 선택에는 송의 황제독재체제가 지닌 약점이 결정적으로 작용하였다. 자신을 도교의 신으로 자처하는 등 현실 감각이 결여된 채 근거 없는 공명심과 자신에 대한 과대평가에 매몰되었던 휘종徽宗은 금과 동맹을 체결하여 연운 지역을 회복함으로써 불세출의 대업적을 이루길 소망하였다. 부패에 물든 집권층 역시 휘종의 욕망에 부응하여 아전인수적인 정세분석을 제시하며 무리한 정책을 추진하였다. 물론 송의 집권층은 자체 군사력이 취약하므로 연운 한인漢人의 내응이 필수이나 그들을 신뢰하기 힘들다는 것을 잘 알고 있었다. 그럼에도 급변하는 거란과 금의 관계를 방치할 경우, 연운 회복의 기회를 상실할지도 모른다는 조바심과 대신들의 이기적인 공명심이 더해져 결국 송금동맹이 체결되었다.

자체 역량이 부족한 상태에서 제3자에 의지하여 거란을 멸망시키고 연운 지역을 점령한다는 송조의 전략은 사실상 국운을 건 한판의 도박과 다름없는 일이었다. 게다가 휘종을 비롯한 집권층은 거란과 금의 역량과 상황을 정확하게 판단하지 못했고, 개인적 안위와 이익에만 연연하던 기회주의자들을 자신의 우호 세력이라고 간주하는 우를 범하였다. 이처럼 요행을 바라는 정책 결정자들과 기회주의자와의 결합에 더해 문제를 악화시킨 것은 송군의 전투역량이 상상을 초월할 정도로 형편없었다는 점이다. 송군은 멸망을 눈앞에 둔 거란의 잔여 세력조차 제압하지 못하였다. 군사적 무기력은 송의 협상 카드를 전면 무력화하였으며, 힘의 불균

형을 밑바탕에 깔고 맺어진 금과의 동맹은 송군의 거듭된 패배로 더욱 균형을 상실하였다.

흠종欽宗은 전례 없는 국난을 맞아 시종 좌고우면하였으며, 보좌진 역시 상황을 반전시킬 역량을 갖추지 못한 채 상황이 악화될수록 고식책姑息策에 집착, 문제를 더욱더 악화시켰다. 원래 송의 관료는 과거를 통해서 선발된 가장 우수한 엘리트 집단이었으나, 휘종 대에 이르러 환관 세력과 결탁하며 보여 준 모습은 이해하기 힘들 정도로 형편없었다. 뛰어난 지적 수준과 극도로 저열한 인격의 부조화는 결국 송조를 절망적인 상황으로 이끌고 말았다.

금의 예상치 못한 거병부터 거란의 멸망을 거쳐 송의 멸망까지 소요된 시간은 채 14년이 걸리지 않았다(1114~1127). 북아시아를 제패하고 있던 막강한 유목제국 거란과 1억 2천만의 인구를 지녔고 경제적으로 승승장구하던 강대국 송이 국가 형태조차 갖추지 못한 일개 부족에게 동시에 멸망당한 것은 세계사에서 유례를 찾을 수 없는 일대 사건이다. 이에 혹자는 금의 굴기를 논리적으로 설명할 수 없는 일종의 '영적 팽창' 같은 것이라고 말하기도 한다.

역사의 미스터리라고 할 정도로 예상 밖의 사건이었던 거란과 북송의 멸망, 금의 흥기를 총체적으로 살펴볼 수 있는 키가 바로 서몽신徐夢莘의 『삼조북맹회편』이다. 서몽신은 250권에 달하는 방대한 분량을 통해 여진과의 동맹 체결에 대한 논란, 전쟁의 진행 과정, 당시 인물에 대한 평가 등을 총체적으로 담아냈고, 여진 관련 초기 사료도 잘 보존하였다. 서몽신은 북벌론에 대하여 부정적인 관점을 지니고 있었지만, 자신의 견해와 판단을 직접적으로 피력하는 대신 제3자의 말을 그대로 수록하여 독자에게 판단과 평가를 위임하는 춘추필법春秋筆法의 전통을 견지하였다. 그 결과 『삼조북맹회편』에는 상반된 사료가 다량 수록되어 다소 혼란스럽기도 하지만 그만큼 사료의 신뢰성은 높이 평가받는다. 한편 『삼조북맹회편』은 많은 화자의 말과 글을 그대로 인용하였으므로 그 안에 당시의 언어적 특성을 담은 어휘와 초기 백화白話의 형태가 고스란히 담겨 있기도 하다. 그래서 『삼조북맹회편』은 역사서임과 동시에 한어사漢語史 연구의 보고로 주목받기도 한다. 이런 점은 아래 「해제」에서 좀 더 자세히 다루기로 한다.

사가에게 있어 망국의 역사를 기록하는 것만큼 고통스러운 작업은 없을 것이다. 서몽신은 자존심 상하는 교섭의 과정과 망국의 참담한 상황을 통해 당시 송조가 처했던 상황이 선택의 여지가 없었던 불가항력적인 것이 아니었음을 증언하고 있다. 서몽신은 제아무리 뛰어난 지식이 있더라도 정직성과 결단력이 결여되면, 그리고 이기심에 사로잡히면 얼마나 어리석은 결정을 내릴 수 있는지 말해 준다. 아무리 많은 군대와 무기를 가지고 있더라도 용기와 희생이란 품성이 없이는 모든 것이 무용하다는 사실도 말해 준다. 특히 권력자가 유의해야 할 것이 바로 허위의식과 공명심에 매몰되는 것임도 거듭 강조한다.

『삼조북맹회편』의 판각과 인쇄에 앞장선 허함도許涵度와 원조안袁祖安 등 청말의 학자들이 보여 준 지식인으로서의 태도 역시 서몽신에 못지않게 감동을 안겨 준다. 청말의 국난 속에서 오히려 굴욕의 역사를 반추함으로써 서구 열강의 침략에 맞설 수 있는 방략을 모색하였던 역사학자들의 치열함과 그 용기가 각별하기 때문이다.

『삼조북맹회편』이 이처럼 중요한 문헌임에도 불구하고 지금까지 판본조차 본격적으로 정리되지 못한 것은 한마디로 말해 너무 방대하고 난해하기 때문이다.

난해한 이유는 크게 네 가지이다. 첫째는 책이 완성된 이래 600년 이상 필사본으로 전해지면서 여러 종류의 필사본이 출현하였다. 여러 필사본을 비교하면 더욱 합리적인 기록을 찾을 수도 있지만, 문장의 완결성이 떨어지거나 불완전한 묘사 등이 적지 않다. 둘째는 너무나 다양한 문체의 문서를 다루고 있다. 극도로 현학적이며 전고를 찾기 어려운 조서詔書류의 문장부터 당시 북방에서 통용된 이른바 한아언어漢兒言語의 문장까지 다양한 문체의 문서가 혼용되어 있다. 셋째는 여타 문헌에서 흔히 보이지 않는 지명·인명·관명을 비롯해 천문·지리·역법은 물론이고, 전투 방법에 이르기까지 다양한 사건과 사안이 포함되어 있다. 넷째는 수록된 사건이 여타 문헌에 등장하지 않거나 서로 다른 각도에서 기술되어 방증 자료를 찾기 어렵다는 점이다.

우리 연구팀이 『삼조북맹회편』 연구를 시작한 것은 지금으로부터 19년 전이다. 2005년, 한어사漢語史 연구에서 『삼조북맹회편』이 지닌 중요성에 착안하여 박영록 교수가 국내외 한어사 연구자와 소규모 팀을 조직하여 "『삼조북맹회편』의 송대 언어 특징에 대한 기초연구"라는 제목으로 한국연구재단의 소규모 공동연구지원 사업에 선정된 것이 지난 19년간의 항해를 시작하게 된 출발점이었다. 2005년 12월 6일에 시작된 윤독회는 2021년 4월 17일까지 모두 155회가 진행되었고, 2021년 한국연구재단의 명저번역사업에 선정된 뒤로는 3년 동안 매주 줌 회의 방식을 통해 번역물을 공유하고 검토하고 수정하는 과정을 거쳤다. 그 사이에 송금원 시대사 연구자, 중국어사 연구자, 중국문학 연구자 등 3개 영역에서 다양한 연구자들이 이 연구모임을 거쳐 갔는데, 1년 이상 참여한 연구자만도

23명에 이른다.

19년에 걸친 긴 항해에도 불구하고 우리가 지치지 않고 꾸준히 노를 저을 수 있었던 것은 중국과 일본 학자들도 이루지 못한 『삼조북맹회편』의 판본 교열과 번역을 최초로 달성하려는 학문적 열정과 각별한 우정이 우리 연구팀에게 있기 때문이며, 한편으로는 우리에게 도움과 격려, 배려를 아끼지 않고 어려울 때마다 징검다리를 놓아 준 많은 동학同學, 그리고 가족들의 배려 덕분이다. 250권 가운데 70권의 번역을 마친 지금, 우리가 가야 할 길이 아직 멀다는 것을 잘 알고 있기에 '역자 후기'를 쓸 수 있는 감격스러운 날을 꿈꾸며 감사의 말씀을 뒤로 미룬다.

2025년 1월,

역자를 대표하여 유원준

= 차례 =

머리말 · 4 | 해 제 · 13 | 범례 : 요약 · 32

권 목차

제15권 · 39

선화 5년(1123) 3월 1일 갑인일~4월 14일 정유일

제16권 · 107

선화 5년(1123) 4월 17일 경자일~4월 28일 신해일

제17권 · 179

선화 5년(1123) 5월 2일 갑인일~6월 4일 을유일

제18권 · 245

선화 5년(1123) 6월 5일 병술일~12월 3일 임오일

제19권 · 307

선화 6년(1124) 1월 6일 을묘일~12월 17일 경신일

제20권 · 375

선화 7년(1125) 1월 20일 임진일

제21권 · 461

선화 7년(1125) 1월 23일 을미일~2월

찾아보기 · 547

1. 찬자 및 책의 특성

1) 『삼조북맹회편』 소개

『삼조북맹회편三朝北盟會編』의 '삼조三朝'란 북송의 휘종徽宗(1082~1135, 재위 1100~1126), 흠종欽宗(1100~1156, 재위 1126~1127), 그리고 남송의 고종高宗(1107~1187, 재위 1127~1162) 세 황제를 말하며 '북맹北盟'이란 북쪽 왕조와의 맹약盟約을 말한다. '회편會編'은 본래 여러 저자의 서적과 문헌 자료를 모아서 항목별 분류에 따라 편집한 책을 말한다.

따라서 『삼조북맹회편』은 휘종·흠종·고종 세 황제 재위 기간에 벌어진 송과 거란·금 두 정복왕조와의 교류와 접촉, 전쟁과 화의에 관한 각종 기록을 집대성한 책으로 모두 250권, 목판 3,589엽, 150만여 자字로 이루어졌다. 단 항목별 분류를 원칙으로 하는 일반 회편과 달리 『삼조북맹회편』은 휘종 정화政和 7년(1117)부터 고종 소흥紹興 32년(1162)까지 45년의 역사를 날짜별로 주요 사건을 기록하고 관련 문헌을 첨부하는 형식으로 만든 역사서이다. 이렇게 날짜별로 기록하는 방식을 택한 역사서를 가리켜 편년체編年體 사서史書라고 칭한다.

『춘추』와 『사기』를 비롯해 중국사에 관한 사서는 수없이 많다. 그런데 그 가운데 『삼조북맹회편』이 주목받는 점은 중국사 최대의 굴욕적인 사건으로 꼽히는 '정강靖康의 변變'을 전혀 회피하지 않고 정면으로 다룬 사서이기 때문이다. 차마 드러내고 싶지 않은 각종 부끄러운 기록을 수집하고 정리하는 것은 사학자에게 실로 내키지 않은 작업이 아닐 수 없다. 더구나 망국에 따른 정치적 책임 문제로 기록 하나하나에 관련자 모두 극도로 민감할 수밖에 없는 상황 속에서 역사서를 편찬하는 일은 더욱 그러하다.

이런 악조건 속에서도 『삼조북맹회편』이 편찬된 것은 망국의 치욕을 되풀이하지 않기 위해서는 사실을 있는 그대로 기록하여 후세에 전승하는 것이 사학자의 본령이라 인식한 편자 서몽신徐夢莘(1126~1207)의 학자적 양심과 사명감, 그리고 뜨거운 우국충정이 있었기 때문일 것이다. 이런 점에서 『삼조북맹회편』은 역사 앞에서, 양심 앞에서, 국가 앞에서 지식인이 어떻게 행동해야 하는가를 보여 주는 더없이 훌륭한 전범典範이기도 하다.

『삼조북맹회편』이 주목받는 또 하나의 이유는 이런 중요성에도 불구하고 아직도 판본 정리와 교감이 제대로 이루어지지 않은 매우 보기 드문 책이라는 점이다.

이렇게 된 첫 번째 원인은 『삼조북맹회편』 자체에 있다. 이 책은 거란과 북송의 멸망, 금과 남송의 건국이라는 격변기의 역사를 1년에 평균 3권의 분량으로 촘촘하게 정리하였기 때문에 그 분량이 모두 250권, 150만여 자字에 달한다. 게다가 그 방대한 내용 대부분이 조서와 외교문서, 상주문 등 최고급 문서와 문장으로 이루어져 문장이 매우 난해하다. 또 회편의 특성상 많은 저자의 글을 모았기 때문에 문체도 각기 달라서 누구도 쉽게 접근하기 힘들다.

두 번째 원인은 이 책을 이해하기 위해서는 송·거란·금 3국의 역사와 정치·군사 체제 등에 대한 많은 지식이 필요하다는 점이다. 송조는 중국

역대 통일 왕조 가운데 비교적 긴 역사를 지니고 있어 남북송을 관통하는 지식을 구비하기 힘든데 『삼조북맹회편』은 바로 이 시대적 결절점에 놓여 있다. 거기에다가 중국 역사에서 가장 적은 기록을 남긴 거란의 역사에 대해서 잘 알아야 하고, 나아가 금사까지 이해해야 하는 일은 누구에게도 쉽지 않은 일이다. 즉 송·거란·금 3개 왕조를 아우르고 있어서 그 중요성이 크지만, 왕조사 위주의 기존 전공자에게는 낯선 미지의 영역이 너무 많다.

세 번째 원인은 역설적으로 이 책의 고유성 때문이다. 『삼조북맹회편』에 수록된 내용은 『건염이래계년요록建炎以來繫年要錄』, 『속자치통감장편續資治通鑑長編』 등 비슷한 시기에 작성된 사료를 비롯해 문집 등에서도 상당부분 찾아볼 수 있다. 하지만 『삼조북맹회편』에만 수록되었을 뿐 여타 문헌에서는 찾을 수 없는 기록이 상당히 많고, 그 기록들을 비교할 문헌이 없어 명확한 의미를 파악하기 어려운 경우가 많다. 게다가 오랫동안 필사로만 전해지면서 탈자脫字, 착자錯字, 오자誤字가 많은 점도 연구에 어려움을 더해 준다.

그 결과 『삼조북맹회편』은 아직도 권위 있는 기관이나 출판사에서 판본에 대한 정리와 교감, 표점 등 기초적인 작업을 제대로 진행하지 못한 실정이다. 따라서 본 번역진의 번역 성과는 중국과 일본을 비롯해 그 누구도 가보지 못한 길을 처음 갔다는 점만으로도 그 의의를 찾을 수 있을 것이다.

2) 찬자 소개

이 책의 편찬자인 서몽신徐夢莘(1126~1207)은 자가 상로商老이며 현 강서성 의춘시宜春市 관할 장수시樟樹市에 속하는 강남서로江南西路 임강군臨江軍

청강현淸江縣 사람이다.[1] 권문자제는 아니었으나 어려서부터 총명하여 위로 경전과 사서, 아래로 패관류稗官類의 소설에 이르기까지 탐독하였는데, 한 번 보기만 하면 암기할 정도였다(幼慧, 耽嗜經史, 下至稗官小說, 寓目成誦)[2]고 한다. 그는 여러 지역의 지방관을 역임하였는데, 현지 상황에 부합되지 않을 경우 상부의 지시에 따르지 않을 정도로 주관이 강한 인물이었다. 호남에서 재임 시에는 경지 증가를 명분으로 한 증세에 반대하였지만, 그가 작성한 모든 문서에서 아무런 허물도 찾지 못하자 오히려 더욱 중용된 경우도 있었고(欲從簿書間擿摭其過, 終莫能得, 由是反器重之), 광서에서 재임 시에는 염법鹽法 개정에 반대하다 파직을 당하기도 하였다.[3] 당시 광서 전운사사轉運使司의 일개 서기관이었던 그는 조정에서 광동·광서에 획일적인 염법을 시행하려 하자 광동과 광서의 지리적 차이를 무시한 행정이라고 반대하다 파직된 것인데, 결국 그의 예견이 옳아 여러 가지 폐해가 발생하자 새로운 염법은 3년이 안 되어 철회되고 그도 복직되었다. 이런 사례는 서몽신이 원칙을 굽히지 않는 성품에 정확한 정세 판단력까지 갖추고 있음을 보여 주는 것이다.

서몽신은 『삼조북맹회편』 외에도 『북맹집보北盟集補』, 『회록會錄』, 『독서기망讀書記忘』 등의 저작이 있다고 하나 모두 실전失傳되고 현재는 『삼조북맹회편』만 전해지고 있다.

3) 서명

문헌 기록을 보면 『삼조북맹회편』에는 아래와 같이 여러 다른 명칭이 있다.

① 『삼조북맹회편』: '三朝'를 다룬 최초의 기록인 진진손陳振孫의 『직재서록해제直齋書錄解題』, 이심전李心傳의 『건염이래계년요록建炎以來繫年要

錄』에서 보이며, 현재까지 가장 많이 보이는 서명書名이다.

② 『삼조북맹집편三朝北盟集編』: 초기 『삼조북맹회편』의 유통에 크게 공헌하였으며 서몽신의 친구로서 그의 묘지명까지 쓴 루약樓鑰의 『공괴집攻媿集』 및 조희변趙希弁이나 왕응린王應麟의 기록에 보인다. 계진의季振宜 소장의 명초본明抄本에도 서몽신이 「자서自序」에서 '집편集編'이라 한 것으로 되어 있다.

③ 『삼조북맹회편록三朝北盟會編錄』: 명대明代의 『강서통지江西通志』 권23 등에 보이는 서명이다.

④ 『송서몽신질宋徐夢莘帙』: 명대明代 서건암徐健庵의 『전시루서목傳是樓書目』에 보이는 서명이다.

⑤ 『북맹록北盟錄』: 루약樓鑰의 또 다른 작품인 『서한회요서西漢會要序』에 보이는 서명이다.

이상의 자료를 보면, 서명이라기보다는 찬자撰者를 가리키는 성격이 강한 『송서몽신질宋徐夢莘帙』과 축약의 성격이 있는 『북맹록北盟錄』을 제외하면 '삼조북맹三朝北盟'이라는 기본 서명을 유지하고 있다. 그리고 그 원형을 소급해 보면 루약樓鑰의 기록에 보이는 『삼조북맹집편三朝北盟集編』이 서몽신이 정한 원래 서명일 것으로 추정할 수 있다.[4]

원제인 『삼조북맹집편』이 『삼조북맹회편三朝北盟會編』으로 통용되게 된 것은 1196년 송 조정에서 사관을 보내 필사할 때 『삼조북맹회편』이라는 서명을 사용하였기 때문이다. 따라서 『삼조북맹회편』의 판본에는 『삼조북맹집편』이란 서몽신 가장본家藏本과 『삼조북맹회편』이란 실록원實錄院 초록본抄錄本 등 두 계열이 생겨나게 된 셈이다. 다만 현대에 와서는 『삼조북맹회편』으로 통일되어 있으므로 이 책을 『삼조북맹회편』이라 칭하는 데 무리가 없다.

4) 강목綱目 체제

편년체 사서의 일반적인 서술 방식이 그러하듯 『삼조북맹회편』의 기록은 강綱과 목目으로 구분할 수 있다. 연월일을 기준으로 짧게 서술한 사건에 관한 기록, 즉 기사문紀事文이 서술의 근간인 '강綱'이고, 강綱의 기사에 담긴 사건의 배경과 그 전개 과정을 구체적으로 설명하기 위하여 여러 문헌에서 인용한 부분을 '목目'이라 할 수 있다. '강綱'에 해당하는 기사의 분량이 많을 수 없음을 고려할 때, 편년체 사서의 내용과 수준은 사실상 '강綱'을 보완하는 '목目'에 달려 있다고 할 수 있다.

이런 방식은 황제를 신격과 인격의 종합체로 인식하는 중국의 전통적 세계관 속에서 황제에 대한 직설적인 평가가 사실상 불가하므로 제3자의 의견인 다양한 사료를 첨부하여 최종적인 평가를 독자에게 위임하는 중국 고유의 역사 서술 전통 때문이다. 더구나 『삼조북맹회편』이 다루고 있는 북송의 멸망은 일반적인 왕조 교체와 달리 이민족에 의한 통일제국의 멸망이라는 점에서 전례가 없었고, 두 명의 황제와 황실 가족, 고위 관리 등 3천 명이 포로로 끌려가 노예로 전락하는 전대미문의 치욕적인 사건이었다. 따라서 다른 어떤 사서와도 비교할 수 없는 정치적 민감성을 지니고 있기 때문에 '목目'에 속하는 사료의 선별과 배열에 저자 서몽신의 역사 인식과 의도가 은밀하게, 또 치밀하게 반영되어 있다고 할 수 있다.

서몽신은 45년의 역사에 대해 250권에 달하는 방대한 분량의 '목目'을 첨부함으로써 기록의 객관성 유지에 최대한 힘써 『삼조북맹회편』이 지닌 정치적 민감성과 위험성을 미연에 방지하는 한편 사서의 질적·양적 수준을 최대한 제고시켰다. 서몽신의 이러한 노력은 '목目'에 인용된 사료의 종류가 『봉사록奉使錄』·『행정록行程錄』을 비롯해 실록實錄·국서國書·책문冊文·서서誓書·조서詔書·칙서勅書·성지聖旨·비답批答·지휘指揮·제서制書·사두詞頭·차자箚子·사목事目·첩황貼黃·고사告詞·주의奏議·상소上疏·표문表文·격서檄書·방문榜文·첩문牒文·장계狀啓·서신書信·전기傳記·가전家傳·비지碑志·행장行狀·문집文集·발문跋文·청사靑詞 등 최고급 공문서부터 민간의 사적 기록에 이르기까지 그 저자와 종류, 형식과 내용이 매우 다양하며, 대부분 가공되지 않은 1차 사료라는 데서 거듭 확인할 수 있다.

물론 이런 체례상의 특성으로 인해 『삼조북맹회편』의 기록은 매우 번잡해 보이고 심지어 상치된 기록도 고루 배치하여 독자의 인내심을 과하게 요구하는 경향이 있다. 한편 상대국에 보내는 국서, 황제가 내리는 조서, 황제에게 올리는 상주문 등 거의 모든 자료가 최상급의 박식함과 우아함을 과시하기 위한 고급 문체로 쓰여 있어 문맥의 함의를 파악하더라도 우리말로 옮기기가 매우 어렵다. 거기에 한어漢語를 공용어로 사용하던 당시 동북아의 상황을 반영하듯 송 측과 대화하던 거란인과 여진인의 중국어에는 다소 거친 구어와 속어도 적지 않아 어려움을 더해 준다. 물론 이런 대화는 당시 백화白話의 초기 모습을 보여 주는 소중한 자료이기도 하다.

5) 사료적 가치

『삼조북맹회편』에는 경제적·문화적으로 공전의 번영을 누리던 송조가 집권층의 무능과 사치, 허위의식과 공명심에 사로잡혀 급작스런 멸망을 자초하는 모습이 역력하게 담겨 있다.

10~13세기의 동아시아는 전례가 없던 다극체제를 유지한 시기였다. 거란과 송의 남북축을 중심으로 고려와 서하라는 동서의 보조축은 물론 토번吐蕃·대리大理·대월大越 등 여러 국가의 다양한 이해관계 속에서 안정과 번영을 동시에 구가하던 송조는 스스로 114년에 걸친 장기동맹체제를 무너뜨리고 무모한 군사적 모험을 감행한 결과, 부족에서 제국으로 급팽창한 여진의 예기치 못한 도전에 직면하게 되었다. 모든 것이 우연처럼 전개된 역사의 필연 속에서 당대 최고의 지식인으로 구성된 송조의 통치층이 중화의 자존심과 군사적 무력감이 착종하는 상황 속에서 어떻게 제3국을 인식하고 대응하였는지, 그리고 무엇을 믿고 무엇을 두려워하였는지, 나아가 중국 문명이 지닌 고유의 특성과 그 약점이 무엇인지를 『삼조북맹회편』은 여실히 보여 준다. 이런 점에서 오늘의 중국, 특히 여전히 전통적인 중화사상에서 자유로울 수 없는 중국의 외교를 이해하는 데 있어 『삼조북맹회편』만큼 많은 시사점을 제공해 줄 수 있는 사서는 흔치 않다.

한편 더할 수 없이 치욕스러운 역사를 냉철함과 치밀함으로 정치하게 기록한 서몽신의 태도야말로 굴욕의 역사를 되풀이하지 않겠다는 사학자의 치열한 역사의식을 대변하는 귀한 사례라 할 수 있다. 그리고 그러한 의식을 뒷받침해 주는 꼼꼼한 기록과 그것을 가능케 한 박식함은 시대와 국가를 초월해서 우리를 감동케 하기에 족하다.

서몽신의 이러한 완벽주의는 당시 송과 거란, 송과 여진은 물론 동아시아 각 구성체의 상황을 고루 담아 우리에게 전해 주는 소중한 성과로 발현되고 있다. 특히 우리의 관심을 끌게 하는 것은 『삼조북맹회편』이 단순한 중국사, 또는 거란사와 금사의 범주를 넘어서 우리의 역사와 밀접하게 관련된 귀한 원사료를 제공하고 있다는 점이다. 신라의 후손임을 밝힌 여진의 기원, 발해를 동족으로 여기는 여진의 인식, 그리고 그들의 생활상과 풍속, 여러 용어의 어원까지 광범위한 내용을 고찰할 수 있다. 예를 들어 여진인은 자신들의 근거지 뒷산을 가리켜 '신라산'이라 하고 그 뒤가 '고려의 국경'이라고 한 점 등은 『삼조북맹회편』이 우리와도 얼마나 밀접한 관련을 맺고 있는 사서인지를 단적으로 말해 준다. 이런 점에서 『삼조북맹회편』은 한국사의 새로운 지평을 열 수 있는 귀중한 사료의 보고라 아니 할 수 없다.

2. 판본 분석

1) 판본 소개

『삼조북맹회편』은 권질卷帙이 방대하여 청조 말까지 인쇄 출판되지 못한 것으로 알려졌다. 이는 오성吳城의 『삼조북맹회편』 발문跋文, 부증상傅增湘의 『장원군서제기藏園群書題記』 권2, 등방술鄧邦述의 『한수산방육존선본서목寒瘦山房鬻存善本書目』 권6, 그리고 『삼조북맹회편』을 인행印行한 원조안袁祖安의 발문, 허함도許涵度의 서문序文 등에서 단언하고 있는 바이다.[5]

그러나 이와 달리 청초淸初 오작吳焯의 『수곡정서록繡谷亭書錄』에는 '송참본宋槧本'이 있었다는 기록이 있고, 심초沈初의 『절강채집유서총록浙江采集遺書總錄』에도 "개만루 수장본으로 간행된 판본(開萬樓藏刊本)을 수장하고 있다"[6]는 기록이 있으며, 막우지莫友芝의 『여정서목郘亭書目』에도 "개만루에서 간행된 판본(開萬樓有刊本)이 있다"[7]고 한 기록을 보면 소량의 인쇄본이 있었을 가능성도 배제할 수는 없다. 다만 누가 언제 간행했다는 기록이 없고 현재 전해지는 간행본도 없으므로, 일반적으로는 1878년 원조안본袁

祖安本이 간행될 때까지는 손으로 직접 베낀 '수초본手抄本'만 있었다고 알려졌다.

청대 이전 인쇄본의 존재 여부는 불분명하지만, 『삼조북맹회편』의 사료적 가치는 일찍부터 인정받았으므로 많은 장서가가 필사하여 수장하게 되었다. 그 결과 여러 가지 종류의 전본傳本이 생겼는데 편집된 책의 수는 16책, 20책, 25책, 26책, 30책, 40책, 42책, 46책, 75책, 80책 등으로 다양하나, 권수卷數는 대개 250권으로 큰 차이가 없다. 그러나 이들 전본 가운데 상당수가 산실되었으나, 북경대학 도서관, 북경인문과학연구소, 항주杭州도서관, 대만 중앙연구원의 부사년傅斯年도서관 등에 잔결본殘缺本을 포함하여 아직도 20종 이상의 초본抄本이 남아 있는데, 서적의 완결성에는 상당한 차이가 있다.

일례로 우리 윤독팀이 원본 자료를 확인하기 위해 북경대학 도서관을 방문했을 때 옹방강본翁方綱本과 함께 몇 가지 필사본을 열람했는데, 그 가운데는 필사 상태가 매우 허접한 것도 많았다. 아래에 언급하는 전본은 상태가 양호한 것들이다.

(1) 중요 필사본

현재 송대 초본抄本은 없고 명청대 초본만 전해지고 있다. 명대 판본으로 옹방강본翁方綱本과 계진의본季振宜本이 있고, 청대 판본으로 사고전서본四庫全書本 등이 있다.

① 옹방강본翁方綱本: 북경대 중문과 장소우蔣紹愚 교수는 북경대가 소장하고 있는 옹방강본이 가장 좋다고 평가하였다.

② 계진의본季振宜本: 절강대 사학과 진락소陳樂素 교수는 대만 중앙연구원이 소장하고 있는 계진의본이 가장 좋다고 평가하였다.

③ 사고전서본四庫全書本: 청조의 입장을 고려한 개작이 많이 이루어진 문제가 있지만 가장 널리 보급된 판본이다.

④ 기타 중국 재조선본再造善本 영인본: 원숙심정관적원장沅叔審定觀籍園藏(GJ2301931), 동천범씨이강루장서본同川范氏二江樓藏書本(GJ2303472), 작계심전가유초장서본柞溪沈全稼幼樵藏書本(GJ2307293), 왕사종자춘정호낭원서화인본汪士鍾字春霆號朖園書畵印本(GJ2300582)

⑤ 기타 대만 중앙도서관 소장 영인본: 양호도씨섭원소장본陽湖陶氏涉園所藏本, 남격구초본藍格舊鈔本, 청清 인화조씨소산당초본仁和趙氏小山堂鈔本, 청清 양주진씨석연재전록천일각초본揚州秦氏石研齋傳錄天一閣鈔本

위 판본들은 소장 과정에서 여러 장서가에게 수장되어 명칭이 다를 수 있다. 위 명칭 외에 수장되었던 사례는 다음과 같다.(※ 약칭은 범례 참조)

계본季本: 북경도서관北京圖書館, 왕사종汪士鍾

옹본翁本: 북경대학도서관北京大學圖書館

해천본海天本 · 관본觀本 · 범본范本: 상해도서관上海圖書館

왕본汪本, 도본陶本('汪閬源'으로 각인함): 왕사종汪士鍾

(2) 중요 인쇄본

① 원조안본袁祖安本: 파릉巴陵(현 호남성 岳陽市)의 장서가 방공혜方功惠(1829~1897) 소장본을 저본으로 광서光緒 4년(1878)에 간행한 목활자본이다. 원조안본은 1962년에 대북臺北 문해文海출판사에서 4책으로 영인하여 허함도본이 보급되기 전까지 주로 사용되었다. 문해출판사본은 영인 당시 좀 모호한 글자를 출판사 임의로 교체한 것이 있어 주의할 필요가 있다.

② 허함도본許涵度本: 사천전운사四川轉運使·강서성 성장省長 등을 지낸 도가요陶家瑤(1871~?) 소장본을 저본으로 광서光緖 34년(1908)에 간행하였으며, 상해고적上海古籍출판사에서 1987년에 2책으로 영인하여 널리 보급되었으며, 본 번역의 底本이다.

③ 해천학술연구사본海天學術硏究社本: 1930년대에 개봉에서 활동한 연구단체의 점교본點校本이다. 구체적인 내용은 (3)소절 참조.

④ 대북臺北 대화서국본大化書局本: 대화서국에서 현대식 활자본으로 1977년에 인쇄한 4책의 표점본이다. 대만대 사학과 왕덕의王德毅 교수의 「출판전언出版前言」과 「서몽신연표徐夢莘年表」가 수록되어 있다. 구체적인 내용은 아래 (3)소절 참조.

⑤ 대북臺北 문해출판사본文海出版社本: 상기 ①에 함께 설명함.

(3) 해천서점본과 대화서국본 논란

대북臺北 대화서국에서 간행한 표점본에는 대만대학 왕덕의 교수의 「출판전언出版前言」이 있어 흔히 왕덕의가 표점한 것으로 알려졌다. 그러나 정작 대화서국본에는 점교자 및 점교 방식에 대해 아무런 언급이 없고, 왕덕의 교수의 연구목록에도 『삼조북맹회편』 점교 작업이 포함되지 않아 누가 표점 작업을 했는지에 대해 논란이 끊이지 않았다.

본 번역진이 조사한 바로는 1930년대 하남성 개봉開封에 '해천학술연구사海天學術硏究社'라는 학술모임이 있었으며, 그 산하의 '사학연구사史學硏究社'에서 『삼조북맹회편』에 대한 점교點校 작업을 수행하였고, 그 결과물을 상해의 '해천서점海天書店'에서 1939년에 점교본點校本으로 출간하였음을 확인하였다. 대화서국본은 상해 해천서점海天書店에서 간행한 점교본의 본문과 부록인 「대사년표大事年表」까지 그대로 영인한 뒤, 그 앞에 왕덕의의 「출판전언」과 「서몽신연표」, 진락소陳樂素의 「서몽신고徐夢莘考」 등을 첨부하여 출간한 것이다.

해천학술연구사는 1934~1935년에 학술잡지 '해천海天'을 두 차례 발행한 단체이다. 일본의 침략에 시달리던 당시의 시대적 환경 아래 강한 민족의식을 가졌던 것으로 보이며, 송대의 망국에서 역사적 교훈을 찾기 위해 『삼조북맹회편』에 대한 윤독과 표점 작업을 한 것으로 보인다. 이런 점은 해천본 「삼조북맹회편교인범례三朝北盟會編校印凡例」에서 "이 책은 실로 중국 민족의 항쟁기에 있어 가장 중요한 문헌으로, 사고제요四庫提要에서도 그 점을 지극하게 언급하고 있다."라고 한 데서 확인할 수 있다. 1930년대 후반기의 혼란한 와중에 이런 연구와 출판을 추진한 사학연구사의 활동은 아쉽게도 잘 알려지지 못하였다.

해천서점본은 현재 상해도서관에 수장되어 있는데, 본 번역진이 검토해 보니 원조안본을 기초로 하되 방증 자료를 참고한 것 같지는 않았다. 그래서 원조안본의 결함을 그대로 물려받았으며, 분단과 표점에 많은 착오가 있고 저본의 문장 단락이 누락되거나 일부 자구를 오인한 결함도 있다. 그러나 최초의 활자 표점본으로서 후학들이 연구에 착수할 수 있는 기초를 마련해 준 것에는 큰 의의가 있다고 할 수 있다.

(4) 미간행본

북경대 사학과 등광명鄧廣銘·유포강劉浦江 교수가 교감校勘을 한 점교본點校本이다. 사제간인 두 교수는 장기간 『삼조북맹회편』을 연구하면서 판본 대조 및 기타 문헌 방증을 통해 상세히 교감을 진행하였고 실제 원고도 완성되어 학계의 기대가 컸다. 그러나 판본 교감 과정에서 본문을 일부 개정하여 문장이 매끄러워지긴 하였으나 개정의 출처를 밝히지 않아 결과적으로 임의 수정의 논란을 자초하였다. 유포강 교수의 논문에서 인용한 자료에서도 그러한 사례가 발견된다.[8] 결국 이 점이 문제 되어 현재까지 출간되지 못하였고, 두 교수의 사망으로 개정 사유에 대한 규명이 사실상 불가능하게 되었다. 이것은 대화서국본이 저본을 명시하지 않아 학계에서 제대로 인정받지 못하는 것과 같은 경우다.

2) 판본의 차이와 연구

『삼조북맹회편』은 여러 종류의 초본抄本과 판본이 있지만, 일반적인 필사의 오류를 제외하면 전체적인 내용에서는 별다른 차이가 없다.

황관중黃寬重은 『영락대전永樂大典』에 수록된 『삼조북맹회편』의 기사 31개 항을 6종의 『삼조북맹회편』 판본과 비교해 본 결과, 6종 판본 사이에 내용상 큰 차이가 없음을 밝혔다(다음 페이지 ②번, pp.98~111). 이 점은 본 번역진이 독회 진행 과정에서 허함도본·원조안본·옹방강본·해천서점본海天書店本의 대조를 통해 실제 확인한 바이기도 하다. 그러나 사고전서본은 31개 항목의 사료 중 세부적으로 38곳에서 여타의 판본과 내용상 차이가 있었다. 이는 사고전서 편수관編修官들이 서몽신의 원본을 그대로 초록抄錄함을 원칙으로 하면서도 실제로는 많은 '개작改作'을 하였기 때문이다.

사고전서를 편수하면서 많은 개작이 이루어진 것은 시대에 따른 여진 인명의 표기법 변화, 편수관 관점에서의 오류 수정 등 일반적인 것도 많지만, 본격적인 개작과 삭제가 이루어진 부분은 중원국가의 관점에서 일방적으로 폄하하거나 왜곡한 기술이나 용어 사용 부분이다. 금의 후예인 청조의 편수관으로서는 여진의 관점과 입장을 가급적 반영하는 방향으로 그 내용을 변형시키거나 아예 삭제시킨 것이 적지 않다. 다만 허함도본은 사고전서 편수 때 개작한 내용을 일일이 표시해 두고 있어 역설적으로 중원왕조의 역사 인식에 대한 청조의 입장을 확인할 수 있는 소중한 사료가 된다. 그 외에 허함도본에 실려 있는 사고전서본 개작 표시는 현재 가장 널리 보급된 문연각본文淵閣本 사고전서와 일부 내용이 달라서 그 자체도 연구 대상이 된다.

하지만 앞에서 밝힌 것처럼 사고전서본을 제외한 여타 판본들은 금액이나 동원된 인력의 숫자 차이 등을 제외하면 초본抄本의 원초적 한계인 필사 오류의 미세한 차이, 또는 통가자通假字 문제를 제외하면 역사 해석을 달리할 정도의 내용상 차이는 보이지 않는다. 옹방강본과 해천서점본(=대화서국본)도 원조안본과 거의 차이가 없으며, 허함도본과 원조안본도 글자의 선택이나 문단 배치에서 다른 예들이 상대적으로 많이 보일 뿐이다.

이는 송대 이후 대략 두 가지 필사본을 근거로 작성된 초본이 후대에 전해져 각기 원조안본과 허함도본으로 정리되었기 때문이라고 생각된다. 그리고 이들 두 판본과 구별되는 제3의 필사본은 아직 발견하지 못하였다. 이에 본 번역진은 허함도본을 저본으로 하면서 원조안본과의 교감에 가장 유의하였다.

이상의 전본傳本에 관한 기존 연구로는 다음과 같은 것이 있다.

① 陳樂素, 「三朝北盟會編考(上·下)」, 『歷史語言研究所集刊』 제6本 제2·3分(分冊), 中央研究院 歷史語言研究所, 南京, 1935, 1936.

② 黃寬重, 「『永樂大全』 中 『三朝北盟會編』史料及其相關問題」, 『文獻』, 2003-2.

③ 鄧廣銘·劉浦江, 「『三朝北盟會編』研究」, 『文獻』, 1998-1.

④ 仲偉民, 「『三朝北盟會編』傳本及其體例」, 『史學史研究』, 1990-2.

⑤ 李緒柏·林子雄, 「粵版『三朝北盟會編』述略」, 『圖書館論壇』 1996-1.

⑥ 박영록, 「『三朝北盟會編』 연구를 위한 導論」, 『中國文學研究』33, 韓國中

文學會, 2006.

⑦ 유원준, 「『三朝北盟會編』 板本 및 史料的 價値에 관한 硏究」, 『中國史硏究』84, 중국사학회, 2013.

3) 저본에 대하여

처음 연구를 시작한 2005년 무렵에는 원조안본·허함도본·대화서국본·문해출판사본만 입수할 수 있었고, 그 외에 북경대학과 상해도서관을 방문하여 옹방강본과 해천서점본 등을 확인하는 정도였다. 하지만 지난 15년 동안 중국과 대만의 고적 영인 사업이 급속도로 발전하여 2021년 우리가 명저번역사업에 선정되었을 무렵에는 진락소陳樂素가 가장 좋은 판본이라고 평가했던 계진의본季振宜本을 포함해 모두 16종의 판본을 입수하였고, 그 목록은 「범례」에 첨부해 두었다.

그런데 이 다양한 판본들을 대조하다 보니 연구 초기와 마찬가지로 완벽한 판본이 없다는 판단이 들기도 하였다. 번역 과정에서 봉착한 문제가 있는 문장을 다른 판본을 통해 해결할 수 있으리라는 기대는 번번이 어긋났다. 10여 종의 필사본이 원조안본과 허함도본을 넘어서는 경우는 많지 않았고, 설령 다르다 해도 두 판본보다 문구가 좀 더 완전한 것도 아니었다. 앞의 '서명' 소개에서 서몽신 가장본家藏本과 실록원實錄院 초록본抄錄本이란 두 계열이 생겨난 셈이라고 하였는데, 어쩌면 이 두 계열의 초본이 각각 현 원조안본과 허함도본으로 전해진 것이 아닌가 하는 생각이 들 정도이다.

북경대 사학과의 등광명鄧廣銘 교수는 허함도본 서문에서 원조안본의 저본인 방공혜方功惠 소장본의 보존 상태가 좋지 못했고, 교감도 정밀하지 못해 허함도본이 훨씬 좋다고 평가하였다. 하지만 두 판본을 비교해 보면 원조안본의 문장이 더 나은 경우도 많아 등광명의 평가를 그대로 받아들이기 힘들다. 또 허함도는 목판 판각을 끝낸 뒤 비로소 원조안본을 입수하고, 자신이 볼 때 원조안본이 옳다고 생각되는 것을 모아 각 권 뒤에 별도의 교감기를 만들었다. 그러나 송대사와 송대 구어에 대한 허함도의 이해가 깊지 못해 교감기에도 흔히 오류가 발견된다.

그럼에도 불구하고 우리 번역팀은 다음과 같은 점을 고려하여 허함도본을 저본으로 삼았다.

첫째, 허함도본은 사고전서본의 내용을 포괄하고 있어 자연스레 두 판본의 비교가 가능하며, 여진어에 대한 만주인의 이해, 금사에 대한 청조의 입장을 쉽게 파악할 수 있다.

둘째, 허함도본은 옛사람이 읽으면서 기록해 둔 교감기를 비교적 잘 수록하고 있다. 이들 교감기 대부분 이미 망실된 자료라는 점에서 매우 소중한 가치를 지니고 있다.

셋째, 허함도본의 영인본이 가장 널리 보급되어서 독자들의 접근이 용이하다.

넷째, 본 번역팀이 원조안본을 위주로 여타 판본을 대조하여 교감기를 첨부함으로써 허함도본이 지닌 한계를 극복할 수 있다.

본 번역팀은 윤독회를 시작하면서 본문을 전산입력했다. 이에 2006년에 중국 사천대학과 공동으로 작업을 시작하여 우리가 권1~권125까지, 사천대학의 뇌한경雷漢卿 교수 팀이 권126~권250까지 나눠서 허함도본을 입력하였다. 그리고 이 작업이 끝난 뒤 일단 대화서국본의 표점을 참조하여 다소 거칠지만 표점 작업을 완료하였다.

이 과정에서 논란이 된 것은 바로 이체자異體字 문제였다. 이체자는 그 판본의 특징을 반영하기도 하나 이체자를 넣어 두면 원문 검색이 안 되는 문제가 발생하기 때문이다. 한편 어떤 글자를 이체자로 볼 것인지, 어떤 이체자까지 통합할 것인지에 대한 논란도 있었고, 교감의 범위에 통가자通假字의 범주를 어떻게 설정할 것인지에 관한 의견의 차가 있었다. 많은 논의를 거쳐 편의성보다는 허함도본의 원래 면모를 최대한 보존하는 것을 원칙으로 정하였다.

해제 주석

1 서몽신에 관한 자료로는 다음과 같은 것이 있다.

① 『宋史』, 권438, 「徐夢莘傳」.

② 樓鑰, 『攻媿集』(四庫全書本) 권108, 10쪽, 「直秘閣徐公墓誌銘」.

③ 陳樂素, 『國學季刊』 제4권 제3호, 「徐夢莘考」, 1934년 9월.(臺北, 大化書局, 『三朝北盟會編』(甲篇) 수록, pp.1~40.)

④ 陳樂素, 「三朝北盟會編考(上·下)」, 『歷史語言研究所集刊』 6-2·3, 中央研究院 歷史語言研究所, 南京, 1935·1936.

⑤ 王德毅, 「徐夢莘年表」, 『大陸雜誌』 31-8, 1965.(臺北, 大化書局, 『三朝北盟會編』 권두 부록, pp.1~27.)

⑥ 鄧廣銘·劉浦江, 「『三朝北盟會編』研究」, 『文獻』, 1998-1.

2 『宋史』, 권438, 「徐夢莘傳」.

3 『宋史』, 권438, 「徐夢莘傳」.

4 仲偉民, 「『三朝北盟會編』傳本及其體例」, 『史學史研究』, 1990년, 2기, p.39.
鄧廣銘·劉浦江, 「『三朝北盟會編』 研究」, 『文獻』, 1998년 1기. p.98.

5 鄧廣銘·劉浦江, 「『三朝北盟會編』研究」, 『文獻』, 1998년 1기. p.109.

6 鄧廣銘·劉浦江, 「『三朝北盟會編』研究」, 『文獻』, 1998년 1기. p.110.

7 陳樂素, 「三朝北盟會編考(上·下)」, 『歷史語言研究所集刊』 제6本 2·3分(分冊), 中央研究院 歷史語言研究所, 南京, 1935, 1936. p.13.(臺北, 文海出版社, 1973년 영인본 참조)

8 劉浦江, 「關于金朝開國史的眞實性質疑」, 『歷史研究』, 1998-6.

1. 저본 및 기타 참고 판본

	약칭	판본 명칭·書誌
①	許本	許涵度本, 上海古籍出版社 영인본(1987)
②	四庫本	欽定四庫全書本(1781), 浙江大學圖書館所藏本
③	袁本	袁祖安本, 서울대 奎章閣所藏 鉛印本(1878)
④	海天本	海天學術研究社本, 開封(1939)
⑤	文海本	文海出版社本, 臺北, 文海出版社(1962)
⑥	王本	王德毅 出版前言本, 臺北, 大化書局 영인본(1977)
⑦	季本	季振宜本, 필사본(明抄本 추정)(권1~110, 권120~135, 권146~250)
⑧	翁本	翁方綱本, 필사본(明抄本 추정)
⑨	觀本	沅叔審定 觀籍園藏(GJ2301931)
⑩	范本	同川范氏二江樓藏書本(GJ2303472)
⑪	沈本	柞溪沈全稼幼樵藏書本(GJ2307293)
⑫	汪本	汪士鍾字春霆號朖園書畵印本(GJ2300582)(권111~120, 권136~145)
⑬	陶本	陽湖陶氏涉園所藏本(대만국가도서관 영인 09442)
⑭	藍本	藍格舊鈔本(대만국가도서관 영인 09440)
⑮	趙本	清 仁和趙氏小山堂鈔本(대만국가도서관 영인 09441)
⑯	秦本	清 揚州秦氏石研齋傳錄天一閣鈔本(대만국가도서관 영인 0943)(권1~50)

註: 가. 판본의 명칭은 장서인을 근거로 함.

나. ⑦, ⑨~⑫는 '中華再造善本'. ⑦ 季本의 영인번호는 ZHSY100225

다. ⑦ 季本, ⑫ 汪本, ⑯ 秦本은 결본이 있으며 위 권수는 현존권을 표시함.

2. 원문 입력과 교감 방식

1) 원문 입력은 저본인 許涵度本의 본문 자형을 기준으로 한다.

2) 원문 속 (　) 안의 작은 글자는 ① 四庫全書本에서 수정한 것, ② 許涵度가 저본으로 삼은 초본의 여백에 표시된 교감기, ③ 본문 착오 등으로 작게 판각한 것이다.

3) 원문 아래 교감기

① 표제어는 원문으로 한다.

② [許] : 許涵度가 각 권 말미에 첨부한 교감기로서 '許勘'이라 칭한다.

③ [按] : 袁祖安本, 季振宜本 등 기타 초본 및 관련 문헌을 참고 한 번역진의 교감이다.

④ 袁祖安本이 許勘과 동일할 경우 별도로 표시하지 않는다.

⑤ 번역에 반영하는 경우에만 '교주를 따른다'로 표기한다.

4) 허함도본의 異體字는 그대로 수록한다. 주로 사용된 이체자는 다음과 같다.(가나다 순)

强 → 強, 蓋 → 葢, 憩 → 憇, 启 → 啟, 款 → 欵, 敎 → 教, 戟 → 戟,
乃 → 迺, 寧 → 甯, 歷 → 歴, 留 → 畱, 脈 → 脉, 蒙 → 蒙, 龐 → 龎,
敍 → 敘, 燮 → 爕, 歲 → 嵗, 惇 → 惇, 淳 → 湻, 醇 → 醕, 倏 → 倐,
扼 → 搤, 臥 → 卧, 寃 → 寃, 衛 → 衞, 竚 → 竚, 衆 → 眾, 只 → 秖,
晉 → 晋, 隻 → 隻, 趨 → 趍, 鬪 → 鬭, 旆 → 斾, 恒 → 恆, 昏 → 昬,
畫 → 畵, 回 → 囘, 攜 → 擕, 卹 → 䘏, 戲 → 戱

5) 의미와 용법이 동일한 다음 글자는 교주 대상에서 제외한다.

姦 ↔ 奸, 間 ↔ 閒, 槪 ↔ 槩, 己 ↔ 已 ↔ 巳, 暖 ↔ 煖, 略 ↔ 畧,
捻 ↔ 拈, 岨 ↔ 岨, 斂 ↔ 歛, 裏 ↔ 裡, 緜 ↔ 綿, 無 ↔ 无, 幷 ↔ 併,
扼 ↔ 搤, 於 ↔ 于, 曰 ↔ 云, 寃 ↔ 冤, 敕 ↔ 勅

6) 다음 글자는 상용자로 대체하되 교감기 등 필요한 경우 글자를 그

려서 쓴다.

郝 → 却, 瀝 → 瀝, 貯 → 貯, 嗢 → 嗢, 臟 → 臟, 漆 → 漆, 顚 → 顚,

珓, 驊, 諦, 襯

3. 표기 방식

1) 『삼조북맹회편』 : 『삼조』와 '본서'. (동일 권에서는 '본권'과 '본문')

2) 아라비아 숫자 : 권명, 권과 쪽, 연월일, 금액, 인원수 등. 원년元年은 '1년'으로 표기.

3) 기사문 앞에는 매번 연도와 월을 부기한다.

4) 현급 이하 지명은 주州와 함께 표기하며, 필요하면 본문 지명 대신 행정지명으로 표기한다. 단 각주 표제자는 번역문대로 함을 원칙으로 한다.

5) 관직은 정식 명칭이나 통상 명칭으로 표기함을 원칙으로 한다.

6) 두음법칙 예외 : 단음절 동음자의 혼란을 피하기 위해 일부 글자는 두음법칙을 따르지 않는다 : 灤·覽·洡·涼·澧·瀘·虜·路·牢·婁 등.

7) 인용 부호 "　" 생략 : 하나의 인용문이 2개 이상의 단락paragraph으로 구성될 경우 "　"를 사용하지 않는다.

8) 유사한 내용이라도 표제어가 다르면 별도의 각주로 처리한다.

9) 교주에 관한 각주는 한문 원문을, 번역문에서 번역 근거에 관한 각주는 번역문을 먼저 쓴다.

10) 번역문은 기본적으로 '표준국어대사전'의 표기를 따랐으나, 어색한 특정 어휘에 대해서는 따르지 않았다.

4. 서술 방식

1) 대화체 문장은 그 대화의 특성을 살리기 위해 구어체 문장을 사용하며, 지위 고하에 따른 경칭 등을 상정하여 번역한다.
2) '曰'과 '云'은 '~반문하였다, ~권하였다, ~답하였다' 등 상황에 맞춰 쓴다.

삼조북맹회편

三朝北盟會編

삼조북맹회편

三朝北盟會編

卷15

[政宣上帙15]

起宣和五年三月一日甲寅, 盡四月十四日丁酉.

정화 연간(1111~1118)부터 선화 연간(1119~1125)까지를 기록한 상질의 제15권 : 선화 5년(1123) 3월 1일 갑인일부터 4월 14일 정유일까지[1].

三月一日甲寅朔，金人甯朮割(改作尼楚赫)等至館，五日入見於崇政殿.

선화 5년(1123) 3월 1일 초하루 갑인일, 금국의 영출할 등이 관사에 도착했고, 3월 5일 숭정전[2]에 들어 황상을 알현하였다.

『燕雲奉使錄』曰 : 五日, 甯朮割(改作尼楚赫)等上殿, 上遣黃珦傳旨 : "卿等離軍前日, 大金皇帝安樂否? 累年計議事一切了絶, 信誓已定, 共享大平①, 乃是永遠奠定." 甯朮割(改作尼楚赫)奏言 : "來時本國皇帝令奏知大宋皇帝, 計議底公事已了, 也不要別做則好." 上復令珦諭旨 : "朝廷大信旣定, 豈有變更? 令依例詣宰臣王黼賜第計議."

① [按] 大平 : 袁本에서는 '太平'으로 썼다. 교주를 따른다.

『연운봉사록』[3]에는 다음과 같이 적혀 있다.

선화 5년(1123) 3월 5일, 영출할 등이 숭정전에 들자, 황상은 황향을 시켜 다음과 같은 내용의 성지를 전하라고 하였다.

"경 등이 군영[4]을 떠나오던 날 대금 황제께서는 편안하셨는가? 여러 해 동안 협의하고 의논한 일이 모두 마무리되었고 신의와 맹약이 이미 정해져 함께 화평을 누리게 되어 영원한 안정을 얻었도다."

영출할이 다음과 같이 아뢰었다.

"신이 올 때 본국의 황제께서는 '협의하고 의논할 일들을 이미 다 끝냈으니 달리 무엇인가를 하지 않으시면 좋겠다.'라고 대송 황제께 말씀드리라 하셨습니다."

황상이 다시 황향에게 다음과 같은 내용의 성지를 전하게 하였다.

"조정의 큰 믿음이 이미 확고하게 정해졌으니 어찌 바꿀 수 있겠느냐? 관례에 따라 재상 왕보[5]에게 하사한 관저에 가서 상의하라."

出國書并誓書草讀示, 至西京地界事, 黼諭甯朮割(改作尼楚赫) : "此非務廣土, 地本爲邊州, 及天德、雲內地分, 若不屯守防托①, 夏人定來出沒, 要當以河爲界." 甯朮割(改作尼楚赫)辭以不知, 又讀至'所示誓草云'五字, 甯朮割(改作尼楚赫)等乞不用. 又云 : "已許了西京, 要綠礬二千栲栳." 又言 : "士卒取西京勞甚, 乞一箇賞賜." 黼皆許之. 又言 : "今後通好, 不知或爲弟兄②, 或爲叔姪, 或爲知友③." 黼諭以 : "敵國往來, 只可用知友之禮."

① [按] 若不屯守防托 : 袁本에서는 '若不屯守防把'로 썼다.
② [按] 弟兄 : 袁本에서는 '兄弟'로 썼다.
③ [按] 知友 : 袁本에서는 '知交'로 썼다.

국서와 맹약서 초안을 꺼내 읽고 보여 준 뒤 서경[6] 일대의 경계를 나누는 일을 논의하게 되자 왕보가 영출할에게 이렇게 말하였다.

"이 일은 우리가 영토를 넓히고자 하는 것이 아닙니다. 이 지역이 본래 변방이라 천덕군[7]과 운내주[8]까지 이어져 있어서 병력을 주둔시켜 방어하지 않으면 서하 병사들[9]이 반드시 출몰할 것이니, 마땅히 황하를 경계로 삼아야 하는 것이지요.[10]"

하지만 영출할은 자신은 잘 모른다며 답을 미루었다. 다시 '보내 주신 맹약서에서 말씀하신 바'라는 부분까지 읽자 영출할 등이 더 읽을 필요 없다고 하였다. 그리고는 다시 "이미 서경 땅을 주기로 허락하였으니, 녹반[11] 2천 바구니를 주셨으면 합니다."라고 하고 또 "병사들이 서경을 취하느라 크게 고생하였으니 하사품을 내려 주시기를 청합니다."라고 하였다.

왕보는 모두 허락하였다. 그러자 영출할이 다시 "앞으로 양국이 수교하는데, 형제 관계가 될지 숙질 관계가 될지, 혹은 친구 관계가 될지 모르겠습니다."라고 말하였다. 이에 왕보는 "국력이 비슷한 두 나라가 왕래하게 되었으니 그저 친구의 예를 취해야겠지요."라고 답하였다.

上以甯朮割(改作尼楚赫)屢乞花宴, 詔特頒春宴①. 上屢遣黃珦問勞②, [015-02] 詔甯朮割(改作尼楚赫)就辭於集英殿. 甯朮割(改作尼楚赫)等辭訖, 跪奏設賞金帛物數. 上遣黃珦諭以："二十萬③." 甯朮割④(刪此三字)猶以爲數少, 再三乞增加, 上不許, 遂行⑤.

① [許] 上以寧朮割屢乞花宴, 詔特頒春宴. : 이 문장은 줄을 바꿔 써야 하는데 잘못하여 윗 문장에 이어서 썼다. 교주를 따른다.

② [許] 上屢遣黃珦問勞 : 이 문장은 줄을 바꿔 써야 하는데 잘못하여 윗 문장에 이어서 썼다.

[按] 袁本은 위 ①을 기사문으로 쓰고, ②의 '上屢'부터 이 문단 전체를 ①에 대한 사료로 편집하였다.

③ [按] 二十萬 : 袁本에서는 '三十萬'으로 썼다.

④ [按] 甯朮割 : 袁本에서는 甯朮割等'으로 썼다.

⑤ [按] 遂行 : 袁本에서는 '遵行'으로 썼다.

영출할이 화연을 베풀어 주셨으면 하고 여러 차례 청하니, 황상은 조서를 내려 특별히 연회를 베풀어 주었다. 황상은 누차 황향을 보내어 노고를 위로하였고, 조서를 내려 영출할에게 집영전[12]에 와서 하직 인사를 하게 하였다. 영출할 등은 하직 인사를 마치고, 무릎을 꿇고 상으로 내리고자 하는 금과 견의 수량을 알려 달라고 아뢰었다. 황상은 황향을 시켜 "20만"이라고 전하였다. 영출할은 수가 너무 적다고 생각되어 증액시켜 줄 것을 거듭 청하였으나 황상은 불허하였다. 영출할은 이내 출발하였다.

『茆齋自敍①』曰：三月日②, 使人至館, 初五日朝見, 使臣退③. 上朝奏事④, 上問："金人何故要添許多歲物, 及起燕京人民."良嗣對以："女眞性貪暴(刪以女六字改作曰彼固), 唯利是從, 他不卹也⑤." 擴奏："本朝兵威不立故也." 武仲云："賴陛下聖德, 阿骨打(改作阿固達)心服, 不爾邊患豈易量耶?" 上云："女眞貪暴殘賊民物, 雖黃巢不是過也, 豈能久耶! 然(刪女眞至此二十字)彼旣入關先據燕京, 朕恐爲後患, 故不惜歲增百萬緡以啗之, 且解目前之變. 今旣同山後許還, 亦足見其歸意⑥, 斯亦卿等之力." 良嗣曰："計議山後, 馬擴力最多." 上云⑦："聞馬擴頗知書." 良嗣曰："馬擴係武擧." 僕奏："臣係嘉王榜⑧塵忝, 久被陛下教育." 上云："若非知書, 安能專對?" 是晚奉御筆：馬擴特除武翼大夫, 忠州刺史兼閤門宣贊舍人⑨.

① [按] 茆齋自敍 : 袁本에서는 '茅齋自敍'로 썼다.

② [按] 三月日 : 袁本에서는 '三月旦'으로 썼다.

③ [按] 使臣退 : 袁本에서는 '使人退'로 썼다.

④ [按] 上朝奏事 : 袁本에서는 '上殿奏事'로 썼다.

⑤ [按] 他不卹也 : 袁本에서는 '他不恤也'로 썼다.

⑥ [按] 亦足見其歸意 : 袁本에서는 '亦是見其歸意'로 썼다.

⑦ [按] 上云 : 袁本에서는 '上問云'으로 썼다.

⑧ [許] 僕奏臣係嘉王榜 : '係秦嘉玉榜'으로 써야 한다.

[按] 袁本에서는 '臣係秦嘉玉榜塵忝'으로 썼다.

⑨ [按] 兼閤門宣贊舍人 : 袁本에서는 '並閤門宣贊舍人'으로 썼다. 교주를 따른다.[13]

『모재자서』[14]에는 이렇게 적혀 있다.

선화 5년(1123) 3월 모일, 사신이 관사에 도착하였고, 3월 5일 입조하여 황상을 알현한 후 사신들이 돌아갔다. 나 마확[15]이 조회에 나아가 업무를 아뢰자 황상께서는 "금국은 무엇 때문에 그렇게 많은 세물[16]을 요구하고 또 연경의 백성들을 이주시키려 하느냐."라고 물으셨다.

조량사[17]는 "여진은 본성이 탐욕스럽고 포악합니다. 오직 이익을 좇을 뿐 다른 것은 고려하지 않습니다."라고 답했지만, 나는 "본국 군대의 위엄이 서 있지 않은 까닭입니다."라고 답하였다. 하지만 주무중[18]은 "폐하의 성덕에 힘입어 아골타[19]가 진심으로 감복하였으니, 이처럼 하지 않았더라면 변방의 우환을 어찌 쉽게 헤아릴 수 있겠습니까?"라고 말하였다.

황상은 다음과 같이 말씀하셨다.

"여진은 탐욕스럽고 포악하여 백성을 해치고 재물을 노략질하니 비록 황소[20]라 한들 그보다 더하진 않을 것이다. 그러니 어찌 오래 버틸 수 있겠느냐? 그러나 저들이 이미 관문을 통과해 먼저 연경[21]을 점령하였으니 짐은 후환이 될까 두렵구나. 그래서 재물을 아끼지 않고 세폐를 100만 관으로 증액하여 저들을 달램으로써 일단 눈앞의 재난을 해결하고자 하노라. 이제 이미 산후[22] 지역을 돌려주는 걸 허락하는 데 동의하였으니, 그들이 돌아갈 생각이 있음을 족히 확인할 수 있었다. 이 또한 경들의 공이라 할 수 있다."

조량사가 "산후 지역의 일을 협의하고 논의한 데는 마확의 공이 제일 컸습니다."라고 말하자 황상께서는 "마확이 책을 상당히 많이 읽었다고 들었노라."라고 말씀하였다. 조량사가 "마확은 무과에 급제한 사람입니다."라고 아뢰었고, 나 마확이 "신은 가왕嘉王이 과거에 급제한 해[23]에 분에 넘치게[24] 급제하여 오랫동안 폐하의 가르침을 받았습니다."[25]라고 아뢰자, 황상께서는 "만일 학식이 없다면 어찌 사안에 맞게 대처할 수 있었겠는가."라고 하셨다.

이날 저녁에 어필을 받았는데, 마확을 특별히 무익대부[26]로 충주[27]자사[28] 겸 합문선찬사인[29]에 제수한다고 하였다.[30]

詔吏部侍郎盧益假工部尙書, 及趙良嗣爲奉使大金國信使, 持誓書著誓弁議交燕山、雲中月日.

다음과 같은 내용의 조서를 받들었다.

"이부시랑[31] 노익[32]을 공부상서[33] 명의의 정사로 하고 조량사와 함께 대금국 국신사[34]로 임명하니, 맹약서를 가지고 가서 맹약의 뜻을 알리라. 아울러 연산부로[35]와 운중부로[36]를 할양할 날짜를 논의하라."

『茆齋自敍』曰：是時再遣使燕往①議交割燕山、雲中月日，未行，往見樞密鄭居中．鄭問守山後之道．僕曰：“朝廷欲如何爲守?” [015-03] 鄭云：“見諸公議，欲用彼土豪傑，使世守之.” 僕答：“山後自漢築雲中、朔、武等郡，以弱匈奴．孝文時任魏尙守之，匈奴不敢犯邊．今與山前山後爲表裏，乃邊防要害之地，儻土民有力，猶不可使之守，況自金人蹂籍②之後，燒掠殆盡，富豪散亡，苟延殘喘．契丹至則順契丹，金人至則順金人③，王師至則順王師，但營免殺戮而已，豈能守耶④!” 鄭云：“如此當用多少軍馬則可?” 僕曰：“唯多益善，苟恐費大，亦須三萬人，萬人屯雲中，餘分戍要害之地，擇賢能將帥委之，朝廷損浮費之資，移以應付⑤，三五年人心樂業⑥，則邊防就緒矣.” 鄭又問雲中帥張孝純．僕曰：“孝純久帥太原，通曉山後血脉，更以二統兵官輔之，則可矣.” 鄭皆然之．

① [許] 是時再遣使燕往：‘往燕’을 ‘燕往’으로 잘못 썼다. 교주를 따른다.

② [按] 蹂籍：袁本에서는 ‘蹂躪’으로 썼다.

③ [按] 金人至則順金人：袁本에서는 ‘夏人至則順夏人’으로 썼다.

④ [按] 豈能守耶：袁本에서는 ‘安能守耶’로 썼다.

⑤ [按] 應付：袁本에서는 ‘應副’로 썼다.

⑥ [按] 樂業：袁本에서는 ‘戀樂’으로 썼다.

『모재자서』에는 이렇게 적혀 있다.

이때 다시 사신을 연경으로 파견하여 연산부로와 운중부로를 할양하는 날짜를 논의하게 했다. 아직 출발하기 전에 나 마확은 추밀사[37] 정거중[38]을 찾아가 만났는데, 정거중이 산후 지역을 지키는 방법을 물었다. 내가 “조정에서는 어떻게 지키려고 합니까?”라고 되묻자 정거중은 “여러 사람들의 논의를 보면, 그 지역의 호걸을 등용하여 그들에게 대대로 지키게 하려는 것이오."라고 말하였다.

이에 나는 이렇게 대답하였다. "산후 지역은 한대부터 흉노를 약화시키기 위해서 운중·삭주[39]·무주[40] 등의 군郡을 설치하였습니다. 서한의 효문제[41] 때는 위상[42]을 임명하여 지키게 했는데, 흉노가 감히 변경을 침범하지 못했습니다. 지금 산후 지역은 산전[43] 지역과 표리 관계로 변경 방어의 요충지입니다. 설령 그 지역의 백성들이 힘이 있다고 하더라도, 그들에게 지키게 해서는 안 됩니다. 하물며 금국이 유린한 이후, 거의 모두 불태워지고 노략질당하여 부호들은 흩어져 사라지고 간신히 남은 목숨만 이어가고 있습니다. 거란이 오면 거란에 복종하고 금군이 오면 금군에 복종하며, 우리 군대가 오면 우리 군대에 복종합니다. 그저 살육을 면하려고만 힘쓸 뿐이니, 어떻게 지킬 수 있겠습니까?"

그러자 정거중이 "그렇다면 마땅히 어느 정도의 군마를 동원하면 되겠소?"라고 물었다.

나는 다음과 같이 말하였다.

"많을수록 좋습니다. 군비 지출이 많아질 것이 걱정된다 해도 반드시 3만 명은 되어야 합니다. 1만 명은 운중부에 주둔하고 그 외는 나누어 요충지를 지키게 하며, 현명하고 능력 있는 장수를 뽑아 그들에게 맡겨야 합니다. 조정에서는 불필요한 비용을 줄여서 그것을 군에 공급하여 경비에 충당해야 합니다. 그렇게 3~5년이 지나 그 지역 사람들이 안심하고 생업에 힘쓰게 되면 변경 방어에 실마리가 잡힐 것입니다."

정거중은 또 운중을 방어할 장수로 장효순[44]에 관해 물었다. 나는 "장효순은 오랫동안 태원부[45]의 안무사로 있어서 산후 지역의 중요한 맥락을 두루 알고 있습니다. 거기에 군대를 통솔할 통병관[46] 두 명을 더 주어 그를 보좌하게 하면 될 것입니다."라고 말하였다. 정거중은 내 의견이 모두 옳다고 여겼다.

「朝廷國書」: 書云 : 三月日, 大宋皇帝致書於大金皇帝闕下, 華緘薦至①, 契好增勤, 爰馳預政之臣, 共著約神之誓. 惟兩朝弔民伐罪之擧, 振古所無 ; 而萬世講信修睦之誠, 自今伊始, 用監盟載②, 永洽鄰歡. 來書云 : "燕城候各立盟誓, 然後交割. 今立誓草, 付國信使副, 到請依草著誓③, 至日當議復盟銀絹, 請似前來與契丹物色一般者④交送." 並如來諭, 順履融和, 茂迎祉福. 今差中大夫、試工部尙書盧益, [015-04] 龍圖閣直學士、大中大夫趙良嗣充國信使, 閤門宣贊舍人⑤馬擴, 充國信副使, 有少禮物, 具諸別幅, 專奉書陳謝⑥, 不宣, 謹白.

① [按] 華緘薦至 : 袁本에서는 '華緘洊至'로 썼다.

② [按] 用監盟載 : 袁本에서는 '用堅盟載'로 썼다.

③ [按] 依草著誓 : 袁本에서는 '依草書著誓'로 썼다.

④ [許] 請似前來與契丹物色一般者 : '以'를 '似'로 잘못 썼다. 교주를 따른다.
[按] 袁本에서는 '請以前來與契丹物一般者'로 썼다.

⑤ [按] 閤門宣贊舍人 : 袁本에서는 '閤門宣贊舍人'으로 썼다. 교주를 따른다.

⑥ [按] 專奉書陳謝 : 袁本에서는 '專書陳謝'로 썼다.

「조정 국서」: 국서의 내용은 다음과 같다.

3월 모일에 대송 황제가 대금 황제 궐하께 삼가 국서를 보냅니다. 연이어 아름다운 서신이 이르니, 우호가 더 두터워지는 듯합니다. 이에 군국대사에 관여하는 주요 대신을 서둘러 파견하여 함께 신명께 약속하는 서약을 맺으려 합니다. 생각건대, 두 조정이 힘을 합쳐 도탄에 빠진 백성을 위로하고 포악한 군주를 징벌하기 위한 거병은 예로부터 찾아볼 수 없는 일입니다. 만세토록 신의를 추구하고 화목을 닦고자 하는 진실된 마음은 지금부터 시작입니다. 맹약의 글을 잘 헤아려서 실천하고 이웃으로서의 즐거움이 영원하기를 바랍니다.

보내 주신 국서에서 이르시길 "연경성은 양국 간에 맹세를 확실히 한 뒤에 할양해 드리겠습니다. 지금 맹약서의 초안을 만들어 국신사와 부사에게 주었으니, 그들이 도착하면 초안에 의거하여 맹약서를 작성하시고, 맹세를 확정한 날이 되면 맹약의 회복과 은견 문제를 논의해야 합니다. 은견은 전에 거란에게 주었던 것과 같은 것으로 보내 주시기 바랍니다."라고 하셨습니다. 모든 것은 일러 주신 말씀대로 하겠으며, 조화롭고 융화된 분위기를 잘 누려 사직의 복을 풍성하게 맞이하시길 바랍니다. 지금 중대부[47]로 시[48]공부상서인 노익을 보내면서, 대중대부[49]로 용도각[50]직학사[51]인 조량사를 국신사로, 합문선찬사인 마확을 국신부사로 보임하여 보냅니다. 약간의 예물이 있는데 별도 목록에 모두 적었습니다. 삼가 국서를 받들어 올리며 감사의 뜻을 표합니다. 이만 말을 줄이며, 삼가 아뢥니다.[52]

十八日辛未, 趙良嗣等至燕山. 金人遣韶瓦(改作碩哈)郎君、高慶裔來問難, 摘指誓書字畫, 邀取逃去職官①、戶口等事.

① [按] 職官 : 袁本에서는 '官職'으로 썼다.

선화 5년(1123) 3월 18일 신미일, 조량사 등이 연경에 도착했다. 금국에서는 아골타의 아우 소와 낭군[53]과 고경예[54]를 보내서 힐책하며 맹약서 서체의 문제와 도망친 관리와 백성을 찾아서 데려오는 일 등을 골라 지적하였다.

『燕雲奉使錄』曰：趙良嗣至涿州，韶瓦①(敗作碩哈)郎君及高慶裔來，傳乃酋(改作金主)言(刪此字)意指摘誓草云："五字不當用，及常年二字，及除去後面疊道五句，便令退換誓書，更爲所取人口未足，未許過界." 良嗣等以其意附遞奏聞，復於遞中付下御前降下改定誓書幷誓草. 進至燕，差李靖、劉嗣卿充館伴，至寨門，執笏跪捧國書入②. 至國主帳前，面北立，閤門官傳國書入，引至帳內，跪奏，問大金皇帝聖躬萬福，奏訖，拜謝復跪③，問南朝皇帝聖躬萬福，奏訖，拜起復位，引出帳南面西立，有閤門官贊喝云④："大宋國信使試工部尙書盧益等朝見."

① [按] 韶瓦 : 袁本에서는 '詔瓦'로 썼다.

② [按] 執笏跪捧國書入 : 袁本에서는 '執笏捧國書入'으로 썼다.

③ [許] 拜謝復跪 : '起'를 '謝'로 잘못 썼다.

④ [按] 有閤門官贊喝云 : 袁本에서는 '有閤門官贊謁云'으로 썼다.

『연운봉사록』에는 다음과 같이 적혀 있다.

나 조량사가 탁주[55]에 이르자, 소와 낭군과 고경예가 와서 저쪽 추장의 말과 생각을 전하면서 맹약서 초안의 문제점을 다음과 같이 지적하였다.

"다섯 글자는 사용하기에 적합하지 않고, '상년常年' 두 글자와 뒷부분에 중복해서 언급한 다섯 구절을 삭제하여야 하니,[56] 맹약서를 물리고 새롭게 바꿔야 합니다. 특히 우리가 취하려는 사람의 수가 채워지지 않는다면 경계를 넘는 것을 허락할 수 없소이다."

우리는 금 측의 의사를 긴급공문으로 상주하여,[57] 어전에서 내려 주신 개정 서약서와 서약서 초본을 역마를 통해 다시 내려받았다.

우리가 연경에 이르자[58] 금국에서는 이정과 유사경을 관반사[59]로 보임하여 보냈다. 영채 문에 이른 후에, 홀[60]을 잡고 무릎을 꿇어 국서를 받들고 안으로 들어갔다.[61] 금의 국주 장막 앞에 이르러 북쪽을 향해 서자, 합문사[62]의 관리가 국서가 이르렀음을 전하면서 장막 안으로 인도하였다. 들어가 무릎을 꿇고 대금 황제께서 옥체 만복하신지 여쭈었다. 아뢰는 말을 끝낸 뒤 감사의 절을 올리고 다시 무릎을 꿇으니, 금의 국주가 남조 황제의 옥체가 강녕하신가를 물었다. 대답을 마친 뒤 절을 하고 일어나 자리로 돌아갔다가 장막의 남쪽으로 인도되어 나가서 서쪽을 향하여 섰다. 합문사 관리 하나가 큰소리로 "대송의 국신사 시공부상서 노익 등이 알현합니다."라고 외쳤다.

又一閤門官引某等面北立, 先五拜搢笏舞蹈, 不離位, 奏聖躬萬福, 又兩拜, 閤門官引益少進, 躬身致詞, 復位. 又五拜舞蹈, 如前遣使, 問某官等遠來不易. 又五拜, 舞蹈如前, 遂引所齎禮物金器等, 自西而東, [015-05] 於國主面前過卻, 引出第二重門外, 面北立, 閤門官稱有制令先兩拜, 起再云 : "賜卿等對衣金帶."

또 다른 합문사 관리가 우리 일행을 인도하여 북쪽을 향해 서 있게 했다. 먼저 다섯 번 절하고 홀을 잡고 춤을 춘 뒤에, 자리를 벗어나지 않고 옥체 만복하신가를 문후한 후 또 두 번 절을 했다. 합문사 관리가 노익을 인도하여 조금 앞으로 나아갔고, 몸을 굽혀 송덕의 말을 올린 후 다시 자리로 돌아갔다. 다시 다섯 번 절하고 춤을 추는 등 예전의 사신들과 같은 의례를 행하였다. 금의 국주가 우리 사신 일행이 멀리서 오느라 고생했다고 위로하였다. 다시 다섯 번 절하고 앞서와 같이 춤을 춘 후에 드디어

가지고 온 예물과 금 그릇 등을 바쳤다. 서쪽에서 동쪽으로 이동해서 금의 국주 면전에서 물러난 후 두 번째 중문 밖으로 인도되어 나갔다. 북쪽을 향해 서자 합문사 관리가 어명이 있다며 우선 두 번 절을 하라고 시켰다. 절을 하고 일어나자 다시 "경들에게 금으로 장식한 관대[63] 한 쌍을 하사하셨습니다."라고 알렸다.

跪受訖, 拜起, 閤門官引復入, 依前面北立, 閤門官云 : "謝恩." 又五拜舞蹈, 又云 : "賜卿等茶酒." 又五拜舞蹈, 閤門官引趨帳西①, 浮幕下少立, 一衣紫繫犀帶者, 認是漢兒宰相左企弓, 國主②前拜跪進酒, 倣學(刪此字)上壽儀③. 國主飮訖, 令在位者皆拜, 遂各就座. 閤門官又引起稱, 傳宣勸酒令, 搢笏飮至盡, 又兩拜就座, 自此每盞並係漢兒宰相及左右親近郎君跪進, 又將國主自食者④, 飮食分賜至第四盞⑤, 宣勸如前, 五盞訖, 樂官以下共賜絹四百二十匹, 再引帳前⑥, 面北立, 閤門官云 : "謝宴!" 又五拜舞蹈, 引出, 上馬同館伴還⑦安下處. 三節人從各七事衣銀十兩訖.

① [按] 引趨帳西 : 袁本에서는 '引移帳西'로 썼다.

② [按] 國主 : 袁本에서는 '國王'으로 썼다.

③ [許] 倣學上壽儀 : '倣學士上壽儀'로 써야 한다. 교주를 따른다.

[按] 四庫本에서는 '倣學士壽儀'로 썼다.

④ [按] 自食者 : 袁本에서는 '自飮者'로 썼다.

⑤ [按] 第四盞 : 袁本에서는 '四盞'으로 썼다.

⑥ [按] 引帳前 : 袁本에서는 '引至帳前'으로 썼다.

⑦ [按] 上馬同館伴還 : 袁本에서는 '上馬與同館伴還'으로 썼다.

무릎을 꿇고 하사품을 받은 뒤 절을 하고 일어나자 합문사 관리가 인도하여 다시 들어갔다. 앞서와 같이 북쪽을 향해 서자 합문사 관리가 "은혜에 감사를 표하십시오."라고 알렸다. 다시 다섯 번 절하고 춤을 추니 "경들에게 차와 술을 하사하셨습니다."라고 알려 주었다. 또 다섯 번 절하고 춤을 추자 합문사 관리가 서둘러 장막 서쪽으로 인도했다. 위로 치켜진 장막 아래에서 잠시 서 있었더니, 자색 옷을 입고 무소의 뿔로 장식한 허리띠를 찬 이가 올라왔는데 그는 한인 출신 재상 좌기궁[64]으로 금국 국주 앞에서 무릎을 꿇어 절하고 술을 올리면서 학사의 예를 모방한 장수를 축원하는 예[65]를 올렸다. 국주가 술을 다 마시자 자리에 있는 자들에게 절을 하라고 시켰고, 그러고 나서 각자 자신의 자리로 갔다.

합문사 관리가 또 모두 술잔을 들어 축수하게 한 후 술을 권하는 명령이 내려졌다고 전하니, 들고 있던 홀을 허리띠 위에 꽂고 술을 다 마시고는 또 두 번 절하고 자리로 갔다. 이때부터 술잔은 매번 한인 출신 재상과 좌우의 가까이 모시는 낭군들이 무릎을 꿇고 바쳤다. 또 국주는 자신이 먹는 음식을 나누어 주었는데, 네 번째 잔이 올 때까지 술과 차를 하사하고 권하는 것이 앞서와 같았다. 다섯 번째 잔을 다 마시자 악관 이하에게 모두 견 420필을 하사하였다. 다시 장막 앞으로 인도되어 북쪽을 향해 서자, 합문사 관리가 "연회에 감사를 표하십시오."라고 하였다. 또 다섯 번 절하고 춤을 춘 뒤에 인도되어 그 자리를 나와 말을 타고 관반사와 함께 숙소[66]로 돌아왔다. 수행원[67]들에게 일곱 가지 물품[68]과 옷값으로 열 냥씩 나눠 주었다.

傳問誓書中常年、每年重疊, 及催取戶口. 對以 : "誓書並係昨來將去,誓草改定, 卽無增減, 所有合要戶口, 宣撫司見行根促①, 纔②獲時卽發遣過來.” 楊璞、高慶裔來傳, 粘罕(改作尼堪)指揮, 斥字畫惹筆③, 提拔不謹④. 對以 : “自來國書, 止是司分人修寫, 拘於體例, 自無惹筆⑤, 今係主上親御翰墨, 是尊崇大國之意⑥.” 慶裔云 : “誓書有不提空倂惹筆⑦, 須著換.” 對以 : “此誓書元在闕下 爲使人陳乞已換了兩次, 到涿州又換一次 [015-06] ; 敵國往來, 豈有此理!” 慶裔云 : “誓書要傳萬世, 親寫故知是厚意, 兩國相重, 書狀往還, 寫得眞楷是厚意, 爲復寫得惹筆是厚意⑧?” 又云 : “誓書字札且休⑨, 如誓書所載兩界逃人, 彼此無令停止, 今來所取戶口, 只推道不見, 不肯發來, 豈不是違誓? 許大天猶自不怕, 更要誓書則甚? 且如近有燕京職官趙溫信⑩、李處能、王碩儒、韓昉越境來南, 張軫帶了本朝銀牌走過南界, 須先以見還, 是數人皆契丹所指名, 故金人必索之.”

① [許] 宣撫司見行根促 : ‘捉’을 ‘促’으로 잘못 썼다. 교주를 따른다.

② [按] 纔 : 袁本에서는 ‘才’로 썼다.

③·⑤ [按] 惹筆 : 袁本에서는 ‘諾筆’로 썼다.

④ [按] 提拔不謹 : 袁本에서는 ‘提拔不對謹’으로 썼다.

⑥ [按] 是尊崇大國之意 : 袁本에서는 ‘示尊崇大國之意’로 썼다.

⑦ [按] 誓書有不提空倂惹筆 : 袁本에서는 ‘誓書無有不提空倂諾筆’로 썼다.

⑧ [按] 爲復寫得惹筆是厚意 : 袁本에서는 ‘惟復寫得諾筆是厚意’로 썼다.

⑨ [按] 誓書字札且休 : 袁本에서는 ‘誓書字體且休’로 썼다.

⑩ [按] 趙溫信 : 본 권에 모두 8회 등장하는데 袁本에서는 ‘趙溫訊’으로 썼다. 『金小史』 권2에도 1회 보이는데 ‘趙溫訊’으로 썼다. 이하 교주는 생략한다.

맹약서 중의 ‘상년’과 ‘매년’이 중복된 것과 주민을 취하는 것에 대해 내용을 물어 왔기에 다음과 같이 답하였다.

"맹약서는 모두 일전에 가져간 것이고, 초안은 고쳐 썼는데, 더하거나 뺀 것은 없습니다. 호구를 대조하고 확인하는 모든 일은 선무사사[69]가 맡아서 추적 체포하고 있으며, 그들을 붙잡게 되면 곧장 보내올 것입니다."

양박과 고경예가 와서는 점한[70]의 지휘[71]를 전달하였는데, 자획이 올바르지 못하며 표제와 발문이 신중하지 못하다고 지적했다는 것이었다. 이에 이렇게 답하였다.

"원래 국서는 담당자들이 나누어 작성합니다. 형식에 구애받기 때문에 당연히 자획이 올바르지 않은 문제가 없었습니다. 지금은 우리 주상께서 친히 국서를 쓰셨는데, 이는 대국을 존중하는 뜻이셨습니다."

고경예가 "맹약서에 존중 표시의 빈칸을 두지 않거나, 필획이 올바르지 않은 문제가 있으면 반드시 바꿔 써야 합니다."라고 말했다. 이에 나는 "이 맹약서는 원래 궐에 있을 때 사신들의 간청으로 이미 두 번이나 바꾸었고, 탁주에 와서 또 한 번 바꾸었습니다. 대등한 국가 간의 교류에서 어찌 이럴 수 있단 말입니까?"라고 말했다. 하지만 고경예는 다음과 같이 말했다.

"맹약서는 만세에 전해지는 것입니다. 남조의 황제가 직접 쓰신 것은 후의에서 그리하신 것임을 우리도 압니다만, 양국이 서로를 중시한다면 문서가 오고 갈 때 반듯한 해서[72]로 쓰는 것이 후의이겠습니까, 올바르지 않은 글씨로 쓰는 것이 후의이겠습니까?"[73]

그리고는 또 다음과 같이 말하였다.

"맹약서의 글씨체에 대해선 차치한다 치더라도 맹약서에서 기록하고 있는 양국 국경을 넘어간 도망자들은 피차 머물게 해서는 안 된다고 한 부분을 봅시다. 근자에 새로 주민들을 받아 놓고 그저 보이지 않는다고 핑계만 댈 뿐 보내려고 하지 않으니, 어찌 맹약을 위반한 것이 아니겠습니까? 저 하늘이 두렵지 않습니까? 그런데도 맹약서를 요구하는 것은 대체 무엇 때문입니까? 게다가 근래 연경의 관리였던 조온신·이처능[74]·왕석유·한방[75]이 국경을 넘어 남으로 갔고, 장진은 본 조정의 은패[76]를 가지고 남쪽 국경을 넘어갔으니, 모름지기 먼저 송환해야 할 것입니다. 이 몇몇은 모두 거란이 월경한 자라고 지명한 사람들이므로, 우리 금국으로서는 반드시 찾아내야 합니다."

良嗣欲諭宣撫司遣行, 盧益、馬擴不可曰 : "諸人聞已達京師, 若悉還之, 不唯失燕人之心, 且彼必見銜, 盡告吾國虛實, 所繫非細①. 況今已四月, 虜(改作彼)亦難留, 何慮不交? 柰何隨所索卽與之, 彼得一進十②, 何時已耶?" 然終以人口未足移文往來事(刪此字), 辨論久之, 未決, 盧益力爭不可.

① [按] 所繫非細 : 袁本에서는 '所係非細'로 썼다.

② [按] 彼得一進十 : 袁本에서는 '彼得一詢十'으로 썼다.

나 조량사는 선무사사에 알려 그들을 돌려보내라고 하려 했으나 노익과 마확은 그럴 수 없다면서 다음과 같이 주장하였다.

"그들이 이미 도성에 도착했다는 것을 많은 사람이 들었습니다. 만약 그들을 모두 송환한다면 연경 사람들의 인심을 잃을 뿐만 아니라 그들은 분명 원망하는 마음이 들어 우리나라의 허실을 다 알려 주게 될 것이니, 걸리는 문제가 작지 않습니다. 하물며 지금 이미 4월이 되었습니다. 저들도 더는 머물기 어려울 터이니 건네주지 않는다 한들 무엇이 걱정입니까? 부득이해서 찾는 대로 바로 저들에게 보낸다면, 저들은 하나를 얻으면 열을 요구할 것입니다. 이 일이 언제 그치겠습니까?"

그러나 끝내 송환해야 할 사람의 수가 부족하다는 문제 때문에 공문[77]이 오가고 오랜 시간 논쟁하였으나 결론을 내리지 못했다. 노익은 불가하다고 힘써 주장했다.

兀室(改作烏舍)云："兩朝誓書中, 不納叛亡, 今貴朝已違誓矣." 益答曰："且勿言諸人未嘗有至南朝者, 借使有之, 在立誓後耶, 立誓前耶? 五六年計議大事已定, 本朝所有並已依從應付①, 如些小人口, 豈有吝惜②? 只是有變更姓名, 或在遠地, 或聞得根取因而逃竄, 或藏匿山谷, 或走過山西, 如此之類, 如何決要取足?" 兀室(改作烏舍)云："且如遠者, 盡是契丹奴婢, [015-07] 且道不知姓名, 道尋不見. 如知名人郭藥師、董龐兒③兩箇, 莫道不見, 只將此二人來折當!" 馬擴答以："郭藥師、董龐兒係是契丹時投降過來, 卽干貴朝甚事? 若如此說, 卽數十年前事, 豈可套在誓書中, 有甚涯際."

① [按] 應付 : 袁本에서는 '應副'로 썼다.

② [按] 豈有吝惜 : 袁本에서는 '豈肯吝惜'으로 썼다.

③ [按] 董龐兒 : 袁本에서는 '董龐兒'로 썼다. 교주를 따른다.

올실[78]이 "두 조정 간 맹약서에는 배반하고 도망간 자들을 받아들이지 않기로 했는데, 지금 귀 조정에서 이미 맹약을 위반했습니다."라고 하자, 노익은 다음과 같이 대답하였다.

"남조로 내려간 자들이 있는지는 잠시 논외로 합시다. 설령 있다고 하더라도 맹약을 맺은 후일까요? 맹약을 맺기 전일까요? 5, 6년 동안 논의했던 큰일들이 이미 결정되었습니다. 우리 조정에서는 이미 모두를 맹약에 따라 처리하고 있는데, 이런 몇몇 사람들을 가지고 어찌 내놓기 싫어서 집착하겠습니까? 그저 이름을 바꾸거나 저 멀리에 살고 있는 자, 혹은 수색한다는 얘기를 듣고 도망가 숨어 있는 자, 산골짜기에 숨어 있는 자, 산서로 달아난 자 등이 있을 터인데, 이런 무리들을 어떻게 찾아서 데려올 수 있겠습니까?"

하지만 올실은 이렇게 말하였다.

"그렇게 멀리서 사는 자들은 모두 거란의 노비들일 것이니 이름을 알 수 없거나 찾아도 찾을 수 없다고 칩시다. 그러나 이름을 알만한 인물들인 곽약사[79]와 동방아[80] 이 둘은 찾을 수 없다고 말할 수 없을 것이니, 이 둘만으로 때우도록 합시다!"

이에 마확은 이렇게 답하였다.

"곽약사와 동방아는 거란 시절에 투항해 온 사람들입니다. 귀 조정과 무슨 상관이 있습니까? 만약 이처럼 말씀하신다면 수십 년 전의 일까지 다 맹약서에 갖다 붙일 수 있으니 어떻게 기준을 정할 수 있겠습니까?"

及交燕月日①, 兀室(改作烏舍)云："只爲所取戶口未足, 卽無交割月日." 良嗣對以："本朝自來每事相就, 無不曲盡至誠；然貴朝每一番來, 一事未了, 又生一事, 此當以大事爲念, 不可以細故相妨, 兩朝所係利害甚重. 況兩日只是理會誓書一事, 若今且把復盟了當, 些小人口足可商量②. 且如向日自海外計議, 雖未立誓, 天地神明, 實已臨察, 宜各存信義. 本朝並無事未盡, 兩朝敵國, 義均一體, 更宜思之." 兀室(改作烏舍)

與楊璞等起立云：“有聖旨：朕以天地眷佑, 併有遼國, 所有涿、易盡屬燕地[③], 若戶口不盡數發來, 便請勾回涿、易人馬, 朕欲將軍馬前去巡邊, 恐兩軍相見不測生事, 便令使副朝辭, 往宣撫司取人.”

① [按] 及交燕月日 : 袁本에서는 ‘及交割燕月日’로 썼다.

② [按] 足可商量 : 袁本에서는 ‘只可商量’으로 썼다.

③ [按] 屬燕地 : 袁本에서는 ‘並屬燕地’로 썼다.

연경을 할양하는 날짜를 논의하게 되자 올실이 “데려갈 사람 수가 다 채워지지 않았기 때문에 연경을 할양할 날도 정할 수 없습니다.”라고 하였다. 이에 나 조량사가 답하였다.

“우리 조정에서는 지금까지 모든 일에 적극적으로 응해 왔으며, 지극한 정성을 다하지 않은 적이 없었습니다. 그러나 귀 조정은 매번 올 때마다 한 가지 일을 마무리 짓기도 전에 또 한 가지 일을 내놓고 있습니다. 지금은 마땅히 큰일을 염두에 두어야지, 자잘한 이유로 방해가 되도록 해서는 안 될 것입니다. 두 조정의 매우 중요한 이해가 걸려 있습니다. 더군다나 이틀 동안 단지 맹약서 이 한 가지 일만 따지고 있는데, 이제 일단 맹약을 끝맺고 나면 사람 수 채우는 이런 작은 문제들은 협의가 가능할 것입니다. 게다가 지난날 바다를 건너다니며 협의했던 것은 비록 맹약서를 써 두진 않았지만, 이미 천지신명이 굽어보신 바이니, 각자가 신의를 지켜야 할 것입니다. 아울러 본 왕조는 일을 처리함에 성의를 다하지 않은 적이 없습니다. 우리 두 왕조는 대등한 나라로서 의리상 똑같은 한 몸이니, 이를 더욱 고려하는 것이 마땅합니다.”

그러자 올실과 양박 등이 일어나서 말하였다.

"다음과 같은 성지가 있었습니다. '짐은 천지가 돌보아 주시어 요나라를 합병하였노라. 탁주와 역주[81]는 모두 연경에 속한 땅이므로, 만약 사람 수를 모두 채워오지 않는다면 탁주와 역주의 군대를 철수하기 바라노라. 짐이 장차 군대를 이끌고 변경의 순시에 나서고자 하는데 혹 양측의 군사가 서로 만나 예측하지 않은 일이 생길까 우려되니, 송조의 정사와 부사는 바로 하직인사를 하고 선무사사로 가서 사람들을 거두게 하라'"

良嗣云："未議之事, 有五：一, 回答誓書；二, 交燕日分；三, 符家口立界①；四, 山西進軍日時；五, 西京西北軍未定, 兼賞軍銀絹二十萬, 在涿州未交, 安得便辭? 所有甯邊州至天德、雲內一帶是舊漢地, 兼有黃河限隔, 不知貴朝欲待自守, 爲復待與夏國. [015-08] 若自守時②, 與貴朝爲鄰, 甚無害；若是夏國時③, 恐西人出沒, 常爲邊患, 兼符家口係屬南界, 有新倉④、永濟兩鹽場在內, 朝廷歲增百萬貫, 正爲此鹽場在其中, 莫須改正." 兀室(改作烏舍)云："我以山西全境與汝, 豈不能易此尺寸之地⑤耶!" 良嗣不能答. 楊璞來云："適來三相公(謂粘罕, 注改作尼堪)再奏, 已差下撒盧母(改作察勒瑪)、楊天壽同龍圖去, 不須尚書、宣贊行." 良嗣遂行.

① [按] 符家口立界：袁本에서는 '符家日立界'로 썼다.

② [按] 爲復待與夏國. 若自守時：袁本에서는 '惟復待與夏國. 若自守'로 썼다.

③ [按] 若是夏國時：袁本에서는 '若是與夏國時'로 썼다.

④ [按] 新倉：袁本에서는 '新會'로 썼다.

⑤ [按] 尺寸之地：袁本에서는 '尺寸地'로 썼다.

나 조량사가 다음과 같이 말하였다.

"아직 논의되지 않은 일이 다섯 가지나 있습니다. 첫째는 맹약서의 회답에 관한 일이고, 둘째는 연경 할양 일자이며, 셋째는 부가구[82]에 경계를 세우는 일, 넷째는 산서 지방으로의 진군 일자, 다섯째는 거란의 서경 서북쪽의 군대가 아직 평정되지 못한 것입니다. 아울러 군인들에게 상으로 줄 은견 20만은 탁주에 있어 아직 주지도 못했는데 어찌 이대로 떠날 수 있겠습니까? 영변주[83]에서 천덕군·운내주 일대의 모든 땅은 옛 한인의 거주지역이며 또한 황하로 막혀 있는데 귀 조정이 직접 지킬 것인지 아니면 서하에 건네주려는 것인지 알 수가 없습니다. 귀 조정이 지킨다면 서로 이웃이라서 해가 없겠으나, 만약 서하가 지킨다면 서하 병사들이 출몰하여 늘 변경의 우환이 될 것입니다. 그리고 부가구는 남쪽 경계에 속하는데, 신창염전[84]과 영제염전[85]이 그 관할 안에 있습니다. 우리 조정이 세폐 100만 관을 늘린 것도 바로 이 염전이 그 안에 있기 때문이었으니, 아마도[86] 개정해야 할 듯합니다."

하지만 올실은 "우리는 산서 전역을 당신네 나라에 주었는데, 어찌 이 한 치의 땅과도 바꿀 수 없단 말이오?"라고 말했다. 나는 대답할 말이 없었다. 양박이 와서 "방금 셋째 상공[점한을 가리킨다.]께서 재차 상주하셔서, 이미 살로무[87]와 양천수를 시켜 용도각직학사 조량사와 함께 떠나도록 하셨습니다. 노익 상서와 마확 선찬께서는 갈 필요가 없습니다."라고 전하였다. 이에 나는 출발하였다.

四月二日乙酉, 金國遣撒盧母(改作察勒瑪)、楊天壽同趙良嗣赴宣撫司, 取未足人口. 宣撫司以趙溫信與之.

선화 5년(1123) 4월 2일 을유일, 금국은 살로무와 양천수를 보내 조량사와 함께 선무사사에 가서 아직 충원되지 않은 숫자만큼의 사람들을 요구하였다. 선무사사에서 그들에게 조온신을 내주었다.

良嗣同撒盧母(改作察勒瑪)等往雄州取戶口, 途次, 撒盧母(改作察勒瑪)等曰 : "兩國議如許大事, 已十八九成, 止爲人口毫末." 良嗣云 : "若張軫、趙溫信、韓昉等果到本朝, 良嗣必知之, 今實不聞柰何?" 楊璞暗以微意見喩, 若只得一兩箇緊要人來便了得. 良嗣旣到宣撫司, 亦以璞言之故, 自以謂若得一二緊要人, 如溫信之徒, 可以必了. 然宣撫司頗難之, 蓋恐已送溫信愈更滋蔓, 終未得結絶. 臣①思度金國如得溫信, 乃可以畢事, 再三言宣撫司, 乞差人去取②趙溫信.

① [按] 臣 : 王本에서는 '良嗣'로 썼다

② [按] 乞差人去取 : 袁本에서는 '乞差人去收'로 썼다.

나는[88] 살로무 등과 함께 부족한 사람을 채우러 웅주[89]로 갔는데, 도중에 살로무 등이 다음과 같이 말하였다.

"양국의 협상과 같은 큰 일도 이미 열에 여덟아홉은 성사가 되었습니다. 사람을 채우는 일이 마지막이 되겠군요."

내가 대답하였다.

"만약 장진·조온신·한방 등이 정말 우리나라에 와 있다면 저도 분명 알았을 것입니다. 지금 실로 들어 보지도 못한 것을 어찌하겠습니까?"

그러자 양박이 은밀히 감추고 있던 속내를 드러내며, "꼭 필요한 사람 단 한두 명만 데려간다면 마무리 지을 수 있을 겁니다."라고 하였다. 선무사사에 도착하고 보니 양박이 말한 것도 있고, 나 자신도 만약 저들이 조온신처럼 중요한 인물을 한두 명이라도 얻게 된다면 이 문제를 마무리 지을 수 있으리라고 생각하게 되었다.

하지만 선무사사에서는 자못 난색을 표하였다. 대체로 조온신을 송환하고 나면 요구가 더욱더 늘어나서 끝내는 마무리 지을 수 없게 될지도 모를 일이라 여긴 것이었다. 그러나 나는[90] 금국이 조온신을 얻게 된다면 이 일을 끝낼 수 있을 것이라 생각하고 사람을 보내서 조온신을 잡아 오자고 선무사사에 거듭 말하였다.

初五日, 趙溫信來長跪求免, 良嗣諭溫信云 : "本朝固不欲諫議過去(謂溫信), 然金國必欲, 因此尋兵①. 大丈夫死生皆有道, 生亦爲民, [015-09] 死亦爲民, 借諫議一身, 以解兩國之兵, 爲利亦不淺." 相顧感泣, 遂以溫信付之.

① [按] 然金國必欲, 因此尋兵 : 袁本에서는 '然金國必, 因此而尋兵'으로 썼다.

선화 5년(1123) 4월 5일, 조온신이 와서 세운 꿇어앉기 자세[91]로 송환을 피할 수 있게 해 달라고 간청하였다. 나는 조온신에게 다음과 같이 말했다.

"우리 조정에서는 진실로 간의대부[92] 그대의 송환을 원치 않습니다. 그러나 금국이 원하고 있고 이것으로 전쟁의 구실을 찾으려 합니다. 대장부가 죽고 사는 것에는 모두 도가 있는 것이니, 사는 것도 백성을 위함이

요, 죽는 것 역시 백성을 위해야 할 것입니다. 간의대부 그대 한 사람의 몸을 빌려 양국 간의 전쟁을 해결할 수 있다면 이는 백성을 이롭게 하는 것이니, 또한 가벼운 죽음이 아닐 것입니다."

서로 돌아보며 감정에 북받쳐 울며 결국 조온신을 금국에 넘겨주었다.

『茆齋自敍』曰 : 孛堇(改作貝勒)等先歸①. 僕與益等留涿州十日, 候宣撫司發到賞軍銀絹三十萬匹兩②, 方發至燕京. 兀室(改作烏舍)、楊璞云 : "計議事已定, 但日近有燕京界③職官趙溫信、李處能、王碩儒、韓昉等逃去南界, 請先遣回, 然後可議交割月日." 差撒盧母(改作察勒瑪)同趙良嗣往雄州宣撫司取人, 經七日縛趙溫信回, 粘罕(改作尼堪)釋縛赦罪, 復以溫言撫之.

① [按] 孛堇等先歸 : 袁本에는 '孛堇' 앞에 '僕至涿州阿骨打止南使而呼銀朮'이 있다.

② [按] 三十萬匹兩 : 袁本에서는 '二十萬匹兩'으로 썼다. 교주를 따른다.

③ [按] 但日近有燕京界 : 袁本에서는 '限日近有燕京界'로 썼다.

『모재자서』에는 이렇게 적혀 있다.

발근[93] 살로무 등이 먼저 돌아갔다. 나 마확은 노익 등과 함께 탁주에 10일 동안 머무르며, 선무사사가 보낸 병사들에게 상으로 줄 은견 20만 필량이 도착하기를 기다렸다가 출발해 연경에 이르렀다. 올실과 양박이 다음과 같이 말하였다.

"논의한 일들은 이미 다 결정되었습니다. 다만 근래 연경에서 관리로 있던 조온신·이처능·왕석유·한방 등이 남쪽으로 도망갔는데 이들을 먼저 돌려보낼 것을 요청합니다. 그런 후에야 연경을 할양하는 날짜를 논의할 수 있을 것입니다."

살로무를 보내 조량사와 함께 웅주 선무사사로 가서 사람들을 데려오라고 시켰다. 그들은 7일이 지난 뒤에 조온신을 포박하여 돌아왔다. 점한이 포박을 풀어 주고 죄를 용서해 주며 따뜻한 말로 그를 타일러 위로하였다.

七日庚寅, 金人既得趙溫信遂交賞軍銀絹, 幷定交割燕山日. 再遣使持書來借糧米十萬石, 幷誓書來.

선화 5년(1123) 4월 7일 경인일, 금국은 조온신을 얻고 이어서 병사들에게 상으로 줄 은과 견을 건네받고서야, 비로소 연경 할양 일자를 함께 정하였다. 다시 국서를 지닌 사신을 보내와 미곡 10만 석을 빌려 달라고 했으며, 아울러 맹약서도 가지고 왔다.

兀室(改作烏舍)遣人將到秤一連, 云 : "舊例交割銀①, 五十兩五分者皆不曾受(分謂錢), 直到五十一兩方受. 今來此秤, 係五十一兩②, 貴朝秤卻只五十兩, 莫如別作一連③五十兩五分秤, 將五分作錢耗, 五分作潤官, 如何?" 某等答以④ : "凡度、量、權、衡, 皆係朝廷所定, 頒之四方, 豈敢私造⑤. 況此銀絹, 係朝廷獎賞⑥貴朝軍兵, 非歲賜之物, 莫且依秤交割⑦."

① [按] 舊例交割銀 : 袁本에서는 '舊例交割'로 썼다.

② [按] 係五十一兩 : 袁本에서는 '係五十一兩, 郤大一兩'으로 썼다.

③ [按] 別作一連 : 袁本에서는 '別造一連'으로 썼다.

④ [按] 某等答以 : 袁本에서는 '某答以'로 썼다.

⑤ [按] 豈敢私造 : 袁本에서는 '莫敢私造'로 썼다.

⑥ [按] 獎賞 : 袁本에서는 '特賞'으로 썼다.

⑦ [按] 莫且依秤交割 : 袁本에서는 '且依平時交割'로 썼다.

올실이 사람을 시켜 저울을 가져오게 한 뒤 말했다.

"이전 사례를 보면 은을 인계인수할 때 50냥 5푼[푼은 전을 말한다.] 짜리는 모두 받지 않았고 51냥이 되어야 비로소 받았습니다. 지금 가져온 이 저울은 51냥짜리인데, 귀 조정의 저울은 겨우 50냥짜리입니다. 아무래도 별도로 50냥 5푼짜리 저울을 만드는 것이 좋을 것 같습니다. 5푼으로는 금전손실분[94]을 삼고, 5푼을 관납손실분[95]으로 하는 것이 어떻겠습니까?"

우리는 이렇게 답하였다.

"무릇 자·되·저울대·저울추 모두 조정에서 정하여 사방에 나눠 주는 것인데 어찌 감히 사사로이 제작할 수가 있겠습니까! 더욱이 이 은과 견은 우리 조정에서 귀 조정의 병사들에게 포상으로 주는 것이지 해마다 하사하는 그런 물품이 아닙니다. 저울에 달아서 인계해 줄 것이 아닙니다."

朝辭, 國主云 : "卿等歸去, 傳語皇帝 : '時熱, 善保聖體. 如今軍兵兩處屯箚, 討伐夔離不(改作古爾班)併天祚, 與你家勾當疆土, 欲借米糧十萬石, 般送①至檀州、歸化兩處. [015-10] 且不要疑慮, 早些教來②, 已專差使人.'" 對以："今夏道路難行." 國主云："此一遭方始是往來禮足；兼誓書事大, 要結千萬年交好禮數, 專遣使去③." 因問交割燕京日分, 卻云："十一日, 先令交割底官員過來, 其軍兵只於瀘溝河④南下寨, 更待等幾日⑤, 得我指揮便發過河來." 又諭某等："好去, 候到闕日, 傳與大宋皇帝⑥, 立誓已定, 各守信約, 永保萬世, 常⑦如今日甚好." 遂行.

① [按] 般送：袁本에서는 '搬送'으로 썼다.

② [按] 早些教來：袁本에서는 '早些交來'로 썼다.

③ [按] 專遣使去：袁本에서는 '專使去'로 썼다.

④ [按] 瀘溝河：袁本에서는 '盧溝河'로 썼다.

⑤ [按] 幾日：袁本에서는 '數日'로 썼다.

⑥ [許] 傳語大宋皇帝：'語'를 '與'로 잘못 썼다.

⑦ [按] 常：袁本에서는 '長'으로 썼다.

하직 인사를 하자, 금의 국주가 다음과 같이 말하였다.

"경들은 돌아가거든 황제께 이 말을 전하라. '무더운 계절에 옥체 잘 보전하시길 바랍니다. 지금 우리 군사들이 두 곳에서 주둔하면서 기리불[96]과 천조제[97]를 토벌한 후 귀 왕조에 주어 영토를 관리하도록 하고자 합니다. 그리고 미곡 10만 석을 빌리고자 하는데, 단주[98]와 귀화주[99] 두 곳으로 보내 주십시오. 이런저런 의심과 걱정은 하지 마시고, 좀 일찍 보내 주시길 바랍니다. 이 일을 위해 사신을 이미 따로 보냈습니다.'"

이에 "지금은 여름이라 길을 다니기가 어렵습니다."라고 답하였다. 그러자 금의 국주는 다음과 같이 말하였다.

"이번이야말로 예절을 다 갖춘 첫 번째 왕래이다. 게다가 맹약서는 큰

일이라 천만년 갈 수교의 예우를 결정해야 하므로 일부러 사신을 보내는 것이다."

이어서 연경을 할양할 날짜를 물으니 다음과 같이 답하였다.

"11일이다. 먼저 할양 업무를 처리할 관원을 보내되, 그 군대는 노구하[100] 남쪽의 영채까지만 와서 주둔하고 며칠을 더 기다렸다가 내 명령을 받은 후 노구하를 건너오도록 하라."

그리고 또 우리에게 이렇게 말하였다.

"조심해서 가고, 궐에 이르거든 대송 황제께 '맹약을 이미 맺었으니 각자 신의로써 잘 지켜 만세토록 보존하여 항상 오늘 같았으면 정말 좋겠습니다'라는 말을 전하도록 하라."

드디어 출발하였다.

十一日甲午, 盧益、趙良嗣引伴金國使人楊璞持誓書來.

선화 5년(1123) 4월 11일 갑오일, 노익과 조량사가 인반[101]하여 금국 사신 양박이 맹약서를 가지고 왔다.

「金人國書」: 書云 : 累交禮聘, 敦講世和①, 復紆使傳之華, 克示載書之信, 指以萬世, 昭然一言, 玆見繼好息民之心②, 而得親仁善鄰之美. 義欲存於堅久, 事更宜於宣陳.③ 據燕疆界至, 只依兩朝差去人員同行檢視分割爲定. 所云交西京邊界, 夾攻契丹事, 皇帝已遣近上官員④, 押領大軍, 勒於今月十一日於彼應會, 仍報宣撫司. 凡關夾攻事件, 須令與差去官員計議, 從長施行. 其邊界亦依割定領受, 仍已諭使人, 卻合有回謝禮數, 並報復文字送付, 差去軍下官員.

① [按] 敦講世和 : 袁本에서는 '敦講世龢'로 썼다.

② [按] 繼好息民之心 : 袁本에서는 '講好息民之心'으로 썼다.

③ [按] 義欲存於堅久, 事更宜於宣陳 : 袁本에서는 '義欲存以堅久, 事更具於宣陳'으로 썼다.

④ [按] 夾攻契丹事, 皇帝已遣近上官員 : 袁本에서는 '夾攻契丹, 皇帝事已遣近上官員'으로 썼다.

「금국 국서」: 금국에서 보낸 국서의 내용은 다음과 같다.

예의로써 여러 차례 거듭 왕래하면서 장구한 평화를 두터이 강구하였고, 사신이 전달하는 국서로 다시 맺어져, 맹약서에 믿음을 담아 능히 잘 드러내었습니다. 만세를 지향함을 한마디 말로써 명확히 드러내었으니, 이것은 우호를 이어 백성을 편히 쉬게 하려는 마음을 드러내신 것이고 또 어짐을 가까이 하고 이웃과 친하고자 하는 미덕을 이룬 것입니다. 의로움은 오래도록 굳게 보존할 바이며, 일이란 가림없이 아뢰야 더욱 타당하게 됩니다.

연경지역의 경계에 관해서는 반드시 양 조정의 파견 관원이 함께 시찰하여 분할하기로 정합시다. 말씀하신 '서경을 변방의 경계로 할양하는 것, 거란을 협공하는 것'에 관해서는 황제께서 측근 관원을 이미 파견하였으니, 그가 대군을 이끌고 이번 달 11일에 그곳에 도착하여 대응할 것이며 또한 선무사사에 통보할 것입니다. 협공과 관련된 모든 사안은 파견 관원과 함께 의논하여 좋은 쪽으로 시행할 수 있게 해 주십시오. 변방의 경계 문제 역시 할양 협정에 따라 접수하는 것이라서, 이미 사신에게 일러두었으니 또한 합당한 회답의 예우가 있어야 할 것입니다. 아울러 회답 서신을 보내면서 군의 하급 관원을 파견하겠습니다.

前次議取被掠幷逃去人戶, [015-11] 雖領宣撫司交付, 卻只推言①不肯早行發遣, 致是亦未結絶②. 必若邊官邀功違約, 展轉如上, 不切禀從, 實關引惹紊亂③, 有失將來久結歡好. 若是再取如此人口, 亦仰所司, 宜疾速發遣. 又以契丹國皇帝在陰山, 夔離不(改作古爾班)在奚部山谷, 已兩處勾當④, 今取嶺北鴛鴦濼坐夏相度, 所謀雖同, 如或不泯後患, 地里咫尺, 特關貴朝. 自餘分遣別路兵馬, 須是當朝供給, 只據收捕夔離不(改作古爾班)、契丹皇帝, 兩路兵馬糧食, 合銷米一十萬石⑤, 宜早分取月日, 於檀州、歸化州兩縣處分路般送⑥, 到卽候回報. 歊炎在候, 保嗇是期. 有少禮物, 具諸別幅, 專奉書陳達. 不宣, 謹白.

① [按] 推言 : 袁本에서는 '推延'으로 썼다.

② [按] 亦未結絶 : 袁本에서는 '一未結絶'로 썼다.

③ [按] 展轉如上, 不切禀從, 實關引惹紊亂 : 袁本에서는 '展轉如下, 不切禀從, 引惹紊亂'으로 썼다.

④ [按] 已兩處勾當 : 『大金弔伐錄』 권1에는 '以此兩處勾當軍事'로 썼다. 교주를 따른다.

⑤ [按] 合銷米一十萬石 : 袁本에서는 '合銷米十萬石'으로 썼다.

⑥ [按] 般送 : 袁本에서는 '搬送'으로 썼다.

앞서 붙잡히거나 도망친 사람들을 취하는 문제를 협의한 바 있는데, 선무사사로부터 건네주라는 조치를 받았음에도 핑계만 댈 뿐 서둘러 보내려 하지를 않아 지금까지도 마무리되지 않고 있습니다. 이는 분명히 변방의 관리가 공을 가로챌 목적으로 맹약을 어기고 지난번처럼 이리저리 둘러대면서 성실하게 따르지 않는 것인데, 그러면 실로 혼란하고 복잡한 상황을 야기하여 장차 우호 관계를 길게 지켜 나가는 데 지장이 있게 될 것입니다. 앞으로 또 이런 사람들을 붙잡게 된다면 유관 부서에 명하여[102] 신속히 보내 주셔야 할 것입니다.

또한 거란국 황제는 음산산맥[103]에 있고, 기리불은 해인[104]의 산지에 있어서, 이 두 곳을 통제해야 하니, 이제 우리는 연산산맥 북쪽의 원앙락[105]을 차지하여 여름 석 달을 지내며 상황을 살펴보고 방안을 강구하고자[106] 합니다. 비록 도모하는 바는 같다고 하나 혹시라도 후환을 근절하지 못한다면, 지리적으로 매우 가깝기 때문에 특히 귀 조정에 문제가 될 것입니다. 그외 다른 지역에 파견된 군대는 당연히 우리가 보급을 맡을 것입니다. 다만 기리불과 거란 황제를 빨리 붙잡기 위한 것이니, 두 지역 군대의 군량미로 도정한 쌀 10만 석은 서둘러 날짜를 잡아 단주와 귀화주의 두 현[107]으로 나누어 운송해 주셔야 할 듯합니다. 도착한 뒤에는 우리의 회답을 기다리십시오.

무더운 요즘, 건강을 잘 지키시길 바랍니다. 약간의 예물이 있는데 별도 목록에 모두 적었습니다. 삼가 국서를 받들어 올리며 감사의 뜻을 표합니다. 이만 말을 줄이며, 삼가 아룁니다.

「金人誓書」(舊校云 : 誓書見宇文懋昭『大金國志』)

維天輔七年, 歲次癸卯, 四月甲申朔八日辛卯, 大金皇帝致書於大宋皇帝闕下. 惟信與義, 取天下之大器也, 以通神明之心, 以除天地之害. 昨以契丹國主失道, 民墜塗炭, 肆用興師, 事在誅弔. 貴國遣使航海計議, 將來①幷有遼國, 願還幽燕故地, 當時曾有依允. 廼者, 親領兵至, 全燕一方, 不攻自下, 尙念始欲敦好②, 以③燕京、涿、易、檀、順、景、薊幷屬縣及所管戶民與之如約.

① [按] 將來 : 袁本에서는 '若將來'로 썼다.
② [按] 尙念始欲敦好 : 袁本에서는 '尙念姑欲敦好'로 썼다.
③ [按] 以 : 袁本에서는 '與'로 썼다.

「금국의 맹약서」[구 교감은 다음과 같다 : 맹약서는 우문무소[108]의 『대금국지』[109]에서 찾아볼 수 있다.] :

천보 7년(1123), 세차로는 계묘년, 초하루가 갑신일인 4월 8일 신묘일, 대금 황제는 대송 황제 궐하께 삼가 맹약서를 보냅니다.

오로지 믿음과 의로움만이 천하를 취하는 큰 그릇이요, 이로써 신명과 통하며 천지의 해악을 제거합니다. 지난날 거란의 국주가 올바른 도리를 잃어 백성을 도탄에 빠뜨렸으니, 우리가 군대를 일으킨 것은 악한 자를 주벌하여 가여운 백성을 위로하기 위함이었습니다. 귀국에서 바다를 건너 사신을 보내와 협의한 바, 장차 요나라를 합병하게 되면 유연[110] 옛 땅을 수복하길 원한다고 하셨으며, 그때 일찍이 그 말씀에 따르기로 하였습니다. 지난번 직접 군대를 이끌고 가자 연경 전체가 공격도 하기 전에 스스로 항복하였습니다. 그러함에도 처음부터 돈독한 우호를 맺길 원했던 귀국을 생각하여 우리는 연경과 탁주 · 역주 · 단주 · 순주[111] · 경주[112] · 계주[113]와 그 속현 및 관할 주민까지 당초 약속대로 넘겨드립니다.

今承來書, "緣爲遼國尙爲大金所有, 以自來與契丹銀二十萬兩, [015-12]

絹三十萬匹, 幷燕京每年所出稅利①, 五六分中只算一分, 計錢一百萬貫文, 合直物色常年般送南京界首②." 交割色數已載前後往復議定國書, 每年幷支綠礬二千栲栳. 兩界側近人戶不得交侵, 盜賊逃人彼此無令停止, 亦不得密切間諜③, 誘擾邊人. 若盜賊幷贓捉敗④, 各依本朝法令科罪訖⑤贓罰, 賊雖不獲, 蹤跡⑥到處便勒留償. 若有暴盜或因別故合擧兵眾, 須得關報沿邊官司, 兩國疆界, 各令防守. 兩朝界地內如舊, 不得遮堵道路. 至如⑦將來殊方異域, 人使往復, 無禁阻.⑧

所貴久通歡好, 庶保萬世⑨. 本朝志欲協和萬邦, 大示誠信, 故與燕地兼同誓約, 苟違此約⑩, 天地鑒察, 神明速殃, 子孫不紹, 社稷傾危. 如變渝在彼, 一准誓約, 不以所與爲定. 專具披述, 不宣, 謹白.

① [許] 所出稅利 : '賦'를 '利'로 잘못 썼다. 교주를 따른다.

② [按] 合直物色常年般送南京界首 : 袁本에서는 '合值物色常年搬送南京界首'로 썼다.

③ [按] 密切間諜 : 袁本에서는 '密約間諜'으로 썼다.

④ [許] 若盜賊幷贓捉敗 : '獲'을 '敗'로 잘못 썼다. 교주를 따른다.

⑤ [按] 訖 : '計'를 '訖'로 잘못 썼다. 교주를 따른다.

⑥ [按] 蹤跡 : 袁本에서는 '蹤跡'으로 썼다.

⑦ [按] 至如 : 袁本에서는 '至於'로 썼다.

⑧ [按] 無禁阻 : 袁本에서는 '無得禁阻'로 썼다.

⑨ [按] 袁本에는 '庶保萬世' 뒤에 '苟或違之, 天地鑒察, 神明速應, 子孫不紹, 社稷傾危'가 더 있다.

⑩ [按] 苟違此約 : 袁本에서는 '苟或違之'로 썼다.

지금 보내 주신 맹약서 초안에 이르시길, "요나라 강역을 대금이 소유하게 되었으니, 예전부터 거란에 주던 은 20만 량과 견 30만 필, 그리고 연경에서 매년 거두는 부세 가운데 단 1/5~1/6만 셈하여 총 100만 관으로 계산하여, 그에 상응하는 물품을 매년 남경平州의 경계까지 운송하여 건네드리겠습니다."라고 하셨습니다.[114]

건네줄 물품의 항목과 수량은 이미 오고 가며 논의하여 확정한 국서에 기재되어 있습니다. 그리고 매년 녹반 2천 바구니를 함께 건네주십시오.

양국 국경 인근의 주민에 대해 상호 침탈해서는 안 되며, 도적과 도망자들은 피차 머물게 해서는 안 됩니다. 또한 비밀리에 간첩을 심어 국경지역 사람들을 꾀어 문제를 일으켜서도 안 됩니다. 만약 도적을 잡거나 장물을 획득하게 되면 각각 해당 조정의 법령에 따라 정죄하여 처벌하고 몰수해야 합니다. 비록 도적을 잡지 못했다 하더라도 종적이 미쳤던 곳에는 바로 배상금을 물리기로 합니다. 만약 흉포한 도적 떼가 있거나 혹은 다른 변고가 있어 군대를 일으켜야 할 일이 있다면 반드시 변경의 관아에 관보[115]로 통보해야 합니다. 양국의 국경은 각기 알아서 지키고, 국경 내부지역은 각기 예전대로 유지하되 길을 폐쇄해서는 안 됩니다. 장래에 여타 다른 지역으로 사신이 왕래하게 될 때 길을 막아서는 안 됩니다.

오래도록 우호 관계를 유지하는 것이 중요하며 이것이 만세토록 지켜지기를 바랍니다. 본 왕조는 모든 나라와 화합하기 위해 신실한 믿음을 크게 내보이고자 연경지역을 허여하고 아울러 맹약도 맺고자 합니다. 진실로 이 맹약을 어긴다면 천지가 이를 규찰하고 신명이 조속히 앙화를 내릴 것이니, 자손이 대를 잇지 못하고 사직이 위태롭게 될 것입니다. 만약 상대 쪽에서 변심하게 된다면 맹약서에 따라 허여하지 않는 것으로 합니다. 이상과 같이 빠트리지 않고 모든 말씀을 아룁니다. 이만 말을 줄이며, 삼가 아룁니다.[116]

『茆齋自敍』曰 : 十一日辭朝①, 阿骨打(改作阿固達)坐所得契丹納跋(改作巴納)行帳, 前列契丹舊教坊樂工作花宴, 宰執左企弓以次搢笏捧觴爲壽. 是時阿骨打(改作阿固達)形神已病矣. 顧益等云 : "南朝許大事, 你幾箇使人商量了, 功績不小, 來日好去." 復差楊璞爲聘使報 : 許四月十四日交割燕山, 及山後幸踏地里交割南歸②. 十三日, [015-13] 達雄州. 宣撫司摘留, 僕隨遂入燕③.

① [按] 辭朝 : 袁本에서는 '朝辭'로 썼다.

② [按] 及山後幸踏地里交割南歸 : 袁本에서는 '及山後率陷地理交割南歸'로 썼다.

③ [按] 僕隨遂入燕 : 袁本에서는 '僕隨逐入燕'으로 썼다.

『모재자서』에는 이렇게 적혀 있다.

선화 5년(1123) 4월 11일, 금국 조정에서 사직 인사를 하였다. 아골타는 거란으로부터 획득한 나발 행장에 앉아 있었다. 앞 열에는 거란의 옛 교방[117] 악공들이 연회 음악을 연주하고, 재집[118]인 좌기궁이 순서에 따라 들었던 홀을 허리띠에 꽂고 술잔을 올리며 축수하였다. 이때 아골타는 이미 병색이 완연하였는데, 노익 등을 돌아보며 이렇게 말하였다.

"남조의 이렇게 큰일을 그대들 사신 몇 사람이 협의를 마쳤으니 그 공이 적지 않구나. 내일 잘 가도록 하라."

그리고 다시 양박을 보빙사[119]로 보내서 4월 14일에 연경을 할양할 것이며, 산후 지역은 아골타가 몸소 그곳을 평정한 뒤 남조에 넘기겠다고 알려 왔다.

4월 13일, 웅주에 도착하였다. 선무사사에서 나를 별도로 웅주에 머물게 하였는데, 나는 뒤이어 곧 연경으로 들어갔다.

十四日丁酉, 宣撫司差統制官姚平仲、康隨前去交割地界.

선화 5년(1123) 4월 14일 정유일, 선무사사에서 통제관[120] 요평중[121]과 강수[122]를 보내 국경 문제를 처리하게 했다.

姚平仲至, 金人要依元約, 將松亭、楡關外民戶歸國, 數內索取常勝軍郭藥師等八千餘戶, 元係遼東人也. 宣撫司以常勝軍先自歸朝, 有功授官, 難以發遣. 點檢文字李宗振畫策, 或爲①參謀宇文虛中畫策曰 : "若以燕人代之, 則不惟常勝軍得爲我軍, 又復得燕民田產②自可供養, 不煩③國家應辦錢糧, 此一擧而兩得之." 申奏朝廷, 遂從其議. 請以燕人代之, 金人亦從之.

① [按] 或爲 : 袁本에서는 '或謂'로 썼다.

② [按] 又復得燕民田產 : 袁本에서는 '又復燕民田產'으로 썼다.

③ [按] 不煩 : 袁本에서는 '不須'로 썼다.

요평중이 도착하자 금국은 원래 약속대로 송정관[123]과 유관[124] 밖의 민호들을 데려가겠다고 하였다. 그 안에는 상승군[125] 곽약사 등 8천여 호의 사람들도 포함되어 있었는데, 그들이 원래 요동 사람이었기 때문이다. 선무사사로서는 상승군이 앞서 조정에 귀의하여 공을 세우고 벼슬을 받은 터라 그들을 내주기 어려웠다. 선무사사 기의문자[126]인 이종진이 방책을 내놓았다고도 하고, 일설에 의하면 참모 우문허중[127]이 방책을 내놓았다고 하는데, 그 내용은 다음과 같다.

"만약 연경 사람으로 대체하면 상승군을 우리 군대로 삼게 될 뿐 아니라, 또 연경 사람들의 전답으로 군대가 자급자족할 수 있게 되어 국가가 돈과 식량을 마련하는 번거로움이 없게 될 것입니다. 이는 일거양득입니다."

조정에 상신하여 이 제안이 채택되었고, 연경 사람으로 대체하겠다는 요청에 금국 역시 동의하였다

因而根括燕山府所管州縣百五十貫已上家業者, 得三萬餘戶, 盡數起發. 合境不勝殘擾, 獨涿、易二州之民安業者[①], 良以先歸大宋也. 是時燕人重於遷徙, 有憚其行者, 說於粘罕(改作尼堪)曰 : "燕山疆土, 本非大宋. 彼不能取而我取之, 桑麻果實所在, 形勢之地, 豈可與人? 金國方强盛, 天下莫不畏服." 粘罕(改作尼堪)以爲然, 遂白於阿骨打(改作阿固達) : "請以(刪此字)與(下添宋以字)涿、易爲界." 阿骨打(改作阿固達)曰 : "我與大宋海上信誓已定, 不可失也. 待我死後, 悉由汝輩[②]." 終如約交割.

① [按] 安業者 : 袁本에서는 '安業'으로 썼다.

② [按] 待我死後, 悉由汝輩 : 袁本에서는 '我待死後, 由汝輩'로 썼다.

연산부로 관할하의 주현에서 재산이 150관 이상인 자들 가운데 3만여 가구를 골라 모두 금국으로 보내려고 하였다. 연산부로 경내의 모든 주민이 잔혹한 고통을 견디기 어려울 정도였지만, 유독 탁주와 역주 사람만 생업에 안주할 수 있었던 것은 순전히 앞서 송에 귀의했기 때문이었다. 이때 연경 사람들은 이주 문제를 매우 엄중하게 여겼기에, 금국으로 이주하기 싫어하는 사람들은 다음과 같이 점한을 설득하였다.

"연경 땅은 본래 대송의 것이 아니었습니다. 저들이 취하지 못하여 우리가 취한 땅으로, 뽕과 삼, 과일이 나는 이 중요한 요충지를 어떻게 남한테 줄 수 있습니까? 금국이 이제 바야흐로 강성해졌으니 천하에 두려워하지 않는 자가 없습니다."

점한이 그럴듯하다고 생각하고는 곧 아골타에게 "탁주와 역주를 송에게 주고 양국의 경계로 삼으면 좋겠습니다."라고 말하였다. 그러자 아골타는 다음과 같이 말하였다.

"내가 대송과 해상의 맹약[128]으로 이미 결정한 것이니 그걸 어길 수는 없다. 내가 죽은 다음에는 모두 너희들 뜻대로 하라."

마침내 맹약에 따라 할양하였다.

宣撫司差李嗣本提兵馬入燕. [015-14]

선무사사에서 이사본을 보내 병마를 이끌고 연경에 들어가게 하였다.

先是宣撫司差姚平仲、康隨分疆域，立烽燧回. 至是，再差李嗣本入燕①.

① [按] 再差李嗣本入燕 : 袁本에서는 '再差隨李嗣本入燕'으로 썼다.

이에 앞서 선무사사에서는 요평중과 강수를 보내 강역을 나누고 봉수대를 세운 후 돌아왔다. 이번에는 다시 이사본을 연경에 들여보냈다.

賜進士出身頭品頂戴四川等處承宣布政使司布政使清苑許涵度校刊.

'사진사출신'[129]이며 특별히 정1품 관모[130]를 쓸 수 있도록 허락받은 사천성[131] 승선포정사사[132]의 포정사[133]인 보정부 청원현[134] 출신 허함도[135]가 교감하여 간행하다.

○●○

『三朝北盟會編』, 卷15, 校勘記

上以寧朮割屢乞花宴詔特頒春宴(此條應另行提起誤與上下相連) 上屢遣黃珣問勞(此段應另行誤連上條) 僕奏臣係嘉王榜(應作係秦嘉玉榜) 是時再遣使往燕(誤作燕往) 請以前來與契丹物色一般者(以誤作似) 奏訖拜起復跪(起誤作謝) 倣學士上壽儀(脫士字) 宣撫司見行根捉(捉誤作促) 傳語大宋皇帝(語誤作與) 所出稅賦(賦誤作利) 若盜賊幷臓捉獲(獲誤作敗)

1 권15는 宣和 5년(1123) 3월 1일 갑인일부터 3월 14일 정유일까지의 기록이라고 하였는데, 3월 14일은 丁酉日이 아니라 丁卯日이다. 또 본문 기사문에는 4월 14일 이후의 기록이 있고, 권16은 4월 17일부터 시작된다. '四月'이라는 두 글자가 누락된 것으로 보고 '4월 14일 정유일'로 번역한다.

2 崇政殿 : 황궁 後殿의 명칭이다. 漢代 이래 궁궐 전각의 명칭에 '正武殿'·'玄武殿' 등 '武'字를 사용하는 것이 상례였고, 唐도 '武德殿'을 두어 조회나 즉위 장소로 중시하였다. 송 태조는 황궁의 後殿이었던 講武殿에서 측근들과 국사를 논하고 무공을 세운 장수에게 연회를 베풀어 특별한 신임과 친밀감을 과시하였다. 이와는 달리 태종은 '崇文抑武' 정책을 표방하기 위해 太平興國 2년(977)에 강무전을 崇政殿으로 개칭하였다.

3 『燕雲奉使錄』 : 趙良嗣가 송금동맹을 체결하기 위해 처음 파견된 宣和 2년(1120)부터 여진과 직접 교섭한 전 과정을 적은 책이다. 사신으로 파견되었다 귀국하면 상대와의 교섭 내용, 이동 경로 및 그 과정에서 보고 들은 것 등을 기록하여 '奉使錄' 또는 '行程錄·使北錄·使北記·語錄' 등의 이름으로 제출하게 되어 있다. 『燕雲奉使錄』 원본은 이미 逸失되었지만, 그 주된 내용은 본서에 상세히 수록되어 있다.

4 군영 : 원문은 '軍前'으로 본래 戰場이나 戰線, 또는 전선에 있는 陣地를 뜻한다. 본서에서는 '야전군 지휘부'로 쓴 경우가 더 많지만, 원문을 살려 '군영'으로 번역하되 필요에 따라서 '전선'·'군 지휘부'·'종군' 등으로 번역하기도 하였다.

5 王黼(1079~1126) : 자는 將明이며 開封府(현 하남성 開封市) 사람이다. 원래 이름은 王甫였으나 후에 휘종이 '黼'로 개명하도록 하였다. 채경의 재상 복귀를 도왔고, 환관 梁師成을 아버지처럼 모셔 파격적으로 출세하였다. 후에 잘생긴 외모와 언변, 채경에 대한 부정적 여론을 등에 업고 채경과 대립하며 減稅로 명성을 높였

으나 실제로는 아첨을 일삼고 사치스러운 생활을 즐겼다. 휘종을 위해 각처의 진기한 돌과 나무 등을 모아 들인 '花石綱'으로 인해 方臘의 亂을 초래하였는데도 천하가 태평하다며 수수방관하다가 6개 州가 점령당하였다. 동관이 반란을 진압하면서 화석강이 원인임을 공개적으로 시인하자, 동관을 비난해 사이가 멀어졌다. 그러나 송금동맹 체결 움직임이 일자 동관을 적극적으로 사주하여 망설이던 휘종을 설득하게 하는 등 목적 달성을 위해 온 힘을 다 바쳤고, 3省에 經撫房을 설치해 樞密院을 거치지 않고 북벌 문제를 전담하게 함으로써 반대 여론을 제압하였다. 그리고 전쟁과 수탈로 텅 빈 연경 일대를 막대한 돈을 들여 사고 그 공을 내세워 太傅 겸 楚國公으로 승진하였다. 欽宗 즉위 후 '6賊'의 하나로 살해되었다.

6 西京 : 거란 西京道 西京 大同府이며 德州·弘州 등 2개 주를 관할하였다. 본래 雲州였는데 重熙 13년(1044)에 승격되어 留守府와 西京兵馬都部署司, 西京都轉運司를 설치하였다. 치소는 大同縣과 雲中縣(현 산서성 大同市 雲州區)이고 관할 현은 大同縣·奉義縣·雲中縣·長清縣·天成縣·懷安縣·懷仁縣 등 7개이다. 936년 後晉이 거란에 할양한 연운 16주 가운데 朔州·應州·寰州와 함께 산서성에 속한 할양지였다. 주로 구릉지와 평야로 이루어진 분지 지형이며, 관할구역은 현 내몽고자치구·하북성과 연결되는 산서 북부의 중심에 해당한다.

7 天德軍 : 거란 西南面招討司 소속이며 군의 치소(현 내몽고자치구 巴彥淖爾市 烏拉特前旗)만 있을 뿐 관할 현은 따로 없다. 唐朝 중기 이래 오르도스지역의 振武軍과 함께 回鶻汗國을 견제하는 임무를 수행하였으나 중요성은 상대적으로 크지 않았다. 後梁이 처음 節度使를 임명하였고(911), 이어서 西南面招討司를 설치하였으며(916), 치소를 豐州로부터 옮겨와 천덕군절도사를 임명하였는데(920), 거란 태조가 920년에 점령하였다. 西南面의 서쪽 끝에 있으며 황하를 사이에 두고 남·서쪽으로 西夏와 국경을 마주하였다. 현 내몽고자치구 중북부 巴彥淖爾市의 동쪽, 오르도스의 건너편에 해당한다.

8 雲內州 : 거란 西南面招討司 소속으로 軍額은 開遠軍, 州格은 節度州이다. 치소는 柔服縣(현 내몽고자치구 包頭市 托克托縣)이고 관할 현은 寧仁縣·柔服縣 등 2개이다. 大青山脈 남쪽 기슭과 황하 북단 사이에 있다. 관할구역은 현 내몽고자치구 중북부 包頭市의 동쪽에 해당한다.

9 원문은 '夏人'으로 西夏軍 또는 党項人을 가리킨다. 黃巢의 亂 당시 拓跋思恭이 전공을 세워 夏州節度使로 5개 주를 다스렸는데(883), 후에 내분을 틈타 송 태종이 직접 지배하려고 하였다. 하지만 이런 조치가 오히려 李繼遷의 반발을 사서 党項人의 독립을 촉진하였으며, 1038년에는 李元昊가 칭제하며 거란·북송, 금·남송과 정립하였다. 정식 국호는 '大夏'이나 통상 西夏·河西 등으로 칭하였다.

10 거란의 上京道와 西京道가 서하와 국경을 맞대고 있지만 상경도는 사막이 있어 실제로는 서경도의 天德軍과 東勝州가 서하를 견제하는 역할을 하고 있었다. 특히 천덕군은 서하와 황하를 사이에 두고 있었다. 王黼는 이들 지역을 서하에 넘기지 말고 금군이 계속 주둔해 주길 바라는 마음에서 이렇게 말한 것으로 보인다.

11 綠礬(Melanterite) : 광물의 일종으로 내부는 흰색이지만 바깥 면은 녹색이고 투명하며 유리 광택이 있다. 공기 중에 오래 두면 엷은 황색으로 변한다. 약재와 염료로 쓰인다.

12 集英殿 : 북송 황궁의 주요 전각 가운데 하나이다. 원래 이름은 廣政殿이었는데, 1032년에 집영전으로 개명하였고, 1115년에 다시 石文殿으로 바꾸었다. 需雲殿·昇平樓와 함께 주로 황제가 殿試 합격자에 대한 唱名과 연회를 거행하는 장소로 사용되었다. 외국 사신에 대한 연회는 崇德殿·長春殿에서, 郊祀에 대한 축하연은 端誠殿에서 하는 등 관례에 따라 연회 장소가 정해졌다. 영출할에 대한 연회를 집영전에서 한 것은 예외적인 것으로서 금조의 입장에서 그다지 유쾌하지 않을 수도 있는 선택이었다.

13 許本의 '閤門宣贊舍人'에서 '閤'의 실제 자형은 '各'이 '谷'에 가까운데 이는 존재하지 않는 글자이다.

14 『茆齋自敍』 : 제목 그대로 자서전 성격을 지니고 있기는 하지만 馬擴이 宣和 2년(1120) 9월부터 靖康 1년(1126) 2월까지 7년 동안 송·금 외교 교섭과 분쟁 등을 상세히 기술한 외교 비망록이기도 하다. 『모재자서』는 紹興 8년(1138), 高宗에게 올린 『奉使錄』을 바탕으로 하고 있어 상당한 객관성을 담보하고 있는데, 이는 『契丹國志』·『大金國志』·『宣和遺事』·『文獻通考』에 실린 동일 사건에 대한 기록을 통해 확인할 수 있다. 특히 구어체 사료가 轉載되는 과정에서 별다른 변형이나 왜곡이 없다는 점도 주목할 만하다. 『모재자서』는 일실되었지만, 본서 외에도

李心傳의 『建炎以來繫年要錄』, 熊克의 『中興小紀』, 그리고 『通鑑長編紀事本末』, 『金盟本末』, 『華夷直筆』 등에 발췌 수록되어 있어 그 전모를 파악하는 데 큰 문제는 없다. 茆는 '순채 묘'와 '띠 모'의 두 가지 뜻과 음이 있다. 堂號로 사용할 경우, '띠 모'로 읽는 것이 타당하다고 생각되어 『모재자서』로 표기하였다. '敍'는 俗字인 '叙'·'敘'로도 표기한다.

15 馬擴(?~1152) : 字는 子充이며 秦鳳路 熙州 狄道縣(현 감숙성 定西市 臨洮縣) 사람으로 보인다. 『建炎以來繫年要錄』을 비롯한 상당수의 南宋 문헌에서는 馬廣이라고 기록되어 있는데, 이는 寧宗 趙擴을 避諱하기 위한 것이다. 『金史』에서 '馬宏'이라고 한 것은 誤記이다. 대금 외교사절로 임명된 아버지 馬政을 따라 여진에 가게 되면서 宋金 외교에 깊이 개입하였다. 정강 연간에는 의병을 이끌고 금군과 싸우다 포로가 되었으며, 소흥 연간에는 河南二廣安撫司都統制兼參議官·江淮荊浙諸軍事都督府參議官을 거쳐 荊湖南路馬步軍副總管을 역임하였으나 秦檜 집권 후에 사직하였다. 강직한 성품과 담력, 뛰어난 임기응변 능력 등을 갖춘 인물이며 송금동맹의 허실을 명확하게 파악하고 정확한 대응책을 거듭 제시하였으나 끝내 수용되지 못하였다. 당시 외교 교섭을 기록한 『茅齋自敘』와 『續自敘』를 남겼다.

16 歲物 : 송이 거란·서하·금에 매년 주던 은과 견을 말한다. '澶淵의 맹약'을 체결한 뒤 거란에 30만을 주었고, '慶曆和議'를 체결한 뒤 50만으로 늘어났다. 돈으로 평화를 산다는 점에서 논란도 많았지만, 전체 국가 예산 가운데 3/4 이상이 국방비로 지출되는 상황에서 歲物의 부담은 그다지 크지 않았고, 114년에 걸친 장기 평화를 유지하였다는 점에서 나름 합리적인 타협이었지만 자존심을 크게 훼손시킨 것은 사실이다. 이는 애초 협상 과정에서 '歲幣'·'歲賜'·'歲物'은 물론 '送'·'贈'·'獻'을 놓고도 치열한 자존심 싸움이 벌어진 데서 확인할 수 있다.

17 趙良嗣(?~1126) : 거란 南京道 析津府 漷陰縣(현 북경시 通州區 漷縣鎭) 사람이다. 본래 이름은 馬植인데, 송조로 넘어온 뒤 휘종이 李良嗣라는 이름을 하사하였고, 다시 趙良嗣로 바꾸게 하였다. 거란에서 光祿寺卿을 지냈다. 거란에 사신으로 파견된 童貫을 만나 은밀히 귀순할 의사를 밝히면서 여진과 연합해 거란을 멸망시키자는 '해상동맹'을 제안하였다. 송조로 투항한 뒤 휘종의 신임을 얻고 宣和 2년(1120)부터 모두 일곱 차례 여진에 사신으로 파견되어 송금동맹을 성사시켜 龍圖閣直學士로 승진하였고, 연경을 점령한 뒤에는 光祿大夫로 승진하였다. 하지만

張覺의 귀순을 허용해서는 안 된다고 주장하였다가 郴州(현 호남성 永興)로 귀양을 갔고, 다시 국난을 초래한 죄로 靖康 1년(1126)에 처형당하였다. 거란에서 태어나 송의 군사력에 대해 정확하게 이해하지 못한 상태에서 遠交近攻을 주장하여 분란을 초래하고 결국 송을 파멸로 몰아넣었으며, 동북아 정세에 일대 변화를 초래하였다. 송금동맹 체결을 위한 교섭 과정을 적은『燕雲奉使錄』을 썼고, 그 내용이 본서에 상세히 수록되어 있다.

18 周武仲(1074~1128) : 자는 憲之이며 福建路 昭武軍 建寧縣(현 복건성 三明市 建寧縣) 사람이다. 17세에 태학박사에 보임된 수재로서 監察御史·權太常少卿을 거쳐 正旦國信使로 거란에 다녀왔다. 선화 4년에 국신부사로 금국에 가서 세폐 증액 요구를 완강하게 거부하였다. 이후 刑部尙書·御史中丞 등이 되어 蘆溝河 패전에 대한 동관과 채유의 책임을 묻는 상소를 3회나 올려 동관을 사직시켰으나 이후 동관의 무고로 黃州에 안치되었다. 고종 즉위 후 형부시랑·병부상서를 지냈다.

19 阿骨打(1068~1123, 재위 1115~1123) : 여진어 '아구다Aguda'를 音借한 것으로서 '너그럽고 넓은 아량이나 모양'이라는 뜻이다. 금 태조 完顏 아골타는 女眞 完顏部의 族長으로서 烏雅束의 뒤를 이어 君長인 都勃極烈에 올랐다(1113). 아골타는 300호를 1謀克, 10모극을 1猛安으로 조직하여 군사력을 강화하고, 이듬해에 寧江州 공략을 시작으로 出河店에서 거란 10만 대군을 격파했고(1114), 會寧(현 흑룡강성 哈爾濱市)에서 금을 건국하고 제위에 올랐다(1115). 그리고 길림의 요충지 黃龍府를 함락시켰다. 또 2만 병력으로 10만 대군을 이끌고 친정에 나선 천조제를 격파하여 전장의 주도권을 완전히 장악한 뒤 거란의 수도 上京(1120)과 중경·연경을 연이어 함락시키는(1122) 등, 불과 8년 만에 거란을 완전히 멸망시켰다. 일개 부족연합에서 거대한 제국을 건설하기까지 10년도 걸리지 않았다는 점에서 아골타의 지도력과 전쟁 수행 능력은 역사적으로도 유례를 찾아보기 힘들다. 여진에 내재된 '폭발적 잠재력'에 대한 규명은 많은 사가의 관심사이다.

20 黃巢(820~884) : 曹州 冤句縣(현 산동성 菏澤市) 사람이다. 부유한 鹽商 집안에서 태어나 과거에 응시했으나 낙방하였다. 王仙芝가 반란을 일으키자 자신도 거병하여 '均平'을 내세우며 전국 각지를 전전하면서 가는 곳마다 관군을 격파하였다. 879년에는 광주를, 880년에는 낙양과 수도 長安을 점령한 뒤 大齊 황제로 즉위했으나 883년 당의 반격으로 패한 뒤 자결하였다. 뚜렷한 전략적 목표 없이 流賊처럼 전

국을 돌아다니며 파괴와 살육을 일삼았기에 새로운 정권을 창출할 수는 없었지만, 10년간 이어진 전란으로 번진 할거 상황에서 힘들게 유지하던 당의 통치력은 결정타를 맞았다. 특히 황소의 대운하 조운체계 파괴는 사실상 당조의 멸망을 결정지었다.

21 燕京 : 거란 南京道 南京 析津府(치소는 현 북경시 城區)의 이전 지명이자 별칭이다. 거란 태종은 936년에 後唐의 幽州를 幽都府로 승격시키고 盧龍軍節度使司를 두었고, 다시 남경 석진부로 승격시켰으나 곧 상실하였다(938). 하지만 후진이 燕雲 16주를 할양하여 곧 다시 차지하였다. 이에 留守司 및 都統軍司를 설치하고 盧龍軍節度使司를 폐지하였다(1012). 정식 행정지명은 석진부이지만, 거란과 송 모두 관용적으로 연경이라 칭하였다. 춘추시대 燕이 인근 燕山山脈에서 국호와 도성의 명칭을 취한 것이며, 지금도 북경의 별칭으로 사용 중이다.

22 山後 : 五代에 盧龍節度使 劉仁恭이 북경 북쪽에서 동서로 가로지른 燕山山脈의 지맥인 軍都山脈 북단 지역에 山後 8軍을 설치하여 거란을 방어하게 한 데서 산전·산후라는 개념이 나왔다. 陰山山脈을 기준으로 그 남쪽을 산전, 북쪽을 산후라고도 칭하며, 金代에는 西京路 전체를 뜻하는 것으로 확대되었다. 이처럼 산전·산후의 기준과 영역은 시대에 따라 각기 다른데, 본서에서 언급하고 있는 북송 말의 산후는 嬀州(하북성 직할 懷來縣)·檀州(북경시 密雲區)·新州(하북성 張家口市 涿鹿縣)·武州(하북성 張家口市 宣化區)에다가 代北, 즉 현 산서 북부를 합한 지역을 말한다.

23 원문은 '嘉王榜'으로 송 徽宗의 셋째 아들 嘉王 趙楷(1101~1130)가 과거에 급제하여 합격자 방문에 이름이 올랐음을 가리킨다. 花鳥畫에 조예가 깊었고 文才가 비범했던 조해는 政和 8년(1118)의 과거에 몰래 참가하여 장원에 올랐다. 하지만 구설수를 우려한 휘종에 의해 2등이 되었고 이해에 鄆王으로 진봉되었다. 趙楷는 북송 멸망 후 휘종·흠종과 함께 포로가 되어 天會 6年(1128)에 韓州(현 요녕성 鐵嶺市 昌圖縣)로 보내졌고, 거기서 30세의 젊은 나이로 사망하였다.

24 원문은 '塵忝'인데 '자신의 능력이 부족해 맡은 바 직위를 더럽힐 뿐'이라는 뜻의 謙辭이다. '忝列'이라고도 한다.

25 송대 과거는 황제가 주관하는 殿試를 통해 최종 성적을 결정하기 때문에 과거 합격자는 모두 황제의 학생이 되었다. 직접 가르침을 준 선생보다 아무런 이해

관계없이 자신을 발탁해 준 황제를 '恩師'로 모시는 관습을 반영한 말이다.

26 武翼大夫 : 政和 2년(1112)에 설치한 武官 寄祿官 가운데 세 번째인 諸司正使 등급에 속한 관명이다. 紹興 연간에 제정한 52개 품계 중 22위이며 正7品으로 諸司正使 가운데 가장 낮은 8位이다.

27 忠州 : 夔州路 소속이며 度宗의 潛邸라서 咸淳 1년(1265)에 咸淳府로 승격하였다. 등급은 下, 郡名은 南賓郡, 州格은 軍事州이며 羈縻機構인 南賓尉司가 있다. 치소는 臨江縣(현 중경시 忠縣)이고 관할 현은 南賓縣·臨江縣·墊江縣 등 3개이다. 長江의 만곡부에 자리하였으며, 관할구역은 현 중경시의 중앙에 해당한다.

28 刺史 : '刺'는 '검사하고 질문하다', '史'는 '御史'라는 뜻으로 진·한대에는 지방을 대상으로 한 감찰관이었으나 서한 말부터 지방 행정장관으로 바뀌었고, 수·당대에는 郡의 태수, 州의 자사로 구분하였다. 송대 주의 등급은 행정·군사 2개 편제를 부여하는데 州格은 都督州·節度州·觀察州·防禦州·團練州·軍事州(=刺史州) 등 6등급으로 나뉜다. 하지만 都督은 실제 임명하지 않고 節度使·觀察使·防禦使·團練使·刺史만 임명하였다. 正任 무관계의 하위직인 자사는 북송 전기에는 從3品~正4品下였으나 원풍 관제 개혁 때 단련사·자사와 함께 從5品으로 조정되었다. 주로 종실이나 환관에게 제수하는 명예직으로 활용되었다.

29 閤門宣贊舍人 : 閤門司는 '慶禮'·'慰禮'와 관련된 궁중 의례를 모두 주관하며, 閤門使 3명, 副使 2명, 宣贊舍人 10명, 祗候 12명으로 이루어졌다. 선찬사인은 사신단 안내引, 소개通, 행동의 시작을 알리는 신호喝, 행동의 유도揖, 증정물이 있음을 알림勅, 황제에게 통역 내용의 전달傳奏 등을 맡았다.

30 馬擴의 품계는 正7品 武翼大夫인데 武官이므로 주지사급인 忠州刺史라는 명예직을 부여받았지만, 실제 부임하지는 않는다. 마확이 맡은 실제 직책은 외교 관련 업무를 수행하는 閤門宣贊舍人이다.

31 吏部侍郎 : 尙書省의 6부 가운데 하나인 吏部의 차관으로 정원은 2명이다. 원풍 관제 개혁 후 正4品上에서 從3品으로 승격되었다. 吏部는 6品 이하 문무 관원의 銓選을 담당하였다.

32 盧益 : 이부시랑을 거쳐 정권 교체기인 建炎 2년(1128)에 試兵部尙書에서 太中大夫로 승진하여 簽書樞密院事가 되었다. 이듬해 徽猷閣待制로 尙書左丞이 되었으나 王孝迪과 함께 금국에 사신으로 가라는 고종의 명령을 따르지 않다가 열흘 만에

사직하였다.

33 工部尙書 : 尙書省의 6부 가운데 工部의 장관으로 토목건축·무기제조·화폐주조 등을 관장하였다. 원풍 관제 개혁 후 正3品에서 從2品으로 승격되었다.

34 國信使 : 대등한 외교관계(交聘關係)를 수립한 국가 사이에서 국가를 대표해서 파견하는 사신을 가리키는 말이다. 唐代에는 외국에서 입국한 사신을 가리켜 '入番使'라고 칭하였고, '국신사'라는 용어는 오대에 처음 등장한다. 송대에는 開寶 8년(975) 사료에 처음 나오지만, '거란·송·남조·북조 국신사'라는 용어가 정착된 것은 '전연의 맹약(1004)'을 체결한 뒤부터이다. 入侍內侍省과 鴻臚寺 소속 管勾往來國信所가 국신사 파견과 관련된 업무를 전담하였다. 管勾往來國信所의 약칭은 國信所인데, 본래 雄州에 설치했던 機宜司가 國信司로, 다시 國信所로 바뀌었다.

35 燕山府路 : 본래 거란의 南京道(치소는 현 북경시)인데, 송조는 연경 점령을 앞둔 宣和 4년(1122)에 燕山府路를 미리 설치하였다. 연산산맥 남쪽의 山前 지역인 연산부로는 燕山府·景州·經州·薊州·檀州·順州·易州·營州·涿州·平州 등 10개 주로 이루어졌고, 관할 縣은 20개였다. 하지만 이듬해 금조로부터 실제 할양받은 것은 灤州·營州·平州를 제외한 7개 주였고, 그마저도 2년 후인 선화 7년(1125)에 다시 금조에게 빼앗기고 말았다. 따라서 연산부로는 名實이 일치하지 않고, 단기간 유지되었기에 고유의 행정지명으로 처리하기에도 애매할 정도이다. 관할구역은 현 북경시·천진시와 그 주변 하북로에 해당한다.

36 雲中府路 : 본래 거란의 西京道(치소는 현 산서성 太原市)인데, 宋朝는 宣和 4년(1122)에 할양을 기대하고 雲中府路를 미리 설치하였다. 운중부로는 歸化州·嬀州·武州·奉聖州·朔州·雲州·蔚州·儒州·應州 등 9개 주로 구성되었으나 선화 5년(1123)에 실제 차지한 것은 무주·응주·삭주·울주를 제외한 5개 주뿐이었고, 그마저도 2년 후 금에 다시 빼앗겼다. 관할구역은 현 산서성 북부에 해당한다.

37 樞密使 : 국방 관련 업무를 총괄하는 樞密院 장관으로 당말에는 환관을, 오대에는 무관을, 송대에는 문관을 임명하였다. 다른 직책을 맡으면서 추밀사를 겸직하면 知樞密院事라고 하였지만, 실질적인 구분은 없었다. 행정 관련 업무를 총괄하는 中書省과 함께 '二府'라고 불리는 국정 최고 기관의 장이어서 재상 겸직을 원칙적으로 금하였지만, 재상 呂夷簡에게 겸직시키면서 判樞密院事로 임명한 경우도 있었다. 또 휘종은 宣和 3년(1121)부터 知樞密院事를 임명하지 않고 기안권이

제한된 장관인 簽書樞密院事에게 대행하게 했다가 政和 7년(1117)에 첨서추밀원사 대신 領樞密院事를 신설하여 童貫을 임명하였다. 하지만 지추밀원사를 임명하지 않았기 때문에 영추밀원사가 사실상 지추밀원사 권한을 행사하였다. 영추밀원사는 靖康 1년(1126)에 폐지되었다.

38 鄭居中(1059~1123) : 자는 達夫이며 開封府(현 하남성 開封市) 사람이다. 起居舍人·給事中·翰林學士 등의 요직에 있었고, 1107~1120년 사이에 세 번이나 樞密院知事를 지냈다. 처음에는 채경이 재상으로 복귀하는 것을 도왔는데, 후에 사사건건 채경과 대립하면서 한때 사대부의 신망을 얻기도 했으나 급사했다. 휘종이 정거중을 중용한 것은 채경을 견제하기 위한 측면도 있다. 본서에는 정거중과 등순무가 채경과 동관 주도의 거병에 강력히 반대하였으며, 그들을 저지할 수 있는 거의 유일한 인물이었던 것으로 그려져 있다.

39 朔州 : 거란 西京道 소속이며 軍額은 順義軍, 州格은 節度州로서 西京都部署司 관할이다. 치소는 鄯陽縣(현 산서성 朔州市)이고 관할 현은 馬邑縣·鄯陽縣·寧遠縣 등 3개이다. 宣和 5년(1123)에 투항해오자 휘종은 朔寧府로 승격시켰지만, 1년도 안 되어 金軍에게 점령되어 다시 朔州로 환원되었다. 지명인 '朔'은 땅의 북단 변방을 뜻한다. 삭주 남쪽에서 동서로 전개된 恒山山脈에 설치한 雁門關과 陽方口를 통해 송의 忻州와 연결된다. 관할구역은 현 산서성 북서부 朔州市 城區와 忻州市 神池縣에 해당한다.

40 武州 : 거란 西京道 소속이며 軍額은 宣威軍, 州格은 軍事州이며 朔州 順義軍節度使司의 통제를 받았다. 치소 겸 관할 현은 神武縣(현 산서성 忻州市 神池縣)이다. 唐朝는 현 하북성 張家口市 宣化區에 武州를 설치하였는데, 거란은 武州를 歸化州로 바꾸는 한편 현 산서성 忻州市 神池縣 일대를 武州로 개칭하였다(1040). 따라서 당의 무주는 하북성, 거란의 무주는 산서성으로 각기 다른 곳이다. 管涔山脈과 蘆芽山脈의 분기점이며, 관할구역은 현 산서성 중북부 忻州市 서북쪽의 神池縣과 五寨縣에 해당한다.

41 孝文帝(기원전 203~기원전 157, 재위 기원전 180~기원전 157) : 西漢의 3대 황제다. 漢高祖 사후 呂后가 권력을 장악하였는데, 실권이 없던 惠帝가 요절하자 大臣 周勃·陳平 등이 여씨 일족을 제거하고 代王 劉恒을 옹립하여 즉위시켰다. 문제는 근검절약과 겸손함으로 유명하며 감세정책을 추진하고 형벌을 완화하는 등 無爲政治

를 통해 경제적 발전과 사회적 안정을 이룩하여 아들 景帝와 함께 '文景之治'라는 성세를 이룩하였다. 漢代에는 '孝로 천하를 다스린다'는 원칙을 강조하기 위해 모든 황제의 諡號에 '孝'자를 더하였다.

42 魏尙(?~기원전 157) : 槐里縣(현 산서성 咸陽市 興平縣) 사람이다. 한 무제 때 지금의 내몽고자치구에 위치한 雲中郡의 太守가 되어 흉노를 막는 데 큰 공을 세웠다. 군율을 엄격하게 적용하는 한편 청렴하고 부하들의 복지에 힘써 높은 사기와 강한 전투력을 유지하였다.

43 山前 : 五代에 盧龍節度使 劉仁恭이 북경 북쪽에서 동서로 가로지른 燕山山脈의 지맥인 軍都山脈 북단 지역에 山後 8軍을 설치하여 거란을 방어하게 한 데서 산전·산후라는 용어가 나왔다. 그 밖에도 陰山山脈을 기준으로 남쪽을 산전, 북쪽을 산후라고도 하였다. 이처럼 산전·산후의 기준과 영역은 시대에 따라 각기 다른데, 본서에서는 연산산맥 남쪽의 연경 지역을 가리킨다.

44 張孝純(?~1144) : 자는 永錫이고 京東西路 徐州 滕縣(현 산동성 棗莊市 滕州市) 사람이다. 하북로 轉運判官을 거쳐 선화 5년(1123)에 용도각직학사·通議大夫로 하동로 경략안무사 겸 태원부지사가 되었다. 선화 7년(1125), 금군의 전면 공세를 맞아 1년이 넘도록 결사 항전하였으나 성이 함락된 뒤 포로가 되었다. 결국 금군에 투항하였고 후에 大齊의 승상이 되었다. 지사가 군 지휘관 역할을 겸하였기 때문에 '帥'는 '지사'·'안무사'로 번역할 수 있는데, 태원부지사 장효순을 '운중 안무사'라고 말한 것은 논란의 여지가 있다. 혹 정거중은 장효순을 운중부로지사 겸 안무사로 임명할 생각이 있었는지도 모르겠다. 이에 다소 어색하지만 '운중을 방어할 장수'로 번역하였다.

45 太原府 : 하동로의 치소로서 河東路經略安撫使司가 설치되었다. 등급은 大都督府, 郡名은 太原郡, 軍額은 河東軍, 州格은 節度州이다. 府의 치소는 陽曲縣(현 산서성 太原市 迎澤區)이고 관할 현은 交城縣·祁縣·文水縣·壽陽縣·陽曲縣·盂縣·楡次縣·淸源縣·太谷縣·平晉縣 등 10개이며, 監은 永利監·大通監 2개이다. 지명은 秦이 설치한 太原郡에서 유래하였으며 별칭은 晉陽·幷州이다. 後唐·後晉·後漢 등 세 왕조의 발상지였고, 北漢이 거란과 손을 잡고 북송과 가장 치열하게 대치했던 곳이어서 송 태종은 북한을 정벌한 뒤 太原을 초토화하고 풍수 명당을 모두 파괴하였다. 그리고 북쪽에 새롭게 도시를 만든 뒤 幷州로 격하시켰다. 병주를 태원부로 승

격시킨 것은 嘉祐 4년(1059)에 이르러서였다. 하지만 산서의 중심지로서 태원의 위상은 시종 변함이 없었다. 산서의 중심인 晉中盆地에 자리하였으며 현 산서성 중부에 해당한다.

46 統兵官 : 특정 관직을 뜻하는 것이 아니라 군 장교·지휘관을 포괄적으로 지칭한다. 따라서 고위직 통병관도 있고 중하위직 통병관도 있다. 본문에서는 '우수한 참모'라는 뜻으로 봐도 무방하다.

47 中大夫 : 문관 寄祿官 29개 품계 중 9위이며 從4品上이었으나 元豐 3년(1080) 관제 개혁으로 문관 寄祿官 30개 품계 중 12위이며 正5品에 해당한다.

48 試 : 試補 직을 가리킨다. 唐代에는 관직을 맡되 정식 임명이 아님을 뜻하였고, 송대에는 본래 품계보다 2단계 낮은 관직을 뜻하였다. 1단계 높은 직책을 맡을 경우는 '行', 1단계 낮은 직을 맡을 경우는 '守'라 칭하였다. 唐代 후기에 관원을 파견하면서 업무의 성격에 따라 '知·權·攝·判·同·行·守·試' 등의 호칭을 붙여 구분한 것을 송대에 더욱 제도화하여 다양한 등급 차를 만들고, 관료 내 위계질서를 확립하는 데도 활용하였다.

49 大中大夫 : 京朝官의 품계를 나타내는 관명인 寄祿官名으로서 문관 30개 품계 중 11위이며 從4品이다. 본래는 太中大夫이며 大中大夫는 별칭이다. 元豐 3년(1080) 관제 개혁 때 左·右諫議大夫에서 바뀐 관직이다. 인사고과에 의한 승진은 太中大夫로 그친다.

50 龍圖閣 : 송조는 황제 사후 조서를 비롯한 관련 문서를 총괄 보존하는 전각을 차례대로 세웠다. 건립 순서는 龍圖閣·天章閣·寶文閣·顯謨閣·徽猷閣·敷文閣·煥章閣·華文閣·寶謨閣·寶章閣·顯文閣 등이었다. 이 전각의 주인을 가리켜 '閣主'라고 하는데, 용도각은 태조가 閣主여서 가장 중시하였다.

51 直學士 : 학사는 고위 관료에 대한 명예직인데, 宰執 자격자에게는 觀文殿·資政殿·端明殿學士 등 殿學士를, 侍從 자격자에게는 龍圖閣·天章閣·寶文閣·徽猷閣 등 주요 전각마다 正3品인 閣學士, 從3品인 直學士, 從4品인 待制를 제수하였다.

52 원문은 '不宣, 謹白'이다. '不宣'은 '일일이 다 말하지 못하다', '謹白'은 '삼가 아뢰다'라는 뜻으로 서신 말미에 상투적으로 쓰는 표현이다.

53 郎君 : 본래 아내가 남편을 부르는 호칭이기도 하고 관리나 부잣집 자제에 대한 통칭으로도 쓰였다. 거란에서도 폭넓게 사용한 호칭이며 낭군에 해당하는 거란

용어로 沙里·舍利가 있는데, 거란 태조도 夷离堇이 되기 전에 사리를 거친 일이 있다. 낭군은 일종의 신분이자 관명으로 皇族·國舅·兩院·遙輦·奚王의 직계 자손만 사용하였다. 여진 사회에서는 통치자와 매우 긴밀한 관계를 지닌 권력 집단을 뜻하는 말로 쓰였다.

54 高慶裔(?~1137) : 거란 관리 출신으로 여진에 투항하였다. 여진어에 능통해 粘罕의 휘하에서 통역 업무를 담당하면서 상당한 신임을 얻었고 책사로 중용되었다. 1129년에는 西京留守의 중책을 맡았고, 1130년 금이 위성국인 齊를 만들 때 劉豫를 책봉하는 사신으로 가기도 했다. 하지만 金 熙宗이 즉위한 뒤 粘罕을 견제하기 위한 정권 내부의 권력투쟁에 말려들어 살해되었다. 고경예가 처형되기에 이르자 점한은 자신의 관직을 걸고 사면을 간청할 정도로 신뢰하는 사이였다.

55 涿州 : 거란 南京道 소속이며 軍額은 永泰軍, 州格은 軍事州이다. 치소는 范陽縣(현 하북성 保定市 涿州市)이고 관할 현은 固安縣·歸義縣·范陽縣·新城縣 등 4개이다. 지명은 관내 涿水에서 취하였다. 宣和 4년(1122), 留守였던 郭藥師가 투항하여 송의 영토가 되었다. 拒馬河의 충적평야 지대에 자리하였으며, 관할구역은 현 하북성 중부 保定市의 북동쪽으로 북경시 남쪽과의 경계에 해당한다.

56 본문의 서약서는 『大金弔伐錄』 권1 「南宋誓書」 및 본권 12엽 금 측의 「回賜誓書」에도 인용문으로 수록되어 있으나, 금 측의 요청에 따라 수정된 것이므로 여기에서 지적하는 내용을 정확히 파악하기 어렵다. "及除去後面疊道五句"는 문장구조상 "'除去' 뒤에 중복 언급된 다섯 구절"로 번역되나, 「回賜誓書」의 원문을 보면 '常年' 뒤의 내용에 '除去'가 나타날 것 같지 않으므로 '除去'를 동사로 번역하였다. 본권 '5엽'에 "常年·每年重疊"이라는 구절이 있는데, '常年'이 삭제되지 않고 남아있는 것을 보면 '常年' 자체는 삭제 대상이 아니며 "常年…"의 문구를 "每年…"으로 중복하였던 듯하다.

57 원문은 '附遞'로 '공경하는 태도로 올린다'는 '附呈'과 동의어라는 설명도 있으나 맞지 않다. 송대의 관방문서 전달체계 중 하나로서 지방에 있는 관원이 어사대 등을 통하지 않고 조정에 직접 보고서나 상주문을 전달하는 체계를 말한다.

58 趙良嗣 등이 탁주에서 맹약서 초안에 대한 금조의 개정 요구를 접하고 송조에 개정 요구를 전달한 것까지만 서술하고, 송조의 입장 및 수용안 내용을 금조로부터 확인을 받은 사정이 생략된 채 사신 일행이 연경으로 갔다는 말로 이어진다.

59 館伴使 : 상대국 입국 일정에 맞춰서 국경에 파견된 接伴使가 國信使를 안내해 도성에 이르면 館伴使는 숙소에 머물면서 접반사와 함께 국신사를 도와 조정에서의 접견, 연회 및 송별연에 참여하며 외교 교섭을 맡았다.

60 笏 : 궁중에서 조회할 때 신하들이 들고 있는 가늘고 긴 판인데, 황제에게 상주할 내용을 메모하는 데 사용한다. 품계에 따라서 옥·상아·대나무 등 재료에 제한을 두었다. '手板'·'朝板'·'朝簡'이라고도 한다.

61 전후 구체적인 사정에 대한 언급이 없어 정확하게 파악하기는 어렵지만, 영채에 이르렀을 때 국서를 운반하던 수행 관리가 정사에게 국서를 전해 주었고, 이에 정사는 홀을 들고 무릎을 꿇어 국서를 받은 뒤 영채 안으로 들어간 것으로 파악하였다. 그리고 國信使가 조량사라는 기록은 잘못 쓴 것으로 보이나 일단 본문에 따라 번역한다.

62 閤門司 : '慶禮'·'慰禮'와 관련된 모든 궁중 의례를 주관하는 기관으로서 東上閤門·西上閤門으로 이루어졌다. 황제가 조회 참석차 전각으로 갈 때 양옆의 문을 통해 의장대가 들어오는 의례를 가리켜 '閤門'이라고 하는데, 후에 관서 명칭이 되었다. 외국 사신을 접대하는 일은 '慶禮'에 속하므로 東上閤門이 맡았다. 거란과 금 역시 이런 관례에 따른 것으로 보인다.

63 원문은 '金帶'이다. 송 태종은 오직 金만이 백 번을 제련해도 그 본래의 모습을 간직하는 진정한 보물이라며 신하들에게 金帶를 하사하였다. 그 뒤로 옥대는 오직 황제만 사용할 수 있고, 皇親이나 宰執 모두 金帶만 착용할 수 있었다. 거란이나 금에서도 이와 같은 관행이 있었을 것으로 보인다.

64 左企弓(1051~1123) : 자는 君材이며 거란 南京道 薊州(현 천진시 薊州區) 사람이다. 일찍이 과거에 급제하여 知三司使事·廣陵軍節度使·同平章事가 되었으며, 야율순 즉위 후 守司徒가 되었다. 금 태조가 연경을 공략하자 虞仲文 등과 함께 표문을 올리고 항복하였다. 금국에서 太傅·中書令이 되었으며 송에 대한 강경책을 주장하였다. 후에 반란을 일으킨 平州留守 張覺에게 살해되었다.

65 원문은 '壽儀'이다. 장수를 축원하는 생일 의례로서 황제의 생일마다 성대한 壽儀를 거행하였다. 壽儀에는 통상 桂花酒를 사용하며 '酒'와 '久'가 동음이라서 장수를 기원하는 것으로 알려졌다.

66 숙소 : 원문은 '安下處'이다. 본래 절에 찾아온 신도, 또는 새로 임명된 주지를 위

해 산문 밖에 설치한 휴식 장소를 뜻한다. 후에 숙소의 뜻으로 널리 쓰였다.

67 수행원 : 원문은 '三節人從'이다. 사신단에서 정사와 부사를 수행하는 수행원으로 '三節人'이라고도 한다. 수행원은 上節·中節·下節의 세 등급으로 조직되며 그 구성은 바뀔 수 있는데, 紹興 3년(1133)의 경우 상절 14명, 중절 15명, 하절 72명이었고, 이들의 책임자는 都轄이었다. 『金史』「藝志」 11에 따르면 西夏의 경우 사신·부사·參議 각 1명을 '使'라고 하고, 상절은 都管 3명, 중절은 5명, 하절은 24명이었다.

68 원문은 '七事'이다. 일상생활에 꼭 필요한 일곱 가지 필수품을 말한다. 본문에서는 唐代 무관들의 필수 휴대품인 칼·패도·숫돌·부싯돌·침통·새김칼·송곳(刀子·佩刀·礪石·火石·針筒·契苾眞·噦厥)에서 유래한 휴대품을 뜻하는 것으로 보인다. 그 밖에도 생필품으로는 吳自牧의 『夢粱錄』 '鯗鋪'에서 언급한 '땔감·쌀·기름·소금·장·식초·차'가 있다.

69 선무사사 : 원문은 '宣撫司'인데, 국경 부근의 군사적 요충지를 중심으로 설치한 임시 고위 군지휘 기구인 宣撫使司의 약칭이다. 직제는 宣撫使·宣撫副使·判官·參謀官·參議官·機宜文字 등인데 상설 조직이 아니기 때문에 선무사와 선무부사를 임명하는 것이 상례지만, 둘 가운데 하나만 임명하는 등 탄력적으로 운영하였다.

70 粘罕(1080~1137) : 黏罕으로도 표기하며 원명은 粘沒喝이고 중국식 이름은 完顏宗翰이다. 金 太祖의 조카로서 거란에 항거하여 거병할 것을 촉구하였으며, 건국 과정에서 거란군을 격파하는 군공을 세웠고, 뛰어난 정치력과 지휘력을 겸비하여 金 건국의 원훈이 되었다. 거란을 멸망시킨 뒤 북송을 공략하기 위한 전면전에서 河東 방면의 총사령관을 맡아 河北 방면의 총사령관 斡離不와 함께 연전연승하여 마침내 개봉을 함락하고 북송을 멸망시켰다. 1132년 都元帥가 되어 점령지에 대한 모든 통제권을 장악하였으며, 劉豫를 내세워 위성국인 大齊를 운영하기도 했다. 금 태종 사후 황제 계승에도 영향력을 행사하는 등 최고의 실권자가 되었지만 지나치게 커진 권력 때문에 말년에는 많은 견제를 받았다.

71 指揮 : 송대에는 '지휘한다'는 의미 외에도 詔敕과 命令을 모두 '지휘'라고 칭하였다. 또 禁軍의 기본 편제 단위이기도 한데, 보병은 100명을 都, 500명을 指揮(=營)라 하였으며 700명인 경우도 있었다. 기병은 400명이었다.

72 반듯한 해서 : 원문은 '眞楷'로서 반듯하게 쓴 楷書體를 뜻하는 말이다. 뒤의 문장에서는 글의 내용에 문제가 있다고 지적하였지만, 바로 뒤에 '字札'에 대한 지적이 있었고(袁本에서는 字體라고 더 분명하게 말하였다.), 굳이 '眞楷'라는 용어를 사용한 것은 휘종이 瘦金體로 쓴 국서 자체가 공적 문서로서 부적합하다고 보는 듯하다. 한편 송의 사신 입장에서는 휘종과 직접 관련된 것이어서 이처럼 모호하게 기록한 것으로 보인다.

73 원문에 보이는 '(爲復) A, 爲復 B' 형식은 'A인가, B인가?'로 번역하는데, 이때 '爲復'은 선택의문문을 이끄는 표지이다.

74 李處能 : 李處溫의 從弟이다. 이처온이 야율순을 황제로 즉위시킨 공으로 권력을 쥐자 이처능을 直樞密院으로 임명하여 추밀원의 권력을 장악하게 하였다. 하지만 이처온이 송과 내통한 것이 드러나 처형되자 이처능은 즉시 출가하여 승려가 되었다가 나중에 송으로 넘어와 趙敏修란 이름을 하사받고 延康殿學士·提擧太一宮使가 되었다.

75 韓昉(1082~1149) : 자는 公美이며 거란 남경 析津府(현 북경시) 사람이다. 天慶 2년(1112)에 장원급제하였으며, 右拾遺·史館修撰을 거쳐 少府 少卿과 乾文閣待制를 지냈다. 금조에서 禮部尙書·翰林學士 知制誥를 비롯해 參知政事·汴京留守 등의 고관을 지냈는데, 특히 7년간 예부상서로 있으면서 금의 제도를 만들고 안착시키는 데 기여하였다. 관후한 성품으로 명망이 높았고, 고려에 사신으로 파견되어 誓表를 받아내는 공을 세우기도 하였다.

76 銀牌 : 고대 符節로 사용하던 虎符를 대치한 것으로 唐代부터 사용하기 시작하였다. 문하성에서 발급하여 역참에서 말을 사용할 수 있는 징표로 사용하였는데, 거란·송·금 모두 군대 동원권, 사신의 징표 등으로 확대 사용되었다. 한편 許亢宗의 『奉使金國行程錄』에 따르면, 宣和 6년(1124)에 송의 사신들이 雄州에서 상경 會寧府로 가던 중 숙소에서 사신을 위해 특별히 선발된 漢人에게도 허리에 銀牌를 차게 하였다. 이로 미루어 볼 때 다양한 신분증 역할을 하였던 것으로 보인다.

77 공문 : 원문은 '移文'이다. 본래 다자간 외교가 성행하였던 전국시대에 각국 관원 사이에서 오가던 문서에서 유래한 용어이다. '移' 또는 '移書'라고도 한다.

78 兀室(?~1140) : 悟室·胡舍라고도 하며 중국식 이름은 完顔希尹이다. 여진 귀족 출

신으로 뛰어난 전략가이며 장수이자 상당한 문화적 식견을 가진 인물이고 샤먼으로서 뛰어난 신통력도 지녔다고 한다. 금 태조의 황제 즉위를 권하였으며 그를 수행하며 西京 점령과 개봉·揚州 공략 등에서 공을 세웠다. 특히 당·송·거란의 제도와 금의 실정을 조합하여 금조의 관제와 예악, 법률 제정과 女眞文字 창제에 큰 공을 세웠다. 하지만 후에 熙宗이 즉위하면서 권력 중심에서 배제되었다가 주살되었다.

79 郭藥師 : 거란 東京道 鐵州(현 요녕성 營口市) 사람이다. 요동 사람들을 모아 편성한 怨軍(후에 常勝軍으로 개칭)의 장수로 출발했다. 후에 涿州 留守로 있다가 宣和 4년(1122), 정국 혼란을 틈타 송에 귀순하여 크게 환영을 받고 安遠軍承宣使·武泰軍節度使·檢校太傅·燕山府 지사로 승승장구하였으며 大奚 황제 蕭幹을 격파하였다. 뛰어난 군공을 앞세워 대금 방어의 주역으로 기대를 한 몸에 받았지만, 宣和 7년(1125)에 금군에 패한 뒤 거꾸로 북송 공세에 선봉장으로 나서서 개봉을 함락하는 데 공을 세웠다. 하지만 거듭된 배신행위로 인해 북송 멸망 후 상승군은 모두 살해되었고, 곽약사는 군 지휘권을 박탈당하였다.

80 董龐兒 : 거란 南京道 易州 涞水(현 하북성 保定市 涞水縣) 사람이다. 빈한한 가정에서 성장했으나 무용이 뛰어났다. 天慶 7년(1117), 거란 말기의 혼란을 틈타 만여 명을 모아 반란을 일으켰으나 易水와 涿鹿에서 거란군에게 거듭 패하자 현 하북 및 산서 일대에서 횡행하였다. 후에 董才라고 개명하였고, 송으로 귀순한 뒤 董龍으로 개명하였다가 다시 휘종에게 趙詡라는 이름을 하사받았다.

81 易州 : 거란 南京道 소속이며 軍額은 高陽軍, 州格은 軍事州이다. 치소는 易縣(현 하북성 保定市 易縣)이고 관할 현은 涞水縣·易縣·容城縣 등 3개이다. 959년 후주 세종이 점령하자 거란은 統和 7년(989)에 岐溝關 근처에 易州를 다시 설치하였는데, 선화 4년(1122) 9월, 郭藥師의 주도로 지사 高鳳이 송에 투항하여 송의 영토가 되었다. 지명은 南·北·中易水 등 3개의 易水가 있는 데서 유래하였으며 易水 외에도 拒馬河·漕河 등이 있어 수자원이 풍부한 곳이다. 관할구역은 현 하북성 중부 保定市 북쪽의 易縣 일대에 해당한다.

82 符家口 : 연경에서 正東 방향으로 340리 떨어진 곳에 있으며, 동쪽으로는 灤州, 북쪽으로는 平州와 통하는 관문이다. 『續資治通鑑長編』 권150에서는 '符家寨'·'符家寨口'로 표기했고, 古北口·松亭關·居庸關과 함께 가장 험준하고 폭이 좁은 관문이

라고 하였다.

83 寧邊州 : 거란 西南面招討司 관할로 軍額은 鎭西軍, 州格은 軍事州이다. 치소는 柳林縣(현 산서성 忻州市 偏關縣)이고, 관할 현은 柳林縣·河濱縣 2개이다. 五代에 설치한 偏頭寨를 확대한 것으로 송 하동로의 서북단에 있는 火山軍과 황하를 사이에 두고 마주하였다. 거란의 武州와 朔州의 서북쪽에 있으므로 이들 지역의 배후를 위협할 수 있어 북송 초 치열한 전투가 벌어졌던 곳이다. 관할구역은 현 산서성 중북부 忻州市의 서북쪽에 해당한다.

84 新倉鹽場 : 거란 南京道 析津府 武淸縣(현 천진시 武淸區)에서 관할하는 榷鹽院의 염장이다. 명칭은 생산량이 증가하여 새로운 창고를 짓게 된 데서 유래하였다.

85 永濟鹽場 : 武淸縣(현 천진시 武淸區)에서 관할하는 榷鹽院의 생산량이 많아지고 상업이 번성하자 938년에 香河縣(현 하북성 廊坊市 香河縣)을 새로 설치하였는데, 永濟鹽場이 중심이 된 것 같다. 현 위치를 살펴보면 지난 천 년간 潮白河·北運河 등의 퇴적 작용이 얼마나 진행되었는지를 엿볼 수 있다.

86 아마도 : 원문은 '莫須'이다. 본래는 '~할 필요가 없다'라는 뜻이지만, 六朝 이래 구어에서는 '아마도·어쩌면'의 뜻으로 쓰였다.

87 살로무 : 원문은 '撒盧母'인데, 본서 권11의 11엽에서는 '撒盧拇', 13엽에서는 '撒胡紹·撒盧母', 14엽에서는 '撒母', 권25의 8엽에서는 '撒盧拇', 권53의 9엽에서는 '散離木' 등으로 각기 다르게 썼다. 『靖康稗史箋證』에 따라 모두 '撒盧拇'로 쓴다.

88 이 문단은 『燕雲奉使錄』으로 확정할 수는 없으나 앞 문단에 자연스럽게 이어지므로 『燕雲奉使錄』으로 보아 '(趙)良嗣'를 '나'로 번역한다.

89 雄州 : 河北東路 소속이며 등급은 中, 郡名은 易陽郡, 州格은 防禦州이다. 치소이자 관할 현은 歸信縣·容城縣(현 하북성 保定市 雄縣) 2개이며, 본래 거란의 涿州 歸義縣으로 瓦橋關이 있던 곳이었다. 後周 世宗이 점령한 뒤 雄州로 승격시키고 지명도 바꿨는데(959), 거란과의 대치에 따른 군세를 과시하기 위한 것이다. 소속 현은 1개에 불과하였으나 乾德 1년(963)에 2개 현이 되었다. 당시 최전방 방어 거점이었고 宋이 거란으로 보내는 세폐의 전달 장소이기도 했다. 그래서 웅주지사는 河北沿邊安撫使를 겸직하며 전선 일대 군정과 정보 탐지 업무를 총괄하였다. 웅주는 앞에는 拒馬河가, 뒤에는 하북 최대의 호수인 百洋淀과 南易水가 있어 수로와 습지를 이용한 자연 방어망 구축에 유리한 조건을 갖추고 있었다. 그래서 북

송은 저습지를 최대한 확대 연결하여 길이가 총 800里에 달하는 강력한 수상 방어망을 구축하였다. 관할구역은 현 하북성 중서부 保定市의 동쪽, 百洋淀 북쪽에 해당한다.

90 원문은 '臣'인데, 이 문단이 『燕雲奉使錄』이라고 보면 갑자기 '臣'이 주어로 들어가는 것이 부자연스럽다. 王本에서는 '臣'을 '良嗣'로 바꿔 놓았지만, 袁本·季本 등 본서 참고 판본에서 모두 '臣'으로 표기하고 있어, 王本 교감의 문헌 증거는 없어 보인다. 다만 전후 내용을 고려하여 '趙良嗣'로 보고 '나'로 번역하였다.

91 세운 꿇어앉기 자세 : 원문은 '長跪'이다. 무릎 꿇고 앉은 상태에서 허벅지 부분을 세워 몸이 'ㄴ'모양이 되게 하는 자세를 말하는데, 이처럼 무릎 윗부분을 세워 꿇어앉는 자세는 상대방에 대한 존중을 나타낸다. 고대 중국에서 꿇어앉기는 표준 좌법이었으므로 꿇어앉는 것에 '잘못을 비는' 의미는 없다.

92 諫議大夫 : 門下省을 左省, 中書省을 右省이라고도 한다. 문하성과 중서성에는 각각 간관인 左·右諫議大夫, 左·右司諫, 左·右正言을 두었는데 이를 兩省官이라고 한다. 간의대부는 주요 정책이나 인사 문제 등 정부의 모든 업무에 대해 지적하고 직언하는 직책이다. 宋代 초기에는 正4品下였고 원풍 관제 개혁 이후에는 從4品이었다.

93 孛堇 : 여진의 부족 首長을 지칭하는 용어로서 평소에는 행정 업무를 담당하고 전시에는 전투를 지휘하였다. 萬夫長을 '忒母孛堇', 千夫長을 '猛安孛堇', 百夫長을 '謀克孛堇', 五十夫長을 '蒲輦孛堇'이라고 칭하였다. 청조의 '貝勒'과 같으며, '勃堇'으로 표기하기도 한다.

94 금전손실분 : 원문은 '錢耗'이다. 정규 세액 외에 손실분을 보전한다는 명목으로 추가 징수분을 걷는 것이 상례였는데, 이를 가리켜 '耗'라 통칭하였다. 後唐 明宗 때 쌀 1석당 2되를 더 걷었는데, 이를 '雀鼠耗'(참새나 쥐가 쏠아서 손실되는 것)라고 칭하였다. 耗 가운데 省耗는 2/10를 추가 징수하였다. 耗의 종류는 전운사에서 공개적으로 추가해 징수하는 '明耗', 지방관아가 비공식적으로 추가 징수하는 '暗耗', 운반 및 보관 중 손실분을 고려해 추가 징수하는 '脚耗'와 '倉耗' 등 매우 다양하였다. '錢耗'는 '금전적 손실분'을 가리키는 말로 보이나, 통용된 용어는 아닌 듯하다.

95 관납손실분 : 원문은 '潤官'이다. 앞 주석의 '손실분'인 '耗'를 실제 관에서 징수하

는 것을 말한다. 『續資治通鑑長編』 권71에 "백성들이 부세를 운송할 때, 이미 과반의 부를 내었는데 또 손실분을 더하는 것을 '윤관'이라 한다.(民輸賦稅, 已是大半之賦, 又令加耗, 謂之潤官.)"라고 하였다.

96 蘷離不 : 奚人으로, 중국식 이름은 蕭幹이다. 용맹함으로 도종의 신임을 받았고, 천조제 때 東京統軍, 奚六部大王 겸 總知東路兵馬事 등을 지냈다. 천조제 부재를 틈타 이처온·야율대석과 함께 秦晉國王 耶律淳을 황제로 옹립한 공으로 北院樞密事 겸 諸軍都統으로 임명되었으며, 거란·발해·해·한인으로 이루어진 4군을 거느려 四軍大王이라고도 불렸다. 1123년 봄에 箭笴山에서 황제에 즉위하여 奚國皇帝라 칭하고 연호를 天複(일설에는 天嗣)이라 하였으며, 奚·漢·渤海 3樞密院을 설치하였다. 하지만 곧 郭藥師에게 패하고 5월에 부하에게 살해되었다.

97 天祚帝(1075~1128, 재위 1101~1125) : 거란의 9대 황제로서 이름은 延寧이고 중국식 이름은 耶律延禧다. 황태자였지만 모함을 받아 실각한 뒤 살해당한 耶律濬의 아들이자 道宗의 손자로 황위를 계승하였다. 즉위 당시 거란은 이미 말기적 증세가 두드러졌음에도 천조제는 사냥과 사치에 빠져 국세 회복에 소홀하였다. 1114년, 阿骨打가 거병한 뒤 두 차례에 걸친 전투에서 패하였고, 이듬해 친정에 나섰다가 패퇴한 뒤 정국 주도권을 상실하였다. 송·금의 협공 위협과 발해인의 반란에 시달리던 천조제는 1122년 中京을 상실하면서 급격히 몰락하였다. 천조제는 西京을 거쳐 夾山山脈으로 도피하였고, 그 사이 燕京에서 耶律淳이 天錫皇帝로 즉위하자 고립무원에 빠지고 말았다. 결국 산서 應州에서 포로가 되어 금국으로 압송되어 재위 25년 만에 거란은 멸망하였다.

98 檀州 : 거란 南京道 소속이며 軍額은 武威軍, 州格은 軍事州이다. 치소는 密雲縣(현 북경시 密雲區)이고 관할 현은 密雲縣·行唐縣 등 2개이다. 지명은 관내 白檀山에서 취하였다. 燕山山脈이 ∩자형으로 감싸고 있는 산지로서 서남쪽만 평야와 연결된다. 관할구역은 현 북경시 密雲區보다 약간 동쪽에 해당한다.

99 歸化州 : 거란 西京道 소속이며 軍額은 雄武軍, 州格은 軍事州이다. 치소 겸 관할 현은 文德縣(현 하북성 張家口市 宣化區)이다. 거란은 唐代의 武州를 歸化州로 개칭하는 대신 현 산서성 忻州市 五寨縣 일대를 武州로 개칭하였다(1040). 몽골고원의 접경에 있어 壩上·壩下의 분기점으로 알려져 있다. 관할구역은 현 하북성 서북부 張家口市의 남서쪽에 해당한다.

100 瀘溝河 : 현 북경시와 하북성의 경계를 이루는 永定河의 康熙 37년(1698) 이전까지의 명칭이다. 瀘는 '검다'는 뜻으로 물이 혼탁한 데서 유래한 지명이며, 小黃河라는 별칭도 있었다. 본문에서 말한 지역은 연경에서 60리 떨어진 곳이다.

101 引伴 : 국경에서 국신사를 안내해 도성까지 온 뒤 숙소에 함께 머물면서 館伴使를 돕는 일을 말한다. 사신으로 갔다가 상대국 사신과 함께 귀국할 때 안내하는 일도 '引伴'이라 한다.

102 원문은 '仰'이다. 상신 공문에서는 '仰請' 등으로 恭敬을, 하달 공문에서는 '仰卽尊照'로서 상위기관이 하위기관에서 실시하기를 요망하는 내용을 이끌 때 쓰는 공문 용어다.

103 음산산맥 : 현 내몽고자치구 중부에서 동서로 뻗은 산맥으로서 하북성 북단까지 연결되며, 支脈으로는 狼山·大青山脈 등이 있다. 북쪽 사면은 경사가 완만하며 내몽고고원과 연결되고, 남쪽은 급경사를 이루며 河套平野와 연결된다.

104 해인 : 원문은 '奚部'이다. 거란과 함께 鮮卑 宇文部의 일파로서 南北朝 때에는 '庫莫奚'라고 불렸는데 '庫莫'은 현 몽골어로 '사막'이란 뜻이다. 수·당대에 이르러서 '奚'라고 칭하였고, 6개 部로 이루어졌다. 현 내몽고자치구 시라무렌 유역에서 살아서 언어와 문화가 거란과 유사하였고 후에 거란에 복속되기는 했으나 지속적으로 저항하자 태조는 이들을 정권의 중추로 발탁하였다.

105 鴛鴦濼 : 현 하북성 張家口市 張北縣 서북쪽에 있는 호수로서 鴛鴦이 많아서 생긴 이름이라고 한다. 鴛鴦泊이라고도 하는데, 호수 남쪽과 북쪽 모두 물이 있어서 蒙古語로는 '昂吉爾圖', 또는 '安固裏淖爾'라고 한다. 거란 황제가 수렵하던 장소이다.

106 원문은 '相度'이다. '사안을 분석·관찰·고려하고 해결 방법이나 건의를 제출하라'는 의미로 송대의 공문 용어이다.

107 檀州의 치소인 密雲縣(현 북경시 密雲區)과 歸化州의 치소인 文德縣(현 하북성 張家口市 宣化區)을 가리키는 것으로 보인다.

108 宇文懋昭 : 金의 淮西 지역에서 남송으로 귀순하여 承事郞·工部架閣에 제수되었고 『大金國志』의 저자로 알려졌다. 그러나 『大金國志』는 元代에 만들어진 저서이므로 宇文懋昭는 假託된 것으로 보인다.

109 『大金國志』 : 금조 117년의 역사를 기록한 40권의 사서로서 本紀 26권, 개국공신

1권, 張邦昌錄 1권, 劉豫錄 1권 등 傳 3권, 雜錄 3권, 志 7권, 奉使行程錄 1권 등으로 이루어졌다. 잡다한 사료, 심지어 일부 僞書까지 채록한 점 때문에 다소 논란도 있지만, 각종 개인 기록과 傳聞을 다수 포함하고 있어 『金史』와 상호 보완을 이룬다. 다만 端平 1년(1234)에 조정에 상신했다고 하나 금조 멸망 5일 후에 편찬되었다는 점, 송에 관한 것을 避諱하지 않은 점, 元을 '大朝', 원의 사신을 '天使'라고 한 점 등으로 인해 원대에 편찬된 것으로 보인다.

110 幽燕 : 唐代의 幽州가 전국시대 燕의 영역과 대체로 일치하기 때문에 생긴 일종의 관용적 표현이다. 행정지명이 아니기 때문에 다른 행정지명과 함께 서술하였을 경우 번역하기 애매한 경우가 많다. 북송 말의 상황에 따라 거란의 '남경'으로 번역하는 것이 정확하지만, '연경'으로 번역할 수도 있다.

111 順州 : 거란 南京道 소속이며 軍額은 歸化軍, 州格은 軍事州이다. 치소 겸 관할 현은 懷柔縣(현 북경시 順義區)이다. 본래 거란의 일족이 당에 복속하여 歸順州라고 하였던 것을 順州로 바꿨다. 같은 지명으로 上京道의 頭下軍州인 順州(현 요녕성 錦州市 北鎮市)가 있다. 관할구역은 현 북경시 동북쪽 順義區 등 潮白河 유역에 해당한다.

112 景州 : 거란 南京道 소속으로 軍額은 淸安軍이고 州格은 軍事州였으나 후에 節度州로 승격하였다. 치소 겸 관할 현은 遵化縣(현 하북성 唐山市 遵化市)이다. 後唐이 玉田縣 북쪽 買馬監 일대를 나눠서 薊州 준화현을 설치하였고, 重熙 연간(1032~1054)에 이 준화현이 경주로 승격되었다. 연산산맥을 잇는 만리장성이 지나는 지역이며, 관할구역은 현 하북성 동남부 唐山市의 북쪽에 해당한다.

113 薊州 : 거란 南京道 소속이며 軍額은 尙武軍, 州格은 軍事州이다. 치소는 漁陽縣(현 천진시 薊州區)이고, 관할 현은 三河縣·漁陽縣·玉田縣 등 3개이다. 지명은 관내의 薊門關에서 유래하였고, 安祿山이 거병한 곳이자 宋朝의 개국공신인 趙普의 고향으로 유명하다. 燕山山脈과 화북평야가 만나는 곳으로 북경의 동쪽 출구이다. 관할구역은 현 천진시 薊州區를 중심으로 唐山市 玉田縣과 廊坊市 三河市에 해당한다.

114 본서 권14와 권15에는 송금 양국의 국서와 맹약서가 거듭 등장하는데, 서로 상대의 국서와 맹약서 원본을 다량 인용하고 있어 매우 혼란스럽다. 따라서 중요한 것은 문건의 발송 순서이다. 『大金弔伐錄』 권1의 5~6엽에는 송이 작성한 「南宋誓書」가 먼저 수록되어 있고, 7~8엽에는 금이 작성한 「回賜誓書」가 수록되어 있다.

115 關報 : 唐代에 상서성의 통제를 받아 중앙 諸司에서 각 州에 발송하는 문서에서 유래하였다. 후에 공무에 관해 통보하는 공문으로 바뀌어 상급 기관의 심사나 비준을 거치지 않아도 무방하며 참조해야 할 기관이 명시되어 있다. '關白'·'關移'·'關牒'이라고도 하며, 學士院에서 중서성·추밀원에 보내는 관보는 '諮報'라고 하여 구분하였다.

116 권15의 이 '맹약서'는 금이 송에 보낸 서신인데, 권14의 '맹약서 초안'과는 형식이 매우 다르다. 권15의 맹약서가 양국이 공동으로 채택한 맹약서의 형식에 더 가깝다고 하겠다.

117 敎坊 : 唐代에 처음 설치한 기구로서 연극·연주·무용을 담당하였다. 송조의 경우, 본래 宣徽院 소속이었으나 원풍 이후 太常寺에 속하였다. 태상시의 음악이 궁중의례에 사용하는 정중한 雅樂인 데 비해 교방은 경쾌한 음악을 주로 하였다. 교방의 규모와 인원에 비해 敎坊使의 직급은 매우 낮아 從8品에 불과하였으며, 교방사 아래에 敎坊副使와 敎坊判官이 있었다.

118 宰執 : 宰相과 執政의 약칭이다. 송대에는 同平章事·尙書左右僕射·左右丞相을 재상이라고 칭하고, 參知政事와 그 후신인 門下侍郎·中書侍郎·尙書左丞·尙書右丞, 추밀원의 장관인 樞密使·知樞密院使, 차관인 同知樞密院事·樞密副使 등 부재상급을 가리켜 執政이라고 칭하였으며 이 둘을 합하여 宰執 또는 宰輔라고 하였다. 조정의 주요 현안은 재집의 연석회의를 통해 결정하였다.

119 보빙사 : 원문은 '聘使'이다. 대등한 상대 국가와의 사신 교류를 가리켜 交聘이라고 한다. 北魏와 東晉이 396년에 처음 交聘 관계를 체결하였는데, 상대 국가로부터 사신 방문을 요청받는 것을 가리켜 受聘, 그에 따른 사신 파견을 가리켜 報聘, 사신을 報聘使라 칭한다. 교빙은 사신 파견의 원칙과 목적, 인원과 의례, 방문 일정과 노선 등을 상세하게 정하여 그에 따라 진행한다.

120 統制官 : 中軍·前軍·後軍·左軍·右軍 등 5軍 편제 시 각 군의 지휘관을 가리킨다.

121 姚平仲 : 자는 希晏이며 永興軍路 耀州 三原縣(현 섬서성 咸陽市 三原縣) 사람이다. 서하와의 전투에서 뛰어난 무공으로 명성이 자자했으나 童貫의 견제로 뜻을 이루지 못하였다. 흠종이 발탁하자 결사대를 이끌고 금군 진영을 급습했으나 실패했고, 鄧州를 거쳐 사천 靑城山에 들어가 신분을 감추고 은거하였다. 송조는 거듭 요평중을 찾으라 했지만 찾지 못하였는데, 요평중은 乾道·淳熙 연간에 80세

가 넘어서 비로소 모습을 드러냈다.

122 康隨 : 강수 개인에 대한 구체적인 이력은 확인하기 힘들다. 다만 강수가 种師道의 부관이었고, 후에 鎭戎軍(현 영하자치구 固原市) 출신 曲端의 부하였던 것으로 봐서 서북방 출신이었을 가능성을 생각해 볼 수 있다. 강수는 금군과의 전투에서 큰 공을 세운 曲端의 부하로 있으면서 군용 재산을 절취한 혐의로 처벌받은 바 있고, 그 원한으로 후에 曲端이 반역죄로 무고 되었을 때 고문하여 죽게 하였다. 곡단의 억울한 죽음은 岳飛에 이어 남송 초의 대표적인 무고 사건으로 꼽힌다.

123 松亭關 : 居庸關·古北口·金坡關·楡關과 함께 북경을 둘러싼 5關의 하나로 송정관이란 지명은 오대에 처음 출현하였다. 거란의 연경과 중경을 연결하는 중요한 관문으로 사용하였지만, 명대 중엽부터 잊힌 관문이 되었고 지금은 그 정확한 위치에 대해서 논란이 있을 정도이다. 아마도 송정관의 지형이 매우 험준하기 때문일 것이다. 喜峰口(하북성 唐山市 遷西縣과 承德市 寬城縣 경계에 있는 관문)가 송정관이라는 견해도 있지만, 顧祖禹는 '송정관은 喜峰口 북쪽 120리 지점이며 거란이 연경에서 중경으로 갈 때 매번 송정관을 통해서 柳河로 갔다.'(『讀史方輿紀要』 '遵化縣'條)고 하였는데, 고조우의 견해가 더 타당해 보인다.

124 楡關 : 居庸關·古北口·金坡關·松亭關과 함께 북경을 둘러싼 5關의 하나로, 현 하북성 秦皇島市 撫寧區 楡關鎭에 있었다. 隋 開皇 연간(581~600)에 설치하였으며 본래는 渝關·臨渝關이라고 하였다. 수당의 고구려 원정 출발지로 유명해졌으며, 당시 渝水는 풍부한 수량을 자랑하였다고 한다. 발해만 해안 평지에 있고 금의 본거지와 직접 연결되는 관문이었다. 洪武 14년(1381)에 현 위치(현 하북성 秦皇島市 山海關區)로 옮기고 山海關으로 개칭하였다.

125 常勝軍 : 天慶 8년(1115)에 벌어진 金과의 전투에서 怨軍은 본격적인 교전이 벌어지기도 전에 붕괴되었고, 심지어는 전쟁을 이용해 반란과 약탈을 일삼아 오히려 골칫거리가 되었다. 그러던 중 東南路 怨軍將領인 董小醜가 利州의 도적을 평정하라는 명을 받고도 進攻하지 않은 죄로 사형에 처해지자 원군은 반란을 일으켰다가 耶律余睹에게 토벌되었다. 이후 축소 개편되는 과정에서 燕王 야율순이 즉위하면서 다시 총 2천 명 규모의 常勝軍으로 개편되었다. 그리고 이때 원군 관련자에 대한 사면이 이루어진 것으로 보인다. 이후 곽약사를 따라 송에 투항한 뒤

뛰어난 군공을 앞세워 對金 방어의 주역으로 크게 확대되었고, 그 후유증으로 송의 禁軍은 크게 약화되었다. 상승군은 宣和 7년(1125)에 金軍에 패한 뒤 다시 개봉을 함락하는 데 공을 세웠다. 하지만 거듭된 배신행위로 신뢰를 상실해 북송 멸망 후 金軍에게 모두 살해되었다.

126 기의문자 : 원문은 '點檢文字'이다. 본래 실록을 편찬하는 직책인 國史院 소속 관리를 뜻하나, 본문에서는 宣撫司 소속으로 기밀문서를 담당하던 책임자인 管勾機宜文字를 뜻하는 것으로 보인다. 이에 '기의문자'로 번역하였다.

127 宇文虛中(1079~1146) : 자는 叔通이며 成都府路 成都府 廣都縣(현 사천성 成都市 雙流區) 사람이다. 본명은 宇文黃中인데, 도교를 숭상하던 徽宗이 '虛中'이라는 이름을 하사하였다. 童貫의 참모로 출세하여 起居舍人·中書舍人을 지냈으며 금군의 전면 공세를 맞아 휘종에게 自責의 조서를 내릴 것을 강력하게 권하였다. 또 洛陽 등 서쪽 전선의 방어 임무를 잘 수행하였으며 种師道 기용을 제안하였다. 靖康 연간에 簽書樞密院事로 금과의 화의를 추진하였다. 북송 멸망 후 화의 추진에 대한 문책으로 廣東으로 유배되었고, 후에 금국에 사신으로 갔다가 억류된 뒤 금에서 禮部尙書가 되었으나 모반사건에 연루되어 멸족되었다.

128 해상의 맹약 : 원문은 '海上信誓'이다. 거란을 협공하여 멸망시킨 후 거란이 차지하고 있던 燕雲 지역을 송에게 할양하는 대신 송은 거란에 주던 세폐를 금에게 준다는 양국 동맹이 바닷길을 통해 이루어졌기 때문에 통상 이 동맹을 가리켜 '海上之盟'이라고 칭한다. 중국사에서 바닷길을 통해 동맹을 체결한 일은 이것이 유일한 터라 고유한 역사 용어로 자리 잡게 되었다.

129 賜進士出身 : 송대에는 과거 합격자를 등수에 따라 1甲~5甲으로 구분하고 1~2甲에는 進士及第, 3~4甲에는 進士出身, 5甲에는 同進士出身이라는 칭호를 하사하였다. 칭호를 하사한다賜고 하여 '賜進士及第'·'賜進士出身'·'賜同進士出身'이라고 하고 모든 합격자를 통틀어서 '登進士第'라고 하는데 이 말들이 명사처럼 쓰인다. 명청대에는 甲의 구분이 3단계로 간략해졌다.

130 正1品 관모 : 원문은 '頭品頂戴'이다. '朝冠'이라 칭하던 관모를 가리켜 청대에는 '禮帽' 또는 '頂戴'라 바꿔 불렀고, 관품에 따라 장식 구슬을 달리하였다. '頭品'은 최고위 관직이란 뜻으로서 頭品頂戴는 正1品官의 관모지만 통상 從1品 總督에게 예우용으로 쓰게 하였다.

131 四川 : 乾德 3년(965), 북송은 後蜀을 멸망시키고 成都府(현 사천성 成都市)를 치소로 西川路를 설치하였다. 開寶 6년(973)에 서천로 동부지역을 분리하여 夔州를 치소로 하는 峽路를 신설하였고, 太平興國 2년(977)에는 다시 서천로 동북지역을 분리하여 東川路를 신설하였다. 이로써 西川路·東川路·峽路 등 3개 路가 만들어졌는데, 太平興國 7년(982)에 東川路를 다시 西川路에 편입하여 2개 路가 되었다. 이로써 至道 3년(997)의 전국 15개 路 체제가 완성되었다. 그러다가 咸平 4년(1001), 西川路를 益州路로 바꾸고 일부를 분리하여 興元府를 치소로 하는 利州路를 설치하였다. 또 陝路를 夔州路로 바꾸고 일부를 분리하여 梓州를 치소로 한 梓州路를 설치하였다. 얼마 후 익주로를 成都府路로 바꾸면서 마침내 成都府路·利州路·夔州路·梓州路 등 4개 로가 성립되어 '川峽四路' 또는 '四川路'라고 칭하게 되었다. 梓州路는 남송 때 潼川府路로 명칭을 바꿨다. '사천'이 지금처럼 사천성을 총괄하는 지명으로 자리를 잡은 것은 元代부터이다.

132 承宣布政使司 : 承宣은 '계승하고 發揚한다'라는 뜻으로서 원대의 行中書省에서 유래한 명청대 지방행정기구이다. 省의 민정과 재정을 관리하는 기관이다.

133 布政使 : 청대 각 省의 최고 책임자로는 總督과 巡撫가 있는데, 총독은 하나 또는 복수의 성을 총괄하였고, 순무는 1개 성을 총괄하였다. 순무 아래에는 교육과 과거를 총괄하는 提督學政, 사법을 총괄하는 按察使, 민정과 재정, 관리 고과를 총괄하는 布政使가 있다. 총독은 正2品, 순무와 포정사는 從2品이다.

134 清苑縣 : 清 直隸省 保定府 소속이며 直隸省 巡撫의 치소였다. 지명은 한대 清苑亭侯의 식읍에서 유래하였다. 하북평야의 북쪽 지대이며, 현 하북성 중부 保定市 城區인 清苑區에 해당한다.

135 許涵度(1853~1914) : 자는 紫藐이며 청 直隸省 保定府 清苑縣(현 하북성 保定市 清苑區) 사람이다. 光緒 2년(1876)에 과거에 급제하여 16년간 忻州 지사를 지낸 뒤 潞安府 지사를 거쳐 陝西按察使·陝西權布政使·四川布政使 등을 지냈다. 유능하였음에도 솔직하고 강직한 성격이라서 관운은 그다지 순탄하지 못하였다.

삼조북맹회편
三朝北盟會編
卷16

[政宣上帙16]

起宣和五年四月十七日庚子, 盡二十八日辛亥.

정화 연간(1111~1118)부터 선화 연간(1119~1125)까지를 기록한 상질의 제16권 : 선화 5년(1123) 4월 17일 경자일부터 28일 신해일까지.

十七日庚子, 童貫、蔡攸整軍容入燕山府, 撫定燕城.

선화 5년(1123) 4월 17일 경자일, 동관[1]과 채유[2]가 군대의 진용을 갖추고 연산부[3]에 진입하여 연경성 주민을 위무하고 안정시켰다.

貫、攸入燕京撫定, 殘民羸卒捧香火迎導而行, 歡呼①言曰 : "契丹既滅, 大金歸國, 王師入城, 復見天日." 相慶之人, 家至戶到, 燕人大悅. 初, 李嗣本提兵先入燕城, 其次宣撫司方來, 以郭藥師爲先鋒. 嗣本軍望見之, 以爲金人兵至, 棄軍卽遁②, 營中大擾, 藥師使人往撫之方定. 貫、攸問馬擴曰 : "眾慮虜(改作金)人刦寨, 爾以爲如何?" 擴曰 : "可保其不來, 不必慮也." 童貫、蔡攸燕山府住十日乃還.

① [按] 歡呼 : 袁本에서는 '懽呼'로 썼다.

② [按] 棄軍卽遁 : 袁本에서는 '外軍卽遁'으로 썼다.

동관과 채유가 연경에 입성하여 위무하고 안정시키자, 피폐하고 지친 백성과 병졸들이 향과 초를 들고나와 맞이하여 앞장서 인도하고, 환호하며 "거란은 이미 망하였고 대금은 제 나라로 돌아갔다. 왕의 군사가 입성하니 하늘의 해를 다시 보게 되었다.[4]"라고 하였다. 경축을 전하는 사람들이 집집마다 이르니 연경 사람들이 크게 기뻐했다.

당초에 이사본이 병사를 이끌고 먼저 연경성에 들어갔고, 바로 그 뒤에 곽약사를 선봉으로 한 선무사사의 군대가 막 도착하였다. 이사본의 군사들은 멀리서 그들을 보고는 금국 군대가 온 줄 알고 대오를 이탈하여 바로 도망쳤다. 군영에 큰 소동이 일어났으나, 곽약사가 사람을 보내 위무하자 비로소 안정되었다. 동관과 채유가 마확에게 "금국 군대가 군영에 쳐들어올 것을 병사들이 모두 걱정하고 있는데, 그대는 어떻게 생각하시오?"라고 물었다.

마확은 "그들이 오지 않을 것을 보장할 터이니, 걱정하실 필요 없습니다."라고 대답했다. 동관과 채유는 연산부에서 열흘을 머문 후 돌아갔다.

『平燕錄』及『封氏編年』, 王安中『入燕錄』曰 : 童貫與安中等至雄州, 大金議猶未決. 貫與安中等共議言 : "大金須索種種干求, 貫常憤恨, 朝廷雖然應副, 貫實惶恐." 安中曰 : "夷虜貪婪, 自古如此, 又況(刪夷虜至此十字)我兵向爲契丹所敗, 若非涿、易納欵①偏將來歸, 未易議也. 趙良嗣雖爲朝廷, 不能挫彼之意, 必須軍中選擇②其(刪此字)辨博之士, 折彼泛議可也." 遂於軍中得姚平仲、康隨、王瓌等以待入燕議事.

① [按] 納欵 : 袁本에서는 '納款'으로 썼다.

② [按] 軍中選擇 : 袁本에서는 '右選中擇'으로 썼다.

『평연록』[5]과 『봉씨편년』,[6] 왕안중[7]의 『입연록』[8]에는 다음과 같이 적혀 있다.

동관과 왕안중 등이 웅주에 도착했을 때까지 대금과의 논의는 여전히 결판이 나지 않은 상태였다. 동관이 왕안중 등과 의논하며 다음과 같이 말하였다.

"대금이 온갖 것을 악착같이 요구해 대니 나 동관은 늘 분했었소. 조정에서 비록 그에 응해 준다 해도, 나는 참으로 황공스러울 따름이오."

그러자 왕안중은 이렇게 말하였다.

"이로夷虜들의 심한 탐욕은 옛부터 그러하였습니다. 게다가 우리 군대는 이전에 거란에게 패배하였던 터라, 만약 탁주와 역주의 장수[9]들이 그 지역을 들어 귀순해 오지 않았더라면 논의조차 쉽지 않았을 것입니다. 조량사는 비록 조정을 위해 애쓰고는 있지만, 저들의 뜻을 꺾을 능력이 없으니, 반드시 군영에서 변론에 능하고 박식한 사람을 뽑아야 저들의 지나친 제의를 꺾을 수 있습니다."

이리하여 군중에서 요평중·강수·왕괴[10] 등을 뽑아 연경에 들어가 논의할 것에 대비하라고 하였다.

童貫遂差姚平仲、康隨、王瓌、良嗣等①, [016-02] 各帶本軍人馬起發, 去交割燕京②. 平仲, 將家子, 豪邁俊爽, 以强辭折阿骨爽③(改作阿克順), 一夕隨定. 次差李嗣本統河東兵五萬爲前軍, 以种師中、楊可世擁陝西諸道兵三十萬爲中部, 遣郭藥師領常勝軍自新城入固安、安次, 勒兵博山, 貫、攸建旌纛鳴鼓吹笙, 卽以大軍次之④, 俾馬公直將河北、京畿兵爲殿. 嗣本至瀘溝河⑤, 大金猶駐燕京, 而良嗣、姚平仲、康隨入燕京見大金國主.

① [按] 良嗣等 : 袁本에서는 '及良嗣等'으로 썼다.

② [按] 去交割燕京 : 袁本에서는 '交割燕京'으로 썼다.

③ [按] 阿骨爽 : 袁本·沈本에서는 '阿骨打'로 썼고, 四庫本에서는 '阿固達'로 썼다.

④ [按] 卽以大軍次之 : 袁本에서는 '節以大軍次之'로 썼다.

⑤ [按] 瀘溝河 : 袁本에서는 '盧溝橋'로 썼다. 교주를 따른다.

동관은 곧 요평중·강수·왕괴·조량사 등을 파견하여 각기 자기 부대의 병마를 이끌고 출발하여 연경 할양 문제를 처리하도록 했다. 요평중은 장군 집안의 자제로서 호탕하고 준수하였으며, 강력한 언사로 아골상[11]을 굴복시켜 하룻밤 새에 결정지었다.

다음으로 이사본에게 하동[12]의 병력 5만을 거느리게 하여 전군前軍으로 삼고, 충사중[13]과 양가세[14]에게 섬서[15] 각지 병사 30만을 장악하게 하여 중군으로 삼았다. 그리고 곽약사로 하여금 상승군을 이끌고 탁주 신성현[16]에서 고안현[17]을 거쳐 석진부의 안차현[18]으로 들어가서 박산에서 대기[19]하게 하였다. 동관과 채유는 큰 깃발[20]을 들고, 북을 울리고 생황을 불며 대군을 이끌고 그 뒤를 잇고, 마공직에게 하북과 경기의 병사를 주어 후위로 삼았다. 이사본이 노구하에 이르렀는데 대금은 아직 연경에 주둔하고 있었다. 조량사·요평중·강수가 연경에 들어가 대금의 국주를 만났다.

粘罕(改作尼堪)云 : "前以約①十一日, 今後時, 何也?" 姚平復曰② : "大事已定, 並無少疑交割燕京. 後時日③乃本國敦禮, 若先是而來④, 是屬僭越, 何問之有? 若元師求釁, 妄生事端, 敗其歡盟⑤, 皇天照鑒, 豈輔曲者? 自古反盟⑥, 不克享國. 又況貴朝百色須求, 我皇帝寬仁大度, 曲就悉從, 不欲少違, 慮壞前約. 元帥愼莫生事." 是日師中等已營料石岡, 可世又檄衆曰 : "今日我輩正索一死耳!" 乃命諸將治鞍、發刃、彀弓, 以卜鏖戰⑦, 督嗣本渡河.

① [按] 以約 : 袁本에서는 '已約'으로 썼다.

② [按] 姚平復曰 : 袁本에서는 '姚平仲復曰'로 썼다. 교주를 따른다.

③ [按] 後時日 : 袁本에서는 '後時五日'로 썼다.

④ [許] 若先時而來 : '時'를 '是'로 잘못 썼다.

⑤ [按] 敗其歡盟 : 袁本에서는 '敗其懽盟'으로 썼다.

⑥ [按] 自古反盟 : 袁本에서는 '自古敗盟'으로 썼다.

⑦ [按] 以卜鏖戰 : 袁本에서는 '以待鏖戰'으로 썼다.

점한이 물었다.

"전날의 약속은 11일이었는데, 지금 이렇게 늦은 것은 무슨 까닭이요?"

요평중이 이렇게 대답하였다.

"큰일은 이미 결정됐고, 연경을 할양하는 문제 또한 조금도 의심할 여지가 없습니다. 날짜가 늦어진 것은 다름 아닌 본국의 돈독한 예절입니다. 만약 우리가 앞서 왔더라면 참람한 일이 되었을 터인데, 어찌 그것을 물으십니까? 만약 원수께서 트집을 찾고 망령된 사단을 일으켜 우호의 맹약을 깨뜨린다면, 저 높은 하늘이 비춰 보시는데 어찌 굽어진 자를 돕겠습니까? 자고로 맹약을 뒤집으면 나라를 다스리는 복을 누리지 못합니다. 그리고 하물며 귀 조정에서 온갖 요구를 하더라도 우리 황상께서는 관대하게 헤아려서 곡진하게 모두 들어주시고 조금도 어기지 않으려 하시며 전날의 약속이 깨질 것을 염려하셨습니다. 원수께서는 신중히 하시어 문제가 생기지 않도록 하십시오."

이날, 충사중 등이 요석강[21]에 군영을 치고 나자, 양가세는 또 격문을 써서 모두에게 "오늘 우리는 다만 죽을 자리를 찾을 뿐이다!"라고 하였다. 그리고 장수들에게 명하여 안장을 얹어 매고 창칼의 날을 세우고 활에 시위를 걸어 격전을 준비하게 한 후, 이사본을 독려하여 노구하를 건너게 했다.

阿骨爽(改作阿克順)等聞我軍前後左右①周環, 亘二百里不絶, 乃謂良嗣、平仲等曰 : "豈敢生事! 只爲本國已先發軍, 今滯數日, 所以詰耳②." 卽呼所屬交割. 國主與阿骨爽(改作阿克順)等卷甲移竈, 退舍三十里. 日晡, 嗣本提兵入城, 師中、可世相繼入焉. 先是, [016-03] 大金盤旋燕京城幾及半年, 久客多欲③, 部曲利於財貨, 剽掠燕城富豪, 比屋室如懸磬, 檀、順、景、薊民始困弊④, 而契丹又懼大金攘奪, 皆逃竄山谷, 城市邱墟, 狐狸穴處. 又將職官漢民分路遣行, 我朝所得空城而已.

① [按] 前後左右 : 袁本에서는 '先後左右'로 썼다.

② [按] 所以詰耳 : 袁本에서는 '所以詰旦'으로 썼다.

③ [按] 久客多欲 : 袁本에서는 '久客多欲歸'로 썼다.

④ [按] 始困弊 : 袁本에서는 '始困敝'로 썼다.

아골상 등은 우리 군대가 전후좌우로 빙 둘러싼 채 200리까지 연이어 있다는 것을 듣고, 조량사와 안평중 등에게 다음과 같이 말하였다.

"어찌 감히 공연히 일을 만들겠는가? 단지 우리나라 군대가 먼저 출발해서 왔다가 지금까지 며칠 동안을 머물며 기다렸던 까닭에 그리 힐책하게 된 것이다."

그리고 즉시 부하를 시켜 할양하게 하였다. 대금 국주國主와 아골상 등은 갑옷을 챙기고 부뚜막을 옮겨 30리 뒤로 물러났다. 해 질 무렵, 이사본이 군대를 거느리고 입성하였고, 충사중과 양가세도 뒤이어 들어왔다.

이에 앞서 대금은 연경성에 머문 지가 거의 반년이 되었는데, 오래된 객이 욕심이 많아지듯이, 휘하의 사졸[22]들이 재화를 탐내어 연경성의 부호들을 약탈하였으니, 집집마다 다 털려 방안에 남은 것이 없었다. 단주·순주·경주·계주 지역의 백성들은 애초에 빈곤하고 피폐한데다가 거란인들은 또 대금의 약탈을 겁내어 모두 산골짜기로 도망쳐 숨었기에 성안은 폐허가 되어 여우·살쾡이가 굴을 파고 사는 지경이었다. 게다가 관리와 한인 주민을 나누어 보냈으니 우리 조정은 텅 빈 성만 얻었을 뿐이었다.

『北征紀實』曰：王黼既專任其事, 因降旨飭二帥不得動, 以聽約束. 乃使趙良嗣奉使, 而阿骨打(改作阿固達)謂良嗣曰："我聞中國大將獨仗劉延慶, 將十萬衆, 一旦不戰, 兵散而潰①, 中國何足道! 我自入燕山, 今爲我有, 中國安得之?" 良嗣不能對, 乃與其使偕來.(作『紀實』後六年, 始得見馬擴『自敘』, 備能言金人②燕山事實甚詳. 然獨不見書『紀實』所取阿骨打不許燕山之語, 及索山後有峻拒之語, 却有良嗣更易語錄之說, 又有謂山後幸踏地里交割牒文③. 大抵我使人疑皆有所參商, 至爲良嗣之姦利則一也. 是故『紀實』盡述當時朝論, 不敢從他錄也. 注阿骨打改作阿固達.)

① [按] 將十萬衆, 一旦不戰, 兵散而潰：袁本에서는 '將十五萬衆, 一旦不戰而潰'로 썼다.

② [按] 始得見馬擴『自敘』, 備能言金人：袁本에서는 '始得見擴『自敘』, 備言金人'으로 썼다.

③ [按] 又有謂山後幸踏地里交割牒文：袁本에서는 '人有謂山後復率陷地理交割牒文'으로 썼다.

『북정기실』[23]에는 다음과 같이 적혀 있다.

왕보가 연경 할양에 관한 일을 전담하고 있었으므로, 성지를 내려 동관과 채유 두 장수로 하여금 임의로 행동하지 못하도록 하고 왕보의 통제에 따르게 하였다. 그리고 조량사를 사신으로 보냈다.

아골타가 조량사에게 다음과 같이 말하였다.

"내가 듣기로는, 중국[24]에서 유일하게 믿고 기대는 대장군이 유연경[25]인데, 그가 10만 대군을 거느리고 단 한 번 싸워 보지도 못하고 병졸들이 흩어져 궤멸 되었다고 한다. 그러니 중국은 뭐라 이야기할 거리나 되겠는가! 내가 자력으로 연경에 입성하였으니 지금 연경은 내 것이다. 중국이 어떻게 그것을 가질 수 있겠는가?"

조량사는 대답을 할 수 없어 금국 사신과 함께 돌아왔다.[『북정기실』을 쓴 지 6년 후에 비로소 마확의 『모재자서』를 볼 수 있었고, 금국과 연경에 관한 일을 매우 상세하게 말할 수 있게 되었다. 그런데 내가 『북정기실』에 적은 내용 중, 아골타가 연경을 주지 않겠다고 한 것과 산후에 관한 할양 요구를 준엄하게 거절했다는 말은 『모재자서』에서는 볼 수 없었고, 대신 조량사가 '어록'[26]의 기록을 고쳐 썼다는 말이나, 또 산후 지역은 아골타가 그곳을 몸소 평정한 뒤 남조에 넘기겠다고 말한 첩문이 있다는 말은 기록되어 있었다. 대저 우리 사신들은 어쩌면 모두가 서로 다른 의견[27]을 가졌던 것 같은데, 조량사가 이익을 위해 농간을 부렸다는 점에 대해서는 일치한다. 이런 까닭으로 『북정기실』은 모두 당시 조정의 의론만을 기술했고 다른 기록은 따르지 않았다.][28]

始祖宗時, 虜(改作遼)使至, 待遇之禮有限,① 不示以華侈, 且以河朔甫(改作逼)近都邑,② 故迂其途多其里堠, 次第爲之燕犒而後至, 皆防微杜漸意也. 及黼遣良嗣唯③務速以擅其功, 與其使人限以七日, 自燕山至闕下凡四五, 往返皆然. 又其每至也, 漸加禮, 夸[④]之以富盛, 金人因是自負, 邀索不已. 黼遂許以遼人舊歲幣四十萬之數外, 每歲更添燕山涿、易、順、景、檀、薊六州代稅錢一百萬緡. [016-04] 金人旣得所欲乃許我. 又索營、平二州, 則曰 : "海上腳跟底元約, 石晉所割則屬中國, 契丹舊地則歸我. 今營、平二州, 乃阿保機(改作文巴堅)於後唐時所陷, 灤州乃營、平地, 舊已入遼, 卽非石晉所獻之地, 當如元約, 於是我無辭." 又索雲中一路, 則曰 : "雲中久爲我有, 中國安得之?"

① [許] 始祖宗時, 虜使至, 待遇之禮有限 : 이 문장은 문단을 나누어 써야 하는데 잘못하여 위 문단에 이어서 썼다. 교주를 따른다.

② [許] 且以河朔甫近都邑 : '附'를 '甫'로 잘못 썼다.

③ [按] 唯 : 袁本에서는 '惟'로 썼다.

④ [按] 夸 : 袁本에서는 '誇'로 썼다.

당초 조종[29] 때는 북로의 사신이 오면 대우하는 예법에 한도가 있었고, 화려하고 사치스러움을 과시하려 하지 않았다. 또 하삭[30]은 도성 개봉과 가까운 곳이라 일부러 여로를 멀리 에돌아 더 많은 마을[31]을 지나게 하며 차례로 위로연을 베푼 다음에 도착하게 하였다. 이는 모두 그들이 혹시라도 불미한 생각을 하지 못하도록 미리 방지하려는 것이었다.[32]

왕보가 조량사를 파견하면서 조속한 처리로 공적을 독차지하는 데만 뜻을 두어, 사신들에게 7일의 시한을 정해 주었는데, 연경에서 궁궐에 닿는 데는 총 4~5일이 걸렸고, 되돌아가는 데도 마찬가지였다. 또 금국 사신이 올 때마다 점점 예물을 추가로 주어 우리나라의 부유하고 풍성함을 과시하였다. 금국은 이를 믿고 심한 요구를 그치지 않았다. 왕보는 마침내 요나라에 주었던 옛 세폐 40만 이외에 매년 연산의 탁주·역주·순주·경주·단주·계주 등 6개 주의 조세를 대신한 돈 100만 관을 더 얹어 주기로 양허하였다. 금국은 자신들이 원하는 바를 다 얻고 나서야 비로소 우리에게 할양을 허여하였다.

또 금국은 영주[33]와 평주[34] 2개 주를 요구하면서[35] 이렇게 말하였다.

"바다를 오가며 맺은 원래의 협약은 석진[36]이 거란에 할양했던 땅은 중국에 귀속시키고, 거란의 옛 땅은 우리에게 귀속시키는 것입니다. 지금의 영주와 평주 2개 주는 바로 야율아보기[37]가 후당[38] 때 함락시켰던 곳입니다. 란주[39]는 바로 영주와 평주 땅으로 예전에 이미 요나라에 편입된 것이며, 석진이 바친 땅이 아닙니다.[40] 이것은 원래의 협약대로 함이 마땅하며, 그래서 우리는 따로 언급하지 않았습니다."

또 운중로[41] 전체를 요구하며 다음과 같이 말하였다.

"운중은 이미 오래전부터 우리 소유가 되었는데 중국이 어찌 그것을 가져갈 수 있겠습니까?"

中國亦無如之何, 姑欲得燕山, 且掩挫敗之醜, 以塞中外之議. 因割燕山府、涿、易、檀、順、薊、景爲一路, 而歸其代稅錢一百萬緡. 又議折中國貨物以補其闕, 於是又遣良嗣議拆①物, 凡絹三十萬②、絲綿稱是. 虜(改作金)人每喜南貨, 故雖木綿亦二萬段③, 香犀、玳瑁、椀楪、匙筯皆折閱倍償之. 至如龍腦每兩折八貫, 則皆良嗣其(改作從)中爲姦也. 約旣定, 索禮數, 因盡還其待大遼敵國之禮, 唯④不稱兄弟而已. 乃遣良嗣奉誓書而往, 而金人取誓書副⑤, 先視之又止諸界上, 俾我使回⑥, 更易誓書中語, 然後來. 我又從之. (誓書事具於下)事旣畢, 彼亦遣使以誓書來. 時鄭丞相居中, 亦嘗白上曰: "禮數旣重, 加歲幣厚必不便, 亦不納."

① [按] 拆 : 袁本에서는 '折'로 썼다. 교주를 따른다.

② [按] 三十萬 : 袁本에서는 '三十萬疋'로 썼다. 교주를 따른다.

③ [按] 二萬段 : 袁本에서는 '一萬段'으로 썼다.

④ [按] 唯 : 袁本에서는 '惟'로 썼다.

⑤ [按] 誓書副 : 袁本에서는 '誓書副本'으로 썼다.

⑥ [按] 俾我使回 : 袁本에서는 '俾我使復回'로 썼다.

중국도 그것을 어찌해 볼 수 없어서 고식책이지만 연경 지역을 얻고 그것으로 패전의 수치를 덮어서 조정 안팎의 비판 여론을 막고자 하였다. 이리하여 할양받은 연산부와 탁주·역주·단주·순주·계주·경주로 하나의 로를 만들었으나, 그 지역의 조세를 대신해 돈 100만 관을 주게 되었다.

또 중국 물품의 값을 절산하여 조세의 부족분을 때워 주는 문제를 협의하였다. 이에 조량사를 다시 보내 물품의 절산을 논의하게 하였는데, 대체로 견 30만 필이나 그에 상당하는 비단솜[42]이었다. 북로 사람들 모두가 남쪽의 물품을 좋아하여 목면[43]만 해도 2만 단을 요구하였다. 그리고 향서[44]·대모[45]·사발·접시·숟가락·젓가락은 값을 낮추어 계산하여 두 배를 넘겼으며, 용뇌[46]같은 경우에는 한 냥당 8관으로 절산했으니, 이는 모두 조량사가 중간에서 농간을 부린 것이었다.

맹약이 체결된 다음에는 의례의 수준을 따져서 우리가 대요大遼에 취하였던 대등한 나라 사이에 행하는 의례 절차를 모두 복원하되, 다만 형과 아우라는 호칭은 쓰지 않기로 하였다. 이리하여 조량사에게 맹약서를 받들고 가게 하였다. 금국은 맹약서의 부본을 받아 들고, 먼저 살펴보더니 다시 국경에서 멈추게 하였다. 그리고 우리 측 사신에게 돌아가서 맹약서 중의 어구를 고쳐 오라 하였다. 우리는 또 그 요구를 들어주었다.[맹약서에 관한 일은 아래에 실려 있다.] 일이 다 끝나고 나자 저쪽에서도 사신을 파견하여 맹약서를 보내왔다.

이때 승상[47] 정거중도 일찍이 황상께 "예물의 수량이 이미 과중한데, 거기다 세폐까지 후하게 보태 주면 필시 불편하게 될 것이니 수용하지 않는 것이 좋겠습니다."라고 아뢰었다.

金人既得燕山子女, 加久住①, 氣候已熱, 遂大病. 而城外諸寨日夜爲燕之鄉兵刦撓, 因罵余睹(改作伊都)曰 : "汝勸我來此, 今外寨皆不安, 四面皆大兵, 居此羅網中如何歸?" [016-05] 乃大毀諸州及燕山城壁樓櫓, 要害皆平之, 又盡括燕山金銀錢物, 民庶寺院, 一埽皆空②, 以遼人舊大臣及儀仗車馬玉帛輜重, 盡由松亭關去.(關在東北, 去其國近, 本欲顯州去爾③.) 全師復由居庸關之鴛鴦泊扼天祚出路, 以絶契丹之望, 乃盡以空城付之我. 時便有語謂 : "中國修理三二年間, 卻取之." 趙良嗣亦嘗私謂人曰④ : "只可保三年." 爾時黼卽與二帥上下皆知之, 不能忠告也. 二帥因以宣和五年夏入燕山, 大內毁一小殿吻⑤, 受諸將賀, 駐兵十餘日⑥遂凱還而歸.

① [按] 加久住 : 袁本에서는 '加久駐'로 썼다.

② [按] 一埽皆空 : 袁本에서는 '一掃皆空'으로 썼다.

③ [按] 本欲顯州去爾 : 袁本에서는 '本屬顯州立爾'로 썼다.

④ [按] 謂人曰 : 袁本에서는 '謂人'으로 썼다.

⑤ [許] 一小殿吻 : '一小殿獸吻'으로 써야 한다. 교주를 따른다.

⑥ [許] 受諸將賀, 駐兵十餘日 : 일부 판본에서는 '諸將暫駐兵十餘日'로 썼다.

금국은 연경 사람[48]들을 포획해 가서 오랫동안 잡아 두고 있었는데, 날씨가 더워지자 곧 큰 병이 돌았다. 게다가 성 밖의 여러 영채에는 밤낮으로 연경 주민으로 이루어진 향병이 쳐들어와 괴롭혔다. 그러자 금국 병사들은 야율여도[49]에 대해 이렇게들 욕하였다.

"당신이 이곳으로 오자고 우리에게 권하였는데, 지금 성 밖의 영채들은 모두 불안하다. 사방에 다 대군이 주둔하고 있으니 이렇게 그물 속에 있다가 어떻게 되돌아갈 수 있단 말이냐?"

그래서 연산부로의 각 주와 연경의 성벽과 망루[50]를 대거 파괴하고, 중요한 보루는 모두 무너뜨려 평지가 되게 하였다. 그리고 연경의 금은과 돈·재물을 모조리 쓸어 담고 민가부터 사원까지 모두 쓸어버려 텅 비게 만들었으며, 요나라의 옛 대신들과 의장용 거마, 옥과 견, 군수물자 등을 모두 챙겨 송정관을 통해 떠나갔다.[송정관은 연경의 동북방에 있어 그들의 나라에서 가깝다. 본래는 현주[51]로 가려는 것이었다.] 그리고 또 전군이 다시 거용관[52]을 지나 원앙박[53]에 가서 천조제의 출구를 틀어막아 거란의 희망을 끊어 놓았다. 그리고는 아무것도 없는 텅 빈 성을 우리에게 넘겨주었다.

이때 "중국이 2~3년 동안 수리해 놓으면 그 뒤에 다시 빼앗을 거야."라는 소문이 돌았고, 조량사도 일찍이 사적인 자리에서 어떤 사람에게 "그저 한 3년 정도는 지킬 수 있겠지."라고 말하였다. 이때 왕보를 비롯해 동관과 채유 두 원수 등 위아래 신하들 모두 이런 상황을 알고 있었지만, 황상에게 사실대로 보고할 수가 없었다. 이리하여 두 원수는 선화 5년(1123) 여름 연경에 입성하여 거란 왕궁 안의 작은 전각 문고리를 부수고 들어가서 수하 장수들로부터 하례를 받고, 군대를 주둔시킨 지 십여 일 만에 마침내 개선가를 부르며 귀환하였다.

金人阿骨打(改作阿固達)交割燕山畢, 西由居庸關往白水泊, 過夏.

금국 아골타가 연경의 할양을 마치고 서쪽으로 거용관을 거쳐 백수박[54]으로 가서 여름을 보냈다.

『平燕錄』曰 : 金人用阿骨爽(改作阿克順)計, 寸金寸土裒取殆盡. 將燕城職官、民戶、技術、嬪嬙、娼優①、黃冠、瞿曇、金帛、子女等席卷而東. 或告金人②曰 : "汝之東遷非金人意也. 南朝留常勝軍利汝田宅給③之爾." 燕人皆怨說粘罕(改作尼堪) : "不當與我全燕." 粘罕(改作尼堪)欲止割涿、易兩州, 阿骨打(改作阿固達)不允, 由雲中留白水.

① [按] 娼優 : 袁本에서는 '倡優'로 썼다.

② [許] 金人 : '燕人'을 '金人'으로 잘못 썼다. 교주를 따른다.

③ [按] 給 : 袁本에서는 '紿'으로 썼다. 교주를 따른다.

『평연록』에는 이렇게 적혀 있다.

금국에서는 아골상의 계책으로 한 치의 금과 한 치의 흙까지 싹싹 긁어서 남은 것이 아무것도 없을 정도로 가져갔다. 연경성의 관리·일반 주민·기술자·궁중 여인[55]·배우·도사[56]·승려,[57] 부호,[58] 남녀 주민 등을 모조리 휩쓸어 동쪽으로 데려갔다.

누군가가 연경 사람들에게 다음과 같이 말하였다.

"그대들이 동쪽으로 이주하게 된 것은 본래 금국 사람들의 생각이 아니다. 남조에서 상승군을 머물게 하려고 그대들의 전답과 가옥을 그들에게 대가로 주려 하기 때문이다."

연경 사람들이 모두 원한을 품고 점한에게 "우리 연경 전체를 송조에 주어서는 안 됩니다."라고 설득하였다. 점한도 탁주와 역주의 2개 주만 할양해 주려고 하였으나, 아골타는 그것을 허락하지 않고, 운중부[59]를 거쳐 백수박에 가서 머물렀다.

十九日壬寅, 金人遣使賷御押地圖來宣撫司.

선화 5년(1123) 4월 19일 임인일, 금국에서 사신을 파견하여 황제가 서명한 지도를 선무사사에 보내왔다.

『茆齋自敍①』曰 : 十九日, 金人使賷御押地圖來, 宣言令童太師、蔡相公拜受. 童、蔡惶懼②, 問如何處置. 擴往謂之曰 : "若論御押, [016-06] 一如本朝御押③, 前此累有御筆, 何嘗使粘罕(改作尼堪)元帥以下郎君拜受? 此太過當." 金人無對, 遂許不拜. 先是, 李嗣本、姚平仲軍交燕日, 運糧夫奪女眞牛馬, 殺一女眞. 至是整留會(删此二字改作理)償④人命及牛馬價, 復爲平之.

① [按] 茆齋自敍 : 袁本에서는 '茅齋自敍'로 썼다.

② [按] 惶懼 : 袁本에서는 '惶遽'로 썼다.

③ [按] 一如本朝御押 : 袁本에서는 '一如本朝御筆'로 썼다.

④ [詳] 至是整留會償 : '至是來整會留償'으로 써야 한다. 교주를 따른다.

『모재자서』에는 다음과 같이 적혀 있다.

선화 5년(1123) 4월 19일, 금국 사신이 그들 황제가 서명한 지도를 들고 와서 태사 동관과 상공 채유에게 절하고 받으라 큰소리쳤다. 동관과 채유가 두려워하며 어찌해야 할지를 묻자, 나 마확이 가서 금국 사신들에게 말했다.

"만약 황제의 서명에 대해 논하자면 본 조정 황제의 서명과 동일합니다. 이전에 여러 차례 어필을 드렸는데, 우리가 일찍이 점한 원수 이하 낭군들에게 절하고 받으라고 한 적이 있었습니까? 이는 너무도 지나칩니다."

그러자 금국 사람들이 대답하지 못하고 마침내 절하지 않아도 된다고 하였다.

이에 앞서, 이사본과 요평중의 군대가 연경을 넘겨받을 때 군량을 운반하던 인부들이 여진의 소와 말을 탈취하고 여진인 한 사람을 살해한 일이 있었다. 이제 정식으로 다루어, 인명과 소·말의 값에 대해 보상해 주어 그들을 다시 진정시켰다.

宣撫司留燕旬有二日, 議班師赴闕.

선무사에서는 연경에 머문지 12일이 되자, 회군하여 대궐에서 다시 명령을 받는 것[60]을 논의하였다.

『北征紀實』曰 : 金人既據燕, 性貪婪, 方自務大①, 乃(刪性貪至此八字)

邀索不已. 而朝廷堅求燕山地②, 則指城謂使人曰 : "此我有也. 必欲得之, 納錢若干萬則與爾." 雖燕山僧寺巨室之屬, 指一塔一殿一屋, 卽曰 : "此我物也, 當折取之. 汝若欲留者③, 卽納其直." 故或千或萬, 貨之而後重載而去. 由是朝廷償以百萬緡, 謂之燕山路代稅錢. 阿骨打(改作阿固達)方喜曰 : "荷他趙皇千年萬歲, 是多少物!" 乃得燕山府、檀、順、薊、景六州, 此獨黼爲之, 二帥實不預.

① [按] 方自務大 : 袁本에서는 '妄自矜大'로 썼다. 교주를 따른다.

② [按] 燕山地 : 袁本에서는 '燕山也'로 썼다.

③ [按] 汝若欲留者 : 袁本에서는 '汝爲欲留者'로 썼다.

『북정기실』에는 다음과 같이 적혀 있다.

금국 사람들은 연경을 점거하자 본성이 탐욕스러운데다 스스로 강대하다는 자부심에 도취되어 억지 요구가 끝이 없었다. 조정에서 반드시 연경 지역을 가지려 하자, 그들은 연경성을 가리키며 사신에게 "이 성은 우리 것이오. 이 성을 꼭 가지고 싶거든 돈 몇만 관만 내시오. 그러면 줄 테니 말이외다."라고 하였다.

연경의 사찰과 큰 저택 등에 대해서도 탑 하나, 전각 하나, 집 한 채까지 일일이 손가락으로 가리키며 "이것은 다 우리 물건이니 몽땅 뜯어 가져가야 마땅하오. 만약 그대로 남겨 두길 원하면 그 값을 내야지요."라고 하였다. 이렇게 하여 어떤 것은 천 관, 어떤 것은 만 관으로 값을 쳐서 물품으로 바꾼 다음 잔뜩 싣고 떠나갔다.

이런 연유로 조정은 보상금 백만 관을 주었는데, 그것을 '연산부로 세금대납전'이라 하였다. 아골타는 바야흐로 기뻐하며 "저 천세[61]인가 만

세[62]인가 하는 조씨 황제가 고맙구나. 이 얼마나 많은 물품인가!"라고 말하였다. 이렇게 하여 연산부와 단주·순주·계주·경주 등의 6개 주를 얻었으니, 이는 전적으로 왕보의 독단에 의한 것이지, 동관과 채유 두 원수는 실로 간여한 바가 없었다.[63]

宣和五年夏四月, 金酋告(改作主將)還. 命我師交割, 二帥始以兵入之. 號曰'交割燕山府', 後曰'撫定燕山', 然所至皆空城而已. 人物既寡, 城櫓又悉毀, 皆所以困我, 仍不與我營、平等, 扼吾之咽喉爾. 營、平者, 當榆關路, 地平無山川之阻, 非若古北口、居庸關之比, 且近女眞, 故識者知其用心矣. 又燕民破散, 悉流移近地. [016-07] 故職官富戶來奔, 既無以處, 朝廷因分遣諸州贍之. 凡州縣動數千口, 至少猶不下五七百口. 及嘗爲虜(改作遼)官者,① 等第補之, 自諸州通判而下, 皆添差以處焉. 自幷、代、河朔、齊、鄆、襄漢之間, 遍已蕩然②, 莫有關防. 我之山川險易, 州郡虛實, 盡能知之. 州郡又往往不卹, 或困於衣食. 其在闕下者, 至於揭榜通衢人物往來處, 稱其名氏舊官封, 而以乞丐③, 執政雖睹之不問也.

① [許] 及嘗爲虜官者 : '又'를 '及'으로 잘못 썼다.

② [按] 遍已蕩然 : 袁本에서는 '遍矣蕩然'으로 썼다.

③ [按] 而以乞丐 : 袁本에서는 '而已乞丐'로 썼다.

선화 5년(1123) 여름 4월, 금국 추장이 돌아간다고 알려 오며, 우리 군대로 하여금 할양받으라 명하자, 두 원수는 비로소 군대를 이끌고 연경에 들어갔다. 처음에는 '연산부를 할양받는다.'고 큰소리쳤고, 나중에는 '연산부 주민을 위무하여 안정시킨다.'고 말하였다. 하지만 가는 곳마다 모두 텅 빈 성뿐이었다. 사람과 물자가 모두 부족한 데다, 성루도 죄다 파손되어 있었으니, 이 모두가 우리를 곤궁에 빠뜨리려는 것이었다. 게다가 영주·평주 등은 우리에게 주지 않았으니 이는 목구멍 같은 급소를 움켜쥐려는 것이었다. 영주와 평주는 유관으로 가는 길에 해당하는데 땅이 평평하고 강과 산 같은 장벽이 없어서 고북구나 거용관과는 지세가 전혀 달랐으며, 게다가 여진과 가까운 거리였다. 그러므로 식자들은 그들의 속셈을 알고 있었다.

또 연경 주민들은 재산을 잃은 채 흩어져서 모두가 인근 지역을 떠돌았다. 이전의 관직자와 부호들이 도망쳐 귀순하였는데 그들이 거처할 곳이 없자 조정에서는 여러 주에 분산시켜 구휼해 주었다. 모든 주와 현마다 수천 명 또는 적어도 500~700명 이상의 유동 인구가 있었다. 또 일찍이 북로에서 관리였던 자들은 그 동등한 직위에 보임하였고, 각 주의 통판[64] 이하 관리 출신에게는 모두 첨차[65]하여 처우하였다.

병주[66]·대주[67]·하삭·제주[68]·운주[69]·양한[70] 지역 모두 이미 텅 비다시피 아무것도 남지 않았고,[71] 관문마다 아무런 방비도 없었다. 그들은 우리나라 산천의 험준하고 평탄한 곳, 각 주와 군의 허실을 모두 다 알 수 있었다. 각 주와 군에서는 또 빈민을 구휼하지 않는 경우가 많아 의복과 식량이 곤궁한 사람들도 있었다. 도성의 궁궐 아래는 물론 관가의 방문이 내걸리는 큰 거리의 뭇사람이 오가는 곳에서 옛 관작과 성명을 말하며 거지 노릇하는 이들까지 있었지만, 집정[72] 대신들은 그들을 보고도 모른 체하였다.

始金人約燕地人民, 盡歸南朝, 契丹、奚、渤海等人民, 皆屬金國. 旣議分割, 則常勝軍郭藥師鐵州人, 其下諸將高望等, 又多渤海、契丹人, 卽令歸金國. 上下方以爲撓. 如金人則已虜掠(改作盡取)燕地人物職官等, 將攜之歸. 方議欲對換, 而貫爲羣下所誤①, 謂不若以燕地富戶稅產多者, 皆與金人去, 卻得其田宅②, 足以贍常勝軍, 則不煩朝廷錢糧, 又得留常勝一軍爲用. 貫然之, 遂亟爲奏禀, 黼遽許焉. 蓋朝廷輕易弗思, 獨以藥師常勝軍爲重而已. 金人旣大得所欲, 號職官富戶(刪此五字), 因盡括六州之地(刪此二字)上戶幾二三萬起發, 由松亭關去. 燕中合境爲之大擾③, 由是怨懟生矣.

① [按] 所誤 : 袁本에서는 '所悞'로 썼다.
② [按] 卻得其田宅 : 袁本에서는 '卻得其田地'로 썼다.
③ [按] 大擾 : 袁本에서는 '騷擾'로 썼다.

처음에 금국에서는 연경 지역 사람 모두를 남조에 귀속시키되 거란인·해인·발해인[73] 등은 모두 금국에 귀속시키기로 약속했었다. 분할의 논의가 이루어지고 나자, 상승군의 곽약사가 철주[74] 사람이고 그 휘하의 고망 등 여러 장수 중에도 발해나 거란 사람이 많다며, 바로 금국으로 귀속시키라고 명하였다. 그러자 우리 조정은 위아래를 막론하고 이 일로 요란해졌는데, 금국 쪽에서는 이미 연경 지역의 주요 인물과 관직자 등을 모두 잡아서 끌고 돌아갈 준비를 하고 있었다. 조정은 바야흐로 맞바꾸려 논의를 하던 중이었는데, 동관은 여러 부하들의 말에 잘못 이끌리고 있었다.

동관의 수하들은 연경 지역의 부호와 조세를 낼 자산이 많은 자를 모두 금국에 주어 데리고 가게 한 뒤 그들의 전답과 가옥을 얻게 되면 그것으로 족히 상승군의 비용을 댈 수 있을 것이며, 그러면 조정에서 금전과 군량의 부담을 지지 않게 될 것이고, 아울러 상승군을 온전히 머물게 하여 부릴 수 있다고 하였던 것이다. 동관은 그 말이 그럴듯하다고 여겨 서둘러 상주문을 올려 아뢰었고, 왕보도 서둘러 허락하였다. 대체로 조정은 경솔하여 깊이 생각하지 않았고, 오직 곽약사의 상승군만을 중요하게 생각했던 것이다.

금국은 바라던 바를 충분히 얻고 나서, 관리와 부호를 소집하고 이어서 6개 주의 상등호[75] 약 2~3만을 모조리 끌어모아 출발하여 송정관을 거쳐 나갔다. 연경 지역 사람들이 온통 이 일로 큰 소란을 겪었고 이 때문에 사람들은 불만과 원한을 품게 되었다.

時王安中爲宣撫①, 以撫燕既無綱領, 所謂富戶田宅, 皆爲常勝軍卽日肆意占據, 畧不問官司②, 安中坐視而已. [016-08] 因是多侵奪民田, 故人益不聊生. 及後張轂③殺金人, 所虜(改作得)遼臣之屬已盡爲常勝軍所有, 皆立爲乞丐之人, 方更遭其困辱, 甚至於殺戮無告. 所謂職官富戶, 又悉南奔歸我, 我不得已而後納之. 且復流離困躓, 使我重失燕人之心, 仍違新交之盟, 痛莫大於此④.

① [按] 時王安中爲宣撫 : 袁本에서는 '時安中爲宣撫司'로 썼다.

② [按] 畧不問官司 : 袁本에서는 '畧不聞官司'로 썼다.

③ [按] 張轂 : 袁本에서는 '張覺'으로 썼다.

④ [按] 使我重失燕人之心, 仍違新交之盟, 痛莫大於此 : 袁本에서는 '我重失燕人之心, 仍爲新交之盟, 病莫大於此'로 썼다.

이때 왕안중이 선무사가 되었는데, 연경 지역을 위무하면서 아무런 원칙도 세우지 않았다. 그래서 이른바 부호의 전답과 가옥은 모두 상승군이 그날로 제 마음대로 점거하면서, 관아에는 대체로 문의도 하지 않았고 왕안중도 그저 좌시하고만 있었다. 이 때문에 주민의 전답에 대한 침탈이 많았으니, 사람들은 더더욱 살아갈 길이 없었다. 그 뒤로 장각[76]이 금국 사람들을 죽였으나,[77] 포로로 끌려가던 요나라 신료들에게 속해 있던 것들은 이미 모두 상승군 소유가 되어 있었다. 이에 그들 모두 당장에 거지가 되어 바야흐로 더욱 곤욕을 치르게 되었고 심지어는 살육을 당해도 하소연할 곳이 없었다. 이른바 관리와 부호들은 다 남쪽으로 달아나 우리 조정에 귀순해 오니, 우리는 마지못해 그들을 받아들였다. 그런데 다시금 유랑하며 곤욕을 치르게 되니, 우리 조정은 거듭 연경 지역에서 인심을 잃게 되었고, 새로 맺은 맹약 또한 위배하게 되었던 것이니, 이보다 더 통탄스러운 일이 없다.

二十二日乙巳, 童貫上復燕奏.

선화 5년(1123) 4월 22일 을사일, 동관이 연경 수복을 아뢰는 상주문을 올렸다.

『宣和錄』曰：陝西河北河東路宣撫使童貫等言：恭惟陛下神機先物, 前知北虜(改作契丹)滅亡之兆. 自政和八年, 金國遣使通好, 約結夾攻①. 至宣和四年, 虜主(改作天祚)播遷, 耶律淳篡立, 幽燕之民, 久罹塗炭, 延頸欵關②, 願歸中國. 陛下俯順人心, 特詔臣等出總戎干, 先行招撫; 及遣使以禍福諭湝, 使納土內附. 湝先敗盟寇(改作侵)邊, 臣等仰遵睿畫, 東由雄州, 西由安肅、廣信諸道進討, 自五月二十二日、二十五日、二十九日, 八月十四日、二十一日、二十九日, 九月一日、九日, 王師屢勝, 殘虜(改作寇)震懾. 乘勢開諭聖德, 招徠遠人, 廣出文榜, 遣間齎至燕中, 曉諭士民. 先是郭藥師領常勝軍萬人, 駐涿州, 虜(改作燕)中最號勁兵. 易州守城契丹亦衆, 涿、易之間, 有牛欄寨皆契丹素屯兵馬去處, 聲援相接. [016-09] 涿、易仍係燕山襟喉之地, 臣等旣進兵討蕩, 兼用間招誘③常勝軍, 及預行結約易州城中豪傑內應.

① [許] 約結夾攻 : '結約'을 '約結'로 잘못 썼다.

② [按] 延頸欵關 : 袁本에서는 '延頸款關'으로 썼다.

③ [按] 兼用間招誘 : 袁本에서는 '兼由間招誘'로 썼다.

『선화록』[78]의 기록은 다음과 같다.

섬서하북하동로선무사[79] 동관 등이 다음과 같이 말하였다.

삼가 받들어 생각하오면[80] 폐하께서는 신령스런 기지가 뛰어나서 북로가 멸망할 조짐을 미리 아시었습니다. 그리고 정화 8년(1118)부터 금국이 사신을 보내오자 통호하여 협공의 맹약을 하셨습니다.

선화 4년(1122)에 이르러 북로의 국주가 파천하고 야율순이 찬탈하여 제위에 올랐습니다. 유연의 백성들은 오랫동안 도탄에 빠져 있었기에 목을 늘어뜨리고 나와 관문을 두드리며 중국에 귀속하기를 청원하였습니다. 폐하께서는 인심을 굽어보고 순응하여, 특별히 소신들에게 조칙을 내려 군대를 통솔하고 나아가 우선 백성들을 불러 위무하도록 하셨고,

이어서 야율순에게 사신을 파견하여 화복禍福의 이치를 교유하며 땅을 바치고 귀부하라고 하셨습니다.

야율순이 먼저 맹약을 깨뜨리고 국경을 노략질하였을 때, 소신들은 황상의 지혜로운 계획을 따르며 동으로는 웅주를 경유하고, 서로는 안숙군[81]과 광신군[82] 등의 길을 경유하여 진격하며 토벌하였습니다. 5월 22일부터 25일과 29일, 8월 14일과 21일, 29일, 그리고 9월 1일과 9일에 어진 왕의 의로운 군대는 거듭하여 승리를 거두었고, 북로의 잔당들은 두려워 떨었습니다. 그 승세를 타고 황상의 성스러운 덕화를 반포하고 깨우치며 먼 변방 사람을 불러들이고, 방문을 널리 보내면서 세작을 시켜 방문을 연경에 가져가 사인과 백성을 일깨우도록 하였습니다.

이에 앞서 곽약사는 1만 명의 상승군을 이끌고 탁주에 주둔하고 있었는데, 이는 북로 중에서 으뜸가는 강병이었습니다. 역주에는 성을 지키는 거란군 수도 많았고, 탁주와 역주 사이에는 우란군 영채가 있는데 모두 거란이 평소 병마를 주둔시키던 곳이어서, 서로 밀접하게 연계된 곳입니다. 탁주와 역주는 또한 연경의 목구멍과 같은 요충지였습니다. 소신들은 진군하여 토벌하고 소탕하는 한편, 또 첩자를 이용해 상승군을 유인하고 설득하였으며, 역주 성안의 호걸들과는 미리 약속하여 내응하게 하였습니다.

至九月二十三日, 郭藥師領常勝萬人①擧涿來歸. 二十七日, 遣發兵馬進取易州, 殺戮城內契丹殆盡, 當日收復易州. 十月四日, 攻破牛欄寨, 涿、易之路遂通, 節次收復涿、易②、歸義、安城、固安、威城、淶水, 幷良鄉③、武淸、安次、淸化、漷陰、潞、三河、析津、宛平、平盧④、玉田等縣, 及景、薊等州, 同時納土幅員數千里, 天險地利, 盡皆有之. 獨燕京孤城未下, 女主僞后蕭氏遂稱'臣妾', 遣使納欵⑤, 卻而不受.

① [按] 常勝萬人 : 袁本에서는 '常勝軍兵'으로 썼다.

② [按] 涿易 : 袁本에는 '涿易' 2字가 없다. 교주를 따른다.

③ [按] 幷良鄕 : 袁本에서는 '良鄕'으로 썼다.

④ [按] 平盧 : 袁本에서는 '盧龍'으로 썼다.

⑤ [按] 遣使納欵 : 袁本에서는 '遣使納款'으로 썼다.

선화 4년(1122) 9월 23일에 곽약사가 상승군 1만 명을 이끌고 탁주를 들어 투항하였습니다. 9월 27일에는 군대를 파견하여 역주에 쳐들어가 성안의 거란인을 거의 모두 죽이고 그날로 역주를 수복하였습니다.

10월 4일, 우란군 영채를 쳐부수어 탁주와 역주 사이의 길을 트고, 차례로 탁주 귀의현,[83] 석진부의 안성현,[84] 탁주의 고안현과 위성현,[85] 역주의 내수현,[86] 석진부의 양향현[87] · 무청현[88] · 안차현 · 청화현[89] · 곽음현[90] · 로현[91] · 삼하현[92] · 석진현[93] · 완평현,[94] 평로군,[95] 계주의 옥전현[96] 등의 현과 아울러 경주와 계주 등의 주를 수복하였습니다. 이번에 받아들인 땅은 넓이가 수천 리로서 천혜의 요새라는 지리적 이점을 우리가 모두 차지하게 되었습니다. 그런데 연경성만 고립된 채 홀로 함락되지 않고 있었는데, 여자 국주로 태후를 참칭한 소씨가 마침내 스스로를 '신첩'이라 칭하며 사신을 보내 항복의 뜻을 표하였지만 우리는 받아들이지 않고 물리쳤습니다.

十月十八日, 大兵至良鄉縣界, 殺退賊衆. 二十三日, 遣奇兵徑入燕城, 殺戮城中契丹、奚萬衆①, 燕民鼓舞, 四軍賊首援兵旅拒. 二十五日, 再戰於盧溝河, 賊首退保燕城②. 十二月二日, 契丹悉燕中兵馬來犯永淸一帶已歸順地分. 王師鏖擊, 大獲勝捷, 橫屍蔽野, 餘衆潰散, 不能再擧. 四軍遂與僞后棄城逃遁. 金國十二月五日入居庯關, 與王師夾攻, 收復燕城了當. 臣等於四月十七日, 躬領大軍, 入燕山府, 撫定軍民, 布宣聖澤者. 全師制勝, 振朔部之天聲, 擧國來成, 獲燕山之都會 ; 磐四方而無侮, 垂萬世以有光 ; 廟社均休, 臣民胥慶.

① [按] 奚萬衆 : 袁本에서는 '萬衆'으로 썼다.

② [按] 賊首退保燕城 : 袁本에서는 '賊酋退保燕城'으로 썼다.

10월 18일에 대군이 석진부 양향현 경계에 이르러 적의 무리를 격퇴하였습니다. 10월 23일에는 기습군을 연성으로 곧장 진입하도록 하여 성안의 수많은 거란인과 해인을 죽였습니다. 연성의 백성들은 북을 치며 춤을 추었습니다. 적장賊首인 사군대왕[97]이 원병을 보내 저항하였습니다. 10월 25일, 노구하에서 다시 전투를 벌였는데, 적장은 퇴각하여 연경성을 지키기만 하였습니다.

12월 2일, 거란이 연경성 안의 병마를 모두 동원하여 석진부 영청현[98] 일대의 이미 우리에게 귀순한 지역으로 쳐들어왔습니다. 우리 왕의 군대가 격렬하게 공격하여 대승을 거두니, 널브러진 시체가 들판을 뒤덮었고 패잔병 무리는 뿔뿔이 흩어져 다시는 일어날 수 없게 되었습니다. 사군대왕은 마침내 황후를 참칭한 소씨와 함께 연경성을 버리고 도망가 숨어버렸습니다.

12월 5일, 금국이 거용관으로 들어와 우리 왕의 군대와 협공하였고 연경성 수복이 완료되었습니다. 소신들은 4월 17일 직접 대군을 이끌고 연산부에 들어가 군대와 백성들을 위무하고 황상의 은택을 널리 선양하였습니다. 전군이 온전한 승리를 거두어 북방에 황상의 권위를 떨쳤고, 온 나라가 함께 이루어 연산부의 도시들을 획득하였습니다. 사방에 엄정함을 드러내 업신여김을 당함이 없고, 만대까지 전하며 빛이 날 것입니다. 종묘사직이 모두 평안하게 되고 신하와 백성들 모두 함께 기뻐하고 있습니다.

臣等聞周伐玁狁, 僅至太原, [016-10] 漢擊匈奴, 但期渭上. 雖招徠其種落, 或攘斥於封圻, 皆僅存開拓邊陲之名, 固未有混同宇宙之烈. 蠢茲裔虜(改作惟茲遼國), 昔號殊隣, 當五季之瓜分, 盜(改作據)一方而穴處. 蕭蕭易水, 限風氣於山川 ; 奕奕漢津, 隔星辰於象緯, 金繒塡壑者以鉅萬計, 士庶疾首(改作引領)者殆二百年.

소신들이 들은 바로는, 서주의 험윤[99] 토벌은 감숙성 태원까지 이르렀을 뿐이고,[100] 서한의 흉노 격퇴는 위하[101] 위까지를 기약할 뿐이었습니다.[102] 그리고 그곳의 부족을 불러들여 수용하면서도 때로는 변경으로 쫓아내기도 하였습니다. 이 모두가 변방을 개척했다는 명성만 있었을 뿐 온 천하를 통일한 공훈에는 전혀 닿지 못하였습니다.

우매한 이 변방 북로들은 예전에는 이역의 족속으로 불리었는데, 오대[103]의 분열을 틈타 우리 땅의 한 귀퉁이를 훔쳐 소굴로 삼아 살아왔습니다. 그리하여 스산한 역수[104]가 산천으로 우리의 풍속을 제한하고,[105] 반짝이는 은하수는 하늘[106] 위에서 별자리를 갈라놓았습니다. 그 구덩이에 던져 메운[107] 우리의 황금과 비단은 거만의 단위로 헤아려야 했고, 사인과 서민들이 분하고 억울해 한 것이 거의 200년이 되었습니다.[108]

藝祖肇基, 已恢奄有之志, 神皇御極, 載勤繼伐之謀, 對越在天之靈, 必施闢國之略. 屬酋渠(改作陰山)之遠遁, 復雜種(改作內族)之內(改作交)訌①, 竊位渝盟, 不誅而殞. 積誠慕義②, 莫止其來, 遂興復古之師, 爰狗叩關之請, 破堅披敵③, 首克六城, 獻馘執俘, 何啻三捷. 軍(改作先)聲疊振④, 醜類(改作殘敵)驚奔. 絶其唇輔之依⑤, 結彼腹心之應, 扶老攜幼, 還爲冠帶(改作簞食)之民(改作迎), 籍戶提疆, 來入版圖之會. 市無易肆, 人若更生, 通地脉於九山⑥(缺二字添坤軸字), 鎭醫閭之峻, 察璣衡於七政天文, 開析木之躔. 聖武旣昭, 庶邦丕享, 虞舜舞干而苗格, 繇文德之誕敷, 文王因壘而崇降, 自聖謨之丕顯.

① [按] 復雜種之內訌 : 袁本에서는 '復種落之內訌'으로 썼다.

② [按] 積誠慕義 : 袁本에서는 '捐誠慕義'로 썼다.

③ [按] 爰狗叩關之請, 破堅披敵 : 袁本에서는 '爰徇叩關之請, 破堅殺敵'으로 썼다.

④ [按] 軍聲疊振 : 袁本에서는 '軍聲疊震'으로 썼다.

⑤ [按] 絶其唇輔之依 : 袁本에서는 '斷其唇輔之依'로 썼다.

⑥ [按] 通地脉於九山 : 袁本에서는 '通地利於九山'으로 썼다.

태조황제[109]께서 나라의 기초를 닦으실 제 이미 온 천하를 가질 큰 뜻을 품으셨었는데, 신령하신 황상께서 즉위하사 그 뜻을 이은 정벌을 애써 도모하여, 하늘에 계신 선조의 혼령께 응답하고,[110] 국토 확장의 방략을 실행할 것을 다짐하셨습니다. 근래에 마침 거란의 추장이 먼 곳으로 도망가고, 다시 여러 족속 간 내부의 분란이 일어났습니다. 그리하여 야율순이 제위를 훔치고 맹약을 어겼는데, 벌주지 않았는데도 무너져버렸습니다.

성심을 쌓고 인의를 흠모하면 누구도 오는 것을 막지 못하는 법이라, 황상께서는 드디어 고토 회복의 군사를 일으키셨습니다. 이에 나가서 성을 공격하자는 청을 받아들이시어 굳게 지키던 적군을 깨어 흩뜨리어 먼저 여섯 개의 성을 무너뜨렸습니다. 그리고 베어 낸 수급[111]과 포로를 바쳐 승전보를 올린 것이 어찌 세 번뿐이겠습니까.

우리 군대가 계속해서 위세를 떨치니 저 추악한 무리는 놀라 달아났습니다. 우리는 그들에 대한 외부 세력의 지원을 끊어 버리고, 그 심복들의 호응을 묶어 막아 버렸습니다. 그리고 늙은이를 부축하고 어린이를 이끌어 관을 쓰고 허리띠를 차는 백성[112]으로 되돌리고, 호적을 정리하고 경계를 정리하여 우리 조정의 판도 안에 넣었습니다. 시장의 점포를 무단으로 빼앗아 바꾸지 못하게 하여[113] 백성들을 살게 해주었고, 지맥을 9개 큰 산맥[114]의 지축과 통하게 하여 의무려산맥[115]의 험준함을 눌렀으며, 혼천의[116]로 칠정[117]과 별자리를 관찰하여 석목[118]의 분야에 대응하게 하였습니다. 성스러운 무덕이 밝게 빛나고 뭇 방역이 큰 복을 누림이 순임금[119]께서 방패로 춤을 추시니[120] 삼묘가 귀순함과 같습니다.[121] 또 문덕을 널리 펴시니 문왕이 보루를 새로 쌓지 않아도 숭나라[122]가 항복하였듯이[123] 이처럼 성인의 지모가 크게 드러났습니다.

於皇偉績, 更邁前修①. 恭惟皇帝陛下大道幷抱②, 沉機獨運, 以順爲武,威加六合之中, 惟斷乃成, 智出羣疑之表, 快列聖未攄之憤, 昭甯人有指之謀. 膴膴周原, 昔裂冀州之壤, 茫茫禹跡③, 今歸碣石之封. 方且下十行之詔, 以蠲苛嬈之科, [016-11] 定三章之約, 以施寬大之法, 禮高年而敎孝悌, 褒有德而訪才能, 文軌同混於車書, 朔南咸暨於政敎④, 天討陳於原野⑤, 聿臻偃武之期, 成功告於神明, 益顯無前之績. 臣等遠慚周輔⑥, 獲禀睿謀, 拊循幽、薊之遺黎, 宣布聖神之厚德. 御五門而奏凱, 將賚及於羣元, 奉萬壽以稱觴, 當獲陪於列辟.

① [按] 更邁前修 : 袁本에서는 '更邁前聞'으로 썼다.

② [按] 大道幷抱 : 袁本에서는 '大道幷包'로 썼다.

③ [按] 茫茫禹跡 : 袁本에서는 '芒芒禹跡'으로 썼다.

④ [許] 朔南咸暨於政敎 : '政'을 '聲'으로 써야 한다.

⑤ [按] 天討陳於原野 : 袁本에서는 '大刑陳之原野'로 썼다.

⑥ [按] 臣等遠慚周輔 : 袁本에서는 '臣等遠慙周輔'로 썼다.

아! 황상의 위대한 공적은 옛 성인[124]을 능가하십니다. 삼가 받들어 생각하오면 황제 폐하께서는 대도로 모든 것을 포용하시고, 심원한 기지를 홀로 운용하시며 순리를 무기로 삼으시어 그 위엄이 온 천하[125]를 다 덮었고, 결단하시면 일을 이루시니 그 지모가 뭇사람의 회의와 우려를 뛰어넘었습니다. 그리하여 열성조께서 펴지 못한 울분을 통쾌히 씻으시고, 안녕을 지향하는 큰 지모를 밝게 내보이셨습니다. 비옥한 서주의 발상지[126]에서 시작해 지난날 기주[127]의 땅이 갈라져 나갔는데, 아득히 넓은 우임금의 강역[128]이 이제는 갈석산[129]의 경계까지 귀속하게 되었습니다.

황상께서는 이제 바야흐로 친필 조서[130]를 내려 가혹하고 까탈스러운 조세를 감면해 주시고, 약법삼장을 정하여 관대한 법을 베풀어 주시고,

연장자를 예우하여 효와 제를 가르치고, 덕 있는 이를 포상하며 재능 있는 자를 찾아 구하고, 문자와 수레 궤적은 통하여 하나가 되었으며,[131] 북방과 남방이 모두 정령의 교화에 이르렀습니다. 하늘의 징치를 이 땅에 펼치시어 마침내 전쟁 없는 시대를 가져오셨으며, 신명께 성공을 고하고 전에 없는 업적을 더욱 드러내소서.

소신들은 부끄럽게도 주왕실을 보필한 신하[132]에 크게 미치지 못하옵니다만, 황상의 지혜로운 계획을 받들어 유주와 계주의 유민을 위무하고, 신성하신 황상의 두터운 은덕을 선포하였습니다. 이제 황궁의 다섯 문[133]에 나아가 개선을 아뢰려 함에 여러 대장에게 은상을 내리시고, 만수를 축원하는 축배를 올리려 함에 여러 공경[134]이 함께 하길 바라옵니다.

『秀水閒居錄①』曰 : 童貫、蔡攸奏至, 宰相王黼率百官稱賀, 表中多得意語云② : “陛峻明堂, 旣揭平朔之號 ; 軒藏石鼓, 仍題復古之名. 鍾簴銘金, 則應牧野誓師之時, 印章篆玉, 則示漢將破胡之兆. 承九清之命, 而整神霄陰相之旅 ; 建三辰之旗, 而向太一下臨之方” 云云.

① [按] 秀水閒居錄 : 袁本에서는 ‘秀水閑居錄’으로 썼다.

② [按] 表中多得意語云 : 袁本에서는 ‘表中多符瑞意云’으로 썼다.

『수수한거록』[135]에는 다음과 같이 적혀 있다.

동관과 채유의 상주문이 도착하자 재상 왕보는 백관을 이끌고 황상에게 축하하였다. 그들의 표문에는 의기양양한 말들이 많았는데, 예를 들면 다음과 같은 것들이다.

“섬돌 위 우뚝 솟은 명당[136]에는 북방 평정의 기치가 높이 걸려 있고, 보화전[137]에 간직한 석고[138] 또한 고토 회복의 명분을 말하였습니다.[139] 편경과 편종을 받치는 기둥에는 금을 아로새겼으니, 이는 서주의 무왕이 목야[140]로 출정하기에 앞서 맹세[141]를 올린 때와 부응하며, 옥으로 새긴 인장은 한인 장수가 호인胡人을 격파할 조짐을 보여 주었습니다. 구중 천제[142]의 명을 받들어 하늘[143]이 보우하는 군대를 정돈하고, 일월성신 삼신의 기를 세우고 북극성[144]이 강림하는 곳으로 향하였습니다."

又曰 : 童貫奏中云 : "不受蕭后納欵者①, 先與金虜(改作國)有約, 不敢受也." 又云 : 金國入居庸關與王師夾攻者, 劉延慶爲殘虜(改作燕師)所敗, 約金人取燕城也. 又曰 : 女眞旣破契丹, 駐軍於燕山之北, 約本朝自以兵力取燕地. 於是童貫、蔡攸與大帥劉延慶將十五萬衆, 進屯盧溝河. 時虜后蕭氏(刪虜氏字改作蕭后)與四軍大王者居燕城, 有衆才數千②, 遣使人韓昉歸欵③, 仍請罷歲幣. 貫等不納, 延慶分兵往救④, 爲殘虜(改作燕師)擊還, 盧溝大軍聞風遂潰.

① [按] 納欵者 : 袁本에서는 '納款者'로 썼다.

② [按] 有衆才數千 : 袁本에서는 '有衆纔數千'으로 썼다.

③ [按] 歸欵 : 袁本에서는 '歸款'으로 썼다.

④ [按] 救 : 袁本에서는 '取'로 썼다. 교주를 따른다.

또 다음과 같은 기록도 있다.[145]

동관이 상주문에서 아뢰길 "거란 소태후[146]의 항복을 받아 주지 않은 것은 앞서 금로金虜와 맹약을 맺은 바 있었기 때문에 감히 받아 주지 못했던 것입니다."라고 썼고, 또 "금국이 거용관으로 들어와 왕의 군대와 협공한 것은 유연경이 북로의 잔여 병력殘虜에 패배하였기 때문에 금국에게 연경성을 취하도록 요청하였던 것입니다."라고 하였다.

또 다음과 같은 기록도 있다.

여진은 거란을 격파하고 연경의 북쪽에 군대를 주둔한 뒤, 본 조정에게 스스로 병력을 보내 연경 지역을 취하라고 하였다. 그래서 동관과 채유는 도통제 유연경과 15만 병력을 이끌고 노구하로 진격하여 주둔하였다. 당시 북로의 태후 소씨는 사군대왕이라는 자와 연경성에 있었는데, 그 무리가 겨우 수천 명뿐이었다. 그들은 사신 한방을 보내 투항하겠다고 청원하고 또 세폐도 폐지하여 받지 않겠다고 청하였다. 동관 등은 이를 받아들이지 않았고, 유연경이 군대를 나누어 취하러 갔다가 거란의 잔여 병력에게 반격을 당해 돌아왔고, 노구하에 주둔해 있던 대군은 패전 소문에 그만 무너지고 말았다.

王黼爲相, 因此嫉貫等, 且欲自以爲功. 會虜酋(刪此二字)耶律淳死, [016-12] 乃議遣使, 召女眞取燕城, 厚許金幣以贖其地. 女眞果入燕, 恣爲刦掠以空城歸我, 而厚索歲幣, 且知中國兵弱, 自此有南牧之意矣. 師還, 童貫封廣陽郡王①, 蔡攸領樞密院, 王黼加太傅總三省, 賜玉帶, 如唐裴度故事. 始議贖地, 但求石晉故疆, 不思營、平、灤三州, 乃劉仁恭遺虜(此字改作契丹), 虜(此字改作金人)不肯割 ; 此於三郡聚兵窺伺②, 爲內侵之計, 黼之疏謬如此.

① [按] 童貫封廣陽郡王 : 袁本에서는 '童貫廣陽郡王'으로 썼다.

② [按] 此於三郡聚兵窺伺 : 袁本에서는 '於此三郡聚兵窺伺'로 썼다.

왕보는 재상으로서 이 패전으로 인하여 동관 등을 시기하고 나아가 스스로 공을 세우려고 생각하였다.[147] 마침 북로 추장 야율순[148]이 죽자 논의 끝에 사신을 보내 여진에게 연경성을 차지하라고 하고, 많은 돈을 주어 그 땅을 사겠다고 제안하였다. 그리하여 여진은 연경성에 들어가자 제멋대로 노략질하여 텅 빈 성을 우리에게 넘겨주면서 많은 세폐를 요구하였다. 게다가 중국의 군대가 약하다는 것을 알고 이때부터 남침[149]의 뜻을 품게 된 것이다.

군대가 돌아온 뒤, 동관은 광양군왕[150]에 봉해지고 채유는 영추밀원사[151]가 되었다. 왕보는 태부[152]가 더해져 삼성[153]을 총괄하게 되고, 옥대[154]를 하사받았는데,[155] 이는 당나라 재상 배도[156]의 고사에 따른 것이었다.

연경 지역을 사들일 논의를 처음 시작할 때만 해도 단지 석진이 거란에게 할양하였던 옛 땅만을 얻으려 하였을 뿐 영주·평주·란주의 3개 주는 생각하지 않았다. 그것은 유인공[157]이 북로거란에게 주었던 땅이었고, 북로금국가 그곳을 할양해 주길 원치 않았기 때문이다. 금국은 이들 3개 주에 군대를 집결시켜 기회를 엿보아 침입할 계획이었다. 왕보가 일에 소홀하여 범한 잘못이 이와 같았다.

二十七日庚戌，以收復燕雲，曲赦河東、河北、燕山府、雲中路.

선화 5년(1123) 4월 27일 경술일, 연운 지역을 수복하고 하동로[158]·하북로·연산부로·운중부로에 특사를 내렸다.

門下：制軍詰禁，昭帝王之極功；發政施仁，體天地之大德．朕祇①膺駿命，嗣守鴻圖②；聿臻熙洽之期，克保盈成之業；皇天全付所覆，可忘疆理之修．先王啓佑後人，宜篤經營之念．萬邦作乂，四夷咸賓，惟羯胡(改作朔易)之舊鄰，侵中華之名壤．雖北謂八狄③，同蠻貊之外區；而燕曰幽州，與青、徐爲王土(刪雖北至此二十二字)，割賂自五季始，盜據垂二百年．自藝祖之肇基，洎裕陵之復古，聖哲垂慮，謨訓具昭，肆予纂承，敢時怠忽．顧澶淵結誓之後，守其信書，且河朔息戰以來，重其兵舉；人心久鬱，神作④有開．相彼虜酋(刪此四字)，虐用夷種(刪此二字改作其民釁生於國)，[016-13] 賦斂暴刻，眾懷離散之思，刑罰峻深，人抱怨咨之戚．內親爭叛，強敵肆侵，遺穹帳以逋逃，輕前盟而背覆．五都潰決，諸姓駭驚，用遣將相之行，往護封圻之守．殆天所授，其眾自歸，簞食壺漿，迎王師而來保，旱霓時雨，慰民望以咸蘇．靡勤銳旅之攻，盡復連城之聚，一方黎獻⑤，初還禮義之鄉，千里山河，重載版圖之籍．言念征徒暴露之久，轉餉調發之勞，幷及新民曲覃慶宥．於戲！師直爲壯，旣昭無敵之功；道化久成⑥，斯致丕平之利．咨爾有眾，曉予至懷⑦！

① [按] 祇 : '祗'를 '祇'로 잘못 썼다. 교주를 따른다.

② [按] 嗣守鴻圖 : 袁本에서는 '嗣守洪圖'로 썼다.

③ [按] 雖北謂八狄 : 袁本에서는 '雖北爲八狄'으로 썼다.

④ [按] 作 : 袁本에서는 '祚'로 썼다. 교주를 따른다.

⑤ [按] 一方黎獻 : 袁本에서는 '一方黎庶'로 썼다.

⑥ [按] 道化久成 : 袁本에서는 '道貸且成'으로 썼다.

⑦ [按] 曉予至懷 : 袁本에서는 '體予至懷'로 썼다.

문하성에서 작성한 조서[159]의 내용은 다음과 같다.

짐은 군대를 다스림에 금령을 엄수하게 하여 제왕의 지극한 공업을 현양하였고, 정령을 발하여 인을 베풀며 천지의 큰 덕을 체현하였다. 짐은 오로지 하늘의 큰 명을 받들어 선황의 큰 계획을 이어 지키면서, 이에 안락과 화목의 기약을 이루어 제왕의 공업을 능히 보전하게 되었다. 하늘이 온 천하를 보호하도록 모두 맡기시었으니 강역의 경계를 정리해야 함을 어찌 잊겠는가? 선왕으로부터 일깨움과 보우를 입은 뒷사람은 의당 천하를 경영할 생각을 독실히 해야 할 것이다.

일만 방국이 순치되어 사이四夷가 모두 예의 바른 빈객으로 나아왔지만, 오직 갈호[160]의 오랜 이웃 나라가 문명화된 중화[161]의 땅을 침략하였다. 북방에 팔적[162]이라고 불리는 오랑캐는 만맥[163]이라는 오랑캐와 마찬가지로 중원 바깥의 지역에 살고 있다. 그런데 연燕은 유주로서 본래 청주[164]·서주[165] 등과 더불어 천자의 땅이었는데, 그곳을 뇌물로 할양한 것이 오대부터이니, 오랑캐 도적들이 점거한 지가 200년에 이른다. 태조께서 대업의 기초를 닦으시고 신종[166]께서 고토 회복을 도모하심에 이르기까지, 선왕의 명철한 원려가 전해 이어졌고 책략의 가르침이 밝게 갖춰졌는데, 이를 계승한 짐이 어찌 한때라도 감히 태만하겠는가!

돌아보면 전연[167]에서 맹약을 체결한 이후로 그 맹약서를 굳게 지키고, 하삭에서 전쟁을 멈춘 이래로 군사 일으키기를 무겁게 여겨 왔다. 이로 인하여 사람들의 마음에 울분이 쌓인 것이 오래되었는데 이제 신명의 도움으로 풀리었다.

보라, 저 북로의 추장을! 자기 종족夷種을 혹독하게도 부렸구나. 조세[168]를 포악하고 각박하게 거두니 백성들은 벗어나 흩어지려는 마음을 품었고, 형벌이 가혹하니 백성들은 원망과 분노의 마음을 품었다. 안에서는 친족끼리 왕권을 다퉈 모반하고 밖에서는 강포한 적이 맹렬히 침범해 오자, 서둘러 궁장[169]을 버리고 도망갔고 전날의 맹약을 가볍게 뒤집었다. 거란의 오경[170]이 함락되고 각처의 종족들이 놀라 동요함에 장수와 재상을 신속히 보내어 경계를 지키고 보호하게 하였다. 마치 하늘이 내려 주신 듯, 그곳 백성들 스스로 귀순하며 소쿠리에 밥을 담고 단지에 국을 담아 우리 군대를 환영하며[171] 보호를 원하였고, 가뭄에 무지개를 바라고[172] 때마침 비가 내린 듯 우리의 위무에 백성들 모두 소생의 희망을 품게 되었다. 창칼을 든 군대를 동원하지 않고도 여러 성을 남김없이 수복하였고, 저 변방의 현명한 백성들[173]이 처음으로 예의의 땅으로 돌아왔고, 천리 산하가 다시 우리의 판도 안에 실리게 되었다. 정벌의 여정에 이슬 맞은 지 오래고, 군량미를 거두어 옮기고 조달하느라 애썼으니, 그 노고를 생각하며 새 신민들을 포함하여 넓고도 깊게 경축의 은사를 내리노라.

오호라! 명분이 바르니 군대의 사기가 왕성하였고, 비할 데 없는 공훈을 빛냈으며, 도의 감화가 오랫동안 이루어졌으니 이에 천하태평의 이로움을 이루게 되었다. 아! 너희[174] 백성들이여, 짐의 이 지극한 마음을 알지어다!

二十八日辛亥, 童貫、蔡攸歸, 以詹度權帥事.

선화 5년(1123) 4월 28일 신해일, 동관과 채유는 개봉으로 복귀하고, 첨도[175]를 안무사 대행[176]으로 삼았다.

詹度既就權帥府①, 招集散民, 遠近駢集. 大金出嶺外, 可世、平仲卽分陝西、河北諸道兵，常勝軍守松亭、古北、居庸關. 以閤門宣贊舍人劉逸知景州，惠州團練使陽可昇知檀州，忠州防禦使任宗堯知薊州，悉發官吏赴上. 詹度作「平燕詩」送童貫曰："長亭春色送英雄，滿目江山映日紅. 劍戟夜搖楊柳月，旗旌曉拂杏花風. 行時一決平戎策，到後須成濟世功. 爲報燕山諸將吏，太平取在笑談中."

① [按] 詹度既就權帥府：袁本에서는 '詹度既就權帥柄'으로 썼다.

첨도가 안무사 대행으로 취임한 뒤 흩어진 주민을 불러 모으자 원근에서 앞다퉈 모여들었다. 대금이 관문 밖으로 물러가자,[177] 양가세와 요평중은 즉시 섬서와 하북 여러 로에서 온 군대를 각지에 분산 배치하고 상승군에게는 송정관·고북구[178]·거용관을 지키게 하였다. 합문선찬사인 유일을 경주지사로, 혜주[179] 단련사[180] 양가승을 단주지사로, 충주방어사[181] 임종요[182]를 계주지사로 삼고, 모두 관리를 보내 부임하게 하였다. 첨도는 다음과 같이 '연경 평정'이라는 시를 지어 동관에게 보냈다.

장정[183]의 춘색에 취하여 영웅들을 전송하니,
햇빛에 반짝이는 붉은 빛 강산에 가득하네.
버드나무 달빛에 밤의 창칼 흔들리고,
살구꽃 바람에 새벽의 정기 나부끼네.
떠날 때는 융적을 평정할 계책을 정하였고,
닿아서는 이내 제세안민의 큰 공훈 이루었네.
연산의 모든 장수와 관리들에게 알리노니,
웃고 이야기하는 중에 태평한 천하를 얻었다네.

賜進士出身頭品頂戴四川等處承宣布政使司布政使清苑許涵度校刊.

'사진사출신'이며 특별히 정1품 도독의 관모를 쓸 수 있도록 허락받은 사천성 승선포정사사의 포정사인 보정부 청원현 출신 허함도가 교감하여 간행하다.

○●○

『三朝北盟會編』, 卷16, 校勘記

若先時而來是屬僭越(時誤作是) 且以河朔附近都邑(附誤作甫) 始祖宗時虜使至待遇之禮有限(此段應另行誤連上文) 入燕山大內毁一小殿獸吻(脫獸字) 受諸將賀駐兵十餘日(一作諸將暫駐兵十餘日) 或告燕人曰汝之東遷(燕誤作金) 至是來整會留償人命及牛馬價(脫來字會留誤作留會) 又嘗爲虜官者(又誤作及) 結約夾攻(誤作約結) 朔南咸暨於政敎(政應作聲) 宛平平盧(平盧一作盧龍) 神祚有開(祚誤作作) 一方黎庶(庶誤作獻) 惠州團練使楊可昇(楊誤作陽)

1 童貫(1054~1126) : 자는 道夫이며 開封府(현 하남성 開封市) 사람이다. 휘종이 총애하던 환관으로 蔡京이 재상이 되는 데 일조하였다. 채경의 추천을 받아 西北監軍이 된 뒤 군공을 과장하여 樞密院知事가 되어 20년간 군권을 장악하였다. 靑唐 지역에서의 군공을 바탕으로 熙河蘭湟·秦鳳路經略按撫制置使, 武康軍節度使가 되었으며 檢校司空으로 승진하였다. 환관으로서 처음 거란에 사신으로 파견되었고, 휘종에 영합하여 금과의 동맹을 주도하고, 方臘의 난을 진압한 공과 연경 점령의 공로를 분식하여 환관 출신 최초로 왕위를 받았다. 하지만 금군의 전면 공세에 제대로 대처하지 못한 채 개봉으로 도피하였고, 欽宗이 開封留守로 임명하였으나 휘종을 따라 강남으로 도망쳐 6賊의 하나로 지탄받아 유배 도중에 처형되었다.

2 蔡攸(1077~1126) : 자는 居安이며 福建路 興化軍 仙遊縣(현 복건성 莆田市 仙遊縣) 사람이다. 徽宗朝 최고의 권신이었던 蔡京의 큰아들이기도 하지만, 휘종이 즉위하기 전부터 각별한 관계를 맺고 있어 樞密直學士·龍圖閣學士兼侍讀·宣和殿學士·節度使 등의 요직을 역임하였다. 아무런 정치적 식견도 능력도 없었지만 아부에 능하였고, 권력을 유지하기 위해서 부자간 투쟁도 마다하지 않았으며, 재상인데도 무대에 올라 어릿광대짓을 서슴지 않은 파렴치한 인물이었다. 또 宣和 5년(1123)부터 靖康 1년(1126), 북송 최대의 위기 국면에 領樞密院事의 중차대한 직무를 맡아 북송의 멸망을 앞당겼다. 후에 휘종의 南行을 수행한다며 도피했고 휘종의 復辟 소문에 영합하다가 貶官되어 永州·潯州·雷州 등지로 유배되었다가 萬安軍에서 주살되었다.

3 燕山府 : 본래 거란의 남경 析津府인데, 송조는 宣和 4년(1122)에 연경 점령을 앞두고 미리 燕山府로 바꾸고 燕山府路의 치소로 삼아 燕山府·景州·經州·薊州·檀州·順州·易州·營州·涿州·平州 등 10개 부주, 20개 縣을 관할하게 하였다. 연산

부의 郡名은 廣陽郡, 軍額은 永清軍, 州格은 절도사였으며 치소는 析津縣·宛平縣(치소는 현 북경시 城區)이고 관할 현은 漷陰縣·潞縣·武清縣·析津縣·安次縣·良鄕縣·永清縣·宛平縣·昌平縣·香河縣 등 기존의 10개에 都市縣·玉河縣을 신설하여 모두 12개였다. 관할구역은 현 북경시와 천진시, 그 주변 하북성에 해당한다.

4 원문은 '復見天日'이다. 오랜 어둠과 곤경 속에서 힘들게 지내다가 외부의 도움을 얻어 마침내 밝은 세상과 희망을 보게 되었다는 말이다. '重見天日'과 같다.

5 『平燕錄』: 『宋史』「藝文志」에 저자 미상으로 총 1권이라는 기록 외에는 서지정보가 남아있지 않다.

6 『封氏編年』: 『삼조북맹회편』 서문의 書目과 권1에서만 『封有功編年』이라고 하였을 뿐 뒤에서는 『封氏編年』으로 19회, 『封氏紀年』으로 1회, 『編年』으로 3회 나온다. 학계에서는 '封有功'을 편찬자 이름으로 추정하지만, 책이 일실되어 구체적인 서지사항은 확인할 수 없다.

7 王安中(1075~1134): 자는 履道이며 河北西路 中山府 曲陽縣(현 하북성 保定市 曲陽縣) 사람이다. 蘇軾의 제자로서 휘종 때 翰林學士·尙書右丞을 비롯해 建雄軍節度使·大名府尹 겸 北京留守司公事를 지냈다. 童貫 등을 비롯한 간신들과 결탁하여 연경 공략을 강력하게 주장했고, 燕山府路宣撫使로서 張覺을 회유하여 금과의 동맹 파기를 야기하여 결국 '靖康의 변'을 초래하였다. 국난을 초래한 죄로 유배되었다가 후에 左中大夫로 복직되었다.

8 『入燕錄』: 王安中의 저서라는 것 외에 다른 서지정보는 남아 있지 않다.

9 장수: 원문은 '偏將'이다. 편장은 장수를 보좌하는 낮은 등급의 장수를 가리키는 통칭이라서 곽약사에게 적합한 말은 아니다.

10 王瓌: 王師中의 아들로, 거란 사정에 밝고 박식하며 언변도 뛰어나서 대금 외교 담당자로 발탁되었고, 무관으로 연경 인수에도 참여하였다.

11 阿骨爽: '阿骨爽'은 본서 전체에서 권 15에만 4회 나타난다. 교감기 ③처럼 '아골타'로 쓴 판본도 3종이 있고, 연경 할양을 하룻밤 사이에 결정지을 수 있는 사람은 '아골타'이며, 그렇지 않다면 상당한 고위직인데 본서의 다른 곳 및 여타 문헌에서 이름을 찾기 어려운 점 등을 보면 '阿骨打'를 잘못 쓴 것으로 볼 수 있다. 그러나 교감기 ③의 판본들도 다른 곳에서는 '阿骨爽'으로 쓰고 있다는 점, 아래 문단에서 연경의 할양을 지시할 때 "呼所屬交割"이라 하였는데 황제가 신하를 부

르는 표현으로 보기 어려운 점, 그 뒤에 "國主與阿骨爽"으로 아골타와 구분하여 병렬한 점, "金人用阿骨爽(改作阿克順)計"라 한 점 등을 보면 '아골상'이 '아골타'와 구분되는 인물로 보인다. 따라서 명확하지 않으므로 원문에 따라 '아골상'으로 번역한다.

12 河東 : 춘추전국시대는 물론 秦·漢代에는 수도인 長安을 기준으로 황하의 동쪽, 즉 현 산서성 서남부지역을 가리키는 말이었으나 唐代부터는 산서성 전체를 뜻하였다. 송대에는 河東路로서 宣和 5년(1123), 3개 府, 14개 州, 8개 軍, 81개 縣으로 이루어졌고, 현 서남부 運城市를 제외한 산서성 內長城 이남 지역에 해당한다.

13 种師中(1059~1126) : 자는 端孺이며 永興軍路 京兆府(현 섬서성 西安市) 사람이다. 조부 种世衡, 伯父 种諤, 형 种師道 모두 명장으로 유명하다. 형과 함께 참전하면서 장수로 성장하였다. 靖康 1년(1123) 金軍의 전면 공세에 맞서 근왕군으로 싸웠고, 太原府를 구원하러 진격하다 姚古의 부대와 전선을 구성하지 못하고 금군 주력군과 단독으로 싸우다 결국 포위되어 장렬하게 전사하였다. 사후 少師로 추증되었다.

14 楊可世 : 涇原路 兵馬鈐轄·華州觀察使로 현 寧夏自治區 固原市 일대에서 서하를 방어하고 있다가 연경 공략을 위해 涇原路·環慶路·秦鳳路에서 차출하여 새로 편성한 環慶軍을 지휘하는 통제에 임명되었다. 그러나 이동 중 方臘의 亂이 발생하자 우선 양절로에 와서 반란을 진압하고 다시 蘆溝河 전투에 투입되었다. 하지만 양가세는 거란과의 전쟁에 다소 부정적인 입장을 지니고 있었다.

15 陝西 : 현 섬서성 關中의 이서 지역을 포괄하는 지명이며, 陝右라고도 한다. 陝西와 陝東이란 지명은 西周의 周公과 召公이 '陝原(현 하남성 三門峽市 張汴原)을 중심으로 동서로 나누어 다스린다(分陝而治)'는 말에서 나왔다. 즉 서주의 섬서는 현재의 涇渭平原을 뜻하였다. 安史의 亂 이후 陝西節度使를 임명하면서부터 陝西가 행정명이 되었고, 송초에 전국 15개 轉運使路의 하나로 陝西路를 설치한 뒤 지금까지 내려온 데 비해 陝東은 河南으로 대치되면서 사라졌다. 전운사로인 섬서로는 慶曆 2년(1042)에 永興軍路와 秦鳳路로 나누어졌다.

16 新城縣 : 거란 南京道 涿州 소속인데 宣和 4년(1122)에 송에 투항하여 威城縣으로 바뀠다. 같은 지명으로는 송의 兩浙路 杭州 新城縣(현 절강성 杭州市 富陽區)과 江南西路 建昌軍 新城縣(현 강서성 撫州市 黎川縣)이 있다. 화북 충적평야 지대이며, 현 하북성

중부 保定市 북동쪽의 古碑店市에 해당한다.

17 固安縣 : 거란 南京道 涿州 소속이다. 지명은 '강토를 공고히 하고 백성을 안정되게 한다'는 기원을 담았다. 하북대평야 북단에 속하며 전 지역이 永定河 충적평야로 이루어졌다. 현 북경과 천진 사이에 있는 하북성 廊坊市 서남쪽의 固安縣에 해당한다.

18 安次縣 : 거란 南京道 析津府 소속이며 지명은 '지역의 안정과 백성의 安居'를 뜻한다. 현 하북성 廊坊市 북쪽은 거란, 남쪽은 송의 영토에 해당하여 거란은 固安·三河·安次·永淸·香河縣을, 송은 覇州를 중심으로 동쪽에 信安軍, 서쪽에 保定軍을 설치하였다. 하북대평야 북단이며 현 북경과 천진 사이에 있는 하북성 廊坊市 북쪽의 安次區에 해당한다.

19 대기 : 원문은 '勒兵'이다. '군대를 주둔시킨다'라는 뜻도 있지만 단순한 주둔과 달리 '훈련하고 점검하며 전투에 대비한다'라는 뜻이 있다. 당시 상승군은 필요에 따라 신속하게 투입 가능한 병력이었다. 이에 '대기하다'로 번역한다.

20 큰 깃발 : 원문은 '旌纛'이다. '旌'은 깃대봉에 천으로 만든 깃발 대신 용의 머리를 달고, 용의 입에 소꼬리와 새털로 장식한 작은 장식물을 물게 한 황제 전용기다. 군대의 사기를 높이거나 표창용으로 쓴다. '纛'은 군대의 큰 깃발이다. '旌纛'은 모든 깃발의 통칭으로도 쓴다.

21 料石岡 : 거란 南京道 析津府 良鄕縣(현 북경시 房山區) 縣衙의 동쪽에 있는 네모난 언덕이다. 燎石岡이라고도 한다.

22 사졸 : 원문은 '部曲'이다. 본래 군인을 뜻하는 용어였으나 서한과 동한 말의 혼란기에 豪族의 영향권에 속한 많은 이들이 私兵이 되자 사적 주종관계를 이루는 이들을 칭하는 용어로 의미가 확대되었다. 부곡은 唐代부터 본격적으로 隸屬民으로 변했으나 그 법적 신분과 사회적 관계는 매우 다양했다. 송대에는 다시 장수 휘하의 사졸을 뜻하는 말로 쓰였다.

23 『北征紀實』 : 蔡絛가 연경 공략의 始末을 적은 2권의 책으로서 원본은 없어졌으나 일부가 본서에 수록되어 있어 그 개략적인 모습을 엿볼 수 있다. 북송 멸망에 가장 큰 책임을 져야 할 채경 부자의 정치적 입지를 감안할 때 『北征紀實』의 객관성에 대해 의문을 가질 수 있지만, 예상 밖으로 상당히 객관적인 편이다.

24 中國 : 「何尊銘文」에서 처음 쓰인 용어인데 西周 때는 關中·河洛을, 東周 때는 주 왕

실의 복속지를 뜻하였고, 이후 제후국의 영토 확장에 따라 범위가 넓어졌다. 秦漢 이후에는 중원왕조의 전 영역을 포괄하는 것으로 바뀌었다. 다만 역대 어느 왕조도 국호로 사용하지 않은 데서 알 수 있듯이, 중국은 中原과 유사한 지리적 개념이자 문화적 정통성을 뜻하였다. 北魏가 중국을 자처하면서 남조를 '島夷'라고 깎아내렸고, 남조 역시 中國을 자처하면서 북위를 '魏虜'라며 인정하지 않은 것처럼 거란과 북송, 금과 남송 역시 각자 중국을 자처하면서 상대를 중국으로 인정하지 않았다. '중국'이 국호로 정착된 지금 '중국'을 지역명으로 수용하기가 어색하지만 '중원'과는 또 다른 어감을 지니고 있어 '중국'으로 번역하였다.

25 劉延慶(1068~1127) : 永興軍路 保安軍(현 섬서성 延安市 志丹縣) 사람이다. 서하와의 전쟁에서 공을 세워 鄜延路總管·馬軍副都指揮使가 되었다. 方臘의 亂을 진압하였고, 이어서 선화 4년(1122) 연경 공략 시 宣撫都統制로 군을 지휘하였지만, 현 북경 노구교 부근에서 거란군과 대치하던 중 전투를 시작하기도 전에 거란군이 기습했다는 헛소문에 전군이 도망쳐 스스로 궤멸하였고, 군수품 일체를 거란군에 빼앗겼다. 이에 대한 책임으로 筠州에서 귀양 생활하다 '정강의 변' 때 개봉성 수비 책임을 맡았으나 성이 함락되면서 살해되었다.

26 語錄 : 사신으로 파견되었다 귀국하면 상대와의 교섭 내용, 이동 경로 및 그 과정에서 보고 들은 것 등을 기록하여 '奉使錄'·'行程錄'·'使北錄'·'使北記' 또는 '語錄' 등의 이름으로 제출하였다.

27 다른 의견 : 원문은 '參商'이다. 參星은 서쪽 하늘에, 商星은 동쪽 하늘에 떠서 같은 시간에 뜰 수 없다. 따라서 參商은 서로 멀리 떨어져 있어 만날 수 없거나 사람들이 서로 의견이 다르거나 화목하지 못함을 뜻한다.

28 『續資治通鑑長編拾補』 권46에는 현재 주석이 '채조 자신이 쓴 주석(條又自注云)'이라 하였는데, 현재 본문의 "良嗣不能對, 乃與其使偕來."와 이 주석 사이에 한 문단이 더 있으며, 주석에서 말하고 있는 '아골타가 연경이나 산후 할양을 거절했다는 것은 이 생략된 문단에 수록되어 있다. 한편 『續資治通鑑長編拾補』의 찬자인 黃以周의 案語에 따르면 "채조의 『북정기실』에서 말하고 있는 바, 아골타가 연산 할양을 허여하지 않았다거나 산후 할양에 대해 준엄하게 거절했다는 것은 (조량사가 쓴) 『총록』이나 『모재자서』에 기록이 보이지 않는 것이 아니다. 다만 이들 책에서는 이 말을 아골타가 한 것이 아니라 점한·올실이 한 것이라고 되어 있을

뿐이다.(蔡條『北征紀實』所記阿骨打不許燕山及山後峻拒語, 『總錄』·『自序』非不見書, 但此說不出於阿骨打, 出於粘罕·兀室耳.)"라고 하였다.

29 祖宗 : 선대 황제 등 조상에 대한 존칭으로 쓰지만, 특히 왕조를 개창한 태조와 태종을 가리키며, 그들이 건국 초에 정한 법과 제도, 즉 일종의 국시인 '祖宗之法'을 뜻하기도 한다.

30 河朔 : 黃河 이북 지역에 대한 통칭으로 현 하북성·산서성과 산동성 일부를 포함하는 지리적 개념이다. '朔'은 본래 '시작하다'라는 뜻인데, 북방이 만물이 시작하는 곳이라는 관념에서 북방을 가리켜 '朔方'이라 칭한 데서 유래하였다.

31 마을 : 원문은 '里堠'인데, 원래의 의미는 '이정표'이다. 본문에서 '이정표'를 더 많게 하였다는 것은 더 많은 마을을 지나쳐 왔다는 의미이다.

32 원문은 '防微杜漸'이다. '좋지 못한 일의 싹이 틀 때 곧바로 제지하여 더는 커 나가지 못하도록 한다'는 말이다. 西晉 韋謏의 '啓諫冉閔'에서 유래하였다.

33 營州 : 거란 南京道 平州路 소속이며 軍額은 鄰海軍, 州格은 軍事州이다. 치소 겸 관할 현은 廣寧縣(현 하북성 秦皇島市 昌黎縣)이다. 당대에 盧龍縣에서 분리하여 설치된 石城縣이 盧龍節度使 劉守光에 의해 영주로 승격되었으나 여전히 평주 관할이었다. 거란 태조도 後唐으로부터 이 지역을 빼앗은 뒤(923) 평주가 관장하는 영주라는 독특한 편제를 계속 유지시켰다. 영주의 이런 독특한 위상은 독자적인 州로 자립할 여건을 갖추지 못했기 때문으로 보인다. 이는 定州에서 획득한 포로를 이주시켜 인구를 늘렸음에도 현이 늘어나지 못한 채 광녕현 1개만 유지한 데서도 알 수 있으며, 금이 영주를 점령한 뒤 곧 영주를 철폐하고 다시 평주에 속하게 했던 데서도 확인할 수 있다(1142). 바로 이러한 점이 평주·영주·란주를 설명할 때 때로는 3개 주, 혹은 2개 주, 혹은 란주가 곧 평주·영주와 같은 지역이라는 등 혼란스럽게 언급되는 원인이다. 한편 유수광이 설치한 영주 외에도 唐이 설치한 영주(현 요녕성 朝陽市)가 있는 것도 혼란을 초래하는 요인의 하나이다(거란은 혼란을 막기 위해 당의 영주를 覇州로 바꿨다). 평주의 동쪽, 산해관의 서남쪽에 자리한 영주는 북경을 잇는 전략적 요충지이며, 관할구역은 현 하북성 북동부 秦皇島市의 서남쪽 평야 지대에 해당한다.

34 平州 : 거란 南京道 平州路 소속이며 軍額은 遼興軍, 州格은 節度州이다. 치소는 盧龍縣(현 하북성 秦皇島市 盧龍縣)이고 관할 현은 盧龍縣·望都縣·安喜縣 등 3개이다. 거

란 태조는 911년에 劉守光의 평주를 격파한 뒤 철군했으나 923년에 다시 점령한 뒤 평주를 나누어 灤州를 설치하고 평주·營州·란주로 평주로를 신설하는 등 적극적으로 경영하였다. 天顯 1년(926)에 後唐에게 빼앗겼지만 천현 13년에 되찾았다. 같은 지명으로 송 廣南西路 平州(치소는 광서자치구 柳州市 三江自治縣)가 있다. 연산산맥 남쪽 기슭의 낮은 구릉지와 해변에 있어 기병의 이동에 유리한 지형이며, 또 산해관과 북경을 잇는 전략적 요충지이다. 관할구역은 현 하북성 북동부 秦皇島市의 서쪽에 해당한다.

35 원문은 '索'이다. '雲中一路'를 이미 여진이 소유하고 있음에도 '索'이라 하였다. 이는 여진이 볼 때 '송 측에서 할양 범위에 포함된다고 주장할 법한 지역'을 자기들이 소유하고 있기 때문이다. 다만 권17의 12엽에서 '營·平納欵, 雖在女眞入關之前'이라 하여 송 측은 자신의 영토로 간주할 여지가 있으며, 장각이 할거하면서 영주와 평주의 실효적 지배의 귀속이 다소 애매한 면도 있다.

36 石晉(936~947) : 五代 後晉에 대한 蔑稱이다. 河東節度使였던 石敬瑭은 황제에 즉위하기 위해 거란 태종을 아버지로 섬기고 燕雲 16주를 할양하는 조건을 제시하는 등 굴욕적인 방식을 서슴지 않았다. 그렇게 해서 황제에 즉위한 뒤(재위 936~942) 後唐을 멸망시키고 오대의 주역이 되었지만, 그의 태도에 대한 비판이 끊이지 않았다. 그래서 후진을 가리켜 '石晉'이란 蔑稱으로 부르기도 한다. 석경당의 뒤를 이은 石重貴는 거란에 대한 稱臣을 거부하였다가 패하고 5년 만에 멸망하였다.

37 耶律阿保機(872~926, 재위 916~926) : 거란 태조이다. 거란 각 부 및 주변 각 족을 통합하였으며, 907년 唐의 멸망 직후 부족연맹의 임기제 전통을 파기하고 중국식 국왕에 즉위하였다. 916년에는 山西 북부 및 河曲 일대를 점령하고 황제에 즉위하였으며, 923년 만주와 하북을 잇는 현 唐山市·秦皇島市 일대를 점령하고 平州路를 설치하여 장성 이남 진출의 교두보를 확보하였다. 이어 926년 渤海를 멸망시킴으로써 거란을 제국으로 발전시킬 수 있는 토대를 확립하였고, 회군 도중에 사망하였다. 유목민과 농경민을 분리하여 각각의 생활방식을 유지하게 함으로써 유목과 농경의 장점을 극대화하여 대제국을 세우는 데 성공하였다.

38 後唐(923~936) : 五代의 두 번째 왕조이자 沙陀族이 세운 첫 번째 왕조이다. 당을 멸망시킨 後梁의 주전충과 치열한 경쟁 관계에 있던 하동절도사 李克用이 당조

의 계승을 표방하며 건국하였다. 2대 李存勗이 후량을 멸망시키고 낙양에 도읍을 하고 前蜀과 南楚를 차지하면서 영토를 크게 늘렸다. 하지만 이존욱은 이런 성취 직후 갑자기 환관을 중용하고 공신을 학살하는 등 정사를 돌보지 않아 살해되고 오래잖아 거란과 손잡은 石敬瑭에 의해 망하였다.

39 灤州 : 거란 南京道 平州路 소속이며 軍額은 永安軍, 州格은 軍事州이다. 치소는 義豐縣(현 하북성 唐山市 灤州市)이고 관할 현은 馬城縣·石城縣·義豐縣 등 3개이다. 거란 태조는 天贊 2년(923)에 平州를 점령한 뒤 일부를 나누어 灤州를 설치하였다. 灤河를 사이에 두고 盧龍縣·昌黎縣과 마주 보고 있으며, 평탄한 충적평야 지대이다. 관할구역은 현 하북성 북동부 唐山市의 동쪽에 해당한다.

40 거란 태조가 현 唐山市와 秦皇島市 일대를 점령하고 平州·灤州·營州 등 3개 주로 이루어진 平州路를 설치한 것은 923년이고, 연운 16주 할양은 938년에 이루어졌다. 이처럼 연운 16주 할양은 송의 건국(960)보다 22년, 평주로 설치는 그보다 더 빠른 37년 전의 일이어서 송조가 거란의 영유권을 부인하면서 이곳을 '실지失地'라고 주장할 근거는 찾아보기 힘들다. 이에 금조는 송이 요구한 연운 16주 반환에 평주로가 속하지 않는다는 입장을 분명히 했고, 송조는 이 3개 주가 당의 幽州에 속하므로 자기들의 연고지라고 생각하고 교섭을 제안하면서도 공식 의제에는 '연운 16주 반환'을 상정하였다. 이처럼 연운 16주와 유주라는 각기 다른 지리적 개념을 정리하지 않고 교섭을 진행한 데서 이들 3개 주 문제가 발생한 것이니, 그 귀책 사유는 송조에 있음이 분명하다. 송조로서는 하북대평야와 발해만이 만나는 해안지대에 있어 유목민의 공세를 차단하는 가장 중요한 전략적 요충지인 이들 3개 주를 제외한 연경지역 회복은 군사적으로 무의미하다고 판단하였고, 송조에 대한 군사적 우위를 견지하고 싶었던 금조의 입장은 정반대일 수밖에 없었다.

41 雲中路 : 정식 행정지명은 아니며 거란 西京道 雲州(현 산서성 大同市) 일대를 가리키는 관용적인 표현이다. 936년 後晉이 거란에 할양한 연운 16주 가운데 朔州·應州·寰州와 함께 산서성에 속한 할양지로서 거란 重熙 13년(1044)에 西京 大同府로 승격하여 弘州·德州 등 2개 주를 관할하였다.

42 비단 솜 : 원문은 '絲綿'으로 누에고치 표면의 섬유질을 정련한 보푸라기 솜을 말한다. 통상 비단솜이라 하여 옷이나 이불에 솜처럼 넣어 쓴다. 가볍고 따뜻해

보온용으로 크게 환영받았다.

43 木綿 : 남중국에서 자라는 케이폭kapok 나무로 높이가 17~30m나 되는데 솜이 달린 열매가 맺힌 모습이 거대한 면화와 같다. 열매에서 기름을 짜기도 하고 안에 있는 케이폭이라고 하는 섬유질은 뻣뻣해서 실을 뽑기에는 불편하지만, 물에 젖지 않고 가벼워 방석용이나 베개·이불의 충전재로 쓰인다. 별칭은 '攀枝花'이다.

44 香犀 : 코뿔소의 뿔로 매우 찬 성질이라서 해열·해독·지혈제로 쓰며 우황청심원의 재료이기도 하다.

45 玳瑁 : 열대와 아열대의 산호초에 서식하는 거북이인데, 황갈색 또는 다갈색인 등갑이 공예품으로 널리 쓰여 예로부터 남방무역의 중요한 품목 가운데 하나로 거래되었다.

46 龍腦 : 열대에 서식하는 나무인 龍腦樹에서 나오는 수지를 증류하여 얻은 얼음 조각처럼 얇고 반투명한 결정체이다. 정신을 맑게 해 주고 고열·경련·소아 경기·염증 치료에 좋다. '용뇌'라는 이름은 귀한 약재라는 뜻에서 붙여진 것일 뿐 약성·모양과는 무관하다.

47 丞相 : 秦은 고위 정책자문단인 相邦을 설치하였는데(기원전 334), 西漢에서는 劉邦을 피휘하여 相國으로 고치고 丞相을 두어 상국을 보좌하게 하였다. 그러나 실제로는 相國의 권력을 제한하기 위해 승상만 임명하였고, 曹操가 승상이 되면서 丞相制度가 정착되어 후대로 이어졌다. 丞相은 정식 관명인 데 비해 宰相은 다양한 최고 행정장관에 대한 통칭으로 그 구체적인 관명은 10여 개나 되며 송대 재상의 정식 명칭은 同中書門下平章事이다.

48 사람 : 원문은 '子女'이다. 본래 부모의 입장에서 아들과 딸을 가리키는 말이지만, 남자와 여자, 젊은 여자나 미녀, 남녀 노예 등의 뜻도 있다. 본문에서는 '일반 주민'이란 뜻으로 썼다.

49 耶律余覩(?~1132) : 거란 황실의 종친이자 天祚帝의 동서로, 耶律余睹·耶律余睹姑·耶律余都姑 등으로도 쓴다. 여도의 처형인 文妃의 큰아들 晉王 敖魯斡이 유능하여 유력한 후계자로 꼽혔는데, 元妃의 오빠이자 北院樞密使로서 권력을 장악하고 있던 蕭奉先은 晉王을 제거하기 위해 여도가 진왕을 옹립하기 위해 모반을 꾀하고 있다고 무고하였다. 이에 여도는 부득이 여진으로 투항하였다. 거란의 내부 사

정을 가장 잘 알고 있고, 소봉선에 대해 원한을 품고 있던 여도는 中京 大定府 함락에 앞장섰다. 이후 元帥右都監으로 북송 공략에 성공하였으나 인정받지 못하자 반란을 모의하다 실패하고 서하를 거쳐 韃靼으로 도주하였다가 살해되었다.

50 망루 : 원문은 '樓櫓'이다. 적의 동태를 감시하기 위해 성벽 위에 세운 지붕이 없는 망루를 가리킨다. 한편 성을 공격하기 위해 흙산을 쌓고 그 위에 세운 지휘용 망루를 뜻하기도 한다.

51 顯州 : 거란 東京道 소속이며, 軍額은 奉先軍, 州格은 節度州로서 嘉州를 관할하였다. 치소는 奉先縣(현 요녕성 錦州市 北鎭市)이고 관할 현은 歸義縣·奉先縣·山東縣 등 3개이다. 세종의 능인 顯陵의 수호를 위해 醫巫呂山脈 동남쪽에 설치하였다. 관할구역은 요녕성 요동만에 연한 현 錦州市의 북동쪽에 해당한다.

52 居庸關 : 古北口·金坡關·松亭關·楡關과 함께 북경을 둘러싼 5關 가운데 하나로서 八達嶺과 함께 북서로 통하는 요충지에 자리하고 있다. 명칭은 진시황이 장성을 수축하기 위해 죄수 등을 강제 이주시킨 데(徙居庸徒)서 유래하였으며 서하문자가 새겨진 雲臺도 유명하다. 현 북경시 昌平區 南口鎭 居庸關村에 있다.

53 鴛鴦泊 : 현 하북성 長家口市 張北縣 서북쪽에 있는 호수로서 거란 황제가 수렵하던 장소이다. 鴛鴦이 많아서 생긴 이름이라고 하며 '鴛鴦濼'이라고도 하는데, 호수 남쪽과 북쪽 모두 물이 있어서 蒙古語로는 '昂吉爾圖', 또는 '安固裏淖爾'라고 한다. 明代 이후에는 '集寧海子'라고 불렀다.

54 白水泊 : 거란에서는 '白水濼'이라고 칭하였고, 금대에는 '白水泊' 또는 '白水川'이라고도 하였다. 현 내몽고자치구 烏蘭察布市 察哈爾右翼前旗의 북쪽에 있는 黃旗海로서 현지에서는 '乞兒諾爾'라고 칭한다.

55 궁중 여인 : 원문은 '嬪嬙'이다. 황후를 제외한 후궁과 궁녀 등 궁중의 모든 여인에 대한 통칭이다.

56 도사 : 원문은 '黃冠'으로 주로 도사들이 사용하는 누런색의 모자를 가리키며 도사의 代稱으로 쓰이기도 한다.

57 승려 : 원문은 '瞿曇'이다. 석가모니 종족의 姓이자 석가족의 조상인 사라드바트의 이름으로 승려를 뜻하기도 한다.

58 富戶 : 원문은 '金帛'이다. 황금과 비단은 부를 상징하는 것인데, 본문에서는 모두 어떤 특정 부류의 사람을 나열하고 있으므로 '부호'를 의미하는 것으로 보았다.

59 雲中府 : 거란 西京道의 치소인 西京 大同府의 唐代 지명이다. 부의 치소는 大同縣과 雲中縣(현 산서성 大同市 雲州區)이고 관할 현은 大同縣·奉義縣·雲中縣·長清縣·天成縣·懷安縣·懷仁縣 등 7개이다. 당조는 天寶 1년(742)에 雲州를 雲中으로, 乾元 1년(758)에는 다시 운주로 바꿨다. 거란은 後晉으로부터 운주를 할양받은 뒤 大同軍節度使司를 설치하였다가(937) 重熙 13년(1044)에 西京 大同府로 승격시켰다. 하지만 거란의 정통성을 부인하고 싶은 宋朝는 시종 거란의 서경 대동부 대신 당대의 명칭인 운중부라고 칭하였다. 관할구역은 현 산서성 북부에 해당한다.

60 원문은 '班師赴闕'이다. 단순한 철군이 아니라 '승리를 거둔 뒤 군을 이끌고 조정으로 돌아가 다시 명령을 기다린다'는 말이다. 『尙書』「大禹謨」의 '班師振旅'에서 유래하였으며 통상 '班師回朝'라고 한다.

61 千歲 : 원문은 '千年'이다. 통상 '千歲'라고 하는데, 皇太后·皇后·貴妃·嬪妃을 비롯해 皇子와 公主·부마, 황제의 삼촌과 형제 등 황실 가족의 代稱이다.

62 萬歲 : 만세는 본래 기쁜 일이나 축하를 위해 지르던 환호성이었으나 秦·漢代부터 황제에 대한 환호로 바뀌었고 漢武帝 때부터 황제 개인을 뜻하는 것으로 바뀌었으나 민간에서는 여전히 좋은 일을 축하하기 위한 환호성으로도 쓰였다. 그러나 송대부터 황제를 지칭하는 전용어로 사용하도록 하여 일반인의 환호성으로는 사용할 수 없게 엄격하게 금지되었다.

63 당시 채경·동관·왕보 등 위정자 대부분이 금과의 동맹을 통해 연경을 공략하는 데 적극적이었다. 따라서 본문의 이런 내용은 그대로 받아들이기 힘들다. 아마도 『北征紀實』의 저자인 蔡絛가 자기 형의 입장을 변호하기 위해서 쓴 것으로 보인다. 다만 왕보가 독단적으로 결정했다는 말은 宣和 4년(1122)에 3省에 經撫房을 설치하여 추밀원을 경유하지 않고 연경 문제를 전결하였고 代稅錢의 규모도 왕보가 정하였기 때문이다.

64 通判 : 민정·재정·조세·사법 등에 관해 州 지사와 공동 결재권을 지닌 부지사이다. 정식 명칭은 知事通判·通判州事로서 지사와 함께 상황을 판단한다 해서 붙여진 이름이며, 약칭 및 별칭은 通判·州監·州佐·主倅·倅이다. 직급은 지사보다 낮았지만, 상관인 지사를 포함한 관리들에 대한 감찰과 황제에 대한 직보 권한이 부여되어 황제의 지방 통제권 강화에 중요한 역할을 담당하였다.

65 添差 : '정원 이외의 추가 발령'을 뜻하는 말로서 '增額差遣'이라고 할 수 있다. 唐代

후기, 임시 파견직 관원이 늘어나면서 업무 성격에 따라 '攝'·'判'·'知' 등의 호칭을 붙여 구분하였던 것을 송조가 계승하여 확대하였다. '差遣'은 본래 '파견'과 같은 말이지만 송대에는 관원에게 부여한 실제 직무를 뜻한다. 송대에는 臺·省·寺·監·院 등 중앙정부의 직책에 따른 정원과 고유 업무를 명시하지 않고, 모두 '파견' 형식으로 임명하였고, 지방관도 京朝官을 현지에 파견하는 형식이었다. 따라서 관직은 사실상 녹봉을 받는 기준에 불과하였고 差遣이 실제 담당한 직무를 뜻하였다. 차견을 부여받지 못한 명목상의 관리를 가리켜 '寄祿官'이라고 하였다.

66 幷州 : 嘉祐 4년(1059) 태원부로 승격되기 이전의 행정지명이기도 하지만, 산서 북부지역을 가리키는 용어로 『史記』에서 유래하였다. 『史記』 권1의 "肇十有二州"에 대한 馬融의 주석을 보면 '禹가 천하의 홍수를 다스리고 9개 주를 설치하였는데, 기주 북쪽에 幷州를, 燕을 나누어 幽州를, 齊를 나누어 營州를 설치하였다'고 하였다.

67 代州 : 河東路 소속이며 등급은 上, 郡名은 雁門郡, 州格은 防禦州이다. 치소는 雁門縣(현 산서성 忻州市 代縣)이고 관할 현은 崞縣·繁畤縣·雁門縣·五臺縣 등 4개이다. 지명은 商의 제후국 代國에서 유래하였으며, 거란과 국경을 이룬 恒山山脈의 험준함을 이용한 난공불락의 雁門關 소재지로도 유명한 군사 요충지여서 沿邊安撫使司가 설치된 적도 있었다. 관할구역은 현 산서성 중북부 忻州市의 북동쪽에 해당한다.

68 齊州 : 京東東路 소속이며 政和 6년(1116)에 濟南府로 승격되었다. 등급은 上, 郡名은 濟南郡, 軍額은 興德軍, 州格은 節度州이다. 치소는 歷城縣(현 산동성 濟南市 歷城區)이고 관할 현은 歷城縣·虞城縣·臨邑縣·章丘縣·長淸縣 등 5개, 軍은 淸平軍 1개이다. 漢代 濟南郡이 설치된 이래 濟南과 齊州가 지명으로 함께 쓰였다. 濟南은 濟水의 남쪽에서, 齊州는 춘추전국시대 齊國에서 유래하였다. 북쪽의 황하와 남쪽의 태산산맥 사이에 형성된 낮은 구릉지와 평야에 자리하였다. 관할구역은 현 산동성 중서부에 해당한다.

69 鄆州 : 京東西路 소속이며 宣和 1년(1119)에 東平府로 승격되었다. 등급은 大都督府, 郡名은 東平郡, 軍額은 天平軍, 州格은 節度州이다. 치소는 須城縣(현 산동성 泰安市 東平縣)이고 관할 현은 東阿縣·須城縣·壽張縣·陽谷縣·中都縣·平陰縣 등 6개, 監은 東

平監 1개이다. 지명은 춘추시대 魯가 晉을 방비하기 위해 성을 쌓고 鄆邑이라 칭한 데서 유래하였다. 동북으로 태산산맥 잔구가, 서남에는 황하·대운하·大汶河가 모이는 곳인데, 咸平 3년(1000)에 홍수로 州城을 옮겼다. 송대에는 남쪽에 梁山泊이 있었고 지금도 호수와 소택지를 비롯한 다양한 지형을 품고 있다. 관할구역은 현 산동성 중서부 泰安市의 서남쪽에 해당한다.

70 襄漢 : 장강의 최대 지류인 漢江의 襄陽 구간을 가리키는 말이며 한편으로는 京西南路 襄州(현 호북성 襄陽市)를 가리키는 말이기도 하다.

71 燕京의 유민을 齊州·鄆州·襄漢으로 보내서 구휼하게 했을 가능성이 없지는 않겠지만, 전후 상황을 고려해 볼 때 이 3개 주가 포함된 것은 다소 의문스럽다.

72 執政 : 본래 국가 정사를 장악하고 관리한다는 말이지만 송대에는 부재상을 뜻하였다. 參知政事와 그 후신인 門下侍郎·中書侍郎·尚書左丞·尚書右丞, 추밀원 장관인 樞密使·知樞密院使, 차관인 同知樞密院事·樞密副使 등이다. 執政官이라고도 칭하였다.

73 渤海(698~926) : 고구려 別部 출신의 大祚榮이 세운 국가로서 영토는 중국의 동북, 러시아 연해주, 한반도 동북부에 걸쳐 있었으며 전성기에는 '海東盛國'이라 칭해졌다. 하지만 본서에서 언급하고 있는 '발해'는 거란의 지배를 받고 있던 발해 유민, 즉 발해를 國名으로 보지 않고 '발해족'이라고 하여 거란족·여진족·奚族 등과 함께 동북 및 연해주에 거주하던 주요 族名의 하나이자 때로는 이들이 사는 지역을 뜻하는 용어로 쓰였다.

74 鐵州 : 거란 東京道 소속이며 軍額은 建武軍, 州格은 軍事州이다. 치소 겸 관할 현은 湯池縣(현 요령성 營口市 大石橋市)이다. 지명은 동쪽에 있는 鐵嶺에서 유래하였으며 요하의 범람으로 형성된 충적평야 지대이지만 산지부터 소택지까지 다양한 지형으로 이루어졌다. 관할구역은 현 요녕성 요동만에 연한 營口市의 동쪽에 해당한다.

75 上等戶 : 원문은 '上戶'이다. 북송 초에 자산에 따라 9등급으로 나눈 뒤 상위 4등급에게만 세금을 내도록 하였다. 따라서 이들을 '稅戶' 또는 '主戶'라고 하고 하위 5등급은 면세 대상이었기에 '客戶'라고 칭하였다. 하지만 하위 5등급은 사실상 구분이 되지 않아 실제로는 5등급이나 마찬가지였는데, 인종 至和 연간에 자산에 따라 5등급으로 나누고, 세역 부담에 따라 '상등호'와 '하등호'로 구분하였

다. 이들 稅戶 위에는 면세특권을 누리는 관료 계층이 있는데, 이들을 '官戶'라 하였다.

76 張轂(?~1123) : 거란 南京道 平州 義豐縣(현 하북성 唐山市 灤州市) 사람으로 과거에 급제하였다. 거란 遼興軍節度副使로 있다가 선화 5년(1123), 금에 투항하여 臨海軍節度使·平州 지사가 되었지만, 송과 손을 잡고 자립하려 하자 金은 평주를 남경으로 승격시키고 남경유수로 임명하고 회유하였다. 장각은 송에 투항하며 금에 상당한 타격을 주었지만 결국 금군에게 패하여 연산부로 도주하였다가 송에 의해 피살되었다. 이로 인해 송에 투항한 거란군의 동요가 심각해졌고, 나아가 금에게 대송 전면전의 명분을 제공하여 '정강의 변'을 초래하였다. '張覺'·'張轂'으로도 썼다.

77 張轂의 반란을 가리키며, 본서 권17~권18에 수록되어 있다. 권17의 5월 14일 條에 장각이 여진 땅으로 끌려가던 연땅 백성들의 말에 선동되어 금국 사람들을 죽이고 반란을 일으킨 기사가 나오는데, '5월 14일'이 반란을 일으킨 날은 아니므로 대략 5월 초~중순으로 볼 수 있다.

78 『宣和錄』 : 저자 미상의 책으로 서지정보가 남아 있지 않다. 다만 『三朝』와 『靖康要錄』 등에서 북송 멸망 당시의 상황, 특히 금이 약탈한 물품 등에 대한 상세한 상황을 『宣和錄』의 기록을 인용하여 서술한 데서 그 내용을 미루어 짐작할 수 있다.

79 陝西河東河北路宣撫使 : 至道 3년(997)에 전국에 15개 轉運使路를 설치하면서 섬서로·하동로·하북로를 두었다. 그리고 섬서로에 6개, 하동로에 1개, 하북로에 4개 등 모두 11개의 安撫使路를 설치하였다. 선무사는 안무사로를 관할하는 직책이어서 11개 안무사로를 모두 거명해야 하나 편의상 3개로 명칭으로 대치한 것이다. 이 11개는 전국 28개 안무사로의 40%에 해당하며, 제대로 전투력을 갖춘 송조의 북방 전선에 배치된 모든 군대를 총괄 지휘하는 것이었다.

80 원문은 '恭惟'이다. 글을 시작하면서 쓰는 기원을 뜻하는 發起詞이다.

81 安肅軍 : 河北西路 소속이며 등급은 同下州, 치소 겸 관할 현은 安肅縣(현 하북성 保定市 徐水縣 동쪽)이다. 太平興國 6년(981)에 梁門口寨를 靜戎軍으로 승격시켰고, 景德 1년(1004)에 다시 安肅軍으로 바꾸었다. 榷場이 설치된 국경 거점으로 서쪽의 廣信軍, 동쪽의 雄州와 함께 최전선의 요충지였다. 관할구역은 현 하북성 중부 保定

市 북동쪽에 해당한다.

82 廣信軍 : 河北西路 소속이며 등급은 同下州, 치소 겸 관할 현은 遂城縣(현 하북성 保定市 徐水縣 서쪽)이다. 太平興國 6년(981)에 易州 遂城縣을 威虜軍으로 승격시켰고, 景德 1년(1004)에 광신군으로 바꾸었다. 百洋淀 서쪽에 자리하여 동쪽의 安肅軍·雄州와 함께 최전선의 요충지였다. 관할구역은 현 하북성 중부 保定市 북동쪽의 徐水縣에 해당한다.

83 歸義縣 : 거란 南京道 涿州 소속이다. 항복한 지역에 부여하는 가장 전형적인 지명이라서 각지에 같은 이름이 많이 있다. 본문의 귀의현은 622년에 幽州 소속으로 설치하였다가 涿州 소속으로 변경되었다. 959년에 치소를 瓦橋關(당시 雄州)으로 옮기면서 歸信縣으로 바꾸었다. 현 하북성 중부 保定市 동북쪽의 容城縣에 해당한다.

84 安城縣 : 거란 南京道 析津府 安次縣의 北魏 때의 지명이다. 현 북경과 천진 사이에 있는 하북성 廊坊市 북쪽의 安次區에 해당한다. 탁주에 속한 현을 소개하는 데 석진부 소속 현이 중간에 들어간 것도 어색하지만, 바로 뒤에 安次縣이 나오므로 잘못 쓴 것으로 봐야 한다. 다만 일단 본문에 따라 번역한다.

85 威城縣 : 거란 南京道 涿州 新城縣을 宣和 4년(1122)에 일시적으로 바꿔 사용한 지명이다. 탁주 치소의 남쪽 평야에 있었다. 현 하북성 중부 保定市 북동쪽의 古碑店市에 해당한다.

86 淶水縣 : 거란 南京道 易州 소속이며 지명은 관내의 淶水에서 취하였다. 서북쪽은 太行山脈 동쪽 기슭이고, 동남쪽은 拒馬河로 인해 형성된 충적평야이다. 현 하북성 중부 保定市 북쪽의 淶水縣으로 북경시 남쪽과 연접한 곳에 해당한다.

87 良鄕縣 : 거란 南京道 析津府 소속이며 지명은 西漢 良鄕侯의 식읍에서 유래하였다. 태항산맥과 화북대평야의 교계지여서 산지·구릉지·평야가 각각 1/3씩 차지한다. 拒馬河를 사이에 두고 하북성과 접경을 이루는 곳으로 현 북경시 남서부 房山區에 해당한다.

88 武淸縣 : 거란 南京道 析津府 소속이며 지명은 唐代에 '무공으로 숙청하라'는 뜻에서 취하였다. 지금과 달리 송대 천진 일대는 海河 하류의 하천과 소택지, 염전으로 이루어져 무청현의 주된 업무 가운데 하나는 榷鹽院 관리였다. 현 천진시 중서부 武淸區에 해당한다.

89 淸化縣 : 거란 南京道 析津府 香河縣을 宣和 5년(1123)에 일시적으로 바꿔 사용한 지명이다. 무청현의 榷鹽院 덕분에 상업이 발달하고 인구가 늘자 938년 인근 무청·삼하·漷縣의 일부를 떼어서 설치하였다. 현 북경과 천진 사이에 있는 하북성 廊坊市 북동쪽의 飛地인 香河縣에 해당한다.

90 漷陰縣 : 거란 南京道 析津府 소속이다. 지명은 漷水의 남쪽에 자리한 데서 취하였다. 거란 황제의 봄 사냥터여서 많은 관원과 병사가 수행하여 인구가 늘어나고 경제적으로 번성하자 太平 연간(1021~1031)에 潞縣에서 분리하여 설치했다. 京杭大運河의 북쪽 기점이며, 현 북경시 동부 通州區의 남동쪽 漷縣鎭에 해당한다.

91 潞縣 : 거란 南京道 析津府 소속이며 漷陰縣 북쪽과 붙어 있었다. 永定河와 潮白河의 충적 작용으로 이루어진 평야 지대이며, 현 북경시 동쪽 通州區의 북쪽에 해당한다.

92 三河縣 : 거란 南京道 薊州 소속이며 지명은 洵河·泖河·鮑邱河가 흐르는 데서 취한 것이다. 하북대평야 북단으로 현 북경시와 천진시 사이에 있는 하북성 廊坊市의 북동쪽 飛地인 三河市에 해당한다.

93 析津縣 : 거란 南京道 南京 析津府 소속이며 宛平縣과 함께 연경 석진부의 치소였다. 전국시대 燕의 도읍이었던 薊城이 있던 곳으로 秦이 처음으로 析津縣을 설치하였다. 별자리와 땅이 대응한다는 인식에서 연경이 별자리 '析木之津'에 해당한다고 하여 붙여진 지명이다. 거란은 天顯 10년(935)에 薊縣을 설치하였다가 天顯 13년(938)에 薊北縣으로 바꿨고, 開泰 1년(1012)에 다시 析津縣으로 고쳤다. 永定河·淸水河 등의 충적 작용으로 이루어진 평야 지대이다. 현 북경시 城區인 西城區에 해당한다.

94 宛平縣 : 거란 南京道 南京 析津府 소속이며 析津縣과 함께 연경 석진부의 치소였다. 원래 幽都縣인데 1012년에 완평현으로 고쳤다. 현 북경시 서남쪽 近郊區인 海淀區·豐台區·石景山區·門頭溝區에 해당한다.

95 平盧郡 : 선화 4년(1122) 10월 휘종은 어필을 내려 營州의 郡名을 平盧郡으로 바꾸고 州格은 防禦州로 하였다. 하지만 영주는 할양 대상이 아니었기 때문에 새로 차지한 지역이 아니다. 동관의 상주문이 얼마나 사실에 부합하지 않고 공치사를 위해 과장된 것인지 알 수 있다.

96 玉田縣 : 거란 南京道 薊州 소속이며 지명은 밭에서 옥을 캔 설화에서 유래하였다.

인근 漁陽縣·三河縣과 지형적으로 유사하며 남쪽에는 강과 소택지가 상당히 발달하였다. 山海關과 북경을 연결하는 교통로에 있고, 현 하북성 북동부 唐山市 서쪽의 玉田縣에 해당한다.

97 四軍大王 : 奚人으로 이름은 夔離不이며 중국식 이름은 蕭幹이다. 용맹함으로 道宗의 신임을 받았고, 天祚帝 때 東京統軍, 奚六部大王 겸 總知東路兵馬事 등을 지냈다. 천조제 부재를 틈타 李處溫·耶律大石과 함께 秦晉國王 耶律淳을 황제로 옹립한 공으로 北院樞密事 겸 諸軍都統으로 임명되었으며 거란·발해·해·한인으로 이루어진 4군을 거느려 四軍大王이라고도 불렸다. 1123년 봄에 箭笴山에서 황제에 즉위하여 奚國皇帝라 칭하였만 곧 郭藥師에게 패하고 5월에 부하에게 살해되었다.

98 永淸縣 : 거란 南京道 析津府 소속이며 현 하북성 廊坊市 북쪽은 거란, 남쪽은 후주와 송의 영토에 해당하였다. 후주 세종은 관남지를 점령한 뒤 益津關(후의 覇州)에 별도의 永淸縣을 설치하여 한때 拒馬河를 사이에 두고 양국에서 2개의 영청현이 마주 보고 있었다. 지명은 관내 永定河의 홍수가 가라앉고 물이 맑기를 기원한 데서 유래하였다. 하북대평야의 북단이며 현 북경과 천진 사이에 있는 하북성 廊坊市 서남쪽의 永淸縣에 해당한다.

99 玁狁 : 현 감숙·섬서·영하 및 내몽고자치구 서부 지역에 거주하던 유목민으로서 西周에 매우 위협적인 존재였다. '嚴允'·'薰育' 등 여러 가지 이름으로 불리었다.

100 周 宣王 5년(기원전 823)에 선왕은 대신 尹吉甫와 함께 섬서에서 험윤을 공격하여 태원에서 승리를 거두고 험윤을 서북쪽으로 밀어내는 데 성공하였다. 당시의 태원은 현 감숙성 동북부 慶陽市 서남쪽의 鎭原縣에 해당한다.

101 渭河 : 황하의 최대 지류로서 감숙성에서 발원하여 섬서성의 관중 평야를 지나 渭南市 潼關縣에서 황하로 유입되는 총길이 818㎞의 강이다. 서주의 鎬京을 시작으로 10여 개 왕조 도성의 젖줄 역할을 하였다. 최근 중국에서는 渭水·渭河로 혼용하던 지명을 渭河로 확정하였기에 그에 따라 번역한다.

102 서한의 흉노 공략은 본문의 내용과 달리 오르도스지역의 황하를 넘어 음산산맥 아래까지 이르러 五原·朔方郡을 설치하였다. 이 또한 童貫이 자기의 공적을 과시하기 위해 역대의 성취를 깎아내린 것이다.

103 五代 : 원문은 '五季'이다. 唐朝가 멸망한 뒤 중원지방에 수립된 後梁·後唐·後晉·

後漢·後周 다섯 개 왕조의 시대인 五代(907~960)를 말한다. 또 山西의 北漢과 강남의 9개 정권을 더한 五代十國의 약칭이기도 하다. 54년간 5개 왕조, 8개 성을 가진 14명의 황제가 활동하였고, 3개 왕조가 沙陀族 정권이었던 독특한 시대였다.

104 스산한 역수 : 원문은 '蕭蕭易水'이다. 易水는 현 하북성 易縣을 흐르는 南易水·北易水·中易水의 통칭으로 전국시대 荊軻가 진시황을 살해하기 위해 燕의 태자 丹과 이별한 곳이다. '蕭蕭易水'는 형가가 역수를 건너며 부른 비장한 노래의 첫 구절인 "쓸쓸한 바람만 부니 역수의 물은 차기만 해라. 사나이 한번 가면 다시 돌아오지 못하리(風蕭蕭兮易水寒, 壯士一去兮不復還.)"에서 유래하였다.

105 易水는 거란 南京道 易州를 흐르다가 거란과 송의 국경인 拒馬河로 유입되므로 엄밀하게 말하면 국경은 아니다. 다만 전국시대 荊軻의 고사로 인해 지역의 상징성이 있어 인용한 것으로 보인다.

106 하늘 : 원문은 '象緯'로서 '星象經緯'의 준말이다. 오행의 生數와 成數를 바탕으로 한 주역의 해석 방식, 일월성신으로 대표되는 천체의 운동 등 천문 현상 일체, 별자리의 위치, 日月과 五星을 뜻한다. 본문에서는 易水와 漢津이 각기 땅과 하늘에서 風氣와 별자리를 갈라놓은 것처럼 연경 일대가 격리된 지역이라는 뜻을 나타낸다.

107 원문은 '塡壑'이다. 황토층은 점성이 약하고 공극이 커서 비가 오면 수직절리가 많이 발생하므로 침식곡이 아주 쉽게 형성된다. 그래서 황토지대에서는 불필요한 것을 이런 침식곡에 묻는 것이 상례이며, 전란이나 전염병으로 인한 시신의 매장 역시 마찬가지다. 여기에서 '구덩이를 메운다'는 말이 유래되어 '쓸데없는 것을 버리거나 쓸데없는 일을 하는 것'을 뜻한다.

108 송이 거란에 세폐를 보내기 시작한 것은 '전연의 맹약'을 체결한 1005년 1월(음력으로는 1004년 12월)부터이고 연경 할양을 종료한 뒤 이 상주문을 올린 것이 선화 5년(1123) 4월이므로 '200년'이란 것은 지나친 과장이다.

109 태조황제 : 원문은 '藝祖'이다. 文德과 才藝를 겸비한 조상을 기리는 美稱으로 쓰이며, 개국 황제인 태조를 가리키기도 한다. "돌아와서는 예조의 사당에 가서 제사 지냈는데, 숫소를 제물로 쓰셨다.(歸, 格于藝祖, 用特.)"라는 『尙書』「舜典」에서 유래하였다. 또 孔穎達이 "藝, 文也"라고 주를 단 것처럼 '文祖'가 요임금 始祖廟여서 후에 太祖廟를 뜻하게 되었다.

110 원문은 '對越'이다. '제왕이 천지의 神靈에게 제사를 지낸다'는 뜻과 함께 '감사의 뜻을 표하다'·'頌揚하다'라는 뜻도 있다.

111 원문은 '獻馘'이다. 전쟁이 벌어지면 적군을 죽이고 난 뒤 왼쪽 귀를 베어 논공행상의 근거로 삼는 것이 일반적인 관행이었다. 그래서 본래 '살해된 자의 왼쪽 귀를 베다'라는 뜻은 '聝'으로 썼는데 점차 이체자인 '馘'이 그 자리를 대신하여 '머리를 베다'라는 뜻으로 쓰이게 되었다.

112 원문은 '冠帶之民'이다. 피부와 머리카락 등 외형적 구분이 명확하지 않은 동아시아에서는 예로부터 문화적 특질을 상호 구분의 중요한 근거로 삼았다. 특히 가시적으로 드러나는 복식의 형태, 옷깃 여미는 방향, 문신 여부, 두발의 형태를 중시하였다. 『맹자』에서도 출생지보다 문화적 특질이 중원과 중원 밖을 가늠하는 기준이라고 강조하였다.

113 원문은 '市無易肆'로서 '肆'는 '점포나 가게'를 뜻한다. 시장에서 무단으로 점포를 빼앗아 주인을 바꾸는 것은 안정적 생업을 해치는 대표적인 행위로 간주하였기에 나온 말이다. 남북조시대 梁의 陸倕가 쓴 「石闕銘」에서 유래하였다.

114 원문은 '九山'으로 '九山坤軸'의 준말이다. 우리는 개별적인 산, 산과 산이 이어져 형성된 산맥을 구분하지만, 중국에서는 산의 개념에 '峰'과 '산맥'이 동시에 포함된다. 따라서 '태산'은 태산을 가리키는 말이지만, 태산산맥을 가리키는 말이기도 하다. 『呂氏春秋』 「有始」에서 '九山'은 會稽·太山·王屋·首山·太華·歧山·太行·羊腸·孟門인데, 산보다는 산맥의 개념이 강함을 알 수 있다. 여러 개의 산맥이 중첩되어 구분하기 어려울 경우, '山塊'라는 용어도 사용한다. 따라서 '九山'은 중원 9주를 대표하는 9개의 큰 산맥으로 보는 것이 타당하다. '坤軸'은 땅의 중심인 지축을 뜻한다.

115 醫巫閭山脈 : 원문은 '醫閭'이다. 요녕성 錦州市 北寧市 서북쪽에 있는 산맥으로서 음산산맥의 지맥이며, 주봉은 해발 867m의 望海山이다. 醫閭·閭山 또는 廣寧山이라고 칭한다. 산맥의 명칭이 매우 독특한데 東胡語로는 '큰 산맥', 만주어로는 '질푸른 산맥'이라는 뜻이다. 舜이 전국을 12개 州로 나누고 주마다 鎭山을 봉하였는데, 의무려산맥은 북방 幽州의 진산에 속하였다고 한다. 거란은 의무려산맥을 자신들의 발상지로 간주하여 황실 묘역으로 사용하는 등 매우 신성시하였다. 따라서 본문의 내용은 중원의 地氣가 거란의 지기를 눌렀다는 것이다.

116 혼천의 : 원문은 '璣衡'이다. 옥으로 장식한 천문관측 기구인 '璇璣玉衡' 또는 '璿璣玉衡'의 준말이다. 『尙書』「舜典」의 "在璿璣玉衡, 以齊七政"에서 유래한 말인데, 기록이 너무 간략하여 정확한 뜻을 파악하기는 힘들다. 漢代부터 '渾天儀'로 불리게 되었다.

117 七政 : '지구에서 관찰할 수 있는 일곱 개의 큰 천체'라는 말로서, 해·달·수성·금성·화성·목성·토성을 지칭한다.

118 析木 : 천구상에서 태양이 지나는 길인 黃道를 12등분한 12星次의 하나인 '析木'은 시간으로는 寅時, 별자리로는 '箕宿'에 해당한다. 또 黃道 부근의 별들을 동서남북 네 방위마다 7개 구역으로 나누어 28수라고 칭하였다. 중국 천문학에서는 중국의 강역을 28개로 나누어 각각 28수와 대응하게 하였는데, 동방에 속하는 '箕宿' 즉 析木은 幽州地域에 해당한다.

119 순임금 : 원문은 '虞舜'으로 '虞나라를 세운 순임금'이란 말이다. 전설상의 고대 제왕으로서 성은 '姚' 또는 '嬀'이고, 씨는 '虞'이며, 이름은 '重華'이다. 뛰어난 효자였으며, 蒲阪(현 산서성 運城市 永濟市 일대)을 근거지로 '虞'라는 나라를 세웠으며, 堯임금에게서 선양을 받았다.

120 원문은 '舞干'이다. 干은 '방패'이며, '舞干'은 '방패를 들고 춤을 춘다'는 말이다. 군사적인 것을 과시하는 춤은 방패를 들고 추었고, 문화적인 것을 과시하는 춤은 꿩 털을 들고 추었기에 '舞羽'라고 한다. 『尙書』「大禹謨」의 "帝는 이내 문덕을 크게 펴시며 방패와 깃의 춤을 섬돌 양편에서 추게 하셨다. 칠순이 지나자 묘족이 나아왔다(帝乃誕敷文德, 舞干羽于兩階, 七旬, 有苗格.)."에서 유래하였다.

121 원문은 '苗格'이다. 格은 '오다' 또는 '감응하여 통하다'라는 뜻이며, '苗格'은 '토벌하지 않았음에도 三苗가 자발적으로 귀순하였다'는 말이다. '三苗'는 현 호북성의 동정호와 彭蠡澤(현 鄱陽湖) 일대에 있던 국가였다. 후에 '格苗'는 '변방 사람들이 臣服하다'라는 뜻으로 쓰였다.

122 숭나라 : 원문은 '崇'이다. 商의 우호국으로 周 文王에 의해 망하였다. 현 섬서성 西安市 灃水(渭水의 지류)에 있었다고 한다.

123 원문은 '文王因壘而崇降'인데, 적의 토벌에 앞서 자신의 수양이 먼저임을 강조하는 말이다. 『左傳』 僖公 19년 조의 "문왕은 숭나라의 덕이 문란해졌다는 말을 듣고 그들을 정벌하였다. 군대가 30일을 공격하였으나 항복시키지 못하자 물러나

교화를 닦은 뒤 다시 그들을 정벌하자 예전 보루를 그대로 썼는데도 숭나라가 항복하였다(文王聞崇德亂而伐之. 軍三旬而不降, 退脩教而復伐之, 因壘而降.)"에서 유래하였다. 한편 『太公兵法』 제1편에 따르면 문왕은 '崇이 각종 학정을 일삼고 있으니 우리는 철저하게 무고한 백성을 구하기 위한 정벌을 하면 승리할 수 있다'고 하였고, 이 말을 들은 '숭'이 항복을 청하였다고 한다.

124 성인 : 원문은 '前修'로서 본래 '前代에 덕을 수양한 어진 선비나 현자'를 뜻하나 본문에서는 황제에 대한 칭송으로 썼기 때문에 '성인'으로 번역한다.

125 온 천하 : 원문은 '六合'이다. 天地와 동서남북으로 '온 세상', '온 천하'를 뜻한다.

126 원문은 '周原'이다. 기원전 11~8세기 서주의 발상지이자 거주지로서 현 섬서성 寶鷄市 扶風縣과 岐山縣 일대에 있으며 크기는 동서 70km, 남북 20km, 면적 33㎢이다. 淸代에 毛公鼎 등이 발견된 것을 시작으로 1950년대에 서주의 청동기와 갑골문 등이 다량 발굴되었다. 周塬이라고도 한다.

127 冀州 : 『尙書』 「禹貢」에 처음 나오는 9州 가운데 하나로 현 하북성 일대이다. 송대에는 河北東路 冀州(현 하북성 衡水市 冀州區)의 행정지명으로 쓰였고, 지금도 '冀'는 하북성의 공식 약자로 사용하고 있다.

128 원문은 '禹跡이다. 홍수를 다스리기 위해 힘쓴 우임금의 발자취나 업적을 뜻하고, 한편으로는 九州에 걸친 우임금의 발자취에서 중국의 영토를 뜻하기도 한다. 『書經』 「立政」의 "능히 왕의 전투복과 병기를 다스려서 우왕의 옛 자취에 오르시어…(其克詰爾戎兵, 以陟禹之跡…)"에서 유래하였다.

129 갈석산 : 원문은 '碣石'으로 하북성 秦皇島市 昌黎縣 북쪽에서 주변의 盧龍縣과 撫寧縣 등 3개 현에 걸쳐 있는 해발 695m의 갈석산을 말한다. 정상이 비석을 세운 것처럼 생긴 데서 유래한 지명이며 진시황과 漢의 武帝가 순행하면서 올라가 더욱 유명해졌다. 갈석산은 애당초 할양의 대상이 아니었기 때문에 갈석산을 金과의 국경으로 삼았다는 것 또한 사실과 다르다.

130 친필 조서 : 원문은 '十行之詔'로서 황제의 친필 서찰 및 조서를 가리킨다. 東漢의 光武帝가 제후를 분봉하면서 모두에게 작은 글씨로 열 줄의 친필 서찰을 써 주었던 데서 유래하였다.

131 원문은 '文軌同混於車書'이다. 진시황이 중국을 통일한 뒤 문자와 수레바퀴의 크기, 도량형 등을 표준화하여 통일제국 운영의 기초를 다졌는데, 이를 '書同文, 車

同軌'라 한다. 한편, 본문의 구절은 당 태종 李世民의 「正日臨朝」의 "수레의 궤적은 8개 방향이 모두 같고, 문서는 사방에 두루 전해진다.(車軌同八表, 書文混四方.)"에서 유래하였다.

132 원문은 '周輔'이며, 일반적으로는 '太公望'·'姜太公' 등으로 불리는 '姜子牙'를 가리키나 周 成王의 명령으로 노나라 伯禽이 徐나라를 정벌한 뒤 하사 받은 「魯公伐徐鼎」 명문의 '世爲周輔'라는 말처럼 보통명사로도 쓰인다.

133 원문은 '五門'으로 『周禮』의 「天官·閽人」에 실린 고대 궁궐의 다섯 개의 문을 말한다. 바깥쪽에서 안쪽으로 皋門·庫門·雉門·應門·路門을 궁궐에 설치해야 한다고 한 데서 五門은 宮城의 문 또는 도성의 문을 뜻한다.

134 원문은 '列辟'으로 역대 군주나 제후, 또는 공경 등 고위 관료를 뜻한다.

135 『秀水閒居錄』: 朱勝非가 사임 후 8년 동안 은거하면서 지은 책이다. 남송 건국기 고종의 즉위와 苗傅의 반란 등에 대하여 언급하였는데, 朱熹는 주승비가 책에서 고종의 즉위에 관한 자기 공적을 지나치게 과장했다고 비판하였다. 秀水는 은거지였던 江西 袁州의 강 이름이다.

136 明堂 : 유가의 禮制를 대표하는 건축물로 제천의식, 제후에 대한 조회, 중요한 정령의 공표, 포상과 인선 등에 관한 의례를 행하던 곳이다. '명당'은 본래 궁전과 같은 사각형이었으나 후에 天人合一의 신성성을 강조하기 위해 점차 원형으로 바꾸었다. 한 무제가 태산에서 封禪을 행한 뒤 그곳에 명당을 세운 것처럼 명당은 빛나는 공업을 상징하므로 북방을 평정하고 그곳의 지배자를 불러 조회를 받는다는 의미를 강조한 것으로 보인다.

137 保和殿 : 황실의 서적과 회화 작품을 보관하는 곳으로 본래 이름은 '宣和殿'이었는데, 1118년에 연호를 '宣和'로 바꾸면서 '보화전'으로 이름을 바꾸었다.

138 石鼓 : 627년 鳳翔府 陳倉縣(현 섬서성 寶鷄市 石鼓山)에서 발견된 10개의 돌로 만든 先秦 시대의 북이다. 화강암으로 만든 둥근 북 형태이며 길이는 2尺, 두께는 1尺, 무게는 1톤에 달하는데, 漁獵 활동에 관해 大篆體로 새겨진 글자가 발견되었다. 후에 '石鼓文'으로 알려진 이 글자가 바로 篆書의 기원임이 밝혀져 귀중한 보물로 간주되었다. 그 후 안사의 난으로 한때 행방이 묘연했던 석고는 사마광의 부친 司馬池에 의해 9개, 이후 向傳師에 의해 1개가 발견되어 개봉으로 옮겨진 뒤 太學에서 보관하다가 다시 保和殿으로 옮겨졌다. 석고를 애지중지하던 휘종은 글자

가 새겨진 곳을 금으로 메우게 하였는데, 이로 인해 정강의 변 때 금군의 노획품이 되어 연경으로 옮겨졌다.

139 고대 중국에서는 전쟁에서 승리하고 돌아온 장군의 전공을 기념하기 위해 집 앞에 戰鼓를 두는 관습이 있었는데, 후에 대문 기둥에 石鼓를 만들어 붙이는 풍속으로 변하였다고 한다. 그래서 石鼓는 功名과 권력의 상징으로 관아와 관료, 사찰의 대문에 자리 잡았다. 더구나 보화전에 보관하던 석고는 중국을 통일한 秦이 만든 것이었기 때문에 각별히 이런 의미를 부여했던 것으로 보인다.

140 牧野 : 원래는 商의 도성인 朝歌(현 하남성 鶴壁市 淇縣)를 중심으로 城·郭·郊·牧·野·林으로 외부 지역을 구분한 데서 나온 말이다. 후에 주 무왕이 제후들과 동맹을 맺고 '목'과 '야'에 해당하는 지역에서 벌어진 전투에서 商을 격파하고 西周를 건국하면서 '목야'는 이 전투가 벌어진 특정 장소, 즉 현 하남성 新鄕市 衛輝市를 가리키는 고유명사가 되었다.

141 원문은 '誓師'인데, 군대를 출정시키기 전에 전투 의지를 북돋기 위해 장수와 사병을 모두 모아 놓고 전쟁의 의의 등을 선포하는 의전 행사를 가리킨다.

142 구중 천제 : 원문은 '九淸'이다. 九天을 가리키는 도교 용어로서 天界에 있는 朝廷 또는 제왕의 거처를 뜻하기도 한다.

143 하늘 : 원문은 '神霄'이다. 9重天(九霄) 가운데 가장 높은 하늘인 '九天의 주재자', 또는 '仙境·天界에 있는 朝廷'을 뜻한다.

144 북극성 : 원문은 '太一'이다. 하늘의 중심인 북극성을 가리키며 뭇별들이 둘러싸고 있다고 하여 '天帝'를 뜻하기도 한다. 또 '우주만물의 근원·본체'라는 뜻으로도 쓰인다.

145 본 권의 『수수한거록』 인용문에서 '又曰'이 2번 나오는데, 앞뒤 문맥, 어투 등을 볼 때 『수수한거록』 본문에 '又曰'이 있는 것이 아니라 서몽신이 『수수한거록』을 발췌하여 편집하면서 '又曰'이라 한 것으로 보인다.

146 소태후 : 원문은 '蕭后(?~1122)' 이다. 燕王 耶律淳의 왕비인 蕭德妃를 가리키며, 통상 蕭太后라고 칭하나 본서에서는 폄하하여 '燕京國妃'로 서술한 경우가 많다. 야율순은 사망 직전 天祚帝의 다섯째 아들 耶律定을 후계자로 지명하여 천조제와 화해를 도모하였다. 하지만 야율정은 천조제와 함께 있어 연경에서 즉위할 수 없는 상태였으니 다분히 형식적인 책봉이었다. 그리고 당장 직면한 송과 금의

공세에 대응하기 위해 덕비는 황태후 신분으로 국정을 주관하였다. 이후 송군의 공세를 잘 저지하였으나 금군의 공세를 견디지 못하고 연경을 탈출하여 천조제에게 갔다가 살해되었다.

147 '方臘의 亂'이 발생하자 진압의 전권을 부여받은 동관은 왕보가 주도한 花石綱이 반란 발생의 주된 요인임에 주목하여 휘종 명의의 자책조서를 대신 발표하며 화석강과 應奉局의 폐지를 결정하여 민심을 수습하였다. 그러자 왕보는 반란 원인이 채경의 茶鹽法 때문인데, 동관이 자책조서를 통해 휘종에게 책임을 전가했다고 음해하였다. 이에 동관은 채경을 통해 왕보를 제거하려고 하였고, 불안해진 왕보는 위기 모면을 위해 연경 공략을 강력히 주장하였다. 그러나 패전으로 목적을 달성하기 힘들게 되자 왕보는 무력 대신 외교적 방법을 통해 연경 점령의 공을 독차지하는 쪽으로 방향을 바꿨는데 본문은 이런 상황을 말한 것이다.

148 耶律淳(1063~1122) : 남경인 燕京을 근거지로 했기에 통상 燕王이라고 칭하였던 天錫帝 耶律淳이다. 거란 興宗의 손자이자 道宗의 조카로서 천조제의 堂叔이며, 거란의 제후왕 반열 가운데 9번째여서 '九大王', 또는 '覃湘大王'이라고도 한다. 彰聖軍節度使·동경유수·남경유수·都元帥를 지내면서 민심을 얻었고, 秦晉國王에 봉해졌다. 保大 2년(1122), 금군이 상경과 중경을 점령하고 천조제가 협산산맥으로 도주한 뒤 정권의 공백을 틈타 60세로 황제에 즉위하여 '天錫皇帝'라 칭하였다. 즉위 직후 천조제를 湘陰王으로 강등하고 금에 藩臣을 허용해달라는 표문을 올렸는데, 논의도 하기 전에 급사하여 아무런 치적도 이루지 못하였을 뿐 아니라 정권 말기의 혼란만 더하였다. 謚號는 '孝章皇帝'이며, 廟號는 '宣宗'이다. 천조제의 거란과 구분하기 위해 야율순 정권을 '北遼'라고 칭한다.

149 南侵 : 원문은 '南牧'인데, '남하하여 방목한다'는 말로서 북방 유목민이 장성 이남을 공략한다는 뜻이다. 서한 賈誼의 「過秦論」에서 유래하였다.

150 廣陽郡王 : 송의 爵制는 國王·嗣王·郡王·國公·郡公·開國公·開國郡公·開國縣公·開國侯·開國伯·開國子·開國男의 12등급이었다. 郡王은 서열 3위로 從1品이며 본래 종실에게 부여하였으나 徽宗 때부터 신하를 상대로 생전 분봉은 물론 사후 追封을 시작하였다. 廣陽郡은 진시황 때 현 북경 일대에 설치한 군명이다. 童貫이 광양군왕의 봉작을 받게 된 것은 연경을 수복한 공신에게 봉지와 왕작을 주라고 했던 神宗의 유훈에 따른 것이었다.

151 領樞密院事 : 휘종은 宣和 3년(1121)부터 樞密院을 총괄하는 장관인 知樞密院事를 임명하지 않고 기안권이 제한된 장관인 簽書樞密院事에게 대행하도록 하였다(첨서추밀원사는 본래 簽署樞密院事라고 하였으나 英宗의 이름 趙曙를 피휘하여 '簽書'로 개칭한 것이다). 그러다가 政和 7년(1117)에 첨서추밀원사 대신 領樞密院事를 설치하고 童貫을 임명하였다. 하지만 별도로 지추밀원사를 임명하지 않았기 때문에 동관이 사실상 지추밀원사 권한을 행사하였다. 영추밀원사는 靖康 1년(1126)에 폐지되었다.

152 太傅 : 송대에는 太師·太保와 함께 3公이라 하여 宰相·使相·親王에게 수여하는 正1品의 최고 명예직이었다. 『周禮』에서는 太師·太傅·太保를, 『尙書』와 『禮記』에서는 司馬·司徒·司空을 3公이라 하였다. 당의 제도를 계승한 송은 태사·태부·태보를 3師, 太尉·사도·사공을 3公이라고 하였는데, 휘종은 3公을 없애고 太師·太傅·太保를 3公으로 바꾼 뒤 명예직이 아닌 재상의 정식 명칭으로 삼았다. 따라서 政和 2년(1112)부터 宣和 7년(1125)년까지는 太傅를 재상으로 번역하는 것이 더 타당할 수도 있다.

153 三省 : 隋·唐代에 완성된 중앙 행정 조직으로서 조서의 초안을 작성하는 中書省, 조서에 대한 심의 기능을 가진 門下省, 집행 기관인 尙書省을 가리킨다. 장관은 각각 중서령·문하시중·尙書令이지만, 상서성이 실무부서인 6부 24司를 모두 관장하므로 실제로는 尙書左·右僕射를 장관으로 임명하였다. 하지만 송대에는 문하성이 일찍이 중서성에 통합되어 중서문하성이 되었고, 다시 상서성까지 통합 운영되어 樞密院과 함께 각각 민정과 군정을 담당하는 최고 기관의 역할을 하였다. 추밀원을 '西府'라고 하는 것에 상응해 '東府'라고도 한다.

154 玉帶 : 옥으로 장식한 허리띠가 관복의 구성 요소로 제도화된 것은 唐代부터인데, 관품에 따라 매우 엄격한 규정이 있었다. '鞓'이라고 불린 가죽 또는 비단 띠에 옥판을 붙이고, 옥판에 '銙'라고 불린 보석 장식을 하였다.

155 송 태종은 오직 금만이 백번을 제련해도 그 본래의 모습을 간직하는 진정한 보물이라며 신하들에게 金帶를 하사하였다. 그 뒤로 옥대는 오직 황제만 사용할 수 있고, 皇親이나 宰執 모두 金帶만 착용할 수 있었다. 따라서 황제가 하사한 옥대를 차고 조회에 참석하는 것은 황제의 각별한 신임을 표하는 매우 특별한 은총에 해당한다.

156 裵度(765~839) : 자는 中立이며, 唐의 河東道 解州 聞喜縣(현 산서성 運城市 聞喜縣) 사람이다. 元和 연간(806~820)에 中書舍人·御史中丞을 지냈으며 憲宗에게 藩鎭과 환관을 제압할 것을 강력하게 주장했다. 원화 10년(815)에 재상이 되어 淮西藩鎭 吳元濟를 생포함으로써 안사의 난 이래 혼란에 빠진 당조의 권위를 되살리는 데 성공하였다. 그 공으로 晉國公에 봉해졌으며 穆宗 때에도 여러 차례 出鎭入相하면서 공을 세웠다. 후에 환관의 전횡에 불만을 품고 사직하였다. 강직하고 언변과 통솔력이 뛰어났으며 李德裕·韓愈 등 많은 인재를 발탁하였다. 헌종의 '元和中興'을 구현한 인물로 평가된다.

157 劉仁恭(?~914) : 深州(현 하북성 衡水市 深州市) 사람이다. 盧龍節度使 휘하의 장수로 땅굴을 파서 易州를 함락시켜 유명해졌다. 후에 晉王 李克用 휘하에서 노룡절도사가 되었으나 배신하고 朱全忠 휘하에 들어가서 同平章事가 되었다. 이후 세력을 키워 자립하여 이극용과 함께 주전충에 저항하는 세력이 되었다. 그러나 방탕과 황음을 일삼다가 아들 劉守光에게 유폐되었고, 913년에 유수광이 진왕 李存勗에게 패한 뒤 부자가 함께 피살되었다.

158 河東路 : 太平天國 4년(979)에 北漢을 멸망시킨 뒤 설치된 것으로 보이며 至道 3년(997)에 전국 15개 轉運使路의 하나로 운영되었다. 치소는 太原府로 알려졌으나, 남경대학 李昌憲 교수는 提點刑獄司의 치소만 태원부이고 轉運使司의 치소는 潞州였는데, 전비 조달을 위해 靖康 연간에 비로소 轉運使司를 태원부로 옮겼다고 하였는데, 상당히 타당한 의견으로 보인다. 宣和 5년(1123), 하동로는 3개 府, 14개 州, 8개 軍, 81개 縣으로 이루어졌다. 하동은 춘추전국시대는 물론 秦·漢代에 수도인 長安을 기준으로 황하의 동쪽, 즉 현 산서성 서남부지역을 가리키는 말이었으나 唐代부터는 산서성 전체를 뜻하였다. 송대에는 현 서남부 運城市를 제외한 산서성 內長城 이남 지역에 해당한다. 하동은 동으로는 太行山脈, 서와 남은 황하에 둘러싸인 고원이라는 지리적 특징상 하북·하남·섬서 평야 지대로 진출하기 유리한 지정학적 장점을 지니고 있고 강력한 군사력을 자랑하던 沙陀族의 근거지여서 後唐·後晉·後漢 세 왕조의 발상지였고, 거란과 손을 잡은 北漢이 가장 치열하게 저항하던 곳이었다. 오랜 상무적 전통과 거란·서하와 국경을 이루고 있어 송군 가운데 정예병이 많았다.

159 원문은 '門下'이다. '門下'는 본래 '門庭의 아래'라는 뜻으로서 황제의 문하에서 신

하들이 모여 국사를 논한 데서 유래하였다. 본문에서는 '문하성에서 작성한 조서'라는 뜻으로 쓰였는데, 詔書에는 황제가 직접 작성하고 즉시 시행하는 手詔가 있지만, 황제의 지시에 따라 중서성에서 기초하고 門下省에서 점검한 뒤 반포하는 것이 공식적인 절차이다. 唐의 肅宗 때부터 조서의 서두에 '門下'라고 표기함으로써 공식적인 절차를 거쳤음을 밝히기 시작하였고, 송대에도 이를 계승하였다.

160 羯胡 : 西晉 때 장성 이남으로 이주한 19개 흉노 부족의 하나로서 본래 흉노의 지배를 받던 別部였다. 산서 동남부의 上黨郡 武鄕縣의 羯室(현 산서성 晉中市 楡社縣) 일대에서 거주하였기에 붙여진 이름이다. 갈족 출신으로는 後趙를 건국한 石勒과 남조의 梁을 멸망시킨 侯景이 유명한데 둘 다 서진과 양을 초토화한 장본인이었다. 羯은 본래 '거세한 수컷 양'을 뜻하는 글자이지만 『唐書』「西域傳」에 따르면 용감한 전사를 가리켜 '柘羯'이라고 하며, 여기에서 유래한 명칭이라고도 한다. 羯은 후에 북방에서 온 이들을 포괄하는 용어로 사용되긴 하였지만, 거란을 가리켜 羯胡라고 한 것은 다분히 의도적이다.

161 中華 : 춘추시대 중원에 살던 사람들은 자신들을 가리켜 '華夏' 또는 '諸夏'라고 칭하였다. '華'는 '화려하다'·'홍성하다', '夏'는 '크다'라는 의미로서 『左傳』 '定公 10년(기원전 492)'조에 "중국에는 예의의 큼이 있어 '하'라고 칭하고, 복장의 아름다움이 있어 '화'라고 칭한다(中國有禮儀之大, 故稱夏 ; 有服章之美, 謂之華)"고 하였다. 따라서 '華夏'는 '화려한 복식을 입는 예의의 나라'를 뜻한다. 『左傳』 襄公 26년(기원전 547)에 "초가 화하를 잃었다(楚失華夏)"는 기사는 華夏라는 용어가 처음 쓰인 사례다.

162 八狄 : 북방 유목민에 대한 경멸적인 범칭이다. 『爾雅』「釋地」에서는 '九夷·八狄·七戎·六蠻을 가리켜 四海라 칭한다'고 하였다. 九夷는 동방, 八狄은 북방, 七戎은 서방, 六蠻은 남방의 夷族으로서 중원을 둘러싼 동서남북 사방에 중원문화에 속하지 않는 이들이 존재한다고 하여 '四海'라고 칭한 것이다.

163 蠻貊 : 중원의 남방과 북방에 사는 중원문화에 속하지 않는 이들을 가리키는 관념적이며 멸시적인 용어이다. '蠻貉'이라고도 쓴다.

164 青州 : 『尙書』「禹貢」에 나오는 9州 가운데 하나로 태산 이동의 산동 지역을 뜻하는 매우 오랜 지명이다. 같은 이름으로 송대 京東東路의 치소였던 青州(현 산동성

濰坊市 青州市)가 있다.

165 徐州 : 『尙書』「禹貢」에 나오는 9州 가운데 하나로 회하 이북의 강소·안휘성, 태산 이남의 산동 지역을 뜻하는 매우 오랜 지명이다. 같은 이름으로 송대 京東西路 소속 徐州(현 강소성 徐州市)가 있다.

166 神宗 : 원문은 '裕陵'으로 북송 제6대 황제 神宗(1048~1085, 재위 1067~1085)의 陵號인 永裕陵의 약칭이다. 현 하남성 鄭州市 巩義市 芝田鎭 八陵村에 있다. 諡號는 '英文烈武聖孝皇帝'이고 묘호는 '神宗'이다.

167 澶淵 : 河北東路 澶州의 별칭이다. 隋 開皇 16년(596)에 처음 澶淵縣을 설치하였는데, 지명은 인근에 있는 호수 澶淵에서 취하였다. 행정지명이 澶州임에도 불구하고 속칭인 澶淵으로 알려졌고, 특히 1005년 북송과 거란이 '전연의 맹약'을 맺은 곳으로 유명하다. 현 하남성 북동부 濮陽市에 해당한다.

168 조세 : 원문은 '賦斂'이다. 唐代에 1년 2회 곡물로 내는 兩稅法이 도입된 뒤 곡물이 조세의 주종을 이루었기 때문에 곡물로 내는 '賦'와 현금으로 내는 잡세인 '斂'을 합하여 '賦斂'이라고 칭하였다. 하지만 후에 상세·전매세·잡세가 정식 세목으로 자리를 잡자 '稅賦'라고 칭하게 되었고, 송대에는 상세와 전매세의 비중은 물론 잡세까지 賦보다 더 커지게 되자 점차 '賦稅'라 칭하게 되었다. 따라서 시대에 따라 賦斂·賦稅·稅賦의 사용례가 전반적으로 변하지만, 여전히 혼용되기도 하였다. 이에 賦斂과 稅賦는 '조세'로, 賦稅는 '부세'로 번역한다.

169 穹帳 : 북방 유목민이 거주하는 둥근 장막을 뜻하는데 '穹廬'라고도 한다.

170 五京 : 원문은 '五都'이다. 거란은 수도인 上京 臨潢府(현 내몽고자치구 赤峰市 巴林左旗, 938)와 함께 東京 遼陽府(현 요녕성 遼陽市, 938), 南京 析津府(현 北京市, 938), 中京 大定府(현 내몽고자치구 赤峰市 寧城縣, 1007), 西京 大同府(현 산서성 大同市, 1044)를 설치하고 五京制를 유지하였다. 五京의 장관은 留守였고, 관할하는 五道에는 별도의 행정기구를 설치하지 않았다.

171 원문은 '簞食壺漿'으로 '簞'은 밥을 담는 소쿠리, '壺'는 국을 담는 단지로 폭정에 시달리던 백성들이 음식을 들고 와서 군인들을 환영한다는 말이다. 『孟子』의 「梁惠王上」 "簞食壺漿以迎王師"에서 유래하였다.

172 원문은 '旱霓'로서 '大旱雲霓'의 준말이다. 큰 가뭄에 비 온 뒤의 무지개를 바라듯 간절하게 희망한다는 뜻이다. 『孟子』「梁惠王」에서 유래한 '望霓'와 같은 뜻이다.

173 원문은 '黎獻'이다. '黎'는 '黧'와도 통하여 '검다'는 뜻이며, 이에 '관을 쓰지 않아 검은 머리카락이 드러난 사람', 즉 '평민'을 뜻한다. '黎獻'은 '평민 가운데 賢者'를 뜻하는 말로서, 『尙書』「益稷」에서 유래하였다.

174 원문은 '咨爾'이다. 문장의 앞에서 감탄이나 기원을 뜻하는 용어로 쓴다. 다만, 실제 감탄사는 '咨'이고, '爾'은 2인칭으로서 '咨爾'은 2인칭에 대한 감탄과 명령에 쓰인다.

175 詹度(1074~?) : 字는 世安이며, 선화 3년(1121) 6월에 中山府 馬步軍都摠管 겸 안무사로 부임하였다가 이듬해 2월 연산부지사 왕안중 아래서 곽약사와 함께 연산부 부지사가 되었다. 靖康 1년(1126) 금군의 전면 공세 당시 중산부지사 겸 안무사로서 馬步軍都摠管을 겸하고 있던 첨도는 중산부·하간부 방어에 성공적으로 대처하여 資政殿大學士로 승진하였다. 이후 金紫光祿大夫, 觀文殿大學士 겸 權參知政事가 되었다.

176 대행 : 원문은 '權'인데 임시 대리·대행직을 가리킨다. 唐代 후기에 관원을 파견하면서 업무의 성격에 따라 知·權·攝·判·同·行·守·試 등의 호칭을 붙여 구분한 것이 송대에 더욱 제도화하여 다양한 등급을 만들고, 관료 내 위계질서를 확립하는 데도 활용하였다.

177 원문은 '出嶺'이다. 현 북경은 사방이 탁 트인 넓은 평야에 건설된 것처럼 보이지만 서남쪽으로는 태항산맥의 끝자락인 西山山脈이, 서북쪽으로는 軍都山脈이, 북동쪽으로는 燕山山脈이 ∩자 형태로 감싸고 있어 사실상 분지에 가까운 지형이다. 본서에서는 금군의 철수 경로에 대해 종합적으로 서술하지 않은 채 단편적인 기사만 제공하고 있어 전체적인 모습을 조망하기는 힘들지만 북동쪽의 연산 산맥을 넘은 것만은 분명하다. 다만 본문의 '出嶺'은 다분히 관념적인 표현이어서 '관문'으로 번역하였다.

178 古北口 : 居庸關·金坡關·松亭關·榆關과 함께 북경을 둘러싼 5關 가운데 하나로서 동쪽의 山海關과 북쪽의 居庸關 사이에 있다. 燕山山脈에서 발원한 潮河가 북쪽으로 흘러가면서 형성한 蟠龍·臥虎山 사이의 좁은 협곡에 자리하였다. 현 북경시 順義~懷柔~密雲을 거쳐 하북성 承德을 잇는 동북부 노선의 거점 관문이다.

179 惠州 : 廣南東路 소속이며 본래 湞州였는데 仁宗 趙禎을 피휘하여 1021년에 惠州로 바꿨다. 등급은 下, 郡名은 博羅郡, 州格은 軍事州이다. 치소는 歸善縣(현 광동성 惠州

市 惠陽區)이고 관할 현은 歸善縣·博羅縣·河源縣·海豐縣 등 4개이다. '靖康의 亂' 이후 客家의 집단 이주지 가운데 하나가 되었다. 같은 지명으로는 거란 中京道 惠州(현 요녕성 朝陽市 建平縣)가 있다. 지금은 惠州市를 중부, 汕尾市를 동부 지역으로 나누지만, 송대에는 하나의 주였다. 관할구역은 현 광동성 중남부에 해당한다.

180 團練使 : 州의 민병대 조직인 團練의 지휘관이다. 唐朝는 단련을 관장하는 관직으로 관찰사 겸직의 都團練使와 자사 겸직의 州團練使를 두었고 송조도 그 제도를 계승하였다. 하지만 서하와의 접전지인 서북 지역을 제외하곤 부마·종실·환관 등에게 주로 수여하는 무신 寄祿官으로 단련사 직을 운영하여 실제 업무나 정원 규정이 없었고 부임도 하지 않는 유명무실한 직책이었다. 주지사와 동급인 무신 기록관 서열은 節度使·承宣使·觀察使·防禦使·團練使·刺史 순이었고, 단련사 품계는 원풍개혁 이후 從5品이었다.

181 防禦使 : 송대 주의 등급은 행정·군사 2개 편제를 부여하는데 州格은 都督州·節度州·觀察州·防禦州·團練州·軍事州(=刺史州) 등 6등급으로 나뉜다. 하지만 都督은 실제 임명하지 않고 節度使·觀察使·防禦使·團練使·刺史만 임명하였다. 방어사는 正任 무관계의 4번째 직책으로 원풍 관제 개혁 때 단련사·자사와 함께 從5品으로 조정되었다. 주로 종실이나 환관에게 제수하는 명예직으로 활용되었기에 별도의 정원은 없었다.

182 任宗堯 : 字는 子高이며 무관이지만 음악을 비롯해 여러 분야에 다재다능하였다. 大觀 연간에 상서 王寧, 중서사인 張邦昌을 수행하여 고려에 사신으로 다녀왔다. 憲州·薊州·河間府 지사를 지냈으며, 朝奉大夫로서 崇寧 4년(1105)에 신설한 大晟府 典樂이 되어 궁중의례음악을 담당하기도 하였다.

183 長亭 : 10리 간격으로 설치된 郵亭·驛亭·墩臺 등의 시설을 말하는데, 문학작품에서는 여행자와 작별하는 장소로 등장하기도 한다.

삼조북맹회편

三朝北盟會編

卷17

[政宣上帙17]

起宣和五年五月二日甲寅, 盡六月四日乙酉.

정화 연간(1111~1118)부터 선화 연간(1119~1125)까지를 기록한 상질의 제17권 : 선화 5년(1123) 5월 2일 갑인일부터 6월 4일 을유일까지.

五月二日甲寅，童貫、蔡攸班師.

선화 5년(1123) 5월 2일 갑인일, 동관과 채유가 회군하였다.

七日己未，百官詣文德殿稱賀.

선화 5년(1123) 5월 7일 기미일, 조정 백관이 문덕전[1]에 와서 경하하였다.

八日庚申，御筆加王黼等封爵①.

① [按] 封爵 : 袁本에서는 '勳封'으로 썼다.

선화 5년(1123) 5월 8일 경신일, 어필을 내려 왕보 등에게 작위를 더해 주었다.

「御筆」: 虜(改作遼)政不綱，鄰國侵擾，不圖人心之慕義，率皆革面以嚮風①，朔、薊、雲、燕悉歸輿地，勞來還定，已奏膚公；安華夏之生靈，紹祖考之先志，所賴廟堂之策，集此不世之勳②．當有酬庸③，以昭異數，可依下項．王黼除太傅，進封楚國公；鄭居中除太保，仍與一子推恩；白時中、張邦昌、李邦彥、趙野，各進官二等以上，並依恩例加勳封④.

① [按] 率皆革面以嚮風 : 袁本에서는 '率皆面内以嚮風'으로 썼다.
② [按] 集此不世之勳 : 袁本에서는 '集此不世之功'으로 썼다.
③ [按] 當有酬庸 : 袁本에서는 '當有疇庸'으로 썼다.
④ [按] 並依恩例加勳封 : 袁本에서는 '並依例加勳封'으로 썼다.

어필의 내용은 다음과 같다.

북로의 정사에 기강이 없자 이웃 나라가 침탈하여 소요를 일으키는데도 의를 흠모하는 인심을 얻으려 도모하지 않으니, 모두가 얼굴을 돌리고 우리에게 귀의하였노라. 삭주·계주·운주[2]·연경이 모두 우리의 땅으로 돌아왔고, 귀순해 온 사람들을 위로하고 안정되게 하였으니[3] 이미 큰 공을 세운 것이다.[4] 그리하여 화하의 뭇 생령을 안정시키고 선조의 뜻을 계승할 수 있었으니, 묘당[5]의 좋은 계책에 의거한 덕에 세상에 다시 없을 이런 공로를 세운 것이다. 마땅히 보답이 있어야 하기에 특별한 예우를 베푸노니, 다음과 같노라.

왕보를 태부에 제수하고 초국공[6]으로 진봉[7]한다. 정거중을 태보[8]에 제수함과 동시에 한 명의 아들에게 특별히 은전을 베푼다.[9] 백시중[10]·장방창[11]·이방언[12]·조야[13]는 모두 진관[14]해 주고 관례대로 작위를 더해 준다.

九日辛酉, 少師、太宰兼門下侍郎、慶國公王黼授太傅, 進封楚國公 ; 少師、威武軍節度使、領樞密院事鄭居中授太保, 進封燕國公 ; 太保蔡攸授少師 ; 童貫加節鉞, 仍以太傅①、領樞密院事 ; 餘進秩有差.

① [按] 童貫加節鉞, 仍以太傅 : 袁本에서는 '童貫落節鉞, 仍以太師'로 썼다.

선화 5년(1123) 5월 9일 신유일, 소사[15]로서 태재[16] 겸 중서문하시랑[17]인 경국공[18] 왕보[19]는 태부에 제수되고 초국공으로 진봉되었다. 소사로서 위무군[20]절도사[21]이며 영추밀원사인 정거중은 태보에 제수되고 연국공으로 진봉되었다.[22] 태보인 채유에게는 소사를 제수하고, 동관에게는 절월[23]이 더해지고 태부로서 영추밀원사 직을 계속 유지하게 하였다. 다른 사람들도 차이를 두어 모두 진급시켰다.

「御筆」: 太傅三公坐而論道, 號爲三省長官, 所有王黼已降指揮拜太傅, 其治事恩數合依太師體例, 可疾速照會, 遵守施行! [017-02]

어필의 내용은 다음과 같다.

태부를 비롯한 3공은 앉아서 국가의 기본 정책을 논하는[24] 사람으로서 삼성의 장관이라 불린다. 왕보에 대하여는[25] 이미 태부에 제수하라는 지휘를 내렸는데, 그 일의 처리와 은전에 따른 예우는 태사의 규정에 의거할 것이니, 신속히 대조한[26] 후 준수하여 실행하라.

十一日癸亥, 太師、劍南川東①節度使童貫, 依前太師進封徐豫國公、少傅、鎭海軍節度使兼侍讀, 直保和殿, 充上淸保籙宮使②、河東河北路安撫使.

① [按] 劍南川東 : 袁本에서는 '劍南東川'으로 썼다. 교주를 따른다.

② [按] 保籙宮使 : 袁本에서는 '寶籙宮使'로 썼다.

선화 5년(1123) 5월 11일 계해일, 태사이며 검남동천절도사[27]인 동관은 기존의 태사[28] 직에 서예국공[29] · 소부[30] · 진해군절도사[31] 겸 시독[32]으로서 보화전직학사[33]에 제수한 뒤 상청보록궁사[34]와 하동하북로 안무사[35]에 보임되었다.

十四日丙寅, 王黼日赴朝參奏事①, 退, 聚議治事.

① [按] 日赴朝參奏事 : 袁本에서는 '赴朝參奏事'로 썼다. 교주를 따른다.

선화 5년(1123) 5월 14일 병인일, 왕보는 조회에 참여하여 안건을 아뢰고, 퇴궐하여 논의한 바를 모아 처리하였다.

金人阿骨打(改作阿固達)西巡, 發燕中職官歸國.

금국 아골타는 서쪽을 순시하고는 연경에 있던 관리들을 데리고 자기들의 본국으로 돌아갔다.

阿骨打(改作阿固達)交燕畢, 於契丹漢兒內兩府中擶劉彦宗出居庸關, 由雲中府德州路西巡, 留白水濼度夏, 欲遣官交還本朝山後州縣. 且聞天祚北走韃靼, 經營擒之, 乃遣左企弓等部所得燕山職官、富戶, 東取楡關、平、灤路以歸.

아골타는 연경 지역 할양을 끝마친 뒤 거란 추밀원과 재상부[36] 한인 관료 가운데 유언종[37]을 데리고 거용관을 나왔다. 그리고 운중부의 덕주[38]에서 서쪽으로 가서 순시하고 백수락[39]에 머물러 여름을 나면서, 관리를 파견하여 본 조정에 산후의 주현을 돌려주고자 하였다. 또 천조제가 북쪽의 달단[40]으로 달아났다는 것을 듣고는 그를 사로잡고자 좌기궁 등을 보내 연경에서 획득한 관료와 부호들을 통솔케 하여, 동쪽으로 유관과 평주·란주의 길을 통하여 귀국시켰다.

遼國平州節度使張瑴據平州, 叛金人①, 殺燕京宰相左企弓等.

① [許] 據平州判金人 : '據平州陰判金人'으로 써야 한다.

요나라 평주절도사인 장각이 평주를 근거지로 하여 금국에 반기를 들고 연경의 재상 좌기궁 등을 살해하였다.

張瑴者, 平州義豐人也. 少第進士, 建福元年夏①遼興軍節度使(乃平州), 偶有兵作過, 能招安息亂, 以功權知軍州事. 燕王死, 預知遼國必亡, 盡籍管內丁壯充軍, 得五萬人, 馬千匹, 選將練兵, 聚糧穀②, 招延士大夫有才者參與謀議，潛爲一方之備．蕭太后嘗差太子少保時立愛知平州，始到任，張瑴雖外示尊禮，而內實不容；立愛察其有異志，常稱疾不出，瑴依舊知軍州事．會金人下燕首問平州事，參知政事康公弼曰："張瑴狂妄寡謀,[017-03] 雖有兵數萬，皆鄉民，器甲不備，資糧不給，彼何能爲?宜示之不疑，圖之未晚也．" 金人召時立愛赴軍前，進加瑴臨海軍節度使③，依舊知平州軍州事．

① [按] 夏 : 袁本에서는 '授'로 썼다. 교주를 따른다.

② [許] 選將練兵聚糧瑴 : '瑴'은 '穀'으로 써야 한다. 교주를 따른다.

③ [按] 金人召時立愛赴軍前，進加瑴臨海軍節度使 : 袁本에서는 '金人招時立愛赴軍前，進張覺臨海軍節度使'로 썼다.

장각은 평주 의풍현[41] 사람이다. 젊은 나이에 진사에 급제하였고, 건복[42] 1년(1122)에 요흥군절도사[즉 평주를 말한다.]를 제수받았다.[43] 당시 뜻하지 않은 병란이 일어났는데 장각이 사람들을 불러 모아 병란을 가라앉혔고, 그 공으로 평주지사 대행으로 행정 및 군사 업무를 맡게 되었다.[44] 연왕 야율순이 사망하자 요나라가 반드시 멸망하리라 예측하고 관내의 호적에 기재된 모든 장정을 군인으로 충당하여 모두 5만 명과 말 1천 필을 모았다. 그리고 장수를 선발하고 병력을 훈련시키며 식량을 비축하고 사대부[45] 가운데 능력이 있는 사람을 초빙하여 대책 회의에 참여케 하는 등, 은밀히 지역 나름의 대비를 갖추었다.

소태후[46]는 일찍이 태자소보[47]인 시립애[48]를 평주지사로 파견하였다. 시립애가 막 부임하였을 때, 장각은 비록 겉으로는 예를 갖추어 존중했지만 실제 내심으로는 받아들이지 않으려 했다. 시립애 역시 장각이 다른 생각을 품고 있다는 것을 알아차리고는 늘 병을 핑계 대고 관저 밖으로 나오지 않아 장각은 계속해서 지사 직무를 수행할 수 있었다.

금국이 연경을 함락시킨 뒤 제일 먼저 평주에 관한 일을 묻자, 거란의 참지정사[49] 강공필[50]은 다음과 같이 말하였다.

"장각은 지나치게 잘난 체할 뿐 계략도 없습니다. 비록 수만 명의 병사를 거느리고는 있지만 모두 다 농민일 뿐입니다. 무기와 갑옷도 제대로 갖추지 못한 데다 경비와 군량도 충분하지 않으니 그들이 무엇을 할 수 있겠습니까? 마땅히 그에게 의심하지 않고 있다는 것을 보여 주고 나서 도모하여도 늦지 않을 것입니다."

금국은 시립애를 군영으로 소환하고, 장각에게는 임해군절도사 직을 더해 주고 기존에 하던 대로 평주지사의 일을 맡게 하였다.[51]

將發燕民, 由平州歸國. 粘罕(改作尼堪)謂左企弓曰 : "我欲遣兵三千騎, 先下平州, 擒張瑴, 然後行如何?" 企弓輩以爲然, 獨康公弼曰 : "若加兵, 則是驅平州叛也. 公弼舊在本州守官, 上下人情, 無不通也. 請單騎一到, 觀其意而徐圖之." 遂授金牌, 馳驛前去, 見張瑴, 諭金人之意. 瑴曰 : "遼國八路, 七路已亡, 獨一平州存, 敢有非望! 鄕兵所以未敢解甲者, 北防蕭幹侵掠故也, 今軍馬不來, 殘民何幸? 聞皆公之力也①." 厚賂而歸. 報曰 : "彼無足慮." 遂不興兵, 改平州爲南京, 加張瑴試中書門下平章事, 判留守事, 其實欲圖之也. 阿骨打(改作阿固達)大軍北出居庸, 追討天祚爲事, 漢官知樞密院事劉彦宗以下隨行.

① [按] 聞皆公之力也 : 袁本에서는 '聞皆公之力'으로 썼다.

금국은 장차 연경 지역의 주민을 징발하여 평주를 거쳐서 귀국하려고 하였다. 점한이 좌기궁에게 "나는 3천의 기병을 파견하여 먼저 평주를 점령하고 장각을 사로잡은 뒤에 가고자 하는데 어떻겠소이까?"라고 물었다. 좌기궁 등은 모두 동의하였지만, 오직 강공필만 다음과 같이 말하였다.

"만약 병력을 증파한다면 그것은 평주로 하여금 반란을 일으키도록 몰아가는 것이나 마찬가지입니다. 저는 예전에 평주에서 관직을 충실히 지냈던지라 위아래로 통하지 않는 사람이 없습니다. 저 혼자 말을 타고 가서 그들의 뜻을 살펴보고 서서히 도모합시다."

이에 금패[52]를 주어 역마를 달려 평주로 가서 장각을 만나 금국의 뜻을 전하게 하였다.

그러자 장각은 다음과 같이 말하였다.

"요나라는 8개 로[53] 가운데 7개 로를 이미 상실하고 오직 평주로 하나만 남아 있는데 감히 다른 바람이 있겠소이까? 향병이 여전히 갑옷을 벗지 못하고 있는 것은 북으로 소간[54]의 침략을 방비해야 하기 때문입니다. 지금 여진 군마가 오지 않은 것이 피폐해진 백성들에게 얼마나 다행이겠습니까? 이렇게 된 것은 모두 다 공이 힘써 준 덕분이라고 들었습니다."

그리고 후하게 뇌물을 주어 돌려보냈다.

강공필이 돌아와서 "평주의 장각은 그다지 염려할 것이 없습니다."라고 보고하였다. 이에 병력을 파견하지 않기로 하고 평주를 남경으로 승격시키고, 장각을 중서문하평장사 시보[55]로서 판[56]남경유수[57]에 임명하였는데, 실제로는 평주를 도모하려는 것이었다. 아골타의 대군은 북쪽으로 거용관을 나가 천조제를 추격하여 토벌하는 것에 치중하였는데, 한인 관리로서 추밀원지사[58]인 유언종 이하 관리들이 수행하였다.

五月初，燕民入平州境，私有號訴於張瑴者，具言："宰相左企弓等，更不謀守燕城，使吾民遷徙流離，不勝其苦。今相公臨巨鎭，擁强兵，盡忠於遼國，必使我復歸鄕土，而人心亦望於公也。" 瑴遂招諸官員、將領會議，皆曰："聞天祚兵勢復振，見出沒於松漠之南。金人所爲全軍急歸，不少候者，契丹爲之牽制也。[017-04] 若明公勤王唱義①，奉迎天祚，以圖興復，先責宰相左企弓等叛降之罪②而殺之，放燕人歸國。大宋無不接納燕人，則平州遂爲藩鎭矣③。假如金人後來加兵④，內用平州之軍，外得大宋之援，又何懼焉?" 瑴曰："此大事也，不可草草。翰林學士李石智而多謀，可遣人邀之密議。"

① [按] 唱義 : 袁本에서는 '倡義'로 썼다.
② [按] 罪 : 袁本에서는 '命'으로 썼다.
③ [按] 大宋無不接納燕人，則平州遂爲藩鎭矣 : 袁本에서는 '則大宋無不接納燕人，平州遂爲藩鎭矣'로 썼다.
④ [按] 金人後來加兵 : 袁本에서는 '金人復來加兵'으로 썼다.

선화 5년(1123) 5월 초, 연경 주민들이 평주 경내로 들어온 후 사적으로 장각에게 호소하는 자들이 있었는데 그들 모두 다음과 같이 말하였다.

"재상인 좌기궁 등은 연경성을 지키기 위한 계책을 더 세워 보지도 않고, 우리로 하여금 연경을 떠나 멀리 이주케 하니 그 고통을 견디기 힘듭니다. 지금 상공께서는 강대한 번진에 계시면서 강력한 군대를 소유하고 있으니 요나라에 충성을 다하시어 우리가 꼭 고향으로 돌아갈 수 있도록 해 주십시오. 백성들의 마음 또한 상공께 기대하고 있습니다."

장각은 곧 여러 관원과 장령을 불러 회의를 하였는데, 모두 다 이렇게 말하였다.

"천조제의 군대가 회복되어 세력을 떨치며 현재 송막[59]의 남쪽에서 출몰한다고 합니다. 금국이 조금도 기다리지 못하고 전군을 급히 되돌리는 것은 거란의 견제를 받기 때문입니다. 만약 명공[60]께서 근왕을 명분으로 기의하고 천조제를 맞이하여 부흥을 도모하려면 먼저 재상 좌기궁 등을 배반과 항복의 죄를 물어 죽이고 연경 사람들을 풀어 주어 귀국하게 하십시오. 대송에서 연경 사람을 받아들이지 않을 리 없으니, 평주는 곧 송의 번진[61]이 될 것입니다. 만약 금국이 뒷날 군대를 더 파견해도 안으로는 평주의 군대를 이용하고, 밖으로는 대송의 원조를 받을 것이니 또 무엇을 두려워하겠습니까?"

장각은 다음과 같이 말하였다.

"이는 큰일이니 섣불리 결정해선 아니 되오. 한림학사[62] 이석[63]은 지혜롭고 계책도 많으니 사람을 보내어 그를 불러서 은밀히 논의해 보는 것이 좋겠소."

石既至, 與之謀而合. 陰遣將官張謙領軍馬五百騎傳留守令, 强招宰相左企弓、曹勇義、樞密使盧仲文①、參知政事康公弼, 至灤河西岸②聽候. 差議事官趙秘校就去, 面疏企弓等十罪 : 天祚播遷夾山, 不卽奉迎者一也 ; 勸進皇叔燕王僭號者二也 ; 訐君父過惡, 而降封湘陰王者三也 ; 天祚嘗③遣知閤王有慶前來計議, 而殺之者四也 ; 檄書始至, 而有迎秦拒湘之議五也 ; 不謀守燕而拜降六也 ; 臣事金國, 不顧大義七也 ; 根括燕中錢帛取悅金人④八也 ; 致燕人遷徙而失業九也 ; 教金國發兵先下平州十也. 遂無以對, 縊殺之⑤.

① [許] 盧仲文 : '盧'를 '虞'로 쓴 판본도 있다. 교주를 따른다.

② [許] 至灤河西岸 : '至灤河西岸口'로 써야 한다.
③ [按] 嘗 : 袁本에서는 '常'으로 썼다.
④ [按] 取悅金人 : 袁本에서는 '悅金人'으로 썼다.
⑤ [許] 遂無以對, 縊殺之 : '企弓無以對, 遂縊殺之'로 써야 한다. 교주를 따른다.

이석이 오자 그와 함께 모의하였는데 뜻이 맞았다. 비밀리에 장수인 장겸에게 기병 500명을 이끌고 가서 남경 유수 장각의 명을 전한다고 하면서 재상 좌기궁과 조용의,[64] 추밀사인 우중문,[65] 참지정사 강공필을 억지로 불러내 란하[66]의 서쪽에 와서 분부를 기다리게 하였다.

그리고 의사관[67] 조비교[68]를 보내서 좌기궁 등의 면전에서 10가지 죄상을 밝혔는데 그 내용은 다음과 같다.

천조제가 협산산맥[69]으로 파천하였는데 즉시 모셔 오지 아니한 것이 첫째 죄이다. 황제의 숙부인 연왕에게 황제를 참칭하도록 권한 것이 두 번째 죄이다. 어버이 같은 군주의 지난 과오를 들추어내어 천조제를 상음왕으로 강봉한 것이 세 번째 죄이다. 천조제가 일찍이 합문사 지사[70] 왕유경을 파견하여 논의하도록 하였는데 그를 살해한 것이 네 번째 죄이다. 격서가 처음 도착하였을 때 연왕 야율순을 따르고 천조제를 거절하자고[71] 논의한 것이 다섯 번째 죄이다. 연경을 지키려고 도모하지 않고 절하여 항복한 것이 여섯 번째 죄이다. 금국의 신하가 되어 섬기고 대의를 돌보지 않은 것이 일곱 번째 죄이다. 연경 성내의 돈과 견을 모두 긁어모아 금국 사람들의 환심을 사려고 한 것이 여덟 번째 죄이다. 연경 사람들을 멀리 이주시켜 생계를 잃게 한 것이 아홉 번째 죄이다. 금국에게 군대를 일으켜 우선 평주를 함락시키라고 한 것이 열 번째 죄이다.

좌기궁이 아무 대꾸도 하지 않자 곧 목을 졸라 살해하였다.

榜諭燕人："惟[①]留餘戰馬外，盡放復業，令各安堵如故．所有逃戶拋下屋宇家產[②]什物之類，已爲常勝軍占者，悉還之．" 燕人患遷，今得歸[③]，皆大悅．稱保大二年，契丹官秩，畫天祚像，朝夕朝謁，事無大小，皆告而後行．燕人得歸，往往有至京師者．上聞燕民之歸，[017-05] 詔王安中、詹度加恤，錄士大夫之可用者，復百姓田租三年．

① [按] 惟 : 袁本에서는 '惟'字가 없다.

② [按] 屋宇家產 : 袁本에서는 '屋宇田產'으로 썼다.

③ [按] 今得歸 : 袁本에서는 '得歸'로 썼다.

장각은 방문을 붙여 연경 사람들에게 다음과 같이 알렸다.

"전마만 남겨 놓고 그 외에는 모두 풀어 주어 본업에 복귀하게 하여 각자 예전처럼 편안하게 지내도록 하라. 피난민이 버리고 간 집이나 재산, 집기 중에서 이미 상승군이 점유한 것들은 모두 돌려준다."

강제 이주를 걱정하던 연경 사람들은 이제 돌아갈 수 있게 되자 모두 크게 기뻐하였다.

장각은 보대保大 2년(1122)이라고 칭하고 거란의 관직을 회복하였으며, 천조제의 초상을 그려 아침저녁으로 문안하면서 일의 크고 작음에 관계없이 모두 고한 뒤에 행하였다.

연경 사람 중에는 돌아갈 수 있게 되자 왕왕 도성인 개봉으로 가는 사람도 생겼다. 황상은 연경 사람이 귀순하였다는 말을 듣고 왕안중과 첨도에게 조서를 내려 이들을 더욱 잘 구휼하고 사대부 가운데 쓸 만한 자는 기용하고 백성에게는 3년분의 양세를 면제해 주도록 하였다.

二十九日辛巳, 童貫、蔡攸大奏凱以入, 告功於朝.

선화 5년(1123) 5월 29일 신사일, 동관과 채유는 크게 개가를 울리며 입궐하여 조정에 공적을 고하였다.

『北征紀實』曰 : 二帥告還, 上御景龍門觀奏凱, 盡以禁衞諸軍迓之以入. 上始甚不樂, 故二帥賞皆薄, 貫遂致仕, 蔡攸拜樞密. 初①二帥以宣撫司羨餘進大珠百、萬金四千兩②, 犀玉、錢帛稱是, 號曰土宜, 上喜之. 又曰 : 二帥凱還, 上爲御殿受賀, 禮畢, 賜宰臣等坐, 用神宗皇帝下熙河及崇甯下青唐故事, 解玉帶以賜黼.

① [按] 初 : 袁本에서는 '既'로 썼다. 교주를 따른다.

② [許] 萬金四千兩 : '黃'을 '萬'으로 잘못 썼다. 교주를 따른다.

『북정기실』에는 다음과 같이 적혀 있다.

동관과 채유 두 원수가 귀환을 고하자 황상은 경룡문[72]에 나아가 개가를 올리며 오는 것을 바라보았고, 모든 금위군으로 하여금 나아가 맞아들이도록 하였다. 황상은 처음에는 매우 불쾌해하며 두 원수에게 상을 박하게 주어 동관을 곧 사직시키고, 채유에게는 영추밀원사 직을 제수하였다. 그러다 두 원수가 선무사사에 남아 있던 물품을 써서 큰 진주 100개와 황금 4천 냥, 그리고 무소뿔·옥·돈·견도 그에 상당하는 분량을 진상하면서 '연경의 특산품'이라 아뢰니 황상이 기뻐하였다.

또 다음과 같이 적혀 있다.

두 원수가 개선하여 돌아오자, 황상은 어전에서 하례를 받았고 의식이 끝나자 재상과 대신들에게 앉는 것을 허락하였다.[73] 그리고 신종 황제[74]가 희하를 함락[75]시켰을 때의 사례와 숭녕 연간(1102~1106)에 청당을 함락[76]시킨 사례를 들어서 옥대를 풀어서 왕보에게 하사하였다.[77]

六月一日壬午朔, 蔡京進賀表.

선화 5년(1123) 6월 초하루 임오일, 채경이 축하의 표문[78]을 올렸다.

「表」曰 : 師由義動, 往城於方, 國以和來, 不戰而屈, 擧全燕之故地, 弔介狄(改作方夏)之遺民, 戴白垂髫, 歡呼而解衽(改作倒戟), 壺漿簞食, 充塞而載塗 ; 萬國來同, 一方底定, 乾坤動色, 廟社用光(中賀). 惟北有邦, 實冀之府①, 大禹所別, 有虞嘗②巡. 粤我造邦之初, 遂爲與國之敵, 始約兄弟, 尊至祖孫, 金繒締交, 使傳洽至. 其强弗率, 僭僞號者二百年 ; 有志未遑, 更聖君之六七作. 惟昔神考, 於時元豊, 分將隸兵, 聯民講武, 閱九軍之師陣, 建北面之黃旗, 無釁可乘, 有訓斯在. 皇帝陛下以重華而紹帝之事, [017-06] 以下武而繼文之聲, 因其天亡之時, 成是席卷之勢. 臣顧惟稚長③, 久誤眷知, 詩禮之庭, 屢趨而過, 軍旅之事, 蓋未嘗聞 ; 察之於談笑杯酌之間, 付之以疆埸甲兵之事, 乘其萬擧萬全之會, 授之百發百中之機, 是惟秉鉞以專征, 豈可因人而成事? 山川草木, 悉歸輿地之圖, 士女臣民, 盡效職方之貢. 此蓋皇帝陛下懋昭大德, 適駿先猷, 人斯效能④, 天實助順. 揚勵⑤無前之偉績, 鋪張不世之宏休, 千載君臣, 適遇風雲之際 ; 一門父子, 得爲勳戚之家.

① [許] 惟北有邦, 實冀之府 : '野'를 '府'로 잘못 썼다.

② [按] 嘗 : 袁本에서는 '常'으로 썼다.

③ [許] 臣顧惟稚長 : '齒'를 '稚'로 잘못 썼다. 교주를 따른다.

④ [按] 人斯效能 : 袁本에서는 '人期與能'으로 썼다.

⑤ [按] 揚勵 : 袁本에서는 '揚厲'로 썼다.

표문의 내용은 다음과 같다.

정의를 위해 군대가 일어나 변방에 가서 성을 쌓고,[79] 천자의 나라가 온화함으로 다가가서 전쟁하지 않고도 굴복시켰습니다. 이에 연경의 옛 땅을 모두 차지하고 융적에게 억압받던 유민[80]을 위로하니, 백발의 노인부터 댕기머리 아이까지 환호하며 옷깃을 풀어 헤쳤고 소쿠리에 밥을 담고 단지에 국을 담아 우리 군대를 환영하는[81] 인파가 가득하여 길을 다 메울 정도입니다. 온 세상의 나라들이 와서 함께하여 한 지역이 평정되니, 하늘과 땅이 움직이고 종묘사직이 빛납니다.[중략[82]] 북쪽 지역은 실은 기주로서, 우임금이 따로 구별해 놓으신 곳[83]이고 순임금도 일찍이 순수하셨던 곳입니다.

실로[84] 우리나라가 건국되던 초기부터 그들은 우리나라의 적이었고, 처음에는 형제 사이를 약속하였으나 조손 관계로 높이기에 이르렀습니다. 돈과 비단으로 교류를 맺고 사신이 많이 오갔습니다. 저들이 억지를 부리며 법도를 따르지 않고 황제 칭호를 참칭한 것이 200년이 되었습니다. 우리 조정이 저들을 물리칠 뜻은 있었으나 틈을 내지 못하는 사이에 본조에서 예닐곱 차례나 황상이 바뀌었습니다. 전에 오직 신종 황제[85]께서만 원풍 연간(1078~1085)에 장수들에게 병력을 나누어 주고 백성들과 함께 무술을 익히게 하여 9군[86]의 모든 부대와 진영을 사열하며 북쪽을 향하여 황제의 기치[87]를 세우려 하셨습니다. 기회를 탈 틈이 없었을 뿐이지 그 가르침은 분명히 여기에 있습니다.

황제 폐하께서는 요임금을 계승한 순임금[88]의 사적과 문왕을 이은 무왕[89]의 명성을 갖추셨으니, 하늘이 천벌을 행하는 때를 맞이하여 이처럼 석권의 커다란 형세를 이루셨습니다. 신을 돌아보면 늙을 때까지 오랫동안 황상의 은총과 인정을 헛되이 하였으니, 『시경』과 『예기』에 관해서는 가끔 듣고 배운 바가 있습니다만[90] 군사에 관해서는 일찍이 들어 본 적이 없습니다. 황상께서는 술잔을 기울이며 담소하는 가운데 정세를 관찰하시어 변방의 군대를 투입하는 일을 맡기시고, 완전하고 확실한 기회를 틈타 백발백중의 방책을 시행하시니, 이는 도끼를 손에 들고 친히 정벌하는 일로 어찌 남의 힘을 빌려 이룰 수 있겠습니까?

산천초목이 모두 본조의 판도에 돌아왔고, 우리 영토 내의 남녀 신민 모두가 공물[91]을 내기 위해 노력하고 있습니다. 이는 황제 폐하께서 큰 덕을 힘써 밝히시고 선왕의 정책을 훌륭히 시행하시므로 사람들이 재능을 다 바치고 하늘이 이끌어 도와주신 것입니다. 전례가 없는 위업을 떨치고 세상에 없는 큰 기쁨을 베푸니, 천년에 한 번 만나기 힘든 좋은 시절을 군신이 함께 만났고 한 집안의 부자가 공훈의 가문을 이루었습니다.

鍾邦直『行程錄』曰：朝廷詔雄州守臣和詵、高陽帥臣侯益經畧邊事. 邊臣上言以謂① :“胡中(改作契丹)衰亂, 君臣簒奪殘暴, 假息遊魂, 疆埸(刪此八字)正取亂侮亡之時.” 朝廷以爲然, 大臣王黼力贊其事, 用兵之禍自此始也. 是年二月, 以太師、領樞密院事童貫爲宣撫司使, 以蔡攸副之, 統陝西、河東、河北、京東、京西、京畿六路軍馬十五萬, 以擊契丹. 五月, 師渡白溝五里, 契丹以三千騎撓我軍, 軍亂, 我師敗績, 所喪十之一.

① [按] 上言以謂 : 袁本에서는 '上言以爲'로 썼다.

종방직[92]의 『행정록』[93]에는 다음과 같이 적혀 있다.

조정에서 웅주수신[94] 화선[95]과 고양관로[96] 안무사 후익에게 조서를 내려 변방을 경략하게 하였다. 변방 관리들이 다음과 같이 상언하였다.

"호인胡人의 국내 사정이 쇠약하고 혼란스러워 군신이 서로 찬탈하고 학살하여 떠도는 혼령은 근근이 목숨을 부지하고 있으니, 지금 변방은 바로 '정치가 문란하여 망해 가는 나라를 정벌해야 할'[97] 때입니다."

조정에서는 이를 그럴듯하다고 여겼고 대신大臣 왕보가 그 일을 적극적으로 찬성하였으니, 전쟁의 재앙은 바로 여기서 비롯되었다.

그해[선화 4년, 1122] 2월에 태사로서 영추밀원사인 동관을 선무사로, 채유를 선무부사로 임명하여, 섬서·하동·하북·경동[98]·경서[99]·경기[100] 등 6개 로의 군마 15만을 이끌고 거란을 치게 하였다.[101]

선화 4년(1122) 5월, 아군이 백구[102]를 건너 5리를 갔는데 거란이 기병 3천으로 우리 군사들을 교란시켰다. 이에 대오가 무너지면서 우리 군대는 대패하여 전군의 10분의 1을 잃었다.

是時國家與契丹盟好百餘年, 邊防無犬吠之驚, 耆老白首不聞兵革之音. 師出無名, 人不效命 ; 人情煩惱, 中外不安. 二帥歸罪邊臣, 以爲探報不實①, 契丹尙盛, 未可取也. [017-07] 方議班師, 六月, 虜主(改作燕王)耶律淳以病死. 朝廷復有冀得之心, 詔二帥率其兵②駐高陽關以待變, 再召諸道兵, 須冬以進. 九月, 契丹管押常勝軍馬郭藥師以所領七千人, 擧涿、易二州來降 ; 繼而耶律淳妻僞(刪此字)太后蕭氏遣使納款, 乞數州之地以爲南朝外屛, 二帥慢罵叱③退其使, 自以爲功在須臾.

① [按] 探報不實 : 袁本에서는 '聞報不實'로 썼다.

② [按] 率其兵 : 袁本에서는 '率兵'으로 썼다.

③ [按] 慢罵叱 : 袁本에서는 '謾罵叱'로 썼다.

이때는 우리나라가 거란과 우호 맹약을 체결한 지 100여 년이 된 때로, 변방에서는 사소한 충돌도 없었고 머리가 흰 노인[103]도 평생토록 군마와 창칼 소리를 듣지 못했다. 군대를 동원하는 데 명분이 없으면 군인들이 목숨을 걸지 않으며, 민심이 어지러우면 안팎이 평안치 못하게 되는 법이다. 동관과 채유 두 원수는 패배의 책임을 변방 관리들에게 돌리며, 첩보가 부실했고 거란의 국력이 아직 강성하여 취하지 못하는 것이라 하였다.

회군 논의가 진행 중이던 선화 4년(1122) 6월, 북로 국주 야율순이 병사하였다. 그러자 조정에서는 다시 요행을 바라는 마음을 갖게 되어 동관과 채유 두 원수에게 군대를 이끌고 고양관로에 주둔시켜 상황 변화에 대비하게 하고, 각 로의 군대를 다시 소집하여 겨울까지 기다렸다가 진군하도록 조서를 내렸다.

선화 4년(1122) 9월, 거란의 상승군 도관압 곽약사가 수하 7천 명을 이끌고 탁주와 역주를 들어 항복하였다. 뒤이어 야율순의 부인으로 태후를 참칭한 소씨가 사신을 보내 투항의 뜻을 전하며 몇 개 주의 땅으로써 남조의 번신 노릇이라도 하게 해 줄 것을 청하였다. 하지만 두 원수는 그 사신을 오만하게 꾸짖어 돌려보내면서 자기들끼리는 성공이 얼마 남지 않았다고 생각했다.

十月, 遣大將劉延慶督兵二十萬, 入燕以應金人之約. 師行在道, 猶豫不進, 自雄州十一程, 始到蘆溝河①二百里②. 契丹以數百騎亂我軍, 延慶未常迎敵, 中夜輒曳兵而走 ; 契丹拔軍追奪, 殺傷及自相蹂躪死者十二三, 委棄軍器、錢糧、金帛不可數計. 延慶, 關西老將, 偏裨才爾! 平昔爲人所御, 豈能御人, 爵位已盛, 豈肯更效力? 受命之日③, 已出悖言, 委任非所宜, 至是乃敗. 十二月, 金人之師度居庸關, 契丹君臣望風而遁, 燕民具禮儀以迎金人. 朝廷遣使增歲幣, 比契丹加倍, 以售燕、薊、景、順五州之地, 金珠、玉帛、子女、牛馬, 輦載殆盡. 明年四月, 委城而去, 二帥提兵十萬以入, 名曰撫定, 留半月, 增陴浚隍, 振旅而還, 歸朝, 幕府計功論賞, 等第有差.

① [按] 蘆溝河 : 袁本에서는 '盧溝河'로 썼다.

② [許] 二百里 : '二百里'는 원래 본문 속에 포함된 주석인데 본문으로 잘못 작성하였다.

③ [按] 受命之日 : 袁本에서는 '授命之日'로 썼다.

선화 4년(1122) 10월, 대장 유연경을 보내 20만 병력을 이끌고 연경에 입성하여 금국과의 협공 약속을 지키게 하였다. 그러나 군대가 행진 중에 머뭇거리며 진격이 더디더니 웅주에서 11정[104]을 가서야 겨우 200리 거리의 노구하에 닿았다. 거란은 기병 수백으로 아군을 교란하였는데, 유연경은 대적도 안 해보고 한밤중에 갑자기 병기를 질질 끌며 퇴각하였다. 그러자 거란이 군대를 동원하여 추격하니, 그들에게 살상당한 자와 아군끼리 서로 짓밟혀 죽은 자가 열 가운데 두세 명이나 되었고, 내버린 병장기, 돈과 식량, 금과 견이 헤아릴 수 없이 많았다.

유연경은 관서[105]의 백전노장이라고는 하지만, 사실은 편장과 비장[106] 수준의 인물이었다. 그동안 남의 제어를 받던 사람인데 어찌 남을 제어할 수 있겠으며, 작위가 이미 넘치는데, 어찌 더 노력하려 하겠는가? 황명을 받던 날에 벌써 어긋난 말을 뱉었는데, 적절치 못한 자를 임명하더니 결국 대패하게 되었다.

선화 4년(1122) 12월, 금국 군대가 거용관을 넘자 거란의 군신들은 잽싸게 도망쳐 버렸고 연경의 주민들은 예의를 갖춰 금군을 맞이하였다. 우리 조정에서는 사신을 보내 세폐를 거란의 두 배로 늘려 주어 연경·계주·경주·순주 등 6개 주[107]의 값을 치렀다. 금은보화와 비단, 그리고 주민들과 소와 말을 거의 다 훑어 실어 보냈다.

이듬해[선화 5년, 1123] 4월, 금국이 연경성을 넘겨주고 떠나가자 동관과 채유 두 원수는 10만 병력을 이끌고 입성하였다. 백성을 위로하고 안정시킨다고 하면서 보름 동안 머무르며 성가퀴를 더 높이고 해자를 더 깊게 한 후 기세를 떨치며 회군하였다. 그들이 조정에 돌아온 후 추밀원[108]에서는 등급을 나누어 논공행상하였다.

原夫自古夷狄與中國, 迭爲盛衰, 而夷狄之盛, 未有及百年者；惟(刪原夫至此二十五字)契丹則(刪此字改添抗衡中國) [017-08] 踰二百年而常與中國抗衡, 豈以(刪而常至此九字)澶淵之盟, 隆緖之誠根於心, 後嗣累世保守堅固, 不復南牧百餘年閒, 其所活生靈, 何慮數千百萬, 陰功豈淺鮮, 得非天以此佑之乎? 迨至崇禧①, 世祚垂亡, 丁可取之時, 而無能取之人. 二帥一以閹進, 一以倖進, 自少及老, 立功名取富貴, 皆以蒙蔽欺罔而得之. 居內則專機政, 在外則握重兵, 是豈知兵者? 不知紀律, 不明賞罰. 每嚴刑重罰以鉗天下之口, 雖甚顚倒錯繆, 無敢議其非者. 童貫唯② 以一老吏李宗振參決帷幄, 軍政一以委之, 幕客拱手備員而已. 唯勾當公事官李積中, 廣東人, 年七十許, 以不偶於時, 凡三十年不赴朝(改作調), 緣大臣薦, 以特旨入幕中, 兩投書於二帥, 備言金時用兵得失③, 與金人交通利害, 異日必爲邊患. 累數萬言, 皆切實. 今日所驗者, 二帥素不知今古, 懵然莫知爲何等語, 漫不加省；但日事虛文, 彌縫闕失, 搜抉奇異, 爲蠱惑之計, 孰知爲天下慮, 卒以是敗.

① [按] 崇禧 : '延'을 '崇'으로 잘못 썼다. 교주를 따른다.

② [按] 唯 : 袁本에서는 '惟'로 썼다.

③ [許] 備言金時用兵得失 : '今'을 '金'으로 잘못 썼다. 교주를 따른다.

원래 예로부터 이적과 중국은 번갈아 성쇠를 거듭하였다. 그렇지만 이적이 100년 동안 번성한 경우란 없었는데, 오직 거란만이 200년이 넘게 늘 중국과 맞섰다. 전연의 맹약[109] 이래로, 거란 성종 야율융서[110]의 성의가 마음에 뿌리를 내려 후대의 계승자들이 대대로 굳게 지켜 다시는 남침의 뜻을 품지 않게 된 지가 100여 년이 되었다. 그로 인해 살게 된 생명이 어찌 수천 수백만으로 다 헤아릴 수 있을 것이며, 그 음덕이 어찌 작다 할 수 있을 것인가! 그러니 거란이 이처럼 융성한 것은 하늘의 돌보심을 얻었기 때문이 아니겠는가?

천조제 야율연희에 이르러 요의 국운이 멸망에 가까웠으니, 취할 수 있을 만한 시기를 만난 것인데, 그것을 취할 능력이 있는 사람이 없었을 뿐이다. 동관과 채유 두 원수 중에서 한 사람은 환관으로서 등용된 인물이고, 다른 한 사람은 총애를 입어 발탁된 인물로서 젊어서부터 늙을 때까지 공명을 세우고 부귀를 얻은 것이 모두 덮고 가리고 속임수로 얻은 것이었다. 조정 안에서는 중요한 정책을 전단했으며, 조정 밖에서는 막강한 병력을 장악하였으나 그들이 군대가 무엇인지 어찌 알겠는가? 기율을 세울 줄 몰랐고 상벌도 분명치 않았다. 늘 엄하고 무거운 형벌로 세상 사람들의 입에 재갈을 물렸으니, 비록 전도와 착오가 심각했더라도 감히 그 잘못됨을 거론할 이가 없었다.

동관은 오직 이종진이라는 늙은 서리만 본진[111]에서의 결정에 참여시키면서 군정을 모두 그에게 위임하였으니, 막료들은 모두 팔짱을 끼고 자리만 차지하고 있을 뿐이었다.

구당공사관[112] 이적중은 광남동로[113] 사람으로서 나이가 칠십 가량이었다. 그는 시류를 따르지 않아 30여 년간 조정에 출사하지 못하다가 대신의 추천으로 특별히 임용되어 막료로 들어왔다. 두 원수에게 두 차례 글을 올렸는데, 당시 군대 운용의 득실 및 금국과 교류하는 데 따른 득실을 상세히 말하면서, 후일 반드시 변방의 환난이 될 것이라 하였다. 수만 자의 글이 모두 사실에 부합하고 정확했다. 오늘날 징험된 바로는 두 원수가 본래 시세의 변화를 깨칠 수 있는 자들이 아니었으니, 그들은 흐리멍덩하여 이적중이 무슨 말을 하는 것인지 알아듣지 못하였고 게을러서 전혀 살펴보지도 않았다. 단지 날마다 헛된 글만 쓰면서 자신들의 실책을 미봉하고 기이한 방책들을 찾아내어 황상을 미혹하는 계책으로 삼을 뿐이었다. 그것이 천하의 걱정거리가 되고 마침내 이러한 패배를 당하게 될 줄을 누가 알았겠는가?

童貫、蔡攸以郭藥師來朝.

동관과 채유가 곽약사를 데리고 조정에 왔다.

『北征紀實』曰：童貫、蔡攸旣凱還, 以藥師來. 藥師之來, 禮遇甚厚, 賜以居第, 賜之媵姬, 加諸燕犒, 因請觀金明池, 上特命張水戲若莫春, 教習者以示之；仍命貴戚大臣家更互延之①, [017-09] 每率其屬, 皆預焉. 遂盡見中國華侈.

① [按] 仍命貴戚大臣家更互延之：袁本에서는 '仍命大臣貴戚家更相延之'로 썼다.

『북정기실』에는 다음과 같이 적혀 있다.

동관과 채유가 개선하면서 곽약사를 데리고 왔다. 곽약사가 오자 예우가 매우 후했는데, 머물 저택을 하사하고 첩도 하사하였다. 또 다양한 위로연을 베풀어 주었는데, 금명지[114]를 보고 싶다고 하자 황제께서는 특별히 명하여 늦봄 물놀이[115]같은 놀이를 베풀며 숙달된 장인들에게 그것을 보여 주라 하셨다. 그러고는 황제의 인척과 대신들에게 명하여 번갈아 가며 곽약사를 초대하게 하였고, 그는 매번 부하들을 이끌고 참여하였다. 그리하여 곽약사는 중국의 화려하고 사치스러움을 죄다 보게 되었다.

辭歸, 羣小又將引之入禁中①; 或以爲不可, 故上特爲出玉華閣之外, 後苑之延春小殿見之. 時盛夏, 設二大金盆②貯冰殿上. 上御大珠纓絡③、縫銷金青紗戰袍. 藥師陛見, 頓首殿下, 流涕而言曰 : "臣在夷虜(改作燕山), 聞趙皇④眞在天上, 不謂⑤今日得望天顔, 臣死榮甚." 上深褒稱之, 委以守燕地, 又謂藥師曰 : "朕且欲託卿事⑥可乎?" 藥師頓首曰 : "臣夷虜遠(改作遠方之)人, 今日蒙天地大恩, 已誓效死. 惟陛下, 卽使蹈湯火, 冒白刃, 正所甘心粉身碎骨矣, 請不問何事⑦, 臣藥師必死也." 上乃曰 : "天祚未了, 卿爲朕經營取之, 以絶燕人之望." 於是藥師逡巡色變, 復奏曰 : "天祚者, 臣故主也. 故主亡走, 臣是以降歸中國. 今陛下使臣效命萬死, 於他所不敢辭 ; 況臣事陛下, 猶事故主, 今使反故主, 則非臣所以事陛下也. 唯⑧此一事, 願付他人." 乃泣涕雨下. 上不覺黯然, 且欲得其心⑨, 乃解所御珠袍, 幷以金盆賜焉. 藥師感泣, 出諭其下曰 : "此非我功, 汝等力也, 多寡當共之." 因剪金盆, 人均一片⑩. 於是羣小不虞其詐, 交口譽之, 以誤上聽.

① [按] 禁中 : 袁本에서는 '中禁'으로 썼다.

② [按] 大金盆 : 袁本에서는 '大金盤'으로 썼다.

③ [按] 大珠纓絡 : 袁本에서는 '大珠絡'으로 썼다.

④ [按] 趙皇 : 袁本에서는 '趙皇帝'로 썼다.

⑤ [按] 不謂 : 袁本에서는 '不圖'로 썼다.

⑥ [按] 欲託卿事 : 袁本에서는 '欲托卿事'로 썼다.

⑦ [許] 請不問何事 : '請'은 衍字이다. 교주를 따른다.

⑧ [按] 唯 : 袁本에서는 '惟'로 썼다.

⑨ [按] 上不覺黯然, 且欲得其心 : 袁本에서는 '上不覺且欲得其心'으로 썼다.

⑩ [按] 人均一片 : 袁本에서는 '人各一片'으로 썼다.

곽약사가 돌아가겠다고 아뢰자, 신하들 가운데 일부 소인배 무리가 또 그를 궁궐[116] 안으로 불러들이려 하였다. 혹자가 그래선 안 된다고 하니, 황상이 특별히 옥화각[117] 밖으로 나와 후원의 연춘소전에서 곽약사를 만나 주었다. 당시 한여름이었는데, 두 개의 큰 금동이에 얼음을 담아 전각에 가져다 두었다. 황상은 큰 진주로 술을 달아 치장하고 금박으로 장식한 청색 비단 전포를 입고 있었다. 곽약사는 섬돌 아래에서 알현하였는데, 전각 아래에 머리를 조아리고 눈물을 흘리며 이렇게 아뢰었다.

"신은 이로夷虜에 있을 때 송의 황상께서는 참으로 천상에 계시다는 말씀을 들어 왔습니다. 오늘 용안을 뵈올 수 있게 될 줄은 몰랐으니, 신은 이제 죽더라고 실로 더할 수 없는 영광이옵니다."

황상은 곽약사를 크게 칭찬하고 그에게 연경 지역 방어를 위임하겠다고 하였다. 그리고는 또 곽약사에게 "짐이 경에게 한 가지 일을 부탁하고자 하는데, 가능하겠는가?"라고 물었다.

곽약사는 머리를 조아리며 아뢰었다.

"신은 이로夷虜에 속한 저 멀리 외지의 사람입니다. 오늘에야 천지의 큰 은택을 입었으니 목숨 바쳐 보답하고자 이미 맹세하였습니다. 폐하시여! 설사 끓는 물이나 불 속을 걸어가고 번뜩이는 칼날을 무릎쓰라고 하시더라도 바로 기꺼운 마음으로 분골쇄신할 것입니다. 어떤 일이든 불문하고 저 약사는 반드시 목숨을 바치겠나이다."

황상이 이내 말씀하셨다.

“천조제의 일을 마무리하지 못하였는데, 경이 짐을 위해 그를 잡는 일을 도모하여 연경 사람들의 희망을 끝내 주었으면 한다.”

이에 곽약사는 머뭇거리더니 낯빛을 바꾸고 다시 아뢰었다.

“천조라는 자는 신의 옛 주인입니다. 옛 주인이 망하여 도망갔기에 신이 중국에 항복하고 귀부한 것입니다. 지금 폐하께서 신에게 만 번이라도 목숨 바쳐 보답하라 하시면 다른 일에 있어서야 감히 사양하지 않겠습니다. 게다가 신이 폐하를 섬기는 일은 옛 주인을 섬기듯이 해야 하는데, 지금 제게 옛 주인을 배반하라 하시는 것은 신이 폐하를 섬기는 바가 아닙니다. 오직 이 일 한 가지만은 원컨대 다른 사람에게 맡겨 주소서.”

그리고는 비 오듯 눈물을 흘렸다.

황상은 자기도 모르게 마음이 어두워졌으나 그래도 그의 마음을 잡아두기 위해 곧 진주로 장식한 전포를 벗어 금쟁반과 함께 약사에게 하사하였다. 약사는 감동하여 눈물을 흘리고는 궁 밖으로 나와서 그 수하들에게 이렇게 말하였다.

“이는 나의 공이 아니라 너희들의 힘이다. 많고 적고 간에 당연히 함께 나눠 가져야 한다.”

그리고는 금쟁반을 잘라 사람마다 한 조각씩 똑같이 나눠 가졌다. 이에 소인배들은 곽약사의 교활함을 헤아리지 못하고 서로들 그를 칭찬하기에 바빴고, 그것이 황상의 판단을 흐리고 말았다.

始常勝軍本謂之怨軍, 在虜中(改作遼時)常反覆者, 而我初不知其詳 ; 及來歸我, 其徒深虞我疑之也①. [017-10] 是以每言及天祚, 則人人未嘗不變色, 曰 : "此某等故主也②, 使主在, 豈敢遽降南朝? 及故主已亡③, 誓不從女眞, 所以歸投南朝爾!" 上聞是, 深慮天祚尙在, 繫燕人心, 恐一旦復出, 則常勝軍必解體, 散從天祚, 故有此諭. 實輔佐大臣不能遠思, 上誤聖朝者, 此也. 藥師遂以檢校少保副安中焉, 然上下政令, 實出藥師, 安中但效平時態諂事之, 驕藥師者, 此也.

① [按] 我疑之也 : 袁本에서는 '我之疑之也'로 썼다.

② [按] 此某等故主也 : 袁本에서는 '此我等故主也'로 썼다.

③ [按] 及故主已亡 : 袁本에서는 '乃故主已亡'으로 썼다.

애당초 상승군은 본래 '원군'[118]이라 칭하였고 저 북로들 속에서 반복무상한 자들이었는데, 우리 조정에서는 처음에 그런 자세한 내막은 알지 못했다. 그들이 우리에게 귀부해 왔을 때, 그들은 우리 측에서 자신들을 의심할까 심히 두려워하였다. 그래서 매번 천조제를 언급할 때마다 낯빛을 바꾸지 않은 자들이 없었으며, 또 이렇게 말하였다.

"그 사람은 우리의 옛 주인이다. 만약 주인이 건재했다면 어찌 감히 냉큼 남조에 항복할 수 있었겠는가? 옛 주인이 이미 망했고, 여진은 따르지 않겠다고 맹세하였기 때문에 남조에 투항하고 귀부한 것일 따름이다!"

황상께서 이를 듣고 천조제가 아직 건재하여 연경 사람들의 마음을 잡아 두고 있으니, 어느 날 천조제가 다시 나타난다면 상승군은 필시 해체되어 삼삼오오 천조제를 따를 것이라 걱정하였기 때문에 그처럼 지시하신 것이었다. 보좌하는 대신들이 실로 멀리 내다보지 못한 것이니, 위로 황상을 그릇되게 한 자들은 바로 이들이다. 곽약사는 곧 검교[119]소보[120]가 되어 왕안중을 보좌했다지만 상·하달되는 정령은 사실 곽약사에게서 나왔으며, 왕안중은 단지 평소에 그에게 아첨하면서 섬기는 데만 힘썼으니, 곽약사를 교만하게 만든 자는 바로 이자이다.

我又傾意以結之, 凡良械精仗, 莫不以往, 謂若須馬, 則盡括內官馬委與之. 藥師揀馬之法, 作泥潦半里, 使人不啣轡①而馳焉, 能過則爲良馬, 不然則又退又選, 大率類此. 又遣部下商販, 諸路舟車遍矣. 又聚天祚時②工作之人, 爲奇巧之物, 多以玉帶、碼磁器、撚金絲貯珍異③, 以奉權貴下及小璫, 無不喜者. 及其得志, 自擅燕山一路, 有常勝軍五萬食糧④, 鄉兵號三十萬, 中國雖有戍兵, 唯⑤九千人, 無能爲也! 又藥師及燕人, 終不改其左衽(此三字改作遼服), 亦無如之何. 時人竊比之安祿山, 因別築第都城, 增賜美人, 慰諭令來朝, 藥師辭以他故不至⑥. 於是罷安中, 召之還; 伯氏因薦蔡靖以代之. 靖有胸襟, 至則開懷待藥師, 稍能抑其權, 藥師亦重靖, 然終不得其柄也.

① [按] 啣轡 : 袁本에서는 '銜轡'로 썼다.

② [按] 天祚時 : 袁本에서는 '天祚昔時'로 썼다.

③ [按] 碼磁器、撚金絲貯珍異 : 袁本에서는 '瑪瑙器、撚金紵珍異'로 썼다.

④ [按] 有常勝軍五萬食糧 : 袁本에서는 '有常勝五萬食糧軍'으로 썼다.

⑤ [按] 唯 : 袁本에서는 '惟'로 썼다.

⑥ [按] 辭以他故不至 : 袁本에서는 '辭以故不至'로 썼다.

우리 조정에서는 또한 온 마음을 기울여 그를 잡아 두고자 좋은 기구와 무기 가운데 가져다주지 않은 것이 없었다. 가령 말이 필요하다 하면 내관[121]의 말을 몽땅 쓸어다 그에게 주었다. 곽약사가 말을 선택하는 방법은, 우선 0.5리쯤 되는 진흙탕을 만든 다음 사람들에게 고삐를 잡지 않은 채로 말을 달리게 하여 능히 지나갈 수 있으면 좋은 말이고 그렇지 않으면 물리고 다시 선택하고를 반복하였는데, 그가 하는 짓이 대체로 이와 같았다.

또 부하를 파견하여 장사를 하도록 하였는데, 여러 로로 배와 수레가 가지 않은 곳이 없었다. 또 천조제 시절의 장인들을 불러 모아, 기이하고 정교한 물건들을 만들게 하였는데, 대체로 옥으로 장식한 관대나 마노로 만든 기물, 금실을 꼬아 만든 보석함 같은 진기한 것들이었고, 이것을 권세가부터 아래로는 신출내기 환관[122]에게까지 바쳤으니 좋아하지 않는 자가 없었다.

곽약사는 자신이 바라는 바가 이루어지자 연산부로에서 제멋대로 굴면서, 상승군 5만 명과 군량을 갖추고 있고 향병이 30만 명이라 큰소리쳤다. 중국으로서는 비록 변방 병력이 있다고는 하나 겨우 9천 명뿐이어서 어찌할 수가 없었다. 게다가 곽약사와 연경 사람들은 끝까지 왼쪽으로 옷깃을 여미는 습속[123]을 바꾸지 않았는데, 그래도 그를 어찌하지 못하였다.

당시 사람들이 곽약사를 은근히 안록산[124]에 비유하니, 조정에서는 도성에 별도의 저택을 지어 주고 미녀를 더 늘려 하사하고 위로하며 입조하라 명하였으나, 곽약사는 다른 일을 핑계대며 오지 않았다. 이에 조정에서는 왕안중을 파면한 뒤 소환하였고, 필자의 큰형[125]인 채유가 채정[126]을 천거하여 왕안중을 대신케 하였다. 채정은 도량이 넓어 부임하자마자 곧 마음을 열고 곽약사를 대하여 곽약사의 권세를 조금 꺾을 수 있었다. 곽약사 또한 채정을 존중하였으나, 채정도 끝내 그의 병권만은 갖질 못하였다.

宣和六年秋，黼且罷，貫復落致仕，出撫河東，[017-11] 欲擒天祚. 上因令巡邊，密察藥師去就，不然則拉之同來. 貫至燕境，藥師以數騎出，迓貫於易州界，再拜帳下. 貫曰："汝今爲太尉，視兩府①，與我等矣，此禮何也?" 藥師卽曰："太師，父也. 藥師唯②知拜父耳，焉知其他?" 貫遂釋然. 藥師又邀貫視師，貫以數隊出郊野，則畧無人跡. 藥師乃下馬當貫前，以旗一揮，於是四山鐵騎耀日，莫知其數，貫衆皆失色. 歸而白上，謂"藥師決能抗金人也." 當是時雖金人不犯(改作入)中原，藥師亦必反，反亦中國不能支.

① [按] 視兩府 : 袁本에서는 '位視兩府'로 썼다.

② [按] 唯 : 袁本에서는 '惟'로 썼다.

선화 6년(1124) 가을, 조정에서는 왕보를 파면하고, 사직한 동관을 다시 임용[127]하여 하동으로 내보내 위무하게 하는 한편 천조제를 잡으라 하였다. 황상은 동관에게 변경 순시를 명하면서 은밀히 곽약사의 거취를 살펴보라 시키고 마땅치 않다 싶으면 그를 잡아 오라고 하였다.

동관이 연경 경내에 이르니 곽약사가 기병 몇을 이끌고 나와 역주의 경계에서 동관을 맞이하면서, 장막 아래에서 두 번 절하였다. 동관이 물었다.

"그대는 지금 태위[128]로서 양부[129]의 일을 다 맡고 있으니 나와 동등한데 무엇 때문에 이런 의례를 취하는 것이오?"[130]

곽약사는 즉시 답하였다.

"태사께서는 저에게 아버님 같은 분이십니다. 저 곽약사는 오직 아버님께 절하는 것만 알 뿐이지 다른 것을 어찌 알겠습니까?"

이에 동관은 마음을 풀었다.

곽약사가 또 동관에게 자기 군대를 시찰하러 오시라 하여, 동관이 약간의 부대를 이끌고 교외로 나갔는데 인적이라고는 거의 없어 보였다. 그런데 곽약사가 말에서 내려 동관 앞에 서서는 깃발을 한 번 휘둘렀다. 그러자 주위 사방의 산에서 철기병이 햇빛에 번쩍이는데 그 수를 알 수 없을 정도였다. 동관의 무리 모두가 대경실색하였다.

동관은 돌아와 황제에게 "곽약사는 결단코 능히 금국에 맞설 수 있습니다."라고 아뢰었다. 이런 상황이라면 설사 금국이 중원을 범하지 않았다 해도 필시 곽약사가 배반했을 것이고, 그가 반란을 일으켰다면 중국은 지탱할 수 없었을 것이다.

郭藥師除檢校少保、河北燕山府宣撫副使、同知燕山府. 趙良嗣、盧益還闕, 盧益正①除兵部尚書, 趙良嗣除延康殿②學士. 馬擴轉武功大夫、和州防禦使.

① [按] 盧益正 : 袁本에서는 '正'을 '眞'으로 썼다.

② [按] 延康殿 : 袁本에서는 '延慶殿'으로 썼다.

곽약사에게 검교소보, 하북로·연산부로선무부사 겸 연산부동[131]지사를 제수하였다. 조량사와 노익이 궁궐로 돌아왔다. 노익에게는 정식으로 병부상서[132]를 제수하였고, 조량사에게는 연강전학사[133]를 제수하였다. 마확은 무공대부[134]로서 화주[135]방어사로 승진 전보[136]해 주었다.

二日癸未，上以御筆付詹度，令密察張轂去就.

선화 5년(1123) 6월 2일 계미일, 황상은 첨도에게 어필을 주어 비밀리에 장각의 거취를 살펴보라고 명하였다.

上聞張轂叛金人，以御筆付詹度曰：金國自燕山遣人詣平州，即日復回，云：'張轂領步騎五千，壁松亭關鈔，其車乘不敢進.' 及聞平州止稱舊府，用保大年號，虜(改作遼)相曹勇義等四人，聲言不順南朝，亦不歸女眞，及四月二十七日，輒遣兵奪淸化縣榷鹽院鐵板等物. 觀此則轂之不歸女眞明矣①. 而所以欵附②本朝之意，蓋亦未見，若不稍與羈縻，必爲邊患. 雖未可明示結約，[017-12] 要須加撫諭，卿可因人諭意，然不可洩. 轂方外連韓慶民等，招誘遷、閏③等州，以拒金國，成敗固未可知，爲我之計，正當用卞莊刺虎之術，坐觀其變，以爲後圖. 所慮貪功倖進輩苟希目前，輕失女眞，所當深察.

① [按] 觀此則轂之不歸女眞明矣 : 袁本에서는 '觀此則覺之不歸女眞明'으로 썼다.

② [按] 欵附 : 袁本에서는 '款附'로 썼다.

③ [按] 閏 : '潤'을 '閏'으로 잘못 썼다. 교주를 따른다.

황상은 장각이 금국에 반기를 들었다는 말을 듣고는 첨도에게 어필을 내려 다음과 같이 분부하였다.

금국이 연산부에서 평주로 사람을 파견하였는데, 당일로 돌아와서는 "장각이 보병과 기병 5천 명을 이끌고 송정관을 막고서 노략질을 하니 그 수레가 감히 더 나아갈 수 없습니다."라고 보고했다고 한다. 또한 듣자 하니, 평주에서는 옛 관부 명칭만 쓰고 거란 천조제의 연호인 보대를 사용하고 있으며, 북로의 재상인 조용의 등 4인은 남조를 따르지 않고 여진에 귀순하지도 않겠다고 선언했는가 하면, 4월 27일 이후로 누차 병력을 파견하여 석진부 청화현 각염원[137] 철판 등의 기물을 탈취하였다고도 한다.

이것을 보건대 장각이 여진에 귀순하지 않겠다는 것은 분명해 보인다. 그러나 본조에 성심으로 귀부하겠다는 의지 또한 드러나지 않으니, 저들에게 어느 정도의 군사적 통제와 자치권 인정[138]을 겸해 주지 않으면 필시 변방의 우환거리가 될 것이다. 비록 명시적으로 맹약을 맺을 수는 없으나 위무하고 깨우쳐야 할 것이니, 경은 사람을 골라 우리 뜻을 잘 전달하되, 밖으로 누설되지 않도록 하라.

장각은 밖으로 한경민[139] 등과 연합하고, 천주[140]·윤주[141] 등의 주현을 꾀어 금국에 항거하고 있는데, 그가 성공할지 실패할지 아직 알 수 없노라. 우리는 바로 변장자가 호랑이끼리 싸우길 기다렸다가 한꺼번에 두 마리를 잡았던 그 계책[142]을 쓸 것이니, 상황의 변화를 관망하면서 그 후를 도모해야 할 것이다. 공을 탐하여 요행수를 노리는 무리가 목전의 이익만 좇다가 경솔히 여진을 잃을까 걱정되니, 마땅히 깊이 살필지어다.

遂令瑴之婚家王倚者諭之, 瑴遣張興祐來①, 會度復奉御筆, 云：營、平納款②, 雖在女眞入關之前③, 然其後朝廷累次計議, 女眞終不見與. 張瑴固嘗臣服金國, 用其爵號, 又嘗改爲南京矣④. 本朝初與金國通好, 彼此著誓甚重, 豈當首違? 況金國昨在燕京! 所以不能卽討平州者, 止緣女眞處關中, 而瑴外扼楡關, 又我以重兵壓其境, 且舊酋(改作天祚)尙在, 是以彼姑涵容. 今女眞旣已出關, 他日若自中興府⑤或東京之西, 討伐平州, 則蕞爾之州, 恐未易當. 況我師旣以解嚴⑥, 酋人(改作天祚)復狼狽如此⑦, 秋深女眞歸⑧, 正是得志之時, 在我豈當妄有擧措⑨? 爲今之計, 正合坐觀其變, 以爲後圖. 然聞瑴欲通韓慶民, 結連四軍, 併力窺燕, 則不得不慮! 理當速示覊縻⑩, 卿可愼選其才智忠信之人二三輩, 令密諭瑴意, 許之世襲節度.

① [按] 瑴遣張興祐來 : 袁本에서는 '覺遣張興祐來'로 썼다.

② [按] 納欵 : 袁本에서는 '納款'으로 썼다.

③ [按] 雖在女眞入關之前 : 袁本에서는 '雖在女眞款關之前'으로 썼다.

④ [按] 又嘗改爲南京矣 : 袁本에서는 '又嘗改南京矣'로 썼다.

⑤ [按] 中興府 : 袁本에서는 '興中府'로 썼다. 교주를 따른다.[143]

⑥ [按] 旣以解嚴 : 袁本에서는 '旣已解嚴'으로 썼다.

⑦ [按] 酋人復狼狽如此 : 袁本에서는 '酋首又復狼狽如此'로 썼다.

⑧ [許] 秋深女眞歸 : '秋深女眞師歸'로 써야 한다.

⑨ [按] 妄有擧措 : 袁本에서는 '妄有所措'로 썼다.

⑩ [按] 覊縻 : 袁本에서는 '羈縻'로 썼다.

마침내 장각의 사돈인 왕기라는 자를 시켜 장각을 설득하게 하니, 장각은 장흥우를 보내왔다. 이때 첨도는 다시 어필을 받았는데, 어필의 내용은 다음과 같다.

영주와 평주는 여진이 거용관을 넘어오기 전에 우리에게 귀순한 곳임에도 그 뒤로 조정에서 여러 차례 협상하였지만, 여진은 끝내 넘겨주지 않았다. 장각은 일찍이 금국에 신하로 복종하여 그들이 내려준 작위의 칭호를 사용하고 있고, 또 금국은 평주를 남경으로 바꿔 주었다. 우리 조정이 애초에 금국과 통호할 때, 피차간에 맺은 서약이 극히 엄중한 것이거늘 어찌 먼저 위배할 수 있겠는가. 하물며 금국이 연경에 있었던 것이 바로 엊그제 일인데!

여진이 즉각 평주를 토벌할 수 없는 것은 여진이 연경[144]에 머물러 있는데, 장각이 밖으로 유관을 장악하고 있고, 또 우리가 대규모 병력으로 그 변경을 압박하고 있으며, 게다가 옛 추장인 천조제가 아직도 살아 있기 때문이다. 그래서 여진이 우선은 장각에 대해 유화적인 태도를 취하였던 것이다. 지금 여진이 일단 연경에서 나왔으니 뒷날 가령 흥중부[145]나 동경도[146]의 서쪽에서 평주를 토벌하면, 저 작은 주로서는 아마 쉽게 당해 내기 어려울 것이다.

하물며 우리 군대는 이미 출동 경계를 해제한 상태이고, 저 추장이란 자천조제는 다시 이처럼 낭패한 처지이다. 가을이 깊어져 여진이 돌아갈 무렵이 바로 득의할 때인데 우리가 어찌 함부로 움직일 수 있겠는가? 현재의 계획으로는 마땅히 앉아서 그 변화를 관망하다 그 후를 도모하는 것이 맞을 것이다.

그러나 듣자 하니 장각이 한경민과 연통하고, 사군대왕과 결맹하여 힘을 합쳐 연경을 엿보려 한다니 근심하지 않을 수 없도다! 이치상 속히 어느 정도의 군사적 통제와 자치권 인정을 겸해 줌이 마땅하다. 경은 재주가 뛰어나고 지혜가 있으면서 충성스럽고 신뢰할 수 있는 사람 두세 명을 신중히 선발하여 은밀히 장각에게 우리 뜻을 전달하고, 그에게 절도사 세습을 허여하겠노라고 하여라.

因祐歸①, 以上意語之, 未行間, 又承御筆 : 聞四軍林牙、張穀在居庸關北及平、灤州、中京集聚, 止留金國車乘②, 縱還金國所遷燕京人口③, [017-13] 幷意欲爲我邊疆之患④, 要須經畫, 爲善後之計. 議者四軍林牙⑤以嘗爲我敵, 雖欲翻然, 甯不畏禍? 張瑴久欲歸附, 以所許不逮藥師, 未厭其欲, 遂爾遷延. 敕詹度密遣人誘致, 令率衆內附, 當厚以金爵畀之.

① [按] 因祐歸 : 袁本에서는 '因與祐歸'로 썼다.

② [按] 止留金國車乘 : 袁本에서는 '止留金國軍來'로 썼다.

③ [按] 燕京人口 : 袁本에서는 '燕京人口等'으로 썼다.

④ [按] 我邊疆之患 : 袁本에서는 '我疆之患'으로 썼다.

⑤ [按] 議者四軍林牙 : 袁本에서는 '議者謂四軍林牙'로 썼다. 교주를 따른다.

장홍우가 돌아가려 하기에 황상의 뜻을 그에게 말해주었다. 미처 출발하기 전에 또 어필이 당도하였는데, 그 내용은 다음과 같다.

듣자 하니 임아[147]인 사군대왕과 장각이 거용관 북쪽 및 평주·란주·중경[148] 등에 집결한 후, 금국의 수레는 붙잡아 두고 금국으로 이주시키던 연경 사람들을 풀어 주어 돌려보냈다고 한다. 이러한 것은 모두 우리 변경의 걱정거리를 만들려는 것이니, 모름지기 전략을 잘 세워 뒷날을 대비하는 계책으로 삼아야 할 것이다. 논자들이 말하기를, '임아인 사군대왕은 일찍이 우리와 적으로 싸웠으니 비록 태도를 확 바꾸려 해도 화를 입을까 어찌 두려워하지 않을 수 있겠느냐? 장각은 오래전부터 귀부하려 하였지만, 그에게 허여한 것이 곽약사에 미치지 못하여 그 욕심에 차지 않으므로 저렇게 머뭇거리며 미루어 온 것'이라 하였다. 첨도에게 칙령을 내리노니, 은밀히 사람을 파견하여 설득하여 불러들이되, 그 무리를 이끌고 귀부하게 하라. 마땅히 후한 상금과 관작을 내릴 것이다.

四日乙酉, 檢校少保、奉武軍節度使、同燕山府路安撫使、馬步軍副都總管郭藥師授檢校少傅①.

① [按] 副都總管郭藥師授檢校少傅 : 袁本에서는 '副總管郭藥師檢校少傅'로 썼다.

선화 5년(1123) 6월 4일 을유일, 검교소보·봉무군절도사로서 연산부로 동안무사·마보군 부도총관인 곽약사에게 검교소부를 제수하였다.

賜進士出身頭品頂戴四川等處承宣布政使司布政使淸苑許涵度校刊.

'사진사출신'이며 특별히 정1품 관모를 쓸 수 있도록 허락받은 사천성 승선포정사사의 포정사인 보정부 청원현 출신 허함도가 교감하여 간행하다.

○●○

『三朝北盟會編』, 卷17, 校勘記

據平州陰判金人(脫陰字) 選將練兵聚糧穀(穀應作糓) 盧仲文(盧一作虞) 至灤河西岸口(脫口字) 企弓無以對遂縊殺之(脫企弓二字遂字應在下) 進大珠百黃金四千兩(黃誤作萬) 惟北有邦實冀之野(野誤作府) 臣顧惟齒長久誤眷知(齒誤作稚) 始到盧溝河二百里(二百里係小注誤作正文) 備言今時用兵得失(今誤作金) 請不問何事(請字衍) 秋深女眞師歸(脫師字)

1 文德殿 : 개봉의 황궁 동서에 東華門과 西華門이 있는데, 두 문을 잇는 거리의 남쪽에 중서문하성·추밀원 등 주요 관아들이 밀집되어 있고, 그 안에 주요 행사를 거행하는 대형 전각인 大慶殿과 문덕전이 있다.

2 雲州 : 거란 西京道 소속이며 重熙 13년(1044)에 西京 大同府(치소는 현 산서성 大同市 雲州區)로 승격되어 德州·弘州 2개 주를 관할하였다. 본래 당의 雲州인데 天寶 1년(742)에 雲中으로, 乾元 1년(758)에 다시 운주로 바꾸었다. 936년 後晉이 거란에 할양한 연운 16주 가운데 朔州·應州·寰州와 함께 산서성에 속한 할양지인데 거란의 행정지명을 인정하고 싶지 않았던 송조는 大同府 대신 雲州라는 唐代의 지명을 선호하였다. 주로 구릉지와 평야로 이루어졌으며, 관할구역은 현 내몽고자치구·하북성과 연결되는 산서성 북부의 大同市에 해당한다.

3 원문은 '勞來還定'이다. 『詩經』「小雅·鴻雁之什」'鴻雁' 詩에 대한 '毛詩序' 중 "수많은 백성들이 이별하고 흩어져 그 거처가 편안하지 않았는데, 오거나 돌아온 자들을 잘 위로하고 그들을 모아 편안하게 정착시키다(萬民離散, 不安其居, 而能勞來還定安集之.)"에서 유래하였다. '은혜와 덕으로 사람들을 불러 모으고, 그렇게 온 사람들을 위로하고 안정시킨다'라는 뜻으로 '勞徠'라고도 한다.

4 원문은 '已奏膚公'이다. 『詩經』「小雅」의 '六月' 중 "험윤을 치고 정벌하여 큰 공을 세웠다(薄伐玁狁, 以奏膚公.)"에서 유래하였다. 『毛詩』에서는 '奏'를 '爲'와 같이 '~하다'라는 뜻으로 썼고, '膚'는 '크다', '公'은 '功績'을 뜻한다고 하였다.

5 廟堂 : 太廟에 있는 明堂을 가리켜 묘당이라고 한다. 제왕에 대한 제사를 지내는 곳이어서 종묘와 유사한 기능도 있지만, 전쟁에 나가기에 앞서 각급 지휘관들이 전쟁의 계획을 짜는 곳이어서 조정과 유사한 기능을 수행하는 곳이기도 하다.

6 楚國公 : 송의 爵制는 國王·嗣王·郡王·國公·郡公·開國公·開國郡公·開國縣公·開國侯·開國伯·開國子·開國男 등 12등급이다. 같은 작위이면 춘추전국시대 4대 강국

이었던 秦·晉·齊·楚가 가장 높은 서열로 간주되었다.

7 進封 : '進'은 職名의 등급을 올려 주는 것을 말한다. 즉 이미 작위를 가진 사람을 대상으로 작위의 등급을 올려 주는 것이다.

8 太保 : 太師·太傅와 함께 正1品인 최고 명예직이었으나, 政和 2년(1112)부터 宣和 7년(1125)까지는 재상의 정식 명칭이었다.

9 원문은 '推恩'이다. 제왕이 신하들에게 봉작을 널리 베풀어 恩典을 드러낸다는 말이다. 가장 대표적인 것은 작위와 시호의 하사, 蔭敍의 허용인데, 본문에서는 蔭敍를 뜻한다. 그 밖에도 전란에 따른 민심 수습책으로 특정 지역 출신들에게 과거 응시의 특전을 부여하는 사례도 있다. 예를 들어 皇佑 5년(1053), 儂智高를 평정한 뒤 광남동로와 광남서로 출신으로 省試에 응시했던 자들 모두 전시에 응시할 수 있는 특별 자격을 부여한 일이 있었다. 한편 상속권을 분산하여 제후의 권력을 약화시키려는 정책을 뜻하기도 한다.

10 白時中(?~1127) : 자는 蒙亨이며 淮南西路 壽州 壽春縣(현 안휘성 淮南市 壽縣) 사람이다. 채경의 수하로 활약하여 吏部侍郎을 거쳐 政和 6년(1116)에 尙書右丞·中書門下侍郎이 되었다. 선화 6년(1124)에는 태재 겸 문하시랑이 되었으나 '정강의 변' 때 흠종에게 개봉을 버리고 도주할 것만 권했던 무용지물에 가까운 인물이었다. 유약하다는 이유로 파직되었다가 곧 사망하였다.

11 張邦昌(1081~1127) : 字는 子能이며 河北東路 永靜軍 東光縣(현 하북성 衡水市 阜城縣) 사람이다. 徽宗·欽宗 때 尙書右丞·左丞·中書侍郎·少宰·太宰兼門下侍郎 등 최고위직을 역임하였으며, 금의 1차 개봉 포위 때 康王 趙構와 함께 금의 군영에 가서 영토 할양과 배상 문제를 논의하였다. 靖康 2년(1127) 2월, 금이 북송을 멸망시키고 太宰 장방창을 大楚 황제로 책봉하고 도성을 江寧府(현 南京)로 정하였다. 장방창은 이를 거부했지만, 즉위를 거부하면 대신을 살해하고 개봉 주민을 몰살시키겠다고 위협하자 장방창은 억지로 32일 동안 황제 노릇을 하였다. 이후 금군이 철군하자마자 곤룡포를 벗고 짐이라 자칭하지 않았으며, 정전에서 일하지 않는 등 극도로 조심하였다. 그리고 元祐皇后를 延福宮으로 맞아들이고 歸德軍(현 하남성 商丘市)으로 가서 康王을 만나 請罪하며, 고종이 즉위할 수 있도록 하는 등 송조 부활을 위해 기반을 닦았다. 고종 즉위 직후 太保에 임명되었으나 6월에 유배를 당했고, 9월에 살해되었다.

12 李邦彦(?~1130) : 자는 士美이며 河北西路 懷州 河內縣(현 하남성 焦作市 沁陽市) 사람이다. 太學 上舍生 출신으로 출중한 외모와 재치, 시정잡배 기질이 당시의 부패한 사회 풍조와 맞아 출셋길에 나섰다. 宣和 3년(1121)에 尙書右丞, 2년 뒤에는 尙書左丞이 되었으며, 이듬해 王黼를 축출하고 小宰가 되었다. 흠종 즉위 후 太宰로 승진하였지만, 금군의 압박에 대해 전혀 대책을 내놓지 못하였고 영토 할양을 주장하여 성난 군중에게 맞아 죽을 뻔하였다. 북송 멸망을 초래한 6적 가운데 하나로 꼽히며 '건달 재상'으로 유명하다. 桂林으로 유배되어 사망하였다.

13 趙野 : 開封府(현 하남성 開封市) 사람으로 中書舍人·大司成·刑部尙書·翰林學士·尙書右丞·尙書左丞 등의 요직을 역임하였고, 蔡京과 王黼의 갈등 속에서 잘 처신하여 권력을 유지하였다. 欽宗 즉위 직후 門下侍郎이 되었으나 북송 멸망으로 파직되었다. 建炎 1년(1127)에 密州 지사가 되었으나 도적의 공격을 피해 성을 버리고 도망가다가 살해되었다.

14 進官 : 두 단계 승진이긴 하나 품계를 올리는 것이 아니고 職名을 두 단계 올려 준다는 말이다. 예를 들어 徽猷閣 待制에서 直學士를 건너뛰어 學士로 임명하는 것이다.

15 少師 : 周代 최고위 관직인 3公(太師·太傅·太保)의 다음 직책인 3少(少師·少傅·少保)의 하나이다. 후대에 형식상 3公은 황제를, 3少는 황태자를 보좌한다고 했지만, 고위 관직에 추가하는 명예직일 뿐 실제 직무는 없었고, 송대에도 부재상에게 부여하는 명예직이었다. 다만 휘종은 政和 2년(1112)에 정식 관직으로 正1品 '三少'를 두었고 宣和 7년(1125) 이후로는 절도사에게 수여하는 加官이 되었다.

16 太宰 : 正1品인 최고위 명예직 '太師'의 별칭이다. 단 政和 2년(1112)부터 尙書左僕射를 太宰로 고친 뒤 재상의 정식 명칭으로 靖康 연간(1126~1127)까지 유지하였다.

17 門下侍郎 : 진·한대 황제의 비서인 黃門侍郎에서 유래한 관직으로서 남북조부터 조정의 중요 직책으로 승격되었고, 742년에는 문하시랑으로 개칭하였다. 3성의 하나인 문하성의 장관인 門下侍中 바로 아래 직급으로 부재상에 해당하였으며, 거란과 송에서도 같은 직위에 해당하였다. 송 전기에는 正3品이었고, 元豐 3년 관제 개혁 후 正2品으로 中書侍郎·尙書左丞·尙書右丞과 함께 參知政事를 대신하였다.

18 慶國公 : 國公은 송의 12등 爵制 가운데 國王·嗣王·郡王에 이은 4위로 품계는 從1品

이다. 경국공의 작위를 받은 인물로 현재 확인 가능한 사람은 5명뿐이며, 그 가운데는 仁宗도 포함되어 있다.

19 왕보의 품계는 正1品인 小師이며, 명예직인 작위는 公爵에 해당하는 경국공이다. 그리고 실제 부여받은 직책은 재상인 태재인데, 재상의 신분으로 행정부서인 6부를 관장하는 중서문하성의 2인자인 중서문하시랑을 겸하였다. 시랑은 재상급인 시중의 아래여서 부재상 직급이다. 이처럼 재상이 부재상을 겸하는 것은 매우 어색하게 보일지 모르나 품계 · 작위 · 실직 · 겸직, 그리고 사후의 추증에 이르기까지 그 미세한 조정을 통해서 끊임없이 인사권을 행사하는 것은 황제의 권력 운용에서 매우 중요한 요소였다.

20 威武軍 : 唐 乾寧 4년(897)에 福建觀察司를 威武軍節度司로 승급시키고 福州 · 泉州 · 汀州 · 建州 · 漳州 등 5개 주(漳州를 제외한 4개 주라고도 함)를 관할하게 하였으며, 吳越을 거쳐 송대에도 계속 유지하였다.

21 節度使 : 唐代 민정 · 군정 · 재정을 총괄하던 大軍區의 군정장관이다. 節度는 '節制調度', 즉 '부절을 갖고 병력을 통제'한다는 뜻인데, 임명할 때 기旌節를 수여한 데서 유래하였다. 당은 전쟁이 발발할 때마다 行軍大總管을 임명하여 군을 지휘하게 하였는데, 번거롭고 효율이 떨어졌다. 이에 玄宗은 10개 大軍區를 설치하고 절도사에게 권력을 집중시켰다. 절도사는 자신이 직할하는 府州 외에도 몇 개의 州를 支郡으로 거느렸고 특히 강력한 친위대인 牙軍이 권력의 중추를 형성하면서 安祿山의 난 이후 절도사가 사실상 반독립 정권으로 변하였다. 이에 송 태조는 절도사의 재정권을 제약하고 정예병을 금군으로 차출하는 등 권한을 축소하는 데 힘썼으며, 태종 때에는 실제 부임하지 않는 명예직으로 전락시켰다. 그렇지만 무관 최고직인 都督을 임명하지 않아 절도사가 최고의 명예직으로 인식되었고, 통상 同中書門下平章事나 中書令 등에 수여하는 선망의 직책이었다. 품계는 正3品이고 의례는 宰執과 동일하였다. 遼 · 金 역시 큰 州에 절도사를 두어 민정과 군정을 통괄하게 하였다. 본문의 정거중 경우에서 알 수 있듯이 북송 후기에는 문관에게도 절도사 직을 명예직으로 수여하였고, 절도사 직을 받으면 加官으로 少保를 제수하였다.

22 정거중의 작위는 崇國公에서 宿國公으로 올랐는데, 이때 다시 연국공으로 올랐다.

23 節鉞 : '節'은 '符節', '鉞'은 '도끼'를 가리킨다. '부절'은 대나무나 옥 등으로 만들어

서 명령을 전달하거나 병력을 파견하는 증서로 썼는데, 절반은 조정에서 보관하고 절반은 현지 관원이나 지휘관이 보관하였다. '월'은 지휘관에게 생사여탈권을 부여한다는 뜻으로 하사하였다. 모두 황제로부터 권한을 위임받았음을 상징한다.

24 원문은 '坐而論道'이다. 본래 '여유롭게 앉아서 도에 대해 담론한다'라는 뜻이지만, 본문에서는 '국가가 수행해야 할 정책 방향을 제시한다'는 뜻으로 쓰였다. 『周禮』 권11 「冬官考工記」(士禮居黃氏叢書本)의 "나라에는 여섯 직종이 있는데, 각종 공인이 그중 하나이다. 혹자는 앉아서 도를 논하고, 혹자는 만들며 시행한다. … 앉아서 도를 논하는 이들은 왕공이고, 만들며 시행하는 자들은 사대부이다(國有六職, 百工與居一焉. 或坐而論道, 或作而行之 … 坐而論道, 謂之王公, 作而行之, 謂之士大夫.)"에서 유래하였다.

25 원문은 '所有王黼'인데, 여기서 '所有'는 宋代 문헌에서 인명 앞에 올 때 실제 의미 없는 일종의 발어사 기능을 한다.

26 원문은 '照會'로, 본래 '참조하다·대조하다·통지하다'라는 뜻이다. 관의 부서 사이에서 오가는 공문, 관아에서 통지하는 문건, 또는 외교 문건을 가리키는 말로 쓰기도 한다.

27 劍南東川節度使 : 절도사는 正2品으로 민정·군정·재정을 총괄하던 大軍區의 군정장관이었다. 검남절도사는 開元 7년(719)에 설치하였으며, 天寶 연간에는 10대 절도사의 하나였다. 관할구역은 사천성 중부 25개 주와 昆明軍이었고, 치소는 益州(현 사천성 成都市)였다. 후에 관할구역이 더욱 넓어지자 至德 2년(757)에 검남서천·동천절도사로 분리되었다. 검남동천절도사의 관할 구역은 현 사천성 동부와 중경시 일대였고 치소는 梓州(현 사천성 綿陽市 三台縣)였다.

28 太師 : 太保·太傅와 함께 正1品인 최고 명예직이었으나, 政和 2년(1112)부터 宣和 7년(1125)까지는 재상의 정식 명칭이었다. '太宰'라고도 한다.

29 徐豫國公 : 國公은 송의 12등 작위 가운데 國王·嗣王·郡王에 이은 4위로 품계는 從1品이다. 휘종은 방랍의 난을 평정한 공과 연경을 회복한 공을 고려하여 동관에게 徐國公과 豫國公을 동시에 加封하였다.

30 少傅 : 周代 최고위 관직인 3公(太師·太傅·太保)의 다음 직책인 3少(少師·少傅·少保)의 하나이다. 송대에는 부재상에게 부여하는 명예직이었지만, 政和 2년(1112)에

正1品의 정식 관직이 되었고 宣和 7년(1125) 이후로는 절도사에게 수여하는 加官이 되었다.

31 鎭海軍節度使 : 현 절강성과 안휘성 일부를 관할하였으며, 치소는 본래 潤州였다가 당 말에 杭州로 옮겼다. 至德 연간(756~758) 초에 강남절도사였는데 乾元 연간(758~760)에 진해군절도사로 개칭하였다.

32 侍讀 : 황제나 황자의 독서를 도와주거나 강학을 하는 學官으로서 당 開元 3년(715)에 처음 설치한 관직이다. 송대에는 983년에 翰林侍讀을 처음 설치하였고, 999년에 翰林侍讀學士로 바꾸었다가 元豐 3년(1080) 관제 개혁 때 侍讀으로 고쳤다. 한림시독학사는 별도의 품계 없이 本官에 따랐지만 한림학사 바로 아래의 고위직으로 간주되었다. 시독과 태자시독 모두 正7品이었다.

33 保和殿直學士 : 황궁 가까이 대기하면서 황제의 부름에 응한다는 학사는 궁중 주요 전각마다 正3品인 閣學士, 從3品인 直學士, 從4品인 待制가 있다. 從4品官 이상의 고관이고, 황제의 측근이어서 중시되었는데, 같은 학사의 경우 서열은 전각의 설치 순에 따랐다. 政和 5년(1115)에 宣和殿直學士를 두었다가 宣和 1년(1119)에 연호를 피해 '보화전직학사'로 개칭하였다.

34 上淸寶籙宮使 : 상청보록궁의 명의상 관리책임자이다. 상청보록궁은 政和 6년(1116)에 준공된 도교 사원으로 휘종이 직접 가서 齋醮를 주관할 정도로 북송 말 도교의 중심지가 되었다. 정화 7년(1117) 2월 林靈素가 휘종에게 靑華帝君이 宣和殿에 내려와 天書를 주었다고 속여 『玉淸神霄王降生記』를 강의할 때, 휘종이 2천 명의 도사와 함께 참석한 바 있다. '上淸'은 불교의 우주관인 三千大千世界 개념에 대응하기 위해 도교에서 설정한 천상계인 三淸境, 즉 玉淸·上淸·太淸의 하나이다. '寶籙'은 도교 '符籙'의 높임말로 신을 부르거나 악귀를 제압하고 재난과 병마를 치유하기 위한 부적 등을 뜻한다. 도교의 上淸派와 靈寶派, 天師道에서 각별히 중시하였다.

35 安撫使 : 唐代 전기에 전란이나 재난 지역을 안정시키기 위해 대신을 임시 파견하면서 나온 관명이다. 송조 역시 처음에는 임시직이었지만, 陝西·河東·河北·兩廣 등 국경 지역에는 상설직으로 임명하였다. 각 路의 민정과 군정을 장악하고 '便宜行事'할 권한을 갖고 있어 실제로는 路의 장관과 마찬가지였으므로 각 路에서 가장 중요한 府·州의 지사를 겸직하였다. 안무사는 太中大夫 이상이나 侍從

官 역임자만 맡을 수 있고, 2品 이상의 관리에게는 '安撫大使', 이하에게는 '主管某路安撫司公事'나 '管勾安撫司事'라고 칭하여 엄격하게 구분하였다. 南宋 초에는 路마다 安撫使司를 설치하되 廣南東路·廣南西路 등은 '經略安撫使司'로 구분하였다. 寧宗 이후 각 路의 민정과 군정을 都統制司 등과 나누어 관장하게 하면서 점차 한직이 되었다.

36 추밀원과 재상부 : 원문은 '兩府'이다. 거란의 제도 가운데 가장 두드러진 특징은 南·北面 樞密院과 宰相府를 운영한 점이다. 한인과 발해인 등 농경민은 남부 지역에, 거란인을 비롯한 유목민은 북부 지역에 거주하였으므로 태종은 두 지역의 특성을 고려하여 통치기구를 이원화하였다. 거란인은 태양을 숭상하여 동향과 좌측을 중시하였으므로 거란인 관서는 황제의 좌측인 북쪽에, 한인 관서는 우측인 남쪽에 둔 데서 北面官과 南面官이라는 호칭이 나왔다. 북면관은 모두 거란 귀족을 임명하여 군정 대권을 장악하게 하였고, 남면관은 주로 한인을 임명하여 과거와 조세 징수 등을 주관하게 하였으며 한인들은 군정에 관여할 수 없었다. 추밀원 아래에는 북재상부와 남재상부를 설치하였는데, 이는 처음으로 재상을 정식 관명으로 사용한 것이다. 남면관은 당의 제도와 비슷하게 아래에 삼성 육부를 두고 臺·院·寺·監·諸衛 등 관직을 두었다. 주로 한족을 배치했고, 거란인일지라도 남면관에 임명되면 한인 복장을 해야 하고 漢官이라 칭하였다.

37 劉彦宗(1076~1128) : 거란인으로 자는 魯開이며 거란 南京道 析津府 宛平縣(현 북경시 海淀·豐台·石景山·門頭溝區) 사람이다. 대대로 거란에서 관직을 지낸 집안 출신으로 야율순이 즉위한 뒤 留守判官이 되었고, 이어 簽書樞密院事로서 左企弓 등과 함께 항복하였다(본서 권12의 4엽 참조). 곧 금 태조에게 중용되어 左僕射·同平章事·知樞密院事 등의 요직을 역임하였다. 금 태종에게 북송 공략의 계책을 진언하고 漢軍都統에 임명되어 큰 공을 세웠으며, 또 휘종과 흠종을 포로로 잡아갈 것을 주장하여 북송 멸망에 상당한 역할을 하였다.

38 德州 : 거란 西京道 소속이며 軍額은 昭聖軍, 州格은 軍事州이다. 치소 겸 관할 현은 宣德縣(현 내몽고자치구 烏蘭察布市 涼城縣)이다. 같은 지명으로 송의 河北東路 德州(현 산동성 德州市)가 있다. 산서 大同市에서 내몽고자치구 呼和浩特市를 연결하는 노선의 중간에 있으며, 관할구역은 현 내몽고자치구 중부 烏蘭察布市의 서남쪽에 해당한다.

39 白水濼 : 현 내몽고자치구 察哈爾右翼前旗의 북쪽에 있는 黃旗海로서 현지에서는 '乞兒諾爾'라고 칭한다. '白水川'이라고도 부르며, 금대에는 '白水泊'이라고 칭하였다.

40 韃靼 : 타타르족으로 알려진 동몽골고원에서 살던 유목민으로서 陰山山脈까지 세력을 뻗쳐서 이 지역에 살던 달단을 '음산달단'이라고 칭하였으며 후에 契丹의 지배를 받았다. 송조에서는 음산 방면의 터키계 부족 옹구트를 백달단, 북방 몽골고원의 몽골족을 흑달단으로 구분하였다.

41 義豐縣 : 거란 南京道 平州路 灤州의 치소이다. 거란 世宗(918~951)이 定州 의풍현(현 하북성 保定市 安國市)를 공략하고 그곳 주민을 平州로 이주시켜 義豐縣을 설치하고 灤州의 치소로 삼았다. 현 하북성 북동부 唐山市 동쪽 灤州市에 해당한다.

42 建福 : 천조제가 협산산맥으로 달아난 뒤 北遼 宣帝에 오른 耶律淳의 연호이다. 야율순은 즉위 직후 사망하였기 때문에 연호를 사용한 기간은 1122년 3월에서 6월까지 4개월에 불과하다.

43 장각이 遼興軍節度使에 제수된 것은 병란을 평정한 공을 세운 뒤이다. 이 단락은 결과를 먼저 기술하고 그 원인을 후술하고 있다.

44 『契丹國志』 권12 「耶律淳·下」(2엽·하버드엔칭도서관 소장본)의 기록에 따르면, '향병이 평주를 지나다가 절도사 蕭諦里와 그의 일족 200여 명을 죽이고 가산 수십만 금을 약탈하였는데 장각이 향인을 모아 그 병란을 종식시키고 평주를 임시로 관할하게 되었다.'고 한다.

45 士大夫 : 士·士人·士大夫는 지식인이라는 공통점을 가지고 있어 사대부를 '관리와 지식인을 포함'하는 개념으로 봐야 한다는 견해도 있지만, 지식인을 士人, 관리를 士大夫로 명확하게 구분해야 한다는 견해가 주류를 이루며, 본서에서도 양자를 명확하게 구분하였다. 또 송대 사대부는 나름의 시대적 정체성을 지니고 있어 선비, 또는 독서인이라는 일반적 용어로 번역하기에는 적절하지 않다. 이에 '사인'과 구분하여 '사대부'로 번역하였다.

46 蕭太后(?~1122) : 燕王 耶律淳의 왕비인 蕭德妃를 가리키며, 통상 소태후라고 칭하나 본서에서는 '燕京國妃'로 폄하하여 서술한 경우가 많다. 야율순은 사망 직전 천조제의 다섯째 아들 耶律定을 후계자로 지명하여 천조제와 화해를 도모하였다. 하지만 야율정은 천조제와 함께 있어 연경에서 즉위할 수 없는 상태였으니 다분히 형식적인 책봉이었다. 그리고 당장 직면한 송과 금의 공세에 대응하기

위해 덕비는 황태후 신분으로 국정을 주관하였다. 이후 송군의 공세를 잘 저지하였으나 금군의 공세를 견디지 못하고 연경을 탈출하여 천조제에게 갔다가 살해되었다.

47 太子少保 : 周代의 관제로서 3公(太師·太傅·太保) 다음 직책인 3少(少師·少傅·少保)의 하나이다. 후대에 형식상 3公은 황제를, 3少는 황태자를 보좌하는 직책이라고는 했지만, 실제로는 고위 관직에 추가하는 명예직이었다. 天禧 4년(1020)에 황태자를 보좌하기 위해 집정관에게 겸직시키면서 從2品의 職事官이 되었다고도 하지만, 여전히 부재상에게 부여하는 명예직이었다.

48 時立愛(1058~1140) : 자는 昌壽이며, 涿州 新城縣(현 하북성 保定市 高碑店市) 사람으로 한인이다. 진사 출신이며 강직한 성품의 소유자로 여러 지방관을 거쳐 御史中丞·宣徽南院使·制置使 등을 역임하였다. 天輔 6년(1122)에 태자소보·遼興軍 절도사 겸 부윤·漢軍都統을 겸하였다. 그리고 본문에 나오는 것처럼 天輔 7년(1123)에 금에 귀순하였다. 1125년에 同中書門下平章事·泰寧軍節度使에 임명되어 斡離不를 수행하며 많은 전공을 세웠다. 天會 9년(1113)에 侍中·知樞密院事가 되었고, 후에 中書令을 더하였다.

49 參知政事 : 唐代에 中書令·侍中·尙書僕射 이외의 관리가 재상 업무를 맡게 될 경우, 임시 파견직임을 밝히기 위해 생긴 관명이지만, 송대에는 상설 부재상으로서 同平章事·樞密使·樞密副使와 함께 宰執의 일원이었다. 송 초에 본래 재상 曹普의 보좌역으로 설치하였다가 조보의 전횡을 막기 위해 권한이 강화되었다. 元豐 3년(1080) 관제 개혁으로 폐지되었다가 남송 때 다시 회복되었다. 정원은 통상 2~3명이었고, 남송 때에는 3명을 유지하였지만 1~4명인 경우도 있었다. 약칭은 參政이다. 거란의 참지정사에 대하여는 구체적인 내용을 파악하기 힘들다.

50 康公弼 : 자는 伯迪이며, 거란 南京道 析津府 宛平縣(현 북경시 海淀·豐台·石景山·門頭溝) 사람이다. 진사 출신이며 燕王 耶律淳이 황제로 즉위한 뒤 參知政事·簽書樞密院事가 되었다. 후에 금 태조에게 투항하여 樞密副使權知院事·簽中書省 등을 역임하였으며, 權乾州節度使로 사망하였다. 백성에게 관대하였으며 평판이 좋았다.

51 권17의 3엽은 사건의 전개 순서가 다소 뒤바뀐 상태로 편집되어 일부 혼선을 불러일으킨다. 특히 "金人召時立愛赴軍前, 進加彀臨海軍節度使, 依舊知平州軍州事"가 그러한데, 바로 아래의 2개 문단과 순서를 바꾸면 문맥이 더 잘 통한다. 아마 서로

다른 사료를 초록한 데 따른 결과로 보인다.

52 金牌 : 본서 권3의 11엽에 "'천사'라 불리며 銀牌를 차고 다니는 거란 사자가 있었다."는 기사가 있고, 『宣和乙巳奉使行程錄』에 따르면 宣和 6년(1124)에 송의 사신들이 雄州에서 상경 會寧府로 가던 중 第10程 이후 숙소에서 사신을 위해 특별히 선발된 漢人에게 허리에 銀牌를 차게 하였으며, 그들을 가리켜 '銀牌天使'라고 칭하였다고 한다. 銀牌가 일종의 신분증 역할을 하였던 것은 분명해 보이며, 이로 미루어 볼 때 금패는 더 고위직의 신분증이며 역참의 우선 사용권이 부여되었던 것으로 보인다.

53 거란은 행정구역을 5개 道로 나누고 도마다 京을 설치하였다. 도 아래에는 府·州·軍·城 등 4종류의 행정구역을 두었다. 부는 7개가 있고, 州格은 다시 節度州·觀察州·防禦州·刺史州로 나누고 그 아래에 현을 두었다. 이외에도 송조의 轉運使路 체제를 모방해 上京 鹽鐵司, 中京 度支司, 平州 錢帛司 등 8개의 재정 전담 기관을 설치하여 운영하였다. 본문의 8개로는 바로 이 財政路를 가리킨다.

54 蕭幹(~1123) : 奚人으로 이름은 夔離不이며 중국식 이름은 蕭幹이다. 용맹함으로 道宗의 신임을 받았고, 天祚帝 때 東京統軍, 奚六部大王 겸 總知東路兵馬事 등을 지냈다. 한때 여진에 패한 뒤 투항하였다가 탈출해 연경에 돌아왔고, 천조제 부재를 틈타 李處溫·耶律大石과 함께 秦晉國王 耶律淳을 황제로 옹립한 공으로 北院樞密事 겸 諸軍都統에 임명되었다. 거란·渤海·奚·漢人으로 이루어진 4군을 거느려 四軍大王이라고도 불리었다. 童貫이 지휘하는 송군의 공세를 효과적으로 막아냈고, 야율순 사후에 蕭妃에게 태후 신분으로 섭정하게 하였다. 금군이 거용관을 돌파하고 연경을 공략하자 소태후는 천조제에게 갔다가 살해되었지만, 당시 연경을 지키고 있던 소간은 해왕부로 돌아가 1123년 봄에 箭笴山에서 황제에 즉위하여 奚國皇帝라 칭하고 연호를 天複(일설에는 天嗣)이라 하였으며, 奚·漢·渤海 3樞密院을 설치하였다. 하지만 곧 郭藥師에게 패하고 5월에 부하에게 살해되었다. 거란 초기 耶律休哥과 함께 高梁河와 瓦橋關에서 송군을 궤멸시킨 명장 蕭幹과 동명이인이다.

55 중서문하평장사 시보 : 원문은 '試中書門下平章事'이다. 재상의 정식 명칭은 '同中書門下平章事'로서 중서성의 장관인 중서령과 문하성의 장관인 문하시중과 동격이라는 뜻이다. 장각에게는 '同' 대신 '試'를 붙여주었는데 이는 일종의 '試補'를 뜻

한다.

56 判 : 자신의 직급보다 낮은 직급을 겸직하는 경우이다. 唐代 후기에는 관원을 파견하면서 업무의 성격에 따라 '知·權·攝·判·同·行·守·試' 등의 호칭을 붙여 구분하였다. 이것이 송대에 와서 더욱 제도화되어 다양한 등급 차를 만들고, 관료 내 위계질서를 확립하는 데도 활용하였다.

57 留守 : '남아서 관리한다'라는 뜻으로, 황제가 親征 등으로 도성을 떠날 때 親王이나 재상이 황제를 대신하여 도성을 관리하는 직책을 가리킨다. 그러나 거란은 5京制, 북송은 4京制를 실시하였기 때문에 본래의 의미와 달리 '陪都의 지사'를 뜻하였다.

58 추밀원지사 : 원문은 '知樞密院事'이다. 국방 관련 업무를 총괄하는 樞密院 장관으로 본래 직칭은 樞密使이며, 다른 직책을 맡은 상태에서 추밀원 업무를 관장할 때는 知樞密院事라고 구분하고, 약칭은 '知院'이라고 하였다. 하지만 樞密使와 知樞密院事는 사실상 다를 바가 없어 곧 둘 다 추밀원 장관의 호칭으로 통용되었다. 또 재상 겸직 금지 원칙을 어기고 재상 呂夷簡에게 추밀원사를 겸직시키면서 判樞密院使로 임명한 사례도 있었다. 휘종은 知樞密院事를 임명하는 대신 기안권이 제한된 簽書樞密院事에게 대행하게 했고 다시 첨서추밀원사를 領樞密院事로 바꾸기도 하였다.

59 松漠 : 현 하북성 동북쪽의 大興安嶺 일대로서 거란·奚의 활동 지역이기도 하다. 본래 '평지에 조성된 소나무 숲'을 뜻하는 말이다.

60 明公 : 서주의 周公, 삼국의 劉備 등에게 明公이라고 칭한 사례에서 볼 수 있듯이 '각별한 명성과 지위가 있는 사람에 대한 존칭'이다. 여기서는 장각을 가리킨다.

61 藩鎭 : '藩'은 본래 '울타리'를 가리키는 말로서 '중원의 천자를 보위하는 제후의 영지'를 뜻하며, '鎭'은 '군대의 주둔지'를 뜻한다. 唐 玄宗은 변방 방위를 강화하기 위해 9명의 節度使와 1명의 經略使가 지휘하는 10개 軍鎭을 두었다. 하지만 절도사가 병권은 물론이고 민정과 재정을 독점하면서 세력이 너무 커져 당조를 위협하면서, 藩鎭의 본래 의미가 전도되어 할거 정권을 뜻하게 되었다. 方鎭이라고도 한다.

62 翰林學士 : 황제의 조칙 초안을 작성하는 직책으로 學士라는 관직은 南北朝 때 처음 생겼다. 당 현종에 이르러 翰林院에 學士를 두어 한림학사라 칭하고 內廷에서

각종 문서를 작성하게 하였는데, 황제 측근 요직이어서 직급 이상으로 모두가 선망하였고 권한도 점차 강화되었다. 거란과 송 역시 당대의 제도를 계승하였다. 송의 한림학사는 正3品官인데 정원 규정이 잘 지켜지지 않았고 순수한 명예직도 많아, 실제 업무를 담당하는 경우에는 한림학사 겸 知制誥라 칭하여 구분하였다. 조칙은 황제의 명령을 직접 받아 작성하는 '內制'와 재상의 명을 받아 작성하는 '外制'로 구분하며, 元豐 3년(1080) 관제 개혁 후 내제는 한림학사가, 외제는 中書舍人이 담당하였다. 한림학사에는 學士·翰林·翰墨·內翰·內相·內制·詞臣·鳳·坡 등 다양한 별칭이 있다.

63 李石 : 거란 東京道 遼陽府(현 요녕성 遼陽市) 사람이다. 과거에 급제하여 翰林學士가 되었고, 장각을 도와 금에 저항하였으나 실패하고 송에 투항한 뒤 이름을 李安弼로 바꾸었다. 송에서 徽猷閣待制를 지냈다.

64 曹勇義(1069~1123) : 거란 南京道 營州(현 하북성 秦皇島市 昌黎縣) 사람이다. 거란에서 長春令·中書侍郎·同平章事·樞密使 등의 고관을 지냈고, 이후 금에 투항하여 守司空·宣政殿大學士가 되었다. 天輔 7년(1123)에 左企弓과 함께 平州留守 張覺에게 살해되었다.

65 虞仲文(1069~1124) : 자는 質夫이며, 거란 西京道 武州 寧遠縣(현 산서성 忻州市 神池縣) 사람으로 한인이다. 神童으로 이름이 났고, 書畫에 뛰어났다. 과거에 급제한 뒤 中書舍人·樞密直學士·參知政事·同平章事 등을 역임하였다. 연경이 함락되자 금에 투항한 뒤 樞密使·侍中이 되었으나 張覺에게 살해되었다.

66 灤河 : 하북성 북동부에서 발원하여 발해만으로 유입되는 888㎞의 강이다. 원래 명칭은 渜(난, nuán)水인데, 이는 발원지에 온천이 많은 데서 유래한 것이다. 後唐 때 비슷한 발음의 灤(란, luán)河로 이름이 바뀌었다.

67 議事官 : 安撫使司나 鎭撫使司의 고위직 참모인 參議官의 약칭이 議官인 것으로 보아 그와 유사한 직책인 것으로 보인다.

68 趙秘校 : 원문에서 '秘校'는 '秘書省 소속의 校書郎'을 말한다. '秘校' 직위에 있는 조씨에게 의사관의 업무를 맡긴 것이다.

69 협산산맥 : 원문은 '夾山'이다. 현 내몽고자치구 包頭市와 呼和浩特市 사이에 있는 大青山脈으로, 陰山山脈의 지맥이다. 길이는 동서 240㎞, 남북 20~60㎞, 해발 1,800~2,000m이며 주봉은 2,338m다. 현 呼和浩特市 서쪽의 白塔古城에 치소를 둔

거란의 雲內州에 속하였다. 당시 협산 일대는 금광 등이 있어 상당수의 거란인이 거주하고 있었고 西夏와도 연결되므로 천조제는 일단 그곳으로 피해 재기를 위한 발판으로 삼고자 했다.

70 합문사 지사 : 원문은 '知閤門事'이다. 閤門司는 '慶禮'·'慰禮'와 관련된 모든 궁중 의례를 주관하는 기관으로서 '慶禮'를 주관하는 東上閤門과 '慰禮'를 주관하는 西上閤門으로 이루어졌다. 황제가 조회 참석차 전각으로 갈 때 양옆의 문을 통해 의장대가 들어오는 의례를 가리켜 '합문'이라고 하는데, 후에 관서 명칭이 되었다. 東·西上閤門의 장관인 閤門使는 각각 3명이며, 주로 殿上에서 진행하는 의식 진행을 책임진다. 남송 때 두 합문사를 통합한 뒤 장관을 知閤門事라고 하였는데, 거란에서도 합문사를 통합 운영하였던 것으로 보인다. 知閤은 약칭이다.

71 원문은 '迎秦拒湘'이다. 당시 연경을 장악하고 있던 야율순의 작위는 秦晉國王이었다. 따라서 '迎秦'은 야율순을 받아들인 것을 가리킨다. '湘'은 湘陰王으로 강봉된 천조제를 말한다. 왜 장각 측에서 천조제를 가리켜 굳이 '湘'이라고 지칭했는지는 다소 의아스럽다.

72 景龍門 : 황궁의 북대문인 拱宸門의 정북 방향에 있는 內城의 북대문이다. 속칭은 酸棗門이며 外城의 新酸棗門도 있다. 酸棗門은 酸棗縣(현 하남성 新鄕市 延津縣)으로 가는 길에 있어서 '酸棗門'이라 칭하였다.

73 당대에는 재상이 황제와 함께 앉아서 차를 마시며 국사를 논하였으나 송 건국기부터 이런 예우가 없어졌다.

74 神宗(1048~1085, 재위 1067~1085) : 북송 제6대 황제로 즉위 초부터 빈부격차, 군비로 인한 만성적 재정적자, 군사적 부진에 시달렸다. 이에 신종은 기득권 세력의 반대에도 불구하고 대대적인 국정 혁신을 위해 왕안석을 중용하여 부국강병을 목표로 신법을 적극적으로 추진하였다. 그러나 서하와의 전쟁에서 연패하면서 개혁은 좌절되었고, 신종의 사망으로 당쟁의 부담만 남겨 두었다.

75 서하 공략을 위한 사전 작업으로 王韶는 현 감숙성 남서 지역인 河湟의 唃厮囉 정권을 격파하고 河州(현 감숙성 臨夏자치주), 熙州(현 감숙성 定西市 臨洮縣), 洮州(현 감숙성 甘南자치주 臨潭縣), 疊州(현 감숙성 甘南자치주 迭部縣), 宕州(현 감숙성 隴南市 宕昌縣), 岷州(현 감숙성 隴南市 西和縣) 등 6개 주를 설치하였다. 熙寧 5~8년(1072~1075) 사이에 이루어진 이 戰役을 가리켜 '熙河開邊'이라고 한다.

76 휘종이 친정을 시작하면서 채택한 두 번째 연호인 崇寧(1102~1106)은 신종의 '熙寧變法'을 계승한다는 의미를 담고 있다. 이때 정권을 잡은 채경은 왕안석 실각 이후 중단된 대외 확장 정책을 다시 시행하여, 王厚를 시켜 숭녕 2년(1103년)에 湟州(현 청해성 海東市 樂都區)를, 그 다음 해에는 青唐(현 청해성 西寧市)을 점령하였다. 송대의 사료는 물론 지금 중국 측 자료에서도 이 지역이 당조의 영역임을 강조하면서 '수복' 또는 '회복'이라는 용어를 사용하고 있다.

77 熙河 점령의 공을 치하하며 神宗이 王安石에게 옥대를 풀어 하사한 기록은 『續資治通鑑長編』 권244의 熙寧 6년(1073) '夏四月戊寅日條'에 실려 있다. 한편 휘종이 王黼에게 옥대를 하사한 것은 『宋史』 권407 「佞幸列傳」에 실려 있다. 이때 왕보는 휘종에게 공업을 기리기 위해 尊號를 올리겠다고 하였지만, 휘종은 '그것은 신종 황제도 감히 받지 못하였던 것'이라며 허락하지 않았다.

78 표문 : 원문은 '表'이다. 신하가 제왕에게 올리는 글을 가리켜 전국시대에는 모두 '書'라고 했는데, 漢代부터 章·奏·表·議로 나누었다. '章'은 謝恩, '奏'는 탄핵, '議'는 다른 의견을 올리는 글이다. '表'는 주로 제왕에 대한 충성과 감사를 표하는 글이므로 서정적 내용이 많다. 통상 '臣某言'으로 시작해 '臣某誠惶誠恐', '頓首頓首', '死罪死罪' 등으로 끝난다.

79 원문은 '往城於方'이다. 『詩經』 「小雅·鹿鳴之什」의 '出車'에 실린 "왕이 남중에게 명하시니, 남중이 진격한 뒤 방에 성을 쌓았다(王命南仲, 往城于方)"에서 유래하였다. 『毛詩』에서는 '方'을 "삭방, 험윤 인근의 나라(朔方, 近玁狁之國)"라며 '북방'이라는 보통명사로 주석을 달았으나, 구문 구조상 '방'이라는 고유명사로 봐야 한다는 주장들이 있다. 본문에서는 채경 표문의 문맥을 고려하여 '북쪽 변방'으로 보고 '변방'으로 번역하였다.

80 원문은 '介狄之遺民'이다. '介狄'은 '원수' 또는 '갑옷을 두른 북방 戎狄'이라는 뜻으로 거란을 가리킨다. 다만 직역하면 연경에 거주하던 '한인'도 원수에 포함될 수 있으므로 '융적에게 억압받던 유민'으로 번역하였다. 四庫本에서 개작한 '方夏'를 수용하여 '중화의 유민'으로 번역하는 것도 고려해 볼 필요가 있다. '介狄'은 『詩經』 「大雅·蕩之什」의 '瞻卬'에 실린 "너희들의 강한 적은 내버려두고, 왜 우리만 시기하느냐(舍爾介狄, 維予胥忌)"에서 유래하였다.

81 원문은 '壺漿簞食'이다. '壺'는 '국을 담는 단지', '簞'은 '밥을 담는 소쿠리'로 '넉넉하

지 못한 사람의 거친 음식'을 이르는 말이다. 또 폭정에 시달리던 백성들이 군인을 환영하기 위해 준비한 음식이라는 의미도 있다. 『孟子』「梁惠王·上」 중의 "簞食壺漿以迎王師"에서 유래하였다.

82 원문은 '中賀'이다. '중하'는 원래 신하가 임금에게 올리는 상소문 등에서 '인사말'이나 '축하 말씀' 등의 상투어를 가리킨다. 이 부분은 건너뛰어도 문맥에 문제가 없으므로 '중략'이라는 의미로도 사용된다.

83 원문은 '大禹所別'이다. 『尙書』「禹貢」편의 "우임금이 9주를 나누고 산맥의 토질과 하천의 물길에 따라 각 주의 공물을 결정하였다.(禹別九州, 隨山浚川, 任土作貢.)"에서 유래하였다. 여기에 처음 나오는 '9州'는 戰國 중기에 생긴 개념으로서 당시 인식하고 있던 지리 영역을 모두 9개로 나누었다. 그 구분이 상당히 타당하다고 인정받아 9주는 곧 중국을 뜻하는 용어로 쓰여 왔고, 지금도 중국의 별칭으로 쓰이고 있다.

84 원문은 '粵'이다. 文頭에서 '주도면밀하고 신중한' 어기를 드러내는 조사로 쓴다.

85 신종 황제 : 원문은 '神考'이다. '神'은 廟號에 '神'자가 들어가는 황제를 말하며, '考'는 '돌아가신 부친'을 말하므로, 여기서는 '부친인 신종'을 뜻한다. 徽宗은 신종의 11번째 아들이다.

86 九軍 : 천자는 6軍을, 제후는 3軍을 거느린다고 하여 9軍이라는 말이 나왔다. 매우 많은 군대 즉 '大軍'을 가리킨다.

87 황제의 기치 : 원문은 '黃旗'이다. 승리를 고하는 사자가 사용하는 깃발을 말하며, 황제의 의장 가운데 하나이기도 하다. '왕기가 서린 상서로운 곳'을 뜻하기도 한다.

88 순임금 : 원문은 '重華'로서 전설상의 고대 제왕 舜의 이름이다. 성은 姚 또는 嬀이고, 씨는 虞이며, 순은 시호이다. 뛰어난 효자였으며, 蒲阪(현 산서성 運城市 永濟市 일대)을 근거지로 虞라는 나라를 세웠고, 堯에게서 선양받았다.

89 원문은 '下武'이다. 문왕의 뒤를 이은 무왕이라는 뜻이다. 『詩經』「大雅」 편 '下武'는 무왕이 문왕의 왕업을 능히 계승할 수 있었음을 찬양하는 내용이다. 다만 자구상으로 볼 때 '문왕을 계승하다'는 뒤의 '繼文'에 해당하고, '下武' 자체는 '무왕이 ~를 계승하다'로 해석하기 어려워 朱熹도 "'下'자의 의미는 명확하지 않다(下義未詳.)"고 하였을 정도이다. 여기서는 '下武'의 취지를 고려하여 번역하였다.

90 원문은 '詩禮之庭, 屢趨而過'이다. 『論語』에 나오는 '趨而過庭' 고사를 인용한 것이다. 공자가 뜰에 있을 때 아들 鯉가 종종걸음으로 지나갔는데(趨而過庭), 이때 공자가 "『詩』를 공부했느냐?"고 묻고는 "『시』를 공부하지 않으면 자신의 뜻을 말할 수 없다(不學『詩』, 無以言.)"고 하였고, 또 "『禮』를 공부했느냐"고 묻고는 "『예』를 공부하지 않으면 사람으로 설 수가 없다(不學『禮』, 無以立.)"고 하였다. 그때마다 鯉는 물러 나와 『詩』와 『禮』를 공부하였다. 그래서 '趨而過庭'은 '부친으로부터 배우다'라는 뜻과 함께 흔히 '家學이 있다'라는 의미로 쓰인다. 다만 여기에서는 뒷구절의 '聞'과 대응하여, 정통으로 스승에게 사사받은 것이 아니라는 의미를 살려 번역하였다.

91 원문은 '職方之貢'이다. '職方'은 地圖와 사방 제후국의 貢納을 비롯한 중원 외부 지역 관련 업무를 담당하던 西周의 관직명이지만, 본문에서는 '영토', '국가의 판도'를 뜻한다. '貢'은 '공물' 또는 '조세' 등을 뜻한다.

92 鍾邦直 : 宣和 7년(1125) 9월에 금 태종의 즉위를 축하하기 위한 국신사절, 즉 '賀大金皇帝登寶位國信使'의 管押禮物官으로 許亢宗을 수행하여 출국하였다.

93 『行程錄』 : 宣和 7년(1125) 9월에 금 태종의 즉위를 축하하기 위한 국신사로 파견되면서 남긴 기록이다. 원문은 일찍이 일실되었으나 『三朝』와 『大金國志』에 관련 기록이 상세히 남아 있고, 행정록으로서의 체제가 가장 완비되었다는 평을 받았다. 그동안 국신사 許亢宗이 쓴 행정록으로 알려졌으나 본서 권17의 6엽에는 鍾邦直의 행정록이라고 하였고, 陳樂素도 종방직이 작성하였음을 밝혔다. 허항종이 쓴 것이라 알려진 것은 아마도 귀국 후 국신사 명의로 보고해야 하는 제도에 따른 것으로 보인다. 또 본서 내에서 『行程錄』·『奉使金國行程錄』·『宣和乙巳奉使行程錄』 등 각기 다른 책처럼 실려 있지만, 본래의 서명은 『宣和乙巳奉使行程錄』 또는 『宣和乙巳奉使金國行程錄』이며, 전자일 가능성이 더 높다는 것이 暨南大學 張其凡의 견해이다.

94 守臣 : 주·현지사의 별칭이다. 주·현지사의 정식 명칭은 '權知○州'·'○縣軍州事'로서 '○州·○縣의 군정과 민정 업무를 잠시 총괄한다'는 뜻이며 약칭은 '知州'·'知縣'이다. 한 지역을 鎮守하는 지방관이라는 뜻에서 '守臣'이라고도 칭하였다. 군사적 업무와 직접 관련된 사항은 守臣으로, 그 외의 경우는 知事로 번역한다.

95 和詵 : 자는 子美이며, 京東西路 濮州 甄城縣(현 산동성 菏澤市 鄄城縣) 사람이다. 부친

和斌 사후 蔭補로 출사하여 嵩嵐郡 지사·雄州 지사·威州刺史를 지냈으며 童貫의 연경 공략에 부화뇌동하며 강경책을 주장하였다. 300보 밖의 표적을 관통할 수 있는 鳳凰弓을 개발한 공 등으로 榮州防禦使·相州觀察使가 되었다. 연경 공략에 참전하였으나 평소의 호언장담과 달리 현장에서는 퇴각을 주장하여 패전 후에 筠州에 안치되었다. 후에 복권되어 正奉大夫·宣州觀察使가 되었다.

96 高陽關路 : 원문은 '高陽'이다. 後晉의 石敬瑭이 연운 16주를 거란에 할양할 때 당조가 거란을 방어하기 위해 설치한 淤口關(현 하북성 廊坊市 覇州市 동쪽 新安鎭)·瓦橋關(현 하북성 保定市 雄縣 서남쪽)·益津關(현 하북성 廊坊市 覇州市 도심) 등 '3關'도 포함되었다. 後周 世宗은 顯德 6년(959)에 莫州(현 하북성 滄州市 任丘市)·瀛州(현 하북성 滄州市 河間市)와 함께 淤口關·瓦橋關·益津關 등 '3關'을 점령하고 이 지역을 '關南'이라 칭하였다. 송조는 太平興國 7년(982)에 관남 지역을 '高陽關'으로 고쳤고, 慶曆 8년(1048)에 瀛洲를 치소로 高陽關路를 설치하고 安撫使를 임명하여 10개 주군을 관할하게 하였으며, 大觀 2년(1108)에는 瀛洲를 河間府로 승격하였다. 한편 高陽은 현 하북성 중부 保定市의 동남쪽에 해당하는 河北西路 順安軍 高陽縣(현 하북성 保定市 高陽縣)의 지명이기도 하다. 이처럼 高陽關은 3關이나 高陽縣과는 무관하고 關門 명칭이 아닌 지역명이다. 따라서 982~1047년간의 일이 아니면 고양관로로 번역하는 것이 혼동을 줄일 수도 있다. 하북 최대의 소택지인 百洋淀 남쪽에 있으며 동서 100여 ㎞의 습지가 있어 백양정 북쪽에 있는 雄州와 함께 거란 기병을 방어하는 전략 요충지였다.

97 원문은 '取亂侮亡'이다. 『書經』 '仲虺之誥'의 "약소국을 합병하고 어리석은 군주를 공격하며, 정치가 문란하고 망해 가는 나라를 정벌하다(兼弱攻昧, 取亂侮亡.)"에서 유래하였다.

98 京東路 : 開寶 1년(968), 수도인 東京 開封府의 동쪽에 처음 설치되어 至道 3년(997) 이래 전국 15개 轉運使路 체제의 하나로 운영되었다. 治所는 본래 廣濟軍이었으나, 景德 2년(1005) 이후 廣濟軍과 靑州로 나뉘었다. 康定 2년(1041) 이전에 치소를 鄆州로 옮겼다가 熙寧 초에 다시 靑州로 옮겼다. 관할 주는 16개, 군은 4개, 감은 2개였는데, 熙寧 5년(1072)에 동로와 서로로 분리되었다. 관할구역은 현 산동성·하남성 동부·강소성 북부에 해당한다.

99 京西路 : 乾德 1년(963), 수도인 東京 開封府의 서쪽에 처음 설치되어 至道 3년(997)

이래 전국 15개 轉運使路의 하나로 운영되었다. 治所는 서경 河南府(현 하남성 洛陽市)이고 관할 주는 16개, 군은 2개였는데, 熙寧 5년(1072)에 남로와 북로로 분리되었다. 관할구역은 현 하남성 서남부와 섬서성 동남부, 호북성 북부에 해당한다.

100 京畿路 : 조정에서 직할하던 개봉부에 경동로의 曹州와 경서로의 陳州·許州·鄭州·滑州 등 5개 주를 輔郡으로 지정하여 皇祐 5년(1053)에 총 42개 현 규모의 경기로를 신설하였다. 경기로는 治所는 개봉부 陳留縣(현 하남성 개봉시 開封縣)이고 전운사로·제점형옥사로의 성격을 지녔다. 하지만 2년 만에 輔郡 제도만 유지하고 경기로는 철폐하였다. 휘종은 崇寧 4년(1105)에 경기로를 다시 설치하였지만 행정편제와 구획을 누차 변경하였고, 靖康 2년(1127) 북송의 멸망으로 철폐되었다. 이처럼 경기로는 그 실체가 애매한 행정편제여서『송사』「지리지」에서도 개봉부 하나만 관할 府로 수록하였다.

101 본서 권5의 8엽에서 童貫이 '섬서하동하북로선무사로 10만 병력을 지휘하였다'고 기술하였는데, 권17에서 처음으로 섬서·하동·하북 외에 경동·경서·경기로의 병력까지 총 15만 명을 지휘하였다고 밝혔다. 이를 통해 당시 송이 연경 점령을 위해 가용한 모든 병력을 총동원하였음을 알 수 있다. 따라서 白溝河 패전으로 인한 전력 손실이 얼마나 심각한 상태였는지 족히 짐작할 수 있다.

102 白溝 : 海河의 5대 수계 가운데 하나인 大淸河의 중류 하단의 지명으로 통상 '白溝河'라고 칭한다. 지명은 白芙蓉이 많은 데서 유래하였다. 保定市 淶源縣의 태항산맥에서 발원한 拒馬河는 중간에 남·북거마하로 나누어진다. 북거마하는 탁주시 동북쪽에서 琉璃河·小淸河 등과 합류하여 白溝河가 되고, 白溝河는 다시 白溝鎭에서 남거마하와 만나 대청하가 되어 바다로 흘러간다. 거란과 송의 국경으로 강폭이 넓지는 않으나 지금과 달리 당시에는 수량이 매우 풍부하였다. 현 하북성 廊坊市 覇州市 남쪽과 天津市를 가로지르는 강이다.

103 머리가 흰 노인 : 원문은 '耆老'이다. '耆'는 60세, '老'는 70세로서 원래 '60~70세의 노인'을 가리키는 말인데, 단순히 노인을 뜻하는 말이라기보다 '덕행이 높고 지위가 있어 존경받는 노인'을 말한다. '父老'·'長者'와 같은 말이다.

104 程 : 역참이나 숙소를 기점으로 한 일정한 거리, 또는 짧은 거리를 뜻한다. 군대나 사신이 매일 이동해야 할 사전에 정한 거리를 뜻하기도 한다.

105 關西 : 秦漢 때는 현 섬서성 중부 지역의 函谷關과 大散關을 기준으로 동쪽·중앙·서쪽으로 나누었다. 즉 함곡관 동쪽을 관동, 함곡관과 대산관 사이를 관중, 대산관 서쪽을 관서라고 칭하였다. 그러나 후에 관중과 관동은 밀접하게 오가면서 사실상 하나가 되었지만, 동한 때부터 관서는 점차 유목민의 활동 공간을 가리키는 말이 되었다.

106 편장과 비장 : 원문은 '偏裨'이다. 북송 말, 남송 초 추밀원 소속 군 지휘관 서열은 都統制·副都統制·統制·統領·將·副將·準備將領·部將·隊將·押隊·擁隊 11등급이다. 偏裨는 將·副將·準備將領 등 하급 지휘관의 통칭이다.

107 송이 금으로부터 할양받은 곳은 5개 주가 아니라 6개 주였다. 본문의 5개주는 잘못 쓴 것이다. 이에 6개 주로 번역한다.

108 추밀원 : 원문은 '幕府'이다. 본래 장수들이 야외에서 머물던 장막을 가리키나, 후에 장수들이 업무를 보던 관아를 뜻하는 말로도 쓰였다. 이에 추밀원으로 번역하였다.

109 전연의 맹약 : 원문은 '澶淵之盟'이다. 宋 眞宗 景德 1년(1004)에 거란의 蕭太后와 聖宗은 瓦橋關 수복을 명분으로 대군을 거느리고 대규모 공세를 시작하였다. 개전 초 송조는 일부 관료가 升州(현 남경시)나 益州(현 성도시) 천도를 주장할 정도로 위축되었으나 河北東路 澶州(현 하남성 濮陽市)에서 전선이 교착상태에 빠지자 재상 寇準과 畢士安은 진종에게 澶州에 가서 督戰할 것을 강력하게 제안하였다. 거란도 장기 대치 국면이 조성되고, 南京統軍使 蕭撻覽이 전사하는 등 예기치 못한 상황이 전개되자 장기전을 피하려는 송조와 화의 체결에 나서게 되었다. 맹약의 주된 내용은 양국 관계를 형제국으로 하고 白溝를 경계선으로 하며, 국경 방어시설의 현상을 유지하고, 세폐 30만을 지급하며, 국경무역 시장을 개설하고 범죄자 상호 은닉을 금지하는 것이었다. 이 '전연의 맹약'은 양국의 오랜 군사적 충돌을 마무리하고 110여 년에 걸친 장기 평화를 보장하는 커다란 성과를 거두었다. 거란은 송이 계속 문제를 제기해 온 '연운 16주'에 대한 영유권을 공식적으로 인정받았으며, 세폐 수입을 확보하는 성과를 거두었다. 송도 오랜 전쟁의 압박에서 벗어날 수 있었으며, 특히 거란과 서하의 협공 가능성을 차단하는 성과를 거두었다. 세폐 규모 역시 막대한 국방비 지급에 비해 매우 미미한 수준이었다. 하지만 연경 회복을 목표로 공세를 폈던 건국 당시의 통일전략을 공식

적으로 포기하고, 세폐를 지급하며 평화를 구걸했다는 패배의식이 송의 조야에 팽배했다. 이것이 결국 송금동맹 체결을 추진하게 한 주된 요인으로 작용하였다. 澶淵은 河北東路 澶州의 별칭으로 현 하남성 북동부 濮陽市에 해당한다.

110 원문은 '隆緖'로 거란의 6대 황제 聖宗(972~1031, 재위 983~1031) '耶律隆緖'를 가리킨다. 즉위 후 모친인 承天皇太后 蕭綽이 섭정하면서 耶律斜軫·耶律休哥 등의 보좌와 함께 한인 사대부를 등용하여 국정을 정돈하였다. 승천황태후는 986년에는 송의 제2차 북벌군을 격파하였고, 1004년에는 친정에 나서서 전연의 맹약을 체결하였다. 성종은 1009년부터 친정에 나서 인재의 등용, 법제의 개혁, 노예 해방, 재난 구휼 등에 힘썼고, 군사적·외교적으로도 성공을 거두는 등 국정을 성공적으로 이끌며 거란의 최전성기를 열었다. 음악과 회화에 뛰어났고, 도교와 불교에 대한 조예와 함께 궁술에도 일가견이 있었다. 본문에서 '隆緖'라고 황제의 이름만 쓰는 것은 매우 의도적인 심각한 하대가 아닐 수 없다.

111 본진 : 원문은 '帷幄'이다. 본래 실내에 걸어 둔 휘장을 가리키는 말인데, 본문에서는 '본진'의 의미로 쓰였다. 황제의 거처에는 반드시 휘장을 치므로 황제나 조정, 또는 황제의 측근을 뜻하기도 한다.

112 勾當公事官 : 원래 '勾當'은 '처리하다, 주관하다'는 뜻인데 唐代부터 직함 앞에 붙기 시작하였다. 송대에는 중앙의 六部, 三司 및 지방의 路와 宣撫使司·安撫使司·轉運使司·招討使司 등 거의 모든 기관에 속관으로 설치되어 해당 기관의 중요 실무 처리를 주관하였다. 후에 高宗의 이름인 趙構를 피휘하여 幹辦公事로 바꾸었다.

113 광남동로 : 원문은 '廣東'이다. 至道 3년(997)에 전국을 15개 路로 편성하면서 신설된 廣南東路의 약칭이다. 치소는 廣州(현 광동성 廣州市)이고 肇慶府 1개 부, 康州·廣州·南雄州·南恩州·梅州·封州·韶州·循州·新州·連州·英州·潮州·惠州 등 13개 주로 이루어졌다. 광동과 광서를 가르는 기준은 雲開·雲霧·天露山脈을 포괄하는 雲開大山山脈이다. 관할구역은 현 광동성에 해당한다.

114 金明池 : 개봉성 외곽에 만든 황가의 원림으로, 둘레가 4.5㎞에 달하는 거대한 호수와 전각으로 이루어졌다. 거대한 선박이 들어올 수 있어서 수군의 훈련장으로 사용되었으며, 다섯 개의 전각 모두 호수 속에 지어져 있어서 황제는 이 전각에서 전함들의 水戰 연습을 관람하였다.

115 물놀이 : 원문은 '水戲'이다. 孟元老의 『東京夢華錄』에 따르면, 배 위에 그네를 설

치하여 높이 올라갔다가 호수로 다이빙하는 '水鞦韆' 등의 볼거리 및 많은 배들이 북과 징을 치고 깃발을 흔들면서 진행하는 퍼포먼스 등이 있었다. 봄철 물놀이라 한 것으로 보아 계절에 따라 각기 다른 유희가 있었던 것으로 추측할 수 있다.

116 궁궐 : 원문은 '禁中'이다. 『周禮』의 이상을 구현하기 위해 정치하게 설계된 당대 장안성은 황제의 주거 공간인 宮城과 관료의 공간인 皇城이 성벽에 의해 명확하게 구분된다. 그러나 북송은 그 구분이 명확하지 않아 모두 '大內'라고 칭하였다. 본문의 禁中은 자금성의 內朝처럼 '궁성에 해당하는 지역'을 지칭하는 것으로 보인다.

117 玉華閣 : 황실 3대 장서루 가운데 하나인 宣和殿의 서남쪽에 있는 玉眞軒에 있는 전각이다. 大觀 연간(1107~1110) 초에 건립하여 휘종이 총애하던 安妃가 사용하였다. 도사 林靈素가 휘종은 長生帝君이고 安妃는 九華玉眞이라고 아부한 데서 유래한 명칭이다. 도교에 심취한 휘종이 林靈素의 농간에 취해 降神 의식을 한 곳이며 후에 휘종이 양위를 결정한 곳이기도 하다.

118 怨軍 : 天祚帝는 金을 정벌하다가 패하면서 많은 병력을 상실하자 전사자의 가족 가운데 2만 8천 명을 모아 8개 營의 부대를 창설하고, '金에 복수하라'는 뜻으로 '怨軍'이라고 명명하였다. 하지만 怨軍의 병력 구성에 대한 『三朝北盟會編』의 기록은 서로 약간 다르다. 권10에는 전사자의 가족만으로 구성되었다고 했지만, 권21에는 '渤海의 반란으로 피난길에 오른 遼東의 饑民 2만 명을 모아서 구성하였다.'라고 쓰여 있다. 怨軍이라는 이름에서 미루어 볼 수 있듯이 권10의 기록이 더 신빙성이 있다고 생각되지만 饑民이 포함될 가능성도 충분하다.

119 檢校 : 본래 '조사한다'라는 뜻인데, 정식 관명은 아니지만 기존 관명에 '검교'를 더하여 업무 대행을 뜻하였으며 황제의 신임을 드러내는 효과도 있었다. 송대에는 태사·태위부터 國子祭酒·水部員外郎까지 檢校를 더했으나 원풍개혁으로 3公과 3師만 남기고 모두 폐지하였다. 政和 연간(1111~1117) 이후 3公을 3少로 개칭하고, 무관은 檢校少師가 되면 비로소 太尉 직을, 문관은 檢校少師가 되면 拜開府儀同三司 직을 제수하였다.

120 少保 : 周代 최고위 관직인 3公(太師·太傅·太保)의 다음 직책인 3少(少師·少傅·少保)의 하나이다. 송대에는 부재상에게 부여하는 명예직이었지만, 政和 2년(1112)에

正1品의 정식 관직이 되었고 宣和 7년(1125) 이후로는 절도사에게 수여하는 加官이 되었다.

121 내관 : 내관은 황제의 좌우에 있는 가까운 신료, 또는 환관과 궁중의 女官, 조정 내에서 근무하는 內朝官 등 여러 가지 뜻이 있다.

122 신출내기 환관 : 원문은 '小璫'으로, '젊은 환관'을 뜻하는 말이다. '璫'은 관모에 달린 귀고리 모양의 장식으로, 漢代 환관의 관모에 황금 장식이 달린 데서 유래하였다. 小璫이란 용어는 남송 周密의 『癸辛雜識續集』「純色骰錢」에 처음 실린 것으로 알려졌다.

123 원문은 '左衽'이다. 옷섶을 왼쪽으로 여미면 '左衽', 오른쪽으로 여미면 '右衽'이라고 한다. "왼쪽으로 옷섶을 여미는 사방의 夷狄도 모두 의지하지 않을 수 없으리니(四夷左衽, 罔不咸賴)"라는 『書經』「周書」의 '畢命篇'에서 유래하며, 유목민의 복장을 가리킨다.

124 安祿山(703~757) : 당의 河北道 營州(현 요녕성 朝陽市) 사람이다. 본래 이름은 알락산軋犖山 또는 아락산阿犖山인데, 돌궐어로 '전투'라는 뜻이라고 한다. 어려서부터 돌궐족과 생활하면서 북방 유목민의 여러 언어에 능통하여 국경무역을 담당하는 互市郞이 되었고 幽州節度使 張守珪의 양자가 되었다. 이후 군공을 세워 파격적인 승진을 거듭했고 현종의 신임을 얻어 49세에 范陽(현 북경시)·平盧(현 요녕성)·河東(현 산서성) 3개 절도사를 겸직함으로써 당조 군대의 핵심을 모두 장악하게 되었다. 그러나 권신 楊國忠과의 반목으로 754년에 반란을 일으켜 낙양과 장안을 점령하고, 이듬해 大燕을 세워 황제에 즉위했지만, 곧 아들 安慶緖에게 살해되었다. 하지만 반란은 史思明으로 이어져 7년이나 지속되었고, 절도사 할거 국면이 조성되어 당조는 치명적인 타격을 입었다. 안사의 난을 계기로 당조의 성세 속에 가려져 있던 각종 사회경제적 모순이 일거에 드러나면서 이른바 '唐宋變革期'라고 일컫는 구조적 변화가 진행되었다.

125 큰형 : 원문은 '伯氏'이다. 『北征紀實』은 蔡京의 넷째 아들인 蔡絛가 쓴 것이고, 동관과 함께 북벌을 지휘했던 '두 원수(二帥)'의 하나인 蔡攸는 채경의 첫째 아들이다. 따라서 본문의 백씨는 바로 채유를 가리킨다.

126 蔡靖 : 자는 安世이며, 河北西路 眞定府(현 하북성 石家莊市 正定縣) 사람이다. 中書舍人을 거쳐 河間府 지사로 있다가 선화 5년(1123)에 燕山府 지사가 되었다. 선화 7년

(1125)에 送伴使 陳桷이 금이 거병할 것이라 보고했고 본인도 조정에 170여 차례나 상주했지만, 실질적인 대비를 하지는 못하였다. 이해 3월에 保和殿大學士·宣撫使 겸 연산부 지사로 승진하여 금군의 공세에 저항하다가 12월에 항복하였다. 곽약사를 장악하진 못하였지만 좋은 인품에 힘입어 어느 정도 관리할 수 있었다.

127 다시 임용 : 원문은 '落致仕'이다. 송대 관리의 정년퇴임은 문관 70세, 무관 80세로 사실상 종신직이었으며, 신종 이후 고위 관원은 본래의 직책을 유지한 채 퇴임하여 국사에 참여할 수 있고, 퇴직할 때 한 등급 올려 주는 특전을 누렸다. '致仕'는 본래 관직을 황제에게 돌려준다는 뜻이니 '사직서를 제출한다'는 말이다. 반대로 '落致仕'는 관직을 황제에게 돌려주는 데 실패하다, 즉 '제출한 사직서가 수용되지 못하고 탈락한다'는 말로서 '퇴임한 관리가 조정의 특명으로 다시 임용됨'을 뜻한다.

128 太尉 : 秦·漢代에 군권을 장악하는 최고위 장관으로서 秦代에는 丞相·太尉·御史大夫를 가리켜 '3公'이라고 하였다. 군권 장악에 따른 부담 때문에 일찍부터 명예직으로 변하여 隋代부터 공관과 막료를 없애고 宰相·親王·使相에 대한 加官이나 贈官의 수단으로 활용하였다. 政和 2년(1112)에 무관 寄祿官의 하나로 바뀌었고, 紹興 연간에 제정한 52개 품계 중 1위였다. 품계는 正2品으로 서열은 執政官의 아래, 節度使의 위였다.

129 兩府 : 거란과 송 모두 행정을 총괄하는 재상부와 국방을 총괄하는 樞密院을 분리하여 운영하였는데, 이 중추 기관을 가리켜 兩府라고 칭하였다. 본문에서는 무관으로 절도사가 된 뒤 검교소보를 추가로 받았고, 문관으로 연산부 동지사가 되었음을 들어 양부를 장악하였다고 비꼰 것이다.

130 당시 郭藥師의 정식 관직은 檢校少保·燕山府同知事로 직제상 蔡靖의 아래였다. 또 太尉 직은 휘종이 폐지한 관직이다. 따라서 童貫의 말은 곽약사를 높이는 듯하지만, 실은 휘종의 총애를 믿고 발호하느냐는 은근한 비판을 내포한 것으로 볼 수 있다.

131 同 : 자신의 품계보다 높은 직급을 대행하는 것을 가리키며, 1단계 높은 직책을 맡을 경우는 '行'이라 하여 구분하였다. 唐代 후기에는 관원을 파견하면서 업무의 성격에 따라 '知·權·攝·判·同·行·守·試' 등의 호칭을 붙여 구분하였다. 이것이 송대에 이르러 더욱 제도화되어 다양한 등급 차를 만들었고, 관료 내 위계

질서를 확립하는 데도 활용하였다.

132 兵部尙書 : 尙書省 兵部의 장관이지만, 樞密使가 국방 업무를 주관하였기 때문에 실제로는 국가 대례 때 鹵簿使를 맡고 武學·廂軍 명단 관리 등 병무 행정만 맡았다. 품계는 전기에는 正3品, 원풍 개혁 이후 從2品이었다.

133 延康殿學士 : 학사는 고위 관료에 대한 명예직으로 宰執 자격자(從2品~正3品)에게는 觀文殿·資政殿 등의 殿學士, 侍從 자격자(正3品)에게는 龍圖閣·天章閣 등의 閣學士를 수여하였다. 연강전학사는 휘종이 정화 4년(1114)에 端明殿學士의 명칭을 바꾼 것으로 正3品 고위직에 수여하였으며, 건염 2년(1128)에 다시 단명전학사로 바꾸었다.

134 武功大夫 : 政和 2년(1112)에 설치한 무관 寄祿官 가운데 세 번째인 諸司正使 등급에 속한 관명이다. 紹興 연간에 제정한 52개 품계 중 15위이며 正7品으로 諸司正使 가운데 首位이다.

135 和州 : 淮南西路 소속이며 등급은 上, 郡名은 歷陽郡, 州格은 防禦州이다. 치소는 歷陽縣(현 안휘성 馬鞍山市 和縣)이고, 관할 현은 歷陽縣·烏江縣·含山縣 등 3개이다. 지명은 555년 北齊와 梁이 和議 체결을 계기로 기존의 歷陽을 和州로 바꾼 데서 유래하였다. 낮은 구릉과 평야가 섞인 지형으로 관할구역은 현 안휘성 중동부 馬鞍山市의 장강 서안에 해당한다.

136 승진 전보 : 원문은 '轉'이다. 품계를 올려 주는 '升'과 달리, '동일 품계 내에서 상위 서열의 관직으로 승진시켜 주는 것'을 말한다. 문무 관리와 내외 職事官의 승진에 모두 사용할 수 있으나, 주로 무관의 승진에 사용하는 인사 관련 용어이다.

137 榷鹽院 : 소금 전매를 관리하는 기구로, 819년에 현 산동 지역의 鄆州·靑州·兗州에 처음 설치하였다. 거란에서도 각염원 제도를 지속하였다. 연경 일대의 榷鹽院은 武淸縣(현 천진시 武淸區) 관할이었는데, 인구가 늘자 938년에 淸化縣을 분리 설치하고 각염원을 운영하였다. 현 북경과 천진 사이에 있는 하북성 廊坊市 북동쪽의 飛地인 香河縣에 해당한다.

138 원문은 '羈縻'이다. '羈'는 '말의 굴레'를, '縻'는 '소의 고삐'를 뜻하는데, 중원왕조 주변 세력의 기득권을 존중하여 일정 정도의 군사적 통제를 하되 관작을 부여하는 등 자치권을 인정하는 방식으로 중국의 종주권을 간접적으로 인정하게 하는 제도를 가리킨다. 명목상의 관직만 부여하는 방식과 직접 羈縻府州를 설치하는 방

식이 있다. 당 전기의 절정기에는 856개의 기미부주가 있었고, 송대에도 광서·귀주는 물론 호북·사천·광동 등에 다수의 기미주가 있었다. '覊縻'라고도 한다.

139 韓慶民 : 금 태종의 동생 完顔闍母가 天會 2년(1124) 11월 宜州(현 요녕성 錦州市 義縣)를 격파하고 宜州節度使 한경민을 죽였으며, 이때 한경민의 아내가 자진하였다는 기사가 『金史』 권3의 「太宗本紀」와 권71의 「完顔闍母傳」 및 권130 「列女傳」의 '韓慶民妻傳'에 보인다.

140 遷州 : 거란 中京道 소속이며 軍額은 興善軍, 州格은 軍事州이다. 치소 겸 관할 현은 遷民縣(현 하북성 秦皇島市 山海關區)이며, 지명은 거란 聖宗이 발해인 大延琳의 반란을 진압한 뒤 투항한 사람들을 이주시켜 새로 주를 설치한 데서 유래하였다. 관할구역은 현 하북성 동남부 秦皇島市의 동쪽에 해당한다.

141 潤州 : 거란 中京道 소속이며 軍額은 海陽軍, 州格은 軍事州이다. 來州 歸德軍節度使司 관할이었으며 관할 현은 海陽縣(현 하북성 秦皇島市 海港區)이다. 聖宗이 발해인 大延琳의 반란을 진압한 뒤 寧州 주민을 이주시키고 설치하였다. 같은 지명으로 송의 兩浙路 潤州(현 강소성 鎭江市)가 있다. 관할구역은 현 하북성 동중부 秦皇島市의 城區에 해당한다.

142 원문은 '卞莊刺虎'이다. 『戰國策』에 나오는 고사로서, 陳軫이 秦惠王에게 韓과 魏가 전쟁으로 모두 곤궁해진 뒤에 進攻할 것을 권하면서 소개한 이야기이다. 변장자라는 사람이 두 호랑이가 싸우기를 기다렸다가 작은 호랑이가 죽고 큰 호랑이가 다쳤을 때 상처 입은 큰 호랑이를 찔러 한꺼번에 두 마리를 잡았다는 내용이다.

143 中興府는 西夏의 도성인 興慶府(현 영하자치구 銀川市)의 별칭이므로 여기서는 '興中府'로 보아야 한다.

144 원문은 '關中'이다. 관중은 통상 潼關 등 4대 관문에 둘러싸인 섬서 중부의 渭河 평야를 가리키나, 본문에서는 居庸關 등 5관에 둘러싸인 '연경'을 가리키는 말이다.

145 興中府 : 거란 中京道 소속이며 軍額은 彰武軍, 州格은 節度州이다. 당의 營州를 神冊 연간(916~922)에 覇州로 바꿨고, 重熙 10년(1041)에 남추밀원 산하에 설치한 3개 府 가운데 하나인 흥중부로 승격되어 建州·黔州·潭州·安德州·榆州·利州·川州·覇州·惠州 등 9개 주를 관할하였다. 興宗 후기에 遼西錢帛司가 설치되었다. 府의

치소는 覇城縣(후에 興中縣으로 개칭하였다. 현 요녕성 朝陽市 雙塔區)이고 관할 현은 象雷縣·閭山縣·靈丘縣·覇城縣 등 4개이다. 관할구역은 현 요녕성 서북부에 해당한다.

146 東京道 : 거란의 五京道 가운데 하나로 會同 1년(938)에 설치하였다. 京府 1개, 次府 3개, 州 85개, 軍 1개, 城 10개를 관장하였으며, 치소는 동경 遼陽府(현 요녕성 遼陽市 遼陽縣)이다. 神冊 4년(919)에 설치된 防禦州인 東平郡이 天顯 3년(929)에 東丹國의 도성인 南京으로 승격되었고, 天顯 13년에 다시 東京으로 바뀐 것이다. 발해와 발해 멸망 후 설치된 東丹國의 영역이 관할구역이라서 大延琳의 반란 등 발해인의 저항이 지속되었고, 후에는 여진의 발상지가 되었다. 현 길림성·요녕성·흑룡강성에 해당한다.

147 林牙 : 거란의 北面官 가운데 北面都林牙·北面林牙承旨·北面林牙·左林牙·右林牙 등이 있는데, 문서를 관리하는 관직으로 송의 翰林에 해당한다.

148 中京 : 거란 中京道 中京 大定府이며, 중경도 관할 京府 1개, 次府 1개, 주 28개, 성 1개 등 31개 府·州·城을 관할하였다. 統和 25년(1007)에 5경 가운데 하나인 중경이 되었으며 聖宗 후기에 中京度支司가 설치되었다. 치소는 大定縣(현 내몽고자치구 赤峰市 寧城縣)이고 관할 현은 勸農縣·歸化縣·金原縣·大定縣·文定縣·富庶縣·升平縣·神水縣·長興縣 등 9개이다. 내몽고고원과 松遼平野의 연계지에 자리하였으며, 관할구역은 현 내몽고자치구 동남부 赤峰市의 남쪽에 해당한다.

삼조북맹회편

三朝北盟會編

卷18

[政宣上帙18]

起宣和五年六月五日丙戌, 盡十二月三日壬午.

정화 연간(1111~1118)부터 선화 연간(1119~1125)까지를 기록한 상질의 제18권 : 선화 5년(1123) 6월 5일 병술일부터 12월 3일 임오일까지.

五日丙戌，張瑴①詣宣撫司納土.

① [按] 張瑴：袁本에서는 '張覺'으로 썼다. 교주를 따른다. 이하 모두 같은데, 교주는 생략한다.

선화 5년(1123) 6월 5일 병술일, 장각이 웅주에 있는 선무사사에 가서 평주를 바쳤다.

「狀」曰：權管勾平州節度使兼諸軍都統張瑴狀：自女眞深入，北朝皇帝西狩不返，諸路寇兵充斥，道途塞絶，當道無所依託，承天朝①累遣人賷到文字招論，尋奉表款附，復蒙降到敕赦②，幷處置宣命. 適值女眞襲下燕城，遠近震懼，當道地隔力弱，姑務應從，以緩攻侵，圖安境土. 燕城本中國舊地，雖爲賊(改作敵)有，巢穴尙遙(刪此四字)，固無久駐之勢；況與大朝要約，遂議分割③. 賊恃虎狼之强，其雲中富家巨室，悉被驅虜，止畱空土，以塞前盟，大朝亦非得已；旋以假道當界，冤痛之聲，盈於道路.

① [按] 天朝：袁本에서는 '大朝'로 썼다.

② [按] 復蒙降到敕赦：袁本에서는 '後蒙降到勑赦'로 썼다.

③ [按] 遂議分割：袁本에서는 '遂議割分'으로 썼다.

장각의 장계 내용은 다음과 같다.

권관구평주절도사[1] 겸 제군도통[2] 대행인 장각이 아룁니다.

여진이 깊숙이 침입한 이래 북조의 천조제는 서쪽으로 사냥을 떠나더니 돌아오지 않고, 각처에는 도적 같은 여진 병사들이 가득하여 길이 막히고 끊겼으니 우리 평주는 의탁할 곳이 없는 형세입니다. 조정에서 누차 사람을 시켜 항복을 권유하는 문서를 보내 주셨으니, 표문을 받들어 올려 귀순하자, 또 지난 일에 대한 사면의 조칙을 내려 주시고 아울러 칙명의 처분을 받았습니다.

그 무렵 여진이 연경성을 습격하여 함락시켜 사방이 두려움에 떨었으니, 땅은 고립되고 힘이 약한 저희 평주로서는 잠시 여진에 애써 순종하여 침공을 늦추고 관내의 안정을 도모할 수밖에 없었습니다. 연경성은 본래 중국의 옛 땅인지라 비록 외적에 의해 점유되었다 해도 저들의 소굴은 오히려 저 멀리 떨어져 있으니 오랫동안 주둔할 상황이 아니었습니다. 게다가 귀 조정과 맹약을 맺어 분할해 주기로 협상하기까지 했습니다. 적賊들은 범과 이리 같은 강한 힘을 믿고 운중[3]의 부자나 유지들을 모두 끌고 가 버리고 단지 텅 빈 땅만을 남겨 둔 채 이전에 했던 맹약을 때웠을 뿐인데, 귀 조정에서는 또한 어찌하지 못하였습니다. 그리고 오래지 않아 길을 빌리겠다며 우리 지역에 왔는데, 원망의 소리가 온 길에 가득 차 있었습니다.

是用不忍, 與州人共議, 僉曰 : “宜抗賊命, 以全生靈, 若許東遷, 是亦資虜(改作敵).” 卽調發丁壯, 繕甲兵, 鋤賊徒以活生靈, 區區之志, 必已聞之. 近知賊眾(改作女眞)已過居庸, 大朝必措置屯守, 使無回路. 仍念安土重遷者, 人之常情 ; 況萬室流離①, 祀奠無主②, 雖居近地, 猶謂出鄉, 使復父母之邦, 是成終始之義. 一則爲大朝守圉之計, 二則快流民歸國之心, 固無他求, [018-02] 乞修舊款. 應西來職官、百姓, 已分路津發過界去訖. 今差都統府掌書、鴻臚少卿張鈞, 將作監、參謀軍事張敦固謹詣安撫使司③納土歸朝.

① [許] 況萬室流離 : '家'를 '室'로 잘못 썼다.

② [按] 祀奠無主 : 袁本에서는 '祝奠無主'로 썼다.

③ [按] 安撫使司 : 袁本에서는 '安撫司'로 썼다.

이에 차마 참지 못하고 평주 사람들과 함께 논의해 보니 모두가 한목소리로 "마땅히 적의 명령에 항거하여 백성들을 온전히 해야 한다. 만일 동쪽으로 이주하게 해 준다면 이 또한 북로에게 힘을 보태 주는 것이다."라고 하였습니다. 그래서 즉시 장정을 징발하고 무기를 정비하여 적도를 제거해 백성을 살렸으니, 저희의 이런 소소한 뜻을 이미 분명히 들으셨을 것입니다.

근래에 적의 무리가 이미 거용관을 나갔다는 것을 알게 되었습니다. 귀 조정에서는 반드시 군대를 주둔시켜 수비하도록 조치해서 그들이 되돌아올 길이 없도록 해야 합니다. 그리고 안착하여 이주를 꺼리는 것은 인지상정임을 생각하셔야 합니다. 더구나 수많은 가구가 정처 없이 떠돌다 객사하여 제사를 지내 줄 사람이 없으면,[4] 비록 가까운 곳에 살지라도 타향살이와 같은 것입니다. 부모의 땅을 되찾게 하는 것은 시종 일관된 뜻을 이루는 일입니다. 이는 첫째는 귀 조종이 나라를 지키는 계책이 되며, 둘째는 유민들이 제 나라로 돌아가려는 마음에 정확하게 부합하는 것입니다. 저희는 본디 다른 요구는 없고 다만 옛 우의가 잘 지켜지길 바랄 따름입니다.

서쪽 연경에서 온 관리와 백성은 이미 길을 나누어 수로를 이용해 평주 경계 너머로 보냈습니다. 지금 도통부의 장서기[5]로서 홍려시[6]소경[7]인 장균과 장작감[8]이며 참모군사인 장돈고[9]를 귀 조정의 안무사사에 보내어 땅을 바치고 귀순합니다.

詹度得狀, 不敢受, 而以密奏聞 : 據穀狀, 當遷之人, 在平、灤者, 皆欲求歸, 已分路遣之過界 ; 緣東遷之人, 田宅悉爲常勝軍所有, 無宿食之地, 若坌入燕城①, 其勢必張, 懼爲金人所知, 已語瑴無遽, 遂以張鈞送宣撫使②.

① [按] 若坌入燕城 : 袁本에서는 '若令入燕地'로 썼다.

② [按] 宣撫使 : 袁本에서는 '宣撫司'로 썼다. 교주를 따른다.

첨도가 장계를 받았으나 감히 접수할 수가 없어 은밀히 다음과 같이 조정에 상주하였다.

장각의 장계에 따르면 동쪽으로 이주하다 평주와 란주에 온 사람들은 모두 되돌아가기를 원하여 이미 길을 나눠 그들을 보내 평주 경계를 넘었다고 합니다. 그러나 동쪽으로 이주하던 사람들은 상승군이 집과 밭을 모두 점유하여 묵을 곳이 없어졌는데, 만약 연성으로 몰려 들어간다면 그 형세가 반드시 커질 것이니 금국에서 알게 될까 걱정입니다. 이에 이미 장각에게는 서두르지 말라고 말해 놓고, 장균을 선무사사로 보냈습니다.

先是, 張瑴叛金人, 用李石謀殺左企弓等, 放燕人歸燕, 聞朝廷令詹度密諭之意. 又得朝廷撫納燕人之報, 大喜, 遂納土來歸. 拜瑴泰甯軍節度使①, 世襲平州, 其屬衛甫、趙仁彦、張鈞②、張敦固皆除徽猷閣待制.

① [按] 拜瑴泰甯軍節度使 : 袁本에서는 '拜覺泰甯節度使'로 썼다.

② [按] 趙仁彦、張鈞 : 袁本에서는 '張鈞、趙仁彦'으로 썼다.

그전에 장각은 금국에 반기를 들 때 이석의 계책[10]을 써서 좌기궁 등을 살해하고 연경 지역 사람을 연경으로 되돌아가게 했고, 첨도가 비밀리에 전달해 준 조정의 뜻을 전해 듣게 되었다. 또한 조정이 연경 지역 사람을 위무하고 받아들인다는 소식을 듣고는 크게 기뻐하며, 평주 땅을 헌납하고 귀순하였다. 조정에서는 장각에게 태녕군절도사 직을 제수하고 평주를 세습지로 인정하였으며, 그의 부하 위보·조인언·장균·장돈고에게는 모두 휘유각[11]대제[12] 직을 제수하였다.

史愿『亡遼錄』曰 : 張瑴之拒金人也, 外則送款於大宋, 通好於蕭幹, 而緩急求援 ; 內則奉天祚畫像, 擧事白而後行, 詐遣人奉迎, 以圖興復. 有燕人李安弼者, 翰林學士李石也①. 有高黨者, 乃三司使高履也. 二人者皆先嘗被虜, 後緣張瑴放歸, 恐金人來捕, 意欲大宋與金人變盟, 則雖後來取之, 不發, 纔見王安中②, 共爲游說, 曰 : "平州自古形勝之地, 地方百餘里, 帶甲十萬餘③. 張瑴文武全材, 足以禦金人④, 制藥師, 幸招致之 ; 不然, 則復恐西迎天祚, 北合蕭幹, 並爲我患, 燕山豈得安而⑤?" [018-03] 安中入其語, 深以爲然, 勸朝廷納之(舊校云 : 『契丹國志』作詹度得張瑴納土書, 不敢受密聞於朝, 非安中也.), "有臣身任其責, 事關軍國, 利害大計, 不敢不言."差官伴送李安弼等, 賫奏赴闕. 趙良嗣力爭以爲不可, 恐必招女眞之兵, 乞斬安弼以狥, 朝廷不從.

① [按] 翰林學士李石也 : 袁本에서는 '乃翰林學士李石也'로 썼다.

② [許] 不發, 纔見王安中 : '必不發, 遂見王安中'으로 써야 한다.

[按] 袁本에서는 '宋必不發 ; 遂見王安中'으로 썼다.

③ [按] 十萬餘 : 袁本에서는 '十餘萬'으로 썼다.

④ [按] 足以禦金人 : 袁本에서는 '足以凜金人'으로 썼다.

⑤ [許] 燕山豈得安而 : '而安'을 '安而'로 잘못 썼다. 교주를 따른다.

사원의 『망요록』[13]에는 다음과 같이 적혀 있다.

장각은 금국에 저항함에 있어, 밖으로는 대송에 투항하는 한편 소간과도 왕래하며 친분을 맺어 긴박한 상황에 시간을 벌면서 원조를 청하였다. 또 안으로는 천조제의 초상화를 모시며 모든 일을 보고한 후에 시행하고, 천조제를 모시기 위해 사람을 보내며 부흥을 도모하고 있는 듯이 남들을 속였다.

연경 사람 중에 이안필이란 자가 있었는데, 그가 바로 한림학사 이석이다. 고당이라는 자도 있었는데, 바로 삼사사[14]였던 고리이다. 두 사람은 모두 일찍이 금군에 사로잡혔다가 후에 장각 덕분에 풀려나 돌아올 수 있었는데, 금군이 잡으러 올까 두려워 대송이 금국과의 맹약을 어기게 되기를 바랬다. 그렇게 되면 설사 나중에 그들이 잡으러 와도 내주지 않으리라 생각한 것이다. 그래서 왕안중을 만나 함께 다음과 같이 유세하였다.

"평주는 자고로 형세가 뛰어난 지역으로, 땅이 100여 리가 넘고 10만여 명의 병사를 보유하고 있습니다. 장각은 문무를 겸비하여 충분히 금국 군대를 방어하고 곽약사를 견제할 수 있으니 부디 그를 불러들이길 바랍니다. 그렇지 않으면 또 서쪽으로는 천조제를 맞이하고 북쪽으로는 소간과 합하여 모두 우리의 근심이 될까 두려우니, 연산부가 어찌 안정을 얻을 수 있겠습니까?"

왕안중은 그 말에 빠져 아주 그럴듯하다고 여기고 조정에 장각을 받아들일 것을 권유하면서[구 교감은 다음과 같다. 『거란국지』에는 첨도가 땅을 바친다는 장각의 문서를 받고 그 요청을 감히 수용하지 못하여 은밀히 조정에 아뢰었다고 적고 있다. 왕안중이 한 일이 아니다.] "신하 된 자가 그 책임을 맡고 있고 일이 군국대사와 관련되었으며 이해관계가 몹시 크니, 감히 말씀드리지 않을 수 없습니다."라고 아뢰었다. 그리고 관리를 파견하여 이안필 등과 함께 상주문을 가지고 궁궐로 가게 하였다.

조량사는 그 제안을 받아들여서는 안 된다고 힘써 따지면서 그렇게 하면 반드시 여진의 군대를 불러들이게 될 것이니 이안필을 참하여 조정의 뜻을 널리 알려야 한다고 했으나, 조정에서는 따르지 않았다.

又有延康殿學士、提擧太一宮趙敏修①, 遼國宰相李儼之子處能也②, 先在海島, 蕭太后詔令歸俗, 乘驛騎赴闕, 將復用, 行次平州, 聞金人已下燕③, 因越境歸朝, 在京師賜第, 有母國夫人④邢氏等骨肉, 亦自平州歸. 三人旦夕出入王黼、蔡攸府第議事, 朝廷遂信其說 ; 通平州, 納燕人, 豈偶然哉?良有以也!

① [按] 又有延康殿學士、提擧太一宮趙敏修 : 袁本에서는 '又有延慶殿學士、提擧太乙宮趙敏修'로 썼다.

② [按] 處能也 : 袁本에서는 '處能'으로 썼다.

③ [許] 聞金人已下燕 : '聞金人已下燕土'로 써야 한다.

④ [許] 有母國夫人 : '有母某國夫人'으로 써야 한다.

또 연강전학사이며 제거태일궁사[15]인 조민수는 원래 요나라 재상 이엄[16]의 아들 이처능이다. 이처능은 섬에 숨어 살고 있었는데[17], 소태후가 환속하라는 조령[18]을 내려 역마를 타고 궁궐로 오게 한 뒤 다시 중용하려고 하였다. 평주에 도착했을 때 금군이 이미 연경을 함락시켰다는 소식을 듣게 되자, 그는 국경을 넘어 우리 조정에 귀순하였다. 그리하여 도성에서 저택을 하사받았고, 모친인 국부인[19] 형씨 등 가족들도 평주로부터 귀순하였다. 이 세 사람[20]은 아침저녁으로 왕보와 채유의 관저를 드나들면서 일을 논의하니, 조정에서는 마침내 그들이 하는 말을 믿게 되었다. 평주와 내통하여 연경 사람을 받아들인 것이 어찌 우연이겠는가? 진실로 까닭이 있는 것이다.

九日庚寅①, 收復全燕, 一行官吏、將士推恩.

① [按] 九日庚寅 : 袁本에서는 '十九日庚子'로 썼다.

선화 5년(1123) 6월 9일 경인일, 연경 전역을 모두 수복하였고, 관련 관리와 장수 및 사병들에게 포상하였다.

宣撫司收復撫定全燕, 一行官吏、將士等宜有優恩, 以酬勞效①. 述古殿直學士、宣奉大夫、參謀官劉韐, 除延慶殿學士, 更轉一官. 顯謨閣直學士、管勾機宜文字蔡術, 已除徽猷閣待制, 勾管機密文字蔡衔已除②陞一職外, 更轉階官二等. 大晟府典樂、提擧祕書省道錄院、管勾文字、宣撫使司勾當公事馮舒③, 與除待制, 更轉一官. 集英殿修撰、參謀宇文虛中④, 舊職係待制, 與遷一職直學士, 仍轉一官.

① [許] 以酬勞效 : '效'는 '勛'으로 써야 한다.

② [按] 已除徽猷閣待制, 勾管機密文字蔡衔已除 : 袁本에서는 '除徽猷閣待制除'로 썼다.

③ [按] 馮舒 : 袁本에서는 '馮輔'로 썼다.

④ [按] 宇文虛中 : 袁本에서는 '文字黃中'으로 썼다.

선무사사에서 연경 전역을 모두 수복하고 안정시켰기에 관련 관리와 장수 및 사병들에게 적절히 포상하여 공로를 보상해 주었다. 선봉대부[21]로 술고전학사[22]이며 선무사사 참모관[23]인 유겹[24]에게 연강전[25]학사를 제수하여 한 단계 승진 전보해 주었다. 현모각[26]직학사이며 관구기의문자[27]인 채술[28]에게는 이미 휘유각대제를 제수하고 구관기밀문자인 채간[29]에게도 이미 한 직급 승진[30]시켜 준 것 외에 둘 다 다시 관직 서열[31]을 2단계 올려 주었다. 대성부전악[32]이며 제거비서성[33]도록원[34]으로 관구문자이자 선무사사 구당공사[35]인 풍서에게도 대제를 제수하였고, 또 한 단계 승진 전보해 주었다. 집영전 수찬[36]이며 참모인 우문허중은 기존의 직급인 대제에서 직학사로 승진[37]시켜 주고 다시 한 단계 승진 전보해 주었다.

金國主阿骨打(改作阿固達)殂於軍前. [018-04]

금국 국주國主인 아골타가 군영에서 사망하였다.

『神麓記』曰 : 女眞始祖掯浦(改作堪布), 出自新羅, 奔至阿觸胡(改作阿勒楚喀), 無所歸, 遂依完顔, 因而氏焉. 六十未娶. 是時酋豪(改作諸部)以强陵弱, 無所制度①. 掯浦(改作堪布)劈木爲剋, 如文契約, 教人擧債生息, 勤於耕種者, 遂致巨富. 若遇盜竊雞豚狗馬者, 以桎梏拘械②, 用柳條笞撻外, 賠償七倍. 法令嚴峻, 果斷不私 ; 由是達近皆伏③, 號爲神明.

① [按] 以强陵弱, 無所制度 : 袁本에서는 '以强淩弱, 無有制度'로 썼다.

② [按] 以桎梏拘械 : 袁本에서는 '以桎梧拘械'로 썼다.

③ [按] 達近皆伏 : 袁本과 四庫本 모두 '遠近皆伏'으로 썼다. 교주를 따른다.

『신록기』[38]에는 다음과 같이 적혀 있다.

여진의 시조 긍포는 신라에서 도망쳐 나와서 곧장 아촉호[39]까지 왔는데 갈 곳이 없어 결국 완안씨[40]에게 의지하였고, 자연스레 그 씨족이 되었다. 예순 살이 되도록 아내를 못 얻었다.

당시 추장이나 유력자들이 힘으로 약자들을 능멸하여도 통제할 법도란 것이 없었다. 긍포는 나무를 쪼개 증빙으로 삼았는데 문서 계약과 같은 것이었고, 사람들에게 빌려주고 이자 받는 것을 가르쳤는데 부지런히 밭 갈고 씨 뿌린 자들은 마침내 큰 부자가 되었다. 닭·돼지·개·말 등을 훔치는 자가 생기면 차꼬와 고랑을 채워 묶고 버들가지로 매질을 하고 또 일곱 배로 배상케 하였다. 법령은 준엄했고 과감하되 사사롭지 않았기에, 멀고 가까운 데서 모두 복종하며 신명하다 일컬었다.

有隣寨鼻察異酋(改作部)長, 姓結徒姑丹①(改作圖克坦), 小名聖貨(改作勝果)者②, 有室女年四十餘, 尙未婚, 遂以牛馬財用農作之具, 嫁之於掯浦(改作堪布). 後女眞眾酋(改作豪)結盟, 推爲首領. 生訛辣魯(改作烏嚕), 繼其父業. 訛辣魯(改作烏嚕)生佯海(改作雅哈), 佯海(改作雅哈)生隨闊(改作綏赫). 自幼習射採生, 長而善騎射獵, 教人燒炭煉鐵, 刳木爲器, 制造舟車, 種植五穀, 建造屋宇, 稍有上古之風, 猶是隣近每有不平, 皆詣所請, 遂號孛堇(改作貝勒), 臣伏契丹. 生三子, 長曰兀列(改作烏里), 次曰失侶(改作舒嚕), 幼曰烏熟(改作實魯). 爲孛堇(改作貝勒), 生貨擺(改作呼欄). 比之五祖, 逈然超羣③, 由是契丹拜爲甯江軍節度使, 呼曰太師. 生五子, 長曰劾闍(乃粘罕祖, 劾闍改作和卓. 注粘罕改作尼堪), 次劾姑遜(改作噶順), 次劾里孛(改作和里布), 次蒲辣叔④(改作頗拉淑), 次楊割(改作英格). 太師劾里孛(改作和里布)生長子兀囉束⑤(改作烏魯斯), 第二子⑥兀古達(改作阿固達) [018-05] 乃太祖大聖武元皇帝.

① [按] 姓結徒姑丹 : 四庫本에는 '結'字가 없다. 교주를 따른다.

② [按] 小名聖貨者 : 袁本에서는 '小名聖者貨'로 썼다.

③ [按] 比之五祖, 逈然超羣 : 袁本에서는 '北之五祖, 迥然超羣'으로 썼다.

④ [按] 次蒲辣叔 : 袁本에서는 '次浦辣叔'으로 썼다.

⑤ [按] 兀囉束 : 袁本에서는 '兀囉末'로 썼다.

⑥ [按] 第二子 : 袁本에서는 '第三子'로 썼다.

이웃 산채에 '비찰이'라는 추장이 있었는데, 성은 '도고단'이고,[41] 아명은 '성화'였다. 나이 마흔을 넘기도록 결혼하지 못한 딸이 있어, 마침내 소와 말, 재물과 농기구 등을 딸려 긍포에게 시집보냈다. 그 후 여진의 여러 추장이 동맹을 맺고 그를 수령으로 추대하였다.

긍포가 아들 와랄로를 낳았는데 와랄로가 아버지의 가업을 이었다. 와랄로는 양해를 낳았고, 양해는 수활을 낳았다. 수활은 어려서부터 활쏘기를 연습하고 생물을 채집하더니, 자라서는 말을 타고 활을 쏘며 사냥하기를 잘하였다. 그는 사람들에게 숯불로 철을 제련한다거나, 나무를 깎아 기물을 만드는 것, 배와 수레를 만들고 오곡을 경작하고, 집을 짓는 것 등을 가르쳤으니, 조금씩 중국의 상고시대 같은 풍모가 생기게 되었다. 이리하여 인근에서 충돌이 일어날 때마다 모두 다 그에게 가서 도움을 청하였다. 이에 마침내 발근을 칭하고 거란의 신하가 되었다.

수활은 세 아들을 두었는데 장남이 올렬, 차남이 실려, 셋째가 오숙이었는데, 셋째인 오숙이 발근이 되었고 화라를 낳았다. 화라는 조상 5대에 비하여 훨씬 뛰어났다. 그래서 거란으로부터 영강군절도사를 제수받고 태사[42]라 칭하였다. 화라는 아들 다섯을 두었는데, 장남이 핵도[바로 점한의 조부이다.]이고, 차남이 핵고손, 삼남이 핵리발, 사남이 포랄숙, 오남이 양할이다. 태사를 지낸 삼남 핵리발의 장남이 올라자이고, 둘째 아들이 아골타인데, 아골타가 바로 태조 대성무원황제이다.

太祖①, 契丹咸雍四年歲在戊申生, 自遼國天慶三年甲午歲, 年四十七, 於甯江府拜天册立, 改元稱帝號. 侍中韓企先訓名曰旻. 改收國三年爲天輔元年②, 共在位九年. 創業艱難, 未嘗少息, 至燕京, 入內見大殿搖動出(刪入內至此八字), 於城東柴村建寨, 不旬日病殂, 年五十五, 以白礬、大鹽淹③, 歸阿觸胡御寨(刪以白至此十二字)葬之(刪此字, 改作阿勒楚喀), 後遷於墳山, 號曰泰陵.(舊校云 : 考『金史世紀』, 金之始祖諱函普, 初從高麗來, 年六十餘, 部有賢女六十未嫁, 許歸之, 後生二子, 長曰烏魯, 次曰斡魯, 遂爲完顔部人. 『神麓記』所載殊誤也.)

① [按] 太祖 : 袁本에서는 '祖'로 썼다.

② [按] 改收國三年爲天輔元年 : 袁本에서는 '改收國三年天輔六年'으로 썼다.

③ [按] 淹 : 袁本에서는 '醃'으로 썼다.

태조는 거란 함옹 4년(1068) 무신생이다. 요나라 천경 3년(1113) 갑오년(1114), 47세 나이에 영강부[43]에서 하늘에 배례하고 즉위하면서 연호를 고치고 황제라 칭하였다.[44] 시중[45] 한기선[46]이 아골타라는 뜻을 풀어 한자 이름을 '민'이라 하였다. 연호인 수국[47] 3년(1117)을 고쳐 천보 원년으로 하였으며, 9년간 재위하였다.

창업은 힘들고 고통스러웠으나 잠시라도 쉰 적이 없었다. 연경에 입성하여 궁궐 안에 들어갔다가 대전이 요동치는 것을 보고 나와서 연경성 동쪽의 시촌에 영채를 세운 지 열흘이 되지 않아 병으로 죽었으니, 향년 55세였다. 시신을 백반과 굵은 소금에 담가 아촉호 어채[48]로 돌아가 장사 지냈다. 뒤에 분산으로 이장하여 태릉[49]이라 불렀다.[구 교감은 다음과 같다 : "『금사세기』를 살펴보면, 금의 시조는 휘가 함보[50]인데, 원래 고려에서 왔다. 나이 60여 세가 되었을 때, 부족 내에 60세에 아직 시집가지 않은 어진 여인이 있어, 그에게 시집왔다. 뒤에 두 아들을 두었는데, 큰아들은 '오로'라 했고, 둘째는 '알로'라 했다. 이로써 완안부의 사람이 되었다. 『신록기』의 기록은 크게 잘못되었다."]

『松漠記聞』曰 : 阿骨打(改作阿固達)八子, 正室生繩果(改作勝額), 於次爲第五 ; 又生第七子, 乃燕京留守易王之父. 正室卒, 其繼室立, 亦生二子 : 長曰二太子, 爲東元帥, 封許王, 南歸至燕而卒, 次生第六子曰蒲路虎(改作富勒呼), 爲兗王、太傅、領尙書省事. 長子固倫(改作古倫), 側室所生,爲太師、涼國王①、領尙書省事 ; 弟曰三太子②, 爲左元帥, 與四太子同母. 四太子卽兀朮(改作烏珠), 爲越王、行臺尙書令 ; 第八子曰邢王, 爲燕京留守, 打毬墜馬死. 自固倫(改作古倫)以下, 皆爲奴婢.

① [按] 涼國王 : 四庫本에서는 '涼王'으로 썼다. 교주를 따른다.

② [按] 弟曰三太子 : 袁本에서는 '第三日三太子'로 썼다.

『송막기문』[51]에는 다음과 같이 적혀 있다.

아골타는 8명의 아들을 두었다. 정실이 승과를 낳았는데, 순서로는 다섯째이다. 또 일곱째 아들을 낳았는데, 이 사람이 바로 연경유수 역왕의 아버지이다. 정실이 죽자, 새로 왕후를 세웠는데[52] 또한 두 아들을 두었다. 큰아들이 둘째 태자인데, 동부군 원수가 되었고 허왕에 봉해졌으며, 남쪽으로 연경에 가서 죽었다. 다음이 여섯째 아들로, 포로호[53]라 불렀고 연왕에 봉해졌으며, 태부 · 영상서성사[54]가 되었다. 장자인 고륜은 측실 소생으로 양왕에 봉해졌고 태사 · 영상서성사가 되었다. 아우가 삼태자인데, 좌원수가 되었으며, 사태자와 어머니가 같다. 사태자가 바로 올출인데, 월왕에 봉해졌고 행대[55]상서령[56]이 되었다. 여덟째 아들 형왕은 연경유수를 지냈는데, 격구[57] 경기 중 말에서 떨어져 죽었다.[58] 고륜 이하 열거된 네 아들은 모두 노비가 되었다.[59]

『神麓記』曰 : 太祖九子, 正室生第三子聖果(改作勝額), 名宗浚(乃亶之父)①, 第七子則蒲陽虎②(改作費揚古), 名宗朝 ; 繼室生元帥二太子, [018-06] 名宗傑, 第六子宗雋 ; 庶長子宗幹(乃亮之父) ; 賢妃生元帥三太子宗堯(乃褒之父) ; 德妃生元帥四太子兀朮(改作烏珠), 名宗弼, 第八子阿魯③, 第九子阿魯孛山④(改作阿里布).

① [按] 宗浚(乃亶之父) : 袁本에서는 '宗峻(乃亶父)'로 썼다.

② [按] 第七子則蒲陽虎 : 袁本에서는 '第七子列蒲陽虎'로, 四庫本에는 '第七子則費揚古'로 썼다. 袁本을 따른다.[60]

③ [按] 第八子阿魯 : 袁本에서는 '阿魯保'로 썼다.

④ [按] 第九子阿魯孛山 : 『金史』에서는 '阿魯補'로 썼다. 교주를 따른다.

『신록기』에는 다음과 같이 적혀 있다.

태조는 아홉 명의 아들을 두었다. 정실 소생인 셋째 아들 성과는 한인 방식 이름이 종준이고[3대 황제인 희종 완안단의 아버지이다], 일곱째 아들 열포양호는 한인 방식 이름이 종조이다. 계실[61]은 원수이며 둘째 태자인 종걸, 여섯째 아들 종준을 낳았다. 또 다른 측실[62]이 서장자 종간[즉 해릉왕 완안량의 아버지]을 낳았다. 현비[63]는 원수이며 삼태자인 종요[즉 5대 황제인 세종 완안포의 아버지]를 낳았다. 덕비[64]는 원수이며 사태자로서 한인 방식 이름이 종필인 올출, 여덟째 아들인 아로,[65] 그리고 아홉째 아들 아로보[66]를 낳았다.

『節要』曰 : 阿骨打(改作阿固達)有子十餘人, 今記其八 ; 曰阿補①(改作阿巴), 二曰室曷(亶父,室曷改作實格), 三曰沒梁虎(與室曷同母, 正室所生.

沒梁虎改作摩囉歡. 注室曷改作實格), 四曰窩里孛(人呼作二太子, 兩寇京城者. 窩里孛改作斡里雅布. 注寇改作攻), 五曰窩里嗢(人呼作三太子. 窩里嗢改作鄂勒歡), 六曰兀朮(人呼作四太子. 兀朮改作烏珠), 七曰窩里混(人呼作五太子, 號自在郎君. 窩里混改作鄂爾和), 八曰阿魯保(邢王. 阿魯保改作阿里布.) (舊校云 : 按諸書所載多與金史互異, 蓋傳聞之誤).

① [許] 日阿補 : '一曰阿補'로 써야 한다. 교주를 따른다.

『절요』[67]에는 다음과 같이 적혀 있다.

아골타는 아들이 10여 명 있는데 지금 8명을 기록하면 다음과 같다. 첫째는 아보, 둘째는 실갈[완안단의 아버지], 셋째는 몰량호[실갈과 한 어머니이며, 정실 소생이다.], 넷째는 와리발[사람들은 둘째 태자라고 불렀다. 두 번 도성을 공격한 자이다.], 다섯째는 와리올[사람들은 삼태자라고 불렀다.], 여섯째는 올출[사람들은 사태자라고 불렀다.], 일곱째는 와리혼[사람들은 오태자라고 불렀다. 호는 자재낭군이다.], 여덟째는 아로보[형왕]이다.[구 교감은 다음과 같다 : "여러 서적에 기록된 것이 『금사』와 많이 다른데, 아마도 말이 잘못 전해졌기 때문일 것이다."]

『金國太祖實錄』曰 : 太祖生於遼咸雍四年戊申秋七月, 其先爲完顏部人①, 後因以爲氏. 以遼天慶五年建國, 曰 : "遼以鑌鐵爲國號, 鑌鐵雖堅剛, 終有銷壞, 唯金一色最爲眞寶②, 自今本國可號大金." 天輔六年八月乙未, 終於部堵濼③, 在位九年, 享年五十有六, 三后三妃, 十有六子.

① [按] 其先爲完顏部人 : 袁本에서는 '其先寓止爲完顏部人'으로 썼다. 교주를 따른다.

② [按] 唯金一色最爲眞寶 : 袁本에서는 '唯金赤色最爲奇寶'로 썼다.

③ [按] 部堵濼 : 袁本과 『金史』 권2에서는 '濼'을 '泺'으로 썼다.

『금국태조실록』[68]에는 다음과 같이 적혀 있다.

태조는 요나라 함옹 4년(1068년) 무신년 가을 7월에 태어났다. 그의 선조가 완안부에 머물렀었으므로 후에 완안을 성씨로 삼았다. 요나라 천경 5년(1115)에 나라를 세우면서 다음과 같이 말하였다.

"요는 강철[69]의 견고함을 취하여 국호로 삼았다. 그러나 강철이 비록 강하다 하나 결국은 녹슬고 부스러진다. 오직 금 하나만이 진정한 보배이니 이제부터 우리나라는 대금이라 부른다."

천보 6년(1122)[70] 8월 을미일에 부도락에서 사망하였다. 재위 9년, 향년 56세로, 세 명의 황후와 세 명의 비, 16명의 아들을 두었다.

阿骨打(改作阿固達)旣殂於軍前, 粘罕(改作尼堪)等遙尊其弟吳乞買(改作烏奇邁)爲帝.

아골타가 군영에서 서거하자, 점한 등이 그의 아우 오걸매[71]를 황제로 추대하였다.[72]

阿骨打(改作阿固達)有親征之行也, 留親弟吳乞買(改作烏奇邁), [018-07] 名晟, 權知軍國事. 天輔六年夏①, 阿骨打(改作阿固達)病死, 粘罕(改作尼堪)等遙推吳乞買(改作烏奇邁)爲大金國皇帝, 改天輔六年爲天會元年.

① [按] 天輔六年夏 : 袁本에서는 '偶當過夏'로 썼다.

아골타가 친히 정벌을 떠나면서 한인 방식 이름이 '성'인 친동생 오걸매에게 근거지에 남아서 대행으로 군국대사를 맡아보게 하였다. 천보 6년(1122) 여름, 아골타가 병사하자 점한 등이 다 함께 오걸매를 대금국 황제로 추대하고, 천보 6년을 천회 원년으로 바꾸었다.

二十一日壬寅, 金人欲交割我朔、武、蔚三州, 而國主告殂, 不及取三州而去.

선화 5년(1123) 6월 21일 임인일,[73] 금국이 우리 조정에 삭주·무주·울주[74] 등 3개 주를 할양하려던 차에 금의 국주國主가 서거하자, 우리가 3개 주를 받지 못했는데 그냥 가버리고 말았다.

金人軍馬來平州, 張轂拒退之.

금국 군대가 평주에 왔는데 장각이 막아 퇴각시켰다.

金人闍母(改作棟摩)國王軍二千餘騎來，聞平州事作，前來問罪，先入營州，張瑴發兵拒戰．闍母(改作棟摩)以軍少不敵，不交鋒退歸，大書州門曰："夏熱且去，秋涼復來．" 瑴遂聲言戰敗金人，殺傷甚眾；妄申宣撫司,以大捷聞．宣撫司厚以銀絹告敕賞其軍．

후에 왕으로 추봉된 금국의 도모[75]가 기병 2천여 명을 이끌고 왔다가 평주에서 반란이 일어난 것을 듣고 징벌하러 왔다. 먼저 영주로 진입했는데, 장각이 군대를 보내 맞싸우게 하였다. 도모는 병력 수가 적어 상대가 안 되므로 맞붙지 않고 퇴각하며 영주 성문에 큰 글씨로 다음과 같이 써 놓았다.

"여름이라 날씨가 무더워서 일단 물러나지만, 가을에 날씨가 서늘해지면 다시 올 것이다."

장각은 곧장 금국 군대와 싸워 패퇴시켜 매우 많은 살상자를 냈다고 큰소리치면서 선무사사에 거짓으로 보고하여 대첩으로 알려지게 했다. 선무사사는 많은 은과 견, 그리고 고칙[76]으로 군대를 포상하였다.

七月七日戊午，慶遠軍節度使、河北河東燕山府路宣撫使、知燕山府王安中，授檢校少保、起復太尉、武信軍節度使，充上清寶籙宮使①兼神霄玉清萬壽觀副使．直睿思殿、充河東燕山府路兼河北路宣撫使譚稹，授起復檢校少保．

① [按] 上清寶籙宮使：袁本에서는 '上清寶錄宮使'로 썼다.

선화 5년(1123) 7월 7일 무오일, 경원군절도사로서 하북하동연산부로 선무사이며 연산부지사인 왕안중에게 검교소보·기복[77]태위·무신군절도사직을 제수하고, 상청보록궁사[78] 겸 신소옥청만수관[79] 부사에 보임하였다. 예사전[80]직학사이며 하동로연산부로 겸 하북로[81]선무사에 보임된 담진[82]에게 기복검교소보를 제수하였다.

十日辛酉, 太師兼領樞密院事、陝西河北河東路宣撫使、徐豫國公童貫致仕, 拜起復太尉. 武江軍節度使譚稹爲河北燕山府路宣撫使①.

① [按] 宣撫使 : 袁本에서는 '宣撫司使'로 썼다.

선화 5년(1123) 7월 10일 신유일, 태사 겸 영추밀원사로 섬서하북하동로 선무사인 서예국공 동관은 사임하고 기복태위에 제수되었다. 무강군절도사 담진은 하북연산부로 선무사가 되었다.

斡离不(改作斡里雅布)圍平州, 張瑴走, 所賜詔書, 盡爲金人所得. [018-08]

알리부[83]가 평주를 포위하였다. 장각은 달아났고, 그에게 내렸던 조서들이 모두 금국 손에 들어갔다.

是月, 宣撫司齎銀絹數萬前去犒賞, 幷朝廷遣李安弼並張彀弟齎詔敕前去①. 彀聞之喜, 率官吏郊迎. 不意金人諜知之, 率千騎襲破彀. 彀挺身走, 不及入城, 遂閒道欲如京師. 其弟奔燕山, 以其母爲金人所得, 復攜詔往投之, 而彀之母妻已爲金人所戮. 金人得詔敕②, 由是大怒而憾我矣. 張彀至燕山, 郭藥師留之, 易姓名曰趙秀才, 匿常勝軍中. 斡离不(改作斡里雅布)遂圍平州, 節副衞甫、參謀趙民彦③、張鈞棄城, 領麾下數十人, 將帶官庫珠玉珍貨④, 棄燕京四散藏匿, 獨張敦固與軍民死守⑤.

① [按] 幷朝廷遣李安弼並張彀弟齎詔敕前去 : 袁本에서는 '朝廷遣李安弼並張覺弟賞詔勅前去'로 썼다.

② [按] 詔敕 : 袁本에서는 '詔勅'으로 썼다.

③ [許] 趙民彦 : '仁彦'을 '民彦'으로 잘못 썼다.

④ [按] 將帶官庫珠玉珍貨 : 袁本에서는 '將帶官庫珠玉珍貨等'으로 썼다.

⑤ [按] 棄燕京四散藏匿, 獨張敦固與軍民死守 : 袁本에서는 '至燕京四散藏匿, 獨張敦固與軍民守'로 썼다.

이달에 선무사사에서는 은과 견 수만 량필을 가져가 위로하며 포상했고, 조정에서는 이안필과 장각의 아우에게 조칙을 지니고 가게 했다. 장각은 이를 듣고 기뻐하며 관리를 이끌고 근교까지 마중을 나왔다. 그러나 생각지도 못하게 금국이 그것을 염탐하고 천명의 기병을 동원하여 장각을 기습하여 격파하였다. 장각은 몸만 빠져나와 달아났는데 평주성에 들어가지 못하게 되자 사잇길을 이용해 도성에 가려고 하였다. 그의 아우는 연산부로 도망갔다가 어머니가 금국에 잡히자 다시 조칙을 지니고 가서 투항했는데, 장각의 어머니와 처는 이미 금국 사람들에게 죽임을 당한 뒤였다. 금국은 조칙을 손에 넣게 되자 크게 화를 내고 우리 조정을 미워하게 되었다.

장각이 연산부에 오자 곽약사는 그의 이름을 조수재라 바꾸고 상승군 속에 숨겨 주었다. 알리부가 결국 평주를 포위하자 절도부사 위보와 참모 조민언·장균은 평주성을 버리고 휘하 수십 명만 이끌고 관부의 보석과 귀중품을 챙긴 뒤 연경으로 가는 것을 포기하고 사방으로 흩어져 숨었다. 장돈고 만이 혼자서 군대와 백성을 이끌고 목숨을 걸고 방어하였다.

十九日庚午，文武百僚、太傅楚國公王黼等三奉表，請上尊號曰'繼天興道敷文成武睿明皇帝'，御筆批答不允.

선화 5년(1123) 7월 19일 경오일, 문무백관과 태부·초국공 왕보 등이 세 차례나 표문을 올려 황제의 존호[84]를 '하늘을 계승하여 도를 홍성시키고 문을 펼치며 무공을 이룬 지혜롭고 밝은 황제'라는 뜻의 '계천홍도부문성무예명황제'로 높이기를 청하였는데, 어필을 통해 불허한다는 비답[85]이 내려왔다.

二十八日己卯，陜西河東北路①宣撫使童貫，河東河北路宣撫使蔡攸等，少保、淮南節度使、知燕山府王安中，資政殿學士、同知燕山府脅度，檢校少傅、武泰軍節度使、同知燕山府郭藥師等，據僞永安軍節度使、同中書門下平章事、陳國公張言中等，及擧人、道僧②、耆老、百姓共五千五百一十人狀，乞上尊號，詔答不允. [018-09]

① [按] 河東北路 : 袁本에서는 '河東河北路'로 썼다. 교주를 따른다.

② [按] 道僧 : 袁本에서는 '僧道'로 썼다.

선화 5년(1123) 7월 28일 기묘일, 섬서하동하북로선무사인 동관과 하동하북로선무사 채유 등, 소보·회남절도사로 연산부지사인 왕안중, 자정전학사[86]로 연산부동지사[87]인 첨도, 검교소부·무태군절도사로 연산부동지사인 곽약사 등, 영안군절도사·동중서문하평장사[88]·진국공을 참칭했던 장언중[89] 등, 그리고 거인[90]·도사·승려·부로·백성 등 모두 5,510명이 장계를 올려 존호를 격상할 것을 청원하였는데, 황상은 불허한다는 조칙으로 회답하였다.

八月十五日乙未①，宣撫司奏大破蕭幹於峯山，獲耶律德光尊號寶檢及契丹塗金印.

① 乙未 : 袁本과 四庫本에서는 '甲寅'으로 썼다.

선화 5년(1123) 8월 15일 을미일, 선무사사에서는 순주의 봉산에서 소간을 대파하고, 태종 야율덕광[91]의 존호가 있는 보검[92]과 거란이라 새긴 도금된 인장을 획득하였다고 상주하였다.

初蕭后東走也①, 蕭幹留奚王府, 僭號大奚國神聖皇帝, 改元天阜②. 時奚人饑③, 幹以闕食. 六月, 領兵出盧龍嶺, 攻破景州, 又敗常勝軍張令徽、劉舜仁於石門鎭, 陷薊州, 寇掠燕城. 其鋒銳甚, 有涉河犯京師之意, 人情洶洶, 頗有謀棄燕者. 貫自京師移文王安中、詹度、郭藥師, 切責之. 已而王安中命郭藥師大破其眾, 乘勝窮追, 過盧龍嶺, 殺傷過半, 從軍之家, 悉爲常勝軍所得, 招降奚、渤海、漢軍五千餘人. 宣撫使奏夔离不(改作古爾班)帥眾犯順(改作來侵), 八月十五日, 大戰峯山, 生擒僞(刪此字)阿魯(改作阿嚕)太師, 獲耶律德光尊號寶檢、契丹塗金印. 王黼於是有受賀奏告之議矣.

① [按] 初蕭后東走也 : 袁本에서는 '初蕭后之東走也'로 썼다.
② [許] 改元天阜 : 일부 판본에서는 '天阜'를 '天嗣'로 썼다.
③ [許] 時奚人饑 : '大'를 '人'으로 잘못 썼다. 교주를 따른다.

애초에 소후가 동쪽으로 달아났을 때, 소간은 해왕부[93]에 머물며 제위에 올라 대해국 신성황제를 참칭하고[94] 연호를 천부[95]로 바꾸었다. 이때 해왕부에는 크게 기근이 들어 소간도 끼니를 잇지 못할 정도였다. 6월에 소간은 군대를 이끌고 노룡령[96]을 나와서 경주를 공격하여 격파하고, 이어서 상승군의 장령휘와 유순인을 석문진[97]에서 패배시키고 계주를 함락시켰으며 연경성을 노략질하였다. 그 예봉이 심히 날카로워 황하를 건너 도성까지 침범하려는 의도를 내비치자, 인심이 흉흉해지며 아예 연경을 포기하자는 사람들도 많아졌다. 동관은 도성에서 왕안중·첨도·곽약사에게 공문을 이첩하여 통절하게 질책하였다.

얼마 안 가 왕안중이 곽약사에게 명령을 내리니, 곽약사는 소간의 무리를 크게 격파한 뒤 승세를 타 끝까지 추격하여 노룡령을 넘어 들어갔다. 이때 곽약사는 소간의 병사를 반 수 넘게 살상하고, 군대를 따라다니던 가족들은 모두 상승군 소유로 삼았으며, 해·발해·한인 군사 5천여 명을 설득하여 아군에 합류시켰다.

선무사가 상주하기를, 기리불이 무리를 이끌고 순주를 침범하였기에, 8월 15일에 봉산에서 크게 싸워 태사를 참칭한 아로를 사로잡고, 태종 야율덕광의 존호가 있는 보검과 '거란'이라 새긴 도금한 인장을 획득하였다고 하였다. 왕보는 이에 황상께서 경하를 받으시고, 종묘에 주고[98]하자는 논의를 시작하였다.

『宣和錄』曰：太傅王黼等表賀：宣撫司奏奚賊(刪此二字)四軍夔离不(改作古爾班)率眾出，犯景、薊，大兵討伐．八月十五日於峯山遇，王師大捷，斬獲三(闕)級，① 生擒僞阿魯(改作阿嚕)太師，俘執數千人．十七日，追至盧龍嶺，招納二萬餘眾，獲耶律德光僞(刪此字)尊號寶檢、契丹塗金印數十，輜重、器甲、牛馬、生口②，不可勝計．及進兵撫諭，招燕州，令服從金國訖．③ [018-10]

① [許] 斬獲三(闕)級 : '闕'字는 '千'字이다. 교주를 따른다.

[按] 袁本에서는 '三千級', 四庫本에서는 '一千級'으로 썼다.

② [按] 生口 : 袁本에서는 '牲口'로 썼다.

③ [按] 令服從金國訖 : 袁本에서는 '令復從金國訖'로 썼다.

『선화록』에는 다음과 같이 적혀 있다.

태부 왕보 등이 표문을 올려 하례한 내용은 다음과 같다.

"선무사사에서 다음과 같이 상주하였습니다. 저 해적奚賊의 사군대왕 기리불이 무리를 이끌고 노룡령을 나와 경주와 계주를 침범하였기에 대군을 이끌고 토벌하였습니다. 8월 15일에 봉산에서 조우하여 우리 군대가 대첩을 거두었으니, 3천 명의 목을 베고 태사를 참칭한 아로를 생포하였으며 수천 명의 포로를 잡았습니다. 17일에는 노룡령까지 추격하여 2만여 명을 설득하여 아군에 합류시키고, 야율덕광의 참칭한 존호가 새겨진 보검과 '거란'이라 새겨진 도금한 인장 수십 개를 획득하였으며, 보급품을 실은 수레, 무기와 갑옷, 우마와 포로를 획득한 것은 이루 헤아릴 수 없습니다. 아울러 군대를 진군시켜 위무하고 설득하였으며, 초연주[99]는 금국에 복종하도록 하였습니다.[100]"

九月六日乙卯①，御明堂集英殿大宴，御手親製宮花幞頭，賜太傅王黼.

① [按] 九月六日乙卯 : 袁本에서는 '九月六日乙巳'로 썼다.

선화 5년(1123) 9월 6일 을묘일, 황상은 명당인 집영전에서 열린 대규모 연회에 참여하여 친히 만든 궁화복두[101]를 태부인 왕보에게 하사하였다.

知河間府蔡靖、同知燕山府與詹度, 兩易其地.

하간부[102]지사인 채정과 연산부 동지사인 첨도의 직무지를 서로 바꾸었다.

先是六月中御筆 : "王安中知燕山府, 詹度、郭藥師同知." 藥師以節鉞欲居詹度之上, 度稱御筆所書有序不易. 藥師不從, 兼常勝軍橫甚, 藥師右之, 度不能制, 屢聞朝廷, 恐交惡日深, 故有是命.

이에 앞서 6월에 다음과 같은 내용의 어필을 받들었다.

"왕안중을 연산부지사로 하고 첨도와 곽약사를 동지사로 한다."

곽약사는 절월을 가지고 있음을 들어 첨도의 위에 있고자 했고, 반대로 첨도는 어필에 기재된 바 순서를 바꿔서는 안 된다고 하였다. 곽약사는 첨도의 말을 따르지 않았고 상승군의 전횡이 심했는데 곽약사가 그들을 도왔다. 첨도는 이들을 제지할 수 없자, 거듭 조정에 아뢰었다. 둘의 다툼이 날로 심해질까 우려하여 이 같은 명령을 내린 것이었다.

斡离不(改作斡里雅布)攻破平州, 來索張瑴. 下軍中縊之, 函其首與之.

알리부가 평주를 공격해 격파하고 와서 장각을 내놓으

라고 요구하였다. 장각을 군영 감옥에 가둔 뒤 목을 졸라 죽이고, 그의 수급을 상자에 넣어 보내 주었다.

『亡遼錄』曰 : 二太子攻破平州, 知張瑴爲郭藥師所獲, 藏常勝軍中, 差人移文索取. 卽具申稟朝廷, 累奉道君皇帝詔, 不令發遣. 安中與藥師再三論奏, 若不與則無以塞責, 不得已而縊殺之, 以水銀漬其首, 函送平州. 二太子復遣使索燕人之歸者, 宣撫司初答以 : "下郡邑浩瀚①, 莫知所往, 已指揮根括發遣." 終歲之間, 使者四至, 而意在探軍數多寡, 倉庫虛實, 幷密齎文字到燕中, 招諭遼國文武官 : 若復歸金國者, 於舊上超官轉三資②, 依格任用. 中亦有不得赴朝廷換官窮困者, 如趙公巖、趙公倫、姚企望, 越境逃走去.

① [按] 下郡邑浩瀚 : 袁本에서는 '郡邑浩瀚'으로 썼다.

② [按] 於舊上超官轉三資 : 袁本에서는 '於舊官上超轉三資'로 썼다.

『망요록』에는 다음과 같이 적혀 있다.

이태자[103]는 평주를 공격하여 격파하고 난 뒤 곽약사가 장각을 거두어 상승군 안에 숨겨 준 것을 알게 되었다. 이에 사람을 시켜 공문을 보내 장각을 내놓으라고 요구하였다. 곽약사는 즉시 이 사정을 조정에 자세히 품신하였고, '장각을 보내지 말라'는 도군황제[104]의 조서를 거듭 받들었다. 그러나 왕안중과 곽약사는 만약에 장각을 보내지 않으면 책임을 피할 수 없다고 여러 차례 논주하였다. 부득이 장각을 목 졸라 죽이고 그의 수급을 수은에 담가 상자에 넣어 평주로 보냈다.

이태자는 다시 사신을 보내서 연경 사람들 가운데 귀순한 자를 돌려 달라고 요구하니, 선무사사에서는 처음에 '관할 군읍이 너무 넓어서 어디로 갔는지를 알지 못하며, 이미 샅샅이 뒤져서 돌려보내라고 지시하였다.'고 답하였다. 그해 말까지 사신이 모두 네 번이나 왔는데, 금국의 의도는 병력의 많고 적음과 창고의 허실을 탐지하고 아울러 연경 지역으로 비밀리에 문서를 보내어 요나라 문무 관원들의 투항을 유도하는 데 있었다. 그들이 만약 금국으로 다시 귀순할 경우, 기존의 관직에 3년분 평정을 인정해[105] 승진 전보해 주며 각각 자격에 따라 임용하겠다고 하였다. 그들 가운데 조정에서 관직을 받지 못하여 곤궁하게 된 조공암·조공륜·요기망 같은 자들은 국경을 넘어 도망가 버렸다.

『北征紀實』曰 : 張轂者, 燕地之豪傑也, 素領營、平二州. [018-11] 方天祚竄陰山①, 國亂無主, 人心向背. 轂取天祚像掛之聽事②, 呼二州父老喻③之, 曰 : "女眞, 吾讎也, 豈可從?" 又指其像曰 : "此非乃主乎? 安可妄背④! 當相約以死焉! 必不得已, 歸中國未晩." 燕人尙義, 故皆從之. 然轂遣人⑤通中國, 二帥遽奏以捷⑥. 隨克平⑦, 燕山牌來亦曰 : "收復營、平二州⑧." 其後金人入燕而轂使不至, 大率如此⑨. 金人入燕山, 轂不得已亦遣人詣降, 金人亦封爵之. 其後金酋(改作主)病, 率軍西北⑩, 出居庸關, 住鴛鴦泊⑪、白水泊, 將經營天祚.

① [按] 陰山 : 袁本에서는 '陰夾山'으로 썼다.

② [按] 聽事 : 袁本에서는 '廳事'로 썼다.

③ [按] 喻 : 袁本에서는 '諭'로 썼다.

④ [按] 安可妄背 : 袁本에서는 '安可背'로 썼다.

⑤ [按] 然觳遣人 : 袁本에서는 '然觳間遣人'으로 썼다. 교주를 따른다,

⑥ [按] 二帥遽奏以捷 : 袁本에서는 '二帥遽奏以捷聞'으로 썼다.

⑦ [許] 隨克平 : '隨觳克營平'으로 써야 한다. 교주를 따른다.

⑧ [按] 營平二州 : 袁本에서는 '營平州'로 썼다.

⑨ [按] 大率如此 : 袁本에서는 '又止大率如此'로 썼다.

⑩ [按] 率軍西北 : 袁本에서는 '西'를 '而'로 썼다. 교주를 따른다,

⑪ [按] 住鴛鴦泊 : 袁本과 四庫本에서는 '住'를 '往'으로 썼다. 교주를 따른다.

『북정기실』에는 다음과 같이 적혀 있다.

장각은 연경 지역의 호걸로서 본래 영주와 평주 2개 주를 거느렸다. 천조제가 막 음산산맥으로 도피했을 때 나라 안은 주인이 없어 혼란스러웠고 인심은 등을 돌렸다. 이때 장각은 천조제의 초상을 걸어 놓고 정사를 처리했으며, 영주·평주의 부로들을 불러 "여진은 나의 원수이다. 어찌 그들에게 복종할 수 있겠는가?"라고 하면서, 천조의 초상을 가리켜 "이분이 나의 주인 아니시겠는가? 어찌 함부로 배신할 수 있겠는가! 우리 서로 목숨을 걸고 약속을 해야 할 때이다. 사태가 부득이하게 된다면 그때 중국으로 귀의해도 늦지 않을 것이다."라고 말하였다.

연경 사람들은 의리를 숭상하였기에 모두 그를 따랐다. 그러나 장각은 그사이에 사람을 보내 중국과 연락하였고, 두 원수는 급히 장각의 승첩 소식을 조정에 상주하였다. 장각이 영주와 평주를 장악하자 연산부에서 급각체[106]를 통해 "영주·평주 2개 주를 수복하였습니다"라고 보고하였다. 그러나 그 뒤에 금국이 연경으로 진주하자 장각의 사신이 더는 오지 않았다. 저간의 사정은 대략 이러하다.

금국이 연경으로 진입하자 장각 또한 부득이하여 사람을 보내 항복을

청하였고, 금국에서도 그에게 작위를 내려 주었다. 그 뒤에 금국 추장 아골타가 병이 들어 군대를 이끌고 북쪽으로 가게 되었는데, 거용관을 나가 원앙박과 백수박으로 가서 장차 천조제를 도모하고자 하였다.

其輜重則盡, 由東北出松亭關, 將歸國, 其道由營、平. 其金人所虜職官富戶, 皆哀訴穀爲之主. 穀因乘間, 誘擒遼之大臣, 如左企弓輩, 數之① 以國亂不能輔佐, 又不死守, 反從仇賊等罪, 且刦徙燕人②, 皆殺之. 曉示燕人一行, 但留馬外, 盡放令復業, 各歸其所. 至於儀物, 盡毀去, 玉帛皆有之. 金人無一得脫者, 然金酋(改作主)適死(改作殂), 其喪未歸, 故未能治也. 穀既與金人結釁, 乃謀復降中國, 因亟遣遼之大臣李石者來, 既至燕山, 見王安中. 安中爲遣送詣闕下③, 因密奏丐納之.(李石者, 後乃李汝弼也. 以待制奉朝請, 其人頗黠④, 實有議論. 後金人既寒盟, 獨李汝弼甚有懼色, 曰 : "朝廷須著意關防須得金人⑤, 其術定是一面擧兵, 一面和議, 使我失措. 如是者三四番, 終滅大遼矣." 時將相皆已惘然, 不能詢訪也. 注删須得二字、其改作之.)

① [按] 數之 : 四庫本에서는 '數人'으로 썼다.

② [按] 反從仇賊等罪, 且刦徙燕人 : 袁本에서는 '反從仇賊, 且刦徙燕人等罪'로 썼다. 교주를 따른다.

③ [按] 安中爲遣送詣闕下 : 袁本에서는 '安中爲詣闕下'로 썼다.

④ [按] 其人頗黠 : 袁本에서는 '其人頗結'로 썼다.

⑤ [許] 關防須得金人 : '須'는 衍字이다. 교주를 따른다.[107]

금군은 군수품이 바닥나자 동북방으로 해서 송정관을 나서서 장차 귀국하려 하였는데, 그 길은 영주와 평주를 경유하게 되어 있었다. 금국에 포로가 된 관리와 부자들은 모두 장각에게 자신들의 주인이 되어 달라고 호소하였다. 장각은 그러한 호소에 편승하여 요나라의 대신들, 예를 들어 좌기궁 등을 유인하여 붙잡고는, 나라가 혼란한데도 능히 보좌하지 못하였고 또한 죽음으로써 지키지 않았을 뿐 아니라 오히려 원수를 따랐으며 나아가 연경 사람을 겁박하여 이주시킨 죄 등을 열거하고는 모두 살해하였다.

그리고 연경 사람 일행에게 지시하길, 말만 평주에 남겨 두고 모두 풀어 줄 터이니 각자 자신의 자리로 돌아가 원래 하던 일에 종사하라고 하였다. 의례 물품은 모두 파기시켜 버렸고, 옥이나 견 같은 것은 모두 자기가 가졌다. 금국 사람 중 무사히 도망갈 수 있었던 사람이 하나도 없게 다 죽였지만, 마침 금국 추장이 죽어 시신이 아직 본국으로 돌아가지 못하고 있던 때라 당시에 장각을 처단하지 못하였다.

장각은 이미 금국과 원수가 되었으므로 이내 다시 중국에 귀순하려 하였다. 그래서 얼른 요의 대신이었던 이석이란 자를 보내왔고, 이석은 연산부에 이르러 왕안중을 만났다. 왕안중은 곧 도성의 궁궐까지 사람을 딸려 보냈고, 이리하여 이석은 귀순을 청원하는 뜻을 은밀히 상주하게 되었다.[이석이란 자는 바로 뒷날의 이여필[108]이다. 그는 대제에 임명되어 봉조청[109]의 혜택을 받았으며, 사람이 자못 영리하여 의론에 뛰어났다. 뒤에 금국 측에서 맹약에 대해 냉담해졌을 때 이여필만은 아주 두려워하며 "조정에서는 반드시 신경을 써야만 금국을 막을 수 있다. 그들의 술책은 틀림없이 한편으로는 거병하면서 또 한편으로는 화의를 제기해서 우리로 하여금 갈피를 잡지 못하게 할 것이다. 이렇게 서너 번 해서 결국 대요를 멸망시켰던 것이다."라고 하였다. 이때 재상이나 장수들이 모두 이미 판단력을 잃어 찾아와 자문을 구할 여력도 없었다.]

時往返締密①, [018-12] 外廷罕知其詳, 然識者已深爲之懼矣. 獨趙良嗣者, 抗章論列 : "國家新與女眞盟, 況女眞方强, 不可失其歡②, 乞斬李石以狥③." 上大怒, 而黼旣專以計議自爲功, 故指良嗣以爲二帥之黨, 意欲壞成約也, 故良嗣陰亦得罪④.

① [按] 時往返締密 : 袁本에서는 '時往還締密'로 썼다.

② [按] 不可失其歡 : 袁本에서는 '不可失其懽'으로 썼다.

③ [按] 乞斬李石以狥 : 袁本에서는 '狥'을 '徇'으로 썼다.

④ [按] 故良嗣陰亦得罪 : 袁本에서는 '故良嗣因亦得罪'로 썼다.

당시 조정은 장각과 오가며 밀약을 맺고 있었는데, 일반 관료들[110]가운데 자세한 내막을 아는 자는 드물었으나 식견이 있는 사람들은 이를 아주 두렵게 여기고 있었다. 유독 조량사만 황상에게 상주문[111]을 올려 이 일을 성토하며, "나라가 새로 여진과 맹약하였으며, 게다가 여진이 막 강성해지고 있으니, 그들의 환심을 잃어서는 안 됩니다. 이석의 목을 베어 우리의 진정성을 드러내야 합니다."라고 하였다.

이에 황상이 크게 노하였고, 재상 왕보도 장각에 관한 대책은 전적으로 자신이 주관하여 이룩한 공이라 여겨 왔던 터라, 조량사가 동관과 채경 두 원수의 파벌이라 지목하였는데, 기존의 맹약을 깨려는 마음이 있었던 것이다. 따라서 조량사도 은근히 미움을 사고 있었다.

初結約甚固密①, 及中國見金人之不顧也, 謂果不能治. 上每曰 : "金人必不能立國矣." 故結約事寢. 張瑴旣得中國助, 適中其所欲, 俄復遣李石同其弟來, 我乃以平州爲泰甯軍, 封瑴節度使, 遣人以泰甯軍牌及勑書②及瑴之誥命詔書與之. 瑴大喜, 乃提親兵遠出拜迎. 不虞金人皆諜知之, 忽擧大兵, 徑以掩瑴. 瑴不克入平州, 因來奔燕山. 而我之勑書③、誥命皆爲金人所得. 始瑴之母妻家屬皆寓營州, 及金人破營州④, 先得其母妻等. 而瑴之弟, 初逐瑴走燕山也, 纔一夕聞已得其母, 遂亟奔金人, 然⑤懷中攜上御筆筆⑥, 金花牋手詔賜瑴者, 用是又爲金人所得. 故其後執以藉口者此爾!

① [按] 初結約甚固密 : 袁本에서는 '初結約甚固'로 썼다.
② [按] 遣人以泰甯軍牌及勑書 : 袁本에서는 '遣人以泰甯軍牌勅書'로 썼다.
③ [按] 勑書 : 袁本에서는 '勅書'로 썼다.
④ [按] 破營州 : 袁本에서는 '破營'으로 썼다.
⑤ [按] 然 : 袁本에서는 '並'으로 썼다.[112]
⑥ [按] 御筆筆 : 袁本과 四庫本에서는 '御筆'로 썼다. 교주를 따른다.

처음에는 매우 굳은 맹약을 맺었지만, 중국에서는 금국이 장각에게 대응하지 않는 것을 보며 정말로 나라를 다스릴 능력이 없는 것으로 여겼다. 황상은 매번 "금국 사람들이 나라를 제대로 세우지 못할 것임은 의심의 여지가 없다."라고 말하였다. 이로 인해 맹약을 맺은 일이 점차 경시되었다.

장각은 중국의 도움을 얻게 되었는데 그가 원하는 대로 다 이루어지자 얼마 뒤 다시 이석을 그 아우와 함께 보내왔다. 우리 조정은 평주를 태녕군으로 하고 장각을 절도사에 봉하며,[113] 태녕군의 패[114]와 칙서 그리고 장각에 대한 고명[115] 조서를 수여할 사자를 파견하였다. 장각은 크게 기뻐하며 친위병을 이끌고 멀리까지 마중을 나왔다. 그런데 뜻밖에 금국이 이 모든 것을 염탐하여 알고는 갑자기 대군을 동원하여 곧장 장각을 덮쳤다. 장각은 평주성으로 들어가지 못하고 그대로 연산부로 도망쳐 왔다.

그리고 우리의 칙서와 고명이 모두 다 금국 군대 손에 들어갔다. 원래 장각의 모친과 처 등 가족이 모두 영주에 살았는데 금군 군대는 영주를 격파하고 우선 그 모친과 처 등을 체포하였다. 장각의 아우는 처음에는 장각을 따라 연산부로 달아났으나 겨우 하룻밤 만에 모친이 붙잡혔음을 듣고는 급히 금국 사람들에게 달려갔다. 그가 품속에 지니고 간 것은 황상의 어필로 금박 꽃무늬 종이에 친히 써서 장각에게 하사한 조서[116]였는데, 이로 인해 어필 조서가 다시 금국 손에 들어갔다. 그들이 나중에 침략의 구실로 삼은 것이 바로 이것이었다.

金人圍平州, 日夕攻擊. 平州因奉穀之從弟及姪以守, 我但悚視而莫敢救也. 金人又移檄曰 : "中國旣盟矣! 我來討叛臣, 當餉我糧." 又不得已, 因運糧以給之. 平州旣不降, 斡離不(改作斡里雅布)者以十萬大兵時攻時守, 踰半年, 率我餽餉. 平州食旣盡, [018-13] 但遺數千人, 因潰圍而走, 終不降金人. 金人旣得平①、營、灤三州, 始來索穀曰 : "我討叛臣, 城破, 今不見, 走在南朝, 當還我!" 朝廷命安中諱之. 其索旣急, 又命斬一人似穀者.

① [按] 金人旣得平 : 袁本에서는 '金人旣攻平'으로 썼다.

금군이 평주성을 포위하고 밤낮으로 공격하였다. 평주는 장각의 종제와 조카를 대장으로 받들고 싸우는데 우리 측에서는 그저 무서워 떨며 쳐다볼 뿐 감히 도와주지 못했다. 그런데 금국 군대는 또 격문을 보내와

"중국은 이미 우리와 맹약을 맺었다! 우리가 반란을 일으킨 신하를 토벌하러 왔으니, 우리에게 식량을 대 주어야 한다."라고 요구하였다. 이에 또 부득이 식량을 운송하여 주었다.

평주가 항복하지 않자, 알리부란 자는 십만 대군으로 때론 공격하고 때론 수비하며 반년을 넘겼는데, 그 군량을 우리가 모두 대 주었다. 평주는 식량이 다 떨어지고 수천 명만 남게 되자, 포위망을 뚫고 달아나며 끝내 금국에 항복하지 않았다.

금국은 평주·영주·란주 3개 주를 차지하고 나자 비로소 우리에게 와서 장각을 찾아서 내놓으라고 하며, "우리는 역신을 토벌하러 왔는데, 성을 함락했지만 지금 보이질 않으니, 남조로 도망친 것이다. 마땅히 우리에게 돌려보내야 할 것이다."라고 하였다.

조정에서는 왕안중에게 장각을 숨기라고 명했다. 저쪽의 요구가 긴급해지자, 또 장각과 닮은 자를 하나 참하라고 명하였다.

是時大兵①尚駐未散, 俄又索云 : "此非瑴也, 實係某人. 瑴自藏於王宣撫甲仗庫②, 若不與我, 則擧兵自取之." 中國情旣得且懼, 乃議斬瑴矣. 密旨旣下安中, 安中數其過逼之, 行刑, 瑴語殊不遜而死. 因傳首金人, 燕之降將與常勝軍上下皆爲之泣. 藥師顯語人曰③ : "若來要藥師, 且柰何!"

① [按] 大兵 : 袁本에서는 '太兵'으로 썼다.

② [按] 甲仗庫 : 袁本에서는 '甲伏庫'로 썼다.

③ [許] 藥師顯語人曰 : '顧'를 '顯'으로 잘못 썼다. 교주를 따른다.

당시 금국 대군은 여전히 주둔한 채 해산하지 않았는데, 얼마 뒤 다시 장각을 찾아내라며 이렇게 말했다.

“이는 장각의 수급이 아니라 실제로는 아무개의 수급이다. 장각은 선무사 왕안중의 무기고에 숨어 있는데, 만약 우리에게 내주지 않으면 군대를 이끌고 직접 그자를 취할 것이다.”

중국은 그런 정황을 듣자 두려워서 곧 장각을 참하는 것에 대하여 논의하였다. 밀지가 왕안중에게 전달되자, 왕안중은 장각에게 거듭 잘못을 지적하며 몰아세우곤 형을 집행하였는데, 장각은 아주 불손한 말을 내뱉고 죽었다. 장각의 수급을 금국에 전해 주기로 하자 연경에서 항복해 온 장수들과 상승군 상하 모두 그를 위해 눈물을 흘렸다. 곽약사가 사람들을 돌아보며 “가령 저들이 와서 나 곽약사를 내놓으라고 했다면 어찌했겠는가!”라고 말하였다.

遼東有顯州者, 虜(改作遼)之名郡也, 去金人巢穴(改作國上京)所謂阿脂川(刪此五字)頗近. 金人初欲徙國, 籍燕地所得臣民、儀物, 立都於顯州而已, 初未敢(刪此字)有意窺(刪此字)中原. 及穀邀其輜重、儀物, 且得中原與穀詔誥等, 始怨詛○違盟[①], 因生不遜(改作大變初)志, 卽揚言曰 : “中國與大遼誓好久, 一旦滅之, 我如何哉? 今設盟纔罷, 誘張穀毀我儀物等, 使我立國不得, 要當取中國法物儀仗來立我國爾!” 時用事者無不備知, 而終莫之慮, 可痛心云.

① [按] 始怨詛○違盟 : 袁本과 四庫本에서는 ‘始怨謂違盟’으로 썼다.

요동의 현주란 지역은 북로의 이름난 군으로서, 이른바 아지천[117]이라 불리는 금국의 소굴에서 아주 가깝다. 금국은 애당초 나라를 옮기고자 연경 지역에서 포획한 신하나 백성, 의례 물품 등을 바탕으로 현주에 도읍을 세우려 했을 따름이지 감히 중원을 넘볼 생각이 없었다. 그런데 장각이 그들의 군수품과 의례 물품을 가로채고, 게다가 중원에서 장각에게 준 조서 등을 수중에 넣게 되자 송나라가 맹약을 위반한 것에 원망을 품게 된 것이다. 그리하여 불손한 뜻이 생겨 공공연히 다음과 같이 말하였다.

"중국은 대요와 오랫동안 맹약을 지켜 오다 하루아침에 그것을 파기해 버렸으니 우리에게는 어찌하겠는가? 지금 맹약을 맺자마자 파기해 버리고는 장각을 꾀어 우리에게 준 의례 물품 등을 훼손하게 하여 우리가 나라를 세울 수 없게 하니, 그렇다면 중국의 법기와 의장을 가져와 우리나라를 세움이 마땅할 것이다!"

당시 국사를 담당하던 자들은 이런 사정을 다 알았으면서도 결국 그 일을 깊이 생각하지 않았으니, 참으로 가슴 아프도다.

汪藻『謀夏錄』曰 : 張轂走至燕山, 匿姓名, 隱於郭藥師軍中. 金人以諜疏我之罪而取之, 朝廷不得已, 命王安中措置. 方議行刑, 轂出言大不遜, 遂逼斬之, 函轂首以送. [018-14] 自此張令徽亦切齒朝廷, 而常勝軍亦解體矣.

왕조[118]의 『모하록』[119]에는 다음과 같이 적혀 있다.

장각이 연산부로 달아나 이름을 숨기고 곽약사의 군중에 은신하였다. 금국은 우리 조정의 죄상을 상세히 적은 문서를 통해 그를 잡아가려고 했고, 조정에서는 부득이하여 왕안중에게 조치하라 명하였다. 막 형의 집행을 의논하는 중에 장각은 아주 불손한 말을 하였고, 곧 그 말을 꼬투리 잡아 장각을 참수하고 그의 수급을 함에 넣어 보냈다. 이때부터 장령휘는 조정에 대해 이를 갈았고, 상승군 또한 조정에 대한 마음이 떠났다.

十月六日乙酉, 尙書省言耶律延禧僞尊號天祚, 內外文字不合稱呼. 奉聖旨 : 令禁止①.

① [按] 令禁止 : 袁本에서는 '令禁止之'로 썼다.

선화 5년(1123) 10월 6일 을유일, 상서성에서는 야율연희[120]의 존호인 '천조'는 참칭한 것으로서 대내외 문서에 사용하기 적합한 칭호가 아니라고 하였다.

다음과 같은 내용의 성지를 받들었다.

"야율연희의 존호 사용을 금지하라."

十一月十八日丁卯, 檢校少保、慶遠軍節度使、河北河東燕山府路安撫使、知燕山府王安中, 授檢校少傅、起復檢校少保、太尉、武信軍節度使, 充上淸寶籙宮使兼神霄玉淸萬壽宮副使. 直睿思殿、充河北河東路燕山府宣撫使譚稹, 起復檢校少傅. 檢校太傅、集慶軍節度使、同知燕山府郭藥師授太尉.

선화 5년(1123) 11월 18일 정묘일, 검교소보·경원군 절도사로서 하북하동연산부로안무사이며 연산부지사인 왕안중에게 검교소부·기복검교소보·태위·무신군절도사를 제수하고, 상청보록궁사 겸 신소옥청만수궁부사에 보임하였다. 예사전직학사이며 하북하동연산부로선무사에 보임한 담진에게 기복검교소부를 제수하였다. 검교태부·집경군절도사이며 연산부동지사인 곽약사에게 태위를 제수하였다.

十二月三日壬午, 御筆趙良嗣特與支節度使俸.

선화 5년(1123) 12월 3일 임오일, 어필을 내려 조량사에게 특별히 절도사의 봉록을 지급하라 하였다.

賜進士出身頭品頂戴四川等處承宣布政使司布政使淸苑許涵度校刊.

'사진사출신'이며 특별히 정1품 관모를 쓸 수 있도록 허락받은 사천성 승선포정사사의 포정사인 보정부 청원현 출신 허함도가 교감하여 간행하다.

○●○

『三朝北盟會編』, 卷18, 校勘記

況萬家流离(家誤作室) 則雖後來取之必不發遂見王安中(脫必字遂誤作纔) 燕山豈得而安(誤作安而) 聞金人已下燕土(脫土字) 有母某國夫人(脫某字) 以酬勞效(效應作勛) 今記其八一曰阿補(脫一字) 趙仁彦(誤作民彦) 改元天阜(一作天嗣) 時奚大饑(大誤作人) 斬獲三(闕)級(原闕係千字) 隨瑴克營平(脫瑴字營字) 小注(朝廷須著意關防須得金人下須字衍) 藥師顧語人曰(顧誤作顯)

1 權管勾平州節度使 : '管勾'는 '관할하여 처리하다'라는 뜻으로서 管句·管理·勾管으로도 쓴다. 송대에 처음 관직명으로 쓰기 시작해 금·원대로 이어졌다. '權管勾平州節度使'는 평주절도사 임시 대행으로서, 정식 절도사는 아니지만 독자적인 업무처리권을 가지고 있다는 말이다.

2 都統 : 唐 후기에 번진을 토벌하거나 농민반란을 진압하기 위해서 처음 설치하였는데 통상 3道·5道 병마를 총괄 관리하게 하였다. 거란에서도 北面行軍官에 行軍都統·副都統 등을 두었다.

3 본문에서 '雲中'은 엄격히 말하면 '燕京'이라 하는 것이 옳다. '雲中'은 거란 西京道 西京 大同府(현 산서성 大同市)이다. 여진의 본거지로 강제 이주시킨 것은 운중부 주민이 아니라 연경의 주민이어서 운중은 사실에 부합하지 않는다. 또한 바로 뒤 문단의 '연경 주민들이 평주에 도달해서 자신들의 처지를 하소연했다'는 내용과도 부합하지 않는다.

4 원문은 '祀奠無主'이다. '祀奠'은 '靈前이나 墳墓 앞에 祭需를 갖춰 제사를 지낸다'는 의미로 '祭奠'이라고도 한다. '無主'는 '시신을 수습하여 상례나 제사를 지내 줄 사람이 없음'을 말한다.

5 掌書記 : 원문은 '掌書'이다. 唐代에 元帥府나 節度州에 속관으로 설치하기 시작하였으며, 군정과 민정의 보좌 및 문서 담당관 역할을 맡았다. 정식 명칭은 '節度掌書記'이며 약칭은 掌書記·書記·管記이다.

6 鴻臚寺 : 고대 중앙정부의 핵심 기관인 9寺의 업무는 魏晉 이후 尙書省의 6부로 이관되기 시작했지만, 9시는 명청대까지 이어졌다. 따라서 자연히 6부와 9시의 업무는 상당 부분 중복된다. '鴻臚'는 본래 '큰소리로 말을 전하다'라는 뜻이며, 홍려시는 외빈을 안내하는 업무에서 시작해 외국 사신 접대와 장례 주관 업무를 맡았다.

7 少卿 : 9寺의 장관과 차관 모두 卿이라 칭하되, 장관을 大卿, 부장관을 少卿으로 구분하였다. 거란에서는 남면관에 속하였던 것으로 보아 관직의 성격이 약간 변한 것으로 보인다. 송에서는 본래 從4品의 寄祿官이었고 元豐 3년(1080) 관제 개혁 이후로 正6品의 職事官이 되었는데, 거란에서는 正4品이었다.

8 將作監 : 성벽·궁궐·교량·도로 등 각종 토목공사 및 영선 업무, 그리고 배와 수레 제작을 담당한 부서의 명칭이자 책임자의 명칭이기도 하다. 북송의 경우 三司에서 관련 업무를 맡았는데, 熙寧 4년에 처음 장작감을 설치하였다. 책임자는 監과 少監이다.

9 張敦固 : 將作監으로 平州에서 張覺의 참모 역을 맡고 있었다. 張覺이 패주하고 송으로 달아난 뒤 주민들의 추대를 받아 장각의 都統 직을 계승하여 금군에 저항하였다. 宣和 6년(1124) 6월에 평주가 함락된 뒤 금군에 의해 살해되었다.

10 翰林學士 李石의 계책에 대해서는 권17의 4엽 참조.

11 徽猷閣 : 송조는 황제 사후 조서를 비롯한 관련 문서를 총괄 보존하는 전각을 차례대로 세웠다. 그 중 徽猷閣은 哲宗의 유관 문서를 보존하는 전각이다. 그리고 고위 관료에게 이들 館閣에 속하는 명예직인 學士職을 부여하였는데, 본래의 관직에 추가되는 것이어서 '貼職'이라고 한다.

12 待制 : '待'는 '대기'를, '制'는 '황제의 구두 명령'을 뜻하여 '待制'는 '황제의 명령을 대기하는 시종관 직책'을 말한다. 唐太宗 때 5品 이상의 京官에게 中書省과 門下省에서 숙직하며 황제의 방문에 대비하게 한데서 유래하였다. 송대에도 龍圖閣·天章閣·寶文閣 등 궁중 주요 전각마다 正3品인 閣學士, 從3品인 直學士, 從4品인 學士와 待制를 두었다. 從4品官 이상의 고관이고, 황제의 측근이라는 점에서 중시되었는데, 직급은 學士와 같으며 같은 직급의 경우 서열은 전각의 설치 순에 따랐다. 역대 대제의 위상은 송대가 가장 높았다.

13 『亡遼錄』 : 저자 史愿은 거란에서 관료로 있다가 송조에 항복한 뒤 거란의 멸망과 관련한 기록을 남기기 위해 『망요록』을 저술하였다. 하지만 원본이 일찍이 사라졌고, 권수도 미상이다. 다만 『삼조』에 『망요록』의 기록이 다수 채록되어 있다.

14 三司使 : 三司는 唐 말에 재정을 담당하던 鹽鐵使·度支使·戶部使가 맡고 있던 업무를 통합한 데서 유래한 명칭이다. 조세·토목·무역·급료 등 국가 재정 전반을 관장하는 三司의 장관인 三司使는 執政의 반열이며, 서열은 宰執의 아래, 한림학

사의 위에 해당한다. 計使를 비롯해 計相·總計·省主 등의 별칭이 있다.

15 제거태일궁사 : 원문은 '提擧太一宮'이다. 태일궁은 太一神 또는 太乙眞人을 모시는 도관으로서 太乙宮이라고도 한다. 太平興國 6년(981)에 東太一宮을 건립한 뒤 45년마다 남·중·서·북태일궁을 건립하기로 하여 熙寧 5년(1072)에 개봉에 中太一宮을 건립하고, 전임 宰執을 祠祿官 신분으로 提擧太一宮使로 임명하였고 후에 太一宮使로 그 명칭을 바꾸었다.

16 李儼 : 자는 若思이며, 거란에서 耶律 성을 하사받아 『遼史』에는 耶律儼으로 수록되었다. 권신 蕭奉先과 친밀하여 南樞密院事를 15년이나 지내면서 아부와 모함을 일삼았고, 여진의 침공 사실을 속이는 등, 사실상 소봉선과 함께 거란을 멸망으로 이끌었던 저열한 인간이었다. 거란의 대표적인 詩人이기도 하였다.

17 이처온과 이처능, 이석 등은 소간과 함께 야율순을 옹립한 공신이었다. 그러나 야율순이 제위에 오른 지 4개월도 채우지 못하고 죽는데, 이때 이처온은 병을 핑계로 야율순의 임종도 지키지 않고 별도로 장정을 모아 만일을 대비하였다. 이후 소간이 소태후를 추대하자 이처능은 어떤 화가 닥칠지 몰라 머리를 깎고 중이 되었는데, 이때 바닷가 섬으로 달아났던 듯하다. 『遼史』 권102 「李處溫傳」에 보인다.

18 詔令 : 황제·황후·태후 등이 내린 詔·敕·旨·誥·制·冊·諭·令·檄 등 모든 공문에 대한 통칭이다.

19 國夫人 : 본래 夫人은 춘추전국시대에 제후의 正妻에 대한 칭호였으나 唐代에는 1品官의 모친과 정처에게 國夫人, 3品官 이상에게는 郡夫人 등의 호칭을 하사하면서 점차 부인에 대한 존칭으로 널리 쓰이기 시작하였다. 송대 外命婦에 대한 예우 가운데 국부인은 王·三師·三公·侍中·재상·使相·中書令의 모친과 부인에게 부여한 최상급 名號이다. 국부인 아래로 郡夫人·郡君·縣君이 있었는데, 政和 2년(1112)부터 郡君은 淑人·碩人·令人·恭人으로, 縣君은 宜人·安人·孺人으로 나누었다.

20 세 사람 : 이안필·고리·조민수(본명은 이처능)를 가리킨다.

21 宣奉大夫 : 大觀 2년(1108)에 기존의 左·右光祿大夫를 없애고 대신 신설하였다. 문신 寄祿官 30개 품계 중 6위로 正3品이다.

22 述古殿學士 : 閣學士의 하나로 한림학사의 바로 아래지만 직학사 가운데 가장 높은 正3品의 樞密直學士를 政和 4년(1114)에 개칭한 것이다. 하지만 2개월 뒤인

10월에 다시 樞密直學士로 복원하였다. 품계 및 업무는 변함이 없었고 통상 侍從官이 地方官으로 나갈 때 수여하였다. 본문의 述古殿直學士는 述古殿學士를 잘못 쓴 것이다.

23 參謀官 : 宣撫使司參謀官의 약칭이다. 宣撫使·宣撫副使·宣撫判官 다음 직급으로 작전계획 수립과 군대 통제 보좌 업무를 맡았으며 선무사 병가 시 업무 대행도 맡았다. 주지사 경력자로 보임하였으며, 직급은 路의 提點刑獄公事와 동급이다. 都督府나 都部署司에도 참모관을 임명하였다.

24 劉韐(1067~1127) : 자는 仲偃이며, 福建路 建州 崇安縣(현 복건성 南平市 武夷山市) 사람이다. 섬서에서 서하와의 전투에서 공을 세워 陝西轉運使·集賢殿修撰이 되었다. 이후 越州 지사를 거쳐 선화 4년(1122)에 선무사 행군참모가 되어 회군을 건의하였다. 이듬해에 建州·福州 지사를 거쳐 眞定府 지사로 금군의 공세를 막는 데 성공하였다. 그 공으로 靖康 1년(1126)에 하북하동선무부사가 되어 일부 수복에 성공하였고, 京城四壁守禦使가 되어 개봉을 방어하였다. 개봉이 함락된 뒤 금에 항복 사절로 갔는데, 금군이 중용하려 하자 거부하고 자살하였다. 후에 資政殿大學士로 추증되었다. 岳飛를 발탁하여 중용한 인물이기도 하다.

25 延康殿 : 원문인 '延慶殿'은 황제의 침전인 전각이다. 원명은 '萬歲殿'이었는데, 大中祥符 7년(1014)에 '延慶殿'으로 고쳤다. 고위 관료에 대한 명예직으로 수여하는 學士는 觀文殿·資政殿 등의 殿學士, 龍圖閣·天章閣 등의 閣學士가 있는데, 황제의 正寢 전각에 학사직을 둘 수 없으므로 원문의 '延慶殿'은 '延康殿'의 誤字이다.

26 顯謨閣 : 송조는 황제 사후 조서를 비롯한 관련 문서를 총괄 보존하는 전각을 차례대로 세웠다. 顯謨閣은 神宗의 유관 문서를 보존하는 곳이다. 建中靖國 1년(1101)에 본래 熙明閣으로 세웠는데 곧 현모각으로 바꿨다. 다른 전각과 마찬가지로 학사는 正3品, 직학사는 從3品, 待制는 從4品, 直顯謨閣은 正7品이었다.

27 管勾機宜文字 : '管勾'는 '勾管'와 마찬가지로 '관할하여 처리하다'라는 말이며 '機宜'는 '時勢나 상황에서 의당한 것', 즉 '상황에 따라 내놓는 적절한 방침'이라는 말이며, '文字'는 '문서'를 말한다. 따라서 管勾機宜文字는 '중요한 기밀문서나 방책을 주관하는 관직'을 뜻한다. 宣撫使·經略安撫使 등의 속관으로 기밀문서를 관장하였는데, 참모관·참의관 아래 보직이다. 주로 종실·외척·유력자 자제로 충당해 승진의 기회가 많았다. 남송 때 高宗의 이름을 피휘하여 主管機宜文字·書寫機

宜文字로 바꾸었다.

28 蔡術 : 權臣 蔡京의 손자로서 秘閣·顯謨閣·龍圖閣直學士를 지냈다. 宣和 2년(1120) 한 해에 휘종은 채경의 집을 네 차례나 방문할 정도로 채경을 총애하였기에 손자인 채술도 각별한 대우를 받았다.

29 蔡衎 : 權臣 蔡京의 손자로서 顯謨閣直學士를 지냈다. 권력욕이 대단하여 파당을 짓고 집안 식구들과도 경쟁하였다. 채간이 제수받은 '勾管機密文字'의 '勾管'은 '管勾'와 같은 뜻이고 '機密文字' 또한 '機宜文字'와 다르지 않은 것으로 봐서 管勾機宜文字와 유사한 관직이다. 휘종 때 잠시 설치한 관직으로 보인다.

30 승진 : 원문은 '陞'이다. 품계를 올려주거나 從에서 正으로 올려주는 승진을 말하며 '擢'과 같은 뜻이다.

31 관직 서열 : 원문은 '階官'이다. 관리의 서열을 나타내는 '品'과 '階' 가운데 '階'의 서열을 말한다.

32 大晟府典樂 : 조정의 각종 의례 행사에서 音律을 관장하는 관서인 大晟府의 부책임자이다. 수장은 大司樂이고, 典樂의 아래에 大樂令·協律郎 등이 있었다. 대성부는 崇寧 4년(1105)에 太常寺에서 분리 설치되었으며 宣和 7년(1125) 12월 금군의 전면 공세를 맞아 폐지되었다.

33 秘書省 : 송 초에는 제사용 축문 작성을 맡았으나, 元豐 3년(1080) 관제 개혁 이후 3館의 업무가 이관되면서 도서 및 國史 관리, 천문 및 제사 등을 관장하였다. 편제는 秘書省監·少監·丞이 있고, 속관으로는 著作郎·秘書郎·著作佐郎·校書郎·正字 등이 있었다. 별칭은 蘭省·蘭臺이다.

34 道錄院 : 隋代에 崇玄署라는 이름으로 처음 설치되었는데, 송대에는 眞宗 때인 1008년에 설치되었다. 불교의 승려에 대한 관리 감독기관과 유사하게 만들어 도교·도사에 관한 업무를 주관하였다. 원래는 鴻臚寺 소속이었으나 政和 6년(1116)에 비서성 소속으로 바뀌었다.

35 勾當公事 : '勾'는 '처리하다'·'주관하다', '當'은 動詞後綴이므로 '勾當'은 본래 '업무를 처리하다', '관할하다'라는 동사이며, '勾當公事'는 '공무를 처리한다'라는 뜻인데, 唐代부터 직함에 사용하기 시작하였고, 송대부터 관직명으로 사용하였다. 남송에서는 고종의 이름 '趙構'를 피휘하여 '幹辦公事'로 바꾸었다. 중앙의 六部, 三司 및 지방의 路와 宣撫使司·安撫使司·轉運使司·招討使司 등 거의 모든 기관에 속

관으로 설치되어 해당 기관의 중요 실무 처리를 주관하였다.

36 集英殿修撰 : 修撰은 實錄 편수를 담당하는 사관인데, 翰林學士·給事中·尙書·侍郎 등 황제의 측근에서 근무하는 侍從官의 하나여서 매우 명예로운 관직으로 인정받아 명·청대에도 통상 장원 급제자에게만 수찬 직을 하사하였다. 송초에는 수찬이 集賢殿修撰·直龍圖閣·直秘閣 3등급이었으나, 政和 6년(1116)에 集英殿修撰·右文殿修撰·秘閣修撰·直龍圖閣·直天章閣·直寶文閣·直顯謨閣·直徽猷閣·直秘閣 등 9등급으로 늘렸고, 紹興 10년(1140) 뒤에는 다시 直敷文閣·煥章閣·華文閣·寶謨閣·寶章閣·顯文閣 등으로 등급을 더 늘려서 그 위상이 현저하게 떨어졌다.

37 승진 : 원문은 '遷'이다. 승진 절차에 따라 차례로 승진한다는 '序遷'의 준말이다.

38 『神麓記』 : 南宋 때 苗耀가 저술한 책으로 여진의 기원과 금국에 관한 다양한 자료를 포함한 야사이다. 책에서 다룬 시기는 여진의 시조인 掯浦(또는 函普)부터 海陵王 完顔亮이 피살되고, 金 世宗 完顔雍이 연경으로 환도하기까지(1161)이다. 책은 일찍이 일실되어 본서에 채록된 내용만 전해진다. 금조는 자신들의 서적이 국외로 유출되는 것을 엄금하였기 때문에 전해진 사료가 매우 적어서 『신록기』의 기록은 중요한 가치를 지닌다.

39 阿觸胡 : 현 흑룡강성 하얼빈시에서 송화강에 합류하는 남쪽 지류인 阿什河을 가리킨다. 위진에서 당대까지는 '安車骨水'라고 칭하였고, 금대에는 '按出虎水', 명대에는 '金水河', 청초에는 '阿勒楚喀河'라 불리다가 1725년에 현 명칭인 '阿什河'로 바뀌었다. '阿觸胡'를 按出虎·阿術滸·阿禄祖 등으로도 표기하는데, 여진어로 '金'이라는 뜻이며 국명인 '金'은 여기에서 유래한 것이다.

40 완안씨 : 원문은 '完顔'이다. 고대 肅愼語 wanggiya를 음차한 것으로 본래 '금색'을 뜻하며, 당 말에는 여진의 대표적인 30개 성 가운데 하나였다. 완안아골타가 금을 건국하면서 황족이 되었으나, 금이 멸망한 뒤 후예들은 생존을 위해 성을 바꾸어야만 했기에 사라지고 말았다.

41 '鼻察異'는 추장의 이름인 듯하다. '姓'은 '도고단'으로 씨족명 또는 부족명이다. '도고단'은 흔히 徒單·徒丹·禿丹 등으로 쓴다.

42 太師 : 正1品인 3公 가운데서도 수석이며 6卿의 수장으로 '太宰'라고도 한다. 秦代 이후 정치적 부담 때문에 공석으로 둔 경우가 많았고 송조에서는 宰相·使相·親王에게 수여하는 正1品의 최고 명예직이었다. 거란에서도 軍國大事를 좌우하는

직책으로 운영하였으며 여진족 수장에게는 예우 차원에서 부여한 명예직이었을 것이다.

43 寧江州 : 거란 東京道 소속이며 軍額은 混同軍, 州格은 觀察州이다. 주의 치소 겸 관할 현은 混同縣(현 길림성 松原市 寧江區)이고 東北路統軍司의 치소여서 混同軍을 관할하였으며, 금 태조 최초의 공략 거점이었다. 백두산에서 발원해 북으로 흐르는 송화강과 그 지류인 淶流河(현 拉林河) 사이의 비옥한 충적평야 지대이며, 관할 구역은 현 길림성 중북부 松原市의 북동쪽에 해당한다.

44 天慶 3년(1113)은 甲午年이 아니라 癸巳年이며, 금태조의 황제 즉위는 천경 5년(1115) 1월 28일이다. 본문의 기록은 사실에 부합하지 않으나 일단 본문에 따라 번역하였다.

45 侍中 : '侍'는 궁중에서 황제의 지시를 직접 받거나 상주할 수 있는 직책을 뜻한다. 시중은 秦에서 처음 설치한 이래 주로 재상에 대한 加官으로 썼고, 송조의 재상 가운데 시중 직을 받은 이가 5명에 불과할 정도로 매우 높은 명예직이었다. 거란의 경우도 크게 다르지 않았을 것으로 보인다.

46 韓企先(1082~1146) : 燕京 출신 한인이다. 거란에서는 그다지 주목받지 못하였으나, 금에서는 제도의 정비와 인재 양성에 힘써 金 世宗으로부터 "漢人 宰相 가운데 韓企先이 가장 현명하다.", "本朝의 典章制度는 대부분 한기선의 손을 거쳐 이루어졌다."라는 호평을 받았다. 右丞相을 지냈다.

47 收國(1115~1116) : 금의 최초 연호이며, 1117년에 '天輔'로 바꾸었다.

48 御寨 : 금 태조가 사망할 당시 상경에 궁궐이 완공되지 않은 상태였기 때문에 '어채'라고 서술한 것으로 보인다.

49 泰陵 : 금 태조는 天輔 7년(1123) 8월에 사망하였고, 上京으로의 운구는 9월 癸丑日에 마친 뒤 그달로 궁성 서남쪽에 매장되었다. 태조의 능에는 寧神殿을 세웠다. 이후 五京에 모두 廟를 세웠지만 상경의 영신전만 太廟라고 칭하였다. 天會 13년(1135) 2월에 和陵으로 이장하였고, 皇統 4년(1144)에 화릉을 睿陵으로 개칭하였다. 다시 貞元 3년(1155)에 大房山(현 북경시 房山區)으로 이장하였지만, 능침은 계속 睿陵이라고 칭하였다. 따라서 泰陵이 능침의 정식 명칭인 적은 없었는데, 혹 화릉으로 이장하기 전의 명칭일 수도 있다.

50 函普 : 金 熙宗(1135~1149) 때 시조 景元皇帝로 추존되었으며, 주 활동 시기는 941~

960년경으로 추정된다. 신라의 멸망이 935년이므로 함보의 이주는 신라 멸망, 고려 건국 등과 밀접한 관련이 있을 것이다. 『高麗史』에서는 함보를 金克守 또는 金今俊으로 썼고, 『神鹿記』에서는 梢浦, 『四庫全書』에서는 堪布 로 쓰는 등 매우 많은 이칭이 있다.

51 『松漠記聞』 : 洪皓(1088~1155)의 저술로 『松漠紀聞』으로 표기하기도 한다. 홍호는 建炎 3년(1129)에 徽猷閣待制·假禮部尙書로 大金通問使에 임명되어 금국에 갔다. 粘罕은 홍호에게 위성국인 大齊의 劉豫를 위해 일할 것을 요구했고, 홍호는 이 요구를 거부해 冷山(현 흑룡강성 哈爾濱市 五常縣)에 유폐되었다. 얼마 뒤 연경으로 불려오긴 했으나 계속 금의 관직을 거부해 15년간 억류되었다. 『松漠記聞』은 송으로 귀국한 뒤 자신이 직접 보고 들은 바를 저술한 것이어서, 당시 동북방의 역사·문화·언어 등에 관한 1급 사료로 평가된다. 홍호는 당대의 권신인 王黼와 朱勔이 서로 사위로 삼고 싶어 할 정도로 출중한 외모와 문재를 구비하였고, 시종 충절을 지켜 높은 사회적 명망을 지녔지만, 주화파인 秦檜와 대립하였기에 정치적으로는 불우하였다.

52 원문은 '其繼室立'이다. '繼室'은 흔히 '새로 맞이한 아내'의 의미이지만, 이 경우는 이미 後室로 살고 있는 부인들 중에 황후를 세운 것이므로 새로이 책봉 절차만 거행한 것이다.

53 蒲路虎 : '訛魯觀'의 오자이다. '蒲路虎'는 금 太宗의 아들 '完顔宗磐(?~1139)'의 여진 이름이다. 欽憲皇后 紇石烈氏가 낳은 두 아들(『金史』에는 '瀋王 完顔訛魯'를 포함하여 세 아들)이 二太子 斡離不와 陳王 完顔宗雋 訛魯觀이다.

54 領尙書省事 : 상서성의 업무에 관여할 수는 있지만 직접 업무를 맡지는 않는 관직을 말한다. 통상 領尙書事라고 칭하며 兼管이나 兼職이 아니라는 점에서 平尙書事·省尙書事·視尙書事 모두 같은 성격을 지닌다.

55 行臺 : 漢代 중앙정부의 행정부를 '尙書臺'라고 칭하였는데, 남북조 이후 상서대를 상서성으로 바꾸었고, 다시 3성으로 분권이 이루어졌지만 臺省이란 명칭은 계속 사용되었다. 行臺는 출정 등으로 주둔지에 설치한 임시 중앙정부 기구를 뜻하는데 金은 넓은 영토를 효율적으로 통치하기 위해 각지에 행대를 설치 운영하였다.

56 尙書令 : 三省 가운데 집행 기관인 尙書省의 장관이다. 하지만 중앙정부의 6部 24司

를 모두 관장하므로 권한이 너무 커서 실제로는 임명하지 않고 尙書左·右僕射를 장관으로 임명하는 것이 관례였다.

57 격구 : 원문은 '打毬'인데, 본래 '공을 차다'라는 말로 축구 또는 폴로polo 경기를 뜻한다. 폴로 경기는 말을 타고 말렛(폴로 스틱)으로 공을 몰고 가서 상대방 골문에 넣어 승패를 가르는 경기인데, 唐代와 五代에 크게 유행하였다.

58 阿骨打의 아들에 관해 『金史』에는 모두 16명이 수록되어 있다. 그러나 그 상당수는 사적이 자세하지 않고 爵位 또한 사후에 추존과 강격이 반복되어 있어, 『松漠紀聞』·『神麓記』·『節要』의 기록을 일일이 비교, 교정하기 쉽지 않다.

59 원문은 '皆爲奴婢'이다. 아골타의 아들들이 왜 노비가 되었는지 사적을 알 수 없으므로 "모두 노비의 소생이다"라는 의미일 수도 있으나 일단 字面에 따라 번역하였다. 홍호는 『松漠紀聞』을 금의 3대 황제 熙宗 完顔亶 시기에 저술하였다. 그런데 四庫全書本 『松漠紀聞』에 본문 인용문의 뒷 부분을 보면, 완안단은 아골타의 적장자인 繩果의 아들인데, 승과가 일찍 죽고 승과의 아내를 固倫이 취하면서 완안단은 고륜의 집에서 성장하였다. 태종 오걸매 사후에 태종의 아들 宋國王과 고륜 간에 후계 다툼이 있었는데, 완안단이 아골타의 적손이라 하여 완안단이 추대되었다. 기록에 따라서는 태종이 재세 시에 이미 완안단의 후계 구도를 확립해 두었는데, 완안단 즉위 후에 오히려 귀족들의 다툼이 격화된 것으로 나온다. 完顔宗翰(粘罕)도 이때 홧병으로 죽는다. 완안단은 즉위 4년째인 天眷 2年(1139)에 정권 강화를 위해 4촌, 3촌뻘 일족인 完顔宗磐·完顔宗雋·完顔昌 등을 처형한다. 혹시 이러한 과정에서 노비로의 몰락이 있었을 수도 있다.

60 '則蒲陽虎'와 '列蒲陽虎'에 대해 『金史』에는 '豐王 烏烈'로만 나오고 있어 어느 쪽이 옳은지 확인이 어렵다. 史書나 학계에서 '列蒲陽虎'를 많이 따르고 있으므로 袁本을 따른다.

61 『金史』 권4에 의하면 欽憲皇后 紇石烈氏이다.

62 『金史』 권4에 의하면 光懿皇后 裴滿氏이다.

63 『金史』 권4에 의하면 烏古論氏를 賢妃에 추봉하였다.

64 『金史』 권4에 의하면 僕散氏를 德妃에 추봉하였다.

65 『金史』 권4와 권69에 의하면 衛王 完顔宗强이다.

66 『金史』 권69에 의하면 完顔宗敏이다. 처음 邢王에 봉해졌다가 曹國王, 蜀王에 봉해

졌다.

67 『節要』: 저자인 張匯는 京東西路 兗州(현 산동성 濟寧市) 사람이다. 宣和 연간에 保州(현 하북성 保定市)에서 금군의 포로가 되어 끌려갔다가 紹興 10년(1140)에 귀국하였다. 『節要』는 저자가 포로로 있던 금에서의 16년간 사적을 기록한 3권의 책인데, 원본은 일실되어 본서에 수록된 내용만 전해지고 있다. 송대 確庵의 『靖康稗史箋証』에 따르면, 『節要』의 본래 명칭은 『金虜節要』이며 『金節要』·『節要』라고도 한다.

68 『金國太祖實錄』: 皇統 8년(1148)에 편찬되었으며 총 20권이다. 실록은 황제의 언행을 매일 기록한 起居注 등 1차 사료를 바탕으로 황제나 국가의 주요 사건을 연월일 순으로 적고, 사망한 관료의 전기를 추가해 편찬한 편년체 사서이다.

69 강철 : 원문은 '鑌鐵'이다. 남북조 때 이란 등에서 유입된 강철 제조 기술을 바탕으로 만든 강철을 말한다. 여러 차례의 제련 과정을 거치면서 철의 표면에 미세한 물결무늬가 생긴 데서 취해진 이름이다.

70 본문에서는 天輔 6년으로 썼지만, 『金史』 등 대개의 사서는 '天輔 7년'으로 적고 있다. 그러나 다음 구절에서도 '천보 6년'이라 한 것으로 볼 때, 『金國太祖實錄』에서는 '天輔 元年'을 선포한 '收國 3년'의 익년부터를 天輔 1년으로 보고 '수국 3년+천보 6년=아골타 재위 9년'으로 셈한 듯하다.

71 吳乞買(1075~1135, 재위 1123~1135) : 金의 제2대 황제 태종이다. 금 태조의 넷째 동생으로 諳班孛極列이 되어 후계자로 활동하다가 즉위하였다. 후에 북송을 멸망시키고 위성 정권인 大齊를 세워 북중국을 통치하였으며, 行臺尙書省의 운영, 과거제와 조세제도의 도입을 비롯해 강력한 중앙집권화를 추진하여 정복왕조로서 금조의 기틀을 다졌다.

72 추대하다 : 원문은 '遙尊'이다. 이미 사망한 사람에게 봉호를 추가하는 것, 또는 두 개 국가에서 공통으로 한 명의 군주를 모시는 것을 말한다. 금의 여러 부족이 공통의 군주를 추대한다는 뜻에서 사용한 것으로 보인다.

73 금 태조의 사망에 대해 본서의 기사에서는 6월, 본권에서 인용한 『金國太祖實錄』에서는 八月 乙未日, 『金史』 권2에는 8월 戊申日, 『宋史』 권22에서는 5월로 각기 다르게 기록하였는데, 통상 『금사』에 의거해 1123년 9월 19일(양력)을 사망일로 보고 있다. 다만 본문의 기록이 상당히 구체적이므로 6월 사망설도 성립이 가능할

듯하다.

74 蔚州 : 거란 西京道 소속이며 軍額은 忠順軍, 州格은 節度州이다. 치소는 靈仙縣(현 하북성 張家口市 蔚縣)이고 관할 현은 廣陵縣·飛狐縣·靈邱縣·靈仙縣·定安縣 등 5개이다. 지명은 울창한 숲의 풍광에서 취하였다. 恒山·太行·燕山山脈이 교차하는 산간분지에 자리하며 靈仙縣·安定縣·飛弧縣은 현 하북성에, 靈邱縣·廣陵縣은 현 산서성에 속한다. 관할구역은 현 하북성 서북부 張家口市의 남서쪽에 해당한다.

75 闍母(1090~1129) : 금 태조의 이복형제이다. 건국 초부터 적극적으로 참여하여 상경·동경·서경 공략을 주도하는 등 무공을 세웠고, 天會 2년(1124)에는 平州와 宜州를 점령하여 거란 잔여 세력을 소탕하였다. 이후 南京路 都統 斡離不가 叔父인 闍母가 부도통인 것이 타당하지 않다며 직위 전환을 청하여, 도모는 도통으로 송에 대한 두 차례의 전면전을 주도하여 송을 멸망시켰다. 사후에 吳國王·譚王·魯王 등으로 추봉되었다.

76 告敕 : 조정의 인사 명령을 적어 교부하는 문서를 뜻하며, '告身·告敕·敕告·官告'라고도 한다. 3대 가계·본관·연령·制詞 원문을 적고 문서를 발급한 부서의 장관과 실무 서리의 서명과 인장을 찍게 하였으며, 관리의 신분증처럼 활용되어 그 보관에 각별히 신경을 썼다. 황제의 詔令을 뜻하기도 한다.

77 起復 : 부모상이 끝나지 않았는데도 불러 관직을 주거나, 탄핵받아 물러났다 복직되는 경우를 가리킨다. 왕안중이 곽약사와 갈등을 빚어 蔡靖으로 교체되었다가 다시 복직시키는 것이어서 '기복'이라고 하였다.

78 上淸寶籙宮使 : 政和 6년(1116)에 준공된 개봉의 도교 사원인 上淸寶籙宮을 관리하는 宮官使이다. 使相·節度使·宣徽使·宗室에게 수여하였으며 俸祿 지급을 위한 직책이었다. 상청보록궁은 휘종이 직접 가서 齋醮를 주관할 정도로 북송 말 도교의 중심지였다.

79 神霄玉淸萬壽觀 : 휘종으로부터 적극적인 지지를 받았던 王文卿과 林靈素가 중심이 되어 형성된 도교 天師道의 한 지파인 神霄派의 도관이다. 玉淸은 도가의 三淸 가운데 原始天尊이 머무는 곳이며, 神霄는 9重天(九霄) 가운데 가장 높은 하늘인 九天의 주재자, 또는 仙境·天界에 있는 朝廷을 뜻한다. 政和 7년(1117), 휘종은 자신이 玉帝의 장남인 '長生大帝'라며 '敎主道君皇帝'라 자칭하고 전국의 모든 天寧萬壽觀을 神霄玉淸萬壽觀(또는 宮)으로 바꾸게 하였고, 도관이 없는 지역은 불교사찰을

神霄宮으로 바꾸도록 하였다.

80 睿思殿 : 신종이 熙寧 8년(1075)에 만든 전각으로 주로 서재로 사용하였다. 하지만 철종은 선제가 사용하던 건물이라 감히 사용할 수 없다며 그 뒤에 宣和殿을 신축하였다. 휘종은 예사전을 비각으로 바꾸고, 선화전도 서화를 보관하는 장소로 활용하였다.

81 河北路 : 至道 3년(997), 전국에 설치한 15개 路의 하나이다. 치소는 북경 大名府(현 하북성 邯鄲市 大名縣)이고 24개 州 · 14개 軍을 관장하였다. 熙寧 6년(1073), 하북로를 하북동로와 하북서로로 나누어 동로의 치소는 대명부, 서로의 치소는 眞定府(현 하북성 石家莊市 正定縣)로 하였다. 동로는 3개 府, 11개 州, 3개 軍, 57개 縣으로, 서로는 4개 府, 9개 州, 4개 軍, 65개 縣으로 이루어졌다. 하북동 · 서로는 일반 행정구획과 달리 남북으로 가늘고 길게 형성되었는데, 아마도 거란의 공격 노선에 대응하여 설계된 것으로 보인다. 관할구역은 현 하북성의 保定市 이남 지역과 황하 이북의 하남 · 산동에 해당한다.

82 譚稹 : 환관으로서 內客省使 · 保大軍節度觀察留後를 지냈으며, 熙河蘭會路 走馬承受와 方臘의 난 때 童貫과 함께 兩浙制置使를 맡았고, 진압 후 常德軍節度使가 되었다. 燕京 공략에 대한 전방 지휘관의 견해를 취합하라는 徽宗의 명령을 받고 거병에 반대하는 定州路安撫使 韓粹彦과 眞定府路安撫使 洪中孚를 파직시키고, 결국 거병하게 하였다. 이후 燕山府路宣撫使의 중책을 맡았으나, 군량 문제 등으로 金軍과 갈등을 초래하여 북송의 멸망을 앞당겼다. 靖康 1년(1126)에 昭州에 安置되었다. 북송의 멸망을 초래한 '6賊'에는 속하지 않으나 '10惡'에는 포함된다.

83 斡离不(?~1127) : 금 태조의 둘째 아들이어서 세칭은 '二太子'이다. 본명은 斡魯補이고 斡离不 외에도 斡离補 · 斡離不 · 斡里雅布 · 窩里孛로 표기하기도 하며 중국식 이름은 完顔宗望이다. 일찍부터 태조를 수행하여 혁혁한 전공을 세웠고, 천조제를 추격하여 체포함으로써 거란을 멸망시켰다. 또 점한과 함께 개봉을 함락시켰으나 북송을 유지하자는 온건한 정책을 주장하였다. 뛰어난 무공과 함께 인자한 면모를 지닌 인물로 높게 평가받았다.

84 尊號 : 황제에 대한 호칭에는 재임 중 사용하는 年號 · 尊號 · 尊謚와 사후에 정하는 謚號 · 廟號 · 陵號 등이 있다. 재임 중 사용하는 호칭 가운데 '年號'는 한무제가 처음 사용하기 시작하였는데, 황제 호칭과 동격으로 간주되어 避諱의 대상이었다.

'尊號'는 唐代부터 본격적으로 사용하기 시작하였는데, 황제의 공덕을 찬양하기 위해 수시로 올리고 계속 추가하여 당 현종의 경우, '開元天地大寶聖文神武孝德證道皇帝'라고 하였다. 그러나 너무 길어서 다시 존호와 시호를 결합한 '尊謚' 개념이 출현하였다. 예를 들어 명 태조의 尊謚인 '開天行道肇紀立極大聖至神仁文義武俊德成功高皇帝' 가운데 앞부분은 모두 尊號이고 뒤의 '高'는 謚號여서 통상 '明太祖高皇帝'라 칭한다. '尊號'는 황후 등에게도 수여하며 '徽號'라고도 칭한다.

85 批答 : '批'는 아래에서 올린 서면 보고에 대해 위에서 의견을 달아서 답하는 문서를 말한다. 통상 신하들의 상주문에 직접 의견을 써서 답하기 때문에 '批答'이라 한다. 비답 문서를 전담하는 대신이 답하는 것이 상례이며, 황제가 직접 작성하거나 별도의 옥새를 찍은 것은 '御筆批答' 또는 '御批'라고 칭하여 구분하였다.

86 資政殿學士 : 학사는 고위 관료에 대한 명예직으로 宰執 자격자(正3品~從2品)에게는 觀文殿·資政殿 등의 殿學士, 侍從 자격자(正3品)에게는 龍圖閣·天章閣 등의 閣學士를 수여하였다. 자정전학사는 景德 2년(1005)에 처음 설치하였고, 위계는 한림학사와 侍讀學士의 중간이며, 正3品 고위 관료에 제수하였다.

87 동지사 : 원문은 '同知'이다. '同'은 자신의 품계보다 높은 직급을 대행하는 것으로 거란·宋·金 모두 이 직함을 유지하였다.

88 同中書門下平章事 : 송조의 최고 행정기관인 中書省을 관장하는 재상의 정식 명칭으로서 약칭은 '同平章事'이다. '同中書門下'는 '중서성과 문하성의 장관과 동격'이며, '平'은 '변별·처리', '章'은 '彰明'이니 平章은 '상의하여 처리한다'는 뜻이다.

89 '擄僞' 뒤에 여타의 행위 없이 관직명만 붙어 나오고, 張言中이라는 인명 등은 사서에 보이지 않으므로, 그 자세한 사정은 파악하기 어렵다.

90 擧人 : 본래 '조정에 薦擧된 인물'이란 말이다. 송대에는 府州 주관의 州試(鄕試), 轉運司 주관의 轉運司試(漕試), 太學 주관의 學館試로 이루어진 예비 시험인 解試에 합격한 뒤 도성에 가서 예부의 貢擧에 응시할 수 있는 수험생을 뜻한다.

91 耶律德光 : 거란 太宗(902~947, 재위 926~947)의 중국식 이름이다. 태조의 둘째 아들로서 자는 德謹이다. 936년에 石敬瑭을 도와서 후당을 멸망시키고 연운 16주를 할양받았고, 매년 견 30만 필을 세폐로 받았다. 또 남·북면관제를 도입하여 胡漢分治라는 정복왕조의 전형을 이룩하였다. 946년에 後晉을 멸망시키고 하북을 점령하였으나 각처에서 반발이 끊이지 않자 부득이 회군하다가 사망하였다.

92 寶檢 : 본문에서는 신하들이 황제에게 존호를 올릴 때 함께 올리던 '冊寶'를 뜻한다. '冊'은 '玉冊'으로, 죽간 형태로 만든 玉片에 존호를 새긴 뒤 금으로 채운 것이며, '寶'는 '金寶'로, 금으로 만든 인장이다. 『遼史』에 의하면, 석경당은 天顯 12년(937) 6월과 8월에 존호를 올리겠다고 청하였으나 거란 태종이 허락하지 않았고 會同 1년(938) 5월에 다시 존호를 올리겠다고 하여 허락을 받는데, 본문의 寶檢은 이때 올렸던 것으로 보인다. '玉檢'이라고도 한다.

93 奚王府 : 현 내몽고자치구 시라무렌 유역에서 살던 奚는 거란과 마찬가지로 鮮卑宇文部의 일파여서 언어와 문화가 유사하였다. 南北朝 때에는 '庫莫奚'라고 불렀는데 '庫莫'은 현 몽골어로 '사막'이란 뜻이다. 수·당대에 이르러서 '奚'라고 칭하였고, 6개 部로 이루어졌다. 후에 거란에 복속되기는 했으나 지속적으로 저항하자 태조는 이들을 정권의 중추로 발탁하여 20개 部의 하나로 삼고 奚部에 관한 모든 일을 전담하게 하였으나 후에 점차 지방행정기구로 약화되었다.

94 蕭幹이 즉위한 곳은 南京道 平州 安喜縣(현 하북성 秦皇島市 青龍自治縣 祖山鎭)이다.

95 天阜 : 蕭幹은 大奚國 건국을 선포하고 피살되기까지 8개월 동안 연호를 天復에서 天阜·天嗣로 계속 바꾸었다. 연호를 이렇게 자주 바꾸는 것은 매우 특이한 경우이다.

96 盧龍嶺 : 현 하북성 唐山市 遷西縣과 管城縣의 교계지인 喜峰口에 해당한다. 灤河의 침식으로 형성된 좁은 계곡에 난 길을 통해 薊州와 承德을 연결하는 곳으로, 唐代에는 盧龍塞가 설치되었다.

97 石門鎭 : 거란 南京道 景州 遵化縣 소속이다. 현 천진시 薊州區와 하북성 唐山市 遵化市를 잇는 교통로인 遵化市 石門鎭에 해당한다.

98 奏告 : '上奏한다'는 뜻이지만 송대 국가 祭典 용어이기도 하다. 여기서는 국가적 제례를 올리기에 앞서 천지·종묘·사직·宮觀·先陵·五嶽 등에 관리를 파견하여 고하는 의식을 가리키는 용어이다.

99 초연주 : 원문인 '招燕州'는 현재 문맥에 맞지 않아 보인다. 『契丹國志』에는 '燕州'가 71개 刺史州의 하나로 열거되고 있으나 『遼史』의 「地理志」에는 遼代 당시 지명으로 나오지 않는다. '燕州'가 燕山이나 燕京이라면 그 뒤에 나오는 "금나라에 복속하게 하였다"가 논리적으로 성립이 어렵다. 본 번역에서는 '招燕州'가 '招延州'의 誤字라고 보았다. 현재 전투가 이루어진 노룡령·경주·계주 등은 현재의 唐

山市 일대인데, '招延州'는 이 지역과 근접한 금국 영토이다. '招延州'는 『遼史』「地理志」에 수록되지 않은 주로서 사료에 따라 招賢州·招遙州·昭延州, 심지어 招州·延州로 다양하게 기록되어 있다. 그 위치에 대하여 『武經總要』에서는 '동쪽으로 小凌河, 서남쪽 450리에 연경, 남쪽으로는 潤州, 북쪽으로 澤州와 연해 있다'고 하였다. 『地理叢考』에는 '榆州의 서쪽 40리에 있다'고 하였다. 余蔚은 대체로 현 하북성 承德市 承德縣으로 추정하였으나 혹자는 요녕성 葫蘆島市 建昌縣과 하북성 秦皇島市 青龍縣 일대로 추정하기도 한다.

100 본문의 '服從'을 袁本에서는 '復從'으로 썼고, 『續資治通鑑長編拾補』 권47의 10엽에서도 '復'으로 썼는데, 둘 다 의미가 통한다. 본서 권13의 8엽에 조량사와 올실의 협상에서 '초연주'가 등장하는데, 이를 보면 '초연주'는 원래 금조에 속하였다. 따라서 금조 경내의 일인데, 송군은 그 일대를 위협하던 거란군을 축출함으로써 금조의 영토까지 안정시켜 주었다고 큰소리치는 것이다.

101 宮花幞頭 : '幞頭'는 비단으로 만든 사각형 巾인데, 北周 때 처음 사용하기 시작해서 당대에 크게 유행하였다. 송대에는 건이 아니라 안에 나무로 틀을 만들고 밖에는 漆紗로 감싼 형태의 모자로 크게 바뀌었다. '복두'는 황제부터 일반 사인에 이르기까지 주요 의전의 필수품으로 모두 사용하였다. '宮花'는 궁중에서 만든 꽃 모양의 화려한 장식품으로, 과거급제자 축하 연회에서 황제가 특별히 꽂아줄 때 사용하였다. '궁화복두'는 복두 가운데 꽃장식이 달린 것을 말한다.

102 河間府 : 河北東路 소속이며 등급은 上, 郡名은 河間郡, 軍額은 瀛海軍, 州格은 節度州이다. 치소는 河間縣(현 하북성 滄州市 河間市)이고 관할 현은 樂壽縣·東城縣·河間縣 등 3개이다. 본래 거란의 瀛州였는데, 後周 世宗이 점령했고(959), 송에서는 高陽關路의 치소가 되었으며(1048), 大觀 2년(1108)에 河間府로 승격되었다. 지명은 춘추전국시대 9개 강의 유역에 자리한 데서 취하였다. 송대에 太原府·中山府와 함께 하북 3鎭의 하나로 손꼽혔다. 비옥한 충적평야 지대로 소택지가 발달한 곳이었다. 황하를 경계로 남쪽의 산동성과 마주 보는 곳이며, 관할구역은 현 하북성 동남부 滄州市 서쪽의 河間市에 해당한다.

103 二太子 : 본서에서는 일반적으로 금 태조의 아들 가운데 嫡庶의 구분 없이 둘째인 '斡離不(欽憲皇后의 소생)'를 가리킨다. 『金史』 권74 「宗望(斡離不)傳」에도 斡離不가 평주의 張敦固로부터 항복을 받는 내용이 기록되어 있기도 하다. 다만 '二太子'는

공식 칭호가 아니어서 지칭이 분명하지는 않다. 『金史』에는 斡離不 외에 嫡長子인 '繩果(聖穆皇后의 소생)'도 '太祖第二子'라 하고 있다. 앞서 인용한 『松漠記聞』에서는 繼室의 장자를 '二太子'라 했는데, 이는 셋째인 '訛里朶'(초명 宗輔, 개명 宗堯로서 天德 연간에 '許王'에 봉해져서 『송막기문』에는 '허왕'이라 하였다)를 말하며, 『神麓記』에서는 '宗傑'을 '元帥二太子'라 하였다.

104 道君皇帝 : '道君'은 본래 도교 신선의 계보 가운데 최고위에 있는 '太上老君', 즉 '老子'를 뜻한다. 그런데 도교에 심취했던 휘종은 노자와 자신을 동일시하기 위해 스스로 '教主道君皇帝'라고 칭하였다. 휘종은 經局을 설치하여 『政和萬壽道藏』이라는 道藏 판각을 추진하였으며, 사찰을 도관으로 강제 전환시키고, 유학의 체계를 본떠서 도학의 체계 및 도사의 관직을 정돈하였다. 도사 林靈素 등은 휘종을 教主라 칭하며 황권과 신권의 합일을 도모하는 등 극단적인 아부를 마다하지 않았다.

105 원문은 '三資'이다. '資'는 '자격이나 경력'을 뜻하며, '資歷·資序'라고도 한다. 승진 자격을 갖추지 못하였으나 그 자격을 인정해 주는 것을 '理資序', 고위직 관리를 정해진 임기보다 빠르게 전보해 주는 것을 '成資'라고 한다. 본문의 '轉三資'는 본인의 고과 연수에 3년분의 고과를 추가해 준다는 뜻이다.

106 急脚遞 : 원문은 '牌'이다. '牌'는 중요 문건이나 사면령 등을 급히 전달할 때 사용한 일종의 증표로서 신종 때부터 채택하였다. '牌' 가운데 신속히 전달해야 하는 문건을 가리켜 '급각체'라고 하는데, 급각체는 다시 金字牌·青字牌·紅字牌의 3등급이 있었다. 본문의 상황을 보면 '牌'를 급각체로 봐도 무방할 것이다.

107 四庫本의 '改作'을 따르면 "朝廷須著意關防. 金人之術定是 … (조정에서는 신경 써서 막아야 합니다. 금인들의 술수는 틀림 없이 … .)"가 된다. 또, 원문대로 두고 "朝廷須著意關防須得, 金人其術 … ."로 끊으면 "조정에서 신경 써서 막아야만 합니다. 금인들은 그 술법이 … ."가 되며, "朝廷須著意關防, 須得 金人. 其術 … ."로 끊으면 "조정에서 신경 써서 막아야만 금인을 얻을 수 있다(=통제할 수 있다). 그들의 술법은 … "의 의미가 된다.

108 李汝弼 : 권18의 2·3·8엽 등에서는 李安弼이라고 하였다.

109 奉朝請 : 황제를 만나는 것을 '朝見'이라고 하는데, 봄에 만나는 것을 '朝', 가을에 만나는 것을 '請'이라고 한다. '奉朝請'은 '조회에 참가할 자격이 있다'는 뜻으로,

관원이나 종실에 대한 우대 혜택으로 꼽힌다.

110 일반 관료들 : 원문은 '外廷'이다. 궁궐은 황제가 거주하는 생활공간인 內朝와 관료들이 조회에 참여하고 업무를 처리하는 外朝로 나눌 수 있는데, 이를 內廷과 外廷이라고도 한다.

111 상주문 : 원문은 '抗章'이다. 황제에게 글을 올린다는 점에서 上奏와 다르지 않으나 반론을 펼친다는 의미가 포함되어 있다.

112 許本의 '然'과 袁本의 '並' 모두 부자연스러우나, 許本에 따라 번역한다.

113 원문은 '以平州爲泰甯軍, 封數節度使'인데, 평주를 절도주로 승격시켜 준다는 말이다. 송조는 주의 등급을 행정편제와 군사편제 2개 등급을 부여하였는데 군사적인 중요성에 따라 都督州(正2品) · 節度州(從2品) · 觀察州(正5品) · 防禦州(從5品) · 團練州(從5品) · 軍事州(從5品) 등 6등급으로 나누었다. 正2品인 都督州는 親王에게만 부여하였기에 통상 운영되지 않았고, 從2品인 節度州가 사실상 최상위직이었다. 절도주로 승격되면 正4品인 節度觀察留後를 비롯해 절도판관 · 장서기 · 절도추관 등의 막직관을 임명할 수 있게 된다.

114 泰寧軍牌 : 당대 이래 내려온 8개 절도사를 제외한 새 절도사를 임명할 때는 별도의 軍額을 내려 준다. 본문의 경우 '평주 태녕군'이 새겨진 패를 보낸 것을 말한다.

115 誥命 : 황제가 관료를 임명하거나 작위를 수여하는 데 사용하는 문서를 말한다. '誥書'라고도 한다.

116 조서 : 원문은 '手詔'이다. 황제가 직접 쓴 조서로서 黃紙에 散文體 문장으로 작성한다. 親王 · 宰相 · 樞密使의 陳情에 대한 답변에 사용하고 參知政事 등 부재상 이하에는 사용하지 않는 것을 원칙으로 하였다. 단 자신의 문장력과 서예에 자부심을 지니고 있던 휘종은 이런 관례를 무시하고 수조를 남발하였다.

117 阿脂川 : 현 흑룡강성 하얼빈시에서 송화강에 합류하는 남쪽 지류인 阿什河의 이칭이다. '阿朮火河'라고 부르던 것을 한자로 번역하면서 '阿芝川'이라고도 하였다. 『松漠紀聞』의 기록에 따르면 漕運의 중심지였다.

118 汪藻(1079~1154) : 자는 彦章이고 호는 浮溪 · 龍溪이며, 江南東路 饒州 德興縣(현 강서성 上饒市 德興市) 사람이다. 휘종이 주관한 詩會에서 독보적 능력을 발휘하였으나 王黼와 불화하여 중용되지 못하였고 흠종 때 비로소 起居舍人, 고종 때 병부시랑

및 湖州·撫州·徽州·泉州·宣州 지사를 지냈으며 顯謨閣大學士·左大中大夫에 이르렀다. 『青唐錄』·『元符庚辰以來詔旨』 등을 지었고 『靖康要錄』도 지었다고 추정되지만, 저술 대부분이 전해지지 않는다. 현존하는 『浮溪集』은 영락대전 집일본이다.

119 『謀夏錄』 : 『亡遼錄』 등에 실린 자료를 바탕으로 汪藻가 쓴 『金人請盟背盟本末』(약칭 '金盟本末')을 말한다. 약칭은 『謀夏錄』·『裔夷謀夏錄』이다. 明末清初에 제작된 현존 판본에는 저자가 劉忠恕라고 하였으나 그 근거가 희박하다.

120 耶律延禧(1075~1128, 재위 1101~1125) : 거란의 마지막 황제인 天祚帝의 본명이다. 황태자였지만 모함을 받아 실각한 뒤 살해당한 耶律濬의 아들이자 道宗의 손자로 황위를 계승하였다(1101). 즉위 당시 거란은 이미 말기적 증세가 두드러졌음에도 천조제는 사냥과 사치에 빠져 국세 회복에 소홀하였다. 1114년, 阿骨打가 거병한 뒤 두 차례에 걸친 전투에서 패하였고, 이듬해 친정에 나섰다가 패퇴한 뒤 정국 주도권을 상실하였다. 송·금의 협공 위협과 발해인의 반란에 시달리던 천조제는 1122년 中京을 상실하면서 급격히 몰락하였다. 천조제는 西京을 거쳐 夾山山脈으로 도피하였고, 그 사이 燕京에서 耶律淳이 天錫皇帝로 즉위하자 고립무원에 빠지고 말았다. 결국 1125년, 산서 應州에서 포로가 되어 재위 25년 만에 거란의 멸망과 함께 물러났다.

삼조북맹회편

三朝北盟會編

卷19

[政宣上帙19]

起宣和六年正月六日乙卯, 盡十二月十七日庚申.

정화 연간(1111~1118)부터 선화 연간(1119~1125)까지를 기록한 상질의 제19권 : 선화 6년(1124) 1월 6일 을묘일부터 12월 17일 경신일까지.

宣和六年正月六日乙卯，金人訃書至，報其國主殂，爲輟朝五日.

선화 6년(1124) 1월 6일 을묘일, 금국에서 보낸 부고가 도착해 금국 국주國主의 서거를 알려 왔다. 조의를 표하기 위해 닷새간 조회를 걸렀다.[1]

『宣和錄』曰 : 皇帝爲大金主卒, 於內東門別次成服.

『선화록』에는 다음과 같이 적혀 있다.
황상은 죽은 대금 국주를 위해 대내[2] 동문 별채[3]에서 상복을 입었다.

金人遣國信大使奚人富謨古①(舊校云 : 歸本謨古作莫布)、副使漢人李簡來.

① [按] 富謨古 : 袁本에서는 '富謨右'로 썼다. 이하 모두 같다. 교주는 생략한다.

금국이 해인인 부모고[구 교감은 다음과 같다 : "귀본에서는 '모고'를 '모포'로 썼다."]를 국신사로, 한인 이간을 부사로 보내 왔다.

『宣和錄』曰：留遺使①.

① [許] 留遺使：'遣留使'로 써야 한다.

[按] 『續資治通鑑長編拾補』 권48에서도 본서를 인용하여 '遣留使'로 썼지만 編者인 黃以周는 '遣'이 '遺'의 誤字라고 교감하였다.

『선화록』에는 다음과 같이 적혀 있다.

금국에서 유품을 전달하는 사신[4]이 왔다.

『茆齋自敍』曰：右登寶位使來①. 阿骨打(改作阿固達)自燕師歸國②, 死(改作卒)於半塗③, 吳乞買(改作烏奇邁)嗣立, 故遣使來謝；差張璩充大使, 差馬擴充副使, 至燕山, 又進至薊州, 接見大使富謨古、副使李簡.

① [許] 右登寶位使來：'謝'를 '右'로 잘못 썼다. 교주를 따른다.

② [按] 自燕師歸國：袁本에서는 '自燕歸國'으로 썼다.

③ [按] 半塗：袁本에서는 '半途'로 썼다.

『모재자서』에는 다음과 같이 적혀 있다.

사등보위국신사[5]가 왔다. 아골타가 연경 지역에서 군대와 함께 귀국하던 중 사망하였는데 오걸매가 황위를 계승하였기에 사신을 파견하여 알려 왔다. 조정에서는 장거를 국신사로, 나 마확을 부사로 보임하여 파견하였는데 연산부에 이르렀다가 다시 계주로 가서 국신사 부모고와 부사 이간을 접견하였다.

『謀夏錄』曰 : 阿骨打(改作阿固達)死, 吳乞買(改作烏奇邁)嗣立, 朝廷遣使弔祭, 故復遣使也.

『모하록』에는 다음과 같이 적혀 있다.

아골타가 죽고 오걸매가 황위를 계승하였다. 조정에서는 사절을 파견하여 조문[6]했는데, 이에 다시 사신을 보내게 되었다.

河間府詹度得蕭幹首, 獻於朝.

하간부지사 첨도가 소간의 수급을 획득하여 조정에 바쳤다.

先是, 蕭幹敗於峯山, 其民①皆失其家, 歸怨於幹 ; 其部卒②白得哥殺之, 傳首河間府, 詹度上之於朝.

① [按] 其民 : 袁本과 四庫本에서는 '其軍'으로 썼다. 교주를 따른다.

② [按] 其部卒 : 袁本에서는 '其部第'로 썼다.

이에 앞서 소간이 순주의 봉산에서 패하자 그의 부하들 모두 가솔을 잃게 되어 소간을 원망하였다. 백득가라는 병사가 소간을 살해한 뒤 하간부에 그 수급을 넘겼고 첨도는 이를 조정에 올려 보냈다.

十四日癸亥, 獲耶律氏寶檢、金印, 及得孁離不(改作古爾班)首, [019-02] 奏告宗廟社稷, 御紫宸殿受賀.

선화 6년(1124) 1월 14일 계해일, 황상은 태종 야율덕광의 존호가 있는 보검과 거란이라 새긴 도금된 인장을 획득하고[7] 기리불의 수급을 얻게 된 것을 종묘사직에 주고한 후 자신전[8]에 가서 신하들로부터 축하를 받았다.

「詔」曰 : 屬者虜(改作遼)政暴荒, 天用剿絶其國①, 朕誕膺帝命, 克紹先業②, 取亂侮亡, 恢復疆土, 施大澤於燕雲之人. 舊俗來歸, 如水就下, 沛然莫之能禦 ; 獨僞四軍大王孁離不(改作古爾班), 悖衆逆命, 前年首犯王師於白溝, 繼復旅拒燕城, 旋命偏師攻於廣陽之北, 敢干天之紀, 擅卽僞位, 號神聖皇帝, 改年天嗣, 襲虜(改作遼)正統.

① [按] 天用剿絶其國 : 袁本에서는 '天用勦絶其國'으로 썼다.

② [按] 克紹先業 : 袁本에서는 '克紹先猷'로 썼다.

조서의 내용은 다음과 같다.

근자에 북로의 정치가 잔폭하고 황음하니, 하늘이 그를 죽여 나라를 멸하고자 하였다. 짐이 상제의 명을 받들어 선조의 대업을 계승하여 약소국을 겸병하고 어리석은 군주를 공격해서 원래의 영토를 회복하였으니 연운[9] 지역의 백성들에게 큰 은혜를 베풀어 준 것이다. 예전의 풍속으로 되돌아오는 것은 마치 물이 위에서 아래로 흐르는 것처럼 기세가 성대하여 누구도 막을 수가 없는 법이다.

그런데도 사군대왕을 참칭한 기리불 만이 홀로 대중의 뜻을 위배하고 천명을 거스르며, 작년 백구에서 앞장서 우리 군대를 범하더니 이어서 연경성에서 무리를 모아 항거하고, 또 일부 병력[10]을 움직여 광양군[11]의 북쪽을 공격하였다. 감히 하늘의 기강을 범하고, 자기 멋대로 즉위하여 신성황제라 참칭하고 연호를 천사라 바꿔 북로의 정통을 계승하였다.

去年輒率①其旅若林, 出寇景、薊, 痛毒醜類②, 矯誣神人, 罪不容誅. 爰飭六師, 大敗於峯山, 隻輪不返. 甲辰傳首京師. 惟予克相上帝, 以遏亂略, 皇天助順, 宗社垂休③, 有此駿功, 朕敢專享?(一云 : 豈朕之武. 刪注文六字.) 可擇日遣官奏告宗廟社稷, 御紫宸殿受賀. 夔離不(改作古爾班)首級, 依典禮送太社庫④, 故茲詔示, 想宜知悉.

① [按] 輒率 : 袁本에서는 '輙率'로 썼다.
② [按] 痛毒醜類 : 袁本에서는 '毒痛醜類'로 썼다.
③ [按] 宗社垂休 : 袁本에서는 '宗祏垂休'로 썼다.
④ [許] 太社庫 : '大'를 '太'로 잘못 썼다.

작년에 걸핏하면 숲을 이룬 듯 많은 병력을 이끌고 나와서 경주와 계주를 노략질하였다. 백성들에게 해독을 끼치는 추악한 무리로서 신과 사람을 기만하니, 그 죄가 무거워 죽어도 모자란다. 그리하여 천자의 군대에 명령하여 봉산에서 크게 패배시켜 그의 군대는 수레바퀴 하나도 되돌아가지 못하였다. 갑진일에 소간의 수급이 도성에 도착했다.

짐이 능히 상제를 보좌하여[12] 전란과 침탈을 막을 수 있었던 것은 하늘이 도우시고 선조가 복을 내리시어 이렇게 큰 공을 세울 수 있었음이니, 어찌 짐이 혼자서 누릴 수 있으리오?[일부 판본에서는 '어찌 짐의 무공이랴'라고 하였다.] 길일을 택하여 관원을 보내서 종묘사직에 이를 주고하고, 자신전으로 거둥하여 축하를 받고자 하노라. 기리불의 수급은 전례典禮에 따라 태사고[13]로 보내라. 이에 조칙을 내리니 너희들이 이 모든 상황을 잘 이해하길 바라노라.

二十九日戊寅, 大金賀正旦使、盧州管內觀察使、都孛菫(改作達貝勒)高居慶, 副使大中大夫、守大理寺卿楊意①, 朝於紫宸殿②.

① [按] 楊意 : 袁本과 『金史』 권71에서는 '楊璞'으로, 四庫本에서는 '楊並'으로 썼다. 袁本을 따른다.

② [按] 朝於紫宸殿 : 袁本에서는 '並辭於紫宸殿'으로 썼다. 교주를 따른다.[14]

선화 6년(1124) 1월 29일 무인일, 대금의 신년하례국신사로 온 발근[15]으로 노주[16]관내관찰사[17]인 고거경과 부사로 온 대중대부로 대리시경[18] 대행[19]인 양박이 자신전에서 귀국 인사를 하였다.

馬擴至燕山, 與王安中論燕事.

마확이 연산부에 가서 왕안중과 연경 지역의 일을 논의

하였다.

『茆齋自敍』曰：擴至燕山，與王安中論燕中事．是時已授常勝軍田，約來年夏，減罷請受①．僕因言：“燕地新邊，必知所以治之之序②，首當繕籬落，次招○流民③，又次當置弓箭手，[019-03] 最後授常勝軍田也．至如罷常勝軍請受，尤宜欵緩④，待其闢田就緒，乃可罷也．

① [按] 減罷請受 : 袁本에서는 '成罷請受'로 썼다.

② [按] 治之之序 : 袁本에서는 '治之序'로 썼다.

③ [許] 次招○流民 : 脫字는 '撫'字이다. 교주를 따른다.

④ [按] 尤宜欵緩 : 袁本에서는 '猶宜緩'으로 썼다.

『모재자서』에는 다음과 같이 적혀 있다.

나 마확은 연산부로 가서 왕안중과 연경 지역의 일을 논의하였다. 당시 왕안중은 이미 상승군에게 농토를 나눠 주었다며, 이듬해 여름이 되면 그들의 봉록[20]을 감하거나 없앨 것이라고 하였다. 그래서 내가 다음과 같이 말하였다.

연경 지역은 새로 얻은 변경이라 이 지역을 다스리는 순서를 반드시 알아야 합니다. 제일 먼저 마땅히 울타리를 잘 정비하고, 그다음 유민을 불러들여 안무하고, 그다음은 궁전수[21]를 배치하고, 마지막에 상승군에게 땅을 주었어야 했습니다. 상승군의 봉록을 폐지하는 것은 더욱이 늦추어서 개간을 마치고 자리가 잡힌 뒤에 없애는 것이 옳습니다.

僕初入燕，諸路正兵有十五萬餘，童宣撫帶還外尙有八九萬人，選三萬備戰，餘尙五六萬，除諸處占破外，可以入役者三萬人，離而爲四；又於諸處雇募萬人①，每城得二萬餘人，齊擧貼築薊、景、檀、順四州，每州計雇工②不過五萬緡，更以五萬緡充犒設．通用四十萬緡，一月可以就緖．邊固則土疆可守，人心自然安處，善於安撫③，此繕籬落之最要者也④．

① [按] 又於諸處雇募萬人 : 袁本에서는 '又以諸處僱募萬人'으로 썼다.

② [按] 雇工 : 袁本에서는 '僱工'으로 썼다.

③ [按] 善於安撫 : 袁本에서는 '易於安撫'로 썼다.

④ [按] 此繕籬落之最要者也 : 袁本에서는 '此繕籬落乃爲最也'로 썼다.

제가 예전에 처음 연경에 왔을 때 각 로[22]에서 보낸 정규 병력이 15만여 명이 있었는데, 선무사 동관이 데리고 돌아간 병력 이외에도 여전히 8~9만 명이 있었습니다. 이 중에서 3만 명을 선발하여 전쟁에 대비시켜도, 여전히 5~6만 명이 남습니다. 이들 중 편제에만 속해 있을 뿐 각처에서 다른 일을 하는 자[23]들을 제외하더라도 노역에 투입이 가능한 자들이 3만 명이 되는데, 이들을 넷으로 나누십시오. 한편 지역마다 노동자를 만여 명을 모집하면 성마다 2만여 명을 확보하게 됩니다. 이들을 다 계주·경주·단주·순주 등 4개 주의 성벽 보완 공사에 투입하고, 각 주의 임금을 계산하면 5만 관[24]이 넘지 않으니 여기에 5만 관을 포상금으로 주십시오. 모두 40만 관을 들여 한 달이면 자리가 잡힐 것입니다. 변경이 견고해지면 국토를 지킬 수 있고 인심도 저절로 안정되어 위무하기에도 좋을 것입니다. 그래서 울타리를 정비하는 것이 가장 중요한 일입니다.

燕地自女眞入關，軍民、士庶，往往逃竄山谷間，宜招誘寬卹①，使之歸土②，此招流民爲次也③．燕中自罹兵火，田地荒曠，招置弓箭手，如陝西新邊法，許諸色有武勇少壯人投充，每戶給田二頃五十畝，官給耕牛、戰馬、種子，分官統隸；不唯荒田得耕④，兼籍兵威守邊，壓服新附人心，此置弓箭手，又其次也．

① [按] 宜招誘寬卹 : 袁本에서는 '宜招誘寬䘏'로 썼다.

② [按] 使之歸土 : 袁本과 四庫本에서는 '歸業'으로 썼다.

③ [按] 此招流民爲次也 : 袁本에서는 '此招歸民爲次也'로 썼다.

④ [按] 不唯荒田得耕 : 袁本에서는 '不荒田得耕'으로 썼다.

여진이 연경 지역으로 들어온 뒤 군인과 백성, 사인과 백성들이 왕왕 도망하여 산과 계곡에 숨었는데, 마땅히 불러들여 넉넉하게 구휼해서 그들이 본업으로 돌아오게 하여야 합니다. 이처럼 유민을 불러들이는 것이 두 번째입니다.

연경 지역은 전란을 당하여 경작지가 황폐하고 텅 비어 있으므로 궁전수를 배치해야 합니다. 예컨대, 섬서의 새로운 변방법[25]처럼 각종 무술과 담력을 갖춘 여러 장정을 궁전수로 투입하도록 허용해야 합니다. 그들에게는 가구마다 전지 2경 50묘를 지급하고, 관에서 밭 가는 소와 전투용 말, 그리고 종자를 지급한 뒤 관리에게 배당해 통솔해야 합니다. 이렇게 하면 황폐한 땅을 경작할 수 있을 뿐만 아니라 군대의 위엄으로 변방을 수비하고 새로 귀부해 온 사람들의 마음을 눌러 복종시킬 수 있습니다. 따라서 궁전수를 배치하는 것이 세 번째입니다.

常勝軍見請錢糧, 亦不宜遽罷, 使無所戀, 將契丹自來特留放牧牛馬閒田[①], 分授與常勝軍, 依倣弓箭手法, 官給耕牛、種子, 俟三兩歲, 耕墾有成, 漸次減罷請受 ; 則無侵奪民田之患, 外有開墾之功. 候塞外甯息, 議減戍兵, 此治燕至要也." 安中云 : "今已授常勝軍田, 見患侵奪民土, 又天荒曠土, 皆爲所占, 無復措畫如公所論, [019-04] 何以加之? 惜乎後時也."

① [按] 放牧牛馬閒田 : 袁本에서는 '放牧牛閑田'으로 썼다.

상승군에게 지금 주고 있는 전량도 급작스럽게 중지하여 우리 측에 정 떨어지게 만들어서는 안 됩니다. 거란이 지금껏 소나 말의 방목을 위해 특별히 남겨 두었던 휴경지를 상승군에게 나누어 주고 궁전수의 규정을 모방하여 관에서 밭 가는 소와 종자를 지급하십시오. 2~3년 뒤에 경작지에서 수확할 수 있게 되면 점차 봉록을 감액하거나 폐지해야 합니다. 그러면 민전을 침탈할 근심거리가 없어질 것이며 밖으로는 개간의 공이 나타날 것입니다. 국경 밖이 편안해지면 전방의 병력 감축에 대해 의논하면 되니, 이것이 연경 지역을 다스리는 데 가장 중요한 것입니다.

그러나 왕안중은 다음과 같이 말하였다.

"지금 상승군에게 이미 토지를 지급하였소이다. 지금 백성들이 상승군에 토지를 빼앗기는 고통을 당하고 있고 또한 황무지의 빈 땅도 상승군이 모두 차지해 버렸습니다. 공이 말씀하신 바와 같은 조치를 이제 다시 취할 수도 없으니, 무엇을 더 어찌할 수 있겠소. 안타깝게도 때가 늦었소."

三月, 譚稹奏置義勝軍.

선화 6년(1124) 3월, 담진이 의승군[26]을 편성하자고 상주하였다.

譚稹初至燕山, 聞常勝軍恣橫, 藥師輩不爲約束. 稹慮生事, 奏朝廷乞於河東軍別創一軍①, 分作權勢, 如雲、朔之人, 以五萬爲率, 屯於州縣要徑處, 號爲義勝軍, 令李嗣本、耿守忠爲帥. 欲俾常勝軍有所畏懼, 朝廷從之. 旣而嗣本、守忠選歸朝人中少壯者, 籍其姓名, 其月糧衣賜, 倍於他軍. 後常勝軍知其請給豐厚, 往往潛來投附. 郭藥師等猶懼其亡, 皆再涅其面②, 常勝軍大怨, 人人思亂矣.

① [按] 河東軍別創一軍 : 袁本에서는 '河東別創一軍'으로 썼다.

② [按] 皆再涅其面 : 袁本에서는 '皆涅其面'으로 썼다.

담진은 처음 연산부에 도착했을 때 상승군이 멋대로 전횡을 일삼고 곽약사 무리는 통제가 되지 않는다는 말을 들었다. 담진은 일이 생길까 걱정하여 하동로에 별도의 군대를 만들어 세력을 분산하자고 조정에 상주하였다. 즉 운주와 삭주의 주민 가운데 5만 명을 모아 주와 현의 요충지에 주둔시켜 의승군이라 이름하고, 이사본과 경수충[27]을 지휘관으로 삼자는 것이다. 조정에서는 상승군으로 하여금 두려워하는 세력이 있게 하려는 의도에서 담진의 말을 따랐다.

이에 이사본과 경수충은 조정에 귀순한 사람[28] 중에서 젊고 힘센 자를 뽑아 그들의 성명을 군적에 올렸는데, 매월 지급하는 곡식과 의복 등이 다른 군의 배가 되었다. 후에 상승군 가운데 의승군의 봉록이 풍족하다는 것을 알고는 몰래 와서 이쪽에 편입하려는 자들이 하나씩 나타났다. 곽약사 등은 자기의 병사들이 도망칠 것을 두려워하여 다시 병사들의 얼굴에 먹으로 문신[29]을 하여 이탈을 막았다. 상승군이 크게 원한을 품고 병사마다 반란을 일으킬 생각을 하였다.

閏三月庚辰, 太傅王黼奏所俘玉檢僞寶, 乞宣付秘書省.

선화 6년(1124) 윤3월 경진일, 태부 왕보는 노획한 옥검과 참칭한 인장을 비서성에 맡겨 처리하도록 해 주십사 주청하였다.

太傅王黼奏 : 耶律氏自阿保機(改作安巴堅)盜(刪此字)據北土, 因五季之微, 以强聞天下, 藝祖志在恢復, 而日不暇給, 累聖紹休, 專以柔馭. 至慶歷中, 遂敢忤天之命(刪遂敢至此六字), 妄以關南縣邑爲請, 至有輕視中原之心. 仁宗皇帝爲特添歲幣, 乃敢要盟(刪此三字), 別立要約, 使車旁午①, 來易誓文, 至詞盡理窮, 方少聽命, 誓書所著, 必欲本朝具言別納金繒之儀, 用代賦與之數.

① [按] 使車旁午 : 袁本에서는 '使車書旁午'로 썼다.

태부 왕보가 다음과 같이 상주하였다.

야율씨의 거란은 야율아보기 때부터 북쪽 땅을 도적처럼 점거한 후, 오대의 쇠약함을 틈타 강국으로 천하에 알려졌습니다. 태조께서 고토 회복에 뜻을 두셨지만 일은 많고 시간이 부족하여 미처 마무리하지 못하셨고, 역대 황제들께서는 그 큰 뜻을 계승하되 오로지 유화책으로만 상대하였습니다. 그런데 경력 연간(1041~1048)에 이르러 저들은 마침내 감히 하늘의 명을 거스르고 망령되이 관남[30]의 현과 읍을 요구하였고 중원을 깔보는 마음을 가지게 되었습니다.

인종황제께서 특별히 세폐를 더하여 주겠다고 하자 이내 감히 맹약을 강요하며 새로 맹약을 만들자고 요구하기에, 사신의 수레가 바삐 오가면서 맹약서를 고쳤습니다. 더는 할 말도 따질 도리도 없게 되자 조금은 명을 따르는 것 같더니, 그들은 본 조정에게 따로 금과 비단의 예물을 돌려줌으로써 관남의 조세를 대용해 주겠다는 것을 맹약서에 상세히 적으라고 요구하였습니다.[31]

是時中國威靈, 可謂屈矣! 仰惟陛下天錫智勇, 師不踰時, [019-05] 兵不血刃, 盡復燕雲境土, 如指諸掌. 夔離不(改作古爾班)傳首之後, 旣俘石晉所上玉檢, 又獲其僞寶. 今者疆圉之臣, 復以慶歷誓書來, 上承宗廟之宏休①, 下快祖宗之積憤②. 伏望宣付秘省③, 許率百僚拜表稱賀, 所有慶歷誓書、國書, 乞藏之寶文閣, 以示無窮. 從之.

① [按] 上承宗廟之宏休 : 袁本에서는 '上垂宗廟之宏休'로 썼다.

② [按] 下快祖宗之積憤 : 袁本에서는 '快祖宗之積憤'으로 썼다.

③ [按] 伏望宣付秘省 : 袁本에서는 '伏望宣付秘書省'으로 썼다.

그때 중국의 위엄은 굴욕을 당했다고 말할 수 있습니다. 오직 폐하께서 하늘이 주신 지혜와 용기로 군사를 적시에 움직이시어 피 한 방울 흘리지 않고 연운의 옛 땅을 모두 회복하셨으니, 손바닥을 가리키는 것처럼 쉽게 이룩하신 것입니다.[32]

기리불의 수급을 전달받은 후 석경당의 후진에서 거란에 바친 옥검을 노획한데다가 또 참칭한 옥새도 획득하였습니다. 지금 변방을 지키는 신하가 또 경력 연간(1041~1048)의 서약서[33]를 되찾아 왔는데, 이것은 위로는 종묘의 큰 업적을 이어받고 아래로는 조종의 쌓인 울분을 통쾌히 푼 것입니다. 엎드려 바라옵건대, 비서성에 조서를 내리시어[34] 문무백관을 이끌고 경하의 표문을 받들어 올림을 허락하시고, 경력 연간의 모든 서약서며 국서를 보문각[35]에 수장하시어 무궁토록 보게 하시옵소서.

황상이 윤허하셨다.

四月, 斡離不(改作斡里雅布)遣使來宣撫司, 求所許借糧.

선화 6년(1124) 4월, 알리부가 선무사사에 사신을 보내와 빌려주기로 한 군량을 요구하였다.

是時, 二太子來討張轂, 自軍前遣使來宣撫司所許借糧粟①二十萬斛. 稹曰: "二十萬斛糧, 豈易致耶? 兼自宣司②未嘗有片紙隻字許糧之文." 來人云: "去年四月閒, 南使趙直閣已許矣!" 稹曰: "趙良嗣口許, 豈足憑③?" 終不之允, 遣使不得已而回.

① [按] 所許借糧粟 : 袁本에서는 '所許借之粟'으로 썼다.

② [按] 宣司 : 袁本에서는 '宣撫司'로 썼다.

③ [按] 豈足憑 : 袁本에서는 '豈足憑耶'로 썼다.

이때 이태자가 장각을 토벌하러 와서는, 군영에서 선무사사로 사신을 보내와 예전에 빌려주기로 약속했던 군량 20만 곡[36]을 요구하였다. 담진은 "20만 곡의 군량을 어찌 쉽게 드릴 수 있겠소? 게다가 선무사사로부터 양식을 허여하라는 편지 한 장, 글자 한 자도 받은 바가 없소이다."라며 거절하였다.

그러자 사신은 "작년 4월에 남조의 사신인 용도각직학사 조량사가 이미 허락하였소이다!"라며 항의하였다. 하지만 담진은 "조량사가 구두로 응낙한 것을 어찌 확실한 근거라 할 수 있단 말이오?"라면서 결국 허락하지 않으니, 파견되어 온 사신도 하는 수 없이 돌아갔다.

二十一日戊申, 河北河東燕山府路宣撫使、知燕山府王安中奏 : 府西香山寺, 在府天甯壽觀①、昊天延壽寺甘露降. 奉聖旨 : 許拜表稱賀.

① [許] 天甯壽觀 : '昊天甯壽觀'으로 써야 한다. 교주를 따른다.

선화 6년(1124) 4월 21일 무신일, 하북하동연산부로선무사이며 연산부지사인 왕안중이 다음과 같이 상주하였다.

"연산부 서쪽에 있는 향산사,[37] 연산부 안에 있는 호천영

수관과 호천연수사에 감로가 내렸습니다."

다음과 같은 내용의 성지를 받들었다.

"경하의 표문을 받들어 올림을 허락하노라."

五月二十七日癸卯, 金國大使辰州管內都孛堇(改作達貝勒)富謨古, 副使淸州防禦使李簡到國門. 差黃潛善、王宗濋充館伴, 馬擴充送伴①, 前去宣撫司.

① [按] 馬擴充送伴 : 袁本에서는 '馬擴罷送伴'으로 썼다.

선화 6년(1124) 5월 27일 계묘일, 진주[38]관내도발근 부모고가 금국 국신사로, 청주[39]방어사 이간이 부사로 도성의 성문[40]에 도착하였다. 황잠선[41]과 왕종초[42]를 보내 관반사에 보임하였다. 마확은 송반사[43]가 되어 그들을 선무사사로 데리고 갔다.

『茆齋自敍』曰 : 擴旣受命, 復(改作往)太原①, 見童貫, 貫問僕燕中事宜②. 僕以常勝軍授田利害所答王安中, 治燕次序之語, 一一白之. 貫驚因云③ : "吾竊慮常勝軍將來爲患, [019-06] 欲與削了如何?" 僕答 : "如某至愚, 亦知常勝軍他日必爲患 ; 然而自今女眞顧慮, 未敢輒肆(刪此字)擧兵者④, 蓋忌此項軍也. 若遽削之, 不唯⑤金人窺覘, 兼此軍卽便起變⑥, 是自引惹, 莫若因而用之." 貫云 : "其術安在?"

① [許] 復太原 : '復至太原'으로 써야 한다. 교주를 따른다.

② [按] 貫問僕燕中事宜 : 袁本에서는 '問僕燕中事宜'로 썼다.

③ [按] 貫驚因云 : 袁本에서는 '貫因云'으로 썼다.

④ [按] 擧兵者 : 袁本에서는 '擧者'로 썼다.

⑤ [按] 不唯 : 袁本에서는 '不惟'로 썼다.

⑥ [許] 兼此軍卽便起變 : '兼'을 '無'로 잘못 썼다.

[按] '無'로 잘못 쓰지 않았다. 허함도의 착각으로 보인다. 四庫本·袁本·許本 모두 '兼'으로 썼다.

『모재자서』에는 다음과 같이 적혀 있다.

나 마확은 명령을 받은 뒤 다시 태원부로 가서 동관을 만났다. 동관은 나에게 연경 지역의 일을 어떻게 처리해야 할지 물었다. 나는 상승군에게 전답을 내어 준 것의 이해득실에 관해 답한 것, 왕안중에게 답하면서 연경 지역을 다스리는 차례에 대해 했던 말을 하나씩 상세하게 말해 주었다. 그러자 동관은 깜짝 놀라며 물었다.

"나도 속으로 상승군이 장차 근심거리가 될 것이라 걱정하고 있었소. 그들을 약화시키려면 어떻게 해야 하겠소?"

나는 이렇게 대답하였다.

"저처럼 아주 어리석은 사람도 훗날 상승군이 반드시 근심거리가 되리라는 것을 압니다만, 지금 여진이 머뭇거리면서 감히 함부로 거병하지 못하는 것은 아마도 이런 군대가 있는 것을 꺼리기 때문일 것입니다. 만약 급속히 상승군을 약화시킨다면 금국이 틈을 엿보게 될 뿐만 아니라 그들이 곧 반란을 일으킬 것이니 이는 우리 스스로 화를 불러일으키는 것입니다. 그대로 두고 그들을 이용하는 것만 같지 못합니다."

동관이 "그런 방법이 다 있소이까?"라고 물었다.

僕答曰 : "今藥師之衆, 止是三萬餘人, 多是馬軍武勇, 太師誠能於陜西、河東、河北三路選摘精銳馬步十萬人, 分爲三部①, 擇有智勇器識可及藥師者, 三分統之, 一駐於燕山, 與藥師對營相制 ; 一駐於廣信軍或中山府, 一駐於雄州或河間府, 犬牙相臨, 使藥師之衆, 進有所託②, 退有所忌, 則金人雖肆(改作有)他意, 豈易敢前?"

① [按] 分爲三部 : 袁本에서는 '分爲三遴'으로 썼다.

② [許] 進有所託 : 일부 판본에서는 '託'을 '扼'으로 썼다.

내가 다음과 같이 말하였다.

"지금 곽약사의 무리는 단지 3만여 명뿐이지만 대부분 기병이고 용감합니다. 태사께서 이렇게 하실 수만 있다면 좋겠습니다. 섬서[44]·하동·하북 3개 로에서 정예 기병과 보병 10만 명을 선발해서 3개 부대로 나누십시오. 그리고 지혜와 용기, 도량과 식견이 곽약사와 맞먹는 사람을 택하여 각기 나누어 통솔하게 하시되, 하나는 연산부에 주둔시켜 곽약사의 진영과 마주 보고 서로 견제하게 하고, 하나는 광신군이나 중산부[45]에 주둔시키고 나머지 하나는 웅주나 하간부에 주둔시켜 개의 이빨이 서로 맞물리듯이 들쑥날쑥하게[46] 배치하는 것입니다. 이렇게 하면 곽약사의 군대는 진격할 때는 기댈 데가 있고, 퇴각하려면 꺼려지는 바가 있게 됩니다.[47] 그렇게 하면 금국이 비록 멋대로 딴생각을 한다고 해도 어찌 감히 쉽게 나서겠습니까?"

貫云：“甚好! 但十萬人不易那儹①, 我當別有措畫.” 僕曰②：“國家挫威, 皆自延慶之遁, 儻當時再起种師道, 提許多西兵舉事, 却不至如此誤國家大事, 每竊歎恨.” 後乃置四總管, 罷王安中, 而用蔡靖也.

① [按] 不易那儹 : 袁本에서는 '不易那借'로 썼다.

② [按] 僕曰 : 袁本에서는 '又云'으로, 四庫本에서는 '貫云'으로 썼다. 교주를 따른다.[48]

동관은 "대단히 좋은 생각이오. 하지만 10만 명을 모으는 일은 쉽지 않으니 우리는 마땅히 다른 대책을 세워야겠소."라며 또 이렇게 말하였다. "국가의 위신이 꺾인 것은 모두 유연경이 도망친 데서 기인하오이다. 만약 당시에 충사도[49]를 다시 기용하고 많은 섬서의 병력[50]을 동원하였더라면 이처럼 국가대사를 망치지는 않았을 터인데 말이오. 매번 혼자 원통해 하고 탄식하고 있소이다." 뒤에 4명의 총관[51]을 임명하고 왕안중을 파직한 뒤 채정을 기용하였다.

八月, 金人復取蔚州, 殺守臣陳翊及陷飛狐、靈邱二縣.

선화 6년(1124) 8월, 금국 군대가 다시 울주를 점거하고 수신 진익을 살해하였으며, 비호현[52]과 영구현[53]을 함락시켰다.

先是, 金人逐天祚入夾山, 遂陷雲中府, 所有管內州郡, 皆來拜降. 及移軍燕山, 如朔州節度使韓正, 應州節度使蘇京, 蔚州土豪陳翊等, 爭叛金人, 納土歸大宋. 後粘罕(改作尼堪)、斡離不(改作斡里雅布)分遣軍馬, 逐去蘇京、孫團練取蔚州, 殺陳翊, 復取上件州郡①, 又陷飛狐、靈邱兩縣, [019-07] 絶交割山後之意. 又以諜來責我招納叛人張轂, 拘收戶口、職官, 及不付所許糧二十萬, 朝廷知其非, 遂議罷譚稹矣.

① [按] 復取上件州郡 : 袁本에서는 '復取上畔州郡'으로 썼다.

이에 앞서 금국 군대는 천조제를 쫓아 협산산맥으로 들어가면서 곧 운중부를 함락시키니, 운중부 관내 모든 주현이 와서 항복하였다. 군대를 다시 연산부로 옮기자 삭주의 순의군절도사 한정과 응주[54]의 창국군절도사인 소경, 울주의 토호인 진익 등과 같은 이들이 앞다투어 금국에 반기를 들고 땅을 들어 우리 대송으로 귀순하였다.

후에 점한과 알리부가 군대를 나누어 보내 소경과 단련사 손씨를 몰아내고 울주를 취하였으며, 진익을 살해하면서 앞에서 말한 주군을 모두 재점령하였다. 또 비호현과 영구현 두 곳을 함락시킴으로써 산후지역을 할양할 생각이 없다는 것을 분명히 했다. 또 첩문[55]을 보내서 우리가 반란을 일으킨 장각을 받아들인 일, 주민 및 관리들을 받아들인 일, 그리고 주기로 약속한 군량 20만 곡을 지급하지 않은 일을 책망하였다. 조정에서는 그것이 잘못된 주장임을 알면서도 담진 파면을 논의하기 시작하였다.

九月癸丑, 譚稹落太尉, 罷宣撫使, 貶順昌軍節度副使. 太師、徐豫國公致仕童貫, 落致仕, 領樞密院事, 河北燕山府路宣撫使.

선화 6년(1124) 9월 계축일, 담진은 태위에서 낙직[56]되고, 선무사 직에서 파면된 다음 순창군[57]절도부사[58]로 폄직되었다. 태사이며 서예국공인 동관은 관직에서 물러나 있었으나, 이때 재기용되어 영추밀원사 겸 하북연산부로선무사가 되었다.

先是, 譚稹至山西, 與童貫議論不合. 稹喜事邊幅①, 怯懦無謀. 金人既以張轂怨朝廷, 稹復用人乖剌, 且所許二十萬斛糧米, 不以給之, 金人愈怒, 欲敗盟入寇(改作邊). 童貫落致仕, 復拜河北燕山府路宣撫使, 如太原, 貶稹順昌軍節度副使.

① [按] 稹喜事邊幅 : 袁本에서는 '喜事邊幅'으로 썼다.

이에 앞서 담진이 산서에 갔는데 동관과 의견이 합치되지 않았다. 담진은 그럴듯하게 일을 꾸미기만 좋아하였을 뿐 겁이 많고 유약한데다 지모가 없었다. 금국에서는 장각의 일 때문에 벌써부터 우리 조정을 원망하고 있었는데, 거기에 담진이 사람을 기용하는 것이 상식적이지 않고, 게다가 이미 응낙했던 20만 곡의 군량을 주지 않자 금국 군대는 더욱 분노하여 맹약을 깨고 침입할 생각을 하게 되었다. 그래서 동관을 재기용하여 다시 하북연산부로선무사를 제수하여 태원부로 보냈고, 담진은 순창군절도부사로 폄직된 것이다.

『北征紀實』曰：譚稹者亦巨瑺也，初無異能，但梁師成黨．童貫致仕，故師成、黼引稹以爲河東宣撫副使，實代貫事俾①交割山後雲中府．其地則朔、武、應、蔚諸州者，直我河東路與代州對境，皆多要害，金人實不與我，但浮沈其辭②；加我使人二三，昧利求寵，使朝廷日夜益生希冀③，然金人實不與我也．

① [按] 實代貫事俾 : 袁本에서는 '實代貫專俾'로 썼다. 교주를 따른다.
② [按] 但浮沈其辭 : 袁本에서는 '但浮沉其辭'로 썼다.
③ [按] 希冀 : 袁本에서는 '希覬'로 썼다.

『북정기실』에는 다음과 같이 적혀 있다.

담진이란 자 또한 거물급 환관이기는 하지만 애당초 특별한 능력이 있던 것은 아니며 그저 양사성[59]의 도당이었을 따름이다. 동관이 사임하게 되자, 양사성과 왕보가 담진을 추천하여 하동선무부사가 되게 하였는데, 기실 동관을 대신하여 산후의 운중부 할양을 맡게 한 것이다. 그 지역은 곧 삭주·무주·응주·울주 등의 여러 주로서 우리 하동로, 특히 대주와 직접 경계를 맞대고 있고[60] 대부분 요충지여서 금국은 사실 우리 조정에 넘기지 않을 생각이었다. 그래서 말만 오갈 뿐이었다. 그런데도 우리 사신 두세 명은 이익에 눈이 어둡고 황상의 총애만 탐내어, 우리 조정으로 하여금 밤낮으로 요행을 바라는 마음만 더욱 키우게 하였을 뿐이었다. 하지만 금국은 결국 우리에게 넘겨주지 않았다.

及稹出師, 至太原, 經營山後, 會是時金酋(改作主)阿骨打(改作阿固達)死(改作殂)於白水泊, 以喪歸國, 其守國之弟吳乞買(改作烏奇邁)立, 俄粘罕(改作尼堪)亦暫歸①. 其國初立, 未暇撫治山後, 故朔、應、蔚三州守臣皆通我, [019-08] 我又招降之, 改曰②朔甯軍, 遣河東將李嗣本以兵戍焉. 又運芻糧、玉帛以餉之, 事曾未訖, 是冬粘罕(改作尼堪)歸雲中, 因來治此, 於是虜(改作州)將率反以歸③金人, 金人亦以兵至. 嗣本大敗, 狼狽僅脫, 朔、應、蔚乃復歸金人. 稹但坐視束手④, 徒搜珍異珠玉以自入, 久之事不成, 怯弱退敗, 尤玷中國威靈. 上悵然不樂, 而二帥復得入言, 罷稹歸, 後迺以太原張孝純爲宣撫副使焉.

① [按] 亦暫歸 : 袁本에서는 '亦暫歸矧'으로 썼다.

② [按] 改曰 : 袁本에서는 '降曰'로, 『續資治通鑑長編拾補』 권47에 인용된 『北征紀實』에서는 '號曰'로 썼다.

③ [許] 率反以歸 : '率之以歸'로 써야 한다. 교주를 따른다.
[按] 『續資治通鑑長編拾補』 권47에 인용된 『北征紀實』에서도 '之'로 썼다.

④ [按] 復歸金人, 稹但坐視束手 : 袁本에서는 '復歸金, 譚稹但坐視束手'로 썼다.

담진이 군대를 이끌고 태원부로 가서 산후 지역을 경영하였는데, 마침 그때 금국 추장 아골타가 백수박에서 사망하였다. 그들은 상례 때문에 귀국하였고, 본국을 지키던 동생 오걸매가 제위에 올랐으며, 잠시 뒤에 점한 또한 일시 귀국하였다. 금국은 이제 막 건국되어서 산후 지역을 위무하고 다스릴 겨를이 없었다. 그래서 삭주·응주·울주 3개 주를 지키는 수신 모두 우리와 내통하였으며, 우리 또한 그들에게 투항을 권유하여 항복시킨 뒤 삭녕군으로 지명을 고치고 하동로의 장군 이사본에게 병력을 이끌고 가서 지키게 하였다. 또한 건초와 양식, 옥과 견을 운반하여 군비로 쓰도록 했다. 그 일을 아직 다 마치지 못했는데, 그해 겨울에 점한이 운중으로 돌아와서 그곳을 다스리자 그 지역의 북로 장수들은 병사들을 이끌고 다시 금국에 귀순했고, 금국에서 파견한 병력도 도착하였다.

이사본은 대패를 당하여 낭패한 상태로 간신히 몸만 빠져나왔고, 삭주·응주·울주는 다시 금국에 속하게 되었다. 담진은 그저 속수무책으로 앉아서 바라보기만 하다가 다만 진귀한 물건이나 주옥을 찾아서 자기 주머니만 챙겼다. 오랫동안 일을 이루지도 못하고 겁만 많고 나약하여 패퇴하면서 중국의 위엄에 먹칠을 하였다. 황상이 깊이 탄식하면서 우울해하자 두 원수가 다시 들어가 진언하였다. 이에 담진을 파직하여 귀환시킨 뒤 곧 태원부지사 장효순을 선무부사로 삼았다.

政和間有北伐之議，上遣內侍譚稹銜命河北、河東諸帥，訪其用兵可否. 眞定府安撫使洪中孚答稹以爲不可. 稹遽奏以老髦罷之. 行下中孚，令具的實利害. 中孚遂具奏曰：(舊校云：洪公此疏乃政和四年四月，上見『新安文獻志』.) 顯謨閣直學士、中大夫、眞定府路安撫使臣洪中孚，蒙今月十二日奉御筆①以臣議論收復燕雲故疆，與諸路帥臣異同②，仰具的确利害聞奏. 臣恭依聖訓，條具如後.

① [按] 蒙今月十二日奉御筆：袁本에서는 '今月十二日准御筆'로 썼다.

② [按] 與諸路帥臣異同：袁本에서는 '與諸帥臣異同'으로 썼다.

정화 연간(1117~1118)에 북벌의 논의가 있자, 황상은 내시[61] 담진을 파견했고, 그는 명령을 받들어 하북·하동의 여러 안무사를 찾아가 거병하는 것이 타당한 것인지 그 여부를 물었다.[62] 진정부로[63]안무사인 홍중부[64]

는 담진에게 불가하다고 답했다. 담진은 곧 그가 늙었다는 것을 구실삼아 파직시킬 것을 상주했다. 조정에서는 홍중부에게 공문을 내려 이해득실의 정확한 내용을 자세히 보고하게 했다. 이에 홍중부가 마침내 다음과 같이 자세히 상주했다.[구 교감은 다음과 같다 : 홍공의 이 상소는 정화 4년 4월의 일로서, 『신안문헌지』[65]에 보인다.[66]]

중대부로서 현모각직학사이며 진정부로안무사인 신 홍중부는 이번 달 12일에 '연운의 옛 강역을 수복하는 것에 대해 신의 논의가 다른 로의 안무사들과 차이가 있으니, 이해득실에 대해 모두 적확하게 상주하기 바라노라[67]' 하신 어필을 받들었습니다. 신은 삼가 황상의 훈시에 의거하여, 다음과 같이 자세히 항목을 나누어 보고드립니다.

一, 臣前奏①, 政和三年可大舉者, 正以朝廷歲賜幾百年, 皆積燕山暨山前山後州②, 糧糗頗豐, 編氓富盛, 庶幾有玉帛、糧草、人民, 可因獲廣土地③之實, 而謀臣不於此時建策. 今日徒餘空城, 機會已失, 不可復舉. 諸路帥臣, 皆不知兵情④, 而執燕雲不根之語⑤云 : '我本漢人, [019-09] 陷於塗炭, 朝廷不加拯救, 無路自歸, 何啻大旱之望雲霓? 若興弔民偏師, 不獨簞食壺漿, 當以⑥香花樓子界首迎接也.'

① [按] 一臣前奏 : 袁本에서는 '臣前奏'로 썼다. 袁本을 따른다.
② [按] 暨山前山後州 : 袁本에서는 '暨山前後州'로 썼다.
③ [按] 獲廣土地 : 袁本에서는 '獲擴土地'로 썼다.
④ [按] 皆不知兵情 : 袁本에서는 '皆不知兵'으로 썼다.
⑤ [按] 不根之語 : 袁本에서는 '不經之語'로 썼다.
⑥ [按] 當以 : 袁本에서는 '當具'로 썼다.

신이 예전 정화 3년(1113)에 대거 출병함이 옳다고 상주드렸던 것은 바로 조정이 수백 년간 거란에 내린 세사[68]가 모두 연산과 산전·산후에 쌓여 있었기 때문입니다. 양곡도 매우 풍족했고 호적에 편입된 사람이 매우 많았으며 옥과 견, 양곡과 건초, 관리와 백성이 대체로 충족하였기에 영토를 넓힌 실효를 누릴 수 있었습니다. 그런데 국가 대사를 기획하는 신하들이 그때는 계책을 세우지 않았습니다. 반면 오늘날은 한갓 빈 성만 남아 있고 기회는 이미 날아가 버렸으니 군대를 다시 일으켜서는 안 됩니다.

여러 로의 안무사[69]는 모두 군대의 실정을 잘 모르면서 연운에서 떠도는 근거 없는 말에만 집착하고 있습니다. 그 말인즉, '우리는 본래 한인으로, 도탄에 빠져 있는데도 조정이 구해 주지 않으니 스스로 귀순할 길이 없습니다. 어찌 큰 가뭄에 비를 기대하는 것에 그치겠습니까? 만일 도탄에 빠진 백성을 위로하기 위해 약간의 군대만 일으키면, 백성들이 소쿠리에 밥을 담고 단지에 국을 담아 우리 군대를 환영할 뿐 아니라 향과 꽃을 겹쳐 쌓아 놓고 국경까지 나가서 영접할 것입니다.'라는 것입니다.

臣久歷邊鄙, 粗知虜(改作敵)情, 此乃遊手之人, 不能自存者, 覬覦南歸以竊爵祿①, 實非大姓之言. 臣契勘維持契丹者, 自公卿翰苑, 州縣等官, 無非漢兒. 學誦書識字者, 必取富貴, 豈不知國家英俊如林? 若南歸, 其權貴要途, 燕雲數州學究安能一一遽用②, 此士人無歸意也. 饘粥粗給者, 已連姻戚里③. 昔劉六符相虜④(改作遼), 疾且篤, 耶律洪基臨問, 遺言 : "燕雲實大遼根本之地, 願深結民心, 無使萌南思也." 洪基⑤乃詰其深結之道, 六符對以 : "省徭役、薄賦斂." 洪基深嘉納之, 遂減稅賦三分之一, 兩地供輸者, 皆知之⑥. 以人情揆之, 豈肯舍姻婭而就重斂哉? 此大姓無歸意也. 其香花樓子之語, 果可憑乎?

① [按] 覬覦南歸以竊爵祿 : 袁本에서는 '覬覦南歸竊其爵祿'으로 썼다.

② [按] 數州學究安能一一遽用 : 袁本에서는 '數州學士安能一一遽有'로 썼다.

③ [按] 已連姻戚里 : 袁本에서는 '必連姻戚里'로 썼다.

④ [按] 昔劉六符相虜 : 袁本에서는 '劉六符相虜'로 썼다.

⑤ [按] 洪基 : 袁本에서는 '而洪基'로 썼다.

⑥ [按] 皆知之 : 袁本에서는 '皆如之'로 썼다. 교주를 따른다.

신은 오랫동안 변경 지역에서 생활하여 북로의 실정을 대략이나마 알고 있습니다. 저런 말을 하는 자들은 하는 일 없이 빈둥거리며 자신을 지탱하지도 못하는 자들입니다. 이들은 남쪽으로 귀순하여 작위와 봉록을 훔치기만을 넘보는 자들일 뿐이고, 그런 말은 실제로는 세력 있는 가문의 여론이 아닙니다.

신이 살펴본 바에 따르면,[70] 거란을 유지하는 자들은 고위 관료[71]와 학사원[72]에서 주현 등의 관원에 이르기까지 한인이 아닌 자가 없습니다. 글을 외우고 책을 배운 자는 반드시 부귀를 얻을 수 있는데 우리나라에 빼어난 인재들이 숲처럼 많음을 어찌 모르겠습니까? 만일 이들이 남쪽으로 귀순한다 해도 권세와 부귀를 얻는 요직에 연운 몇 개 주의 변변치 않은 사인들[73]을 어찌 일일이 서둘러 등용할 수 있겠습니까? 이 때문에 사인들이 귀순하려는 의사가 없는 것입니다.

그런대로 죽이라도 먹을 수 있는 사람들은 이미 친인척으로 다 연결되어 있습니다. 전에 북로의 재상이던 유육부[74]가 병이 들어 위독해지자 도종 야율홍기[75]가 문병하며 물어보니, '연운 지역은 실로 대요의 근본이 되는 곳입니다. 원컨대 민심을 굳게 결속시켜 남쪽으로 향하는 생각이 싹트지 않게 해야 합니다.'라고 유언하였습니다.

도종 야율홍기가 민심을 굳게 결속하는 방법에 대해 자문을 구하자, 유육부는 '요역을 줄이고 조세를 가볍게 하셔야 합니다.'라고 답하였습니다. 야율홍기가 심히 기뻐하며 그 제안을 받아들여 결국 부세를 1/3로 줄였는데, 거란과 송 두 나라에 조세를 내야 하는 주민[76]까지 모두 동일하게 대우하였습니다. 인정으로 판단해 보면, 어찌 친인척을 버리고 조세가 많은 곳으로 가려 하겠습니까? 이 때문에 제대로 된 가문에서는 남쪽으로 돌아올 뜻이 없는 것입니다. 향과 꽃을 겹쳐 쌓아 놓고 영접한다는 따위의 말을 과연 믿을 수 있겠습니까?

一, 委積不厚①, 兵家所忌. 稽考朔部、河東糧草②, 若用武不免添屯, 租給半年 ; 如下山前山後州③, 傾朝廷帑藏, 不足以支一歲, 第不知獻謀者, 以何策贍其後? 一, 承平日久, 兵驕將惰, 動輒糜潰④, 而欲以無紀律驕兵伐人之國, 何異緣木求魚? 萬擧萬敗, 其理必然, 徒自取辱國喪師, 而貽患於將來也. 一⑤, 權貴以侈麗自矜, 而賤節義, 海宇匱乏, [019-10] 小雅盡廢, 四維不張 ; 方且虞人乘我, 何暇謀人? 臣未見其可也.

① [按] 委積不厚 : 袁本에서는 '積委不厚'로 썼다.

② [按] 稽考朔部河東糧草 : 袁本에서는 '臣稽考朔部河東糧草'로 썼다.

③ [按] 如下山前山後州 : 袁本에서는 '如下前後州'로 썼다.

④ [按] 動輒糜潰 : 袁本에서는 '動輒靡潰'로 썼다.

⑤ [按] 一 : 袁本에서는 '一'字가 없다.

하나. 군수물자가 넉넉하지 못한 것은 병법에서의 금기입니다. 하삭[77]과 하동 지역의 식량과 건초를 점검해 봤을 때, 만일 전쟁하려고 한다면 병력을 추가 주둔시켜야 하는데, 세금만으로는 반년 분을 공급할 수 있을 뿐입니다. 만일 산전·산후의 주를 함락시키려 한다면, 조정의 내탕고[78]를 다 쏟아부어도 일 년을 버티기에 부족합니다. 그런데 전쟁 계획을 낸 사람이 무슨 수로 그 뒤를 대겠다는 것인지 모르겠습니다.

하나. 오랜 세월 평화와 안정을 누리다 보면 병사들은 교만해지고 장수들은 게을러져 거병할 때마다 바로 무너지기 마련입니다. 그러니 기율은 없고 교만하기만 한 병사들로 다른 나라를 정벌하려고 한다면 나무에서 물고기를 구하는 것과 무엇이 다르겠습니까? 만 번을 거병하면 만 번 다 패하는 것은 당연한 이치이니, 공연히 나라를 욕되게 하고 군대의 손실을 자초하여 장래에 후환을 남길 따름입니다.

하나. 고관 귀족들이 사치를 자랑하고 절의를 천하게 여겨, 세상이 궁핍해지고 정교와 예악이 다 무너졌으며,[79] 예의염치의 네 가지 준칙이 펼쳐지지 못하게 되었습니다.[80] 이제 남이 우리의 빈틈을 탈 것이 걱정인데 남을 도모할 겨를이 어디 있겠습니까? 신에게는 그것이 가능한 것으로 보이지 않습니다.

伏望聖慈, 早回天心, 特降睿旨, 內修文德, 外謹邊陲, 思患預防, 以備不虞, 竊勿輕忽①以取不可測之禍. 重念祖宗積累二百年太平之基, 以宗廟爲念, 福庇黔黎, 萬萬幸甚! 臣蒙國厚恩, 雖粉骨碎身, 未足報稱, 苟有聞見, 豈敢緘默以避黜責②, 迎合權臣, 上罔陛下, 爲苟容計以危社稷? 若謀臣必欲收復燕雲故疆, 臣雖萬死, 不敢恭奉詔旨. 伏望陛下誅臣以謝謀臣, 專委經營收復, 庶幾他日誅誤國者以謝天下而不得幸免也. 臣闇昧不燭事機, 愚忠所激, 義不顧身, 語言抵忤, 上黷天威, 甘伏斧鑕③. 右謹錄奏聞, 伏候敕旨, 謹奏.

① [按] 竊勿輕忽 : 袁本·四庫本·『新安文獻志』 모두 '切勿輕忽'로 썼다. 교주를 따른다.

② [按] 豈敢緘默以避黜責 : 袁本에서는 '豈敢含默以避黜責'으로 썼다.

③ [按] 甘伏斧鑕 : 袁本에서는 '甘竢斧鑕'로 썼다.

엎드려 바라오니 황상께서 서둘러 생각을 바꾸시고 밝은 어지를 특별히 내리시어, 안으로는 문치의 덕을 닦게 하고 밖으로는 변방 관리에 힘쓰게 하여 환란을 미리 방지하고 불의의 사태에 대비하십시오. 절대로 가볍게 여기거나 소홀히 하여 예측할 수 없는 재앙을 가져오지 마시기를 삼가 바랍니다. 선대 조상들께서 200년 동안 쌓아 올린 태평의 기반을 거듭 생각하시어 종묘를 염려하고 뭇 백성들을 보호해 주시면, 그보다 더 큰 복이 없겠습니다.

신이 나라로부터 받은 두터운 은덕은 분골쇄신하더라도 다 갚기에 부족합니다. 조금이라도 보고 들은 바가 있다면 어찌 감히 입을 다물어 견책을 회피하고 권신에 영합하여 폐하를 기망하며, 구차한 방책으로 사직을 위태롭게 하겠습니까? 만약 국가대사를 기획하는 신하들이 연운의 옛 강토를 반드시 수복하려 한다면 신은 만 번 죽을지라도 명령을 그저 받들 수만은 없습니다. 바라옵건대 폐하께서는 신을 죽여 국가대사를 기획하는 대신들에 사과하시고, 옛 땅 수복의 추진을 전담케 하십시오. 그렇게 되면 뒷날 나라를 그르친 자를 죽여 천하에 사죄하는 일은 요행으로라도 피할 수 없을 것입니다. 전략[81]에 어두운 어리석은 신은 우둔한 충성심에 격발되어 도리에 따라 자신을 돌보지 않고 거스르는 언사로 폐하의 위엄을 더럽혔으니 그 형벌을 달게 받겠습니다.

이상과 같이 삼가 적어 아뢰오며 엎드려 칙령을 기다립니다. 삼가 아뢰옵니다.

『北征紀實①』曰：政和之間，臣僚贊北伐者，自辟嗣昌②始，倡成其事，自侯益始．又上嘗遣巨璫譚稹銜命河北、河東諸帥，訪其用兵可否．當是時，侍從之臣，往往能守正，或以是被罷．

① [按] 北征紀實 : 袁本에서는 '北征紀錄'으로 썼다.

② [按] 辟嗣昌 : 袁本에서는 '薛嗣昌'으로 썼다. 교주를 따른다.

『북정기실』에는 다음과 같이 적혀 있다.

정화 연간(1111~1117)에 북벌론에 찬성한 신하로는 설사창[82]이 첫째이고, 북벌 수행을 이끈 자로는 후익이 첫째이다. 또 황상은 일찍이 거물급 환관 담진을 시켜 하북과 하동의 여러 안무사에게 찾아가 출병의 가부에 관한 의견을 듣도록 하였었다. 이때 황상의 시종관[83] 중에는 올바른 주장을 한 이도 있었고 이 때문에 파직을 당한 이도 있었다.

守正者，如韓粹彥者是也．上怒張杲拒董才事誤(董才後賜姓名趙詡．)得罪①，改命粹彥守中山，而粹彥當陛辭，對上曰："國家之大，奄有四海，安用是一彈丸土?" 上亦不之罪．被罷者，若洪中孚、張罿之徒是也．中孚答稹以不可，又以故時內臣禮待之，蔑視稹，[019-11] 遽以老髦罷．張罿爲保州通判, 以爲遼人之勢雖數爲女眞所挫, 然上下未叛, 其國尙立 ; 保州極邊, 皆備詳之. 但邊帥往往迎合, 探報不實, 多裝點事端, 以悞聞聽, 遂得罪.

① [按] 拒董才事誤得罪 : 袁本에서는 '拒董才事得罪'로 썼다. 교주를 따른다.

올바른 주장을 한 예로는 한수언[84]과 같은 이가 있다. 황상은 장고[85]가 동재[86]를[동재는 후에 조후라는 성과 이름을 하사받았다.] 받아들이는 것에 반대하자 분노하여 벌을 주고 중산부지사를 한수언으로 교체하였다. 그런데 한수언은 부임 인사를 하면서 황상께 "나라가 커서 사해[87]를 다 덮는데, 이 탄환 한 개만 한 작은 땅을 어디에 쓰려 하십니까?"라고 말하였다. 황상은 그래도 한수언을 벌주지는 않았다.

파직된 사람으로는 홍중부와 장목[88] 등이 있다. 홍중부는 담진에게 북벌하면 안 된다고 답하며 또 예전에 내시를 대하던 예로 상대하며 멸시하자, 담진은 곧 연로함을 구실삼아 그를 파직하였다.

장목은 보주[89] 통판이었는데, 요나라의 군세가 비록 여러 차례 여진에게 꺾인 바 있지만 그래도 그 상하층이 서로 반목하지 않아서 나라가 아직은 버틸 수 있다고 여겼다. 장목은 거란과 맞닿은 변경인 보주에 있어서 모든 사정을 상세하게 알고 있었다. 그러나 변방의 안무사들이 자꾸만 조정의 뜻에 영합하기 위해 부실한 염탐 내용을 보고하고 일을 벌이기 위해 여러 가지로 꾸며서 조정의 판단을 그르치게 하였다. 이런 상황 속에서 결국 장목은 죄를 덮어쓰게 되었다.

自餘亦罕有唱和者①, 獨嗣昌累帥太原、河朔, 於諜人之辭, 往往潤色以希禁密意. 每陛對論北事, 輒請興師, 多至涕泣. 後以刑部尙書因上殿箚子, 錯定刑名②, 遂被黜, 北師未興時已先死. 然嗣昌每事猶關白宰相, 其後侯益者, 一切出童貫之門, 但入奏內侍省, 造端之罪, 莫甚於此!

① [按] 唱和者 : 袁本에서는 '倡和者'로 썼다.

② [按] 錯定刑名 : 袁本에서는 '指定刑名'으로 썼다.

거란과 평화를 유지해야 한다고 주장한 사람도 드물게나마 있었다. 그런데 유독 설사창은 연이어 태원과 하삭의 안무사가 되어 황상의 의중에 영합하기 위해 왕왕 간첩들의 말을 윤색하기까지 하였고, 황상을 뵙고 북방의 일을 논할 때마다 번번이 출병을 청하며 눈물까지 흘리는 일이 많았다. 그는 나중에 형부상서[90]로서 황제께 올리는 차자[91]에 형벌을 잘못 판정한 일로 결국 쫓겨났고, 북벌을 위한 출병 이전에 죽었다. 그래도 설사창은 일이 있을 때마다 재상에게 보고라도 하였지만, 그 뒤의 후익이란 자는 모든 지시가 동관에게서 나왔고, 보고도 내시성[92]에만 하였으니 일을 꾸민 죄가 그보다 더 심할 수가 없었다.

十八日壬戌, 大赦天下.

선화 6년(1124) 9월 18일 임술일, 전국에 대사면령을 내렸다.

門下 : 禁暴者以不殺爲武, 本仁義以行師 ; 域民者①以博愛爲公, 兼威懷而示德. 朕紹承丕緖, 統御庶民, 誕膺厥邦, 昭上帝溥將之命② ; 克篤前烈③, 恢前人燕翼之謀. 興念燕雲, 久淪胡虜, 故家望族, 散依四貊之酋, 廣谷大川, 阻隷九畿之籍, 寖移巢穴④, 竊據封圻(刪淪胡至此三十一字, 改作阻聲敎三字).

① [按] 域民者 : 袁本에서는 '役民者'로 썼다. 교주를 따른다.

② [按] 統御庶民, 誕膺厥邦, 昭上帝溥將之命 : 袁本에서는 '統御庶邦, 誕保受民, 昭上帝肅將之命'으로 썼다.

③ [按] 前烈 : 袁本에서는 '先烈'로 썼다.

④ [按] 寢移巢穴 : 袁本에서는 '寖移巢穴'로 썼다.

문하성에서 작성한 조서의 내용은 다음과 같다.

포악함을 금하기에 살육을 저지르지 않음을 무용으로 삼고 인의에 바탕하여 정벌을 행하며, 백성을 복속시킴에 박애를 공리로 삼고 위엄과 포용을 겸비하여 덕을 드러내 보이노라. 짐은 훌륭한 전통을 계승하여 백성을 통어함에 감히 이 나라를 맡아 광대한 상제의 명령을 빛내고자 하였고, 선열의 유업에 힘써 후대를 위한 큰 계획[93]을 이루고자 하였다.

연운을 돌아보면, 오랫동안 호로胡虜의 손에 떨어져 있었으니 오랜 가문과 명망 있는 가문들은 흩어져 사방의 맥족[94] 추장에 의지하게 되고, 넓은 골짜기와 큰 하천은 막히어 외족의 땅[95]에 속하게 되었으며, 저들의 소굴이 점차 옮겨 와 우리의 강토를 훔쳐 차지하였다.

方藝祖肇基, 實軫恤民之慮 ; 逮神考嗣服, 深惟復古之圖, 欲成繼代之動, 必大因時之利；蠢茲戎醜(改作憑茲裔土), 輒背世盟, 旣種落之內訌, 復神人之切憤. 惟『春秋』以王者大一統, 方隆廣覆之恩；而要荒知中國有聖人①, 咸起來蘇之望. 整我師旅, 徹彼土彊②；[019-12] 寒律收威, 見天心之助順；壺漿載道, 知人意之樂從.

① [按] 聖人 : 袁本에서는 '至仁'으로 썼다.

② [按] 土彊 : 袁本에서는 '土疆'으로 썼다. 교주를 따른다.

태조께서 처음 나라의 기반을 닦으시면서 실로 백성들을 매우 가여워하셨고, 신종황제께서도 대업을 이으시어[96] 고토 회복의 뜻을 깊이 하셨으니, 누대를 이은 공훈을 완성하려면 반드시 천시의 이로움에 힘입어야 하는 법이다. 준동하는 저 추악한 북융의 무리가 문득 대대로 이어지던 맹약을 등지니,[97] 그 종족 내 부락 간에 내홍이 일었을 뿐 아니라 신과 인간의 심한 분노를 샀다. 저 『춘추』[98]에는 '오직 진정 왕된 자만이 대일통[99]을 이룬다'고 하였으니 이제 막 넓고도 큰 은덕을 베풀었기에, 머나먼 이족의 땅[100]에서도 중국에 성인이 나셨음을 알고 모두가 소생의 희망을 품었다.[101] 우리 군대가 진용을 가다듬어 저들의 땅을 뚫고 진격함에 엄동설한의 위세가 줄어든 것은[102] 하늘이 도와 순탄함을 보여준 것이고, 국을 담은 단지를 들고나온 백성들이 길에 가득한 것은 민심이 기꺼이 따르고 있음을 보여 준 것이었다.

未閱再期, 悉平兩路. 岡巒靡迤, 東踰碣石之封；亭障騫翔①, 西軼楡溪之阻. 分州畫野, 興教厚民, 拯百年塗炭之餘, 咸躋壽域；還五政②、衣冠之舊, 復覩華風, 一新象緯之淸明, 丕變羣情之闓懌③. 自今以始, 永綏夷夏之甯 ; 與物爲春, 均霈遐邇之澤④, 可大赦天下. 於戲! 兼弱攻昧, 闢土宇以昭章⑤, 發政施仁, 浹海隅而丕冒. 咨爾有衆, 咸體朕懷.

① [按] 亭障騫翔 : 袁本에서는 '亭障騫翔'으로 썼다.

② [按] 五政 : 袁本에서는 '五代'로 썼다.

③ [按] 闓懌 : 袁本에서는 '凱懌'으로 썼다.

④ [按] 遐邇之澤 : 袁本에서는 '邇遐之澤'으로 썼다.

⑤ [按] 昭章 : 袁本에서는 '眅章'으로 썼다.

2년이 되지 않아 연산부로와 운중부로 두 로를 모두 평정하였다. 산맥은 끝없이 이어져서 동쪽으로는 갈석산의 경계를 넘었고, 드높은 보루는 서쪽으로 유계[103]의 험지까지 이르렀다. 주를 나누고 들판을 구획하며, 교육을 진흥하여 민풍을 돈독하게 하고, 100년 동안이나 도탄에 빠져 있던 백성들을 구하여 모두 태평성세를 마음껏 누리게 하리라.[104] 일 년 사시의 정치[105]와 예법을 되돌려 중화의 풍모를 회복하고, 해와 달, 그리고 별[106]의 밝은 빛을 더욱 일신하고 백성들의 기뻐하는 바를 크게 바꾸노라.

지금부터 사이四夷와 중국이 영원히 평안할 것이니, 만물과 더불어 봄을 누리며, 멀고 가까운 곳이 다 함께 은택을 듬뿍 받도록 천하에 대사면을 내리노라. 오호라! 약소국을 겸병하고 어리석은 군주를 공격하여[107] 땅을 넓혀 규범을 밝히고, 정령을 발포하여 인을 베풀어 땅끝까지 듬뿍 젖게 하노라. 아! 백성들이여, 다 같이 짐의 이 지극한 마음을 알지어다.

九月十八日壬戌①，秘書省秘書郎賀允中充大金皇帝賀正旦國信使.

① [按] 壬戌 : 袁本에서는 '壬辰'으로 썼다.

선화 6년(1124) 9월 18일 임술일, 비서성 비서랑[108] 하윤중[109]을 대금국 황제의 신년하례국신사에 보임하였다.

二十六日庚午, 禮部①員外郎王昂充接伴大金國賀正旦人使.

① [按] 二十六日庚午, 禮部 : 袁本에서는 '二十七日庚午, 祠部'로 썼다.

선화 6년(1124) 9월 26일 경오일, 예부 사부사원외랑[110] 왕앙[111]을 대금국 신년하례사신의 접반사[112]에 보임하였다.

十一月三日丙子，太傅、楚國公王黼致仕，仍舊神霄玉清萬壽宮使.

선화 6년(1124) 11월 3일 병자일, 태부이며 초국공인 왕보가 사직하였다. 기존의 신소옥청만수궁사[113]의 직만 유지하게 했다.

「御筆」: 王黼陳乞致仕, 其應恩人數、從(刪此字)朝謁禮數等, 一切並依蔡京例施行①, 仍給節度使俸.

① [按] 一切並依蔡京例施行 : 袁本에서는 '一切依蔡京例施行'으로 썼다.

어필의 내용은 다음과 같다.

왕보가 사직하기를 청하였으니, 음보를 내려줄 수 있는 사람의 수와 조회하고 알현하는 데 따른 예우 등을 모두 채경의 예에 따라 실행하고, 절도사의 봉록은 그대로 준다.[114]

童貫遣保州廉訪使馬擴、邠州①觀察使辛興宗, 入雲中見粘罕(改作尼堪), 議交割雲中事.

① [按] 邠州 : 袁本에서는 '岳州'로 썼다.

동관은 보주염방사[115] 마확과 빈주[116]관찰사 신흥종[117]을 파견하여, 운중부에 들어가 점한을 만나서 운중부 할양에 대해 상의토록 했다.

『茆齋自敍』曰 : 擴將行, 童貫呼李宗振①、辛興宗、企宗、永宗、孫渥、姚友仲、杜常、蘭整洎僕十數人環列, 以金杯酌酒第飮, [019-13] 貫曰 : "山前任帥非材, 已生弊病, 今割得山後, 擇帥非細事, 爾等各舉所知." 宗振等自陝西六路、河東、北諸路武臣偏稱舉之②, 貫皆搖首云 : "此太平地分, 可作邊帥 ; 山後新邊, 須得一文武兼通, 智勇公廉, 識諸國人情者, 然後可用, 非吾馬宣事不可也. 如公鎭守雲中, 用幾何軍馬?"

① [按] 童貫呼李宗振 : 袁本에서는 '童呼李宗振'으로 썼다.

② [按] 北諸路武臣偏稱舉之 : 袁本에서는 '北諸武臣遍稱舉之'로 썼다.

『모재자서』에는 다음과 같이 적혀 있다.

나 마확이 떠나려고 할 때, 동관이 이종진·신홍종·신기종·신영종·손악·요우중[118]·두상·란정과 나까지 모두 십여 명을 불러 둥글게 앉게 하고 금잔에 술을 따라 차례로 마시게 했다. 동관은 다음과 같이 말하였다.

"산전에서 안무사로 임용된 자들은 자질이 부족하여 이미 문제가 생겼소. 지금 산후를 할양받게 되고 나면 안무사를 선택하는 것은 작은 일이 아니니, 그대들이 각자 아는 사람을 천거하시오."

이종진 등이 섬서 6로[119]에서 하동·하북의 여러 로에 이르기까지 무신들을 두루 추천하였다. 동관은 그 모두에 대해 머리를 흔들며 말하였다.

"이들은 안정된 지역에서는 안무사로 삼을 수 있으나, 산후 지역처럼 새로 편입된 변경에는 모름지기 문무를 겸하여 지혜롭고 용감하며 공정하고 청렴하며, 여러 종족의 실정을 잘 알고 있는 사람이어야 임용할 수 있을 것이오. 나는 우리 선사사인[120] 마확이 아니면 안 된다고 보오. 만약 공마확이 운중부에 군대를 주둔시켜 지키게 된다면 어느 정도의 군마가 필요할 것 같소?"

僕曰：“當用三萬人.” 貫曰：“國家闕乏, 尙可損否?” 僕曰：“至微非二萬人不可. 若雲中屯萬人, 則萬人分諸處, 已少矣.” 貫曰：“二萬人則可辦, 每歲當以三百萬緡資軍, 凡有辟用人材, 當一一依從, 加此幾年①, 可以成就?” 僕曰：“一年則費力, 二年卽省力, 三年卽得力②, 事可成矣.”

① [許] 加此幾年 : '如'를 '加'로 잘못 썼다. 교주를 따른다.

② [按] 二年卽省力, 三年卽得力 : 袁本에서는 '二年則省力, 三年卽畢力'으로 썼다.

내가 “마땅히 3만 명은 필요할 것입니다.”라고 답하자, 동관은 “나라 살림이 어려운데 더 줄일 수 없겠소?”라고 물었다. 나는 “아무리 적어도 2만 명 정도는 되어야만 합니다. 만약 운중부에 만 명을 주둔시킨다면 나머지 만 명으로 여러 곳에 분산 배치해야 하는데, 그러기에도 이미 부족합니다.”라고 말하였다.

그러자 동관은 “2만 명이라면 그런대로 해 볼 수 있을 것 같소. 매년 300만 관의 군비를 충당해야겠구려. 인재를 등용하는 일에 관해서 모두 들어준다면 몇 년이면 목표를 이룰 수 있겠소?”라고 물었다. 나는 “1년은 힘을 쏟아부어야 하나, 2년째에는 힘을 들일 일이 좀 줄어들 것이고, 3년이 되면 효과를 거둬서 일을 이룰 수 있을 것입니다.”라고 하였다.

三十日癸卯, 馬擴至雲中①, 兀室(改作烏舍)不見而回.

① [按] 馬擴至雲中 : 袁本에서는 '馬擴等至雲中'으로 썼다.

선화 6년(1124) 11월 30일 계묘일, 마확이 운중부에 도착했으나 올실이 만나 주지 않아 그대로 돌아왔다.

『茆齋自敍』曰：月末①抵雲中. 是時粘罕(改作尼堪)歸國, 謀南侵, 留兀室(改作烏舍)權元帥, 遣人來令使人參拜, 僕辨論久之. 兀室(改作烏舍)使高慶裔來云："二觀察旣不肯拜, 不敢固必②, 亦不敢相見, 山後土地, 竊緣國相暫歸此中③, 不敢專擅；兼貴朝收了燕山逃去職官, 誓書所載④, 各不得收納叛亡, 貴朝已先失約, 山後地土雖係所許, 難以便行交割."

① [按] 月末 : 袁本에서는 '是月末'로 썼다.
② [按] 不敢固必 : 袁本에서는 '不敢逼'으로 썼다.
③ [許] 竊緣國相暫歸此中 : '北'을 '此'로 잘못 썼다. 교주를 따른다.
[按] 袁本에서는 '切緣相國暫歸北中'으로 썼다.
④ [按] 誓書所載 : 袁本에서는 '誓書所在'로 썼다.

『모재자서』에는 다음과 같이 적혀 있다.

나 마확은 11월 말에 운중부에 도착하였다. 이때 점한은 금국으로 돌아가 남침을 모의하였고 올실이 남아서 원수직을 대행하였다. 올실이 사람을 보내와 우리 사신들에게 참배하라 하기에 나는 오랫동안 시시비비를 따지며 논쟁하였다. 올실은 고경예를 보내서 다음과 같이 말하게 하였다.

"두 관찰사께서 절을 하지 않으려 하니, 절을 하라고 고집하지도 않을 것이며 군이 만나지도 않겠습니다. 산후 지역 문제는 국상께서 잠시 귀국하셨기에 우리가 감히 독단적으로 행할 수도 없소이다. 또한 귀 조정에서는 연경 지역에서 도망간 관리들을 받아들였습니다. 맹약서에 기록된 바와 같이 모반자와 도망자는 서로 거두어들이지 않기로 하였는데, 귀 조정에서 이미 먼저 맹약을 어겼으니 산후 지역을 주겠다고 하였지만 즉시 할양하기는 어렵겠소이다."

僕答 : "職官 、富民逃歸, 乃張瑴之罪, 本朝以斬瑴首函送① ; 職官 、富民, 見今搜刷遣回, 卽非納收叛亡②. [019-14] 如貴朝言定, 山後更別無經略, 及至先交了蔚州, 卻縱兵馬③取奪. 本朝不敢占護, 恐致紛爭. 朝廷已責譚稹, 再委童太師, 此望相照, 早得交割了當, 使兩界生靈安堵. 今若輕信羣下之言, 則兩朝和好大事, 何時是了?"

① [許] 本朝以斬瑴首函送 : '以'를 '已'로 써야 한다. 교주를 따른다.

② [按] 見今搜刷遣回, 卽非納收叛亡 : 袁本에서는 '見行搜刷遣發, 卽非收納叛亡'으로 썼다.

③ [按] 兵馬 : 袁本에서는 '軍馬'로 썼다.

이에 나는 이렇게 답하였다.

"관리와 부자들이 도망쳐서 연경으로 되돌아온 것은 곧 장각의 죄입니다. 본 조정에서는 장각을 참수하여 그의 머리를 함에 넣어 보내지 않았소이까. 도망쳐 온 관리와 부자들은 지금 샅샅이 수색해서 돌려보내고 있으니 모반자와 도망자를 받아들인 것은 아닙니다. 귀 조정에서 언약한 대로 산후 지역에 더는 군사적 문제가 없을 것이라면서 먼저 울주를 넘겨주었는데, 또 군대를 풀어 무력으로 빼앗아 갔습니다. 우리 조정에서 감히 버티지 못한 것은 분쟁이 일어날 것을 걱정했기 때문입니다. 조정에서는 이미 담진을 문책하고 다시금 태사 동관에게 일을 맡겼습니다. 이 점을 귀 조정에서 고려해 주기를 바라니, 서둘러 할양을 끝내 양쪽 변방의 백성들이 안도할 수 있도록 하십시오. 지금 경솔하게 아랫사람들의 말만 믿는다면 두 조정의 우호라는 큰일을 언제 끝낼 수 있겠소?"

慶裔曰 : "前日人言蔚州有賊兵, 本朝已發軍馬去翦除①, 卻得貴朝宣撫司文牒, 遂且縱放教歸②. 今來山後地土已是許了, 到頭翻悔不得. 只是貴朝敦篤誓好, 無相惱觸, 女眞家純實, 必無相誤處. 前來累有文回去③, 將職官、戶民④, 早發過來, 便是交割."

① [按] 去翦除 : 袁本에서는 '去剪除'로 썼다.
② [許] 遂且縱放教歸 : '赦'를 '教'로 잘못 썼다.
 [按] 袁本에서는 '遂相縱放赦歸'로 썼다.
③ [許] 前來累有文回去 : '書'를 '回'로 잘못 썼다. 교주를 따른다.
④ [按] 戶民 : 袁本에서는 '富民'으로 썼다.

그러자 고경예가 다음과 같이 말하였다.

"일전에 사람들이 울주에 적군이 나타났다고 하여 본 조정에서 군대를 보내 제거하였던 것이오. 그러나 귀 조정 선무사사의 첩문을 받고서 즉시 방면하여 돌아가도록 해 주었소. 근래 산후의 땅을 이미 주기로 허락하였는데 끝에 가서 후회스럽다고 번복할 수는 없지요. 단지 귀 조정에서 맹약을 돈독히 지켜서 불필요한 충돌이 없도록 하시오. 우리 여진 사람들은 순박하고 성실하여 결코 잘못된 일을 저지를 리가 없을 것이오. 이전에 여러 차례 문서가 갔을 텐데 도망간 관리와 백성을 조속히 보내 주면 곧장 할양하겠소."

十二月, 馬擴自雲中還至太原府.

선화 6년(1124) 12월, 마확은 운중부에서 태원부로 돌아왔다.

『茆齋自敍』曰 : 十二月上旬, 還到太原府①. 童貫詢境上所見, 對以 : "金人編埒漢兒鄉兵, 增戍飛狐、靈邱, 每以張瑴爲言, 邀索所失官戶. 觀其擧措, 甚有藏蓄. 願太師速營邊備, 移陝右兵助郭藥師, 以防金人不測入寇(改作邊), 不可忽也." 貫云 : "他國內人心未附, 豈敢如此! 我當親到燕山措置常勝軍, 及制置河北諸帥兵, 便他敢來時, 亦不失事."

① [按] 還到太原府 : 袁本에서는 '還到太原'으로 썼다.

『모재자서』에는 다음과 같이 적혀 있다.

나 마확은 12월 상순에 태원부로 돌아왔다. 동관이 그곳[121]에서 본 바를 묻기에 이렇게 대답하였다.

"금국이 한인 출신을 뽑아 향병을 편성하여 울주 비호현과 영구현을 수비하는 병력을 증원하고 있습니다. 매번 장각을 언급하며 실종된 관리를 내놓으라고 강요하고 있는데, 그 조치를 보니 정말 무언가를 숨기고 있는 것 같습니다. 원컨대 태사께서는 속히 변방의 방비를 도모하십시오. 섬서 동부의 병력을 이동하여 곽약사를 도와 금국이 갑자기 변방을 침입하는 것을 방비하십시오. 이는 소홀히 할 수 없습니다."

동관은 다음과 같이 말하였다.

"저들 나라 내에서 민심이 아직 따르지 않으니 어찌 감히 그렇게 하겠는가! 내가 마땅히 직접 연산부에 가서 상승군에 대해 조치하고 하북의 여러 안무사사의 군사까지 통제한다면, 그들이 감히 오더라도 일이 잘못되지는 않을 것이다."

十七日庚申, 盧益(闕)子久館伴大金國賀正旦人使, 令先次上殿. [019-15]

선화 6년(1124) 12월 17일 경신일, 노익의 아들 노구를 대금의 신년하례국신사의 관반사로 삼고, 우선 궁전에 들게 했다.

賜進士出身頭品頂戴四川等處承宣布政使司布政使淸苑許涵度校刊.

'사진사출신'이며 특별히 정1품 관모를 쓸 수 있도록 허락받은 사천성 승선포정사사의 포정사인 보정부 청원현 출신 허함도가 교감하여 간행하다.

○●○

『三朝北盟會編』, 卷19, 校勘記

留遺使(應作遣留使) 謝登寶位使來(謝誤作右) 依典禮送大社庫(大誤作太) 次招 流民(空格係撫字) 昊天甯壽觀(脫昊字) 擴既受命復至太原(脫至字) 兼此軍即便起變(兼誤作無) 進有所託(託一作扼) 於是虜將率之以歸(之誤作反) 如此幾年(如誤作加) 暫歸北中(北誤作此) 本朝以斬嗀首函送(以應作已) 遂且縱放赦歸(赦誤作教) 前來累有文書去(書誤作回)

1 원문은 '輟朝'이다. 황제가 조정에 나가 정무를 보는 朝議를 멈추는 것이다. 송대에는 매일 조회를 보는 것을 원칙으로 했지만, 后妃·宗室·外戚은 물론 朝廷重臣, 그리고 遼·西夏·金의 군주 및 방문 중인 외국 사신 등의 喪禮, 기타 중요한 節日 등에는 '輟朝'하는 것이 제도화되었다. 철조 여부는 주로 황제가 결정했고, 철조를 한다고 해도 조견 의례를 중단하는 것이지 원칙적으로 업무를 중단하는 것은 아니다. 『宋史』 권22의 선화 6년 1월 6일 乙卯條에도 금 태조를 위해 輟朝한 기록이 있다.

2 大內 : 『周禮』의 이상을 구현하기 위해 정치하게 설계된 唐의 長安城은 황제의 주거 공간인 宮城과 관료의 공간인 皇城이 성벽에 의해 명확하게 구분되었다. 북송은 그렇지 않아 모두 '大內'라고 칭하였다.

3 별채 : 원문은 '別次'이다. 본래의 거주지가 아닌 '임시 숙소'를 뜻하는 말인데, 황제나 고위 관료가 死者에 대한 각별한 예우를 표하기 위해 별도로 의식을 치르는 장례식장 이외의 장소를 뜻하기도 한다.

4 원문은 '留遺使'로서, 황족·대신의 상례가 발생했을 때 관련 유품을 전달해 주는 사신인 '留遺信物使'를 말한다. '留遺'는 '유품·유산'을 말하며, '遺留'라고도 한다. 『宋史』 권125 「禮志」에는 淳熙 14년(1187) 10월에 금국의 喪禮에 사신을 파견하면서 정사·부사의 복식에 관한 상세한 규정과 함께 "유품인 신물을 전달할 사신을 파견할 때도 같은 복식을 썼다(或遣留遺信物使, 同上服)"라는 기록이 있다. 또 『宋史』 권10의 4월 丙申朔條에는 "승하하신 황태후의 유품을 근신에게 하사하였다(出大行皇太后遺留物賜近臣)", 또 '권12의 嘉祐 3년(1058) 4월 甲午條에 "거란에서 사신을 보내와 그 조모의 유품을 보내왔다(契丹遣使致其祖母遺留物)."는 등 많은 사례가 있다. 본문의 '留遺使'가 명사이므로 許涵度는 '遺留使'로 교감하였으나 '遣'字에 '보내왔다'는 뜻을 지닌 경우가 드물며, '留遺信物使'를 '留使'로 약칭한 사례도 찾기

어려워 교감을 따르지 않았다.

5 사등보위국신사 : '황제의 즉위를 상대국에 통보하기 위한 사신'을 말한다. 정식 명칭은 '告卽位國信使' 또는 '告登寶位國信使'이며 약칭은 '告卽位使'·'告登位使'이다. 원문의 '謝'에 '告(알리다)'의 뜻이 있다.

6 송과 금이 상대국 황제와 황태후의 조문을 위해 파견한 사신의 명칭은 弔祭使였다. 弔祭使는 당 현종 때 처음 파견하였다.

7 거란 태종에게 올린 존호가 새겨진 寶檢과 거란이라 새긴 인장의 획득에 관하여는 권18의 9엽 참조.

8 紫宸殿 : 당대 장안성의 황궁인 大明宮의 內朝 최대의 전당인 紫宸殿과 명칭 및 기능이 같았다. 조회를 거행하고 외국 사신을 접견하고 경축 행사를 하던 곳이다. 본래 崇德殿이었는데 1032년에 개칭하였다.

9 燕雲 : 938년에 後晋 石敬瑭이 거란에 할양한 燕京(현 북경시)과 雲州(현 산서성 大同市)를 뜻하기도 하지만, 연경과 운주를 비롯한 하북성·산서성 북부 지역 16개 주의 약칭이기도 하다. 이 16개 주는 唐代의 행정단위여서 송대의 상황과는 차이가 있고, 후주 世宗이 莫州·瀛州, 그리고 幽州·涿州의 일부를 되찾았기 때문에 '16개 州'라 할 수 없다. 그러함에도 북송 말부터 '잃어버린 장성 이남의 땅' 내지 '수복해야 할 장성 이남의 땅'이라는 상징적 용어로 쓰였고, 남송 이후 고유한 역사 용어로 정착하였다. 북경대학 侯仁之 교수는 「燕雲16州考」에서 宣和 연간부터 '燕雲'으로 連稱하기 시작했다고 하였다.

10 원문은 '偏師'이다. 주력부대의 측면에서 협동작전을 펼치는 별도의 부대를 뜻한다.

11 廣陽郡 : 기원전 222년에 진시황이 설치한 36개 군 가운데 하나로, 현 북경시에 해당하나 치소는 현 천진시 薊州區였다. 송이 연경을 인수하고 郡名을 廣陽郡이라고 하고 童貫에게 廣陽郡王을 제수한 것도 여기에서 유래한 것이다.

12 원문은 '惟予克相上帝'이다. 『尙書』「周書」'泰誓'편의 "하늘이 백성을 도우사, 임금을 세우고 스승을 세우나니 (임금과 스승 등은) 능히 하늘을 보좌하여 사방을 위무한다.(天佑下民, 作之君, 作之師, 惟其克相上帝, 寵綏四方.)"에서 유래하였다.

13 太社庫 : 황제와 대신들이 함께 교외에 나가 하늘에 감사하고 국가와 백성의 복을 비는 제사를 지내는데, 북쪽 교외에서는 하늘에, 남쪽 교외에서는 대지에 제

사를 지낸다. 이와 관련된 시설과 행사를 관장하는 부서가 嘉祐 1년(1056)에 처음 설치된 太常寺의 郊社局이다. 郊社局은 후에 太社局으로 바뀌었으며 太社庫는 태사국의 창고이다. 책임자도 正9品官인 郊社局令에서 太社局令으로 바뀌었다.

14 『宋史』 권22의 宣和 5년 12월 乙巳條에 "金人遣高居慶等來賀正旦."이라는 기록이 있다. 신년 축하 국신사 일행이 12월에 도착한 것이 당연하므로, 본문의 1월 29일은 이들이 귀국한다며 인사한 것으로 봄이 타당하다.

15 발근 : 원문은 '都孛堇'인데, 여진의 각 부족 首長을 지칭하는 孛堇과 달리 여진 제 부족의 공동 수장을 뜻한다. 금 태조의 다섯째 숙부인 盈歌가 처음 사용하였으며 타 孛堇의 사용을 금하였다. 후에 태조가 그 직위를 계승하였다. 『金史』 권3 및 권24 등에 '保州路都孛堇加古撒曷', '耶懶路都孛堇' 등의 기록이 보이기는 하나, '都孛堇'은 고거경의 관직에 부합하지 않는 고위직이라서 '孛堇'을 잘못 쓴 것으로 보인다. 이에 '발근'으로 번역한다.

16 盧州 : 거란 東京道 소속이며 軍額은 玄德軍, 州格은 軍事州이다. 치소 겸 관할 현은 熊岳縣(현 요녕성 營口市 蓋州市)이다. 遼河의 하구 남쪽 평야 지대이며, 관할구역은 요녕성 요동만에 연한 현 營口市의 남쪽에 해당한다.

17 管內觀察使 : 節鎭의 절도사가 민정 업무를 겸할 때 부여하는 관직인 同知管內觀察使의 약칭이다. 唐代에 지방 주현을 감찰하기 위해 파견한 중앙관 명칭은 巡察使·按察使·采訪處置使(약칭 采訪使) 등으로 다양하였는데, 점차 고위직 지방관으로 변하였고, 758년에는 채방처치사를 觀察處置使(약칭 관찰사)로 개칭하였다. 거란은 절도사가 없는 州에 관찰사를 임명하였는데 군권이 없어 節度使보다 힘이 없었다.

18 大理寺卿 : 최고 사법기관인 大理寺의 장관으로 약칭은 大理卿·廷尉이며 理曹·法寺·法局·棘寺·棘局 등 다양한 별칭이 있다. 송의 경우 元豐 3년(1080) 관제 개혁 때 從3品이었다.

19 대행 : 원문은 '守'로서, 자신의 본래 품계보다 1단계 낮은 직책의 업무를 잠시 대행하는 경우를 말한다.

20 봉록 : 원문은 '請受'이다. '받다'·'향유하다', 또는 '공급하다'라는 뜻과 함께 官俸·薪餉이란 뜻도 있다.

21 弓箭手 : 屯田制·營田制를 변형시킨 병제의 하나이다. 서하의 공세를 저지하고,

군비 부담을 줄이기 위해 景德 2년(1005)부터 섬서·산서 지역의 청장년에게 군역 의무를 지면 1인당 2頃의 토지를 지급하고 畝當 3升의 낮은 田賦만 내게 하는 '궁전수'를 두기 시작하였다. 여기에 말을 갖고 있으면 50畝를 추가 지급하여 기병을 보완하였다. 궁전수는 현지 사정에 밝고, 자신의 향토를 방위하는 것이어서 뛰어난 전투력을 발휘하였다. 治平 연간(1064~1067) 궁전수는 총 51,800명이었다. '弓弩手'라고도 하였다.

22 路 : 송의 지방 행정구역 가운데 가장 큰 단위지만, 당조의 10개 道가 행정구역이 아닌 감찰구역인 것처럼 처음부터 온전한 행정구역은 아니었다. 송의 영토 확장에 따라 임시 행정구역으로 운영되기 시작해서 북한을 멸망시킨 997년, 전국을 대상으로 한 15개 路 체제가 일단 완성되었다. 이후 최대 26개 路까지 점차 늘어났지만, 이 숫자는 轉運使路를 기준으로 한 것일 뿐, 憲司路·帥司路는 조금 다르다. 예를 들어 하북은 전운사로를 기준으로는 하북동로·하북서로 2개였으나 안무사로는 大名府路·高陽關路·眞定府路·定州府路 등 4개였다.

23 원문은 '占破'이다. '정식 편제에 속해 있지만 해당 업무를 보지 못하거나 또는 제대로 직무를 수행하지 못하는 사람'을 뜻하는 말이다. 불법적인 점유를 뜻하기도 한다.

24 원문은 '緡'으로 '낚싯줄'의 의미인데, 엽전을 꿰는데 주로 낚싯줄을 사용하였고 동전 1천 개를 한 꿰미에 꿰어 一貫이라 한 데서 '緡'과 '貫'은 서로 통용되었다. 다만 양질의 동전은 950개라도 1관으로 간주하고 불량 동전은 1,000개가 되어야 하는 등 동전의 질에 따른 변동 폭이 있었다. 한편 '緡'은 1관마다 20전씩 소득세로 바치는 漢代 세법의 명칭이기도 하다.

25 원문은 '新邊法'이다. 『宋史』 권285의 「賈昌朝傳」에 "거란에서는 송나라에서 도망쳐 나온 병졸 중에 용감한 자들을 모아 '투항해 온 남군'이라 불렀다. 변방법에 의하면, 병졸이 도망쳤다가 스스로 돌아와도 처형하였다. 가창조가 이러한 규정을 없애고 병졸들이 돌아오면 다른 곳으로 보임하는 정책을 채택하자, 돌아오는 자들이 제법 많아졌다. 이에 거란의 실정에 관해 알게 되었다(契丹聚亡卒勇伉者, 號'投來南軍'. 邊法, 卒亡自歸者死. 昌朝除其法, 歸者輒遷補, 於是來者稍衆, 因廉知契丹事.)"라는 기록이 있다. 마확은 탈영했던 전력이 있더라도 그들을 과감히 수용할 것을 강조한 것이다.

26 義勝軍 : 郭藥師의 常勝軍이 송조의 통제에 따르지 않고 횡포를 부리자 宣和 6년 (1124) 3월, 河北燕山府路宣撫使 譚稹이 제안하여 별도 조직한 부대이다. 譚稹은 상승군의 2배에 달하는 급료 지급을 조건으로 거란의 영토에 속했던 산서 지역에 살던 漢人 가운데 5만 명을 선발하여 의승군이라 칭하고 河東의 요충지에 배치하였다. 파격적인 보급 덕분에 10만에 달하는 부대 편성에 성공하였지만, 현지 주현의 보급 역량은 곧 한계에 봉착해서 보급의 질이 낮아지자 불만이 커졌고, 차별받던 기존 관군과의 갈등과 반목도 심각해졌다. 의승군 지휘관인 李嗣本과 耿守忠의 통제력 부족도 문제를 더욱 키웠다. 결국 金軍의 전면 공세가 시작되자마자 각지에서 반란을 일으키며 金軍과 내통하여 송조의 산서 지역 방어망을 무너뜨리는 결정적인 자충수가 되었다.

27 耿守忠 : 본래 거란의 장수로 西京에서 점한의 금군과 싸워 패하고 달아났고 후에 송의 義勝軍 장수가 되었다. 하지만 군을 제대로 통솔하지 못해 반란을 막지 못했고, 후에 다시 금군의 장수가 되어 태원부 공격에 앞장서는 등 배신을 거듭하였다.

28 원문은 '歸朝人'이다. 거란·금에서 살다가 송으로 넘어온 사람을 가리켜 통상 歸正人·歸明人·歸朝人이라고 칭하고, 관리는 '송의 조정으로 돌아온 관리'라는 뜻에서 歸朝官이라고 칭하였다. '歸正'이란 '事必歸正'·'改邪歸正'처럼 잘못된 곳으로부터 바른 곳으로 돌아온다는 뜻이어서 중원왕조의 자국중심주의·우월주의를 반영하는 용어이다.

29 원문은 '涅面'이다. 문신은 형벌의 일종으로 고대부터 시행되었다가 唐代에 일시 중단되었으나, 後晉 天福 연간(936~943)에 刺配에 관한 법이 제정된 뒤부터 다시 성행하였다. 송대에는 죄질에 따라 이마·뺨·팔·손등 등에 글자를 새겨 범죄 사실 및 유배지 등을 표기하였다. 또 군에서도 탈영 등을 막기 위해 사병 이마에 卒·兵, 부대 명칭 등을 새겼고, 장교들은 상두박에 忠·勇 등을 새기게 하는 등 '黥兵制'로 제도화되었다. 이로써 문신은 '강제징집'을 뜻하게 되어 '刺爲某軍'이라 하면 어떤 부대에 강제로 징집되었음을 의미한다. 죄수들에게 행하던 문신을 군인에게 의무화한 것이 송대 군인에 대한 경시 풍조를 낳게 한 또 하나의 요인이었다. 黥面·面涅·刺字라고도 한다.

30 關南 : 後周 世宗은 石敬瑭이 거란에 할양하였던 淤口關·瓦橋關·益津關 등 3관과 그

남쪽의 莫州(현 하북성 滄州市 任丘市)·瀛州(현 하북성 滄州市 河間市)를 점령하고 '關南'이라 칭하였다(959). 거란과 후주의 하북 지역 국경 중앙에서 남쪽으로 U자형으로 깊숙하게 돌출된 곳이고 하북 최대의 소택지인 百洋淀, 拒馬河·易水·滹沱河 등 동서로 흐르는 3개의 강이 천연 방어망을 형성하고 있는 곳이라서 군사적으로 매우 중요한 곳이었다. 거란은 북송 건국 전 거란의 영토였음을 들어 영유권을 주장하며 계속 반환을 요구하였다. 현 하북성 보정시 百洋淀 동쪽에 있는 雄縣에서 남쪽으로 任邱市·河間市로 깊이 들어온 지역에 해당한다.

31 거란의 關南地 반환 요구에 대해 송조는 그 지역에서 거두는 조세 수입을 자신들이 차지하지 않고 거란에 전해 준다는 논리를 제시하여 합의에 이르렀다. 澶淵의 맹약에서 송조는 은과 견을 보내면서 거란의 군비 조달을 도와준다는 명분을 강조하며 '助'라고 표기하였다. 반면 慶曆和議에서는 '納'이라는 다소 굴욕적인 용어를 사용하였는데, 納에는 '바친다'는 뜻 외에도 '돌려준다'는 뜻이 있다. '納'이란 용어를 두고 양국에서 각자 유리하게 해석하였을 가능성이 크지만, 송조로서는 내심 굴욕적인 조약임을 부인하기 힘들었다.

32 원문은 '如指諸掌'이다. '마치 손바닥을 가리키는 것과 같다'는 이 말은 『論語』「八佾」편의 "혹자가 '체'의 예에 대해 묻자 공자께서 '모른다. 그 이론을 아는 자가 천하를 다스린다면 천하를 여기에 두는 것과 같을 것이다.'라고 하시면서 손바닥을 가리키셨다.(或問禘之說. 子曰 : '不知也. 知其說者之於天下也, 其如示諸斯乎.' 指其掌.)"에서 유래하였다.

33 '慶曆誓書'의 구체적인 내용에 관하여는 본서 권6의 14엽 참조.

34 원문은 '宣付'이다. 황제의 조령을 외조의 담당 관아에 보내서 집행하게 하라는 용어이다.

35 寶文閣 : 송 仁宗과 英宗의 유관 문서를 보존하는 전각으로 본래는 壽昌閣이라고 하였는데, 慶曆 1년(1041)에 보문각으로 바뀠다. 신종이 즉위한 治平 4년(1067)에 학사·직학사·대제 등을 임명하였다.

36 斛 : 곡식을 되는 단위로서 唐代 이전에는 石에 대한 속칭으로 민간에서 사용하였다. 원래 1石=1斛=10斗=120斤이었으나 송대부터 1石=2斛=5斗=60斤으로 바뀌었다.

37 香山寺 : 『華嚴經』에서는 향산을 須彌山에 버금가는 불교의 명산이라고 하여 향산

사라는 사찰이 중국 각처에 세워졌다. 본문의 향산사는 현 북경시 西山公園에 있는 사찰로서 唐代에 창건된 고찰이며 현재 명칭은 '香山大永安禪寺'이다.

38 辰州 : 거란 東京道 소속이며 軍額은 奉國軍, 州格은 節度州이다. 치소 겸 관할 현은 建安縣(현 요녕성 營口市 蓋州市)이다. 발해가 고구려의 蓋牟城을 辰州(현 요녕성 撫順市)로 바꿨고, 거란이 다시 위치를 옮겨 설치하였다. 평야와 구릉지의 점이지대이며, 관할구역은 현 요녕성 요동만에 연한 營口市의 남쪽에 해당한다.

39 淸州 : 거란 東京道 소속으로 軍額은 建寧軍, 州格은 軍事州이다. 扶餘의 도성이었으며 송화강의 지류인 伊通河 유역(현 길림성 長春市 農安縣)에 자리하였는데, 거란 말에 이미 폐지되었다. 관할구역은 현 길림성 중북부 長春市의 북쪽에 해당한다. 한편 같은 지명으로는 송의 河北東路 淸州(치소는 현 하북성 滄州市 靑縣)가 있고, 금이 灤州 石城縣을 점령한 뒤 석성현을 승격시켜 설치한 청주(현 하북성 唐山市 開平區), 송이 연경을 접수한 뒤 금의 청주 맞은 편에 있는 燕山府路 薊州 玉田縣(현 하북성 唐山市 玉田縣)을 승격시켜 설치한 청주가 있다.

40 도성의 성문 : 원문은 '國門'이다. 도성이나 변경의 성문을 가리키며, 때로는 성문을 지키는 수호신을 뜻하기도 한다.

41 黃潛善(1078~1130) : 자는 茂和이며 福建路 邵武軍(현 복건성 南平市 邵武市, 三明市 建寧縣) 사람이다. 戶部侍郞·河間府 지사 겸 高陽關路 안무사를 지냈다. 정강의 변을 맞아 고종을 보좌하여 汪伯彦과 함께 대표적인 주화파로 활동하면서 상서좌·우복야 겸 중서·문하시랑이 되는 등 권력을 장악하였다. 그러나 아부에 능하고 허위 보고를 일삼았으며, 충신을 모해하는 등 권력만 추종해 평판이 매우 좋지 못하였다. 몇 차례 폄관 처분을 받았고, 결국 광동에 안치된 뒤 사망하였다.

42 王宗濋 : 欽宗의 모친 왕태후의 친족이란 배경으로 발탁되어 奉國軍節度使가 되었으며, 금군이 개봉을 포위하였을 때 殿前都指揮使의 중책을 맡았으나 실제 군을 지휘할 능력은 없었다. 특히 '六甲法'이라는 법술로 금군을 축출할 수 있다는 사기꾼 郭京을 흠종에게 추천하여 성문을 열고 출전하게 하여 결국 개봉 함락을 초래한 장본인이 되었다. 개봉 함락 후에는 수비병을 이끌고 도주한 죄 등으로 후에 邵州에 安置되었다.

43 送伴使 : 상대국 國信使의 귀국 일정에 맞춰서 국경까지 수행하여 귀국을 돕는 역할을 담당하는 관리를 말한다.

44 陝西路 : 송초에 전국 15개 轉運使路의 하나로 설치된 섬서로는 慶曆 2년(1042)에 永興軍路와 秦鳳路로 나누어졌다. 한편 安撫使路는 慶曆 1년(1041)에 永興軍路·環慶路·鄜延路·秦鳳路·涇原路 등 5개로, 그리고 熙寧 5년(1072)에 다시 熙河路가 추가되었다. 이를 통상 '陝西 6路'라고 칭한다. 단 永興軍路·環慶路·鄜延路 등 3개 安撫使路는 永興軍路 轉運使司에 속하고, 秦鳳路·涇原路·熙河路 등 3개 安撫使路는 秦鳳路 轉運使司에 속한다.

45 中山府 : 河北西路 소속 定州가 政和 3년(1113)에 府로 승격된 것이다. 등급은 次府, 郡名은 中山郡, 軍額은 定武軍, 州格은 節度州이다. 치소는 安喜縣(현 하북성 保定市 定州市)이고 관할 현은 曲陽縣·唐縣·望都縣·無極縣·北平縣·新樂縣·安喜縣 등 7개, 軍은 北平軍 1개이다. 唐代에는 29개 주를 총괄하는 定州大總管府가, 후주 때는 義武軍節度使司가, 太平興國 1년(976)에는 定武軍節度使司가 설치되었다. 慶曆 8년(1048)에 安撫使路인 定州路安撫使司가 설치되어 定州·保州·深州·祁州, 廣信軍·安肅軍·順安軍·永寧軍 등 8개 州軍을 관할하였다. 송대에 太原府·河間府와 함께 하북 3鎭의 하나로 손꼽혔다. 定州는 北魏가 後燕을 격파하고(400) '천하를 평정하였다'는 뜻에서 취한 것이며, 中山府는 전국시대 中山國에서 유래하였다. 화북평야 서단으로 남북 교통의 요지였다. 관할구역은 현 하북성 중서부 保定市 서남쪽 定州市를 중심으로 보정시 남쪽, 石家莊市의 북쪽에 해당한다.

46 원문은 '犬牙相臨'이다. 두 지역의 경계가 강이나 산맥 등을 따라 가지런하지 않고 상호 간에 들쑥날쑥한 상황을 말한다. 犬牙相制·犬牙交錯·犬牙相錯·犬牙相入·犬牙相逼·犬牙相接·犬牙不齊 등으로도 표현한다.

47 원문은 '進有所託, 退有所忌'이고, 許涵度는 '託'을 '扼'으로 교감하였다. 개의 이빨이 서로 맞물리는 모습처럼 곽약사의 군대가 송의 군대 사이에 포진하게 되어 함부로 송조에 도발할 수 없게 된다는 면에서는 '扼'이 옳다. 한편 '託'은 '托'과 같이 '의탁하다'·'기탁하다'라는 뜻이다. 본문에서 곽약사의 군대가 진격할 때는 인근 송군의 지원을 받되, 물러나 반란을 일으키려 하면 송군의 제압을 받게 됨을 말하는 것이므로 '託'이 옳다.

48 袁本과 四庫本에 따르면 童貫이 계속 이어서 말한 것이다. 뒤에 이어진 내용이 지난 일에 관한 아쉬움을 토로하고 한탄하는 것으로 문장이 끝나기 때문에, 마확이 한 말로 보기 어렵다. 동관이 별도로 조치할 것이라 했고, 그 뒤 '4총관의 설

치, 왕안중 파직, 채정 기용' 등이 동관이 말한 별도 조치에 해당하므로 이 부분을 동관의 말로 보고 번역하였다.

49 种師道(1051~1126) : 자는 彝叔이며 永興軍路 京兆府(현 섬서성 西安市) 사람이다. 원래 이름은 种建中이었으나 연호인 '建中靖國'을 피휘하여 种師極으로 개명하였다가 후에 徽宗으로부터 种師道라는 이름을 하사받았다. 조부 种世衡, 伯父 种諤에 이어 3대에 걸친 명장 집안 출신이다. 西夏와의 전쟁에서 童貫이 채택한 무모한 공세의 문제점을 휘종에게 건의하여 신임을 얻고 都統制, 保靜軍節度使가 되었다. 동관이 거란에 대한 전면공세를 추진하자 충사도는 강력히 반대하여 좌천되었다. 하지만 충사도를 대신한 劉延慶이 대패한 뒤 관직을 회복하였고, 금군이 개봉을 포위하였을 때 서북의 勤王兵을 이끌고 구원에 나서 同知樞密院事·京畿河北河東宣撫使에 발탁되었다. 하지만 충사도의 전략이 수용되지 못하여 금군에 대한 공세가 실패로 돌아갔고, 금군의 공세에 대비해 長安(현 서안시)으로 천도하여야 한다는 주장도 채택되지 않았다. 이런 상황에서 충사도는 76세로 사망하였고, 그해 연말에 북송은 멸망하고 말았다.

50 섬서의 병력 : 원문은 '西兵'이다. 북송 때 섬서로, 즉 永興軍路·環慶路·鄜延路·秦鳳路·涇原路·熙河路 등 陝西 6路의 군대를 가리키는 말이다. 서하와의 오랜 전투경험을 갖춰 당시 가장 정예한 부대로 알려졌으며, 오랫동안 동관이 지휘하여 직할 부대의 성격도 지녔다.

51 總管 : 송 초 전선에 파견한 대규모 부대를 통제하는 조직으로 行營都部署司를 설치하였는데, 英宗 때 都總管司로 명칭을 바꾸었다. 都總管司의 총책임자는 都總管이고 그 휘하에 각 路의 군대를 총괄하는 馬步軍總管과 副總管을 두어 소속 군대의 훈련과 검열을 관장하게 하였다. 따라서 원문의 '總管'은 '副都總管'을 잘못 쓴 것이거나, 관례상 총관이라 칭한 것으로 보인다. 거란도 5京과 5州에 都總管府를 설치하고 도총관과 부총관을 임명하여 군대를 관장하게 하였으며, 金도 5京 留守가 府尹 및 兵馬都總管을 겸직하게 하였다.

52 飛狐縣 : 거란 西京道 蔚州 소속이며 지명은 관내 飛狐口에서 유래하였다. 太行·燕山·恒山山脈이 교차하는 험준한 산지이며, 현 하북성 중부 保定市 서북쪽의 淶源縣에 해당한다.

53 靈邱縣 : 거란 西京道 蔚州 소속이며 지명은 전국시대 趙의 武靈王 능에서 유래하

였다. 동쪽은 太行山脈, 남쪽은 五臺山脈, 북쪽은 恒山山脈에 둘러싸인 험준한 산지이며, 현 산서성 북동부 大同市 남동쪽의 靈丘縣으로 하북성과의 접경에 해당한다.

54 應州 : 거란 西京道 소속이며 軍額은 彰國軍, 州格은 節度州이다. 치소는 金城縣(현 산서성 朔州市 應縣)이고 관할 현은 金城縣·河陰縣·渾源縣 등 3개이다. 지명은 龍首·雁門 2개의 산이 남북으로 대응하고 있는 지형에서 취하였다. 太原府에서 북쪽으로 뻗은 길은 朔州와 代縣으로 갈라졌다가 응주에서 만나 大同府로 이어진다. 大同盆地 남부 평야 지대이며, 관할구역은 현 산서성 북서부 朔州市의 동서쪽에 해당한다.

55 첩문 : 원문은 '牒'이다. 대등한 위상의 관청 상호 간에 오가는 문서여서 존칭어를 사용하지 않는 것이 일반적이다.

56 落職 : 差遣으로 받은 실제 직무는 유지되지만 待制 등 職名이 취소되는 처분으로, 責授보다 중하나 奪職보다는 경한 징계이다.

57 順昌軍 : 京西北路 소속으로 본래 潁州였는데, 政和 6년(1116)에 順昌府로 승격되었다. 등급은 上, 郡名은 汝陰郡, 軍額은 順昌軍, 州格은 節度州이다. 치소는 汝陰縣(현 안휘성 阜陽市 潁州區)이며, 관할 현은 沈丘縣·汝陰縣·潁上縣·泰和縣 등 4개이다. 英宗은 큰아들 趙頊에게 潁州를 봉지로 하는 潁王에 봉하였고, 조욱은 황제로 즉위한 뒤 영주의 州格을 防禦州에서 절도주로 승격시키면서 軍額으로 順昌軍을 하사하였다. 淮北平野 서쪽이며 황하의 범람으로 인한 지형적 특성이 두드러진 곳이다. 관할구역은 현 안휘성 서북부 阜陽市와 인접 沈丘縣에 해당한다.

58 節度副使 : 唐代 민정·군정·재정을 총괄하던 大軍區의 군정장관인 節度使는 遼·金에도 계승되어 큰 州의 민정과 군정을 통괄하였다. 반면 송의 절도사는 실제 부임하지 않는 명예직으로 전환되었으나 품계는 正3品이고 의례는 宰執과 동일하였으며 통상 同中書門下平章事나 中書令 등에 수여하는 선망의 직책이었다. 그러나 節度副使는 그 명칭과 달리 從8品官으로 宰執이나 侍從官이 폄적될 경우 부여하는 명목상의 직책이었으며, 봉록도 규정의 1/2만 지급하는 것이 상례였다.

59 梁師成(?~1126) : 자는 守道이며 개봉부 사람이다. 휘종 때의 대표적인 환관이자 간신으로 북송을 멸망으로 이끈 '六賊(蔡京·童貫·王黼·梁師成·朱勔·李彦)'의 하나이다. 약간의 문재를 바탕으로 휘종의 총애를 받아 조서를 대필하면서 권력을 장

악하게 되었고, 진사시의 2甲인 '賜進士出身'으로 인정받았다. 晉州觀察使·興德軍節度使·淮南節度使·檢校太傅·太尉·開府儀同三司 등 모두 110개 관직을 거치면서 매관매직과 뇌물수수 등 온갖 악행을 일삼았다. 蘇軾의 庶子라고 자칭하였으며 채경을 '公相(남자 재상)', 동관을 '媼相(여자 재상)'이라고 했지만, 양사성은 '隱相(막후 재상)'이라고 칭해질 정도로 사실상의 실력자였다. 흠종 즉위 후 처형되었다.

60 거란 西京道의 이 4개 주는 서쪽부터 武州·朔州·應州·蔚州로 나누어졌는데 유독 하동로의 代州만 이 4개 주와 모두 붙어 있다.

61 內侍 : '侍'는 본래 황제의 시종관이란 말로서 궁중 내에서 근무하는 관원을 포괄하는 용어여서 光祿寺·太常寺 등 9寺의 명칭으로 쓰였다. 하지만 황제를 위해 일한다는 의미가 강조되어 거세한 환관과 용어상 구분이 되지 않아 후에 寺人·內侍·宦官·宦寺 등이 모두 함께 사용되었다.

62 원문의 '上遣內侍 … 用兵可否'까지 문장 전체가 상당히 어색하다. '訪'은 '河北·河東諸帥' 앞에 있어야 맞고, '其用兵可否' 앞에 '問·論' 등의 동사가 있어야 하나 누락된 것으로 보인다. 『宋史』 권328의 「薛嗣昌傳」에는 "先是, 徽宗有意圖北方, 遣譚稹銜命訪諸帥, 韓粹彥·洪中孚皆力云不可."로 쓰여 있다.

63 眞定府路 : 慶曆 8년(1048)에 河北西路의 路治인 鎭州를 眞定府(치소는 현 하북성 石家莊市 正定縣)로 승격시켜 안무사로인 眞定府路를 설치하였다. 眞定府路安撫使司는 眞定府·洺州·相州·磁州·趙州·邢州 등 6개 주를 관장하였다. 관할구역은 현 하북성 石家莊·邢台·邯鄲, 하남성 安陽市에 해당한다.

64 洪中孚(1049~1131) : 자는 思誠이며 江南東路 徽州 休寧縣(현 안휘성 黃山市 休寧縣) 사람이다. 熙河蘭湟路轉運使·戶部侍郞·河東路經略安撫使 겸 태원부지사·永興軍 지사·權禮部尙書·龍圖閣待制 등을 역임하였다. 본문의 논쟁 당시는 顯謨閣直學士·中大夫로 진정부로안무사 겸 馬步軍都摠管·成德軍府 지사 등을 겸하고 있었다.

65 『新安文獻志』 : 明 중엽에 徽州의 학자 程敏政(1444~1499)이 남북조부터 명대까지 新安(현 안휘성 黃山市와 宣城市의 旌德縣) 지역 문인들의 작품을 모아 엮은 책으로 총 100권이다.

66 원문은 '上見'이다. 『신안문헌지』에 보이는 이 상주문의 제목은 「論伐遼札子」이며, 이 상주문의 말미에 '政和 4년 4월일'이라고 쓰여 있다. 본문 '上見'의 '上'은 '4월의 상순'이 아니라 고대 공문에서 '右'라고 하는 것과 같이, '앞의 글', '지금까지의 내

용'을 가리킨다. 상주문을 올리라는 어필을 받은 것이 4월 12일이므로, 4월 상순에 상주문을 작성할 수는 없다.

67 원문은 '仰'이다. 상신 공문에서는 '仰請' 등으로 恭敬을 뜻하고, 하달 공문에서는 '仰卽遵照'로서 상위기관이 하위기관에서 실시하기를 요망하는 내용을 이끌 때 쓰는 공문 용어이다.

68 歲賜 : 송이 거란·서하·금에 매년 주던 은과 견을 말한다. 澶淵의 맹약과 慶曆和議를 통해 장기 평화를 유지하였다는 점에서 나름 합리적인 타협이었지만 자존심을 크게 훼손시킨 것도 사실이다. 보내는 물품의 명칭을 '歲幣·歲賜·歲物' 가운데 무엇으로 할 것인지, 그리고 '보낸다'는 용어 '送·贈·獻' 가운데 무엇으로 할 것인지를 놓고 치열한 자존심 싸움이 벌어진 데서도 확인할 수 있다. '歲賜·歲物'은 송 내부의 일방적 표현에 불과하다.

69 안무사 : 원문은 '帥臣'으로 安撫使의 약칭이다. 路의 軍政을 담당하는 기관은 安撫司·經略安撫司이며, 약칭은 帥司이다. 安撫司의 장관인 安撫司使를 통상 安撫使라 칭하며 약칭은 '帥' 또는 '帥臣'이라 하였는데, 經略使도 帥臣이라 칭하였다. 한편 宣撫使와 宣撫副使의 약칭도 각각 大帥와 帥였고, 紹興 3년(1133)에 설치한 制置使·制置大使의 약칭도 帥였다. 이렇듯 帥 또는 帥臣은 군 고위 지휘관의 통칭으로 폭넓게 쓰였다.

70 원문은 '契勘'으로 본래 '조사하다'·'살펴보다', '살펴본 바에 따르면' 또는 '대질하여 확인하다'라는 뜻을 지닌 송원대의 공문서 용어이다. 해당 공문에서 다룰 대상이나 사안을 이끌 때 쓰며, 주로 작성자 또는 해당 기관에서 스스로 밝혀낸 사안을 언급할 때 쓴다.

71 고위 관료 : 원문은 '公卿'으로 三公九卿의 약칭이다. '삼공'은 太傅·太師·太保 등 최고위 관직을, '구경'은 본래 중앙정부의 주요 부서인 9寺의 장관이다. 자연히 6부와 9시의 업무는 상당 부분 중복되는데, 9시의 명칭은 여러 차례 바뀌었다. 본문에서는 고위 관료를 가리키는 통칭으로 썼다.

72 학사원 : 원문은 '翰苑'으로 황제의 비서실 기능을 하는 學士院의 별칭이다. 翰林學士承旨·翰林學士知制誥·한림학사 등으로 구성된 학사원은 國書와 고위 관료 임명서 등 주요 문서를 작성하는 업무를 맡았다. 황제의 문예적 취미 활동을 보좌하는 기관인 翰林院과 혼동하기 쉽다.

73 원문은 '學究'이다. '學究'는 원래 唐代 과거 시험에서 明經科의 한 과목명으로 '學究一經'이 있었고, 송대에는 禮部貢擧十科 중의 한 과목명이었다. 이로부터 '讀書人'에 대한 통칭으로 사용되었는데, 나중에는 주로 '우활하고 비루한 독서인'을 가리키게 되었다.

74 劉六符(?~1058) : 河北東路 瀛州(현 하북성 滄州市) 사람으로 아버지 劉慎도 거란의 北府 재상을 지냈다. 翰林學士를 거쳐 重熙 10년(1042)에 송에 사신으로 파견되어 關南地의 반환을 요구하며 慶曆和議를 체결하였다. 이때 세폐를 '貢'으로 칭해야 한다고 요구해 치열한 논쟁이 벌어졌고, 결국 '納'으로 결정되었다. 이 공으로 同中書門下平章事가 되었으나 송조에서 뇌물을 받았다는 혐의로 비판을 받고 長寧軍節度使로 나갔다가 다시 三司使가 되었다.

75 야율홍기 : 거란 제8대 황제 道宗(1032~1101, 재위 1055~1101)으로 이름은 耶律查剌이며 중국식 이름이 耶律洪基이다. 남북원추밀원사·천하병마대원수 등의 요직을 지낸 뒤 제위에 올랐다. 耶律乙辛·耶律重元 등 간신배를 중용하였고, 耶律重元이 암살 음모를 꾸미는 등 통치층 내부 분란이 심각하였다. 또 골육상잔을 연이어 일으켰으며, 불교를 지나치게 숭상하여 경제적 쇠퇴와 사회적 모순을 심화시킴으로써 거란의 몰락을 촉진하였다. 재위 기간이 47년이나 되므로 말년에 '老主'라고 불렸다.

76 원문은 '兩地供輸者'이다. 송과 거란 양국에 조세와 力役을 부담해야 하는 이중 국적자로서 兩輸戶·兩屬民이라고 약칭한다. 그 규모는 4~5千戶, 또는 16,900여 명이라고 하였다. 兩輸戶를 유지한 것은 양국 간의 정보 교류 등 일종의 완충지대가 필요했기 때문이다.

77 河朔 : 원문은 '朔部'인데, 河朔과 마찬가지로 黃河 이북 지역에 대한 통칭으로 현 하북성·산서성과 산동성 일부를 포함하는 지리적 개념이다. '朔'은 본래 '시작하다'라는 뜻인데, 북방이 만물이 시작하는 곳이라는 관념에서 북방을 가리켜 朔方이라 칭한 데서 유래하였다.

78 내탕고 : 원문은 '帑藏'이다. 국가 재정을 담당하는 三司의 경비 부족에 대비해 운영하는 황실 창고를 뜻한다. 재정 여유분, 전매 수입, 榷貨務의 금은 수입, 하북 등 69개 주의 上供絹 등을 주 수입원으로 하였다. 북송 초기에는 황실 창고를 左藏庫라고 했는데 후에 左·右藏庫, 4庫로 나누는 등 필요에 따라 분리와 통합이 여

러 차례 이루어졌고 그때마다 명칭이 바뀌었다. 左藏北庫를 內藏庫로 개칭한 뒤 內庫·內帑庫·帑藏이라는 별칭을 가지게 되었다.

79 원문은 '小雅盡廢'이다. 小雅는 『詩經』 305편 가운데 72편으로 政事에 관한 일을 노래한 正樂이다. 『詩經』 「小雅」 '六月序'의 "소아가 모두 사라지면 사이가 번갈아 침입해 중국은 쇠미해질 것이다.(小雅盡廢, 則四夷交侵, 中國微矣.)"에서 유래하였다.

80 원문은 '四維不張'이다. '四維'는 '禮·義·廉·恥'라는 네 가지 도덕적 준칙으로 국가를 유지하는 데 필수적인 것으로 간주된다.

81 전략 : 원문은 '事機'로서 본래 '戰時에 적을 해치기 위한 계책'을 뜻하는 군사 용어이다. '일을 착수하기에 적절한 시점, 전쟁 중 적에게 타격을 줄 수 있는 계략, 또는 기밀·機要' 등을 뜻하기도 하였다.

82 薛嗣昌 : 자는 亢宗이며 永興軍路 河中府 萬泉縣(현 산서성 運城市 萬榮縣) 사람이다. 崇寧 연간에 熙河路轉運判官, 梓州路·陝西路轉運副使를 거쳐 龍圖閣直學士와 集賢殿修撰이 되었다. 이후 徽猷閣待制·陝西都轉運使와 渭州·慶州·相州·太原府·延安府 지사를 지낸 뒤 顯謨閣直學士, 延康殿·宣和殿學士, 예부·형부상서를 지냈다. 관직생활 중 모두 6~7회에 걸쳐 기망죄로 貶官되었을 정도로 황제의 총애를 받기 위해 거짓말을 일삼았던 인물이었다. 연경 공격을 위해 첩자의 보고를 윤색하여 전란의 구실을 제공하였고, 거병 소식에 감격의 눈물을 흘려 후에 큰 비판을 받았다.

83 시종관 : 원문은 '侍從'이다. 본래 황제 옆에서 시중을 드는 사람이란 말이지만 실제로는 황제의 측근에서 근무하는 고위직의 총칭이다. 宋代에는 재상과 부재상 등 宰執의 아래이지만 6부 尙書와 侍郞·翰林學士·給事中 등 從4品 이상의 고관에 해당하여 매우 영예로운 직책으로 여겼다. 시종관에게는 諸閣學士·待制를 貼職으로 부여하였고, 본래의 직책을 가리켜 小侍從, 諸閣學士를 外侍從으로 구분하기도 한다. 譚稹이 만난 안무사를 가리켜 시종관이라고 한 것은 안무사가 太中大夫 이상이나 侍從官 역임자만 맡을 수 있는 직급이기 때문이다.

84 韓粹彦(1065~1118) : 자는 師美이며 河北西路 相州(현 하남성 安陽市) 사람으로 韓琦의 아들이다. 吏部 원외랑과 낭중을 거쳐 吏部侍郞을 지냈으며 陳州 지사를 거쳐 龍圖閣學士로 사임하였다. 洪中孚와 함께 연경 공략에 반대하였다.

85 본서 권1의 1엽에는 中山府 지사 張杲가 북벌을 주장한 대표적인 지방관의 하나

로 기록되어 있다. 다만 동재의 귀순을 받아들이는 문제에 관해서는 이견이 있었던 것으로 보인다.

86 董才 : 거란 南京道 易州 淶水(현 하북성 保定市 淶水縣) 사람으로 본래 이름은 董龐兒이다. 빈한한 가정에서 성장했으나 용감하였고, 天慶 7년(1117), 거란 말기의 혼란을 틈타 만여 명을 모아 반란을 일으켰으나 易水와 涿鹿에서 거란군에게 거듭 진압되자 현 하북 및 산서 일대를 횡행하였다. 董才라고 개명하였고, 송으로 귀순한 뒤 董龍으로 개명하였다가 다시 휘종에게 趙詡라는 이름을 받았다.

87 四海 : 중국·중원의 별칭이며 '천하'의 대용어로도 쓰인다. 중원을 중심으로 동서남북 4면에 바다가 있다고 상정한 데서 나온 지리적 개념이다. 그래서 중국을 '바다 가운데'라는 뜻을 지닌 '海內'라고 칭하기도 한다. 『사기』에서는 진시황의 중국 통일을 가리켜 '海內一統'이라고 하였다.

88 張翚 : 자는 文叔이며 南京 應天府(현 하남성 商丘市) 사람이다. 崇寧 연간에 進士가 되었고 台州와 保州 通判을 지냈다. 建炎 연간에 邵武軍 지사를 지냈고, 금의 항복 요구에 사신을 살해하며 거부하였다.

89 保州 : 河北西路 소속이며 등급은 下, 郡名은 淸苑郡, 州格은 軍事州이다. 치소 겸 관할 현은 保塞縣(현 하북성 保定市 淸苑區)이다. 송 태조의 祖籍地여서 건국과 동시에 기존의 淸苑縣을 保塞軍으로 승격시켰고, 981년에 다시 保州로 승격시켰다. 定州路安撫使司 관할로서 북동쪽에 있는 廣信軍·安肅軍과 함께 거란의 易州를 견제하는 역할을 맡았다. 지명은 '변방의 요새를 보위한다'는 保塞軍에서 취하였으며 같은 지명으로는 거란 東京道 保州(현 압록강 부근)가 있다. 현 하북성 중서부 保定市의 城區에 해당한다.

90 刑部尙書 : 尙書省 刑部의 장관으로 형법·詔獄·범인 체포·유배·사형안건 재심·5品官 이상의 범죄·관리의 복권 등의 업무를 맡았다. 품계는 전기에는 正3品, 원풍 이후 從2品이었다.

91 劄子 : 관에서 사용하는 문서 형식의 하나이다. 唐代에는 表나 狀이 아닌 형식을 牓子·錄子라고 했고, 宋代에 들어와 劄子·札子라고 하였다. 본래 황제에게 상주하기 전 미리 검토하는 단계로 제출하는 비교적 간단한 형식의 문서였는데, 북송 전기부터는 중서문하성과 추밀원에서 작성하는 일반 공문, 즉 지시·파견·위임 등의 내용이 포함된 하행 공문도 뜻하였다. 각각 재상과 參知政事, 樞密使와

부사가 서명하였으며, 중서의 차자는 省札이라고 하여 추밀원의 札子와 구분하였다.

92 內侍省 : 隋에서 설치한 궁정 내부 업무를 관장하는 기구인데, 당대부터 환관이 전담해 조칙 전달과 궁문 수비, 내고 출납, 황제의 일상 등을 담당하였다. 송은 入內內侍省이라고 개칭하였지만, 관습적으로 계속 內侍省이라고 칭하였다.

93 원문은 '燕翼之謀'로서 『詩經』「大雅」'文王有聲'의 "자손들에게 좋은 계책을 남겨 주시어, 공경하는 자손들을 편안케 하셨다.(詒厥孫謀, 以燕翼子.)"에서 유래하였다.

94 貊族 : 현 만주와 한반도에 살던 이들로 고조선의 중심 세력이었다고 보고 있다. 요하를 중심으로 그 좌우에 분포하던 濊와 그보다 서쪽에 분포하던 貊을 구분하기도 하고, '예맥'으로 칭하여 이들을 하나로 보기도 한다.

95 원문은 '九畿'이다. 고대에 수도인 王城에서 500리까지를 王畿라고 하고, 그로부터 5,000리까지 500리마다 하나의 '畿'라 하여 侯·甸·男·采·衛·蠻·夷·鎭·藩 등으로 구분하고 이를 '9기'라고 하였다. 『周書』「夏官」의 '大司馬', 『周禮』「地官」의 '小司徒' 등에서 유래하였다. 다분히 관념적인 공간 개념이긴 하나 이를 통해 각 등급의 제후와 외족의 거주지를 차등적으로 구분하였다. 이 가운데 夷·鎭·藩의 3畿가 이른바 四夷의 거주지이다. 본문의 9기는 이들 아홉 개 畿를 말하는 것이 아니라, 왕성에서 가장 멀리 떨어진 '藩'을 말하는 것이다.

96 원문은 '嗣服'이다. '服'은 '일(事)'이므로 嗣服은 '대업을 이으시다'라는 뜻이다. 『詩經』「大雅」'下武'의 "길이 효도하시니, 밝도다, 조상의 일을 이어받아 행함이여.(永言孝思, 昭哉嗣服.)"에서 유래하였다.

97 맹약을 파기한 쪽은 거란이 아닌 송이어서 '대대로 이어지던 맹약을 등지고'라는 표현은 사실과 부합하지 않지만, 송조는 자신들이 앞장서서 파기했다고 자인할 수는 없었다. 이런 논리적 모순은 본서에 자주 등장한다.

98 『春秋』 : 기원전 5세기 초, 孔子가 편찬한 것으로 알려진 史書로서 '五經' 중의 하나이다. 魯나라의 隱公 1년(기원전 722)부터 哀公 14년(기원전 481)까지의 事跡을 연대순으로 기록하면서 명실상부함을 강조하는 正名, 칭찬과 비판을 엄격히 하는 褒貶으로 直筆의 원칙을 고수하였다. 이렇게 기록을 통해 亂臣賊子를 두려움에 떨게 한다는 筆誅의 엄정함을 가리켜 '춘추필법'이라고 칭한다.

99 大一統 : 지역적·정치적 통일, 또는 경제적·사상적 통일을 뜻하는 '大統一'과 달

리, 중원을 중심으로 한 정통성을 확보한 통일로서 문화적·제도적 통일은 물론이고, 나아가 '天下共主'의 위상을 실현한다는 중국 고유의 중화주의적 국가관을 말한다. 진시황에 의해 처음 실현된 '대일통'은 한무제 때 이론적으로 자리를 잡았다.

100 머나먼 이족의 땅 : 원문은 '要荒'이다. 『周禮』에서는 왕의 직할지인 王畿 밖의 땅은 거리에 따라 5단계로 나누고 그 단위를 가리켜 '服'이라고 한다. 5服은 甸服·侯服·綏服·要服·荒服이고, '要服'은 1,500~2,000里 사이, '荒服'은 2,000~2,500里 사이이다. 후에 '요복'은 대략 '蛮夷의 땅', '황복'은 '戎狄의 땅', 또는 '王畿 밖의 먼 곳' 혹은 '멀리 떨어진 국가'를 뜻하는 말로 쓰였다.

101 원문은 '來蘇之望'으로 '학대와 고통 속에서 살아갈 희망을 다시 얻는다'는 말이다. 『尙書』「仲虺之誥」의 "나의 임금을 기다렸는데, 임금께서 오셨으니 그들은 소생하게 되었도다.(予後, 後來其蘇.)"에서 유래하였다.

102 원문은 '寒律收威'이다. '寒律'은 본래 겨울에 시행하는 政令을 뜻하였으나 '겨울철, 겨울의 기후'란 뜻으로도 쓰인다. '寒威'는 '엄동설한의 위세'를 가리킨다.

103 楡溪 : 현 섬서성 북부 楡林市의 동북쪽에 있는 淸水河를 가리킨다. 전국시대 이래 청수하 유역에 楡樹를 심고 방어 진지를 구축하였다.

104 원문은 '壽域'이다. '모든 사람이 하늘이 내려 준 태평성세를 마음껏 누린다'는 말로서 '仁壽之域'의 줄임말이다. 『漢書』 권72 「王貢兩龔鮑傳」의 '王吉'편에서 유래하였다.

105 원문은 '五政'이다. 고대 중국에서는 목성·화성·금성·수성이 각각 봄·여름·가을·겨울을 주도하고, 토성은 네 계절에 고르게 배분되어 계절의 운행에 관여한다고 여겼다. 이 다섯 개의 별을 가리켜 '五辰'이라고 하며 여기에서 '일 년 사시의 정치'를 뜻하는 五政이 파생되었다.

106 원문은 '象緯'이다. 본래 별의 모양과 자리를 뜻하는 말로 해와 달, 그리고 별을 포함한 모든 천체에 대한 관측과 예측을 뜻한다.

107 원문은 '兼弱攻昧'이다. "약소국을 겸병하고 어리석은 군주를 공격하는 것은 군의 정당한 운영이다.(兼弱攻昧, 武之善經也.)"라는 말로 『書經』 '仲虺之誥'의 "兼弱攻昧, 取亂侮亡"에서 유래하였다.

108 秘書郎 : 도서를 관리하고 교정하는 업무를 전담한 秘書省 소속의 관리이다. 송 초

에는 寄祿官이었다가 원풍 관제 개혁 이후 職事官이 되었으며 품계는 正8品이다.

109 賀允中(1090~1168) : 京西北路 蔡州(현 하남성 駐馬店市 汝南縣) 사람이다. 강직하고 청렴한 성품의 소유자로 실적과 평판이 좋았으나 秦檜에게 배척되었다가 그의 사후 중용되어 吏部尙書·參知政事·知樞密院事 등을 지냈다.

110 員外郎 : 상서성 6부 관할 24司의 부책임자에 대한 통칭이다. 본래는 '정원 외 낭관'을 뜻하나 隋 開皇 6년(586)에 설치한 상설직이라서 본래의 어의와는 무관하다. 원풍 3년(1080) 관제 개혁 이후 正7品에 해당한다. 司封司員外郎의 서열은 吏部司員外郎에 이어 두 번째이다.

111 王昂(1090~1132) : 자는 叔興이며 成都府路 成都府(현 사천성 成都市) 사람이다. 휘종의 셋째아들 嘉王 趙楷가 장원급제하였으나 논란을 피하려고 대체하면서 왕앙이 장원급제자가 되었다. 뛰어난 문재로 유명하였으며 비서성 校書郎을 거쳐 본문처럼 祠部司員外郎으로 접반사가 되었으나 업무 태만으로 정직에 처해지게 되었다. 고종 때 起居舍人·秘書少監을 거쳐 徽猷閣待制로 台州 지사를 지냈다.

112 接伴使 : 상대국 國信使의 입국 일정에 맞춰서 국경에 파견되어 국신사를 안내해 도성에 이르면 숙소에 함께 머물면서 館伴使를 돕는 역할을 수행하였다.

113 神霄玉淸萬壽宮使 : 휘종으로부터 적극적인 지지를 받았던 王文卿과 林靈素가 중심이 되어 형성된 도교 天師道의 한 지파인 신소파의 도관을 관리하는 직책이지만 사실상 명예직이다. 만수궁은 특정 도관의 명칭이 아니라 전국 神霄派 도관의 공통적인 명칭이다. 휘종은 政和 7년(1117)에 전국의 天寧萬壽觀을 모두 神霄玉淸萬壽觀(또는 宮)으로 바꾸게 하였고, 도관이 없는 지역에는 불교사찰을 神霄宮으로 바꾸도록 하였다. '神霄'는 9重天(九霄) 가운데 가장 높은 하늘인 九天의 주재자, 또는 仙境·天界에 있는 朝廷을 뜻하고, '玉淸'은 도가의 三淸 가운데 原始天尊이 머무는 곳이다.

114 송대에는 관료가 사직하면 통상 급여의 절반을 계속 지급하였고, 직책을 유지한 상태에서 사직하면 급여 전액을 지급하였다. 또 元豐 5년(1082) 이후부터는 戰功으로 승진한 경력자에게도 전액을 지급하였다.

115 廉訪使者 : 군대를 감독하는 업무를 담당하던 走馬承受를 政和 6년(1116)에 개칭한 것으로 약칭은 廉訪·廉訪使이다. 염방사자의 관서인 廉訪所는 路 監司의 통제를 받지 않고 직접 조정에 상주할 수 있는 특권이 부여되었다.

116 邠州 : 永興軍路 소속이며 등급은 '緊', 郡名은 新平郡, 軍額은 靜難軍, 州格은 節度州이다. 치소는 新平縣(현 섬서성 咸陽市 彬縣)이고 관할 현은 三水縣·淳化縣·新平縣·宜祿縣·定平縣 등 5개이다. 본래 豳州였는데 幽州와 혼동하기 쉽다고 하여 開元 13년(725)에 邠州로 바꾼 뒤 송대로 이어졌다. 서하와의 접경지이지만 최전선은 아니었다. 涇河가 흐르는 황토고원 지대이며, 관할구역은 현 섬서성 중부 咸陽市의 북서쪽에 해당한다.

117 辛興宗 : 永興軍路 京兆府 萬年縣(현 섬서성 西安市) 사람이다. 섬서의 儒將으로 알려진 辛叔獻의 차남이다. 장남인 辛企宗, 삼남인 辛永宗, 사남인 辛道宗, 6촌인 辛彦宗과 함께 북송 말의 형제 장수로 유명하다. 선화 3년(1121)에 熙河前軍統領으로 방랍의 난을, 선화 6년(1124)에는 高托山의 반란을 진압하였다. 이어서 白溝 전투에 투입되었으나 거란군에 패하였다. 忠州防禦使를 지냈다.

118 姚友仲 : 永興軍路 耀州(현 섬서성 咸陽市 三原縣) 사람으로 姚古의 아들이며 姚平仲의 아우이다. 靖康 연간에 개봉 都統制가 되어 금군에 대한 선제공격을 주장했지만 흠종이 받아 주지 않았다. 郭京이 '六甲兵'을 이끌고 宣化門을 나가서 패하고 선화문이 함락되던 혼전 중에 피살되었다.

119 陝西 6路 : 至道 3년(997), 전국 15개 轉運使路의 하나로 설치한 陝西路의 군 편제는 慶曆 1년(1041)에 永興軍路·環慶路·鄜延路·秦鳳路·涇原路 등 5개 安撫使路로 나누어졌고, 熙寧 5년(1072)에 다시 秦鳳路 서쪽을 나누어 熙河路가 설치되었다. 이를 통상 '陝西 6路'라고 칭한다. 영흥군로 북쪽 전방의 좌측에 環慶路, 우측에 鄜延路, 진봉로 북쪽 전방 좌측에 熙河路, 우측에 涇原路가 배치되었다. 서하·吐蕃과의 최접경 지대에 위치하여 송군 가운데 전투 경험이 풍부한 병력을 많이 보유하고 있었다.

120 선사사인 : 원문은 '宣事'로서 '閤門宣事舍人'의 약칭이다. '慶禮'·'慰禮'와 관련된 궁중 의례를 주관하는 기관인 閤門司는 東上閤門·西上閤門으로 이루어졌다. 閤門宣事舍人은 從7品의 무관직이며 무신의 館職처럼 봉록 등에서 우대하였다. 송 초에는 3~5명이었으나 원풍 5년에 10명이 되었고, 휘종 때에는 108명까지 늘어났다.

121 본문에서 말한 지역은 代州·應州·蔚州·奉聖州·雲中府를 가리킨다.

삼조북맹회편

三朝北盟會編

卷20

[政宣上帙20]

起宣和七年正月二十日壬辰, 盡其日.

정화 연간(1111~1118)부터 선화 연간(1119~1125)까지를 기록한 상질의 제20권 : 선화 7년(1125) 1월 20일 임진일부터 당일까지.

[참고]『선화봉사행정록』 전체 일정의 수록 상황

許涵度가 편찬에 참고한 저본(陶家瑤 소장본)에는 누락된 일정들이 있다. 許涵度는 권20을 편집하면서 누락된 일정에 대해 두 가지 방법으로 처리하였다.

첫째, 許涵度는 저본인 '陶家瑤 소장본'의 여백에 적혀 있던 校勘記를 본문에 반영하였다. 예를 들어 許本은 '第五程' 뒤에 '第七程'이 이어지는데, '第五程' 뒤에 "舊校云 : 第六程爲三河縣"으로 첨부하는 것이다.

둘째, 許涵度는 주로 袁本을 참고하여 누락된 일정을 복원하여 권말의 校勘記에 첨부하였다. 그런데 이처럼 첨부된 일정이 모두 21程에 이른다. 본서에서는 독자들의 편의를 위하여 교감기에 첨부된 누락된 일정을 모두 '[許勘]'이라 표시하고 괄호 '[ ]' 속에 넣어 본문에 첨부하였다. 아래 번역문에서는 첫 번째 경우의 "舊校云 : … "은 기존대로 '[ ]' 속에 넣어 번역문을 작은 글씨로 기재하고, 두 번째 경우는 번역문에 '[許勘]'이나 '[ ]' 등의 표시 없이 본문과 동일하게 하였다.

참고로 전체 39일 日程의 이동거리와 수록 부분에 대해 표기하면 다음과 같다.

일자	출발지 → 도착지	이동 거리	수록 부분
제1일	雄州 → 新城縣	60리	교감기
제2일	新城縣 → 涿州	60리	원문
제3일	涿州 → 良鄕縣	60리	원문+교감기
제4일	良鄕縣 → 燕山府	60리	원문
제5일	燕山府 → 潞縣	80리	원문

제6일	潞縣 → 三河縣	70리	교감기
제7일	三河縣 → 薊州	60리	원문+교감기
제8일	薊州 → 玉田縣	70리	원문
제9일	玉田縣 → 韓城鎭	90리	교감기
제10일	韓城鎭 → 淸州	50리	원문
제11일	淸州 → 灤州	90리	교감기
제12일	灤州 → 望都縣	40리	교감기
제13일	望都縣 → 營州	60리	교감기
제14일	營州 → 潤州	100리	원문
제15일	潤州 → 遷州	80리	교감기
제16일	遷州 → 習州	90리	원문
제17일	習州 → 來州	90리	교감기
제18일	來州 → 海雲寺	80리	교감기
제19일	海雲寺 → 紅花務	100리	교감기
제20일	紅花務 → 錦州	90리	원문
제21일	錦州 → 劉家莊	80리	교감기
제22일	劉家莊 → 顯州	100리	원문
제23일	顯州 → 兔兒渦	90리	교감기
제24일	兔兒渦 → 梁魚務	60리	원문+교감기
제25일	梁魚務 → 吺咄孛堇寨	103리	원문
제26일	吺咄孛堇寨 → 瀋州	80리	교감기
제27일	瀋州 → 興州	70리	원문
제28일	興州 → 咸州	90리	원문
제29일	咸州 → 同州	90리	원문
제30일	同州 → 信州	30리	교감기
제31일	信州 → 蒲里孛堇寨	90리	교감기
제32일	蒲里孛堇寨 → 黃龍府	40리	원문
제33일	黃龍府 → 托撒孛堇寨	60리	원문

제34일	托撒孛堇寨 → 漫七離孛堇寨	90리	교감기
제35일	漫七離孛堇寨 → 和里閑孛堇寨	100리	원문
제36일	和里閑孛堇寨 → 句孤孛堇寨	90리	원문
제37일	句孤孛堇寨 → 達河寨	70리	교감기
제38일	達河寨 → 蒲撻寨	40리	교감기
제39일	蒲撻寨 → 館舍	50리	원문

宣和七年正月二十日壬辰, 詔差奉議郎、尙書司封員外郎許亢宗充賀大金皇帝登寶位國信使, 武義大夫、廣南西路廉訪使者童緒副之①, 管押禮物官鍾邦直.

① [按] 廉訪使者童緒副之 : 袁本에는 '者'字가 없다.

선화 7년(1125) 정월 20일 임진일, 조서를 내려 봉의랑[1]으로 상서성사봉사[2]원외랑인 허항종[3]을 하대금황제등보위국신사[4]에 보임하고, 무의대부[5]로서 광남서로[6] 염방사자인 동서를 부사로, 종방직을 관압예물관[7]으로 파견하였다.

『宣和乙巳奉使行程錄』(舊校云 : 是錄見『大金國志』第四十卷, 各有脫簡, 無從是正.)曰 : 金人旣滅契丹, 遂與我爲敵國, 依契丹舊例以講和好, 每歲遣使, 除正旦生辰兩番永爲常例外, 非常慶弔別論也. 甲辰年, 阿骨打(改作阿固達)忽身死(刪此三字改作殂), 其弟吳乞買(改作烏奇邁)嗣立,差許亢宗充奉使賀登位，並關取奉使契丹條例案牘，參詳增減，遵守以行；兼行人所須，皆在京諸司百局應辦，纖悉備具，無一闕者，盡祖宗舊制也①.

① [按] 盡祖宗舊制也：袁本에서는 '蓋祖宗舊制也'로 썼다.

『선화을사봉사행정록』[8][구 교감은 다음과 같다：이 행정록은 『대금국지』 권40에 보이는데, 양쪽 모두 누락이 있어 어느 쪽이 옳은지 따르기 힘들다.]의 기록은 다음과 같다.

금국이 거란을 멸망시키자 곧 우리 송과 대등한 국가가 되었다. 그리하여 거란의 옛 관례에 따라 화의를 맺게 되었다. 매년 사신을 파견하기로 하여 설날 및 황제 생신의 두 차례 사신 파견은 영구히 정례화하고, 그 외에 수시 발생하는 경조사에 관하여는 별도로 논하기로 하였다.

갑신년(1124)에 태조인 아골타가 갑자기 죽고 그 동생 오걸매가 제위를 이었는데, 이에 허항종을 등극 축하 사신에 보임하여 보내면서, 거란에 보냈던 사신의 조례 문건들을 모두 가져다가 의례의 증감을 참작하여 관례를 준수하여 이행하였다. 그리고 사신들의 소요 물품은 모두 도성의 여러 관서와 부서들이 마련하되, 하나하나 세심하게 갖춰 하나도 빠지는 것이 없게 하였으니 이 모두가 조종의 옛 제도에 따른 것이었다.

隨行三節人，或自朝廷差，或由本所辟除，副外計八十人：都轄一①，醫一，隨行指使一，譯語指使二，禮物祗應二，引接祗應三②，書表司二，習馭直③二，職員二，小底二，親屬二，龍衛虞侯六，宣撫司十，將一，察視二, 節級二④, 翰林司二, 儀鑾司⑤一, 太官局二, 馳務二, 槽頭一⑥, 教駿三, 後苑⑦作匠一, 鞍轡庫子虎翼兵士五, 宣武兵士三十.[9] 冗仗⑧則有雜載車三, 雜載駝十, [020-02] 粗細馬十二 ; 禮物則有御馬三, 塗金銀作鞍轡副之, 象牙、玳瑁鞭各一, 塗金平級⑨八角銀酒斛⑩二隻, 盏、杓, 全塗金平級⑪八角銀瓶十隻, 蓋全塗金大渾銀香獅三隻, 座全著色 ; 繡衣三襲, 果子十小籠, 密煎十甕, 牙茶三斤⑫.

① [按] 都轄一 : 袁本에서는 '都幅一'로 썼다.

② [按] 引接祗應三 : 袁本에서는 '引接祗應二'로 썼다.

③ [按] 習馭直 : 袁本에서는 '習馭司'로 썼다.

④ [按] 節級二 : 袁本에서는 '節級三'으로 썼다.

⑤ [按] 儀鑾司 : 袁本에서는 '鸞儀司'로 썼다.

⑥ [按] 馳務二 · 槽頭一 : 袁本에서는 '馳務 · 槽頭一'로 썼다.

⑦ [按] 後苑 : 袁本에서는 '後院'으로 썼다.

⑧ [按] 冗仗 : 袁本에서는 '冗杖'으로 썼다.

⑨ · ⑪ [按] 平級 : 袁本에서는 '半鈒'으로 썼다. 교주를 일부 수용하여 '平鈒'으로 한다.

⑩ [按] 銀酒斛 : 袁本에서는 '飲酒斛'으로 썼다.

⑫ [按] 果子十小籠, 密煎十甕, 牙茶三斤 : 袁本에서는 '果子十籠, 蜜煎十甕, 芽茶三斤'으로 썼다.

사신의 수행원[10]은 조정에서 파견하거나, 또는 관할 부서에서 차출[11]하였는데, 부사를 제외하고 총 80명이었으며 그 구성은 다음과 같다. 도할 예물관[12] 1명, 의원 1명, 수행 지휘사[13] 1명, 통역 담당 지휘사 2명, 예물 담당 지응[14] 2명, 안내 담당 지응 3명, 서표사[15] 소속 2명, 조련사[16] 2명, 행정 업무 담당 2명, 젊은 무관[17] 2명, 친속 2명, 용위[18]의 장우후[19] 6명, 선무사사 소속 10명, 장교 1명, 찰시[20] 2명, 절급[21] 2명, 한림사[22] 소속 2명, 의란사[23] 소속 1명, 태관국[24] 소속 2명, 낙타 관리인 2명, 사료 관리인[25] 1명, 말 조련사 3명, 후원작[26]의 기술자 1명, 안비고[27] 소속 호익군[28] 병사 5명, 선무군 병사 30명이었다.

부수 장비로는 잡화를 실은 수레 3대, 잡화를 나르는 낙타 10필, 크고 작은 말 12필이 있었다. 예물로는 도금한 은제 안장과 고삐가 딸린 어마 3필, 상아와 대모로 장식한 채찍 각각 한 개, 도금한 뒤 상감[29]한 팔각 은제 주곡[30] 2개, 덮개와 국자, 전체를 도금하고 상감한 팔각 은병 10개, 덮개 전체를 도금한 대형 은사자 향로 3개와 전체를 착색한 좌대, 채색으로 수를 놓은 비단옷 세 벌, 작은 과자 바구니 10개, 밀전[31] 열 항아리, 새잎차[32] 3근 등이 있었다.

於乙巳年春正月戊戌陛辭, 翼日發行, 至當年秋八月甲辰回程到關①. 其行程本朝界內一千一百五十里, 二十二程, 更不詳敘 ; 今起自白溝契丹舊界, 止於虜庭②(改作金國)冒離納鉢(改作瑪哩巴納)三千一百二十里, 計三十九程③.

① [按] 回程到關 : 袁本에서는 '回程到闕'로 썼다.

② [按] 虜庭 : 袁本에서는 '虜廷'으로 썼다.

③ [許] 三千一百二十里, 計三十九程 : 뒤에 第一程이 첨부되어 있다.

을사년 봄 1월 무술일, 폐하께 하직 인사를 드리고 다음 날 출발하여 이해 가을 8월 갑진일에 국경 관문으로 되돌아왔다. 사신 행차 일정 중 본 조정 국경 안의 것이 1,150리에 22일의 여정이 포함되어 있는데, 이에 관해서는 자세히 서술하지 않는다. 지금 백구[33]의 옛 거란 국경에서 출발하여 북로의 조정인 모리 나발[34]까지 총 3,120리로서 39일의 여정이 된다.

[許勘] [第一程, 自雄州六十里至新城縣. 離州三十里至白溝, 巨馬河源出代郡, 淶水由易水界, 至此合流東入於海, 河闊止十數丈, 南宋與契丹以此爲界, 舊容城縣附雄州歸信縣寄里①, 自壬寅年冬於河北岸創築容城縣新壘. 過河三十里, 到新城縣, 契丹阿保機入寇, 唐莊宗以鐵騎五千敗之於新城, 卽此地, 舊爲契丹邊面, 自與宋朝結好百餘年間樓壁僅存.](原脫第一程一百三十七字.)

① [按] 寄里 : 『大金國志』 권40에서는 '寄壘'로 썼다. 교주를 따른다.

제1일, 웅주에서 60리를 가서 탁주 신성현에 이르다.

웅주에서 30리를 가면 백구에 이른다. 그곳의 거마하[35]는 대군[36]에서 발원하여 역수[37] 수계에서 나온 래수와 이곳에서 합류하여 동쪽으로 흘러 바다로 들어간다.[38] 강폭은 겨우 10여 장[39]에 지나지 않는데, 남쪽에 있는 우리 송과 거란이 이 강을 경계로 삼았다. 옛 용성현[40]은 웅주에 부속되어 귀신현[41]의 보루에 의존하고 있었는데, 임인년 겨울부터 거란이 강 북안에 용성현의 새 보루를 축조하였다. 거마하를 건너 30리를 가면 신성현이다. 거란 태조 야율아보기가 노략질하러 왔을 때 후당 장종[42]이 신성이라는 곳에서 철기병 5천으로 그를 패배시켰다고 하는데, 바로 이곳이다. 예전에는 거란의 변경이었는데, 우리 송 조정과 화의를 맺고 나서 100여 년이 되어 이제는 누각과 성벽만 겨우 남아 있다.[제1정 137개 글자가 누락 되었다.]

第二程, 至涿州古郡①. 黃帝與蚩尤戰於涿鹿之野, 卽此地. 昔爲契丹南寨, 邊城樓壁僅存②; 及郭藥師擧城內屬, 不經兵火, 人物富盛, 井邑繁庶. 近城有涿河、朝李河③, 合范河東流入海, 故謂之范陽.

① [按] 至涿州古郡 : 袁本에서는 '自新城縣六十里, 至涿州古郡(신성현에서 60리를 가서 옛 탁주군에 이르렀다.)'으로 썼다.

② [按] 樓壁僅存 : 袁本에서는 '樓壁並存'으로 썼다.

③ [許] 朝李河 : 일부 판본에서는 '劉李河'로 썼다.

제2일, 옛 탁주군[43]에 이르다.

황제와 치우가 싸웠다는 탁록[44]의 들판이 바로 이곳이다. 예전에 거란의 남방 영채였는데, 변방의 성루와 성벽만 겨우 남아 있다. 곽약사가 성을 들어 조정에 투항한 덕에 전란을 겪지 않아서 인구와 물산이 풍부하고 마을과 거리가 번화하였다. 성 가까이에 탁하와 조리하가 있는데, 범하와 합류하여 동쪽으로 흘러 바다로 들어간다.[45] 그래서 이곳을 '범양'[46]이라고 부른다.

第三程, 至良鄕縣①. [許勘] [良鄕乃唐莊宗時趙德鈞鎭邊幽州, 歲苦契丹侵鈔轉餉, 乃於鹽溝置良鄕, 卽此.](原脫良鄕三十一字) 地隸燕山府, 經兵火之後, 屋舍居民, 靡有孑遺, 帥臣復加修築, 樓壁煥然一新, 漸次歸業者數十家. 離縣②三十里, 過蘆溝河③, 水極湍激, 燕人每候水淺深, 置小橋以渡, 歲以爲常. 近年都水監輒於此河兩岸④造浮梁, 建龍祠, 宮舍⑤彷佛如黎陽三山制度, 以快耳目, 今覩⑥費錢無慮數百萬緡.

① [按] 至良鄕縣 : 袁本에서는 '自涿州六十里, 至良鄕縣'으로 썼다.

② [按] 離縣 : 袁本에서는 '離城'으로 썼다.

③ [按] 蘆溝河 : 袁本에서는 '盧溝河'로 썼다.

④ [按] 此河兩岸 : 袁本에서는 '此兩岸'으로 썼다.

⑤ [按] 龍祠宮舍 : 袁本에서는 '龍祠宮'으로 썼다.

⑥ [按] 今覩 : 袁本에서는 '觀覩'로 썼다.

제3일, 양향현에 이르다.

양향은 후당 장종 때 조덕균[47]이 변방인 유주를 수비하면서 해마다 거란에게 식량을 탈취당하는[48] 고통을 겪던 끝에 염구에 양향현을 설치하였는데, 바로 이곳이다.[원문은 양향良鄕 이하 31개 글자가 누락되었다.] 양향현은 연산부에 속한 곳으로서 병란을 겪은 뒤로 가옥과 주민이 하나도 남아 있지 못하였는데,[49] 안무사가 다시 수축하여 누각과 성벽이 면모를 일신하면서 점차 생업에 복귀한 사람들이 수십 가구가 되었다.

현에서 30리를 가서 노구하를 건넜는데, 물살이 대단히 거세었다. 연경 사람들은 철에 따른 수심의 변화에 맞추어 작은 다리를 설치해 건넜으며, 이를 해마다 반복하였다. 근래 도수감[50]에서 노구하 양안에 부교를 만들고 용사를 지었는데, 건물이 마치 준주 여양현[51] 삼산영교[52]의 규모를 방불케 하여 보는 이의 눈과 귀를 시원하게 한다. 듣자하니 여기에 들어간 돈이 무려 수백만 관이라 한다.

第四程, 至燕山府①. 府乃冀州之地②, 舜以冀州南北廣遠, 分置幽州, 以其地在北方, 取其陰幽肅殺之義, 杜牧言之略矣. [020-03] 東有朝鮮、遼東, 北有樓煩、白檀, 西有雲中、九原, 南有滹沱、易水. 唐置范陽節度, 臨制奚、契丹. 自晉割賂北虜(改作契丹), 建爲南京析津府. 壬寅年冬, 金人之師過居庸關, 契丹棄城而遁. 金人以朝廷嘗遣使海上, 約許增歲幣, 癸卯年③, 歸我版圖, 更名府曰 : "燕山"④, 軍額曰永淸. 城周圍二十七里, 樓壁共四十尺⑤, 樓計九百一十座, 地塹三重, 城開八門.⑥ 已遷徙者⑦, 尋皆歸業, 戶口安堵, 人物繁庶, 大康廣陌皆有條理, 州宅用契丹舊內壯麗夐絶. 城北有互市⑧, 陸海百貨萃於其中 ; 僧居佛宇, 冠於北方 ; 錦繡組綺, 精絶天下 ; 膏腴, 蔬蓏、果實、稻粱之類, 靡不畢出, 而桑、柘、麻、麥、羊、豕、雉、兔, 不問可知 ; 水甘土厚, 人多技藝, 民尙氣節, 秀者則力學讀書⑨, 次則習騎射耐勞苦. 未割棄已前, 其中人與夷狄(改作契丹)鬬勝負不相當⑩. 城後遠望數十里間, 燕然一帶回環繚繞⑪, 形勢雄傑, 眞用武之國, 四關四鎭皆不及也⑫.

① [按] 至燕山府 : 袁本과 『大金國志』 권40에서는 '自良鄕六十里, 至燕山府.'로 썼다.

② [按] 冀州之地 : 『大金國志』 권40에서는 '古冀州地'로 썼다. 교주를 따른다.

③ [按] 癸卯年 : 袁本에서는 '癸卯年春'으로 썼다.

④ [按] 更名府曰燕山 : 袁本에서는 '更府名曰燕山'으로 썼다. 교주를 따른다.

⑤ [按] 樓壁共四十尺 : 袁本에서는 '樓壁共四十丈', 『大金國志』 권40에서는 '樓壁高四十尺'으로 썼다. 『大金國志』를 따른다.

⑥ [按] 癸卯年 … 城開八門 : 이 부분의 46글자가 袁本과 『大金國志』 권40에서는 본 '第四程'의 끝부분, '第五程'의 바로 앞에 있다.

⑦ [按] 已遷徙者 : 袁本에서는 '以□□遷徙者'로 썼다.

⑧ [按] 有互市 : 袁本에서는 '有三市'로 썼다.

⑨ [按] 力學讀書 : 袁本에서는 '向學讀書'로 썼다.

⑩ [許] 勝負不相當 : '不'은 衍字이다. 교주를 따른다.

⑪ [許] 燕然一帶回環繚繞 : '宛'을 '燕'으로 잘못 썼다.

⑫ [按] 四關四鎭皆不及也 : 袁本에서는 '四明四鎭皆不及也'로 썼다. 또 뒤에 "癸卯年春, 歸我版圖 ; 更名府曰 : '燕山', 軍額曰永淸, 城周圍二十七里, 樓壁共四十丈, 樓計九百一十座, 地塹三重, 城開八門."이 이어진다.

제4일, 연산부에 이르다.

연산부는 곧 고대 기주에 속하는 곳인데, 순임금은 기주가 남북으로 넓고도 멀다고 하여 땅을 나누어 유주를 설치하였다. 그 땅이 북방에 있어 그곳의 음산하고 스산함이란 뜻을 살려 유주라고 하였다는데, 이는 대체로 당대의 두목[53]이 말한 바와 같다.[54]

연산의 동쪽으로는 조선과 요동, 북쪽으로는 루번[55]과 백단현,[56] 서쪽으로는 운중[57]과 구원,[58] 남쪽으로는 호타하[59]와 역수가 있다. 당대에는 범양절도사를 두어 해와 거란을 제어하였다. 후진[60] 때 북로에게 할양한 뒤로 거란이 이곳을 남경으로 삼아 석진부[61]를 세웠다.

임인년(1122) 겨울에 금국 군대가 거용관을 넘자 거란인들은 연경성을 버리고 도망쳤다. 금국은 우리 조정이 일찍이 바다를 건너 사신을 보냈었고, 세폐를 거란에 주던 것보다 더 증액시켜 주기로 약속했기 때문에 계묘년(1123)에 연경 지역을 우리 조정의 판도에 돌려주었다. 조정에서는 석진부를 연산부로 바꾸고, 군액[62]은 '영청군'이라고 하였다. 연경성의 둘레는 27리이고, 누대와 성벽의 높이는 40척[약 12.5m]이다. 누대는 총 910개이고, 성 둘레의 참호는 세 겹이며 성문은 8개였다. 밖으로 이주하였던 자들이 얼마 후 모두 돌아와 본업에 종사하면서 호구가 안정되어 사람과 물산이 풍부해졌다. 거란 대강 연간(1075~1084)에 낸 큰길들이 질서정연하였으며, 연산부 관아는 거란의 내전으로 쓰이던 건물이어서 웅장하고 아름다웠다.

성의 북쪽에는 시장[63]이 있어서 육지와 바다의 온갖 화물이 모여들었다. 승려들이 거주하는 불전은 북방에서 가장 뛰어나고, 비단의 고운 색채와 무늬는 천하제일이었다. 땅이 기름져 푸성귀며 오이류, 과일과 곡물 등 없는 것이 없었다. 그러니 뽕·수수·삼·보리·양·돼지·꿩·토끼 등은 말할 것도 없었다. 물이 달고 흙이 기름졌으며, 사람들은 재주가 많았고 풍속이 기백과 절개를 숭상하였다. 뛰어난 자는 독서에 힘을 쏟고, 그다음 사람들은 기마와 궁술을 익히며 고생을 마다하지 않았다. 연경을 거란에 할양하고 포기하기 전에는 이곳 사람들이 동북방의 이적과 싸우면 승부가 비등하였다. 성 뒤로 멀리 수십 리 지점에 연산산맥[64]이 마치 둥근 띠를 두른 것 같고 형세가 웅장한 것이 참으로 전략적 요충지라 할 만하니, 4관[65]과 4진[66]이라도 다 이에 미치지 못한다.

第五程, 至潞縣.① 是歲燕山大饑, 父母食其子；至有病②死屍插紙標於市, 人售之以爲食③. 錢糧、金帛率以供常勝軍, 帥之牙兵④皆骨立, 而戍兵飢死者皆十七八⑤, 上下相蒙, 上弗聞之⑥. 宣撫使王安中方獻羨餘四十萬緡, 爲自安計. 後奉朝廷令度支漕太倉粳米五十萬石, [020-04] 自京沿大河, 由保信沙塘入潞河, 以贍燕軍. 回程至此, 已見舳艫銜尾, 艤萬艘於水. 潞河在縣東半里許. 曹操征烏桓蹋頓⑦、袁尙等, 鑿渠自滹沱由泒水入潞沙⑧, 以護轉輸卽此地.⑨(舊校云：第六程爲三河縣.)

① [按] 至潞縣：袁本과 『大金國志』 권40에서는 "自燕山府八十里, 至潞縣.(연산부에서 80리를 가서 노현에 이르다.)"라고 썼다.

② [按] 病：袁本에서는 '肩'으로 썼다. 교주를 따른다.

③ [按] 人售之以爲食 : 袁本에서는 '售以爲食'으로 썼다.

④ [按] 帥之牙兵 : 袁本에서는 '師之牙兵'으로 썼다.

⑤ [按] 飢死者皆十七八 : 袁本에서는 '飢死者十七八'로 썼다.

⑥ [按] 上弗聞之 : 袁本에서는 '上弗聞知'로 썼다.

⑦ [按] 征烏桓蹋頓 : 袁本에서는 '征烏丸蹋頓'으로 썼다.

⑧ [許] 自滹沱由泒水入潞沙 : '自滹沱由涿水入潞河卽此'로 써야 한다.

⑨ [許] 以護轉輸卽此地 : 이 단락은 第六程에 들어가야 한다.

[按] 袁本에서는 '卽此地'만 썼다.

제5일, 로현에 이르다.

이해에 연산부에 큰 기근이 들어 부모가 제 자식을 잡아먹었고, 심지어는 시체에 가격표를 끼워 어깨에 메고 나와 시장에 내놓았고 사람들이 그것을 사다가 먹기도 하였다. 그런데다 돈과 식량, 금과 견을 모두 상승군에게 공급해 주었으니, 안무사의 친위병[67]조차 모두 뼈만 앙상하였고 병졸들은 열에 일곱·여덟 명이 굶어 죽었다. 그러나 위아래의 관리들이 서로 가리고 속이니 황상은 그 사정을 알 길이 없었다.

선무사 왕안중은 여유 자금 40만 관을 들여 자신의 안위를 위한 방책을 세웠다. 나중에 조정의 명으로 탁지사[68]에서 태창[69]의 메벼 50만 석을 배로 실어 나르게 되었는데, 개봉에서 황하[70]를 거쳐 보신사당[71]을 통해 로하[72]로 들어가 연산부에 군량을 대주었다. 돌아오는 길에 노현에 도착했을 때 배들이 꼬리에 꼬리를 물고 일만 척의 배가 정박해 있음을 보았다.

로하는 현성 동쪽 0.5리쯤에 있다. 삼국시대 조조[73]가 오환[74]의 답돈[75]과 원상[76] 등을 정벌하기 위해 호타하에서 탁수[77]를 거쳐 로하로 들어가는 물길을 내어 물자 운송을 보호하였던 곳이 바로 이곳이다.[구 교감은 다음과 같다 : '제6일은 삼하현이다.'라고 하였다.]

[許勘] [第六程, 自潞縣七十里至三河縣. 三河縣隸薊州. 後唐趙德鈞於幽州置三河縣①, 以護轉輸, 卽此地②.](原脫第六程三十一字)

① [按] 置三河縣 : 袁本에서는 '東置三河縣'으로 썼다.
② [按] 卽此地 : 袁本에서는 '卽此'로 썼다.

제6일, 석진부 로현에서 70리를 가서 계주 삼하현에 이르다.

삼하현은 계주에 속한다. 후당의 조덕균이 유주에 삼하현을 설치하여 물자 운송을 보호하였던 곳이 바로 여기이다.[원문에는 제6일 일정의 31개 글자가 누락되었다.]

第七程, 至薊州①. [許勘] [薊州乃漁陽也. 因問天寶祿山舊事, 人無能知者.]

① [按] 至薊州 : 袁本에서는 '自三河縣六十里, 至薊州'로 썼다.

제7일, 계주에 이르다.

계주는 바로 어양군[78]이다. 그래서 천보 연간(742~756)에 있었던 안록산에 관한 일을 물어보았는데, 아무도 아는 사람이 없었다.

第八程, 至玉田縣[①]. 縣之東北去景州一百二十里. 自甲辰年金人雜(改作及)奚人直入城刦虜(改作俘掠), 每邊人告急, 宣撫使[②]王安中則戒之曰 : "莫生事!" 四月之內, 凡三來, 盡屠軍兵[③], 一火而去. 安中卽創新築[④]此城, 改爲涇州[⑤].(舊校云 : 第九程爲韓城鎭.)

① [按] 至玉田縣 : 袁本에서는 '自薊州七十里, 至玉田縣'으로 썼다.

② [按] 宣撫使 : 袁本에서는 '宣撫司'로 썼다.

③ [按] 凡三來, 盡屠軍兵 : 袁本에서는 '凡三至, 盡屠軍民'으로 썼다.

④ [按] 安中卽創新築 : 袁本에서는 '安中輒創新築'으로 썼다.

⑤ [按] 涇州 : 袁本에서는 '經州'로 썼다. 교주를 따른다.

제8일, 계주 옥전현에 이르다.

옥전현의 동북쪽으로 가면 120리 지점에 경주가 있다. 갑진년(1124) 이래로 금국 사람들이 해인과 뒤섞여 옥전현성에 들이닥쳐서 노략질하였다. 그때마다 변경 사람들이 위급상황을 보고하였지만, 선무사 왕안중은 '일을 만들지 말라'며 주의를 주었다. 4월 한 달 동안 모두 세 번 쳐들어와 병사들을 도륙하고 한차례 불을 지른 뒤 물러갔다. 그러자 왕안중은 새로 이 성을 쌓았고 현을 경주[79]로 승격시켰다.[구 교감은 다음과 같다 : '제9일은 한성진[80]이다.'라고 하였다.]

[許勘] [第九程, 自玉田縣九十里至韓城鎭. 鎭有居民可二百家, 幷無城.](原脫第九程二十五字)

제9일, 옥전현에서 90리를 가서 한성진에 이르다.

한성진 안에 사는 주민은 200가구쯤이고, 성은 없었다.[원문에는 제9일의 25개 글자가 누락되었다.]

第十程, 至虜(改作金)界清州①. 出城東行十里②, 至金人所立新地界, 並無溝塹, 惟以兩小津堠, 高三尺許. 其兩界外東西閒約一里內③, 兩界人戶不得耕種. 行人並依奉使契丹條例, 所至州縣備車馬④, 護送至界首. 前期具國信使副職位、姓名關牒虜(改作金)界, 備車馬人夫以待. 虜中(改作金人)亦如期差接伴使副, 於界首伺候. 兩界各有幕次. 行人先令引接齎國信使副門狀過彼, 彼亦令人引接⑤, 以接伴使副門狀回示, 仍請過界. 於例, 三請方上馬, 各於兩界心對馬立⑥, 引接互呈門狀, 各擧鞭虛揖如儀, 以次馬行⑦.

① [按] 至虜界清州 : 袁本에서는 '自韓城鎮五十里, 至北界清州.(한성진에서 50리를 가 북방의 경계 청주에 이르다.)'라고 썼다.

② [按] 出城東行十里 : 袁本에서는 '出鎮東行十餘里'로 썼다.

③ [許] 其兩界外東西閒約一里內 : '外'는 '地'로, '閒'은 '闊'로 써야 한다.

④ [按] 所至州縣備車馬 : 袁本에서는 '所至州備車馬'로 썼다.

⑤ [按] 令人引接 : 袁本에서는 '令引接'으로 썼다. 교주를 따른다.

⑥ [按] 心對馬立 : 袁本에서는 '心對立馬'로 썼다.

⑦ [許] 馬行 : 일부 판본에서는 '行焉'으로 썼다.

제10일, 여진의 국경인 청주[81]에 이르다.

한성진 성곽을 나와서 동쪽으로 10리를 가서 금국에서 세운 새 국경에 이르렀다. 구덩이나 참호는 없고 다만 나루터에 약 석 자 높이의 낮은 토루[82] 2개만 있을 뿐이었다. 양측 국경 사이는 동서로 약 1리 정도인데, 그 안에서는 양측 백성들 모두에게 경작이 허가되지 않았다.

사신들은 예전의 거란 봉사 조례를 모두 준수하였고, 도착지 주현에서는 수레와 말을 준비하여 국경 지역까지 호송하였다. 기일에 앞서 국신사 및 부사의 직위·성명 등을 모두 적은 관첩[83]을 북로의 경계에 이첩하면 저들이 수레와 말, 인부를 준비시켰고, 기일에 맞춰 접반사 및 부사를 파견하여 국경에 대기시켜 접대하게 하였다.

국경 양측에 각각 막사가 있었다. 사신의 명에 따라 사신이 먼저 안내자를 시켜 국신사 및 부사의 명함[84]을 저쪽에 넘겨주었고, 저쪽도 안내자에게 시켜 접반사 및 부사의 명함을 건네 와 보여 준 뒤 국경선 넘기를 청하였다. 관례에 따라 세 번 청한 다음에야 말에 오르고, 각자 양쪽 경계의 중심에서 말머리를 마주하고 서서 안내자가 명함을 서로 돌려준 뒤, 각각 채찍을 들고 의례에 맞춰 허읍[85]을 한 뒤 말을 타고 이동하였다.

四十里至淸州, 會食, 各相勞問. 州原是①石城縣, 金人新改是名, 以兵火之後②, 居民百餘家③. 是晚酒五行, [020-05] 進飯, 飯用粟④, 鈔以匕；別置粥一盂, 鈔以小杓, 與飯同下⑤；好研芥子和醋拌肉食⑥, 心血臟淪羹, 芼以韭菜, 穢汚不可向口, 虜人嗜之.(刪好研至此二十八字, 改作其他肴蔌之屬亦多仿佛中土但) 器無陶埴, 惟以木刓爲盂楪, 髹以漆, 以貯食物.

① [按] 原是 : 袁本에서는 '元是'로 썼다.

② [按] 以兵火之後 : 袁本에서는 '兵火之後'로 썼다.

③ [按] 百餘家 : 袁本에서는 '萬餘家'로 썼다.

④ [按] 進飯, 飯用粟 : 袁本에서는 '進飯用粟'으로 썼다.

⑤ [按] 與飯同下 : 袁本에서는 '與飯同不'로 썼다.

⑥ [按] 拌肉食 : 袁本에서는 '伴肉食'으로 썼다.

40리를 가서 청주에 도착한 후, 함께 모여 식사하며 서로 위로 인사를 나누었다. 청주는 원래는 평주 석성현[86]이었는데 금국이 새롭게 청주라는 이름으로 바꾸었다. 전란이 지나간 뒤라 거주민이 100여 호뿐이었다. 이날 저녁, 술 다섯 순배가 돌고 난 뒤 밥이 나왔다. 조밥이었고 숟가락으로 떠먹었으며, 따로 죽이 한 사발 나왔는데 작은 국자로 떠서 밥과 함께 먹었다. 곱게 간 겨자를 식초에 갠 다음 살코기에 섞어 버무렸고, 짐승의 피와 내장을 섞어 국을 끓이고 거기에 부추를 넣었는데, 역겨워서 입에 댈 수 없었지만, 여진인들은 맛있게 먹었다. 식기로 질그릇은 없었고, 모두 나무를 깎아 만든 사발과 접시에 검은 옻칠을 하여 음식을 담았다.

自此以東, 每遇館頓或宿程①, 其供應人, 並於所至處旋於居民漢兒內(刪旋於至此七字), 選衣服鮮明者爲之. 每遇迎送我使, 則自彼國給銀牌(下添方字)入②(下添館字).(舊校云 : 第十一程爲灤州, 第十二程爲望都縣, 第十三程爲營州. 又云 : 行人館於州宅云云, 在第十三程). 行人館於州宅. 古屋十數楹, 庭有大木數十株, 枯腐蔽野(刪此四字), 滿目淒涼, 使人有弔古悼亡之悲. 州之北六七里閒, 有大山數十, 其來甚遠, 高下皆石, 不產草木. 峙立州後, 若營衞然, 恐州以此得名, 而前人謂地當營室, 故名曰營.

① [按] 自此以東, 每遇館頓或宿程 : 袁本에서는 '自北以東, 每遇館頓或止宿'으로 썼다.

② [許] 給銀牌入 : 뒤에 '名曰銀牌天使' 6字가 빠졌다. 교주를 따른다.

[按] 누락된 6字는 第十三程에 쓰여 있다.

청주에서부터 동쪽으로 가면서는 역관이 있으면 투숙하기도 하였는데, 그곳에 사는 한인 가운데 의복이 깨끗한 자를 선발하여 숙소에서 접대하는 일을 맡게 하였다. 매번 우리 사신단을 송영할 때마다 그들은 항상 나라에서 준 은패를 착용하고 왔는데, 이들을 가리켜 '은패천사'라 불렀다.[구 교감은 다음과 같다 : 제11일은 란주, 제12일은 망도현, 제13일은 영주였다. 또 '사신들은 주의 관아에 투숙하였다(行人館於州宅)'라는 부분은 제13일의 기록이다.]

사신들은 영주의 관아에 묵었다.[87] 뜰에 수십 그루 큰 나무가 있는 십여 칸의 오래된 구옥이 낡고 허름한 모습으로 들판에 세워져 있었는데, 눈에 가득 들어오는 그 처량한 모습은 사람들을 사라져 간 옛것을 애도하는 비감에 빠지게 하였다.

영주성의 북쪽으로 육칠 리 쯤에 수십 개의 큰 산이 있는데, 산맥이 매우 길고 위아래가 모두 바위여서 초목이 자라지 않았는데, 성의 뒤에 우뚝 솟은 모습이 마치 군영의 호위병 같았다. 주의 이름은 아마도 이런 형세에서 생긴 것 같은데, 옛날 사람들은 북방 현무의 별자리 영실[88]에 해당하는 땅이라 하여 영주라고 이름 지은 것이라 하였다.[89]

[許勘] [第十一程, 自淸州九十里至灤州. 灤州古無之. 唐末天下亂, 阿保機攻

陷營、平[①]. 劉守光據幽州, 暴虐, 民不堪命, 多逃亡依阿保機爲主, 築此以居之. 州處平地, 負麓面岡. 東行三里許, 亂山重疊, 形勢險峻. 河經其間, 河面濶三百步, 亦控扼之所也. 水極清深, 臨河有大亭, 名曰濯清. 爲塞北之絶郡. 守將迎於此, 回程錫宴是州.]

① [按] 攻陷營 · 平 : 袁本에서는 '攻陷平 · 營'으로 썼다.

제11일, 청주에서 90리를 가서 란주에 이르다.

란주는 옛날에는 없던 곳이다. 당 말기 천하가 혼란해지자 야율아보기가 영주 · 평주를 공격하여 점령하였다. 유수광[90]이 유주에 할거하고 있었는데, 그 포학함을 견디지 못한 많은 백성들이 야율아보기에게로 도망쳐 와 주군으로 삼고 이곳에 성을 쌓고 살았다.

란주성은 평지에 있고, 북쪽은 산기슭, 남쪽은 구릉이었다. 동쪽으로 3리쯤 가니 여러 산줄기가 겹쳐 있어 형세가 험준하였다. 그 사이로 강물이 흐르는데 폭이 300보로서 반드시 장악해야 할 요해지였다. 강물은 아주 맑고 깊었으며, 강가에 '탁청정'이라는 이름의 큰 정자가 있었다. 란주는 변방 북방의 끝자락에 있는 주였다. 란주 수비 장수가 탁청정에서 영접해 주었고, 돌아오는 길에도 이곳에서 연회를 베풀어 주었다.

[許勘] [第十二程, 自灤州四十里至望都縣. 民旣入契丹依阿保機, 卽於所居處創立縣名, 隨其來處鄕里名之. 故有望都、安喜之號. 唐莊宗以鐵騎五千退保望都, 卽此縣也.]

제12일, 란주에서 40리를 가서 망도현[91]에 이르다.

거란의 야율아보기 밑에 들어간 백성들은 새 거주지의 현 이름을 지으면서 떠나온 고향 이름을 따라 썼다. 그래서 망도현과 안희현[92]이라는 이름이 생기게 되었다. 후당 장종이 철기병 5천 명으로 야율아보기를 물리쳐 망도로 물러나게 하였다[93]는 바로 그곳이다.

[許勘] [第十三程, 自望都縣六十里至營州. 營州古柳城, 舜築也. 乃殷之孤竹國, 漢唐遼西地. 金人①討張瑴, 是州之民屠戮殆盡, 存者貧民十數家. 是日行人館於州宅②.](原脫第十一程至是日二百四十二字)

① [按] 金人 : 袁本에서는 '金國'으로 썼다.

② [按] 州宅 : 袁本에서는 '州宅' 뒤에 '古屋十數楹, 庭有大木十數株, 枯腐蔽野(刪此四字), 滿目淒涼, 使人有弔古悼亡之悲. 州之北六七里間, 有大山數十, 其來甚遠, 高下皆石, 不産草木. 峙立州後, 如營衞然, 恐州以此得名, 而前人謂地當營室, 故名曰營'이라는 제10일의 문단이 있다.

제13일, 망도현에서 60리를 가서 영주에 이르다.

영주는 옛날의 유성으로서 순임금 때 수축한 곳이다. 은나라 때는 고죽국[94]이었고, 한대와 당대에는 요서에 속하였다. 금국이 장각을 토벌하면서 이곳의 백성을 거의 모두 도륙하고, 빈민 십여 가구만 남겨놓았다. 이날 사신들은 주의 관아에서 묵었다.[원문에는 제11일에서 '그날是日'까지 242개 글자가 누락되었다.]

第十四程, 至潤州①.

離州東行六十里至楡關, 並無保障②, 但存遺址, 有居民三數家③. 登高四望[④], 東自碣石, 西徹五臺, 幽州之地, 沃野千里. 北限大山, 重巒複障[⑤], 中有五關, 居庸可以行大車, 通轉饟[⑥]; 松亭、金坡、古北口, 止通人馬, 不可行車; 外有十八小路, 盡兔徑鳥道, 止能通人, 不可行馬[⑦]. 山之南地則五穀百果、良材美木, 無所不有. 出關來纔數十里, 則山童水濁, 皆瘠鹵. 彌望黃茅白草[⑧], 莫知亘極, 豈[⑨]天設此限華夷(改作南北)也? [020-06]

① [按] 至潤州 : 袁本과 季本에서는 '自營州一百里, 至潤州.(영주에서 100리를 가 윤주에 이르다.)'로 썼다.

② [按] 並無保障 : 季本에서는 '保'를 '堡'로 썼다. 교주를 따른다.

③ [按] 三數家 : 袁本에서는 '十數家'로 썼다.

④ [按] 登高四望 : 季本과 『大金國志』에서는 '四'를 '回'로 썼다.

⑤ [許] 重巒複障 : '嶂'을 '障'으로 잘못 썼다. 교주를 따른다.

[按] 袁本에서는 '重巒複嶺'으로, 『大金國志』에서는 '重巒'으로 썼다.

⑥ [按] 通轉饟 : 袁本에서는 '通轉糧餉'으로 썼다.

⑦ [按] 不可行馬 : 袁本에서는 '不可走馬'로 썼다.

⑧ [按] 黃茅白草 : 袁本에서는 '黃雲白草'로 썼다.

⑨ [按] 豈 : 袁本에서는 '蓋'로 썼다.

제14일, 윤주에 이르다.

영주를 떠나 동쪽으로 60리를 가서 유관에 닿았다. 보루나 장벽이 없이 옛터의 흔적만 남아 있고, 민가 서너 채만 있었다. 높은 곳에 올라 사방을 둘러보니 동쪽으로는 갈석산에서 서쪽으로는 오대산[95]에 이르는 유주의 비옥한 들판이 천 리나 이어졌다. 북쪽으로 큰 산에 막혀 있고 높은 봉우리들이 겹겹이 있는데, 그 가운데 다섯 개의 관문이 있었다. 거용관은 큰 수레가 다니며 식량을 옮겨 나를 수 있고, 송정관·금파관[96]·고북구는 사람과 말만 통행하고 수레는 다닐 수 없었다.[97] 그 밖에 18개의 작은 길은 모두 꿩이나 토끼가 다닐 수 있는 오솔길로 사람만 겨우 다닐 수 있고 말은 다닐 수 없었다. 산의 남쪽 땅에서는 오곡백과, 좋은 나무와 목재 등 없는 것이 없었다. 관문을 나가 겨우 수십 리만 갔을 뿐인데 산은 헐벗고[98] 물은 탁했으며, 온통 염분 섞인 척박한 땅이었다. 멀리 바라보니 황량하고 처량한 풍광[99]이 끝없이 펼쳐져 있으니, 이것은 하늘이 만든 중화와 이적의 경계가 아닐까?

夷狄自古爲寇, 則多雲中①雁門, 未嘗有自漁陽、上谷而至者. 昔自石晉割棄, 契丹以此控制我朝, 第以社稷威靈, 祖宗功德, 保守信誓, 而禽獸無得以肆其毒爾(刪夷狄至此六十一字). 前此經營邊事, 與金人歲幣, 加契丹三倍②, 以買幽薊五州之地, 而平、灤、營三州不預其數；是五關我得其三, 而金人得其二也. 愚以爲③天下視燕爲北門, 失幽薊五州之地, 則天下常不安；幽燕視五關爲喉襟, 無五關則幽燕不可守；五關雖得其三, 縱藥師不叛, 而邊患亦終無甯歲也. 比來言者論列當時主議大臣, 有云："以營、平、檀、灤④要害控扼之地, 捐之金人, 蠭蠍遷窠(刪此四字改作使), 虎兕出檻." 蓋指此也. 出楡關以東, 山川風物與中原殊異. 所謂州者, 當契丹全盛時, 但土城存, 居民數十百家,⑤ 及官舍三數椽, 不及中朝一小鎭, 强名爲州(刪不及至此十一字), 經兵火之後, 更覺蕭然⑥. 自茲以東, 類皆如此.

① [按] 雲中 : 袁本에서는 '自雲中'으로 썼다. 교주를 따른다.

② [按] 加契丹三倍 : 袁本에서는 '三'을 '之'로 썼다. 교주를 따른다.

③ [按] 以爲 : 袁本에서는 '謂'로 썼다.

④ [按] 營·平·檀·灤 : 季本과 袁本에는 '檀'字가 없다.

⑤ [按] 當契丹全盛時, 但土城存, 居民數十百家 : 袁本에서는 '當契丹全盛時, 但土城數十里, 居民百家'로 썼다.[100]

⑥ [按] 更覺蕭然 : 袁本에서는 '愈更蕭然'으로 썼다.

옛날부터 이적들이 노략질할 때는 대부분 운중부의 안문관[101]을 통해서 들어왔고, 어양현이나 상곡군[102]에서 온 적은 없었다. 옛날 석진이 이곳을 떼어 준 이후, 거란은 이곳을 이용해 우리 조정을 제어하였다. 다만 사직의 신령과 조종의 공덕 덕분에 맹약을 굳게 지켰기에 금수 같은 이적들이 함부로 악독함을 드러내지 못했던 것뿐이다. 앞서 변경에 관한 일을 경영하면서 금국에게 주는 세폐를 거란의 2배로 늘려 주고, 유계[103] 등 5개 주의 땅을 사들였을 뿐 평주·란주·영주 등 3개 주는 그에 포함되지 않았다. 이리하여 연경의 다섯 개 관문 중에서 우리가 셋을, 금국이 둘을 가지게 된 것이다.

아둔한 내 생각으로는 중국에는 연경이 북쪽 대문과 같은데, 유주·계주 등 5개 주의 땅을 잃으면 천하가 늘 불안하게 된다. 그리고 유연 땅에는 5개 관문이 인후와 같은 곳이니 이 5개 관문 없이는 유연 땅을 지킬 수 없게 된다. 그러므로 비록 5개 관문 중에서 3개를 차지했지만, 설령 곽약사가 반란을 일으키지 않았더라도 변방의 우환은 끝내 사라질 날이 없었을 것이다. 근자에 논자들이 당시의 화의를 주재한 대신들을 성토하면서 '영주·평주·단주·란주 등 장악해야 할 요해지를 금국에 주고 나니, 벌과 전갈이 집을 옮기고, 호랑이와 코뿔소가 우리를 뛰쳐나오게 되었다.'고 하였는데, 대체로 이것을 말한 것이다.

유관을 나와서 동쪽으로 가니, 산천과 풍물이 중원과 매우 달랐다. '주'라고 하였지만 거란의 전성기에도 그저 토성만 있었고, 주민 백여 가구, 그리고 관사 서너 칸일 뿐이어서 중원왕조의 작은 진 하나에도 못 미치는데 억지로 '주'라 이름을 붙인 것이었다. 전란을 겪은 뒤로는 더욱 소슬해졌다. 여기서부터 동쪽으로는 다 이와 비슷했다.

[許勘] [第十五程, 自潤州八十里至遷州. 彼中行程幷無里堠, 但以行轍一日①, 卽記爲里數. 是日行無慮百餘里. 金人居常行馬, 率皆奔軼. 此日自早飯罷行, 至暝方到. 道路絶人煙, 不排中頓, 行人飢渴甚. 自茲以東, 類如此②.](原脫第十五程八十三字)

① [按] 但以行轍一日 : 袁本에서는 '但以行徹一日'로 썼다.

② [按] 類如此 : 袁本에서는 '類皆如此'로 썼다.

제15일, 윤주에서 80리를 가서 천주에 이르다.

이곳을 가는 동안은 이정표[104]가 없어서 다만 하루 종일 간 거리를 리 수로 기록하였다. 이날은 무려 100여 리를 갔다. 금국 사람들은 늘 말을 타고 다녔고, 대개가 매우 빨리 달렸다. 이날은 아침 식사를 마치고 출발해 날이 저물어서야 도착했다. 길가에 인가가 없었고 중도에 식사할 곳도 준비되지 않아 사신들은 심한 기갈에 시달렸다. 여기서부터 동쪽으로는 다 이와 비슷했다.[원문에는 제15일 83개 글자가 누락되었다.]

第十六程, 至習州①. 過州②東門外十數步, 卽古長城, 所築遺址宛然.

① [按] 至習州 : 袁本에서는 '自遷州九十里, 至習州.(천주에서 90리를 가 습주에 이르다.)'로 썼다.

② [按] 過州 : 袁本과 季本에서는 '遷州'로 썼다. 교주를 따른다.

제16일, 습주[105]에 이르다.

천주 동문 밖으로 10여 보를 가면 바로 옛 장성인데, 축성했던 옛터의 모습이 완연하였다.

[許勘] [第十七程, 自習州九十里至來州. 無古蹟可紀①.]

① [按] 無古蹟可紀 : 袁本에서는 '無古跡所云'으로 썼다.

제17일, 습주에서 90리를 가서 래주[106]에 이르다.

언급할 만한 고적은 없었다.

[許勘] [第十八程, 自來州八十里至海雲寺. 離來州三十里卽行海東岸. 俯挹滄溟與天同碧, 窮極目力, 不知所際. 寺去海半里許, 寺後有溫泉二池. 望海東有一大島, 樓殿崒堵俱在①, 上有龍宮寺, 見安僧十數人. 是夜行人皆野盤.]

① [按] 崒堵俱在 : 袁本에서는 '窣堵波在', 季本에서는 '窣堵波之'로 썼다. '崒堵'를 '窣堵波'[107]라 한 것은 교주를 따른다.

제18일, 래주에서 80리를 가서 해운사에 이르다.

래주를 떠나 30리부터 바다의 동쪽 해안을 따라 나아갔다. 내려다보이는 바닷물이 하늘과 똑같은 푸른빛이었고, 시선을 아무리 멀리까지 두어도 끝이 보이지 않았다. 해운사는 바닷가에서 0.5리쯤 떨어져 있었고, 절 뒤에는 온천이 2개 있었다. 바다를 바라보니 동쪽으로 큰 섬 하나가 있었는데, 그 위에 전각과 탑이 갖추어져 있었고, 섬 위에 용궁사가 있는데 머무는 승려 10여 명이 보였다.[108] 이날 밤 사신들은 모두 야외에서 묵었다.

[許勘] [第十九程, 自海雲寺一百里至紅花務. 此一程盡日行海岸. 紅花務乃金人煎鹽所, 去海一里許. 至晚, 金人饋魚數十枚, 作羹①, 味極珍.](原脫第十七程至此一百五十四字)

① [按] 作羹 : 袁本과 季本, 『大金國志』에서는 '烹作羹'으로 썼다.

제19일, 해운사에서 100리를 가서 홍화무에 이르다.

이날은 종일 해안을 따라갔다. 홍화무는 바로 금국의 전염소[109]로서 바다에서 1리쯤 떨어져 있었다. 저녁이 되자 금국 사람들이 물고기 수십 마리를 보내와 국을 끓였는데 맛이 아주 좋았다.[원문에는 제17일에서 여기까지 154개 글자가 누락되었다.]

第二十程, 至錦州①. 自出楡關東行, 路平如掌, 至此微有登陟, 經由十三山下. 歐陽文忠敘胡嶠所說十三山, 卽此山也②.(舊校云 : 第十七程至來州. 第十八程至海雲寺. 第十九程至紅花務. 第二十一程至劉家莊.)

① [按] 至錦州 : 袁本에서는 '自紅花務九十里, 至錦州'로 썼다.

② [按] 卽此山也 : 袁本에서는 '卽此'로 썼다.

제20일, 금주[110]에 이르다.

유관을 나와 동쪽으로 나아갔다. 길이 평평하여 마치 손바닥 같았는데, 여기에는 약간 가파른 오르막이 있었다. 이곳을 거쳐 십삼산[111] 기슭을 지나갔다. 후진의 호교[112]가 말한 십삼산을 구양수[113]가 인용하여 서술한 바가 있는데, 그것이 바로 이 산이다.[114][구 교감은 다음과 같다 : '제17일에 래주에 도착했고, 제18일에 해운사에 도착했으며. 제19일에 홍화무에 도착했고, 제21일에 류가장에 도착하였다.']

[許勘] [第二十一程, 自錦州八十里至劉家莊. 是後行人俱野盤.](原脫第二十一程二十二字)

제21일, 금주에서 80리를 가서 유가장에 이르다.

이후로는 사신단 모두 야외에서 묵었다.[원문에는 제21일 22개 글자가 누락되었다.]

第二十二程, 至顯州①. 出楡關以東行, [020-07] 南瀕海而北限大山, 盡皆粗惡(刪此二字)不毛 ; 至此, 山忽峭拔摩空, 蒼翠萬仞, 全類江左, 乃醫巫閭山也. 成周之時, 幽州以醫巫閭作鎭, 其遠如此. 契丹兀欲(改作烏雲)葬於此山 ; 離州七里別建乾州, 以奉陵寢, 今盡爲金人(刪此三字)毁掘. (舊校云 : 第二十三程至兔兒渦).

① [按] 至顯州 : 袁本에서는 '自劉家莊一百里, 至顯州'로 썼다.

제22일, 현주에 이르다.

유관을 나와 동쪽으로 갔는데, 남쪽은 바다에 접해 있고 북쪽은 큰 산에 막혀 있었으며, 온통 거친 불모지였다. 이곳에 이르자 산이 갑자기 치솟아 하늘까지 닿을 정도였고, 푸른 숲이 만 길에 이르러 완전히 강동[115] 지역의 모습이었는데, 바로 의무려산맥이다. 성주[116]시대에 유주에서 의무려산맥에 진을 두었다 했는데 이렇게 먼 곳이었다. 거란의 세종 올욕[117]이 이 산에 묻혔고, 현주에서 7리 떨어진 곳에 따로 건주[118]를 세워 그 능침을 지키게 했는데, 지금은 금국에 의해 모두 파헤쳐졌다.[구 교감은 다음과 같다 : '제23일에는 토아와에 도착하였다.]

[許勘] [第二十三程, 自顯州九十里至兔兒渦.](原脫第二十三程十五字)

제23일, 현주에서 90리를 가서 토아와[119]에 이르다.[원문에는 제23일 15개 글자가 누락되었다.]

第二十四程, 至梁魚務①. [許勘] [離兔兒渦東行卽地勢卑下, 盡皆萑苻沮洳積水. 是日凡三十八次渡水②, 多被溺.](原離兔兒渦三十一字) 有河名曰遼河③. 南北④千餘里, 東西二百里, 地形如此, 遼河居其中⑤. 隋唐征高麗, 路經由此⑥. [許勘] [秋夏多蚊虻, 不分晝夜, 無牛馬能至, 行以衣被包裹胸服⑦, 人皆重裳而披衣, 坐則蒿草薰煙, 稍能免. 務基依水際, 居民數十家環繞, 彌望皆荷花, 水多魚. 徘徊久之, 頗起懷鄕之思.](原脫秋夏六十八字)

① [按] 至梁魚務 : 袁本에서는 '自兎兒渦六十里, 至梁魚務'로 썼다.

② [按] 是日凡三十八次渡水 : 袁本에서는 '是日几三十八次渡水'로 썼다.

③ [按] 有河名曰遼河 : 袁本에서는 '名曰遼河'로 썼다.

④ [按] 南北 : 袁本과 『大金國志』에서는 '瀕河南北'으로 썼다. 교주를 따른다.

⑤ [按] 地形如此, 遼河居其中 : 袁本에서는 '遼河居其中, 其地如此'로, 季本에서는 '地如此, 遼河居其中'으로, 『大金國志』에서는 '北遼河居其中, 其地如此'로 썼다.[120]

⑥ [按] 路經由此 : 袁本과 掃本에서는 '經'을 '皆'로 썼다.

⑦ [按] 包裹胸服 : 袁本에서는 '包裹胸腹'으로 썼다.

제24일, 양어무[121]에 이르다.

토아와를 떠나 동쪽으로 가니 곧 지세가 낮아져서 온통 억새와 갈대뿐이고, 늪과 못에 물이 고여 있었다. 이날 하루에 38번이나 물을 건넜고, 여러 차례 물에 빠지기도 했다.[원문에는 '토아와를 떠나(離兔兒渦)' 이하 31개 글자가 누락되었다.] 요하[122]라는 강이 있는데 유역은 남북으로 천 리나 되고 동서로 200리에 걸쳐 있다. 이곳의 지형이 이와 같은 것은 요하가 그 속에 있기 때문이다. 수와 당이 고구려를 원정할 때 이곳을 지나갔다.

여름과 가을에는 모기와 등에가 많아 밤낮을 가리지 않고 물어댔다. 소나 말도 지나갈 수 없어서 다닐 때는 옷과 이불로 가슴과 배를 싸주었고, 사람들도 겹치마를 입고 외투를 걸쳤다. 앉아 있을 때는 쑥을 태워 연기를 내면 조금 피할 수 있었다. 양어무는 물가에 터를 잡았고, 물가를 둘러 민가 수십 채가 있었다. 멀리 바라보면 온통 연꽃이었고 물에 고기가 많았다. 한참을 거닐다 보니 몹시도 고향 생각이 났다.[원문에는 '가을과 여름(秋夏)' 이하 68개 글자가 누락되었다.]

第二十五程, 吺咄孛堇(改作摩綽貝勒)寨①. 吺咄②, 小名 ; 孛堇, 漢語爲官人.(删吺咄至此十一字. 舊校云 : 第二十六程, 至瀋州.)

① [許] 吺咄孛堇寨 : '至吺咄孛堇寨'로 써야 한다. 교주를 따른다.

[按] 袁本에서는 '自梁魚務百單三里, 至沒咄寨'로 썼다.

② [按] 吺咄 : 袁本에서는 '沒咄'로 썼다.

제25일, 발근 몰돌의 영채에 이르다.

'몰돌'은 추장의 아명이고, '발근'은 한어로는 '관인'이다.[구 교감은 다음과 같다 : '제26일, 심주에 도착하였다.']

[許勘] [第二十六程, 自吺咄寨①八十里至瀋州.](原脫第二十六程十五字)

① [按] 吺咄寨 : 袁本에서는 '沒咄寨'로 썼다.

제26일, 발근 몰돌의 영채에서 80리를 가서 심주[123]에 이르다.[원문에는 제26정 15개 글자가 누락되었다.]

第二十七程, 至興州①. 自過遼河以東, 卽古之遼東地. 金人方戰爭之際, 首得遼東五十一州之地. 乃契丹阿保機(改作阿巴堅)破渤海國建爲東京路也②.

① [按] 至興州 : 袁本에서는 '自瀋州七十里, 至興州'로 썼다.

② [按] 東京路也 : 袁本에서는 '東京路地也'로 썼다.

제27일, 홍주[124]에 이르다.

요하 너머의 동쪽이 바로 옛날의 요동 지역이다. 금국이 막 전쟁을 일으켰을 때, 가장 먼저 요동 51개 주의 땅을 손에 넣었는데, 이곳이 바로 거란 야율아보기가 발해국을 무너뜨리고 설치한 동경도이다.

第二十八程, 至咸州①. 未至州一里許, 有幕屋數閒, 供帳略備. 州守出迎, 禮儀如制, 就坐, 樂作, 有腰鼓、蘆管、笛、琵琶、方響、箏、笙、箜②、箜篌、大鼓、拍板, 曲調與中朝一同, 但腰鼓下手太闊, 聲遂下 ; 而管、瑟③聲高, 韻多不合 ; 每拍聲後繼一小聲(刪但腰至此二十七字). 舞者十六七人④, 但如常服, 出手袖外, 回旋曲折, 莫知起止, 殊不可觀也(刪此五字). 酒五行, 樂作, 迎歸館, 老幼夾觀, 塡溢道路.

① [按] 至咸州 : 袁本에서는 '自興州九十里, 至咸州'로 썼다.

② [按] 箜 : 袁本에는 '箜'字가 없다.

③ [按] 管瑟 : 袁本과 季本에서는 '管笛'으로 썼다. 교주를 따른다.

④ [按] 舞者十六七人 : 袁本에서는 '舞者六七十人'으로 썼다.

제28일, 함주[125]에 이르다.

함주에 도착하기 1리쯤 전에 천막집이 몇 채 있었고, 간략하나마 연회 시설[126]도 갖춰져 있었다. 함주 지사가 나와 환영하는데, 규범에 맞춰서 의례를 진행하였다. 자리를 잡고 앉자 악기를 연주하였는데, 요고·갈대 피리·적·비파·방향[127]·쟁·생황·진[128]·공후·대고·박판 등이 있었다. 곡조는 우리 조정과 같았는데 다만 요고를 두드리는 손매가 너무 느슨하여 소리가 낮았고, 피리와 적笛은 소리가 높아 운율이 서로 안 맞는 경우가 많았다. 박판은 소리를 낼 때마다 뒤에 작은 소리 하나가 이어졌다. 춤추는 사람 열예닐곱 명에, 평상복 차림이라 소매 밖으로 손이 나왔고, 돌거나 꺾을 때 움직임과 멈춤이 느껴지지 않아 전혀 볼만하지 않았다. 술 다섯 순배가 돌 동안 악기를 연주하였다. 숙소로 돌아오는데 구경 나온 노인과 어린아이들로 거리가 꽉 찼다.

次日早, 有中使撫問, 別一使賜酒菓, 又一使賜宴. 赴州宅, 就坐, 樂作, 酒九行, 菓子①惟松子數顆, 胡法, [020-08] 飲酒(刪菓子至此十一字)食肉, 不隨盞下, 俟酒畢, 隨粥飯一發致前, 鋪滿几案. 地少羊, 唯豬、鹿、兔、雁, 饅頭、炊餅、白熟胡餅(刪此二字)之類. 最重油煮麪食, 以密②塗拌, 名曰 : "茶食", 非厚意不設, 以極肥豬肉或脂闊③切大片, 一小盤子虛裝架起, 間挿青蔥三數莖, 名曰 : "肉盤子", 非大宴不設. 人各攜以歸舍.

① [按] 菓子 : 袁本에서는 '果子'로 썼다.

② [按] 密 : 袁本에서는 '蜜'로 썼다. 교주를 따른다.

③ [按] 脂闊 : 袁本에서는 '脂潤'으로 썼다. 교주를 따른다.

이튿날 아침에 중사[129]가 찾아와 문안 인사를 하였고, 다른 중사도 술과 다과를 가져왔으며, 또 다른 중사도 연회를 베풀었다. 주 관아로 가서 자리에 앉자 악기를 연주하고 술을 아홉 순배 돌렸다. 과일 안주[130]로는 잣 몇 개뿐이었는데, 북쪽 사람들의 관습胡法은 술 마실 때 잔 수와는 무관하게 고기 안주를 먹었다. 술을 다 마시면 죽과 밥 등을 한꺼번에 가져와 여러 개의 식탁에 가득 차렸다. 지역 산물로 양은 드물었고, 돼지·사슴·토끼·기러기고기 그리고 만두·구운 전병·찐 호병[131] 등이 있었다. 기름에 튀긴 밀가루 음식을 가장 좋아했는데, '다식'이라 부르는 꿀을 발라 이겨 낸 음식은 각별한 대접이 아니면 내오지 않았다. 매우 기름진 돼지고기나 비계를 큰 조각으로 잘라 빈틈이 많게 얽어 접시에 쌓고, 고기 사이에 푸른 파 몇 줄기를 꽂은 음식이 있는데, '고기 접시'라는 뜻의 '육반자'라 불렀다. 이 음식 역시 큰 잔치에만 차려 내는 것이었다. 사람들은 저마다 음식들을 가지고 관사로 돌아갔다.

虜(改作金)人每賜行人宴, 必以貴臣押伴. 是日, 押伴貴臣以酒醉①, 輒(刪此字)大言詫(刪此字)金人之强, 控弦②百萬無敵於天下. 使長折之③(刪此二字)曰 : "宋有天下二百年, 幅員三萬里, 勁兵數百萬, 豈爲弱耶? 某銜命遠來賀大金皇帝登寶位, 而大金皇帝止令太尉來伴行人酒食, 何嘗令大言以相罔也?" 辭色俱厲, 虜人氣懾, 不復措一辭(刪辭色至此十三字).

① [按] 押伴貴臣以酒醉 : 袁本에서는 '押伴貴臣被酒'로 썼다.
② [按] 控弦 : 袁本에서는 '控絃'으로 썼다.
③ [按] 使長折之 : 袁本에서는 '使長掎之'로 썼다.

북로 사람들이 사신들에게 연회를 베풀 때마다 반드시 지위 높은 대신[132]이 주관하였다. 이날 연회를 주관한 대신이 술에 취해 금국의 강성함에 대하여 거듭 헛소리치고 자랑하며 궁수가 백만이고 천하무적이라 하였다. 사신단의 대표인 국신사가 그의 기세를 꺾으며 다음과 같이 말하였다.

"송조가 천하를 가진 지 200년이고 영토가 3만 리이며 강병이 수백만인데, 이를 어찌 약하다 하겠습니까? 나는 어명을 받들고 먼 곳까지 와서 대금 황제께서 보위에 오르심을 축하하려는 것이고, 대금 황제께서는 그저 태위인 그대를 시켜 우리 사신들에게 술과 음식을 대접하라 하셨을 뿐인데, 어찌 그렇게 큰소리를 쳐서 기망한단 말입니까?"

그 엄숙한 목소리와 안색에 북로인은 기세가 꺾여 한 마디도 더하지 못하였다.

又①賜宴畢, 例有謝表②, 有曰："祇造鄰邦". 中使讀之, 曰："使人輕我大金國. 『語』云③'蠻貊之邦', 表辭不當用邦字, 請重換方肯持去." 使長正色而言曰："『書』謂'協和萬邦', '克勤於邦'; 『詩』謂'周雖舊邦'; 『論語』謂'之於他邦④', '問人於他邦', '善人爲邦', '一言興邦'. 此皆邦字, 而中使何獨止⑤誦此一句以相問也? 表不可換, 須到闕下, 當與曾讀書人(刪當與至此六字)理會. 中使無言⑥." 虜人無以答(刪此五字). 使長許亢宗, 饒之樂平人, 以才被選, 爲人蘊藉⑦, 似不能言者, 臨事敢發如此, [020-09] 虜人頗壯之(刪此五字).

① [按] 又 : 袁本에서는 '及'으로 썼다. 교주를 따른다.

② [按] 例有謝表 : 袁本에서는 '例有表謝'로 썼다.

③ [按] 語云 : 袁本에서는 '論語云'으로 썼다.

④ [按] 之於他邦 : 袁本에서는 '至於他邦'으로 썼다.

⑤ [按] 獨止 : 袁本에서는 '獨至'로 썼다.

⑥ [按] 無言 : 袁本에서는 '無多言'으로 썼다. 교주를 따른다.

⑦ [按] 爲人蘊藉 : 袁本에서는 '爲人醞藉'로 썼다.

연회가 끝나자 관례대로 감사의 표문을 써 주었다. 거기에 '삼가 이웃 나라에 나아가다(祗造鄰邦)'라는 문구가 있었는데, 이것을 중사가 읽더니 다음과 같이 말하였다.

"사신께선 우리 대금국을 가벼이 여기시는군요. 『논어』에 '남만과 예맥의 나라(蠻貊之邦)'[133]라는 말이 있는데, 표문에 '방'자를 쓰는 것은 합당치 않습니다. 다시 고쳐 써 주셔야만 가져갈 수 있겠습니다."

그러자 사신단의 대표인 국신사가 정색하고 다음과 같이 말하였다.

"『상서』에 '모든 나라와 협조하고 화목한다(協和萬邦)'라거나 '나라를 위해 애쓴다(克勤於邦)' 하였고, 『시경』에 '주나라는 비록 오래된 나라이지만(周雖舊邦)'이라 하였으며, 『논어』에도 '다른 나라로 갔다(之於他邦)', '다른 나라에 안부를 묻기 위해 사람을 보내다(問人於他邦)', 선한 사람이 나라를 다스린다(善人爲邦)', '말 한마디로 나라를 일으킨다(一言興邦)'라고 했습니다. 이들도 다 같은 '방'자인데, 어찌하여 중사께서는 그 한 구절만을 외우시고 이리 추궁을 하십니까? 표문은 고칠 수 없으니 궁궐에 도착 후 글공부해 본 사람하고 이야기해 보십시오. 중사께선 더 말씀하지 마십시오!" 북로 사람들은 답하지 못하였다.

사신단 대표인 허항종은 요주[134] 낙평현[135] 사람으로 재능이 뛰어나 선발되었는데, 사람됨이 온순하여 말주변이 없는 듯 보이지만, 일이 생기면 이처럼 과감하였다. 그래서 북로 사람들이 그를 매우 대단하게 여겼다.

第二十九程, 至同州①. 州地平壤, 居民所在成聚落, 耕種殆徧地宜穄黍②, 乃金人破契丹國, 於所至處, 遷其民於此, 歲久安居.③ 東望大山, 虜(改作金)人云 : "此新羅山, 山內深遠, 無路可行, 其間出人參、白附子, 深處與高麗接界④."(舊校云 : 第三十程至信州, 第三十一程至蒲里孛菫寨.)

① [按] 至同州 : 袁本에서는 '自咸州九十里至同州. 自咸州四十里至肅州, 又五十里至同州, 離咸州即北行'으로 썼다.

② [按] 耕種殆徧地宜穄黍 : 袁本에서는 '新稼始遍地宜穄黍'으로 썼다.

③ [按] 乃金人破契丹國, 於所至處, 遷其民於此, 歲久安居 : 袁本에는 이 단락이 없다.

④ [按] 與高麗接界 : 袁本에는 '與高麗接界' 뒤에 '山下至所行路可三十里'라는 단락이 있다.

제29일, 동주[136]에 이르다.

동주는 평평한 지대에 있었고, 주민들은 취락을 이루고 살았다. 거의 모든 땅에 빈 곳 없이 농사를 지었는데, 기장이 자라기에 적합했다. 금국은 거란국을 무너뜨리면서 가는 곳마다 그곳의 백성들을 이곳으로 이주시켰는데, 세월이 흐르면서 이렇게 정착하게 된 것이다. 동쪽으로 큰 산이 보이는데 북로 사람이 이렇게 말하였다.

"저 산은 신라산인데, 산이 깊고 멀어 사람이 다닐 수 있는 길이 없습니다. 거기서 인삼과 백부자가 나며, 더 안쪽으로는 고려 국경에 닿아있습니다."[구 교감은 다음과 같다 : '제30일, 신주[137]에 도착하다. 제31일, 발근 포리의 영

채에 도착하다.']

[許勘] [第三十程, 自同州三十里至信州. 回程錫宴於此.]

제30일, 동주에서 30리를 가서 신주에 이르다.

돌아오는 길에 여기서 연회를 베풀어 주었다.

[許勘] [三十一程, 自信州九十里至蒲里孛堇寨.](原脫第三十程至此三十六字)

제31일, 신주에서 90리를 가서 발근 포리의 영채에 이르다.[원문은 제30일에서 여기까지 36개 글자가 누락되었다.]

第三十二程, 至黃龍府①. 契丹阿保機(改作安巴堅)初攻渤海時, 黃龍現於此地②, 卽建爲府. 是日, 州守迎迓如儀, 有中使撫問, 賜果酒賜宴, 如咸州制.③

① [按] 至黃龍府 : 袁本에서는 '自蒲里四十里至黃龍府'로 썼다.

② [按] 初攻渤海時, 黃龍現於此地 : 袁本에서는 '初攻渤海, 射黃龍現於此地'로 썼다.

③ [按] 賜果酒賜宴, 如咸州制 : 袁本에서는 '賜酒果錫宴, 一如咸州制. 自此東行.'

제32일, 황룡부[138]에 이르다.

거란의 야율아보기가 처음 발해를 공격할 때 이곳에 황룡이 나타났기 때문에 그 자리에 황룡부를 세웠다고 한다.[139] 이날 주지사가 의례에 맞춰 마중을 나왔다. 그리고 중사가 와서 문안 인사를 하고 술과 과일을 제공하며 연회를 베푸는 것이 함주에서의 절차와 같았다.

第三十三程，至托撒孛堇(改作蘇貝勒)寨①．寨②爲契丹東寨，當契丹强盛之時③，虜(改作俘)獲異國人，則遷徙於此雜處④．南有渤海，北有鐵離、吐渾，東南有高麗、靺鞨，西有女眞⑤、室韋，北有烏舍⑥，西北有契丹、回紇、黨項，西南有奚；故此地雜諸國風俗．凡聚會處，諸國人語言不能相通曉，則各爲漢語以證，方能辨⑦．是知中國被服先王之禮義⑧，而夷狄亦以華言爲證也．(刪是知至此二十一字．舊校云：第三十四程爲漫七离孛堇寨．)

① [按] 至托撒孛堇寨 : 袁本에서는 '自黃龍府六十里至托撒孛堇寨'로 썼다.
② [按] 寨 : 袁本에서는 '府'로 썼다.
③ [按] 强盛之時 : 袁本에서는 '强盛時'로 썼다.
④ [許] 則遷徙於此雜處 : '則遷徙雜處於此'로 써야 한다.
⑤ [許] 西有女眞 : '東有女眞'으로 써야 한다. 교주를 따른다.
⑥ [許] 北有烏舍 : '東北有烏舍'로 써야 한다. 교주를 따른다.
⑦ [按] 方能辨 : 袁本에서는 '方能辨之'로 썼다.
⑧ [按] 禮義 : 袁本에서는 '禮儀'로 썼다.

제33일, 발근 탁살의 영채[140]에 이르다.

이 영채는 거란의 동부 영채이다. 거란이 강성하던 시절에는 포로로 잡은 다른 나라 사람들을 끌고 와 이곳에서 함께 섞여 살게 하였다. 남쪽에는 발해, 북쪽에는 철리[141]와 토혼,[142] 동남쪽에는 고려와 말갈,[143] 동쪽에는 여진과 실위,[144] 동북쪽에는 오사,[145] 서북쪽에는 거란·회흘[146]·당항,[147] 서남쪽에는 해가 살았기 때문에 이곳에는 여러 나라의 풍속이 한데 섞여 있다.

다 함께 모일 때는 여러 나라 사람의 언어가 서로 통하지 않아 모두 한어漢語로 해야만 증빙이 되고, 그래야 비로소 변별할 수가 있었다. 이를 통해 중국이 선왕의 예의를 실행하였기에 이적들도 중화의 언어를 증거로 사용하였음을 알 수 있다.[구 교감은 다음과 같다 : '제34일은 발근 만칠리의 영채이다.']

[許勘] [第三十四程, 自托撒九十里至漫七離孛堇寨. 道旁①有契丹舊益州、賓州, 空城.](原脫第三十四程三十字)

① [按] 道旁 : 袁本에서는 '道傍'으로 썼다.

제34일, 탁살 영채에서 90리를 가 발근 만칠리의 영채에 이르다.

가는 길 가까이에 거란의 옛 익주[148]와 빈주[149]가 있는데 모두 빈 성이었다.[원문에는 제34일 일정 30개 글자가 누락되었다.]

第三十五程, 至和里閑孛堇(改作呼勒希貝勒)寨①. [許勘][離漫七里行六十里卽古烏舍寨.](原脫離漫七里三十字) 寨枕混同江湄②, 其源來自廣漠之北, 遠不可究, 自此南流五百里, 接高麗鴨綠江入海, 江面闊可半里許. 寨前高岸有柳數十株③, 設行人幕帟於下④. 虜(改作金)人太師李靖居於是. [許勘] [靖累使南朝, 此排中頓, 由是飮食精細絶佳. 時當仲夏,

藉樹陰, 俯瞰長江, 涼飇拂面, 盤礴少頃, 殊忘鞍馬之勞. 過江四十里, 宿和里閑寨.](脫靖累使至此五十二字)

① [按] 至和里閑孛堇寨 : 袁本에서는 '自漫七離孛堇寨一百里, 至和里閑孛堇開寨'로 썼다.

② [按] 混同江濵 : 袁本에서는 '混同江湄'로 썼다.

③ [按] 寨前高岸有柳數十株 : 袁本에서는 '寨前高岸有柳樹沿路'로 썼다.

④ [許] 設行人幕帟於下 : '幕'을 '帟'으로 잘못 썼다.[150]

제35일, 발근 화리한의 영채에 이르다.

발근 만칠리의 영채에서 60리를 가니 옛날 오사국의 영채가 있었다. [원문에는 '이만칠리離漫七里' 이하 13개 글자가 누락되었다.[151]] 영채 옆으로 혼동강[152]이 흐르고 있는데, 그 원류는 광대한 사막의 북쪽에서 내려와 그 길이를 알 수 없었다. 여기서부터 남쪽으로 500리를 흘러 고려의 압록강에 이어져 바다로 들어가는데, 강폭은 약 0.5리쯤이었다.[153] 영채 앞의 높은 언덕에는 수십 그루의 버드나무가 있었는데, 그 밑에 사신들의 막사를 설치했다. 북로의 태사 이정이 이곳에 살고 있었다. 이정은 여러 차례 남조에 사신으로 오면서 이곳에서 식사를 했었다. 그래서 이곳 음식은 깔끔하고 매우 맛있었다. 마침 한여름이라 나무 그늘로 피해 긴 강물을 내려다보는데 시원한 바람을 얼굴에 맞으며 두 다리를 뻗고 잠시 쉬노라니 먼 여행길의 피로를 다 잊게 되었다. 강을 건너 40리를 가 발근 화리한의 영채에서 묵었다.['靖累使'에서 여기까지 52개 글자가 누락되었다.]

第三十六程, 至句孤孛堇(改作矩古貝勒)寨①. [020-10] 自北而南, 莫知遠近, 界隔甚明, 乃契丹昔與女眞兩國古界也. 界八十里直至來流②(改作拉林)河, 行終日之內, 山無一寸木, 地不產泉, 人攜水以行, 豈天以此限兩國也③? 豹狼互相吞噬, 終爲强者所倂耳(刪豹狼至倂耳十三字). 來流(改作拉林)河二十餘步④, 以船渡⑤. 又五里⑥, 至句孤(改作矩古)寨. 自此以東⑦數處原隰閒⑧, 盡女眞人(刪此四字)更無異族. 無市井, 買賣不用錢, 惟以物相貿易.(舊校云 : 第三十七程至達寨⑨, 第三十八程至蒲撻寨).

① [按] 至句孤孛堇寨 : 袁本에서는 '自和里閒寨九十里, 至句孤孛堇寨'로 썼다.

② [按] 來流 : 袁本에서는 '淶流'로 썼다.

③ [按] 豈天以此限兩國也 : 袁本에서는 '豈天地以此限兩國也'로 썼다.

④ [按] 來流河二十餘步 : 袁本에서는 '淶流河闊二十餘步'로 썼다. 교주를 따른다.

⑤ [許] 以船渡 : '以船渡之'로 써야 한다.

⑥ [按] 又五里 : 袁本에서는 '五里'로 썼다.

⑦ [按] 自此以東 : 袁本에서는 '自北以東'으로 썼다.

⑧ [許] 數處原隰閒 : '散處原隰閒'으로 써야 한다. 교주를 따른다.

⑨ [按] 至達寨 : 바로 아래 단락 37程에서는 '至達河寨'로 썼다. 교주를 따른다.

제36일, 발근 구고의 영채에 이르다.

북에서 남으로 얼마나 멀리까지 이어지는지 알 수는 없지만, 경계가 갈리는 것은 분명했는데, 바로 거란과 여진의 옛 경계였다. 경계선을 지나 80리를 곧장 가서 래류하[154]에 닿을 때까지 하루종일 가는 동안 산에 작은 나무 한 그루도 없었고, 땅에는 샘이 없어 사람들은 물을 휴대하고 다녔다. 어찌 하늘이 이런 것으로 두 나라를 갈라 두고자 하였겠는가? 표범과 이리가 서로 물어뜯고 잡아먹다가 결국 강한 놈이 삼켰을 따름이다. 래류하는 폭이 이십 걸음 정도였는데 배를 타고 건넜다. 다시 5리를 더 가서 구고의 영채에 닿았다. 여기서부터 동쪽으로는 평탄하면서 습지가 많은 여러 지역에 사람들이 흩어져 살고 있었는데, 모두 여진인이었고 다른 부족은 없었다. 시장이 없었으며 물건을 매매할 때도 돈을 쓰지 않고 물물교환만 할 뿐이었다.[구 교감은 다음과 같다 : '제37일, 달하의 영채에 도착하다. 제38일, 포달의 영채에 도착하다.']

[許勘] [第三十七程, 自句孤寨七十里至達河寨.]

제37일, 구고의 영채에서 70리를 가서 달하의 영채에 이르다.

[許勘] [第三十八程, 自達河寨四十里至蒲撻寨. 是日金使前來排辦祇候.](原脫第三十七程至此四十二字)

제38일, 달하의 영채에서 40리를 가서 포달의 영채에 이르다.

이날 금국 사신이 와서 사신단 시중을 들 사람들을 배치하였다. [원문은 제37일에서 여기까지 42개 글자가 누락되었다.]

第三十九程, 至館①. 行二十里, 兀室(改作烏舍)郎君宅②. 接伴使副具狀詞, 館伴使副於此相見, 如接伴禮. 虜中(改作金國)每差接伴、館伴、送伴、客省使, 必於女眞、渤海、契丹內③(下添選字), 人物白晰④詳緩(刪此六字)能漢語者爲之, 副使則選漢兒讀書者爲之. 復有中使撫問, 賜酒菓⑤, 賜宴, 並如常儀畢⑥. 又行三十里至館, 館唯茅舍⑦數十⑧餘間, 牆壁全密, 堂室如(改作加)帟幕, 寢榻皆土牀⑨, 鋪厚氈褥及錦繡貂鼠被、大枕頭等, 以女眞兵數十人佩刀執弓矢, 守護甚嚴. 去虜(改作北)庭尙十里餘⑩. 次日⑪, 賜酒菓, 至晩閤門使躬來說, 議約翼日赴虜(改作北)庭朝見.⑫

① [按] 至館 : 袁本에서는 '自蒲撻寨五十里, 至館'으로 썼다.

② [許] 兀室郞君宅 : '至兀室郞君宅'으로 써야 한다. 교주를 따른다.

③ [按] 契丹內 : 袁本에서는 '契丹·奚內'로 썼다. 교주를 따른다.

④ [按] 白晰 : 袁本에서는 '白晳'로 썼다.

⑤ [按] 酒菓 : 袁本에서는 '酒果'로 썼다.

⑥ [按] 並如常儀畢 : 袁本에서는 '如常儀畢'로 썼다.

⑦ [按] 館唯茅舍 : 袁本에서는 '館惟第舍'로 썼다.

⑧ [按] 數十 : 袁本에서는 '三十', 季本에서는 '二十', 掃本에서는 '數十'으로 썼다. 季本을 따른다.[155]

⑨ [按] 土牀 : 袁本에서는 '土床'으로 썼다.

⑩ [按] 去虜庭尙十里餘 : 袁本에서는 '去虜廷尙十餘里'로 썼다.

⑪ [按] 次日 : 掃本에서는 '是日'로 썼다.

⑫ [按] 賜酒菓, 至晩閤門使躬來說, 議約翼日赴虜庭朝見 : 袁本에서는 '賜酒果, 至晩閤門使躬來說, 議約翌日赴虜廷朝見'으로 썼다.

제39일, 객관에 이르다.

20리를 가서 낭군 올실의 저택에 이르렀다. 접반사와 접반부사가 문서를 갖추어 왔고, 여기서 관반사와 관반부사를 만나 접반의 의례를 갖추었다. 북로는 접반사·관반사·송반사·객성사[156] 등을 파견할 때는 반드시 여진·발해·거란·해의 인물 중에서 외모가 깔끔하고 점잖으며 한어를 잘하는 사람을 선발하였고, 부사는 한인 중에서 유식한 자를 뽑았다.

다시 중사가 와서 위문 인사를 하고 주과를 베풀며 연회를 열었는데 모두 늘 하던 의례대로 하였다.

다시 30리를 이동하여 객관에 닿았다. 객관은 띠로 엮은 집 20여 칸뿐이었고, 벽이 모두 밀폐되어 있어 거실이 마치 천막 안 같았으며, 침상은 흙을 쌓은 것이었고 두꺼운 담요, 비단실로 수놓은 담비 이불과 큰 베개 등이 있었다. 여진 병사 수십 명이 칼을 차고 활과 화살을 들고 매우 삼엄하게 호위하였다. 여기서 북로의 조정까지는 아직 10여 리가 남아 있었다.

다음날 술과 안주를 내려 주었다. 저녁때가 되어 합문사[157]가 직접 와서 의안을 논의하고, 다음날 북로의 조정에 가기로 약속하였다.

次日, 館伴使副同行馬①, 可六七里②, 一望平原, 曠野閒有居民數十百家③, 星羅棊布分踩錯雜④, 不成倫次(刪分踩至此八字), 更無城郭, 里巷率皆背陰向陽, [020-11] 便於牧放, 自在散居. 又一二里, 命撤傘云近闕. 復北行百餘步有阜宿, 圍繞三四頃, 北⑤(刪此字)高丈餘, 云皇城也.

① [許] 次日館伴使副同行馬 : 일부 판본에서는 '次日館伴同行'으로 썼다.

② [按] 可六七里 : 袁本에서는 '可五七里'로 썼다.

③ [按] 數十百家 : 袁本에서는 '數十家'로 썼다.

④ [許] 分踩錯雜 : '分踩'는 '紛操'로 써야 한다.

[按] 袁本과 季本에서는 '紛揉錯雜'으로 썼다.

⑤ [按] 北 : 掃本에서는 '並'으로 썼다. 교주를 따른다.

다음날, 관반사 및 부사와 함께 말을 달려 6~7리쯤 가니 눈앞에 평원이 펼쳐지고, 수십, 수백 채 정도 민가가 있었는데, 하늘의 별이나 바둑판 위 바둑알처럼 어지러이 놓여 질서가 없었고, 성곽 같은 것은 아예 보이지 않았다. 마을의 집과 길들은 모두 북쪽을 등지고 양지쪽을 향하고 있어 가축 방목에 편하게 되어 있었고, 자유로이 흩어져 있었다. 또 1~2리를 가자 궁궐이 가까워졌다며 일산을 거두라고 하였다. 다시 북쪽으로 100여 보를 가자 토성[158]이 있었는데, 둘레가 3~4경[159]에 높이는 모두 1장 남짓이었다. 그들은 그것을 황성이라 하였다.

至宿圍門①, 就龍臺下馬, 行入宿圍, 西西設氊帳四座②, 各歸帳歇定. 客省使副相見③, 就坐④, 酒三行. 少頃, 聞鞞鼓聲, 八⑤歌引三奏, 樂作, 閤門使祗班⑥引入, 卽捧國書自山棚東入, 陳禮物於庭下, 傳進如儀. 贊通, 拜舞抃蹈訖, 使副上殿, 女眞首領⑦數十人, 班於西廂, 以次拜訖. 貴近者⑧各百餘人上殿, 以次就坐, 餘並退. 其山棚, 左曰桃源洞⑨, 右曰紫極洞, 中作大牌題曰翠微宮 ; 高五七丈⑩, 以五色彩⑪間結山石及仙、佛、龍、象之形, 雜以松、柏枝 ; 以數人能爲禽鳴者吟叫⑫山內.

① [許] 至宿圍門 : '闈'를 '圍'로 잘못 썼고, 그 아래도 같다. 교주를 따른다.
[按] 袁本에서는 '至于宿門'으로 썼다.

② [按] 西西設氊帳四座 : 袁本에서는 '西設氊帳四座'로 썼다. 교주를 따른다.

③ [按] 使副相見 : 袁本에서는 '使副使相見'으로 썼다.

④ [按] 就坐 : 袁本에서는 '就座'로 썼다.

⑤ [按] 八 : 袁本에서는 '入', 掃本에서는 '人'으로 썼다. 袁本을 따른다.

⑥ [按] 祗班 : 袁本·疏本·『續資治通鑒長編拾補』 모두 '祗班'을 '祗坐班'으로 썼다.

⑦ [按] 女眞首領 : 袁本에서는 '女眞酋領'으로 썼다.

⑧ [按] 貴近者 : 袁本에서는 '近貴人'으로 썼다.

⑨ [按] 桃源洞 : 袁本에서는 '枕源洞'으로 썼다.
⑩ [按] 高五七丈 : 袁本에서는 '高五七尺'으로 썼다.
⑪ [按] 五色彩 : 袁本에서는 '五色綵'로 썼다.
⑫ [按] 吟叫 : 袁本에서는 '吟呌'로 썼다.

숙위문에 이르러 용대[160]에서 말에서 내린 후 사신들은 숙위로 들어갔다. 서쪽에 모전[161]으로 만든 막사 네 채가 있었고 각자 막사에 들어가 휴식을 취하였다. 객성사 및 부사가 와서 인사하고는 자리에 앉아 술을 세 순배 돌렸다.

잠시 뒤 비고[162]소리를 들으며 안으로 들어가는데, 노래가 세 가락 이어지더니 악대가 연주를 시작하였다. 합문사와 시종들이 안으로 인도하니, 곧 국서를 받들고 산붕[163]의 동편을 통해 들어가 예물을 뜰 아래에 펼쳐 놓고 의례에 따라 진상하였다.

알현을 아뢰고 배무변도[164]를 한 후 정사와 부사가 전각에 올라갔다. 여진 수령 수십 명이 서쪽 곁채에 정렬하여 차례로 절하였다. 귀족과 측근 각 100여 명이 전각에 올라가 차례로 자리에 앉고 나머지는 물러갔다. 그 산붕에서 왼쪽은 '도원동', 오른쪽은 '자극동'이라 하였고, 중앙에는 큰 패에 '취미궁'이라 쓰여 있었다.[165] 산붕의 높이는 5~7장 정도였고, 오색 비단 매듭으로 산석·신선·불상·용·코끼리 등의 형상을 만들고, 그 사이에 소나무·잣나무 가지를 세워 넣었으며, 짐승 울음소리를 잘 내는 사람 몇 명이 산속에서 우는 것처럼 소리를 냈다.

木建殿七間甚壯, 未結蓋, 以瓦仰鋪及泥補之, 以木爲鴟吻及屋脊用墨

(刪此二字), 下鋪帷幕；榜額曰乾元殿. 階高四尺許, 階前土壇方闊數丈, 名曰龍墀. 兩廂旋結, 架小葦屋, 幕以青幕①, 以坐三節人. 殿內以女眞兵數十人, 分兩壁立, 各持長柄小骨朵以爲儀衞. 日役數千人興築, 已架屋數千百間, 未就規模, 亦(刪此字)甚偉也②(刪此字).

① [許] 幕以青幕 : '冪以青幕'으로 써야 한다. 교주를 따른다.

② [按] 甚偉也 : 袁本에서는 '甚侈也'로 썼다.

목조건물인 전각은 일곱 칸으로 매우 웅장했는데 지붕이 아직 완성되지 않았다. 기와를 덮고 진흙을 채워 넣었으며, 나무로 치미[166]를 만들고 용마루는 먹물을 들였으며, 그 아래에는 천막을 깔았다. 편액에는 '건원전'이라 쓰여 있었다. 계단 높이는 네 자쯤이고, 계단 앞의 흙 단은 방형에 너비가 몇 장인데 이름을 '용지'[167]라고 하였다. 사랑채 두 칸을 엮어 놓았는데, 갈대로 작은 집을 잇고, 푸른 막을 덮은 것으로서 거기에 우리 수행원들을 앉게 하였다. 전각 안에는 여진 병사 수십 명이 양편으로 나뉘어 벽처럼 서서 각자 손잡이가 긴 작은 골타[168]를 들고 호위와 의장대 역할을 하고 있었다. 하루에 수천 명씩 동원하여 건축공사를 벌여 수천 수백 칸의 가옥을 짜서 올렸는데, 완성되지 않은 상태였지만 그 규모가 매우 웅장하였다.

虜(改作國)主所坐, 若今之講坐者(刪若今至此六字), 施重裀①；頭(刪此字)裹皁頭巾②, 帶後垂, 若今之僧伽帽者(刪若今至此七字), 玉束帶, 白皮鞋(刪白皮鞋三字), 薄髯, 可三十七八許人. 前施朱漆銀裝鍍金几案,

[020-12] 果楪以玉, 酒器以金, 食器以玳瑁, 匙筯以象齒. 遇食時, 數胡(刪此字)人擡舁十數鼎鑊致前, 雜手旋切割飣飣以進, 名曰'御廚宴'. 所食物與前敘略同, 但差(刪此字)精細而味和耳. 食餘, 頒以散三節人. 樂如前所敘, 但人數多至二百人, 云乃舊契丹教坊四部也. 每樂作, 必以十數人高歌, 以齊管籥③, 聲出眾樂之表, 此爲異爾. 酒五行, 食畢, 各賜襲袍帶④; 使副以金, 餘人以銀. 謝畢, 歸館.

① [按] 施重裀 : 袁本에서는 '施重茵'으로 썼다.

② [按] 裹皁頭巾 : 袁本에서는 '裹皂頭巾'으로 썼다.

③ [按] 以齊管籥 : 袁本에서는 '以齊管也'로 썼다.

④ [按] 襲袍帶 : 袁本에서는 '襲衣袍帶'로 썼다.

북로 국주는 마치 요즘 강론하는 사람의 자리처럼 두 겹의 방석을 깔고 앉아 있었고, 머리를 검은 두건으로 싸 묶어 뒤로 늘어뜨린 것이 요즘 승려의 모자와 비슷했다. 옥대를 매고, 하얀 가죽신을 신었으며, 희미하게 구레나룻이 있는 것이 대략 37~38세쯤으로 보였다. 그 앞에는 붉은 칠을 입히고 은장식에 도금한 궤안이 놓여 있는데, 과일 접시는 옥으로, 술그릇은 금으로, 식기는 대모로 만들었으며, 수저는 상아로 만들었다.

식사 시간이 되자 여진인胡人 몇 사람이 십여 개의 솥을 앞으로 떠메고 와서 갖은 손놀림으로 음식을 썰고 쪼개고 펴고 쌓고 하여 올렸는데, 이를 '어주연'이라 하였다. 음식의 종류는 대체로 앞에 말한 것과 비슷하였는데, 다만 더 섬세하고 맛이 있다는 차이만 있었다. 남는 음식은 우리 수행원에게 나누어 주었다.

음악도 앞서 언급한 바와 같은데 다만 사람 수가 많아서 200명에 이르렀는데, 이들이 바로 예전 거란 교방[169] 사부[170]의 사람들이라고 하였다. 풍악이 울리면 그때마다 반드시 십수 명이 높은 소리로 노래를 하며 관악기 소리에 맞추었는데, 그 소리가 다른 여러 악기 소리보다 두드러져 나오는 점에서 차이가 있을 뿐이었다. 술 다섯 순배가 돌고 식사가 끝난 후, 모두에게 두루마기와 요대를 하사하였는데, 정사와 부사는 금으로, 나머지 사람들은 은으로 만든 것이었다. 감사 인사를 하고 객관으로 돌아왔다.

次日, 有中使賜酒果, 復賜餼.(賜餼以絹帛充①, 使副百餘匹, 餘人十餘匹.) 次日, 詣虜庭(刪此三字)赴花宴, 並如儀. 酒三行則樂作, 鳴鉦擊鼓, 百戲出場, 有大旗、獅、豹、刀、牌、砑鼓、踏蹺、踏索、上竿、斗跳、弄丸、撾簸箕、築毬、角抵、鬪鷄②、雜劇等, 服色鮮明, 頗類中朝. 又有五六婦人, 塗丹粉, 豔衣③, 立於百戲後, 各持兩鏡, 高下其手, 鏡光閃爍, 如祠廟所畫電母 ; 此爲異爾. 酒五行, 各起就帳, 戴色絹花, 各二十餘枚④. 謝罷, 復坐. 酒三行, 歸館. 次日, 又有中使賜果酒, 復有貴臣就賜燕⑤, 兼伴射於館內. 庭下設垛, 樂作, 酒三行, 伴射. 貴臣、館伴使副、國信副⑥, 離席, 射三矢⑦. 弓弩從便用⑧ ; 勝負各有差, 就賜襲衣、鞍馬. 是日虜人(改作國中)名王、貴臣多(改作或)微服, 隱稠人中以觀射.

① [許] 以絹帛充 : '以絹帛折充'으로 써야 한다.

② [按] 鬪鷄 : 袁本에서는 '鬪雞'로 썼다.

③ [按] 豔衣 : 袁本에서는 '艷衣'로 썼다.

④ [按] 各二十餘枚 : 袁本에서는 '各二十餘枝'로 썼다.

⑤ [按] 賜燕 : 袁本에서는 '賜宴'으로 썼다.
⑥ [許] 國信副 : '國信使副'로 써야 한다. 교주를 따른다.
⑦ [按] 離席, 射三矢 : 袁本에서는 '離席, 就射三矢'로 썼다.
⑧ [許] 弓弩從便用 : '弓弩從便用之'로 써야 한다. 교주를 따른다.

다음날, 한 중사가 와서 술과 다과를 주고, 또 선물을 하사하였다. [하사품은 비단으로 주었는데, 정사와 부사는 100여 필, 나머지 사람들은 10여 필 이었다.]

다음날, 북로의 조정에 가서 연회에 참석하였는데 모두 의례에 맞았다. 술이 세 순배 돌자 악기를 연주하였다. 징과 북이 울리고 백희[171]가 등장했다. 큰 깃발·사자와 표범·칼과 방패·아고북춤·답교장대발 걷기·답색줄타기·상간막대 오르기·두도중심잡기·농환공중 공돌리기·과파기[172]·축구족구·각저씨름·투계·잡극 등이었는데, 복색이 선명하며 중국의 것과 꽤 비슷하였다. 특이한 것은 따로 나온 대여섯 명의 부인이었다. 그들은 붉은 분을 바르고 고운 옷을 입고 백희의 뒤에 서서 각자 두 개의 거울을 들고 위아래로 흔들어 빛을 번쩍였는데 마치 사당[173]의 그림에 나오는 '전모'[174] 같았다. 술이 다섯 순배가 돈 후 각자 자리에서 일어나 막사로 가서 채색 명주로 만든 꽃을 20여 개씩 관에 꽂았다. 감사 인사를 마치고 제자리로 돌아와서 다시 술이 세 순배 돈 후 객관으로 돌아왔다.

다음날, 또 한 중사가 와서 술과 과일을 내렸다. 그리고 다시 어떤 고위직 대신이 와서 연회를 베풀고 객관 안에서 함께 활을 쏘았다. 뜰 아래에 과녁 받침터[175]를 만들고, 음악이 울리자 술을 세 순배 돌린 후 활쏘기가 시작되었다. 고위직 대신과 관반사 및 부사, 그리고 송의 국신사와 부사가 자리에서 일어나 세 발씩 쏘았다. 활의 종류는 편한 대로 사용하였고, 승부의 차이에 따라 습의[176]와 안장을 상으로 내렸다. 이날은 북로의 많은 유명한 친왕과 고위직 대신들이 미복을 하고 사람들 사이에 끼어서 활쏘기를 관람하였다.

次日, 朝辭, 如見時. 酒食畢, 就殿上請國書, [020-13] 捧下殿, 賜使副襲衣物、帛、鞍馬, 三節人雜物①、帛各有差. 拜辭歸館. 鋪掛彩燈②百十餘, 爲芙蓉、鵞雁之形③, 蠟炬十數; 雜以管、絃④, 爲堂上樂. 館伴使副過位, 召國信使副, 爲惜別之會, 名曰'換衣燈宴'. 酒三行, 各出衣服三數件, 或幣帛交遺. 常相聚, 惟勸酒食, 不敢多言; 至此夜, 語笑甚款, 不記巡⑤, 以醉爲度. 皆舊例也. 次日, 回程起發, 至兀室(改作烏舍)郎君宅. 館伴使副展狀辭, 送使副⑥於此相見, 如儀. 有中使撫問, 賜酒果, 如來時. 至信州、灤州, 同此. 回程在路, 更不再敘.

① [按] 三節人雜物 : 袁本에서는 '三節人物'로 썼다.

② [按] 彩燈 : 袁本에서는 '綵燈'으로 썼다.

③ [按] 鵞雁之形 : 袁本에서는 '鵝鴈之形'으로 썼다.

④ [按] 管絃 : 袁本에서는 '絃管'으로 썼다.

⑤ [按] 不記巡 : 袁本에서는 '酒不記巡'으로 썼다. 교주를 따른다.

⑥ [許] 送使副 : '送伴使副'로 써야 한다. 교주를 따른다.

다음날, 조정에서 하직 인사를 하는데, 의례는 도착해서 알현하던 때와 같았다. 술과 식사를 마치고 전각에 올라 국서를 청한 후 두 손으로 받들고 전각에서 내려왔다. 정사와 부사에게는 의복·비단·안장을 하사하였고, 수행원들에게도 여러 물품과 비단을 하사했는데 각기 차등을 두었다. 작별의 절을 올리고 객관으로 돌아왔다. 부용꽃과 기러기 모형의 채색 등 110여 개를 펼쳐 걸고, 밀랍 횃불 십여 개를 밝혔고, 관악기와 현

악기를 섞어서 당상악[177]을 연주하였다.

관반사와 부사가 건너와서 국신사와 부사를 불러 석별의 정을 나누는 자리를 마련하였는데, 이 연회를 '옷 바꾸는 등불 연회'라 하여 '환의등연換衣燈宴'이라 하였다. 술이 세 순배 돌자 각자 옷 서너 벌 또는 폐백[178]을 꺼내어 서로 선물하였다. 보통 때는 서로 만나서 술과 음식을 권할 뿐 감히 말을 많이 나누지 못하였는데, 이날 밤에는 툭 터놓고 말하고 웃으며 술도 순배를 세지 않고 취할 때까지 마셨다. 모두 다 옛날부터 해 온 관례였다.

다음날, 귀국 여정에 먼저 낭군 올실의 저택에 갔다. 관반사 및 부사가 작별의 글을 읽고, 거기서 송반사와 부사를 만나 의례대로 서로 인사를 하였다. 한 중사가 와서 위로 인사를 하고 술과 과일을 선물하였는데 도착하던 때와 같았다. 신주와 란주에 도착해서도 이와 같았다. 귀국 여로에서의 일은 다시 서술하지 않겠다.

至淸州, 將出界, 送伴使副夜具酒食, 亦爲①惜別之會, 亦出衣服三數件, 或幣帛交遺, 情意甚懃②. 次早發行, 至界, 有幕次③, 下馬而望, 我界旗幟、甲馬、車輿、帟幕以待人, 皆有喜色. 少停④, 樂作, 酒三行⑤, 上馬, 復同送伴使副過我幕次. 作樂, 酒五行, 上馬, 復送至兩界中. 彼此使副回馬對立, 馬上一杯, 換所執鞭以爲異日之記. 引接展辭狀, 擧鞭揖, 則各回馬⑥; 背馬回顧, 少頃, 進數步, 躊躇⑦爲不忍別之狀. 如是者三, 乃行. 虜人情皆悽惻, 或揮淚; 吾人無也.(刪虜人至此十三字)

① [按] 亦爲 : 袁本에서는 '以爲'로 썼다.

② [按] 情意甚懃 : 袁本에서는 '情意甚歡'으로 썼다.

③ [按] 有幕次 : 袁本에서는 '內幕次'로 썼다.

④ [按] 少停 : 袁本에서는 '少頃'으로 썼다.

⑤ [按] 酒三行 : 袁本에서는 '酒五行'으로 썼다.

⑥ [按] 則各回馬 : 袁本에서는 '別各'으로 썼다.

⑦ [按] 躊躇 : 袁本에서는 '躊蹰'로 썼다.

청주에 이르러 국경을 나갈 무렵이 되자 송반사 및 부사가 밤에 술과 음식을 준비해 또 석별의 정을 나누는 연회를 하였다. 이전과 마찬가지로 옷 서너 벌 또는 폐백을 꺼내어 서로 선물하였는데 매우 정감 있었다.

이튿날 아침 출발하여 국경에 이르자 막사가 있었다. 말에서 내려 멀리 바라보니 우리 송 경계에서 깃발·무장한 말·수레·장막 등을 갖추어 기다리고 있는데 모두 기쁜 낯빛이었다. 잠시 후 풍악을 울리고 술을 세 순배 돌린 후 말에 올라 송반사 및 부사와 함께 우리 측 막사로 건너왔다. 풍악을 울리고 술을 다섯 순배 돌린 후 말에 올라 다시 우리를 양측 경계 중앙으로 배웅해 주었다. 양측 사신들은 말 머리를 돌려 마주하고 선 다음, 말 위에서 술을 한 잔 마셨다. 그리고 각자 들고 있던 말채찍을 교환하며 후일을 기약하는 정표로 삼았다. 작별의 인사를 쓴 글을 받아든 후 말채찍을 들어 올려 읍[179]하고 각자 말머리를 돌렸다. 서로 등지고 선 말에서 고개를 돌려 바라보다 잠시 후 몇 걸음 나아가며 차마 떠나지 못하고 주저하는 모습을 내보였다. 이렇게 세 번 한 뒤에야 출발하였다. 북로 사람들은 모두 슬퍼하는 기색에 눈물을 뿌리기도 하였는데, 우리 측은 그런 사람이 없었다.

是行回程，見虜(改作敵)中已轉糧發兵，接迹而來[①]，移駐南邊；而漢兒亦累累詳言其將入寇(改作擧兵)．是時行人旦暮憂慮有質留之患，偶幸生還．[020-14] 旣回闕，以前此有御筆指揮："敢妄言邊事者，流三千里，首者賞錢三千貫[②]，不以赦蔭減．" 繇是無敢言者．是秋八月初八日到闕．

① [按] 接迹而來 : 袁本에서는 '接跡而來'로 썼다.

② [許] 首者賞錢三千貫 : '罰錢三千貫'으로 써야 한다. 교주를 따른다.

그때 귀국길에서 본 바로 북로 국내에서는 이미 군량을 옮기고 군대를 움직이며 잇달아 남쪽 변경으로 내려와 주둔하였다. 그리고 한인들 역시 그들이 장차 침입할 것이라며 자세하게 말하였다. 이때 사신단 일행은 인질로 붙잡히게 될까 밤낮으로 걱정하였는데 요행히 살아 돌아왔다. 돌아와서 보니 이미 다음과 같은 내용의 어필 지휘가 내려와 있었다.

"감히 함부로 변경의 일을 발설하는 자는 3천 리 밖으로 유배를 보내고 3천 관의 벌금을 물리되, 은사를 베풀어 죄를 감해 주는 일은 없을 것이다."

이 때문에 아무도 감히 그 일을 입에 올리지 못했다. 이해 가을 8월 8일에 궁궐에 도착하였다.

賜進士出身頭品頂戴四川等處承宣布政使司布政使清苑許涵度校刊．[020-15]

'사진사출신'이며 특별히 정1품 관모를 쓸 수 있도록 허락반은 사천성 승선포정사사의 포정사인 보정부 청원현 출신 허함도가 교감하여 간행하다.

○●○

『三朝北盟會編』, 卷20, 校勘記

三千一百二十里計三十九程第一程自雄州六十里至新城縣離洲三十里至白溝巨馬河源出帯郡淶水由易水界至此合流東入於海河闊止十數丈南宋與契丹以此爲界舊容城縣附雄州歸信縣寄里自壬寅年冬於河北岸創築容城縣新壘過河三十里到新城縣契丹阿保機入寇唐莊宗以鐵騎五千敗之於新城卽此地舊爲契丹邊面自與宋朝結好百餘年閒樓壁僅存(原脫第一程一百三十七字) 朝李河(一作劉李河) 第三程至良鄉縣良鄉乃唐莊宗時趙德鈞鎭邊幽州歲苦契丹侵鈔轉餉乃於鹽溝置良鄉卽此(原脫良鄉三十一字) 勝負不相當(不字衍) 宛然一帶回環繚繞(宛誤作燕) 自滹沱由涿水入潞河卽此(涿誤作泒河誤作沙脫卽此二字下以護轉輪卽此地應在第六程) 第六程自潞縣七十里至三河縣三河縣隸薊州後唐趙德鈞於幽州置三河縣以護轉輸卽此地(原脫第六程三十一字) 第七程至薊州薊州乃漁陽也. 因問天寶祿山舊事人無能知者(原脫薊州十九字) 第九程自玉田縣九十里至韓城鎭鎭有居民可二百家幷無城(原脫第九程二十五字) 其兩界外東西閒約一里內(外應作地閒應作闊) 以次馬行(一作行焉) 給銀牌入名曰銀牌天使(脫名曰六字) 第十一程自淸州 [020-16] 九十里至灤州灤州古無之唐末天下亂阿保機攻陷營平劉守光據幽州暴虐民不堪命多逃亡依阿保機爲主築此以居之州處平地負麓面岡東行三里許亂山重疊形勢險峻河經其閒河面濶三百步亦控扼之所也. 水極淸深臨河有大亭名曰 : 濯淸爲塞北之絶郡守將迎於此回程錫宴是州第十二程自灤州四十里

至望都縣民既入契丹依阿保機卽於所居處創立縣名隨其來處鄕里名之故有望都安喜之號唐莊宗以錢騎五千退保望都卽此縣也. 第十三程自望都縣六十里至營州營州古柳城舜築也. 乃殷之孤竹國漢唐遼西地金人討張穀是州之民屠戮殆盡存者貧民十數家是日行人館於州宅(原脫第十一程至是日二百四十二字) 重巒復嶂(嶂誤作障) 第十五程自潤州八十里至遷州彼中行程幷無里堠但以行轍一日卽記爲里數是日行無慮百餘里金人居常行馬率皆奔軼此日自早飯罷行至瞑方到道路絶人煙不排中頓行人飢渴甚自玆以東類如此(原脫第十五程八十三字) 第十七程自習州九十里至來州無古蹟可紀第十八程自來州八十里至海雲寺離來州三十里卽行海東岸俯挹滄溟與天同碧窮極目力不知所際寺去海半里許寺後有溫泉二池望海東 [020-17] 有一大島樓殿窣堵俱在上有龍宮寺見安僧十數人是夜行人皆野盤第十九程自海雲寺一百里至紅花務此一程盡日行海岸紅花務乃金人煎鹽所去海一里許至晩金人饋饋魚數十枚作羹味極珍(原脫第十七程至此一百五十四字) 第二十一程自錦州八十里至劉家莊是後行人俱野盤(原脫第二十一程二十二字) 第二十三程自顯州九十里至兔兒渦(原脫第二十三程十五字) 第二十四程至梁魚務離兔兒渦東行卽地勢卑下盡皆萑苻沮洳積水是日凡三十八次渡水多被溺(原脫離兔兒渦三十一字) 隋唐征高麗路皆經此秋夏多蚊虻不分晝夜無牛馬能至行以衣被包裹胸服人皆重裳而披衣坐則蒿草薰煙稍能免務基依水際居民數十家環繞彌望皆荷花水多魚徘徊久之頗起懷鄕之思(原脫秋夏六十八字) 第十五寨至吺咄孛堇寨(脫至字) 第二十六程自吺咄寨八十里至瀋州(原脫第二十六程十五字) 第三十程自同州三十里至信州回程錫宴於此第三十一程自信州九十里至蒲里孛堇寨(原脫第三十程至此三十六字) 則遷徙雜處於此(誤作於此雜處) 東有女眞、室韋(東誤作西) 東北有烏舍(脫東字) 第三十四程自托撒九十里至漫七離孛堇寨道旁有契丹舊益州賓州空城(原脫第三十四程三十字) 至和里閑孛堇寨離漫七里行六 [020-18] 十里卽古烏舍寨(脫離漫七里三十字) 設行人幕次於下(幕誤作帟) 虜人太師李靖居, 於是靖累使南朝此排中頓由是飮食精細絶佳時當仲夏藉樹陰俯瞰長江凉飇拂面盤礴少頃殊忘鞍馬之勞過江四十里宿和里閑寨(脫靖累使至此五十二字) 以船渡之(脫之字) 散處原隰閒(散誤作數) 第三十七程自句孤寨七十里至達河寨第三十八程自達河寨四十里至蒲撻寨是日金使前來排辦祇候(原脫第三十七程至此四十二字) 行二十里至兀室郎君宅(脫至字) 次日館伴使副同行馬(一作次日館伴同行) 分蹂雜錯(分蹂應作紛操) 至宿闌門(闌誤作圍下同) 羃以青幕(羃誤作幕) 小注(以絹帛折充脫折字) 國信使副(脫使字) 弓弩從便用之(脫之字) 送伴使副(脫伴字) 流三千里罰錢三千貫(罰誤作首者賞)

1 奉議郞 : 元豐 3년(1080) 관제 개혁 후 문관 寄祿官 30개 품계 중 24위로 正8品이다.

2 司封司 : 원문은 '司封'으로 사봉사는 상서성 소속 24司 가운데 吏部에서 관할하는 7司의 하나이다. 관리에 대한 封爵·追贈·封號에 관한 업무를 담당하였다. 책임자는 郞中과 員外郞 각 1명이며, 아래에 5개 案을 두고 서리 20명이 근무하였다. 약칭은 '司封'·'主爵'이다.

3 許亢宗 : 江南東路 饒州 樂平縣(현 강서성 景德鎭市 樂平市) 사람이다. 政和 연간에 급제하였고 선화 6년(1124)에 금 태종이 즉위하자 이듬해 1월에 尙書司員外郞으로 賀大金皇帝登寶位國信使에 임명되어 출국하였다. 귀국 후 起居舍人이 되었고 靖康 1년(1126)에 황하 방어 책임자로 임명되었다. 하지만 금군이 공격하기도 전에 휘하 군졸과 함께 도주하여 유배형에 처해졌는데 다시 도주하여 廬山에 숨었다가 南康軍 통판 李定에게 살해되었다. 그동안 여진에 관한 최초의 본격적인 기록으로 중시된 『宣和乙巳奉使行程錄』을 작성한 것으로 알려졌으나 최근에 鍾邦直의 것으로 밝혀졌다.

4 賀大金皇帝登寶位國信使 : '하등보위국신사'는 상대국 황제의 즉위를 축하하기 위한 사신을 말한다. 반면 황제 즉위를 통보하는 사신은 '告卽位國信使' 또는 '告登寶位國信使'이며 약칭은 '告卽位使'·'告登位使' 또는 '告登寶位使'이다. 국신사 파견과 관련된 업무는 入侍內侍省과 鴻臚寺 소속 管勾往來國信所가 전담하였다.

5 武義大夫 : 政和 2년(1112)에 설치한 무관 寄祿官 가운데 세 번째인 諸司正使 등급에 속한 관명이다. 紹興 연간에 제정한 52개 품계 중 21위이며, 正7品으로 諸司正使 가운데 7位이다.

6 廣南西路 : 至道 3년(997)에 전국에 설치한 15개 路의 하나로서 치소는 桂州(현 광서자치구 桂林市)이고, 瓊州·桂州·高州·龔州·觀州·貴州·雷州·白州·賓州·象州·昭州·潯州·廉州·梧州·邕州·容州·鬱林州·柳州·融州·宜州·平州·賀州·化州·橫

州·欽州 등 26개 주, 吉陽軍·萬安軍·昌化軍 등 3개 군으로 이루어졌다. 광남서로의 상당 지역은 사실상 거의 자치적인 지역으로 실질적인 통제가 쉽지 않았고, 경계도 모호한 편이었다. 그래서 행정편제 개편도 잦았고 125년 동안 주는 1개, 현은 5개만 늘어났다. 광남서로의 관할구역은 현 광서자치구를 중심으로 雷州半島, 그리고 해남도 일부를 더한 지역에 해당한다.

7 管押禮物官 : '押'은 '맡아서 관할하다', '(사람·물건을)압송하다', '임시 구류하다'라는 세 가지 뜻이 있다. '管押'은 '관할하여 이끈다'는 뜻으로 '管押禮物官'은 '예물 송부를 담당하는 관원'이라는 의미이다.

8 『宣和乙巳奉使行程錄』 : 본서에서는 『行程錄』·『奉使金國行程錄』·『宣和乙巳奉使金國行程錄』 등으로도 썼다.

9 '三節'의 인원수에 관한 許涵度本과 袁祖安本의 차이

원문	許本	袁本	원문	許本	袁本
都轄	1	同	將	1	同
醫	1	同	察視	2	同
隨行指使	1	同	節級	2	3
譯語指使	2	同	翰林司	2	同
禮物祗應	2	同	儀鑾司	1	同
引接祗應	3	2	太官局	2	同
書表司	2	同	馳務	2	1
習馭直	2	同	槽頭	1	
職員	2	同	教駿	3	同
小底	2	同	後苑作匠	1	同
親屬	2	同	鞍轡庫子虎翼兵士	5	同
龍衛虞侯	6	同	宣武兵士	30	同
宣撫司	10	同	합계	88	86

-習馭直 : 袁本에서는 '習馭司'로 썼다.
-馳務와 槽頭 : 袁本에서는 '馳務槽頭'로 썼다.

10 원문은 '三節人'이다. 사신단에서 정사와 부사를 수행하는 수행원으로 정식 명칭은 '三節人從'이다. 수행원은 上節·中節·下節의 세 등급으로 조직되며 그 구성은 바뀔 수 있는데, 紹興 3년(1133)의 경우, 상절 14명, 중절 15명, 하절 72명이었고, 이들의 책임자는 都轄이었다. 『金史』「藝志」11에 따르면 西夏의 경우 사신·부사·

參議 각 1명을 '使'라고 하고, 상절은 都管 3명, 중절은 5명, 하절은 24명이었다.

11 차출 : 원문은 '辟除'이다. '辟'은 '인력을 차출하거나 징발한다'는 말이다. '辟除'는 앞 주석의 '三節人從'을 구성하는 주요 방식으로서, 주로 尙書省의 六部나 三司의 官署에서 하급 관원을 차출하여 기존 직무를 면해 주고 대신 삼절인종 내 직책을 제수하였다.

12 도할예물관 : 원문은 '都轄'로서 '都轄禮物官'의 약칭이다. 奉使大金國信所 소속 관리로서 금국으로 보내는 예물의 운송을 관리하는 책임을 담당하였다.

13 지휘사 : 원문은 '指使'로서 '指揮使'의 약칭이다. 병력 500명으로 이루어진 부대 편제인 '指揮' 또는 '營'의 지휘관을 뜻한다.

14 祗應 : 殿前司 소속 최하위 무관직으로 政和 6년(1116)에 처음 설치한 관직이다.

15 書表司 : 太常寺 소속으로 문서 작성 업무를 맡은 부서이다.

16 조련사 : 원문은 '習馭直'이다. 조정에서 필요한 말 등의 사육과 조련을 담당하는 부서로서 통상 御馬院이라 칭하는 御前馬院 소속 관원이다. 본래 御馬直이라고 칭하였는데 宣和 연간에 習馭直으로 개칭하였다.

17 젊은 무관 : 원문은 '小底'이다. 본래 일반 백성이나 노복이 관리나 주인을 대할 때 사용하는 自稱인데, 오대와 송대에는 禁軍 가운데 젊은 군인을 가리키는 용어로도 썼다.

18 龍衛 : 禁軍 가운데 侍衛親軍馬軍司 소속 부대로서 左廂과 右廂으로 이루어졌으며 좌·우상에 각각 4軍, 총 44개 指揮로 편제되었다. 도성 방위와 원정 임무를 수행하였다.

19 장우후 : 원문은 '虞候'이며 '將虞候'의 약칭이다. 龍衛의 左廂·右廂의 지휘관은 都指揮使이며, 좌·우상 소속 4軍에는 軍마다 都指揮使와 都虞候를 두었다. 軍 아래 편제로는 指揮가 있고, 지휘마다 指揮使를 두었다. 지휘 아래에는 100명 단위의 都가 있고 보병 지휘관으로 都頭·副都頭를, 기병 지휘관으로 軍使·副兵馬使를 두었는데 여기까지가 장교에 해당한다. 부도두 아래에 十將·將虞候·承局·押官 등이 있다.

20 察視 : '상세하게 조사 관찰한다'는 의미로, 監察御史의 별칭이기도 하다. 사절단의 자체 감찰 업무를 맡은 것으로 보인다.

21 節級 : 부도두 아래에 있는 十將·將虞候·承局·押官의 총칭이다.

22 翰林司 : 9寺 가운데 하나인 光祿寺 소속 부서로서 황제의 연회와 야유회, 황제가 마시는 술과 차, 과일과 제수용 음식, 얼음 배급 등을 담당하였다. 勾當翰林司公事官 4명과 300명의 군인, 藥童 11인으로 구성되었다.

23 儀鸞司 : 9寺 가운데 하나인 衛尉寺 소속 부서로서 황실 의장대이며 제사·순시·연회 때 장막을 설치하는 일도 맡았다. 後梁에서 처음 설치한 황실 의장대인 儀鸞院을 송대에 개칭한 것이다.

24 太官局 : 崇寧 2년(1103)에 殿中省에 尙食局·尙藥局·尙醞局·尙衣局·尙舍局·尙輦局 등 6국을 설치하면서 尙食局 아래에 太官局을 두어 황실 주방인 御廚를 관장하게 하였다. 태관국은 太官令 5명, 勾當太官局 3명, 요리사 200명, 보조 30명으로 구성되었다.

25 사료 관리인 : 원문은 '槽頭'이다. 본래 가축의 먹이를 담아 주는 그릇인 '구유', 또는 '마굿간'을 뜻한다. 본문에서는 사신단의 말과 낙타 등을 보살피는 업무를 담당한 이를 가리킨다.

26 後苑作 : 황궁의 생활용품 및 혼례용품을 전문적으로 제작하는 부서로서 內侍省 소속이다. 監官 3명, 서리 12명, 문지기 및 기술자 436명으로 이루어졌으며 총 81개 전문 분야로 나누었다. 後苑作과 生活所를 咸平 3년(1000)에 통합했기 때문에 '後苑'·'後苑作'·'後苑作生活所'·'後苑造作所' 등의 별칭이 있다.

27 鞍轡庫 : 말의 안장과 고삐 등을 생산·공급하는 부서로서 본래 群牧司 소속이었으나 원풍 관제 개혁 이후 太僕寺 소속으로 바뀌었다. 2명의 監軍 아래에 군인과 기술자 등 47명이 소속되었다.

28 虎翼軍 : 禁軍 殿前司 소속 부대로 총 96개 指揮(500명 단위)와 1개 水軍 指揮로 구성되었으며, 그 가운데 90개 지휘가 도성에 배치되었다. 그러나 실제 병력은 편제보다 적었다. 太平興國 2년(977)에 雄武軍에서 弓弩兵을 선발해 上鐵林과 下鐵林을 설치하였고 雍熙 4년(987)에 각각 殿前司·侍衛司 호익군으로 개칭하였다가 淳化 4년(993)에 다시 이들 가운데 정예병을 선발하여 上虎翼軍을 두었고, 후에 수군도 추가하였다.

29 상감 : 원문은 '平級'으로 '평범한 등급', '보통의 물건'이라는 의미여서 예물에 대한 묘사로 어울리지 않는다. 袁本의 '半鈒'에서 '鈒'을 따름이 옳다. '鈒'은 기물에 금이나 은으로 상감하는 장식기법을 말한다. 상감을 하면 면이 평평하게 되므

로 '平鈒'이라고 칭하였다.

30 酒斛 : 본래 술을 담아 두는 통인데 위 주둥이를 막은 뒤 5개 정도의 구멍을 내어 꽃을 꽂는 화병으로 만든 것을 말한다.

31 密煎 : '煎'은 말려서 반건조한 상태로 만드는 것이고, '密煎'은 '수분을 제거한 뒤 꿀에 재운 과일'을 가리킨다. '密餞'이라고도 한다.

32 새잎 차 : 원문은 '牙茶'이다. 부드러운 새순으로 만든 차로서 '芽茶'라고도 한다.

33 白溝 : 현 하북성 廊坊市 霸州市 남쪽과 天津市를 가로지르는 강으로서 당시 거란과 송의 국경이었다. 본문의 '白溝'가 강을 가리키는 것이 아니라 白溝鎭을 가리키는 것으로 볼 수도 있는데, 이 경우 현 하북성 保定市 古碑店市 白溝鎭에 해당한다.

34 納鉢 : 유목민인 거란은 항상 이동하며 천막을 치고 사는 것이 익숙하였기에 추밀원과 중서성 등 중앙정부도 계절마다 이동하는 황제를 수행하며 움직였다. 이 '行宮'·'行營'·'行帳'을 가리켜 '나발'이라고 하며 '納拔·納跋·納巴·捺缽·納寶' 등으로 쓰기도 한다.

35 巨馬河 : 송대의 일반적 표기는 '拒馬河'이다. 海河의 5대 수계 가운데 하나인 大淸河의 지류이다. 保定市 淶源縣의 태항산맥에서 발원하여 중간에 남·북거마하로 나뉘었다가 북거마하는 白溝河와 합류하고 白溝鎭에서 다시 남거마하와 만나 대청하가 되어 바다로 흘러간다. 거친 물살이 마치 말이 뛰어오르는 것 같다고 하여 漢代에 巨馬河라고 했으나 후에 石勒의 기병을 막았다고 하여 拒馬河로 바뀌었다고 한다.

36 代郡 : 춘추시대 代國이었는데 전국시대 趙 武靈王이 처음 설치하였다. 陰山山脈 남쪽, 恒山山脈 북쪽, 太行山脈 서쪽에 전개된 고원 분지 지형이다. 현 하북성 張家界市 서북쪽 蔚縣을 중심으로 한 지역에 해당한다.

37 易水 : 현 하북성 保定市 易縣의 세 곳에서 발원하여 동남쪽으로 흐르는 南易水·北易水·中易水의 통칭이다. 3개 역수는 모두 합류하여 定興縣과의 경계에서 南拒馬河로 유입되어 다시 동남쪽으로 흐르다가 大淸河에 유입된다. 길이는 130㎞에 불과하나 전국시대 荊軻가 진시황을 살해하기 위해 燕의 태자와 이별한 곳으로 유명하다.

38 3개의 易水 모두 南拒馬河의 지류이고, 北拒馬河는 白溝의 지류이다. 남거마하와

백구는 白溝鎭에서 만나 大淸河를 이룬다. 따라서 거마하의 발원지인 保定市 涞源縣이 대청하의 발원지이기도 하다. 본문의 涞水는 대청하를 말하는 것 같으나 정확하게 확인하지 못하였다.

39 丈 : '1장'은 10尺인데, 일반적으로 송·원대의 1尺은 '31.2㎝'로 계산한다.

40 容城縣 : 본래 거란 南京道 易州 소속이었으나 963년에 북송이 점령하고 河北東路 雄州 관할로 삼자, 거란도 拒馬河 북쪽에 새로 성을 쌓고 용성현을 운영함으로써 2개의 용성현이 운영되었다. 후에 금이 이 지역을 점령하면서 웅주 관할의 1개 현으로 통합되었다. 지명은 기원전 147년에 항복한 흉노의 왕 有容氏에게 봉지로 준 데서 유래하였다. 현 하북성 중부 保定市 동북쪽의 容城縣에 해당한다.

41 歸信縣 : 河北東路 雄州의 치소이며 등급은 中이다. 송조는 建隆 4년(963)에 거란 易州 容城縣의 남쪽을 점령하고 歸義縣을 설치한 뒤 현의 치소를 雄州로 옮겨 주의 치소로 삼았다. 거란도 拒馬河 북쪽에 새로 容城縣을 설치 운영하였다. 송은 太平興國 1년(976)에 귀의현을 歸信縣으로 바꾸었다. 현 하북성 중부 保定市 동북쪽의 容城縣에 해당한다.

42 後唐 莊宗(885~926, 재위 923~926) : 五代 後唐의 창건자 李存勖으로 자는 亞子이다. 본래 沙陀族으로 성은 '朱邪(朱耶)'였는데, 부친 李克用이 黃巢의 난을 진압하는 데 공을 세워 '李氏' 성을 받았기에 唐朝의 계승을 표방하며 923년에 국호를 '唐(後唐)'으로 하고 칭제하였다. 923년에 後梁을, 925년에 前蜀을 멸망시켰으나, 그 직후부터 갑자기 사치와 방탕, 의심에 빠져 국정이 혼란해졌다. 926년 무장들이 李嗣源을 옹립하여 반란을 일으켰고, 그 와중에 호위 禁軍에게 살해되었다.

43 탁주군 : 원문은 '涿州古郡'이다. 춘추전국시대 燕의 涿邑, 秦의 涿縣이었고, 한 高祖가 涿郡을 설치하였다. 지명은 관내 涿水에서 취하였다. 618년 이후 행정지명으로 쓴 일이 없지만, 후대에도 계속 '탁군'이란 지명을 즐겨 썼다. 한편 관할구역의 변화에도 불구하고 치소는 계속 현 하북성 保定市 涿州市를 유지하였다. 拒馬河의 충적평야 지대로서 현 북경시 남쪽과의 경계에 해당한다.

44 涿鹿 : 지명은 관내의 涿鹿山에서 취하였다. 黃帝가 이끄는 炎帝 부족과 蚩尤가 이끄는 東夷 부족 간에 중원의 지배권을 놓고 벌어진 전쟁의 무대로 알려졌다.

45 涿河는 현 탁주시 서쪽을 흐르는 南拒馬河의 탁주 일대 河段을 가리키는 지명이고, 朝李河는 남거마하 또는 백구하의 지류로 보이는데 확인하지 못하였다. 范河

는 남거마하와 백구하가 范陽縣에서 만나 형성된 大清河의 별칭으로 보인다.

46 范陽 : 거란 南京道 涿州 范陽縣이다. 拒馬河와 北·中易水가 동서로 흐르는 곳으로 최전방 지역이다. 지명은 范河의 북쪽인 데서 유래하였다. 현 하북성 중부 保定市 북동쪽의 涿州市에 해당한다.

47 趙德鈞(?~937) : 본명은 趙行實이며 燕京 사람이다. 後唐 莊宗 때 滄州·幽州節度使가 되었고, 明宗 때 檢校太師 겸 中書令이 되었다. 石敬瑭이 반란을 일으키려 하자 후당 末帝가 諸道行營都統으로 임명하고 진압을 명하였으나, 조덕균은 오히려 거란에 사신을 보내 자신을 황제로 옹립해 달라고 요청했다가 거부당하였다. 後晉 건국 후 태원에서 거란에 패한 뒤 본인은 포로가 되고 친위대인 '銀鞍契丹直'은 몰살당하였다. 조덕균이 유주절도사가 된 것은 925년의 일이다.

48 원문은 '契丹侵鈔轉餉'으로, 직역은 '군량을 운반하다가 거란의 침입을 받아 빼앗기다'이다. 야율아보기는 後梁 貞明 3년(917)과 龍德 1년(921)에 대규모로 유주를 침략하였는데, 당시 거란은 만리장성 이남의 平州·營州·灤州를 점령하고 있어서 수시로 유주 침략이 가능하였다. 유주성에 필요한 식량은 涿州에서 운반해왔는데, '鹽溝' 지역은 식량 수송을 위해 꼭 거쳐야 하는 길이었고, 그러다 보니 이 지역에서 거란군에게 식량을 탈취당하는 일이 자주 발생하였다. 이에 後唐 長興 3년(932)에 조덕균이 식량 보급로를 지키기 위해 지금 말하는 '양향' 지역에 있는 燎石崗과 鹽溝河라는 山川地形을 이용하여 성을 축조하고 군사를 주둔시켰다.

49 원문은 '靡有孑遺'이다. 孑遺는 '큰 변고를 겪은 뒤 간신히 잔존한 것'이다. 『詩經』「大雅」'雲漢'의 "주나라의 남은 백성, 씨도 남지 않았네.(周餘黎民, 靡有孑遺.)"에서 유래하였다.

50 都水監 : 하천·제방·나루·교량·운하 준설 등을 책임진 부서인데, 황하와 대운하의 치수 관리가 가장 중요한 업무였다. 본래 '河渠司'가 관장하였으나 황하 치수 업무가 커지자 '도수감'으로 승격시켜 확대하였다. 元豐 관제 개혁 이후 都水監使·都水監丞·都水監主簿 등이 업무를 관장하였다. 남송은 황하와 운하에 대한 관리 부담이 크게 줄자 도수감 기능을 축소했고 紹興 10년(1140)에 폐지하였다.

51 黎陽縣 : 河北西路 濬州 소속이며 등급은 中이다. 한 高祖 때 설치하여 송대까지 유지된 지명이지만, 관할 주의 명칭은 송대에 유난히 자주 바뀌어서 988년에는 通利軍, 1023년에는 安利軍, 1070년에는 衛州, 1086년에는 다시 通利軍, 1086년에는

濬州로 바뀌었다. 濬州의 黎陽倉과 澶州의 永豐倉은 송대 최대의 太倉이라서 濬州와 澶州에 각각 내·외 都水監이 설치되었다. 지명은 黎山이라고도 칭하는 관내 大伾山에서 취하였다. 淇河·衛河·黃河가 형성한 평야 지대로서 현 하남성의 중북부이며 황하 이북에 있는 鶴壁市 동쪽의 浚縣에 해당한다.

52 삼산영교 : 원문은 '三山'이다. 政和 5년(1115), 都水監使者 孟昌齡은 매년 황하에 배다리를 설치하는 데 드는 막대한 인력과 비용(7~8만관)을 줄이고 통행의 편의를 위해 濬州 濬縣(현 하남성 鶴壁市 浚縣)에 영구적인 부교를 건설하였다. 맹창령은 부교의 길이를 줄여 건설과 관리의 효율을 높일 수 있도록 大伾山을 이용해 황하의 물줄기를 둘로 나누고 대비산과 주변 2개 산 사이에 天成橋와 榮光橋를 설치하였다. 이 두 다리는 송대의 교량 건설 기술을 대표하는 걸작으로 영원히 유지되길 기리는 뜻에서 '三山永橋'라 명명하였으나 통상 '三山浮橋'라고 칭하였다. 삼산부교는 1184년 황하가 물길을 바꾸는 바람에 무용지물이 되고 말았다.

53 杜牧(803~852) : 자는 牧之이며 京兆府(현 섬서성 西安市) 사람으로 『通典』을 지은 杜佑의 손자이다. 監察御史와 殿中侍御史, 黃州·池州·睦州·湖州 자사를 역임하였다. 호방한 성품에 뛰어난 문재를 지녀 「阿房宮賦」를 비롯한 많은 작품과 함께 『樊川文集』을 남겼다.

54 杜牧의 시문집인 『樊川文集』 권5에 "유주란 어둑하게 그늘지고 처연하게 죽음이 드리운다는 것이다. 그래서 성인께서 그 풍속으로 인하여 이름을 지으신 것이다(幽州, 幽陰慘殺也. 故聖人因其風俗以爲之名)."라는 구절이 있다.

55 樓煩 : 춘추 이래 오르도스 지역에 있던 유목 부족국가로 기마와 궁술에 뛰어났다. 趙 武靈王은 이들로부터 자극을 받아 '胡服騎射'를 추진하고 루번을 공격한 뒤 郡을 설치하였다. 기원전 127년에도 衛青이 루번을 공격하고 朔方郡을 설치하였다. 冀州 북방에 대한 본문의 기술은 사실 여부를 떠나 당시 송의 고위 관료가 가지고 있던 북방 유목민에 대한 인식의 일단을 엿볼 수 있다는 점에서 의미가 있다.

56 白檀縣 : 서한이 설치한 漁陽郡 白檀縣으로 거란의 灤州에 해당한다. 漢의 李廣이 원정한 바 있고, 曹操가 백단현을 거쳐 烏桓을 정벌한 일이 있다. 지명은 관내 白檀山에서 유래하였으며 북경과 승덕을 잇는 교통로에 자리하였다. 현 하북성 북동부 承德市 서쪽의 灤平縣에 해당한다.

57 雲中 : 거란 西京道의 치소인 서경 大同府의 唐代 지명이다. 당조는 天寶 1년(742)에 雲州를 雲中으로, 乾元 1년(758)에 다시 운주로 바꾸었다. 거란은 後晉으로부터 雲州를 할양받은 뒤 大同軍節度使司를 설치하였다가(937) 重熙 13년(1044)에 西京 大同府로 승격시켰다. 하지만 거란의 정통성을 부인하고 싶은 宋朝는 시종 거란의 지명 대신 당대의 명칭인 운중이라 칭하였다. 주로 구릉지와 평야로 이루어졌으며, 관할구역은 현 내몽고자치구·하북성과 연결되는 산서성 북부의 大同市에 해당한다.

58 九原 : 춘추시대 晉國의 卿大夫 묘지가 있던 山의 이름으로 후에 九泉과 함께 묘지나 저승을 가리키는 말로 자리 잡았다. 九原山은 현 산서성 서남부 運城市 新絳縣 북쪽에 있다.

59 滹沱河 : 산서성 忻州市에서 발원하여 하북성 石家莊市~衡水市~滄州市를 거쳐 발해만으로 흘러가는 총길이 587㎞의 子牙河 중상류 하단을 일컫는 지명이다. '滹'는 '울부짖는 강'이란 뜻이다. 산서고원에서 하북대평야로 흐르기 때문에 물살이 세차고 자주 범람하는 것으로 유명하며 다양한 명칭이 있었는데, 모두 '물살이 거세고 험악하다'는 뜻을 지녔다.

60 後晉(936~947) : 五代의 세 번째 왕조이다. 後唐 明宗 사후 양자 李從珂가 반란을 일으켜 즉위한 뒤 최대 실력자인 河東節度使 石敬瑭을 제거하려고 하였다. 이에 석경당은 거란 태종을 아버지로 섬기고 燕雲 16州를 할양하는 조건으로 거란의 후원을 얻어 제위에 올라 後唐을 멸망시켰다. 하지만 후계자 石重貴가 거란에 대한 稱臣을 거부하였다가 거란에 의해 멸망하였다. 거란에 대한 칭신과 영토의 할양으로 인해 후대 비판이 끊이지 않았다.

61 析津府 : 거란 南京道의 치소인 남경 析津府로서 京府 1개, 주 10개, 군 2개 등 13개 府·州·軍을 관할하였다. 거란 태종은 後唐의 幽州를 점령한 뒤(936) 幽都府로 승격시키고 盧龍軍節度使司를 두었으며, 다시 남경 석진부로 승격시켰으나 곧 빼앗겼다.(938). 하지만 후진이 燕雲 16주를 할양하여 다시 차지한 뒤 留守司 및 都統軍司를 설치하면서 하급 기관인 노룡군절도사사는 폐지되었다. 석진부의 관할 주는 景州·薊州·檀州·莫州·順州·易州·寧州·瀛洲·涿州·泰州 등 10개였다. 府의 치소는 析津縣(현 북경시 城區)이고 관할 현은 潞陰縣·潞縣·武清縣·析津縣·安次縣·良鄕縣·永清縣·宛平縣·昌平縣·香河縣 등 10개이다. 지명은 연경 지역이 天象

의 '析木의 津'에 해당한다는 데서 취한 것이다. 관할구역은 현 북경시·천진시와 주변 하북지역에 해당한다.

62 軍額 : 군대 편제에 부여하는 고유한 명칭이다. 唐 興元 1년(784)에 '神策軍'이란 군액을 내린 것을 효시로 節度使司마다 지명 대신 天雄軍·昭義軍 등 호방한 군액을 본격적으로 사용하였다. 宋朝는 禁軍 위주 편제로 전환하였기 때문에 각 州의 군액은 節度州에 부여하는 형식적인 것이었다. 한편 송 태종 때부터 禁軍에게도 勝捷軍·雄威軍 등 호방한 군액을 본격적으로 하사하였다.

63 시장 : 원문은 '互市'이다. 중원왕조와 주변 국가와의 국경무역 시장이다. 일반적으로 국가 정보의 유출과 탈세 등을 막기 위해 물품의 종류, 가격, 상인 간의 접촉 등 모든 면에서 국가의 엄격한 관리 감독이 이루어졌다. 그러나 본문의 연경호시는 국경무역이 아니어서 성격이 달랐을 것으로 보인다.

64 연산산맥 : 원문은 '燕然'이다. 東漢의 竇憲이 稽落山에서 北單于를 격파하고 燕然山에 올라 무공을 기리는 비석을 세운 뒤로 변경 개척이나 점령의 공을 치하하는 시문에서 주로 사용하였다. 또 그 자체로 '변경', '변방'의 의미로 사용되기도 하는데, 이 의미는 본문의 문맥과 맞지 않는다. 許勘의 '宛然'을 따르면 '끈처럼 빙 둘러싸고 있는 것'의 실체가 본문에 드러나지 않는 문제가 있다. 이에 전후 문맥을 고려하여 '연산산맥'으로 번역하였다.

65 四關 : '4개의 관문'이란 말인데, 관문은 시대에 따라 다르지만 통상 『史記』「項羽本紀」에서 언급한 關中의 函谷關·武關·散關·蕭關을 가리킨다.

66 四鎮 : 4개의 주요 군사 주둔지를 가리키는 말로, 그 대상은 시대에 따라 다르지만 통상 唐代의 4대 절도사 주둔지인 朔方·涇原·隴右·河東을 가리킨다.

67 친위병 : 원문은 '牙兵'으로 친위부대 병력을 가리키는 말이다. 장수들이 출정하면 진지에 삼각형의 '牙旗'를 세우는 데서 유래하여 당대 절도사 직속 장수를 '牙將', 부대를 '牙隊', 병력을 '牙兵'이라고 칭하였다. 후에 '牙'와 '衙'가 통하므로 '衙兵'이라 칭하기도 하였다. 이처럼 私兵 위주로 편제된 唐末·五代의 군대는 점차 侍衛親軍으로 통합되었으나 지휘관 나름의 필요한 牙兵을 두었다.

68 度支使 : 원문은 '度支'이다. 국가의 조세수입과 지출을 총괄하는 戶部 내 부서로서 從6品인 度支郎中과 正7品인 員外郎 1명이 관장하였다.

69 太倉 : 정부의 양곡 저장 창고이다. 태창은 주로 운하망과 긴밀하게 연결되었는

데, 송대 최대의 태창은 澶州 黎陽倉과 潭州 永豐倉이었다. 특히 黎陽倉은 隋 文帝 때 건립된 이래 계속하여 역대 최대 규모를 자랑하였다.

70 황하 : 원문은 '大河'이다. 춘추시대까지 맑은 물이 흘렀던 황하의 본래 명칭은 '河' 또는 '河水'였고, 『史記』에서는 '大河'라고 하였다. 그러나 황하 주변의 삼림 파괴가 심해지던 전국시대부터 물 색깔이 혼탁해지기 시작했고, 西漢 때부터는 아예 '濁河' 또는 '黃河'라고 칭하기 시작하였지만, 일반적으로는 여전히 '大河'라 칭하였다. 黃河라는 명칭이 보편화되기 시작한 것은 당·송대 이후이다. 한편 진시황은 周가 '火德'에, 秦이 '水德'에 근거하였다며 황하를 德水로 바꾸기도 하였다.

71 保信沙塘 : 河北西路 保州 保塞縣(현 하북성 保定市 淸苑區)에서 新安縣(현 하북성 保定市 安新縣)을 연결하는 百洋淀을 이용한 永濟渠 구간의 명칭이다.

72 潞河 : 海河의 지류인 北運河의 별칭으로 白河·沽水 등도 있다. 현 북경 通州區에서 천진 京杭大運河 북단을 연결하는 구간에 해당한다.

73 曹操(155~220) : 자는 孟德이고 아명은 阿瞞이며 譙縣(현 안휘성 亳州市) 사람이다. 東漢 말의 혼란기에 정국을 주도하여 정치·군사·문학 등 다방면에서 탁월한 성취를 이루고 魏 건국의 초석을 다진 인물이다. 董卓을 토벌하고 황건 잔당을 모아 靑州軍을 편성하였으며 獻帝를 받아들여 정권을 장악하였다. 官渡戰鬪에서 袁紹를 격파하고 烏桓을 정벌하여 화북을 통일한 뒤 丞相이 되었고, 荊州를 차지하였으나 赤壁에서 패하여 통일을 이루는 데는 실패하였다. 魏王에 봉해졌다. 권력자이며 천재로서의 자부심과 환관의 손자라는 열등감이 조조를 논쟁적 인물로 만들었고, 이것이 『三國志演義』를 통해 극대화되었다.

74 烏丸 : 漢代 東胡의 여러 부족 가운데 하나로 내몽고 동쪽에 거주하다가 흉노에게 밀려 烏桓山 일대로 밀려나면서 烏桓이라 칭하였다. 시라무렌 일대에서 활동하다가 하북성 북쪽으로 내려왔으나 동한 말에 曹操에게 패하면서 쇠퇴하였다.

75 蹋頓(?~207) : 동한 말 烏桓의 수령인데 후에 柳城에서 조조에게 패하고 살해되었다.

76 袁尙(?~207) : 자는 顯甫이며 汝陽(현 하남성 商水) 사람이다. 袁紹의 셋째아들로 원소의 후계자가 되었으나 형인 袁譚과 갈등이 발생하여 패하고 烏桓으로 달아났다. 이후 오환이 조조에게 패하자 요동의 公孫康에게 달아났지만 살해되었다.

77 涿水 : 현 하북성 保定市 涿州市를 흐르던 강의 이름이다. 하북성 涿鹿縣을 흐르는

桑干河의 지류 이름이기도 했다.

78 漁陽郡 : 天寶 1년(742)에 郡制를 도입하면서 薊州를 개칭한 지명인데 치소는 계속 漁陽縣(현 천진시 薊州區)이었다. 연산산맥과 하북대평야가 만나는 급경사지로 산지·평지·저습지가 섞여 있는데, 송대에는 저습지의 비율이 더 높았을 것으로 보인다. 안록산이 최초 거병한 곳으로도 유명하다. 현 천진시 북단에 해당한다.

79 經州 : 宣和 6년(1124)에 燕山府路 薊州 玉田縣(현 하북성 唐山市 玉田縣)을 계주에서 분리하여 설치한 것이다. 하지만 이듬해 金이 점령하고 다시 계주 옥전현으로 복귀시켰다. 인근 漁陽縣·三河縣과 지형적으로 유사하며 남쪽 평야지대에는 강과 소택지가 발달하였다. 山海關과 북경을 연결하는 교통로에 있으며, 관할구역은 현 하북성 북동부 唐山市의 서쪽에 해당한다.

80 韓城鎮 : 거란 南京道 平州 石城縣 소속이다. 거란인 출신의 금국 장수 耶律韓昌이 송과의 전쟁에 대비하여 주둔하며 韓城이라는 지명이 생겼다고 한다. 넓은 평야에 있어 물산이 풍부하고 교통이 편리하며 朱龍河와 青龍河가 鎮을 감싸고 흘러 천연 요새로 손색이 없었다. 현 하북성 唐山市 路北區 韓城鎮이다.

81 清州 : 당은 乾寧 연간(894~898)에 현 하북성 滄州市 青縣에 建寧縣을 설치하였는데, 후에 거란이 寧州로 바꿨고, 後周가 점령한 뒤에는 滄州 永安縣으로 바꿨다. 송은 太平興國 7년(982)에 河北東路 滄州 永安縣을 乾寧軍 乾寧縣으로 바꾸었으며, 大觀 2년(1108)에는 치소 겸 관할 현(현 하북성 滄州市 青縣)은 그대로 두되 乾寧軍을 清州로 승격시켰다. 한편 금조가 거란의 灤州 石城縣(현 하북성 唐山市 開平區)을 점령한 뒤 석성현을 청주로 승격시키자 송도 燕山府路 薊州 玉田縣(현 하북성 唐山市 玉田縣)을 청주로 승격시켜 외교업무를 담당하게 하였다. 그 뒤 금조가 이 일대를 모두 점령한 뒤 기존의 행정편제를 그대로 수용하여 清州를 존속시키되, 貞元 1년(1153)에 乾寧縣을 會川縣으로 명칭만 바꾸었다. 한편 같은 지명으로 거란 東京道 黃龍府 清州(현 길림성 長春市 農安縣)도 있다.

82 토루 : 원문은 '津堠'로, 감시나 관측을 위해 나루터에 만든 토루를 말한다.

83 關牒 : 唐代에 상서성의 통제를 받아 중앙 諸司에서 각 州에 발송하는 문서에서 유래하였다. 후에 공무에 관해 통보하는 공문으로 상급 기관의 심사나 비준을 거치지 않아도 무방하며 참조해야 할 기관이 명시되어 있다. 통상 '關報'라고 하며 '關白'·'關移'라고도 한다. 學士院에서 중서성·추밀원에 보내는 관보만 '諮報'라

고 구분하였다.

84 명함 : 원문은 '門狀'이다. 타인의 집을 방문하여 면담을 청할 때 문 앞에서 전달하는 名帖이다. 뵙기를 청하는 쪽지라는 의미에서 '拜帖'이라고도 한다.

85 虛揖 : '揖'은 두 손을 맞잡아 얼굴 앞으로 들어 올리고 허리를 앞으로 공손히 구부렸다가 몸을 펴면서 손을 내리는 중국의 전통적인 인사법으로서 『周禮』에 명기될 정도로 오래되었다. '虛揖'은 경의를 표하기 위하여 상대를 멀리 바라보며 하는 읍을 말한다. 그 밖에도 揖에는 답례로 하는 '報揖' 또는 '答揖', 여러 사람이 빙 둘러서서 하는 '環揖', 두 손을 마주 잡고 높이 들어서 허리를 굽히는 '長揖', 손을 마주 모아 잡고 인사하는 '拱揖' 등이 있다.

86 石城縣 : 거란 南京道 灤州 소속이다. 薊州와 경계선에 있으며, 염전 관리가 현의 주된 업무였던 것으로 보인다. 휘종은 실제 지배하지 못하면서도 석성현을 臨關縣으로 바꾸었고, 이후 금은 석성현을 淸州로 승격시켰다. 같은 지명으로는 송의 江南西路 虔州 石城縣(현 강서성 贛州市 石城縣)이 있다. 현 하북성 북동부 唐山市의 城區인 開平區에 해당한다.

87 "사신들은 주의 관아에서 묵었는데(行人館於州宅)"부터 "영주라고 이름 지은 것이라 하였다(故名曰營)"까지의 85글자는 제13정의 기록으로서, 내용상으로는 아래 [許勘] [第十三程] 뒤에 이어지는 것이다.

88 營室 : 천문학에서는 천체를 3垣 28宿로 나누는데, 영실은 28수 중 室宿의 별칭이며, 페가수스Pegasus에 해당한다.

89 고대 천문 이론에서는 앞 주석처럼 천체를 3垣 28宿로 나눌 때 천상의 分野가 지상의 영역에도 대응하였다. 지금 營室이라 말한 室宿는 危宿, 壁宿와 함께 지상에서는 '衛'의 분야에 대응하며 幷州에 속하므로 營州와 관련이 없다. 즉, 『봉사행정록』의 찬자는 營州라는 지명이 地勢에서 온 것이며, 옛사람들이 28수에 대응시킨 것은 잘못이라는 것이다.

90 劉守光(856~914) : 하북 深州(현 하북성 衡水市 深州市) 사람이다. 幽州에서 할거하던 아버지 盧龍節度使 劉仁恭이 방탕과 황음을 일삼자, 아버지를 유폐시키고 형 劉守文을 살해하였다. 이후 신하들의 반대를 무릅쓰고 911년에 桀燕을 세우고 칭제하였다. 하지만 913년에 晉王 李存勗에게 패하고 부자가 함께 피살되었다.

91 望都縣 : 거란 南京道 平州 소속이며 거란 태조가 定州 포로들을 안치시키면서 설

치한 현이었다. 같은 지명으로는 송의 河北西路 定州 望都縣(현 하북성 保定市 望都縣)이 있다. 灤河를 사이에 두고 灤州와 마주 보는 곳에 있으며, 현 하북성 북동부 秦皇島市 서쪽의 盧龍縣에 해당한다.

92 安喜縣 : 거란 南京道 平州 소속이며 望都縣과 마찬가지로 定州 安喜縣 출신 포로들을 안치시키면서 설치한 현이다. 같은 지명으로는 송의 河北西路 定州 安喜縣(현 하북성 保定市 定州市)이 있다. 盧龍縣 북쪽에 자리하였으며 현 하북성 북동부 秦皇島市 서쪽의 遷安縣에 해당한다.

93 원문은 '退保望都'인데 '退'字 앞에 '야율아보기'가 누락되었다. 『舊五代史』 권29에 "야율아보기는 막 정주에 주둔하였는데, 전군이 패배하였다는 소식을 듣자 물러나 망도를 지켰다.(安巴堅方在定州, 聞前軍敗, 退保望都)"는 기록이 있다.

94 孤竹國 : 하북성 동북과 요서에 세워진 최초의 국가(대략 기원전 1600~기원전 660)이다.

95 五臺山 : 산서성 忻州市 五臺縣에 위치하였으며, 최고봉은 3,061m이다. 모두 다섯 개의 봉우리로 구성되어 '오대산'이라고 칭하였다. 절강성 普陀山·안휘성 九華山·사천성 峨眉山과 함께 중국 불교의 4대 명산으로 꼽히며, '금오대·은보타·동아미·철구화'라 하여 그중에서도 으뜸으로 알려졌다. 北魏 때부터 불교 성지로 각광받아 많은 사찰이 세워졌는데, 지금도 400여 개의 거대한 사찰이 남아 있다. 南禪寺 대웅전은 唐代에 만들어진 것으로서 현존 최고의 목조 건축물이다.

96 金坡關 : 居庸關·古北口·松亭關·楡關과 함께 북경을 둘러싼 5關 가운데 하나로서 현 보정시 易縣 서북쪽에 있어 태항산맥과 이어지는 요충지에 자리하고 있다. 거용관·倒馬關과 함께 內三關의 하나로 꼽힌다. 宋金 시기에 金坡關이라고 칭하였으나 원대 이후 紫荊關·紫荆口 또는 紫金關이라고 불렸다.

97 당시 북경의 5관 가운데 居庸關과 楡關만 다량의 물자 수송이 가능하였고, 3관은 수레 사용이 불가한 곳이었음을 알 수 있다. 또 나머지 3관 가운데 송정관보다 고북구가 더 험준하였다. 『宋史』 권390 「劉敞傳」에는 '劉敞이 거란에 사신으로 갈 때 송정관에서 柳河를 거쳐 中京으로 가면 며칠 걸리지 않는데, 거란 측에서 고의로 고북구에서 柳河를 거치게 해서 천 리나 돌아가게 하였다. 이에 영토의 험준함과 광대함을 과시하려 한다고 생각한 유창이 이 점을 거란 측 역관들에게 지적하자, 역관들이 놀라며 부끄러워했다'는 기록이 있다.

98 원문은 '山童'인데, '童'은 산이나 구릉지, 또는 들판에 풀이나 나무가 없는 상태를 말한다.

99 원문은 '黃茅白草'로 변방의 황량하고 처량한 모습을 가리킨다. '荒茅白草'라고도 한다.

100 여기서 '但土城存'은 일반적으로 시간이 흐른 뒤 지금 상황을 표현하는 것이므로 '當契丹全盛時'와 어울리지 않는다. 반면, 袁本의 '但土城數十里, 居民百家'는 토성 규모로는 너무 크고 거주 가구 수는 너무 적어서 납득하기 어렵다. 혹 "但土城十里, 居民數百家"의 착오가 아닐까 싶다.

101 雁門關 : 거란의 朔州와 송의 代州 사이에 동서로 펼쳐진 恒山山脈의 주요 관문으로서 하동로 북방의 3대 관문의 하나다. 3대 관문은 동쪽의 雁門關(代縣), 중앙의 寧武關(寧武縣), 서쪽의 偏頭關(偏關縣)이다. 북방에서 내려올 경우, 안문관 남쪽으로는 忻州 → 太原 → 낙양·서안, 동쪽으로는 平型關 → 紫荊關 → 倒馬關 → 북경, 서쪽으로는 軒崗口 → 寧武關 → 偏頭關 → 황하 → 서안으로 진공이 가능하다. 현 산서성 忻州市 代縣 북쪽에 있다.

102 上谷郡 : 전국시대 燕이 처음 설치한 행정지명이며(기원전 283), 진시황이 설치한 36개 군 가운데 하나로서 거란에서는 西京道 嬀州(치소는 현 하북성 張家口市 懷來縣)에 해당한다. 지명은 '큰 산의 계곡 위'라는 지형에서 취하였다. 蔚州·奉聖州와 함께 桑干河 유역에 있으며 연경 서북을 방어하는 요충지이다. 현 북경시와 장가구시 일대에 해당한다.

103 幽薊 : 거란 南京道 析津府(치소는 현 북경시 城區)의 별칭이다. '幽'는 북방이 太陰에 속한다고 하여 '幽冥'에서 취한 지명이고, '薊'는 薊門關에서 유래한 지명이다. 漢代부터 唐代까지 현 북경 일대를 포괄하는 범칭으로 쓰였지만, 관할 범위는 시대에 따라 달랐다. 그래서 幽薊 외에도 幽州·幽燕·燕京 등 다양한 별칭이 사용되었다. 따라서 '禹貢 9州'의 유주를 뜻하는 것이 아니면 '연경'으로 번역하여도 무방하다.

104 이정표 : 원문은 '里堠'이다. 이정을 알리기 위해 도로 옆에 흙으로 쌓아 올린 표지인데, '里候'라고도 한다.

105 習州 : 습주의 정확한 위치에 관하여 확인하지 못하였으나 거란 中京道 遷州(현 하북성 秦皇島市 山海關區)와 來州(현 요녕성 葫蘆島市 綏中縣 前衛鎭) 사이에 있었으므로 현

요녕성 葫蘆島市 綏中縣 前所鎭 부근에 해당하는 것으로 보인다.

106 來州 : 거란 中京道 소속으로 軍額은 歸德軍, 州格은 節度州로서 隰州·潤州·遷州를 관할하였다. 치소 겸 관할 현은 來賓縣(현 요녕성 葫蘆島市 綏中縣)이며, 관할구역은 현 요녕성 서남부 葫蘆島市 서남쪽에 해당한다.

107 窣堵波 : '佛塔'을 뜻하는 범어 stūpa의 음역어이다.

108 본문에 등장하는 섬은 覺華島이다. 遼代에 불교의 발전에 큰 영향을 끼친 覺華大師가 이곳에 大龍宮寺를 건립하였고, 각화대사의 법명에서 이 섬의 이름을 '覺華島'라 하게 되었다. 각화대사의 제자로 郎思孝(법명은 志全)가 있었는데, 遼 興宗의 帝師가 되어 흥종이 관대한 정치를 베풀도록 영향을 끼쳤다. 이 郎思孝가 각화대사의 명으로 건립한 것이 海雲寺이다. 그런데 각화도는 해안에서 대략 7km 떨어져 있고, 각화도의 폭이 대략 3km가 되는데, 대용궁사는 각화도의 동쪽 해안에 있어 육지 해안에서 반대편인데 과연 용궁사의 승려들이 보였을지는 의심스럽다.

109 煎鹽所 : 소금을 만들고 관리하는 부서이다. '煮鹽'은 깊은 솥에 염수와 응고제를 넣고 소금을 만드는 방식으로 商周 때부터 사용된 오랜 제염 방법이다. '煎鹽'은 재나 鹹土 안에 있는 염수를 얇고 넓은 솥에 넣고 끓여서 소금을 만드는 방식으로 唐代부터 사용한 방식이다. 당대 이래 이 두 가지 방식이 함께 사용되었지만, 점차 煎鹽 방식이 주류가 되었다.

110 錦州 : 거란 中京道 소속으로 軍額은 臨海軍, 州格은 節度州로서 嚴州를 별도로 관할하였다. 치소는 永樂縣(현 요녕성 錦州市 古塔區)이고 관할 현은 安昌縣·永樂縣 2개이다. 거란 태조가 漢人 포로들을 이주시켜 건설하였으며 화북과 만주를 연결하는 요충지로 남쪽은 요동만이다. 관할구역은 현 요녕성 중남부에 해당한다.

111 十三山 : 지금의 錦州市 휘하 凌海市의 동쪽 70여 리 정도 되는 곳에 있으며, 봉우리가 13개라 하여 '十三山'으로 불린다.

112 胡嶠 : 자는 文嶠이며 947년에 宣武軍節度使 掌書記로 절도사 蕭翰을 수행하여 거란에 갔다가 소한이 피살되자 7년간 억류되었다가 953년에 돌아와서 『陷虜記』를 작성하였다. 거란 上京 일대의 상황에 대하여 상세히 서술하였다.

113 歐陽脩(1007~1072) : 자는 永叔이며 江南西路 吉州 吉水縣(현 강서성 吉安市 吉水縣) 사람이다. 諫官으로 范仲淹의 개혁을 지지했으나 王安石의 靑苗法에 대해서는 비판

하였다. 翰林學士·樞密副使·參知政事를 지냈으며 뛰어난 文才로 당송팔대가 가운데 한 명으로 꼽힌다. 『新唐書』와 『新五代史』를 편찬하였으며 古文運動을 주도하였다.

114 後晋의 胡嶠가 거란에서 포로로 생활하던 7년간의 견문을 기록한 『陷虜記』에 실린 내용을 歐陽脩가 인용하여 『新五代史』에 기술하였다.

115 江東 : 원문은 '江左'이다. 황제가 남향한 것을 기준으로 방향을 정하는데 동쪽은 '左', 서쪽은 '右'가 되므로, 江左는 '江東'과 같은 말이다. 長江이 江西省 九江市의 鄱陽湖부터 남경시까지의 구간은 북쪽으로 흐르다 南通, 上海를 거쳐 黃海로 들어간다. 일반적으로는 구강에서 남경까지 구간의 동쪽인 안휘성 남부, 강소성 남부 및 절강성 지역을 江東이라 한다. 한편 青藏高原에서 발원한 長江은 상당한 위도에 걸쳐 남과 북으로 오르내리며 흐르므로, 크게 보면 장강 하류 남단, 또는 東晉·宋·齊·梁·陳 등 南朝의 통치 지역을 뜻하기도 한다.

116 成周 : 周는 商을 멸망시킨 뒤 중원을 경영하기 위해 周公 旦의 주도하에 현 洛陽에 새로운 도시의 건설을 시작하였다(周成王 5년, 기원전 1038). 낙양에 완공된 새 도시를 東都 '成周'라 칭하고, 기존의 도성 '豐鎬'를 '宗周'라 하여 구분하였다. '成周'는 주가 東遷한 뒤(기원전 770) '洛邑'으로 바꿨다. 이에 '宗周'는 서주 건국 이전을, '成周'는 서주를, '洛邑'은 동주를 가리키는 말로 쓰인다.

117 兀欲 : 거란 世宗(917~951, 재위 947~951)을 가리킨다. 태조의 장손으로 이름은 兀欲이며 중국식 이름은 耶律阮이다. 부친 耶律倍가 태종과의 갈등으로 後唐으로 도피했는데, 태종의 직계가 아님에도 좋은 성품과 무용을 갖춰서 군신의 추대를 받아 제3대 황제가 되었다. 거란 건국기의 혼란을 진정시키고 국세를 키우기 위해 힘썼으나 황실 내부 반란이 끊이지 않았고, 결국 정변에 피살되었다. 廟號는 '世宗'이고 시호는 '孝和莊憲皇帝'이다.

118 乾州 : 거란 東京道 소속으로 軍額은 廣德軍, 州格은 節度州로서 별도로 海北州를 관할하였다. 치소는 奉陵縣(현 요녕성 錦州市 北鎮市)이고 관할 현은 奉陵縣·司農縣·延昌縣·靈山縣 등 4개이다. 지명은 乾亨 4년(982)에 景宗의 乾陵을 관리하는 陵州로 설치한 데서 취하였으며, 같은 지명으로는 송 永興軍路 乾州(현 섬서성 咸陽市 乾縣)가 있다. 관할구역은 요녕성 요동만에 연한 현 錦州市의 북동쪽에 해당한다.

119 兎兒渦 : 매우 저습한 지형임을 나타내는 지명으로, 이튿날 도착한 梁魚渦까지 소

택지가 이어졌다.

120 陳樂素는 許本과 季本을 수정하여 '地形如□, 遼河居其中'으로 썼다.

121 梁魚務 : 금조는 연경에서 요동으로 가는 교통로에 있는 梁魚務를 望平縣으로 승격시켰다. 요동만에 연한 현 요녕성 錦州市 黑山縣에 해당한다.

122 遼河 : 내몽고·길림·요녕성을 흘러 발해로 유입되는 강으로, 길이는 1,345㎞로 중국 내 7위이고 유역면적은 219,000㎢이다. 동요하·서요하 2개의 지류로 이루어졌으며, 서요하는 다시 시라무렌과 요하의 2개 지류로 이루어졌다. 漢代 이전에는 句驪河, 한대에는 大遼河라고 했고 五代부터 遼河라고 칭하였다. 사용량에 비해 수량은 풍족하지 않은 편이며 홍수가 자주 발생하고 含沙量이 황하·海河에 이어 세 번째로 많아서 하구 삼각주가 계속 커지고 있다.

123 瀋州 : 거란 東京道 소속이며 軍額은 昭德軍, 州格은 節度州이고 별도로 巖州를 관할하였다. 치소는 樂郊縣(현 요녕성 瀋陽市 瀋北新區)이고 관할 현은 樂郊縣·靈源縣 등 2개이다. 본래 三河縣·漁陽縣이었는데 연운 16주를 할양받은 뒤 지명의 중복을 피해 낙교현과 영원현으로 바꿨다. 지명은 관내 瀋河에서 취하였다. 遼河와 渾河의 충적작용으로 이루어진 비옥한 평야지대이며, 관할구역은 현 요녕성 북중부 沈陽市의 城區에 해당한다.

124 興州 : 거란 東京道 소속이며 軍額은 中興軍, 州格은 節度州이다. 치소 겸 관할 현은 常安縣(현 요녕성 鐵嶺市 鐵嶺縣)이고 지명은 발해의 홍주 주민을 이주시켜 설치한 데서 유래하였다. 같은 지명으로 利州路 興州(현 섬서성 漢中市)가 있다. 관할구역은 현 요녕성 동북부 鐵嶺市의 남쪽에 해당한다.

125 咸州 : 거란 東京道 소속이며 軍額은 安東軍, 州格은 節度州이고 道宗 이후 咸州路兵馬司·北女直詳穩司가 설치되었다. 치소 겸 관할 현은 咸平縣(현 요녕성 鐵嶺市 開原市)이다. 金 太祖의 즉위 장소이고 거란인 耶律留可가 東遼를 건국(1213)하였던 곳이며, 이듬해에는 金의 大將 蒲鮮萬奴가 東遼를 공격하고 이곳에 東夏를 건국하는 등, 짧은 기간이었지만 함주는 金·東遼·東夏 등 3개국의 수도가 되었던 전략적 요충지이다. 요하의 동쪽, 장백산맥의 지맥으로 산지와 구릉지가 많으며, 관할구역은 현 요녕성 동북부 鐵嶺市의 북동쪽에 해당한다.

126 연회 시설 : 원문은 '供帳'인데, 연회를 위해 진설한 천막이나 용기·음식 등의 물건을 뜻하기도 하고, 연회를 연다는 뜻이기도 하다. '供張'이라고도 한다.

127 方響 : 타악기인 경쇠磬의 일종으로, 크기는 같지만 두께가 다른 16매의 철판을 두 줄로 매달아 놓고 철로 만든 봉으로 두드려 연주하는 악기이다.

128 豢 : 7개 현으로 만든 악기로, '箏'과 유사하다.

129 中使 : '宮中에서 파견한 使者'라는 말인데, 宦官이 전담하였기에 '환관'을 뜻하기도 한다. 다만 여기에서도 환관을 가리키는지는 확인하기 힘들다.

130 과일 안주 : 원문은 '菓子'이다. 본래 과일을 뜻하는 말인데, 후에 과일에 밀가루 등을 붙여 튀긴 단과자의 의미로 쓰였다. 본문에서는 '과일 안주'로 번역하였다.

131 胡餅 : 月餅의 본래 이름이다. 승리를 거둔 병사들을 격려하기 위해 唐代에 처음 만들었다고 전해진다.

132 원문은 '貴臣'이다. 본래 公卿大夫 등 고위직 관료의 家臣를 가리키는 말이나 점차 고위직 대신을 가리키는 汎稱으로도 쓰였고, 나아가 권력이 있는 환관을 뜻하기도 하였다.

133 원문은 '蠻貊之邦'이다. 『論語』「衛靈公」편에 "자장이 '행'에 대해 묻자 공자가 답했다. '말에는 충정과 믿음을 담고, 행은 독실하고 공경하게 한다면, 비록 만맥의 나라에서도 행해질 것이다.(子張問行, 子曰 : '言忠信, 行篤敬, 雖蠻貊之邦, 行矣. 言不忠信, 行不篤敬.)"에서 유래하였다.

134 饒州 : 江南東路 소속이며 등급은 上, 郡名은 鄱陽郡, 州格은 軍事州이다. 치소는 鄱陽縣(현 강서성 上饒市 鄱陽縣)이고 관할 현은 樂平縣·德興縣·浮梁縣·安仁縣·餘干縣·鄱陽縣 등 6개, 감은 永平監 1개이다. 지명은 上饒江(현 信江)에서 취하였고 上饒는 요주의 별칭이다. 같은 지명으로는 거란 上京道 饒州(치소는 현 內蒙古自治區 赤峰市 林西縣)가 있다. 3면이 안휘성·절강성·복건성과 연해 있는 산악지대이나 서쪽은 鄱陽湖와 접한 평야이다. 관할구역은 현 강서성 동북부 지역에 해당하는데 중간에 景德鎭市가 있어 전체 모습이 H자 형태로 양분되어 있다.

135 樂平縣 : 江南東路 饒州 소속이며 등급은 '望'이다. 지명은 남쪽으로 樂安江, 북쪽으로 平林과 접한 데서 취하였다. 현 강서성 북동부 景德鎭市 남쪽의 樂平市에 해당한다.

136 同州 : 거란 東京道 소속이며 軍額은 鎭安軍, 州格은 節度州이며 별도로 지명 미상의 1개 주를 관할하였다. 치소는 東平縣(현 요녕성 鐵嶺市 開原市)이고 관할 현은 東平縣·永昌縣 2개이며, 거란 태조가 발해의 東平寨를 州로 승격시켰다. 같은 지명으

로 송의 永興軍路 同州(현 섬서성 渭南市 大荔縣)가 있다. 구릉지와 遼河·淸河의 충적 평야 지대이며, 관할구역은 현 요녕성 동북부 鐵嶺市의 북동쪽에 해당한다.

137 信州 : 거란 東京道 소속이며 軍額은 彰聖軍, 州格은 節度州이다. 치소는 武昌縣(현 길림성 長春市 公主嶺市)이고 관할 현은 武昌縣·定武縣 등 2개이다. 같은 지명으로 송의 江南東路 信州(현 강서성 上饒市)가 있다. 남쪽은 大黑山山脈, 북쪽은 평야 지대로 東遼河의 상류이며, 관할구역은 현 길림성 중부 長春市의 서남쪽에 해당한다.

138 黃龍府 : 거란 東京道 소속이며 軍額은 安遠軍, 州格은 節度州이다. 치소는 黃龍縣(현 길림성 長春市 農安縣)이고, 관할 현은 永平縣·遷民縣·黃龍縣 등 3개이다. 원래 渤海의 扶餘府로 926년에 설치되었는데, 975년에 燕頗의 난으로 通州로 강격되었다가 1020년에 龍州 황룡부로 회복되어 兵馬都部署司가 설치되었다. 휘종과 흠종이 포로로 끌려가 억류된 곳이어서 송에게는 치욕의 상징이기도 했다. 관할구역은 현 길림성 중북부 長春市의 북쪽에 해당한다.

139 야율아보기의 발해 공략은 대략 925년 4월에 시작하여 926년 1월 9일에 상경용천부를 함락시키게 된다. 『遼史』 권2 「太祖本紀·下」에 따르면, 상경용천부 성이 함락된 직후 그 子城에 황룡이 나타났는데, 길이가 1里에 달할 정도였으며, 이 황룡이 야율아보기의 행궁으로 들어가자 검은 보랏빛 기운이 하늘을 가렸다가 하루가 지난 뒤에야 흩어졌는데, 그날 야율아보기가 55세의 일기로 사망하였다. 扶餘를 黃龍府로 삼은 것은 보다 뒤의 일이다.

140 원문은 '托撒孛堇寨'이다. 거란 東京道 祥州(현 길림성 長春市 農安縣)로서 길림성 중북부 長春市의 북쪽에 있다. 中京道에도 祥州(현 길림성 朝陽市 일대)가 있었다.

141 鐵離 : 唐代에 黑水靺鞨에 속했다가 이후 渤海에 복속된 부족으로서 '鐵利'라고도 한다.

142 吐渾(313~663) : 서북방의 유목민인 鮮卑 慕容部의 지파인 慕容吐谷渾이 건국한 나라이다. 내몽고자치구 시라무렌에서 출발해 祁連山脈과 청해의 황하 상류 지대에서 건국하였다. 이후 北魏와 갈등과 조공 관계를 반복하며 티베트 고원에서 상당한 세력을 과시하다가 당의 종속국이 되었으며, 다시 송첸감포의 吐蕃에 의해 멸망하였다. '吐谷渾'·'土谷渾'으로도 쓴다.

143 靺鞨 : 松花江 유역을 지배하던 勿吉이 6세기 중엽에 이르러 세력이 약화 되자 여러 부족이 자립하였는데, 이들을 총칭하여 '靺鞨'이라 부른다. 본래 수십 개 部로

나뉘어 있다가 후에는 7개 大部로 통합되었다.

144 室韋 : 5~10세기 嫩江과 흑룡강 유역에서 거주하던 일족으로, '失韋'·'失圍'라고도 하며 본래 20여 개 部였다. 이들 가운데 거란과 가까이 거주하며 지배받던 7개 部를 '七姓室韋'라고 하는데, 그 가운데 呼倫貝爾에서 몽골고원에 살던 일부가 蒙兀室韋였다. 바로 여기서 '蒙古'라는 명칭이 나왔다. 실위 가운데 두각을 드러낸 達怛部가 점차 실위를 대치하였으며, 元代에는 '達怛'을 '塔塔兒'라고 칭하기도 하였다.

145 烏舍 : 거란에 의해 발해가 멸망한 뒤 발해 유민들이 여러 차례 반란을 일으키고 건국을 선언하였는데, 烏舍國은 그 가운데 하나로서 綏芬河 중상류와 烏蘇里江 유역을 지배하였다. 981년 송 태종은 오사국에 거란에 대한 협공을 제안하면서 오사국 국왕을 가리켜 '烏舍城浮瑜府渤海琰府王'이라고 칭하였다. 『欽定續通典』 권150에는 '거란 성종 統和 13년(995)에 오사국이 鐵驪를 침범하자 奚王 등을 보내 토벌하였고, 이에 오사국은 사절을 보내서 화의를 체결하고 생신과 正旦에 정례 사신을 보내기로 합의하였다. 후에 천조제 때 파견을 중단하였고 금이 건국되자 태조에게 항복하였다'고 하였다. 그러나 『遼史』에는 烏舍國에 관한 기록이 없다.

146 回紇Uyghur : 위구르어를 사용하는 튀르크계 민족의 일부로 744년 돌궐 제2제국을 멸망시키고 위구르제국을 건국하였다. 이후 카스피해부터 만주까지 영역을 확장하였고, 당이 안사의 난으로 위기에 처하자 반군을 물리치고 당조를 좌지우지하였다. 그러나 8세기 말부터 점차 농경사회로 변하며 군사력이 약해져 840년 키르기스에 의해 멸망하였다.

147 黨項 : 티베트의 일족으로 『宋史』 권491 '외국열전'에서는 '党項'으로 썼다. 청해성 동남부 황하 상류에서 살다가 唐代에 감숙 동부와 섬서 북부로 이주하였다. 黃巢의 난 때 전공을 세운 拓跋思恭이 당조로부터 李氏 성과 夏國公·夏州節度使를 받고 현 영하·감숙·청해 등에 걸친 5개 주를 다스렸다(883). 후에 송 태종은 내분을 틈타 이들 5개 주를 직접 지배하려고 했지만, 이에 반발한 李繼遷이 독립하여 990년 거란으로부터 夏國王에 봉해졌고, 1038년에 李元昊가 칭제하며 거란·북송과, 이후에는 금·남송과 정립하였다.

148 益州 : 거란 東京道 소속이며 州格은 觀察州, 치소 겸 관할 현은 靜遠縣(현 길림성 長春市 農安縣)이다. 같은 지명으로 송의 成都府路 成都府(현 사천성 成都市)의 한 때

(981~988) 지명이었던 益州가 있다. 관할구역은 현 길림성 중북부 長春市의 북쪽에 해당한다.

149 賓州 : 거란 東京道 소속이며 軍額은 懷化軍, 州格은 節度州이지만 본래 刺史州였고, 주의 치소(현 길림성 長春市 農安縣)만 있을 뿐 관할 현은 따로 없다. 관할구역은 현 길림성 중북부 長春市의 북쪽에 해당한다. 같은 지명으로 송의 廣南西路 賓州(현 광동성 茂名市 化州市)가 있다.

150 許涵度는 "'幕'을 '帟'으로 잘못 썼다(幕誤作帟)"고 했는데, "'次'를 '帟'으로 잘못 썼다"라고 해야 옳다.

151 원문에서는 '原脫離漫七里三十字'라고 하였는데 '三十字'가 아니라 '十三字'가 옳다.

152 混同江 : 혼동강이 어느 강을 뜻하는지 문헌에 따라서 상당한 차이가 있다. ① 『三朝北盟會編』에서는 혼동강이 남으로 500리를 흘러 압록강과 합류하여 바다로 흘러간다고 했고, 『大金國志』에서도 혼동수를 압록강의 발원지라고 하였다. ② 『資治通鑑』注에서는 혼동강이 압록강이라고 하였다. ③ 『契丹國志』·『松漠記聞』·『金史』에서는 흑룡강이라고 하였다. ④ 元과 明의 『一統志』·『水經注』에서는 현재의 瑚爾哈河라고 하였다. ⑤ 『水道擔綱』에서는 혼동강이 송화강의 원류라고 하였다. ⑥ 『遼史』에서는 鴨子河라고 하였으나 『清一統志』·『滿洲源流考』에서는 혼동강이 송화강의 상하류를 통칭한다고 했다. 즉 嫩江·瑚爾哈河·烏蘇裡江·흑룡강 모두를 혼동강의 지류라고 했다. ⑦ 『清會典圖說』·『吉林通志』에서는 嫩江 이하를 혼동강이라고 하였다. 이상 여러 가지 견해 가운데 ①은 당시 직접 현지를 다녀온 사신들의 기록이기는 하지만 실제 그런 강이 없고, 다른 기록들도 당시 여진의 근거지와 상당히 떨어져 있어 그대로 받아들이기 힘들다. 본 번역진은 아골타가 거병하여 처음 공격한 '混同江의 寧江州'가 현 길림성 松原市 扶餘市라는 점을 고려하여 혼동강을 백두산에서 발원하여 북북서로 흘러 嫩江과 합류하기 전까지의 송화강 상류를 지칭하는 것으로 파악하였다.

153 이는 혼동강의 상·하류를 오인한 것으로 보인다. 혼동강은 이곳의 남남동 방향에 있는 백두산에서 발원하여 북북서로 흐르다가, 치치하얼 방면(본문의 廣漠之北)에서 남하한 鴨子河와 만나며 방향을 130도 틀어 동북쪽으로 하얼삔을 지나(혼동강으로 부름) 사할린만으로 흘러 들어간다.

154 涞流河 : 현 흑룡강성과 길림성의 분계선에 자리한 송화강의 지류인 拉林河이다.

『松漠紀聞』의 기록에 따르면 混同江에서 10리 떨어진 寧江州 서쪽에 있는 來流城 부근에 있다고 하였다.

155 客館의 규모에 관해서 사료마다 기록이 다른데, 구체적인 내용은 확인하기 어렵다. 본문에서는 객관의 규모가 매우 작다는 점을 강조하고 있어 季振宜本에 따라 번역하였다.

156 客省使 : 외국 사신에 대한 접대 업무를 담당한 客省의 책임자로 송조에서는 從5品官이었다.

157 閤門使 : 閤門司의 장관을 지칭한다. 閤門司는 '慶禮'와 '慰禮'에 관련된 모든 궁중 의례를 주관하는 기관으로, '慶禮'를 주관하는 '東上閤門'과 '慰禮'를 주관하는 '西上閤門'으로 이루어졌다. 황제가 조회 참석차 전각으로 갈 때 양옆의 문을 통해 의장대가 들어오는 의례를 가리켜 '합문'이라고 하는데, 후에 관서 명칭이 되었다. 東·西上閤門의 장관인 知閤門事는 각각 3명이며, 주로 殿上에서 진행하는 의식 진행을 책임진다. 남송 때 두 합문사를 통합한 뒤 장관을 知閤門事라고 하였는데, 거란·금도 합문사를 통합 운영하였던 것으로 보인다. 閤門使·知閤은 약칭이다.

158 토성 : 원문은 '阜宿'이다. 上京會寧府의 성벽은 흙을 판축하여 쌓아 올리고 여기에 검푸른 벽돌을 덧붙인 구조인데, 기록상으로 성벽에 벽돌을 쌓아 올린 것은 世宗 재위(1161~1189) 당시의 일이다. 따라서 태종 즉위 초에는 흙성벽 상태였다. '阜宿'은 흔히 쓰이는 용어는 아니나, 토성에 가까운 성벽을 표현한 말로 보인다.

159 頃 : 1頃은 100畝이며, 대략 66,667㎡(6.7ha)에 해당한다.

160 龍臺 : 황궁·관부·사찰 등 장대한 건물의 基壇을 가리키는 말이다. 그 모습이 용의 꼬리처럼 긴 데서 유래한 용어로 건물의 위상과 등급을 과시하는 한편 辟邪 기능도 있었다. 크기와 형태, 재료는 매우 다양하였다.

161 毛氈 : 양모에 뜨거운 물과 압력을 가하며 문질러서 압축한 천으로 펠트felt, 또는 담요blanket를 뜻한다. 실을 짜서 만든 양탄자와 구분된다.

162 鞞鼓 : 제사를 지낼 때 사용하는 6개의 북 가운데 하나로, 雷鼓의 일종이며 군용 북이기도 하다. 군용 북이라는 점에서 전쟁을 뜻하기도 한다.

163 山棚 : 국가 경축 행사 때 세우는 무대를 말한다. 채색의 천막으로 장식하였다.

164 拜舞抃蹈 : 황제 친견에 앞서 머리가 땅에 닿게 절한 뒤 춤을 추고 閤門使의 안내

를 받아 들어가고, 나와서도 마찬가지 동작을 하는 의례이다.

165 桃源洞은 陶淵明의 「桃花源記」를 통해 널리 알려진 도교의 仙境이고, 紫極洞은 八仙의 하나인 呂洞賓이 태어난 곳이며, 翠微宮은 당대 황실의 별궁 명칭이다.

166 鴟尾 : 원문은 '鴟吻'이다. 지붕 용마루의 양쪽 끝에 높게 세운 장식기와로 본래 길상과 辟邪의 상징인 봉황의 형태를 본뜬 것이라고 알려졌으나 점차 화재 예방을 위해 용의 형태로 바뀌었다. 漢代에는 '反羽'라고 칭하였고, 위진대에' 鴟尾', 당대부터 '鴟吻'이라고 하였다.

167 龍墀 : 궁궐이나 사찰 등 대형 건물의 정면 계단 중간에 돌로 만든 浮彫를 설치하여 계단을 좌우로 갈라놓는데 이것을 '龍墀' 또는 '丹墀'라 한다. 따라서 용지는 '황제 · 궁궐 · 법단 · 도량 · 도관' 등을 상징한다.

168 骨朵 : 나무나 쇠로 만든 긴 몽둥이인데, 끝에 미늘 모양의 쇳덩이나 나무토막을 붙인 것이 마치 뼈가 이어진 것 같은 모양에서 나온 이름이다. 당대 이후에는 형벌용으로, 송대 이후에는 의장용으로 썼다.

169 教坊 : 唐代에 처음 설치한 기구로서 연극 · 연주 · 무용을 담당한 부서이다. 太常寺가 총괄하고, 그 아래에 太樂署와 鼓吹署를 두었는데, 태악서는 궁중 의례에 사용하는 정중한 雅樂을, 고취서는 군악을 위주로 하였다. 거란도 당조의 제도를 계승하여 남면관 소속으로 운영하였다.

170 四部 : 教坊에 속한 음악의 4대 분류로서 왕조에 따라 다른데, 당시에는 大曲部 · 法曲部 · 龜茲部 · 鼓笛部로 나누었다.

171 百戲 : 오늘날 서커스에 해당하는 각종 곡예로 불 위를 걷고 칼을 삼키는 등의 絶技, 각종 마술, 투호 같은 놀이나 춤 등 온갖 종류의 민간 놀이를 가리킨다. 종묘의 제사나 조정의 의례에 쓰이는 고상한 정통음악인 '雅樂'과 구별되어 쓰인다.

172 撾簸箕 : '簸箕'는 곡식을 까부는 키나 허드레 물건을 담아 나르는 삼태기를 가리킨다. '撾'는 두드리거나 긁는 동작을 말하는데, 撾簸箕가 구체적으로 어떤 동작인지는 확인하지 못하였다.

173 사당 : 원문은 '祠廟'로서 엄격히 말하면 '사당'과 '묘당'의 합칭이다. 조상에 대해 제사를 지내는 건물을 가리켜 '祠'라고 하며 속칭은 '宗祠' · '祠堂'이다. 황제의 경우 '太廟', 명문가의 경우 '家廟'라 하였다. 일반적으로 孔廟 · 關帝廟 · 岳王廟 등 제왕급의 신이나 인물에 한해 '廟'라고 칭하여 일반의 '祠'와 구분하였다. 하지만 후

대로 내려가면서 土地廟·瘟神廟 등 신의 등급과 상관없이 '廟'라는 용어가 남용되어 조상을 모시는 사당의 개념은 물론 등급에 따른 '祠'와 '廟'의 구분이 모호해졌다.

174 電母 : 천둥을 관장하는 신인 雷公을 돕는 여신인데, 雷公과 電母가 싸울 때 천둥과 벼락이 친다고 한다.

175 과녁 받침터 : 원문은 '垛'인데, 성벽 위 사람을 보호하기 위해 쌓아 올린 성가퀴, 또는 흙을 쌓아서 만든 과녁 받침터를 말한다.

176 襲衣 : 본래 의전 행사 때 왕과 제후, 卿과 大夫가 입는 여우 털로 만든 裘衣 위에 입는 상의를 뜻하나, 후에는 '온전한 한 벌의 옷'이란 의미로 썼다.

177 堂上樂 : 종묘나 조정의 조화를 기원하는 음악을 뜻한다. 반대로 '堂下樂'은 鳥獸와 만물의 조화를 기원하는 음악을 말한다. 『金史』 권49 「樂志」에 따르면 '송조 太廟의 당상악은 48명이 연주한다'고 하였다.

178 幣帛 : 본래 제사·貢納·선물용으로 쓰던 繒帛을 가리킨다. 후에 財物의 대칭으로도 쓰였다.

179 揖 : 두 손을 맞잡아 얼굴 앞으로 들어 올리고 허리를 앞으로 공손히 구부렸다가 몸을 펴면서 손을 내리는 중국의 전통적인 인사법으로서 『周禮』에 명기될 정도로 오래되었다. 손을 잡는 방식에 따라 西周부터 魏晉南北朝까지 유행한 '周揖禮', 唐부터 元까지 유행한 '叉手揖禮', 明代부터 지금까지 유행하고 있는 '抱拳揖禮'로 나눌 수 있다. '포권읍례'는 원래 군대 내에서 행하던 것인데, 간결하여 漢代 이후로 지속되었으며 명·청대 이후 널리 유행하였다.

삼조북맹회편

三朝北盟會編

卷21

[政宣上帙21]

起宣和七年正月二十三日乙未, 盡二月.

정화 연간(1111~1118)부터 선화 연간(1119~1125)까지를 기록한 상질의 제21권 : 선화 7년(1125) 1월 23일 을미일부터 2월까지.

正月二十三日乙未，聖旨 ："王昂接伴大金國賀正旦使事不謹，可特勒停."

선화 7년(1125) 1월 23일 을미일, 다음과 같은 내용의 성지를 받들었다.

"왕앙이 대금국 신년하례국신사의 접반 업무에 성실하게 임하지 않았으니 특별 정직[1]함이 마땅하다."

二十四日丙申，金國賀正旦大使盧州管內觀察使孛菫(改作貝勒)高居慶、副使大夫守大理卿楊意入見於紫宸殿.

선화 7년(1125) 1월 24일 병신일, 금국의 신년하례국신사로 노주 관내관찰사인 발근 고거경, 부사로 대부[2]인 대리시경 대행 양의가 자신전에 들어와서 황상을 알현하였다.

粘罕(改作尼堪)在雲中獲天祚，以兵護歸國，封海濱王，遼國亡.

점한이 운중에서 천조제를 잡아 호위군을 붙여 본국으로 압송한 뒤 해빈왕에 봉하였다. 이로써 요나라는 멸망했다.

『亡(刪此字)遼錄』曰：天祚卽位, 禽荒失御, 諸部怨叛, 潛附阿骨打(改作阿固達), 咸稱兵以拒之. 天慶四年, 阿骨打(改作阿固達)會集女眞諸部全裝軍馬二千餘騎, 首犯(改乍破)混同江之甯江州, 東北路統軍司遽具狀以聞. 時天祚方慶州①秋山射鹿, 聞之不介意, 仰北樞密院箚付東京兵馬都部署司, 量遣渤海子弟一千人, 以海州刺史高仙壽充統領官應援甯江州, 遇女眞軍於州東, 渤海大敗, 或陣沒, 或就擒獲, 免者無幾. 復攻破甯江州, 無少長, 悉殺之.

① [許] 時天祚方慶州 : '時天祚方於慶州'로 써야 한다. 교주를 따른다.

『망요록』에는 다음과 같이 적혀 있다.

천조제가 즉위한 뒤 사냥에만 몰두하여 정사를 제대로 돌보지 못하자 여러 부족이 원한을 품고 배반하여 몰래 아골타에게 붙었고, 함께 거병하여 대항하였다. 천경 4년(1114), 아골타가 여진의 부족들을 모아 완전 무장한 기병 2천여 기를 동원하여 처음으로 혼동강에 있는 영강주를 공격하였다. 동북로통군사[3]에서 급히 장계를 올려 상세히 보고했지만, 천조제는 당시 경주[4]에서 가을철 사슴사냥[5] 중이어서 보고를 듣고도 별로 개의치 않았고, 북추밀원[6]을 시켜 지시하길, 동경병마도부서사[7]로 하여금 발해의 귀족 자제 1천 명을 재량껏 파견하고 해주[8]자사[9] 고선수를 통령관에 보임하여 영강주를 지원하게 하였다. 영강주 동쪽에서 여진군과 맞닥뜨린 발해군은 대패하여 진중에서 죽거나 포로가 되었고 몇 안 되는 이만 겨우 빠져나왔다. 여진군은 다시 영강주를 쳐부숴 어린이와 노인을 가리지 않고 모두 살해하였다.[10]

是月①, 天祚出秋山, 赴顯州冬山射虎, 聞攻陷甯江州, 中輟不行②, 差守司空、殿前都點檢蕭嗣先③充北路都統, [021-02] 靜江軍節度使蕭撻勃也④(改作托卜嘉)副之, 發契丹、奚軍三千騎, 中京禁軍三千人, 別選諸路武勇人賈庭等三百餘人, 以中京諸路都虞候、安州防禦使崔公義充都管押侍衛, 控鶴都指揮使、商州刺史刑穎⑤副之, 到幽州店⑥駐兵.

① [按] 是月 : 袁本에서는 '是日'로 썼다.

② [按] 中輟不行 : 『契丹國志』 권9에서는 '中輟不行. 十月'로 썼다. 교주를 따른다.

③ [按] 蕭嗣先 : 袁本에서는 '蕭嗣光'으로 썼다.

④ [按] 蕭撻勃也 : 袁本에서는 '蕭撻不也'로 썼다.

⑤ [按] 刑穎 : 袁本에서는 '刑頴'으로 썼다.

⑥ [按] 幽州店 : 『契丹國志』 권9에서는 '出河店'으로 썼다. 교주를 따른다.

그달9월에 천조제는 가을 사냥을 나가 현주의 동산에서 호랑이를 사냥하다가 영강주가 함락되었다는 소식을 듣자 사냥을 중지하였다. 10월에 사공[11] 대행[12]이며 전전도점검[13]인 소사선[14]을 북로도통으로, 정강군절도사인 소달발야를 부도통으로 보임하고, 거란과 해의 기병 3천 명과 중경의 금군[15] 3천 명을 징발하고 별도로 무용이 뛰어난 각 지역의 인물로 가정 등 300여 명을 선발한 뒤, 중경제로도우후[16]이며 안주[17]방어사인 최공의를 도관압시위[18]로, 시위공학[19]도지휘사이며 상주[20]자사인 형영을 부도관압시위로 삼아 출하점[21]에 가서 주둔하게 하였다.[22]

女眞潛渡混同江, 掩其不備, 諸軍未及陣, 而爲女眞所敗, 骨肉、輜(改作輜重器)械①, 牛羊、金帛, 悉皆棄於女眞. 天祚自兩戰之敗, 召宰相張琳、吳庸付以東征事, 以漢軍二十萬分路進討, 雜以番軍, 分爲四路, 北樞密副使耶律斡勃朶②(改作鄂爾多)流淶(改作拉林)河路都統,③ 以衞尉卿④蘇壽吉副之, 黃龍府尹耶律甯黃龍府路都統, 以桂州觀察耿欽副之, 復州節度使蕭湼曷⑤(改作尼格)咸州路都統, 以將作監⑥龔誼副之, 左祗候郎君詳穩(改作詳袞)司蕭阿姑(改作蕭阿古)好草峪都統, 以商州團練使張惟協副之, 自春涉夏, 盡爲女眞攻陷.

① [按] 骨肉·輜械 : 四庫本에서는 '輜重·器械'로 썼다. 교주를 따른다.

② [按] 耶律斡勃朶 : 袁本에서는 '耶律斡離朶'로 썼다.

③ [許] 淶淶河路都統 : '淶流河'를 '流淶河'로 잘못 썼다. 교주를 따른다.

④ [按] 以衞尉卿 : 袁本에서는 '衞尉卿'으로 썼다.

⑤ [按] 蕭湼曷 : 袁本에서는 '蕭湜曷'로 썼다.

⑥ [按] 以將作監 : 袁本에서는 '將作監'으로 썼다.

여진이 은밀하게 혼동강을 건너가 거란이 대비하지 못한 틈을 타 기습해오자 거란의 각 부대는 대오를 갖추지도 못한 상태에서 여진군에게 패배하였고, 보급품 수레와 무기, 소와 양, 금과 견 모두가 여진의 차지가 되었다. 천조제는 두 차례 전투에서 패하자 재상 장림[23]과 오용[24]을 불러 동쪽 정벌에 관한 사안을 위임하고, 한인 군대 20만을 몇 지역으로 나눠 진격하여 토벌케 하면서 여러 번인 군대를 네 방면의 군대에 끼워 넣었다. 북추밀원부사 야율알발타를 래류하로도통으로, 위위시[25]소경 소수길[26]을 부도통으로 삼았으며, 황룡부윤 야율녕[27]을 황룡부로도통으로, 계주[28]관찰사 경흠을 부도통으로 삼았다. 복주[29]절도사 소녈갈을 함주로도통으로, 장작감인 공의를 부도통으로 삼았으며, 좌지후낭군반상온사[30]의 소아고를 호초욕도통으로, 상주단련사 장유협을 부도통으로 삼았다. 그러나 이들은 봄부터 시작해서 여름을 지나는 사이 여진의 공격에 모두 다 무너졌다.

天慶五年春, 天祚下詔親征, 率番、漢兵十餘萬, 出長春路, 樞密使蕭奉先充御營都統, 同知南面諸行營都部署司事耶律章奴(改作章努)副之. 以精兵二萬爲先鋒, 餘軍分五路爲正兵, 諸大臣貴族子弟千餘人爲硬軍, 扈從百司爲護衞軍. 以漢軍步騎三萬人, 別遣殿前副都點檢蕭胡覩姑(改作呼圖克)充都統, [021-03] 以樞密直學士柴誼副之, 分路進發, 與女眞兵馬會, 契丹未陣, 女眞三面急擊之①, 天祚御旗②向西南出, 衆軍從而敗潰. 天祚一日夜走三百里, 退保長春州.

① [按] 女眞三面急擊之 : 袁本에서는 '三面爭擊之'로 썼다.

② [按] 御旗 : 袁本에서는 '御旂'로 썼다.

천경 5년(1115) 봄, 천조제가 친정의 조칙을 내리고 한인과 번인 병력 10여 만을 이끌고 장춘로[31]에서 출병하였다. 추밀사[32] 소봉선을 어영도통으로, 남면제행영도부서사사 동지사인 야율장노[33]를 부도통에 보임하였다. 정예병 2만 명을 선봉군으로 삼고, 나머지 병력을 5개 로로 나눠 주력군으로 삼았으며, 대신과 귀족의 자제 1천여 명을 '경군'으로 편성하고, 호종백사를 호위군으로 삼았다.[34] 그리고 한인 보병과 기병 3만 명을 따로 편성해서 전전부도점검 소호도고를 도통으로, 추밀직학사[35] 시의를 부도통으로 삼아 길을 나눠 진격하였다.[36] 여진 군대를 만났는데, 거란군이 전투 대형을 갖추기도 전에 여진군이 3면에서 급습하니, 천조의 어기는 서남쪽으로 빠져나가게 되고, 뭇 부대들은 따라가다가 패배하여 궤멸되었다. 천조제는 하룻밤 사이에 300리를 달려 장춘주[37]로 달아나 버티었다.

是歲大宋遣羅選、侯益等充生辰正旦使, 入國, 道路爲賊所阻, 中京頓程, 兩月不得見天祚而回. 夏國①人皆稱 : "皇叔燕王忠義且賢, 若付以東征, 是②必樂爲之用, 兼之遼民自渤海之叛, 渡遼避難而流落失所者甚衆, 於今若招收爲軍, 上者③可以報國家, 下可以報私怨, 必能效死力."

① [按] 夏國 : 袁本에서는 '遼國'으로 썼다. 교주를 따른다.

② [按] 是 : 袁本에서는 '士'로 썼다. 교주를 따른다.

③ [按] 上者 : 袁本에서는 '上'으로 썼다. 교주를 따른다.

이해에 대송은 나선·후익 등을 생신 및 신년하례국신사로 보임하여 파견하였는데, 거란에 입국한 뒤 도적들로 인해 길이 막혀서 중경에서 여정이 중단되어 두 달이 되도록 천조제를 알현하지 못하고 돌아왔다. 거란국 사람 모두 다음과 같이 말하였다.

"황숙인 연왕[38]이 충의롭고 현명하므로 만약 그에게 동쪽 정벌을 맡긴다면 병사들은 반드시 연왕을 위해 기꺼이 힘쓸 것이다. 아울러 발해가 반란을 일으킨 뒤부터 요하를 넘어 피난하면서 이리저리 떠돌아다니는 거란인이 대단히 많은데 지금 만약 그들을 받아들여 군인으로 삼는다면 저들로선 위로는 국가에 보답할 수 있고, 아래로는 개인적인 원한을 갚는 일이어서, 필시 죽을힘을 다할 것이다."

天祚授燕王以諸路兵馬都元帥, 北宰相兼殿前都點檢蕭德恭副之, 永興宮使耶律佛頂(改作佛騰)、延昌宮使蕭昂並充①監軍, 聽辟官屬, 召募遼東饑民得二萬餘, 始謂之'怨軍', 如郭藥師者是也. 別選燕、雲、平山路禁軍五千人, 幷勸誘三路富民, 依等第進獻武勇軍馬二千人, 如董龐兒、張關羽(改作王)者是也. 期會四路軍馬防秋.

① [按] 並充 : 袁本에서는 '並兼'으로 썼다.

천조제는 연왕에게 제로병마도원수 직을 제수하고, 북부 재상 겸 전전도점검 소덕공을 부원수로, 영흥궁사[39] 야율불정과 연창궁사[40] 소앙 두 사람을 감군[41]으로 보임하고 관리의 임명을 허용하였다. 그리고 기근에 시달리던 요동의 백성 2만여 명을 모아 처음에는 그들을 '원군'이라고 칭하였는데, 곽약사 등이 바로 그들이었다. 별도로 연경·운중·평주로[42]의 금군 5천 명을 선발하고, 또한 3개 로의 부유한 민호에게 등급에 따라 무용을 갖춘 병력 2천 명을 바치라고 권유하였는데, 동방아와 장관우 등이 바로 그들이었다. 4개 로의 군마를 모아 여진의 가을 공세에 대비[43]하게 하였다.

天慶八年, 遇女眞, 兵陣①未交而怨軍先潰. 燕王與麾下五百餘騎退長漁泊務②, 女眞入新川州③. 天祚幸中京, 晝夜憂懼, 莫知所措, 多發間探, 潛令內庫三局提擧官, 打包珠玉、珍玩等物五百餘袋, 揀御馬二千匹, 入飛龍院, 餵養爲備, 私謂左右曰 : "今日苟能卻强敵, 安宗社, 使吾終身不食④, [021-04] 亦足矣. 若女眞必來, 我有日行三五百里馬若干, 又與大(改作宋)朝爲弟兄, 夏國爲甥舅, 皆可以歸, 亦不失一生富貴, 惟恐軍民被害耳.” 有識私相謂左右曰：“契丹必亡矣! 自古人主豈有委棄軍民而自爲身謀者⑤, 其能享國乎?” 秋, 女眞陷東京黃龍府, 如咸、信、蘇、復、辰、海、同、銀、通、韓、烏、遂、春、靖、泰五十餘州, 遂又陷遼東、長春兩路.

① [按] 兵陣 : 袁本에서는 '陣'으로 썼다.

② [許] 長漁泊務 : 일부 판본에서는 '長魚務'로 썼다.

[按] 『大金國志』 권1에서는 '長泊魚務'로 썼다. 교주를 따른다.

③ [許] 新川州 : 일부 판본에서는 '新州'로 썼다. 교주를 따른다.

[按] 『契丹國志』 권10에서도 '新州'로 썼다.

④ [按] 終身不食 : 袁本에서는 '終身不失'로 썼다. 교주를 따른다.

⑤ [按] 自爲身謀者 : 袁本에서는 '自爲謀身計者'로 썼다.

천경 8년(1118)에 여진군과 맞닥뜨렸는데, 본격적으로 전투를 벌이기도 전에 원군이 먼저 붕괴되었다. 연왕과 휘하의 500여 기병이 장박어무[44]로 후퇴하였고, 여진은 신주[45]로 진입하였다. 천조제는 중경으로 대피하여 주야로 근심하고 두려워하며 어찌할 바를 몰랐다. 정탐병을 많이 파견하는 한편, 황실 창고를 관리하는 3국의 제거관[46]에게 은밀히 명하여 진주와 옥, 진기한 완상품 등 500포대를 싸서 챙기고 어마 2천 필을 골라 비룡원[47]에 넣어 두고 잘 먹이면서 만약에 대비하게 하였다. 그리고 사적으로 측근에게 이렇게 말하였다.

"지금 만약 강적을 막아 종묘와 사직을 보전하고, 내 평생 잃지 않게 된다면 족하다. 그런데 만약 여진이 꼭 침공해 온다 해도 나는 하루에 300에서 500리를 갈 수 있는 말이 좀 있고, 또 대송과는 형제국이고 서하와는 삼촌과 조카 사이[48]라서 모두 의탁할 만하니 평생 부귀를 잃지는 않을 것이다. 다만 군과 민이 피해를 입을까 걱정스러울 뿐이다."

한 식자가 은밀히 좌우에 이렇게 말하였다.

"거란은 반드시 망할 것이다. 자고로 군주 가운데 군대와 백성을 포기하고 자신의 안위만 도모하는 자가 어디 있었단 말인가? 그렇게 하고 어떻게 국가를 유지할 수 있겠는가?"

가을에 여진이 동경도 황룡부를 함락시켰고, 함주·신주[49]·소주[50]·복주·진주·해주·동주·은주[51]·통주[52]·한주[53]·오주[54]·수주[55]·춘주[56]·정주[57]·태주[58] 등 50여 개 주를 함락시켰으며, 곧 요동로[59]와 장춘로 등 2개로를 함락시켰다.

天慶九年夏, 金人攻陷上京路, 祖州則太祖阿保機(改作安巴堅)之天膳堂, 懷州則太宗德光之崇元殿, 慶州則望聖、神仙、坤儀①三殿, 乾州則凝神、宜福殿, 顯州則安元、安聖殿, 木葉山之世祖享殿、諸陵②, 幷皇妃子弟影堂, 焚燒略盡, 發掘金銀珠玉器物.

① [按] 坤儀 : 袁本에서는 '神儀'로 썼다.

② [按] 享殿、諸陵 : 袁本에서는 '諸殿、陵寢'으로 썼다.

천경 9년(1119) 여름, 금국이 상경로[60]를 쳐서 함락시켰다. 조주[61]에는 태조 야율아보기의 천선당[62]이, 회주[63]에는 태종[64] 야율덕광의 숭원전이, 경주에는 망성전·신선전·곤의전[65] 등 3전이, 건주에는 응신전·의복전이, 현주에는 안원전·안성전이 있고, 목엽산[66]에는 역대 황제의 위패를 모신 향전과 여러 능을 비롯해 황후·왕비·자제의 초상을 모신 영당이 있었는데, 여진은 이 모두를 불살라버렸고, 금은·보배·기물 등을 도굴해 가져갔다.

保大元年, 余覩(改作伊都)叛歸金國；保大二年, 金人陷中京, 天祚幸燕. 聞余覩(改作伊都)爲金人前鋒, 引導婁宿孛堇(改作羅索貝勒)騎兵掩至, 驚駭, 率衞兵五千騎西走雲中府應行宮, 內三局珍寶庫, 祖宗二百年所有珠玉、金銀、匹帛、皮毛之類, 莫知其數, 盡爲金人所掠. 道中衞兵稍稍引去, 天祚與諸王幷長公主、駙馬、諸子弟三百餘騎, 由石窟寺遁去. 過雲中城下, 留守蕭查剌(改作察喇)以下接見, 有旨："賊馬不遠, 好與軍民守城, 但取馬五十匹①隨行." 迤邐入天德軍, 雲中雲外②得土豪二百餘騎, [021-05] 護衞趨漁陽嶺, 入夾山四部族帳③.

① [按] 五十匹 : 袁本에서는 '三十匹'로 썼다.

② [按] 雲中雲外 : 袁本에서는 '雲中外'로 썼다. 교주를 따른다.

③ [按] 四部族帳 : 袁本에서는 '四部族衛'로 썼다.

보대 1년(1121), 야율여도가 반란을 일으켜 금국에 귀순했다. 보대 2년(1122)에 금국이 중경 대정부를 함락했고, 천조제는 연경으로 대피하였다. 야율여도가 금국을 위해 선봉에 서서 발근인 루숙의 기병을 이끌고 엄습한다는 말을 듣고 놀란 천조제는 친위병 5천 기를 이끌고 서쪽 운중부의 응행궁으로 도주하였다. 태조·태종 이래 200년 동안 보관하고 있던 내고 3국[67]의 보물창고 안에 있던 진주와 옥, 금과 은, 비단과 모피 등 셀 수 없이 많은 것을 모두 금군에게 약탈당했다. 도중에 친위병도 조금씩 달아나자 천조제와 여러 왕 및 장공주[68]·부마·자제 등 300여 기는 석굴사[69]를 거쳐 달아났다.

운중부 성 아래를 지날 때 유수인 소사랄 이하 관원들이 나와서 알현하자,[70] 천조제는 다음과 같은 내용의 성지를 내렸다.

"적의 기병이 멀지 않은 곳에 있으니 군인·백성들과 성을 잘 지키되 말 50필만 내어 수행하도록 하라."

천조제 일행은 구불구불 이어진 길을 따라 천덕군[71]에 들어가려 하자 운중부 밖에서 토호 200여 기가 호위하여 어양령[72]을 지나 협산산맥의 4부족 장막으로 들어갔다.

保大四年, 得大石(改作達實)林牙兵歸, 又得陰山韃靼、毛割石(改作摩古津)兵, 自謂天助, 謀出兵收復燕雲. 大石(改作達實)林牙力諫曰 : "自金人初陷長春、遼陽兩路, 則車駕不幸廣平淀①, □而都中京, 及陷上京, 則都燕山, 及陷中京則都雲中, 及陷雲中, 則奔夾山. 向以全師, 不謀戰備, 以至擧國漢地, 全爲金人所有, 國勢微弱至此, 而力求戰②, 非計也. 當養兵待時而動, 不可輕擧." 斥而不從, 遂率諸軍乘粘罕(改作尼堪)之歸, 出夾山, 下漁陽嶺, 取天德軍、東勝、甯邊、雲內等州, 南下武州, 遇金人戰於遼水③, 復潰, 遂奔山金司小胡虜④(改作小博囉). 小胡虜(改作小博囉)密遣人報粘罕(改作尼堪), 遣五百騎刦, 遷入雲中. 初見待頗有禮, 卽降, 封海濱王, 差兵護送長白山東, 築城居之, 遼國亡矣.

① [按] 車駕不幸廣平淀 : 袁本에서는 '車駕幸廣平甸'으로 썼다.

② [按] 而力求戰 : 袁本에서는 '而方求戰'으로 썼다.

③ [按] 遼水 : 袁本에서는 '遼遏水'로 썼고, 四庫本에서는 '阿磨下水', 『契丹國志』 권12에서는 '雅哈下水', 『遼史』 권29에서는 '奄遏下水'로 썼다. 『遼史』를 따른다.

④ [按] 遂奔山金司小胡虜 : 袁本에서는 '還奔山金司'로 썼다.

보대 4년(1124)에 임아 야율대석[73]의 군대가 돌아왔고, 뒤이어 음산 달단, 모할석[74]의 군대가 합류하자 천조제는 하늘이 돕는다고 생각하고 출병하여 연운을 수복하려는 계획을 세우게 되었다.

그러나 임아 야율대석은 다음과 같이 극력 만류하였다.

"처음에 금국에 장춘로와 요양로 두 곳을 함락당한 이래로 어가가 광평전[75]으로 행차하지 못하고 중경으로 천도했고, 상경이 함락되자 다시 연경으로 천도하였습니다. 그러다가 중경이 함락되자 운중부로 천도하였고, 운중부가 함락되매 협산으로 급히 피하였습니다. 그 당시에 전군을 가지고서도 전쟁을 대비할 계획을 세우지 않아 온 나라와 한인 지역을 전부 금국이 차지하게 되었습니다. 국세가 이렇게 쇠약하게 되었는데, 굳이 선제공격하려는 것은 좋은 계획이 아닙니다. 마땅히 병력을 양성하며 때를 기다렸다가 움직여야지 가벼이 움직여서는 안 됩니다."

그러나 천조제는 야율대석의 제안을 물리치고 따르지 않았으며, 점한이 본국으로 돌아간 틈을 타서 마침내 여러 부대를 이끌고 협산산맥에서 나와서 어양령을 내려와 천덕군·동승주[76]·영변주·운내주 등 여러 주를 점령하고, 무주로 남하하다가 금군을 만나 엄알하수[77]에서 싸웠으나 또 대패하여 산금사[78]의 소호로小胡虜에게로 도망갔다. 그 소호로가 몰래 사람을 보내 점한에게 알리자, 점한은 기병 500명을 보내 천조제를 잡아서 운중부로 끌고 갔다. 천조제는 처음에 자못 예우를 갖춰 자신을 대해 주는 것을 보고는 바로 항복하였다. 이에 천조제를 해빈왕에 봉하고, 병사를 보내 장백산 동쪽으로 호송한 뒤 성을 쌓고 그곳에 살게 하였으니, 요나라는 이렇게 멸망하였다.

遼國自太祖阿保機(改作安巴堅)創業於其前，太宗耶律德光擴境①於其後，呑幷諸番，割據漢界南北②，開疆五千里，分置南面漢官左右相③、參知政事、樞密院直學士，主治漢事州縣．中書、門下共一省，兼禮部，有堂後、主事、守擋官④各一員．尙書省併入樞密院，有副都承旨；吏房、兵房、刑房，承旨；戶房、廳房卽工部也，主事各一員．

① [按] 擴境 : 袁本에서는 '恢擴'으로 썼다.

② [按] 割據漢界南北 : 袁本에서는 '割據南北'으로 썼다.

③ [按] 漢官左右相 : 袁本에서는 '漢官左右'로 썼다.

④ [按] 守擋官 : 袁本에서는 '守堂官'으로 썼다. 『遼史』 권47 「百官志」와 『宋史』 권161 「職官志」에서는 '守當官'으로 썼다. 『遼史』와 『宋史』를 따른다.

요나라는 태조 야율아보기가 먼저 창업의 기틀을 닦고, 뒤이어 태종 야율덕광이 영토를 넓혔으니 여러 번국을 병탄하고, 한인의 땅을 남북으로 나누어 할거하며 5천 리에 달하는 넓은 강역을 개척하였다. 한인을 통치할 남면관[79]으로 좌·우재상, 참지정사, 추밀원 직학사 등을 설치하여 한인에 관한 업무와 해당 주현을 관할케 하였다. 중서성과 문하성을 하나로 통합하고[80] 예부를 겸하게 하였으며, 당후관·주사·수당관을 각기 1명씩 두었다.[81] 상서성[82]을 추밀원에 통합하여 부도승지[83]를 두었고, 이방·병방·형방은 승지를, 호방과 공부인 청방에는[84] 주사를 각 1인씩 두었다.

北面契丹樞密院，或知或簽書樞密院事，[021-06] 移離畢(改作伊勒希巴)、林牙, 如兵機、差除、錢穀、羣牧事等, 隷樞密院 ; 刑獄, 隷移离畢(改作伊勒希巴)院①, 主治番界部落. 又有南面都部署司, 治諸番官院, 諸行宮都部署司主管宮院、漢民, 建五京五計司, 如燕王司、兩轉運、中度支、上鹽鐵、東戶部②, 三路錢帛司 : 長春、遼西、平州. 大藩府八③ : 黃龍、興中、奚王、南北王府、乙室④(改作伊實)王府.

① [按] 移离畢院 : 袁本에서는 '移離畢院'으로 썼다. 교주를 따른다.

② [按] 燕王司 · 兩轉運 · 中度支 · 上鹽鐵 · 東戶部 : 『契丹國志』 권22 '建五京五處'에 대해 '掃葉山房本'에서는 '燕京三司 · 西京轉運 · 中京度支 · 上京鹽鐵 · 東京戶部錢鐵司'로, '四庫本'에서는 '南京三司使司 · 西京計司 · 中京度支使司 · 上京鹽鐵使司 · 東京戶部使司'로 썼다. 5京의 명칭은 '掃葉山房本', 計司 명칭은 '四庫本'을 따른다.

③ [按] 大藩府八 : 『契丹國志』 권22에서는 '大藩府六處'로 썼다.

④ [按] 乙室 : 袁本에서는 '兀室'로 썼다.

북면관으로는 거란 추밀원이 있었는데, 이리필[85]과 임아를 지추밀원사나 첨서추밀원사[86]에 임명하였다. 군대의 기밀, 관리의 임명,[87] 전곡, 군마 사육 등의 일은 추밀원에 예속되었고, 형벌과 감옥에 관한 일은 이리필원에 예속되었으며, 번인 지역 부락을 주로 관할하였다. 또 남원도부서사[88]가 있었는데, 여러 번인의 관서를 관할하였고, 제행궁도부서사는 궁원과 한인을 관할하였다. 5경에는 각각 계사[89]를 설치하였는데, 연경의 삼사사사 · 서경의 계사 · 중경의 탁지사사 · 상경의 염철사사 · 동경의 호부사사 등이고, 장춘로 · 요서로 · 평주로[90]에 각기 전백사[91]가 있었다. 대번부로는 황룡부 · 흥중부[92] · 해왕부 · 남왕부 · 북왕부[93] · 을실왕부[94] 등 8개가 있었다.

節鎮州四十三①：平、奉聖、蔚、應、朔、豐、雲中(刪此字)、內②、宜、錦、乾、顯、雙、遼、咸、瀋、蘇、復、辰、興、同、信、長春、慶、饒、驤、祖、川、成、業、懿、龍化、宜坤、建、秦、高、利、歸、允③、吉④、安武、甯江.

① [按] 四十三 : 袁本과 『契丹國志』 권22, 『亡遼錄』에서는 '三十三'으로 썼다.

② [詳] 雲中 · 內 : '雲中 · 雲內'로 써야 한다. 교주를 따른다.

③ [按] 允 : 袁本에서는 '永'으로 썼다. 교주를 따른다.

④ [按] 吉 : 袁本에서는 '高'로 썼다.

절도주는 43곳이 있다.[95] 평주 · 봉성주[96] · 울주 · 응주 · 삭주 · 풍주[97] · 운중부 · 운내주 · 의주[98] · 금주 · 건주 · 현주 · 쌍주[99] · 요주[100] · 함주 · 심주 · 소주 · 복주 · 신주 · 흥주 · 동주 · 신주 · 장춘주 · 경주 · 요주[101] · 양주[102] · 조주 · 천주[103] · 성주[104] · 래주[105] · 의주[106] · 용화주[107] · 의곤주[108] · 건주[109] · 태주 · 고주[110] · 이주[111] · 귀주[112] · 영주[113] · 길주[114] · 무안주[115] · 영강주 등이다.[116]

刺史州七十, 觀察、團練、防禦使州八, 涿、易、檀、順、景、薊、營、灤、可汗①、歸化、武、德、愼②、陳勝③、甯邊、遷、潤④、溫⑤、嚴、降聖、北安、松山、恩、通、韓、烏、靖、寅⑥、祥、雍、新、衞、招、燕、海、淥、遼西、海北、安、德、點⑦、澤、榆、銀、鐵、保、瀕、田、石、嘉、集、連、演、康、蕭、賦、吉⑧、文、欄、桓⑨、拱、安、遠、榆、河, 金肅、河清、馬董(改作和勒端)、五花、振武.

① [按] 可汗 : 袁本에서는 '汗'으로 썼다.

② [按] 愼 : 袁本에서는 '甯'으로 썼다.

③ [按] 陳勝 : 袁本과 『契丹國志』에서는 '東勝'으로 썼고 『遼史』에서는 '東勝州'로 썼다. 교주를 따른다.

④ [按] 遷 · 潤 : 『契丹國志』 刺史州 목록에서는 '仙澗州'로 썼다.

⑤ [許] 溫 : 일부 판본에서는 '溫'을 '隰'으로 썼다. 교주를 따른다.[117]

⑥ [按] 寅 : 袁本에서는 '瀛'으로 썼다.

⑦ [許] 點 : '黔'을 '點'으로 잘못 썼다. 교주를 따른다.

⑧ [許] 濒、田、石、嘉、集、連、演、康、蕭、賦、吉 : 일부 판본에서는 '賓、巖、淸、集、連、衍、廣、肅、富、吉'로 썼다.

⑨ [按] 文、欄、桓 : 袁本에서는 '文、蘭、○'으로 썼다.

자사주는 70곳, 관찰사 · 단련사 · 방어사주가 8곳 있다. 탁주 · 역주 · 단주 · 순주 · 경주 · 계주 · 영주 · 란주 · 가한주[118] · 귀화주 · 무주 · 덕주 · 신주[119] · 동승주 · 영변주 · 천주 · 윤주 · 습주[120] · 엄주[121] · 강성주[122] · 북안주[123] · 송산주[124] · 은주[125] · 통주 · 한주 · 오주 · 정주[126] · 빈주[127] · 상주[128] · 옹주[129] · 신주 · 위주 · 초주[130] · 연주 · 해주 · 록주[131] · 요서주[132] · 해북주[133] · 안주 · 덕주 · 검주[134] · 택주[135] · 유주[136] · 은주 · 철주 · 보주[137] · 빈주 · 전주 · 석주 · 가주[138] · 집주[139] · 연주[140] · 연주 · 강주[141] · 숙주[142] · 부주 · 길주 · 문주 · 란주 · 환주[143] · 공주 · 안주 · 원주 · 유주 · 하주,[144] 그리고 금숙군[145] · 하청군[146] · 하동성[147] · 오화성[148] · 진무주이다.[149]

下州二十三 : 徽、濠、驩、衡、閻①、隨、澄、金、義、遂、昌、豫、圓、福、榮、康、蕭②、里河、茂、麓、宗. 縣二百餘.

① [按] 閻 : 袁本에서는 '閭'로 썼다.

② [許] 蕭 : '肅'을 '蕭'로 잘못 썼다.

[按] 蕭 : 『契丹國志』 권22에서도 '肅州'로 썼다. 교주를 따른다.

두하군주[150]가 23곳인데, 휘주[151]·호주[152]·환주[153]·형주·염주·수주·징주·금주·의주·수주·창주·예주[154]·원주·복주[155]·영주[156]·강주·숙주·흑하주[157]·무주·록주[158]·종주[159]이다. 현이 200여 개 있다.

如沙漠之北, 則置西北路都招討府, 隩隗①(改作阿爾威)、烏隗(改作烏成)部族衙, 蘆溝河②統軍司, 倒撻嶺部衙③, 以鎭攝④韃靼、蒙古⑤、迪烈(改作德呼勒)諸國 ; 雲中路則置西南面都招討府, 西京兵馬都部署司, 金肅、河淸軍, 五花城, 南、北大王府, 乙室⑥(改作伊實)王府, 山金司, [021-07] 控制夏國.

① [按] 隩隗 : 袁本에서는 '奧隗'로 썼다.

② [按] 蘆溝河 : 袁本에서는 '盧溝河'로 썼다.

③ [按] 倒撻嶺部衙 : 袁本에서는 '倒撻嶺衙'로 썼다.

④ [按] 以鎭攝 : 袁本에서는 '鎭攝'으로 썼다.

⑤ [按] 蒙古 : 袁本에서는 '蒙骨'로 썼다.

⑥ [按] 乙室 : 袁本에서는 '兀室'로 썼다.

사막의 북쪽에는 서북로도초토부[160]·오외隩隗부족아문·오외烏隗부족아문·노구하통군사·도달령부아문을 두어 달단·몽고·적렬[161] 등 여러 나라를 통제하게 하였다. 운중로에는 서남면도초토부, 서경병마도부서사, 금숙군과 하청군, 오화성, 남대왕부와 북대왕부, 을실왕부, 산금사를 두어 서하를 통제하게 하였다.

燕山路則燕京都總管府, 侍衛馬步軍控鶴都指揮使, 都統軍司, 牛欄軍寨, 石門詳穩(改作詳袞)司, 南北皮室司, 猛拽剌(改作猛伊喇)司, 並隸總管府, 備禦①大宋. 中、上京路則有諸軍都虞侯司②, 奚王府, 大詳穩(改作詳袞)司③, 大國舅司, 大常袞司, 五院, 六院④, 沓溫(改作塔斡)司. 遼陽路則東京兵馬都部署司, 契丹、奚、渤海四軍都指揮使, 保州都統軍司, 湯河詳穩(改作詳袞)司, 金吾營, 杓窊(改作雙寬)司, 空扼高麗. 上京長春路則黃龍府兵馬都部署司, 咸州兵馬詳穩(改作詳袞)司, 東北路都統軍司, 鎭撫女眞、室韋諸部. 所在分布⑤諸番與漢軍, 咸以牙爪相制, 戎器之備, 戰馬之多, 前古未有. 子孫繼統二百三十餘年, 嘗與中原抗衡, 曾無一日秋毫之警⑥, 祖宗功業規模可謂宏遠矣. 迨至天祚失御, 女眞稱兵, 首尾攻戰十二年間, 擧國土崩瓦解. 古人所謂⑦'得之難而失之易'者, 非虛言耳, 可不哀哉!

① [按] 備禦 : 袁本에서는 '備御'로 썼다.

② [按] 都虞侯司 : 袁本에서는 '都虞候司'로 썼다. 교주를 따른다.

③ [按] 大詳穩司 : 袁本에서는 '大湯引司'로 썼다.

④ [按] 六院 : 袁本에서는 '六院司'로 썼다.

⑤ [按] 分布 : 袁本에서는 '布'로 썼다.

⑥ [按] 秋毫之警 : 袁本에서는 '秋毫之驚'으로 썼다.

⑦ [按] 所謂 : 袁本에서는 '有謂'로 썼다.

연경로에는 연경도총관부[162]를 두고 그 아래에 시위마보군공학도지휘사[163] · 도통군사[164] · 우란군채 · 석문상온사[165] · 남북피실군상온사[166] · 맹예

랄사[167]를 두고 모두 총관부에 예속시켜서 대송에 대비하게 하였다. 중경로와 상경로에는 제군도우후사[168]·해왕부·대상온사·대국구사[169]·대상곤사[170]·오원부와 육원부[171]·답온사를 두었다. 요양로에는 동경병마도부서사, 거란·해·발해사군도지휘사, 보주도통군사, 탕하상온사, 금오영,[172] 표와사[173]를 두어 고려를 제어하였다. 상경도의 장춘로에는 황룡부병마도부서사, 함주병마상온사, 동북로도통군사를 두어 여진과 실위의 여러 부족을 진무하게 하였다.[174]

번군番軍과 한군漢軍이 분포한 여러 지역 모두 이빨이 맞물리고 깍지를 낀 손가락처럼 서로 견제하면서 이처럼 많은 병기를 갖추고, 많은 전마를 보유한 것은 전례 없던 일이었다. 그 후손들이 대를 이어 230여 년을 통치하며 일찍이 중원과 필적할 형세를 이루어, 작은 경보라도 울려야 할 날이 단 하루도 없었으니, 선조들이 이룬 공적의 규모는 실로 원대하였다. 그런데 천조제에 이르러 실정을 일삼았기에 여진이 군사를 일으켜 전쟁을 시작한 지 12년 만에 나라 전체가 완전히 무너지게 되었다. 옛사람들이 '얻는 것은 어렵지만 잃기는 쉽다'고 한 말이 허언이 아니니, 정말 애석하도다!

『茆齋自敍①』曰：自天祚驅韃靼衆三萬餘騎，乘粘罕(改作尼堪)歸國，山後虛空，直抵雲中府襲擊. 兀室(改作烏舍)，率蔚、應、奉聖州、雲中府②漢兒鄕兵爲前驅，以女眞軍馬③千餘騎伏於山谷間，出韃靼軍之後，韃靼潰亂，大敗；天祚南走，兀室(改作烏舍)遣婁宿孛堇(改作羅索貝勒)以馬五百匹④追至武州界. [021-08] 天祚欲趨武州，南投大(改作宋)朝，爲隨行僧所勸，謂："南朝弱，必不敢留隱⑤，當爲女眞所索，等辱不可再辱⑥，莫若徑歸女眞, 亦不失爲王也." 天祚意決, 不進, 婁宿(改作羅索)追及, 乃下馬跪迎天祚, 請北面拜降,⑦ 兀室(改作烏舍)遣人護送歸國, 削封海濱王, 置諸東海隅, 踰年而死.

① [按] 茆齋自敍 : 袁本에서는 '茅齋自敍'로 썼다.

② [按] 雲中府 : 袁本에서는 '雲中'으로 썼다.

③ [按] 以女眞軍馬 : 袁本에서는 '女眞以軍馬'로 썼다.

④ [按] 以馬五百匹 : 袁本에서는 '以馬五百'으로 썼다.

⑤ [按] 留隱 : 袁本에서는 '隱留'로 썼다.

⑥ [許] 等辱不可再辱 : '等辱耳不可再辱'으로 써야 한다.

⑦ [按] 不進, 婁宿追及, 乃下馬跪迎天祚, 請北面拜降 : 袁本에서는 문구 전체를 '從之'로 썼고, 季本은 '不進, 婁宿追及, 乃下馬跪迎天祚, 請北面拜降, 天祚從之'로 썼다. 季本을 따른다.

『모재자서』에는 다음과 같이 적혀 있다.

점한이 귀국하여 산후지역이 비자 그 틈을 타서 천조제가 달단 무리 3만여 기를 이끌고, 곧장 운중부를 습격하려고 하였다. 그러자 올실은 울주·응주·봉성주와 운중부의 한인 향병을 선발대로 인솔하고, 여진 기병 1천여 명을 산의 계곡 사이에 매복시켰다가 달단의 뒤를 공격하자 달단은 크게 혼란에 빠져 대패하였다. 천조제가 남쪽으로 도주하자 올실은 발근 루숙을 파견하여 기병 500명으로 무주 경계까지 추격하였다.

천조제는 무주로 달려가 남쪽의 대송에 투항하려고 했다. 수행하던 승려가 다음과 같이 권하였다.

"남조는 약하여 감히 숨겨 주지 못할 것입니다. 여진으로부터 폐하를 내놓으라는 치욕적인 요구를 받게 되리니, 같은 굴욕을 두 번 되풀이 할

순 없습니다. 차라리 바로 여진으로 귀순한다면 왕의 자리는 잃지 않을 것입니다."

이에 천조제는 마음을 결정하여 송조로 가지 않았다. 루숙은 추적하여 천조제에게 다가선 뒤, 말에서 내려 꿇어앉아 맞이하면서, 천조제에게 북쪽을 향해 절하고 항복하길 청하니, 천조제가 그 말을 따랐다. 올실이 사람을 보내 호송하여 본국으로 보내자, 제위를 삭탈하여 해빈왕에 봉하고 동해 바닷가에 안치하였다. 천조제는 이듬해 사망하였다.

『松漠記聞』曰 : 女眞(改作金人)浸逼中京(中京古白霫城), 天祚懼, 遣使立阿骨打(改作阿固達)爲國王. 阿骨打(改作阿固達)留之, 遣人邀請十事, 欲册帝爲兄弟國, 及尙主. 使數往反, 天祚不得已, 欲帝之, 而他請益堅. 天祚怒曰 : "小夷(删此二字, 改作彼)乃欲偶吾女邪①?" 囚其使不報. 已而中京被圍, 逃至上京, 過燕遂投西夏. 夏人雖甥舅國, 畏女眞之强, 不果納②.

① [按] 邪 : 袁本에서는 '耶'로 썼다.

② [按] 納 : 袁本에서는 '訥'로 썼다.

『송막기문』에는 다음과 같이 적혀 있다.

여진이 중경[중경은 옛 백습성이다.]으로 침입해 오자 천조제는 두려워 아골타를 왕으로 봉하고자 사신을 파견했다. 그러나 아골타는 사신을 억류하고 사람을 보내 열 가지 사항을 요구하였는데, 황제로 책봉하여 형제국이 되고 요의 공주를 아내로 달라고 하였다.[175] 사신들이 여러 차례 오가면서 천조제는 어쩔 수 없이 그를 황제에 봉하려 하는데 아골타의 다른 요구가 더욱 심해졌다. 이에 천조제가 분노하여 "별것 아닌 이적 놈小夷에게 내 딸이 가당키나 한가?"라고 말하고는 사신을 감금하고 회답하지 않았다. 얼마 지나지 않아 중경이 포위되자 상경으로 도망갔다가 연경을 지나 곧 서하에 의탁하려 하였다. 서하는 비록 요나라와 조카와 삼촌 관계의 동맹국이었지만 강성한 여진이 두려워 결국 천조제를 받아들이지 않았다.

初大觀中, 本朝遣林攄使遼, 遼人命習儀, 攄惡其屑屑, 以'番狗'(改作惡語)詆伴使, 天祚曰 : "大宋兄弟之邦, 臣吾臣也, 今辱吾左右, 與辱我同." 欲致之死, 廷臣恐挑釁, 皆力諫①之, 杖半百而釋之. 時天祚窮將來歸, 以是故恐不加禮, 乃②走小勃律(改作博囉), 復不納, 及夜回, 欲之雲中, 未明, 遇諜者, 言'婁宿(改作羅索)軍且至', 天祚大驚, 時從騎尚千餘, 有精金鑄佛, 長丈有六尺者, 他寶貨稱是, 皆委之而遁. 値天微雪, 車馬皆有轍迹③, 爲敵所及, [021-09] 先遣④近貴諭降, 未復, 婁宿(改作羅索)下馬跪於天祚前曰 : "奴婢不佞, 乃以介冑犯皇帝天威, 死有餘罪." 因捧觴而進, 遂封海濱王, 處之東海上.

① [按] 力諫 : 袁本에서는 '泣諫'으로 썼다.

② [按] 乃 : 袁本에서는 '迺'로 썼다.

③ [按] 轍迹 : 袁本에서는 '轍跡'으로 썼다.

④ [按] 先遣 : 袁本에서는 '遣'으로 썼다.

휘종 대관 연간(1107~1110), 우리 조정에서는 임터[176]를 요나라에 사신으로 보냈는데, 요나라에서는 임터에게 자신들의 의례를 익히라고 명하였다. 임터는 그 번잡함을 싫어하며 '오랑캐니, 개니'하는 말로 접반사에게 욕을 했다. 이에 천조제가 "대송은 형제의 나라이니, 대송의 신하는 곧 나의 신하이다. 지금 내 좌우 측근을 욕보이는 것은 나를 욕보이는 것과 같다."고 말하고, 임터를 죽이려 하자, 조정의 신하들은 갈등을 일으킬 것을 걱정하여 모두 힘껏 말리니, 이에 장형 50대를 치고 풀어 주었다.

그런데 이제는 천조제가 곤란에 처하여 우리 조정에 귀의하려는 참인데, 그 일 때문에 예우해 주지 않을까 우려하여 소발율에게 갔으나 그 또한 받아주지 않자 밤을 틈타 돌아가면서 운중부로 가려다가 날이 밝기 전에 첩자를 만났다. 첩자가 '발근인 루숙의 군대가 곧 쳐들어올 것'이라고 하자, 천조제는 매우 놀랐다. 그때 따르는 기병이 아직 천여 기가 있었고, 높이가 1장 6척이나 되는 순금 불상도 있었다. 다른 보화들도 그에 맞먹을 만큼 있었지만 모두 버리고 도망쳤다. 그때 마침 하늘에서 눈이 조금 내려 수레와 말 모두 지나간 흔적이 남아 적들에게 추적당하게 되었다. 먼저 측근 고관을 보내 투항을 권유했으나[177] 답이 없자 루숙이 직접 가서 말에서 내려 천조제 앞에서 무릎을 꿇고 말하였다.

"천한 노비가 불민하여 일개 군인으로 하늘 같은 황제의 위엄을 범하였으니 죽임을 당하더라도 그 죄를 다 씻지 못할 것입니다."

그리고 술잔을 들어 바쳤다. 이리하여 마침내 천조제를 해빈왕에 봉하고 동해에 안치하였다.

『北征紀實』曰：天祚者, 以老遼主之嫡孫, 立而淫亂, 且以有力聞, 因游獵無度, 故上下皆不服, 以至滅國①. 其竄入陰夾山也, 久之, 收集散亡,勢亦稍振，故金人往來鴛鴦、白水泊，以重兵屯雲中備之．然契丹之人，漸歸金國，故天祚不能出．羣小日夜爲上謀，謂天祚在，必生後患，迺閒遣人誘之．

① [按] 以至滅國：袁本에서는 '以致滅國'으로 썼다.

『북정기실』에는 다음과 같이 적혀 있다.

천조제는 '늙은 주상'이라고 칭하던 요나라 국주道宗의 적손으로 제위에 올랐으나 음란하였고, 또 힘이 세기로 소문났으나 놀고 사냥하는데 절제가 없었기에 상하 모두 복종하지 않아 나라가 멸망하기에 이르렀다. 그가 음산산맥 남쪽의 협산산맥[178]에 들어가 숨었는데 시간이 지나면서 흩어져 도망갔던 병사들을 모아 다소나마 위세를 진작하게 되니, 금군은 원앙박과 백수박을 오가며 운중부에 많은 병력을 배치하여 방비했다. 한편 거란인들이 차츰 금국으로 귀의하게 되자 천조제는 군대를 이끌고 나올 수가 없었다. 우리 조정에서는 소인배들이 밤낮으로 황상을 위하여 계책을 낸답시고 천조제가 살아 있으면 반드시 후환이 될 거라며 사람을 보내 그를 회유해야 한다고 하였다.[179]

天祚者，心素侈，多慕中國，故其失勢也，亦願來歸．始得一番僧者，令齎御筆絹書通之，因得還報；初甚密也，往來既數，則又張皇矣．其往來皆由雲中，故金人盡知，適欲其出，是以不得(刪此字)顧也①．及天祚許歸順，乃改書爲詔示，欲臣之，且約來歸，則待以皇兄之禮，位燕、越二王上，築第千間，女樂三百人，禮待優渥，天祚大喜，於是約期相接．

童貫是以落致仕出使河東，密通之.

① [按] 是以不得顧也：袁本에서는 '是以不顧得也'로 썼다. 교주를 따른다.

천조제는 심성이 본래 사치스러워 중국을 많이 흠모하였는데 세력을 잃게 되자 귀순하고자 하였다. 조정에서는 처음에 한 번인番人 승려를 구해 명주에 쓴 어필 서찰을 들려 보내서 천조제와 연통하도록 하여, 회신을 얻을 수 있었다. 처음에는 아주 은밀하게 연락하였으나, 왕래가 잦아지자 다시 일이 장황해졌다. 그 오고 감이 모두 운중부를 거치다 보니 금군이 모두 알게 되었는데 그들은 천조제가 음산산맥에서 나오길 바랐기 때문에 승려를 잡으려 하지 않았다. 천조제가 귀순에 동의하니 서신을 조서로 고쳐서 보여 주면서, 그를 신하로 삼고자 하며, 또 와서 귀순하면 황제의 형으로 예우하여 연왕[180]과 월왕[181] 두 왕보다 위의 자리로 모시고[182] 천 칸의 저택과 여악사 300인을 주는 등 극진한 예로 대우하겠노라고 약조하였다. 이에 천조제가 크게 기뻐하며 날짜를 정해 만나기로 하였다.

동관이 사직하였다가 다시 선무사로 임용되어 하동로에 간 뒤 몰래 천조제와 연통했다.

始金人每以力不能入陰夾山，恨其不出，出必得之，蓋欲以絶其國人之望. 而天祚者適畏粘罕(改作尼堪)，據雲中，屯重兵，以扼其前①，故不克出. 及約期之際，忽報國相歸金國稟議，以兀室(改作烏舍)代雲中元帥職而去矣，天祚用是亦坦然. [021-10] 遂以宣和六年之冬末，領契丹、韃靼衆五萬人騎, 幷攜其后妃二子秦、趙王及宗屬南來, 如履無人之境. 及纔過雲中則兀室(改作烏舍)忽以大兵遮其歸路, 又報粘罕(改作尼堪)適已回雲中, 故爲其追襲, 一擊而天祚之衆大潰, 勢不得還且畏②中國必不可仗也, 乃亟走小斛祿③(改作小博囉)帳.

① [按] 以扼其前 : 袁本에서는 '以扼其前'으로 썼다.

② [按] 畏 : 袁本에서는 '謂'로 썼다. 교주를 따른다.

③ [按] 小斛祿 : 袁本에서는 '小骨碌'으로 썼다. 이하 같다.

처음에 금국은 매번 힘으로는 협산에 밀고 들어갈 수 없자 천조제가 나오지 않음을 안타까워하며, 나오기만 하면 반드시 잡아서 거란 사람들의 희망을 꺾고자 하였다. 그러나 천조제는 점한을 몹시 두려워하여 그가 운중부를 점거하고 대군을 주둔시켜 그 앞을 막고 있는 한 나올 수가 없었다. 약속한 기일이 가까워졌는데, 점한이 품의할 일이 있어 본국으로 돌아가고 그를 대신하여 올실이 운중부 원수직을 대행하여 운중부로 가게 되었다는 첩보가 갑작스레 올라오자, 천조제는 더는 고민하지 않고 이 기회를 이용하기로 하였다.

마침내 선화 6년(1124) 겨울의 끝자락에 거란과 달단의 기병 5만을 이끌고서 황후와 비빈[183] 진왕[184]·조왕[185] 두 아들 및 종친을 데리고 남으로 내려왔는데, 마치 무인지경을 지나가는 것 같았다. 막 운중부를 지나는데 올실이 갑자기 대군을 이끌고 귀로를 막아 버렸고, 게다가 점한이 운중부로 방금 돌아왔다는 보고가 있자, 추격당하는 처지가 되어 천조의 무리는 일격에 무너져 버렸다. 어쩔 수 없이 돌아가면서 중국은 분명 믿을 수 없을 것 같아 급히 소곡록[186] 부족으로 달아났다.

小斛祿(改作小博囉)帳者, 天德、雲中間之一族帳, 舊臣屬遼人, 及天祚至, 小斛祿(改作小博囉)避正寢, 事之唯謹①, 不以其失國②虧其臣節. 始粘罕(改作尼堪)常③以兵伐小斛祿(改作小博囉)矣, 然或勝或負, 及天祚在是, 粘罕(改作尼堪)因自討之, 一擧殺小斛祿(改作小博囉), 盡收破④其族帳, 蕩然無遺種, 遂禽⑤虜(刪此字)其后妃、諸子、宗屬, 獨天祚逸去, 不見. 乃於朔州、武州境上, 卽時分兵, 每三十里百騎, 頃刻布三百里以待之. 果⑥有一人馳駿馬, 手更牽二馬, 望北馳去, 騎兵圍之, 卽下馬, 因自言曰 : "我天祚也." 騎兵將加執縛, 猶顧左右叱曰 : "爾敢縛天子耶?" 粘罕(改作尼堪)因使拜阿骨打(改作阿固達)像而遣之金國, 降封海濱王.

① [按] 事之唯謹 : 袁本에서는 '事奉之惟謹'으로 썼다.

② [按] 不以其失國 : 袁本에서는 '不以失國'으로 썼다.

③ [按] 常 : 袁本에서는 '嘗'으로 썼다.

④ [按] 盡收破 : 袁本에서는 '盡破'로 썼다. 교주를 따른다.

⑤ [按] 禽 : 袁本에서는 '擒'으로 썼다. 교주를 따른다.

⑥ [按] 果 : 袁本에서는 '東'으로 썼다.

소곡록은 천덕군과 운중부 사이에 있는 한 부족으로 예전부터 요나라에 복속되어 있었다. 천조제가 그곳에 오자 족장은 정침을 양보하고 공손하게 그를 섬기며 그가 나라를 잃었다고 해서 군신의 예를 저버리지 않았다. 처음에 점한은 자주 군대를 보내 소곡록을 치게 했는데, 이길 때도 있고 질 때도 있었다. 그런데 천조제가 그곳에 머물자 점한이 직접 토벌에 나서서 일거에 소곡록을 살해하고, 그의 부족을 모조리 격파하고 하나도 남김없이 다 죽였다. 그리고 천조제의 황후와 비빈, 아들들과 종친 등을 모두 사로잡았는데, 천조제만은 어디론가 숨어 버려 찾지 못했다.

이에 즉시 삭주·무주 경계에 30리마다 기병을 100명씩 나누어 보내니 순식간에 300리에 걸쳐 천조제가 나타나기를 기다리게 되었다. 과연 한 사람이 준마를 타고 내달려 오는데, 손에는 또 다른 말 두 마리를 끌고서 북쪽으로 달려가고 있었다. 기병들이 그를 에워싸자, 곧 말에서 내리며 "나는 천조제다"라고 말하였다. 기병들이 결박하려 하자 오히려 좌우를 둘러보며 "너희들이 감히 천자를 결박하려는 것이냐!"며 호통을 쳤다. 이에 점한은 천조제에게 아골타의 초상에 절하게 하고 그를 금국으로 호송하였으며, 금국에서는 그를 폐위하여 해빈왕으로 강봉하였다.

始方討小斛祿(改作小博囉), 以未得天祚也, 粘罕(改作尼堪)遣使謂貫曰 : "海上元約不得存天祚, 彼此得卽殺之, 今中國違約, 招來之, 今又藏匿, 我必要也." 貫拒以無有, 卽又遣使迫促貫, 語大不遜, 貫不得已, [021-11] 遣諸將出境上, 曰 : "遇有異色目人, 不問便殺, 以首授使人."(據『亡遼錄』, 馬擴自敍言, 天祚被擒事, 皆大疏訛, 不若『紀實』之詳, 但擧此一端最顯者以證之, 則可以例其餘.) 然金人俄自得之, 事乃息.

처음에 소곡록을 토벌했지만 천조제를 잡지 못했을 때, 점한은 동관에게 사자를 보내 이렇게 말하였다.

"해상에서 원래 맹약하기를 천조제가 살아남지 못하게 하자고 하였고, 둘 중 어느 쪽이든 잡는 즉시 그를 죽이자고 하였다. 지금 중국이 약속을 어기고서 그를 불러들이고 이제 또 숨겨 줬는데, 나는 꼭 잡고 말 것이다."

동관은 그런 일 없다고 부인하였으나, 점한은 또 사자를 보내 동관을 재촉하였는데 말이 대단히 불손하였다. 동관은 부득이하여 여러 장수들을 국경으로 보내며 "남과 다르게 생긴 색목인[187]을 만나면 무조건 바로 죽여서 그 머리를 사신에게 주어라."라고 말하였다.[『망요록』에 의하면, "마확의 『모재자서』에 수록된 내용 중 천조제가 사로잡히기까지의 과정은 모두 너무 소략하고 오류도 많아 『북정기실』에서 자세히 다룬 것에 비할 바가 못 된다. 그저 이 한 가지의 가장 분명한 사례만으로도 그 점을 증명할 수 있으니, 그 나머지 사례는 가히 미루어 짐작할 수 있다."] 그런데 곧이어 금군이 직접 천조제를 체포하자 이 사건은 끝나게 되었다.

初金人憤我久矣, 所以不敢(改作輒)南牧肆其凶(刪肆其凶三字)者, 以天祚在陰山①綴其後, 懼乘虛而出, 則契丹必響應故也. 羣小不克深思, 不唯②誤敵國之主, 致其滅亡, 仍以上誤③聖朝, 於是天祚以宣和七年正月滅. 至八月, 方遣人來, 謂之告慶使, 以報我. 初金人得虜(改契作丹)地, 乃分兩路, 其東南所忌者, 張彀④也 ; 其西北⑤所畏者, 則天祚也 ; 我始誤張彀與除東南之患矣, 終又誤天祚而致其滅亡, 使略無西北後顧之慮, 故以是冬犯(改作入)中原.

① [按] 陰山 : 袁本에서는 '陰夾山'으로 썼다.
② [按] 唯 : 袁本에서는 '惟'로 썼다.
③ [按] 誤 : 袁本에서는 '悞'로 썼다. 이하 같다.
④ [按] 張彀 : 袁本에서는 '張覺'으로 썼다. 이하 같다.
⑤ [按] 西北 : 袁本에서는 '西'로 썼다.

애당초 금국이 우리 조정에 대해 분노한 지 오래되었지만, 남침하여 멋대로 그 흉포함을 드러내지 못한 것은 천조제가 음산에서 금국의 뒤에 있다가 금국이 송으로 쳐들어간 틈을 타서 나온다면 거란인들이 필히 이에 호응할 것을 염려했기 때문이다. 소인배들이 깊게 생각하지 못하고 적국인 거란의 군주를 그르쳐 멸망에 이르게 하였을 뿐 아니라 성스러운 우리 조정까지 그르치게 하였다. 이로써 선화 7년(1125) 정월에 마침내 천조제는 멸망하고 말았다.[188] 8월이 되어서야 금국은 비로소 '고경사'[189]라는 명칭의 사신을 파견하여 우리 조정에 천조제를 체포한 사실을 알려왔다.

처음에 금국이 북로의 옛 땅을 막 획득한 후 두 개의 로로 나누었는데, 동남지역에서 그들이 껄끄럽게 생각하는 자는 장각이었고, 서북지역에서 두려워하는 자는 천조제였다. 그런데 우리 측에서는 처음에 장각을 잘못 대하여 금국의 동남쪽 우환을 제거해 주었고, 뒤에는 또 천조제를 그르쳐서 멸망에 이르게 하였다. 이렇게 저들에게 서북방에서 뒤를 신경써야 할 걱정거리가 없도록 만들어 주었으니, 금국이 그해 겨울에 중원을 침범하게 된 것이다.

『亡(刪此字)遼遺錄』曰 : 天祚降書云 : 遼國①降臣耶律延禧謹伏斧鉞, 躬詣大金國俯伏待罪. 臣聞人不患其勇患其爲暴也. 伏念臣祖宗創二百年之基, 承天統位, 繼子傳孫, 郊祀上帝, 內外歡慶. 豈意微臣骨寒命薄, 無德可褒②, 不能當此, 夙夜惶駭, 罔知過咎, 冒犯忌諱, 若曉霜而遇烈日, 扁舟而遭怒濤, 衆惡③競興, 譖辭蠭起. 故茲慚德④, 激揚聖怒, 轉加兵師, 憂驚之極⑤, 如坐桁楊⑥. 蓋聞軹道之放, 荷蒙矜恤⑦ ; 況若新安之歎, 例受無辜. [021-12] 念漢皇之仁恩, 誕敷濡澤 ; 誚項羽之過惡, 奚免終傷. 臣所懇者, 乞加⑧軹道之留, 免效新安之禍, 戰慄之至⑨, 仰干聽聽⑩, 昧死謹言.

① [按] 遼國 : 袁本에서는 '遼'로 썼다.

② [按] 可褒 : 袁本에서는 '可保'로 썼다.

③ [按] 衆惡 : 袁本에서는 '衆怨'으로 썼다.

④ [按] 故茲慚德 : 袁本에서는 '故'를 '致'로 썼다. 『續資治通鑑長編拾補』 권49에서는 '故'로 썼다.

⑤ [按] 憂驚之極 : 袁本에서는 '憂懼之極'으로 썼다.

⑥ [按] 如坐桁楊 : 袁本에서는 '如坐炭湯'으로 썼다. 교주를 따른다.

⑦ [按] 荷蒙矜恤 : 袁本에서는 '荷蒙記恤'로 썼다.

⑧ [按] 乞加 : 袁本에서는 '乞諸'로 썼다.

⑨ [按] 戰慄之至 : 袁本에서는 '戰栗之至'로 썼다.

⑩ [按] 仰干聽聰 : 袁本에서는 '仰干聰聽'으로 썼다.

『망요유록』[190]에는 다음과 같이 적혀 있다.

천조제는 항복 서신에서 이렇게 말하였다.

요나라의 항복하는 신하 야율연희는 삼가 큰 도끼[191] 앞에 엎드린 채 몸소 대금국에 나아가 고개 숙이고 엎드려 죄를 청합니다. 신이 듣건대 사람이란 그 용기가 근심이 되는 것이 아니라 포악함이 근심이 된다고 합니다. 엎드려 생각건대, 신의 조상이 200년의 터를 여시고 천자의 자리를 이어 주시어 자자손손 계승하여 상제께 교사[192]를 지내며 안팎으로 즐겁고 경사스러웠습니다. 그러니 이 하찮은 신하에 이르러 타고난 운명이 박복하며,[193] 칭찬할 만한 덕망도 없어 이 자리를 감당할 수 없으리라 어찌 생각이나 했겠습니까? 밤낮으로 놀랍고 두려우면서도 지난 잘못을 알지 못하여 여러 금기를 범하였습니다. 마치 아침 서리가 작렬하는 태양을 만난 것처럼, 조각배가 성난 파도를 만난 것처럼, 온갖 나쁜 일이 앞다투어 생겨나고 참언이 벌떼처럼 일어났습니다. 이 부끄럽고 참담한 덕행이 황상을 분노케 하여 이쪽으로 군대를 돌리시도록 만들었으니, 근심스럽고 놀랍기 그지없음이 마치 뜨거운 숯과 끓는 물에 앉아 있는 것만 같습니다. '지도정에서 풀어 줌'[194]은 긍휼히 여김을 당하는 것이라고 들었지만, '신안의 탄식'[195]과 같은 경우를 당한다 해도 어찌 억울하다 하겠습니까?

한 고조[196]의 어짐과 은덕을 마음에 두신다면 생각하지도 못한 은혜를 베푸실 것이고, 항우[197]의 잘못을 꾸짖으신다면 어찌 죽음을 면할 수 있겠습니까. 신이 간절히 바라는 것은 지도정에서 베푼 관용을 저에게 내려 주시고 신안의 재앙을 피할 수 있게 해 주십사 하는 것입니다. 극도의 두려움 속에서 황상의 눈과 귀를 어지럽히며 죽음을 무릅쓰고 삼가 말씀드립니다.

范仲熊『北記』曰 : 天祚者, 姓耶律名延禧, 契丹第九代道宗洪基之孫, 昭懷太子濬之子也. 濬有罪被殺, 而立延禧. 乙卯歲四月二十九日生, 身長六尺有餘, 善騎射. 道宗殂, 延禧嗣立, 辛巳歲正月十三日卽位, 號天祚皇帝. 延禧未卽位也, 國人憐其父之寃, 頗歸心焉. 及卽位, 拒諫飾非, 窮奢極侈, 盤於游畋, 信用讒諂, 紀綱廢弛, 人情怨怒, 故金人乘其弊而攻之, 所向輒克 ; 十年之間, 身擒國亡, 可不哀哉!

범중웅[198]의 『북기』[199]에는 다음과 같이 적혀 있다.

천조제는 성이 야율이고 이름은 연희이며 거란의 제9대 도종 야율홍기의 손자이고 소회태자 야율준[200]의 아들이다. 야율준이 죄를 덮어쓰고 피살되었기에 야율연희를 세웠다. 을묘년 4월 29일생이고 키는 6척이 넘었으며 말타기와 활쏘기를 잘했다. 도종이 죽은 뒤에 야율연희가 대를 이었고 신사년 정월 13일에 즉위하여 천조황제라 불리었다. 야율연희가 아직 즉위하기 전에는 나라 사람들이 그 부친의 원통한 사정을 가련히 여겨 자못 민심을 얻을 수 있었다. 그런데 즉위하자 간언을 받아들이지 않고 잘못을 숨기며, 극도로 사치하고 사냥하며 돌아다니기를 좋아하였다. 간신배들을 믿고 등용하여 기강이 해이해지고 민심이 원한과 분노로 가득차게 되니, 금국이 그 폐단을 틈타서 공격하여 가는 곳마다 번번이 이길 수 있었다. 10년 사이에 자신은 사로잡히고 나라는 망하였으니 애통하지 아니한가!

契丹之先, 本東胡之種(刪此五字), 在(改作處)橫山之南①, 鮮卑舊地, 元魏時自號契丹. 唐貞觀初, 始置松漠府, 以靡會爲都督② ; 會昌中, 賜以契丹之印, 於是統有八部, 雄據北漠. 懿、僖之亂, 中國不靖後, 有阿保機(改作安巴堅)遂③僭(改作稱)帝號, 抗衡中國. 莊宗時侵雲、朔等州, 因盧文進寇幽州, 爲邊患, 明宗約爲兄弟④, 且以解邊人之倒懸, 紓國家之外患. 阿保機(改作安巴堅)遂改元稱制, 分建京闕宮室, 官號盡依中國, 並奚、渤海諸國, 建元神册, 號太祖大聖大明皇帝.

① [按] 橫山之南 : 袁本에서는 '潢水之南'으로 썼다. 교주를 따른다.[201]

② [許] 以靡會爲都督 : '摩'를 '靡'로 잘못 썼다. 교주를 따른다.

③ [按] 遂 : 袁本에서는 '出'로 썼다.

④ [按] 兄弟 : 袁本에서는 '弟兄'으로 썼다.

거란의 선조는 본래 동호[202]의 한 종족으로 선비[203]의 옛 땅인 황수[204]의 남쪽에 거주했고 원위[205] 때 거란이라 자칭하였다. 당 정관 연간(627~649) 초, 처음으로 송막도독부[206]를 설치하고 마회[207]를 도독으로 삼았다. 회창 연간(841~846)에 '거란'이라 새긴 인장을 하사하니, 이로써 8개 부족을 통솔하여 사막 이북 지역에서 웅거하였다. 의종·희종 때 내란[208]으로 중국이 불안정해지자, 야율아보기는 마침내 황제를 참칭하고, 중국과 맞섰다. 후당 장종 때 거란이 운주와 삭주 등지를 침략했는데, 노문진[209]이 유주를 침범하여 변방의 환란이 되자 후당 명종[210]은 그와 의형제를 맺기로 약조하여 변방 사람들을 곤경에서 벗어나게 해 주고 국가의 외환을 누그러뜨렸다. 이에 야율아보기는 곧 연호를 바꾸고 황제에 즉위한 후[211] 지역을 나누어 5경을 만들고 궁궐을 지었으며, 관직 명칭은 모두 중국을 따랐다. 해·발해 등 여러 나라를 병합하고, 연호는 신책(916~922)으로 하였으며 '태조대성대명황제'라 칭했다.

子德光立, 會晉祖自河東遣使求援, [021-13] 割地爲獻. 德光乃率兵十萬, 送石祖入洛, 立爲皇帝, 割代北應、朔、寰、蔚及范陽, 山前幽、薊、瀛、莫①、涿、易、檀、順及山後儒、嬀、新、武十六州以與之, 仍歲與帛三十萬匹. 少主嗣位, 恥稱臣而稱孫, 自是有隙, 而兵始交矣. 德光以兵直抵汴京, 遷少主於黃龍府, 滅晉而歸, 死(改作卒)於灤城②滅胡林③(刪此三字), 號嗣聖, 謚太宗. 其兄天皇王之子兀欲(改作烏雲)立, 號天授, 被弒, 謚世宗. 嗣聖子璟立, 號天順, 謚穆宗. 天授子賢立, 號天贊, 謚景宗. 子隆緒立, 景德初, 犯澶淵, 蕭撻覽④(改作達蘭)死, 遂請和, 號天輔, 謚聖宗. 子宗眞立, 慶歷中尋盟, 謚興宗. 子洪基立, 在位五十餘年, 號老主, 子濬嘗有鳴鏑之謀, 殺之而立其孫, 謚道宗. 濬之子延禧立, 是爲天祚, 契丹第九代, 至是而亡.

① [按] 莫 : 袁本에서는 '漠'으로 썼다.

② [按] 灤城 : 『遼史』·『契丹國志』·『五代史』 모두 '欒城'으로 썼다. 교주를 따른다.

③ [按] 滅胡林 : 袁本에서는 '殺胡林'으로 썼다. 교주를 따른다.

④ [按] 蕭撻覽 : 袁本에서는 '撻覽'으로 썼다.

태조의 아들 야율덕광이 제위에 올랐다. 마침 후진 고조[212] 석경당이 하동에서 사신을 보내와 원조를 요청하며 땅을 할양하여 헌납하겠다고 하였다. 이에 야율덕광이 10만 병력을 이끌고 가서 석경당을 낙양[213]에 입성할 수 있게 해 주니 석경당은 즉위하여 황제가 되고, 대북[214]의 응주·삭주·환주[215]·울주와[216] 산전 지역의 유주[217]·계주·영주[218]·막주[219]·탁주·역주·단주·순주, 그리고 산후지역[220]의 유주[221]·규주[222]·신주·무주 등 16개 주를 할양해 주었다. 또한 매년 세폐로 견 30만 필도 주었다.

소제[223] 석중귀가 제위를 계승한 뒤 신하라고 칭하는 것을 치욕스럽게 생각해 손자라 칭하면서 갈등이 생기고 교전이 시작되었다. 야율덕광은 군대를 이끌고 곧장 개봉[224]으로 진격해 소제 석중귀를 황룡부로 압송하고 후진을 멸하고 돌아오는 길에[225] 란성 살호림[226]에서 사망하였다. 존호를 '사성제'[227]라고 하고 시호를 '태종'이라 하였다.

태종의 형인 인황왕[228] 야율배의 아들 올욕이 즉위하여 존호를 '천수제'라 했는데 피살되었고, 시호를 '세종'이라 했다. 사성제의 아들인 야율경이 제위에 오르니 존호를 '천순제', 시호는 '목종'[229]이라 했다. 천수제의 아들 야율현이 즉위하니 존호를 '천찬제', 시호는 '경종'[230]이라 했고, 천찬제의 아들 야율융서가 즉위하여 경덕 연간(1004~1007) 초에 전연까지 침범하였으나, 소달람[231]이 전사하자 마침내 강화를 청하였다. 존호를 '천보제', 시호를 '성종'이라 하였다. 천보제의 아들 야율종진이 제위에 오르고 경력 연간(1041~1048)에 와서 옛 맹약을 갱신하였으며[232] 시호를 '흥종'[233]이라 하였다. 그의 아들 야율홍기가 즉위하여 50여 년간 제위에 있었기에 '노주老主'라 불렀다. 그런데 야율홍기는 아들인 야율준이 역모를 꾸몄다[234] 하여 살해하고 손자를 세웠으며, 시호는 '도종'이라 했다. 이렇게 야율준의 아들 야율연희가 즉위하였으니 바로 천조제로서 거란의 제9대 황제인데, 그에 이르러 멸망하게 된 것이다.[235]

三十日壬寅, 粘罕(改作尼堪)以擒天祚遣人獻捷宣撫司. 請①歲幣中借銀絹二十萬賞軍, 宣撫司從之.

① [按] 請 : 袁本에서는 '請於'로 썼다

선화 7년(1125) 1월 30일 임인일, 점한이 천조제를 사로잡은 뒤 사람을 보내 선무사사에 본인들의 승전을 알려 왔다. 그러면서 세폐 가운데서 은과 견 20만을 빌려 군에 상을 내리기를 청하기에 선무사사가 그 요청에 따랐다.

二月, 童貫上賀耶律氏滅亡表.

선화 7년(1125) 2월, 동관이 야율씨의 멸망을 축하하는 표문을 올렸다.

童貫言 : 昨遵奉睿訓, 措置邊事①, 撫定燕山府涿、易、檀、順、景、薊州及河東路, 先取朔、甯、府、武州, 與大金計議, 交割雲中府路州郡, 已獲定約外, 契丹舊酋(改作主)僭稱(刪此二字)天祚, 自前年竄於夾山之北, 稍稍甯聚②, 借助鄰國, [021-14] 欲謀再舉 ; 小番小斛祿(改作小博囉)之屬, 憑藉聲勢, 潛有結約, 窺伺朔、武新邊. 去歲八月, 陛下躬授睿算, 令③臣駐兵河東, 以時措置, 完整④武備, 以逸待勞 ; 賊兵犯邊, 前後斬獲甚眾. 至今年正月, 契丹舊酋(改作主)離夾山, 與大金迎敵接戰⑤, 兵敗, 引餘眾走竄, 南來, 朔、武對境小鞠籙⑥(改作小博囉)處藏泊, 遣人賫僞詔敕, 招誘歸附新民, 又手書文字通託, 欲來歸朝.

① [按] 邊事 : 袁本에서는 '北事'로 썼다.

② [按] 甯聚 : 袁本에서는 '完聚'로 썼다. 교주를 따른다.

③ [按] 令 : 袁本에서는 '命'으로 썼다.

④ [按] 完整 : 袁本에서는 '慎整'으로 썼다.

⑤ [按] 迎敵接戰 : 袁本에서는 '迎戰'으로 썼다.

⑥ [按] 小鞠籙 : 許本에서는 '小斛祿'과 '小鞠籙' 둘로 썼다. 袁本에서는 '小骨碌', 四庫本에서는 '小博囉'로 썼다.

동관이 올린 표문의 내용은 다음과 같다.

지난날 폐하의 지혜로운 가르침을 받들고 지켜 변방의 일을 처리하며 연산부의 탁주·역주·단주·순주·경주·계주 및 하동로를 안정시키고 우선 삭주·영변주·부주·무주를 취하였습니다.[236] 대금과 논의하여 운중부로의 주군을 할양받는 것은 이미 확정된 일이었습니다. 그 밖에도 천조라 참칭하던 거란의 옛 추장이 근년[237]에 협산의 북쪽에 숨어 지내며 조금씩 병력을 모으고 이웃 나라의 도움을 받아 다시 한번 거병하려 도모하고 있었습니다. 작은 번족인 소곡록의 무리가 그 위세에 기대어 몰래 맹약을 맺고 삭주·무주의 새 변방을 엿보고 있었습니다.

지난해 8월, 폐하께서 친히 영명한 계책을 내려 주시며 병력을 하동에 주둔시켜 때맞춰 일을 처리하고, 군사적 방비를 완전히 갖추어 편히 쉬면서 힘들게 오는 적군을 기다리라고 명하셨습니다. 적병賊兵이 변방에 쳐들어오자 앞뒤로 목을 베고 사로잡은 자가 매우 많았습니다. 올 정월에 이르러 거란의 옛 추장이 협산을 떠나 대금과 맞닥뜨려 접전을 벌여 패하였습니다. 남은 무리를 이끌고 도주하여 남쪽으로 와서 삭주·무주와 경계를 마주하고 있는 소곡록 지역에 몸을 숨기고 사람을 보내어 참칭한 조칙으로 새로 귀순한 백성들을 꾀어 끌어들였으며, 또 친서를 써서 소통하며 조정에 귀순하려 하였습니다.

臣依奉睿略, 務敦①大金信約, 卻不受, 移牒大金西南西北路都統所, 照牒藏泊去處②, 仍遣河東都統李嗣本領兵捍邊, 箚下沿邊統制官等不得妄有招納, 日久整齪兵馬, 爲必取之計. 舊酋(改作天祚)初欲南來, 先遣雜類(改作其黨), 並邊刦掠, 累次爲朔、甯、府、武州、太山甯化軍將佐殺敗. 探知沿邊軍兵甚盛, 回徨涕泣, 遂於二月③十九日昏夜, 北走.

① [按] 務敦 : 袁本에서는 '務惇'으로 썼다.

② [按] 照牒藏泊去處 : 袁本에서는 '牒照會藏泊去處'로 썼다. 교주를 따른다.[238]

③ [按] 二月 : 袁本에서는 '正月'로 썼다.

신은 영명한 책략을 받들어 의지하고 대금과의 약속을 돈독히 하는 데 힘써 천조의 서신을 받아들이지 않고 물리친 뒤, 대금의 서남서북로도통소에 이첩하여 천조제가 숨어 있는 곳을 알 수 있게 하였으며, 아울러 하동로 도통인 이사본을 보내 군대를 이끌고 가서 변방을 막게 하였습니다. 그리고 공문을 내려보내 변방에 연해 있는 통제관 등에게 함부로 천조제를 불러서 받아들이지 말라고 하였습니다. 오랫동안 병마를 정돈하였으니, 이는 천조를 반드시 잡고야 말겠다는 계책이었습니다.

옛 추장이 처음에는 남쪽으로 내려오고자 먼저 잡다한 무리를 파견해 변경 지역을 약탈하였으나 여러 차례 삭주·영변주·부주·무주·[239]영화군[240] 등에서 우리 장좌[241]들에게 패배하였습니다. 그러자 변경의 우리 군대의 강성함을 탐지하고는 이러지도 저러지도 못하여 울다가 드디어 2월 19일 어두움 밤을 틈타 북으로 도망갔습니다.

至二十七日①, 准大金西北西南北路都統所牒, 照會稱：“昏主二十一日已自出首前來, 此蓋兩朝通歡所致.” 牒臣照會, 其李嗣本及統制官軍兵斬獲小番雜類(刪此二字)四千八百五十一級, 內有首領秘王渾罷②(刪首領至此六字), 提點劉忠廉等二十三名, 皆是小鞠録(改作小博囉)下總兵用事, 傑黠(刪此二字)剽悍之人③, 並已梟首. 劉慶等十四名④, 皆是舊酋(改作天祚)帳前腹心⑤, 任使招兵聚眾之人, [021-15] 亦皆就縛. 奪到鞍馬、器械、牛羊等無數, 焚蕩巢穴積聚糧草浄盡. 其契丹主耶律氏今已滅亡者, 肅將天威, 仰伐(改作成)功⑥之善繼；布昭聖武, 致敵國之自亡；坐縻八部之酋(改作遺), 曾無一鏃之費；事光典籍, 歡叶⑦神人.

① [按] 二十七日 : 袁本에서는 ‘二十九日’로 썼다.

② [按] 秘王渾龐 : 袁本에서는 '秘○王渾龐'으로 썼다.

③ [按] 傑黠剽悍之人 : 袁本에서는 '桀黠剽掠之人'으로 썼다.

④ [按] 十四名 : 袁本에서는 '四名'으로 썼다.

⑤ [按] 腹心 : 袁本에서는 '心腹'으로 썼다.

⑥ [按] 伐功 : 袁本에서는 '成功'으로 썼다.

⑦ [按] 歡叶 : 袁本에서는 '歡通'으로 썼다.

선화 7년(1125) 2월 27일에 이르러 대금의 서북서남북로도통소에서 보내온 첩문을 접수하였습니다.[242] 그 공문에는 조회 내용에 대해 '혼군이 2월 21일에 이미 자수하였습니다. 이것은 대체로 두 조정이 잘 통호하여 이룬 결과입니다.'라고 쓰여 있었습니다. 그리고 신에게 보낸 공문을 조회해 보니,[243] 그것은 이사본 및 통제관의 군병들이 머리를 베고 사로잡은 잡다한 번족의 무리가 4,851명이며, 그 가운데는 수령인 비왕 혼방과 제점[244] 유충렴 등 23명이 포함되어 있는데, 모두 소곡록 무리에서 병사를 총괄하고 업무를 담당하던 자들로서, 용맹하고 교활하며 민첩하고 날랜 자들이었는데, 이미 모두 효수하였습니다. 유경 등 14명은 모두 전 추장 장막 앞에 있던 심복들로 병사와 사람을 모으는 일을 담당한 자들인데 이들 역시 모두 잡아들였습니다. 안장을 얹은 말과 무기, 소와 양 등을 무수히 탈취하였으며, 소굴과 쌓아 놓은 군량과 건초는 모두 태워 버렸습니다.

저 거란의 국주인 야율씨가 지금 이미 멸망에 이르렀는데, 이는 황상께서 하늘의 위엄을 경건하게 받들고 하늘을 우러러 정벌의 공을 잘 계승하였고, 성스러운 무위를 펴 밝혀 적국이 스스로 멸망에 이르도록 한 것입니다. 8부의 우두머리[245]를 앉아서 붙잡아 일찍이 화살촉 하나도 헛되이 쓴 적이 없으시니, 위대한 업적은 전적에 적혀 빛나고, 기쁨은 신과 사람을 모두를 흡족케 합니다.

嘗觀三代以來, 因考四夷之事, 玁狁匪茹, 蓋嘗乘中國之微. 匈奴最强, 不過用單于之號, 蠢爾白狼之裔, 昔爲①赤狄之雄, 當五季八姓之擾攘, 招九貉、五戎而臣屬, 自爲正朔, 僭用名稱, 混穹廬左衽於燕雲, 爲封豕長蛇於代、魏. 當天下合爲一統, 而帝命式于九圍, 尙狃涵容, 屢形猖獗② ; 稔惡每聞於躬蹈, 寒盟不自於我先, 王旅徂征, 取遺民於塗炭, 胡騎奔北, 返故地於輿圖. 惟是大酋, 竄居窮漠, 裒散亡之雜虜, 仰資助於黠羌, 旣投戈於豐、勝之閒, 遂移帳於朔、武之北, 陰遣宵鳩之黨③, 規搖日靖之民 ; 意在疑師④, 言稱尋好.

① [按] 昔爲 : 袁本에서는 '昔推'로 썼다.

② [按] 猖獗 : 袁本에서는 '猖獗'로 썼다.

③ [按] 宵鳩之黨 : 袁本에서는 '宵鳴之黨'으로 썼다.

④ [許] 意在疑師 : '款'을 '疑'로 잘못 썼다.

일찍이 삼대[246] 이래의 역사를 살피고 사이四夷의 일을 상고하여 보면 험윤이 사납고 억센 것은[247] 대체로 일찍이 중국이 미약해진 틈을 탔기 때문입니다. 흉노가 가장 강성하였지만, 선우[248]란 호칭을 쓰는 데 불과했고, 미련한 흰 이리의 후예[249]일 따름입니다. 옛날 적적[250]의 우두머리였던 이들이 오대 8성의 혼란[251]을 틈타 먼 변방의 유목민[252]을 불러들여 신하로 삼았다. 스스로 역법을 만들고 명칭을 분수에 넘치게 사용하였으며, 연운 땅에서 유목민의 천막집과 옷깃을 왼쪽으로 여미는 좌임을 함

께 쓰게 하고, 산서 전역[253]에서 탐욕스럽고 잔폭하게 굴었습니다.[254]

천하가 하나로 통일되고 황상의 명령이 구주에 전범이 되었음에도[255] 너그럽게 포용해줌을 믿고 누차 흉악하고 방자함을 드러내었습니다. 중한 죄를 직접 저지른다는 말이 매번 들려왔고, 맹약을 어기는 일이 당대에 일어났습니다.[256] 천자의 군대가 출정하여 도탄에 빠진 남은 백성을 거둬들이니, 호인胡人은 말을 달려 북으로 달아나고 옛 땅이 우리 강역으로 돌아왔습니다. 오직 그 우두머리大酋만이 사막의 끝으로 달아나 숨어 지내면서 흩어져 도망친 여러 무리를 모으고 교활한 강족에게 재물을 주며 도와준 것에 기대고 있었습니다. 그리고 풍주와 동승주 사이에서 전투가 멈추자 곧장 삭주와 무주 북쪽으로 군대를 이동하고는 밤비둘기 같은 무리를 은밀히 보내어 날로 안정되는 백성을 동요시키려 획책하였습니다. 실제 속내는 속임수로 군대를 움직이려는 것이면서 말로는 우호 관계를 맺고자 한다고 하였습니다.

臣仰遵朝算, 申飭邊封, 遣間種類, 以破輔車之謀, 移文鄰邦, 以爲犄角之勢, 彌縫隘道, 俘馘名豪. 旣南窺而路窮, 遂北奔而夜遁, 虛絃可落, 遂投欲毁之巢, 涸澤無餘, 難逃不漏之網. 委仗紛紜①而山積, 效牽合沓②而鼎來, 旣畢天誅, 永除人患. 昔漢人伐虜者百六十載, 乃護郅支, 唐兵出塞者數十萬人, 方擒頡利, [021-16] 已足申威③於方夏, 至今垂耀於史編 ; 未有計出萬全, 役無再籍, 用遠交近攻之策, 成一擧兩得之功. 惟盛德無以復加, 非至神孰能與此(刪嘗觀至此三百六十八字)!

① [按] 紛紜 : 袁本에서는 '紛紛'으로 썼다.

② [按] 合沓 : 袁本에서는 '沓沓'으로 썼다. 교주를 따른다.[257]

③ [按] 申威 : 袁本에서는 '伸威'로 썼다.

신은 조정의 계획을 준수하여 변방을 잘 지키고자 종족들 사이에 세작을 보내 협력의 기도를 깨뜨리고, 이웃 금국에 공문을 보내 협공하는 형세[258]를 이루었으며, 길목을 막고 이름난 두목들을 잡아 죽였습니다. 천조제는 남쪽으로 가는 길을 엿보다 길이 막히자 이내 북쪽으로 야반도주하더니, 마치 빈 활시위에 놀라 떨어지는 기러기처럼 곧 부서지려 하는 둥지에 들어가는 등 눈앞의 일에 급급하여 놓치는 법이 없는 하늘의 그물을 벗어나지 못했습니다. 도망치며 마구 버린 무기가 산처럼 쌓였고, 우리 군대는 떠들썩하게 우는 말과 양을 잔뜩 끌고 왔습니다.[259] 이리하여 하늘이 내리는 토벌을 마치고 사람으로 인한 우환을 영원히 제거하였습니다.

옛날 한나라 사람들은 북로를 정벌한 지 160년 만에 흉노의 질지선우[260]를 잡았고, 당나라 때는 수십만 명의 군인들이 변방을 나가 겨우 돌궐의 힐리카간[261]을 생포했습니다. 이것만으로도 이미 중화의 땅에 위엄을 펴기에 족하여 지금까지도 사서에 찬란하게 빛나고 있습니다. 하지만 만전의 계획을 내어 병사를 두 번씩 전투에 동원하지 않고,[262] 원교근공의 방책을 써서 일거양득의 성과를 낸 적은 아직 없었습니다. 오로지 더할 것 없는 무상의 성덕을 갖춰 신의 경지에 이른 이 아니고는 누가 그것을 이룰 수 있겠습니까?

恭惟皇帝陛下, 誕敷舜德, 通駿文聲, 九功之敘①惟歌, 既敉甯②於內治,七德之經兼用, 乃申敕於外攘, 曷嘗③樂此金革鏖戰之勞, 蓋亦兼拯夷夏(改作番漢)倒懸之急, 遂滅抗尊之虜(改作敵), 玆爲不世之功. 恭念章聖卻澶淵之師, 仁皇增關南之幣, 祖宗爲民而隱忍, 臣子許國而忿捐, 仰惟如在之靈, 未置侮亡之念 ; 逮至今日, 遂集大勳, 上符藝祖懲艾之謀, 克紹神考憂勤之志, 乃成宗廟社稷之大慶, 深契天地神祇之夙心. 臣猥以疲癃, 誤膺國任, 效師干之力居, 慙顯允之壯猷, 告經營之成永, 願④對揚於令聞.

① [按] 九功之敘 : 袁本에서는 '九功之叙'로 썼다.

② [按] 敉甯 : 袁本에서는 '攸甯'으로 썼다.

③ [按] 嘗 : 袁本에서는 '常'으로 썼다.

④ [按] 願 : 袁本에서는 '賴'로 썼다.

삼가 생각건대 황제 폐하께서는 순임금과 같은 덕을 펴고 문왕처럼 큰 명성을 드날리셨습니다. 구공의 서[263]를 노래하여 안으로는 백성을 안무하여 다스리셨고, 무위의 칠덕[264]에도 힘쓰셔서 밖으로는 적의 침략을 막으라 명하셨습니다. 그것은 무기가 부딪치는 치열한 전쟁을 즐기신 것이 아니었고 대체로 이적과 화하가 거꾸로 매달린 듯한 위급한 상황을 아울러 바로잡고자 하심이며, 마침내는 반항하는 북로를 멸하셨으니, 이는 불세출의 공훈입니다.

삼가 생각건대 장성황제[265]께서는 전연에서 군대를 물리고, 인종황제께서는 관남의 조세[266]로 거란에 세폐를 늘려 주었습니다. 이는 조종이 백성을 위해 은인자중하심이며 신하들은 의분으로 나라를 위해 몸을 바친 것입니다. 만약에 그 혼령이 계신다면 북로를 멸하려는 생각[267]을 버리지 못하고 있을 터인데, 오늘에 이르러 마침내 대업을 이루었으니 위로는 북로를 징치하려던 태조황제의 계획에 부응하고 걱정하고 애쓰시던 신종황제의 뜻을 이은 것으로, 종묘사직의 큰 경사를 완성하고 천지신명의 뜻에 깊이 계합하셨습니다. 저는 외람되이 병약한 몸으로 국가의 중임을 헛되이 맡았지만, 군대의 헌신에 의거하여 영명하고 신실하며 장대한 계책에는 부끄럽지만, 경영의 성취를 고하게 되었습니다. 이에 황상의 훌륭한 성취를 감히 아뢰옵니다.[268]

『秀水閒居錄①』曰 : 宣和七年, 童貫爲宣撫司②, 至河東, 聞契丹主天祚皇帝者, 匿於近塞, 報金人, 取之, 乃露章稱賀云. 耶律氏滅亡表既傳報, 有識之士, 無不歎息! 其詞中書舍人王雲作, 或云翰林學士宇文虛中作, 時二公俱在貫幕中③故也. 金人既得虜主(改作天祚), 卽謀南侵, 遣人使④三輩, 初曰都謝通好也 ; 次曰告慶得天祚也 ; 次卽賀天甯節使也⑤. 使傳繼來, 河朔至京州縣, [021-17] 供億迎送, 固已疲弊⑥且窺覘道路, 及(刪此字)使我不疑. 十一月, 三使皆歸, 卽擧兵. 有郎官陳桷爲送伴使, 至境上, 虜(改作金)人已宣言大擧, 公爲攘奪, 無復常儀. 桷語燕帥蔡靖, 靖怒曰 : "安有是事? 請示傳言之人, 當斬之以狥⑦." 桷懼馳還, 不復敢言, 但懇求外補, 除福建提刑而去.

① [按] 秀水閒居錄 : 袁本에서는 '秀水閑居錄'으로 썼다.

② [按] 宣撫司 : 袁本에서는 '宣撫使'로 썼다. 교주를 따른다.

③ [按] 幕中 : 袁本에서는 '幕下'로 썼다.

④ [按] 人使 : 袁本에서는 '使人'으로 썼다. 교주를 따른다.

⑤ [按] 次卽賀天甯節使也 : 袁本에서는 '三日賀天甯節也'로 썼다. 교주를 따른다.

⑥ [按] 疲弊 : 袁本에서는 '疲敝'로 썼다.

⑦ [按] 狗 : 袁本에서는 '徇'으로 썼다. 교주를 따른다.

『수수한거록』의 기록은 다음과 같다.

선화 7년(1125), 동관이 선무사가 되어 하동로에 갔다가 거란 국주 천조제라는 자가 근처 영채에서 은닉하고 있다는 말을 듣고 금국에 알려서 천조제를 붙잡았다. 이에 이 일을 치하하는 공개 장주를 내놓았다 한다. 야율씨의 멸망을 칭하하는 동관의 표문이 전해지자 식견이 있는 사대부들은 하나같이 이를 탄식하였다. 표문은 중서사인[269] 왕운[270]이 지었다고도 하고 혹자는 한림학사 우문허중이 지었다고도 하는데, 두 사람이 이때 동관의 막하에 있었기 때문이다.

금국은 북로의 국주를 붙잡자 곧 남침을 계획하고 사신을 세 차례 보냈다. 그 첫 번째는 통호에 사례한다는 것이었고, 두 번째는 천조제를 사로잡은 일을 경축한다는 것이었으며, 세 번째는 황상의 생신[271]을 축하하기 위한 사절이라는 명목이었다.

사신 행렬이 연달아 오자 하삭에서 도성까지 주현마다 사신의 물자를 대주고 송영하느라 매우 피폐해졌고, 그들이 도로 사정을 염탐하여도 우리 측은 의심할 줄 몰랐다. 11월에 세 차례의 사절이 다 귀국하자 여진은 바로 거병하였다.

낭관[272] 가운데 진각이 송반사로 국경에 도착하였는데, 북로 사람들은 이미 대규모 거병을 내놓고 말하고 공공연히 침탈하며 더는 평소의 모습이 아니었다. 진각이 이것을 연산부로안무사인 채정에게 말했으나, 채정은 화를 내며 "어디 그런 일이 있단 말이냐? 그런 말을 전하는 자를 말해

보라. 목을 쳐서 본보기로 삼을테니."라고 말하였다. 진각은 두려워서 서둘러 돌아와 다시는 그 이야기를 하지 않았고, 다만 외직을 간청하여 복건로 제점형옥공사[273]가 되어 떠났다.

賜進士出身頭品頂戴四川等處承宣布政使司布政使清苑許涵度校刊.

'사진사출신'이며 특별히 정1품 관모를 쓸 수 있도록 허락받은 사천성 승선포정사사의 포정사인 보정부 청원현 출신 허함도가 교감하여 간행하다.

○●○

『三朝北盟會編』, 卷21, 校勘記

時天祚方於慶州秋山射鹿(脫於字) 淶流河路都統(誤作流淶河) 退長漁泊務(一作長魚務) 女眞入新川州(一作新州) 雲中雲內(脫下雲字) 潤溫(溫一作隰) 安德黔澤(黔誤作點) 瀕山石嘉集連演康蕭賦吉(一作賔巖淸集連衍廣肅富吉) 康肅里河茂麓宗縣二百(肅誤作蕭) 等辱耳不可再辱(脫耳字) 以摩會爲都督(摩誤作靡) 意在款師言稱尋好(款誤作疑)

1 정직 : 원문은 '特勒停'이다. '特'은 황제의 특별한 지시를 뜻하며, 勒停은 '강제로 정직시킨다'는 말이다. 勒停을 당한다고 해서 반드시 除名되는 것은 아니지만 除名되면 반드시 勒停을 당한다.

2 大夫 : 금조의 문관 42개 품계 중 5위인 正2品 金紫光祿大夫부터 30위인 奉訓大夫까지 관명에 大夫가 포함된 正2品~從6品下 관직을 통칭한다. 송조의 경우 문관 寄祿官 29개 품계 중 3위인 光祿大夫부터 11위인 朝散大夫까지 관명에 大夫가 포함된 從2品~從5品下 관직을 통칭한다. 元豐 3년(1080) 관제 개혁 후에는 30개 품계 중 3위인 光祿大夫부터 19위인 朝奉大夫까지의 正2品~從6品 관직을 통칭하는 것으로 바뀌었다.

3 東北路統軍司 : 거란의 주요 군사 기구로 동경·남경·동북·서북·烏古烈統軍司 등이 설치되었고, 지휘관은 統軍使와 副使였다. 金도 河南·山西·陝西·益都 등 4개 統軍司를 설치 운영하였다.

4 慶州 : 거란 上京道 소속이며 軍額은 玄寧軍, 州格은 節度州이다. 치소는 玄德縣(현 내몽고자치구 赤峰市 巴林右旗)이고 관할 현은 富義縣·玄德縣·孝安縣 등 3개이다. 본래 黑河州였는데 철폐되었다가 聖宗 永慶陵의 奉陵邑으로 1031년에 다시 설치되었으며, 富義縣은 발해 유민을 이주시켜 만들었다. 같은 지명으로 송의 永興軍路 慶州(현 감숙성 慶陽市)가 있다. 大興安嶺山脈 남단과 연산산맥 북단의 접경지이다. 西拉木倫의 발원지이고 거란의 발상지로서 수도 上京에서 멀지 않다. 관할구역은 현 내몽고자치구 동남부 赤峰市의 북쪽에 해당한다.

5 원문은 '秋山射鹿'이다. 거란의 군신들은 함께 야영하면서 국사를 논하고 사냥하면서 무예를 익히는 풍속이 있었는데, 봄에는 주로 거위, 여름에는 매, 가을에는 사슴, 겨울에는 호랑이 사냥과 함께 낚시도 하였다. 이를 가리켜 '春水秋山, 冬夏捺鉢'이라고 하며, 捺鉢은 '行帳'을 뜻하는 거란어이다. 이때 피지배 각 부족은 이

들을 수행하며 필요한 물품을 제공하고 몰이꾼 등의 역할을 담당해야 했기 때문에 적지 않은 부담과 불만을 품게 되었다. 한편 거란에서는 이런 행사를 통해 자신들에 대한 충성심을 확인하는 계기로 삼기도 하였다.

6 北樞密院 : 거란의 남부 지역에서는 한인과 발해인 등 농경민이, 북부 지역에서는 거란인을 비롯한 유목민이 거주하였으므로 거란 태종은 두 지역의 특성을 고려하여 북추밀원과 남추밀원을 두어 통치하였다. 북추밀원 관할 지역에는 일반 행정기구 외에도 頭下軍州 등 자율성을 보장해 주는 다양한 제도가 도입되었다.

7 東京兵馬都部署司 : 거란의 군 편제는 중앙은 지휘기구인 北樞密院과 황궁 수비 업무를 맡은 殿前都點檢司가 주축이고, 지방은 五京의 都部署司가 최대 편제였다. 都部署司 아래로는 五京留守司가 五京의 漢軍을 통제하였으며, 漢地는 節度使나 刺史가 관할하였다. 송조도 태조 때에는 都部署司, 태종과 진종 때에는 都部署路 편제가 지방 군제의 최대 편제였다.

8 海州 : 거란 東京道 海州 南海府이며 軍額은 南海軍, 州格은 節度州이고 별도로 耀州·嬪州를 관할하였다. 치소 겸 관할 현은 臨溟縣(현 요녕성 鞍山市 海城市)이며 지명은 발해 南海府를 이전한 데 따른 것이다. 같은 지명으로 송의 淮南東路 海州(현 강소성 連雲港市)가 있다. 관할구역은 현 요녕성 중남부 鞍山市 서남쪽에 해당한다.

9 刺史 : 진·한대에 지방을 대상으로 한 감찰관이었으나 서한 말에 지방 행정장관으로 바뀌어 후대로 이어졌다. 수·당대의 지방행정 편제는 郡 또는 州였는데, 지방관의 명칭은 郡은 태수, 州는 자사라고 칭하였다. 거란·송·서하·금 모두 주지사급 무관 명예직으로 운영하였으며, 서열은 節度使·觀察使·防禦使·團練使·刺史 순이다.

10 이상 『亡遼錄』의 기록은 『契丹國志』 권9의 내용과 같다.

11 司空 : 正1品인 3公의 하나로서 『尙書』와 『禮記』에서는 司馬·司徒·司空을 3公이라 하였다. 당·송 모두 『周禮』에 근거하여 太師·太傅·太保를 3師, 太尉·사도·사공을 3公이라 하였다.

12 사공 대행 : 원문은 '守司空'이다. '守'는 '대행'의 의미로서, 낮은 직급이 상위 직급을 대행할 때 '守'라 하고, 상위 직급이 하위 직급을 대행할 때 '行'이라 한다. '守司空'은 하나의 직함 용어이지만, 여기에서는 '대행'의 의미를 살려서 번역하였다.

13 殿前都點檢 : '殿前'이라는 용어는 황제가 직접 통제한다는 말로 唐 肅宗 至德 2년(757)부터 사용하기 시작하였다. 거란은 五代의 제도를 계승하여 남면군 내에 殿前都點檢司를 설치하고 사령관인 正3品의 전전도점검은 侍衛將軍都指揮使를 겸하게 하였다. 그 아래에 전전좌·우부도점검도 시위장군부도지휘사를 두었다.

14 蕭嗣先 : 樞密使 蕭奉先의 동생이다. 殿前都點檢으로 東北路都統에 임명되어 각지에서 선발한 혼성부대 7천 병력을 이끌고 出河店에 주둔하였다가 金 太祖의 3천여 군사에게 대패하였다. 형 소봉선의 도움으로 관직만 삭탈당하는 경징계를 받았고 군사들 역시 전원 사면받았다. 그러나 이 조치는 거란군의 군기를 해이하게 하는 심각한 후유증을 낳았다.

15 禁軍 : 본래 황실이나 수도 경비를 맡은 황제 직속 군대를 뜻하지만, 거란의 禁軍은 5京의 漢兵 편제에 해당한다. 송에서는 중앙에서 통제하는 정규군을 뜻한다.

16 中京諸路都虞候 : 中京諸路는 中京道 興中府(현 요녕성 朝陽市) 관할 각 軍事路를 뜻하며, 都虞候는 당말 번진에서 임명하기 시작한 禁軍의 지휘관으로 都指揮使를 보좌하는 직책이다.

17 安州 : 거란 東京道 소속이며 군 편제는 北女直兵馬司 관할 刺史州이다. 치소 겸 관할 현은 歸仁縣(현 요녕성 鐵嶺市 昌圖縣)이며 비옥한 평야와 풍부한 수자원을 지닌 곳이다. 같은 지명으로는 송의 荊湖北路 安州(현 호북성 孝感市)가 있다. 관할구역은 현 요녕성 동북부 鐵嶺市의 북동쪽에 해당한다.

18 都管押侍衛 : '押'은 '맡아서 관할하다', '(사람·물건을) 압송하다', '임시 구류하다'의 세 가지 뜻이 있다. '管押'은 '관할하여 이끈다'이며, '都管押'은 군에 대한 사법권을 행사하는 관직을 뜻한다. '都管押侍衛'는 원정군으로 파견한 황제의 시위대에 대한 처벌권을 부여받은 지휘관을 뜻한다.

19 侍衛控鶴 : 원문은 '控鶴'이다. 唐의 則天武后가 控鶴府를 설치하여 운영한 뒤로 宿衛하는 시위대를 뜻하였다. 控鶴은 '학을 타다'라는 말이다. 周 靈王의 태자인 王子喬가 신선이 되어 백학을 타고 산 정상에 나타났다는 전설에서 유래하여 '득도하여 신선이 된다'는 말로서 劉向의 『列仙傳』「王子喬」에서 유래하였다.

20 商州 : 본문 외에도 『契丹國志』에는 '商州團練使 張維協'에 관한 기록이 실려 있긴 하지만, 余蔚의 『中國行政區劃通史 : 遼金卷』을 비롯해 다른 문헌에서 商州에 관한 자료를 찾지 못하였다. 같은 지명으로는 송의 永興軍路 商州(현 섬서성 商洛市)가

있다.

21 出河店 : 현 흑룡강성 大慶市 肇源縣 서남부에 있는 茂興湖 호반이다. 호수 옆의 넓은 개활지여서 군의 주둔지로 선택된 것으로 보인다.

22 『契丹國志』 권9의 기록에 따르면 都管押侍衛인 崔公義와 부관압시위인 刑穎은 첫 전투지인 출하점에서 전사하였다.

23 張琳 : 거란 東京道 瀋州(현 요녕성 瀋陽市) 사람으로 漢人이다. 道宗 때 秘書中允이 되었고, 천조제 때 두 차례 戶部使가 되어 東京道를 관리하였다. 여진의 반란을 틈타 발해인 高永昌이 반란을 일으켜 동경 遼陽府를 점거하고 稱帝하자 장림은 발해인이 군에 복무하면 호적을 바꾸어 良人으로 인정해 주는 轉戶軍을 만들어 2만 명을 모으는 데 성공하였다. 그러나 여진 원병이 오자 전호군은 곧 와해되었다. 후에 장림은 야율순의 즉위에 마지못해 동의했으나, 야율순 즉위 후 곧 권력에서 제외되었다.

24 吳庸 : 한인 출신으로 天祚帝 때 남면부 재상이었다.

25 衛尉寺 : 9寺의 하나로 궁중 경호와 각종 군수품 및 의장용 물품을 관장하는 한편 조정의 연회도 주관하였다. 고대 중앙정부의 핵심 기관인 9寺의 업무는 魏晉 이후 尙書省의 6부로 이관되기 시작했지만 9시는 명·청대까지 이어졌다.

26 蘇壽吉 : 漢人 출신의 거란 관리로 衛尉寺少卿과 上京鹽鐵使를 지냈다. 涞流河路副都統으로 출정하였다가 후에 금군의 포로가 되어 송에 압송되었다.

27 耶律寧(1103~?) : 천조제의 여섯째 아들로 許王에 봉해졌으며, 1123년에 금군에 포로로 잡혔다. 이후 행적은 불분명하다.

28 桂州 : 본문 외에는 余蔚의 『中國行政區劃通史 : 遼金卷』을 비롯해 다른 문헌에서 관련 자료를 찾을 수 없다. 같은 지명으로는 송의 廣西南路 桂州(현 광서자치구 桂林市)가 있다.

29 復州 : 거란 東京道 소속이며 軍額은 懷遠軍, 州格은 節度州이다. 치소는 永寧縣(현 요녕성 大連市 瓦房店市)이고 관할 현은 德勝縣·永寧縣 2개이다. 관할구역은 현 요녕성 요동반도 남부 大連市의 중앙에 해당한다.

30 左祗候郎君班詳穩司 : 원문은 '左祗候郎君詳穩司'인데 『遼史』 권45 「百官志」에서는 '左祗候郎君班詳穩司'로 썼다. 시위대인 著帳郎君院 소속으로 詳穩祗候·直長·闡撒狘·拽剌 등의 관직을 두었다.

31 長春路 : 거란 上京道 長春州(현 길림성 白城市)를 치소로 설치한 長春錢帛司의 관할 구역을 말한다. 거란은 五京道 외에 宋의 轉運使路 제도를 도입하여 興宗 후기에 8개의 財政路를 설치하였고, 또 安撫使路 제도를 도입하여 10개의 軍事路도 설치하였다.

32 樞密使 : 국방 관련 업무를 총괄하는 樞密院의 장관으로 거란 태종이 後晉을 멸망시키면서 처음 설치한 직책이며 世宗 때 남·북추밀사를 설치하였다. 재상을 보좌하며 군정을 전담한다는 점에서 송의 추밀사와 다를 바 없었다.

33 耶律章奴(?~1115) : 자는 特末衍이며 거란의 황족이다. 天慶 5년(1115)에 금군과의 전쟁에서 都監으로 출병하였다가 패하고, 蕭敵里와 함께 耶律淳을 황제로 추대하기 위해 모의하였다가 실패하자 上京을 공격하였으나 패한 뒤 체포되어 처형되었다.

34 원문의 '扈從'은 황제의 어가를 호위하며 황제를 수행함을 말하고, '百司'는 '百官'과 같은 말로서 王公 이하 조정의 모든 신료를 말한다. 따라서 이들의 전투 능력은 뛰어나지 않으나 황제의 어가를 둘러싼다는 측면에서 '호위군'으로 부르는 듯하다. 다만 『建炎以來繫年要錄』 권194, '紹興三十一年'조에 "今扈從百司雖嚴備(지금 호종백관이 비록 삼엄한 방비를 갖추고 있으나)"와 같은 기록이 있기는 하나, 실제 사서에서 '호종백사'가 호위군으로 나타나는 예는 많지 않다.

35 樞密直學士 : 거란의 추밀원은 곧 남·북추밀원으로 양분되었다가 다시 북추밀원 주도 하에서 漢人추밀원·북추밀원·남추밀원 등 3원이 병립하는 구조가 유지되었다. 추밀사 아래 樞密副使와 추밀직학사를 두었는데, 추밀직학사는 황제에 대한 자문과 추밀원의 軍政 문서를 관장하였다.

36 문장 구조상 '別遣' 앞에 구두를 끊었으나, 의미상으로 '別'은 '한인 군대 3만 명'을 가리키는 것이어서 번역에서는 앞으로 붙였다. 이 부분이 『契丹國志』 권10에서는 "별도로 한인 보병과 기병 3만에 도검점 소호도고를 도통에, 추밀직학사 시의를 부도통으로 삼아 남쪽 영강주로로 가게 하였다.(別以漢軍步騎三萬, 命都檢點蕭胡睹姑爲都統, 樞密直學士柴誼副之, 南出寧江州路.)"라고 하였다.

37 長春州 : 거란 上京道 소속으로 軍額은 韶陽軍, 州格은 節度州이며 興宗 후기에 長春錢帛司가 설치되었다. 치소 겸 관할 현은 長春縣(현 길림성 白城市 洮北區)이다. 松嫩平野의 한복판에 자리하였으며, 관할구역은 현 길림성 서북부 白城市의 동쪽 大

安市에 해당한다.

38 燕王(1063~1122) : 남경인 燕京을 근거지로 했기에 통상 燕王이라고 칭하였던 天錫帝 耶律淳이다.

39 永興宮使 : 영흥궁은 거란의 황제용 帳幕의 명칭이며 책임자인 宮使를 비롯해 副使·太師·太保·世燭 등의 직책이 있다.

40 延昌宮使 : 연창궁은 거란의 황제용 帳幕의 명칭으로 거란어로는 '奪里本斡魯朵'라고 하였다. '延昌宮使'는 연창궁의 책임자로 穆宗이 처음 설치하였고, 中京提轄司·南京制置司를 비롯해 咸州·信州·韓州 등의 正戶 1천 호, 蕃漢轉戶 3천 호, 正丁 2천 명, 蕃漢轉丁 6천 명, 기병 2천 명이 배속되었다.

41 監軍 : 조정을 대신하여 현지에서 軍務를 협의하고 장수를 감찰하는 업무를 지닌 파견직에 대한 통칭이다. 춘추시대부터 있었으며, 唐 玄宗이 환관을 감군으로 임명한 것이 거란과 宋에도 관례로 이어졌다. 거란은 行軍監軍·招討司監軍·駐軍監軍 등을 임명해 감찰을 엄격하게 시행하였다.

42 평주로 : 원문은 '平山路'이다. 『契丹國志』 권10에서는 '平路'로 썼고, 『遼史』 권29에서는 금국으로 끌려가던 연경 주민들이 장각을 설득할 때 "뒷날 금군이 다시 공격해 오더라도, 안으로는 평산의 군대를 쓰고, 밖으로는 송나라의 지원을 얻는다면, 또 무엇을 두려워하겠는가!(後日金人加兵, 內用平山之軍, 外得宋爲之援, 又何懼焉!)"라고 하였다. 따라서 평주로와 평산은 별개의 개념일 수도 있지만, 확인하기 어려워 '평주로'로 번역한다.

43 원문은 '防秋'이다. 북방의 유목민들은 여름철을 지나면서 말이 강건해지고, 중원의 추수가 끝나 농작물이 풍부해진 늦가을을 거병의 호기로 여겨 왔다. 그래서 중원에서는 늦가을이 되면 변방 방어에 특별히 유의하였는데, 이를 가리켜 '防秋'라고 한다.

44 長泊魚務 : 長泊魚는 현 내몽고자치구 奈曼旗 서북쪽에 있는 호수로서 '長濼魚'라고도 한다. '務'는 관직명·기관명으로 장박 호수의 물고기 어획과 조세 등을 담당한 것으로 보이며, 제24일 일정에 나오는 '梁魚務'처럼 지명으로도 사용되었다.

45 新州 : 거란 西京道 奉聖州(치소는 현 하북성 張家口市 涿鹿縣)의 後唐 때 지명이다. 後唐 同光 2년(924)에 威塞軍을 新州로 승격시키되 嬀州 관할로 삼았는데, 後晉은 신주를 철폐하고 嬀州에 예속시켰다(936). 관할구역은 현 하북성 서북부 張家口市의

남서쪽에 해당한다. 같은 이름으로 상경도 新州(내몽고자치구 通遼市 奈曼旗)가 있는데 統和 8년(990)에 중경도로 이주시켜 재설치하였고 후에 武安州로 바꾸었다. 이 외에 송 廣南東路 新州(현 광동성 雲浮市 新興縣)도 있다.

46 提擧官 : '선발하여 추천한다(提拔薦擧)'는 뜻으로 본래 각 지방관을 관리 감독하는 직책에서 출발하였으나 특정 업무를 주관하는 전문 관리직으로 바뀌어 常平司·市舶司 등에 提擧常平·提擧市舶 등을 두었다.

47 飛龍院 : 말을 관리하는 기관으로 당대에 설치한 飛龍廐를 五代에 飛龍院으로, 그리고 다시 930년에 좌비룡원·우비룡원으로 바꾸었다. 거란에서는 북면관 소속으로 飛龍使와 飛龍副使를 두어 관리하게 하였다. 송은 980년에 天廐坊으로 개칭하였다.

48 당시 서하의 崇宗 李乾順의 황후인 耶律南仙은 본래 거란의 成安公主로서 천조제의 조카였다. 야율남선은 1125년 거란의 멸망과 태자 李仁愛의 사망에 충격을 받아 곡기를 끊고 自盡하였다.

49 信州 : 거란 東京道 소속이며 軍額은 彰聖軍, 州格은 節度州이다. 치소는 武昌縣(현 길림성 長春市 公主嶺市)이고 관할 현은 武昌縣·定武縣 등 2개이다. 같은 지명으로 송의 江南東路 信州(현 강서성 上饒市)가 있다. 남쪽은 大黑山, 북쪽은 평야 지대로 東遼河의 상류이며 관할구역은 현 길림성 중부 長春市의 서남쪽에 해당한다.

50 蘇州 : 거란 東京道 소속이며 軍額은 安復軍, 州格은 節度州이다. 치소는 來蘇縣(현 요녕성 大連市 金州區)이고 관할 현은 來蘇縣·懷化縣 2개이다. 같은 지명으로 송의 兩浙路 蘇州(현 강소성 蘇州市)가 있다. 관할구역은 현 요녕성 요동반도 남부 大連市의 북동쪽에 해당한다.

51 銀州 : 거란 東京道 소속이며 軍額은 富國軍, 州格은 軍事州로서 北女直兵馬司 관할이다. 치소는 延津縣(현 요녕성 鐵嶺市 銀州區)이고 관할 현은 新興縣·延津縣·永平縣 등 3개이다. 같은 지명으로는 송의 永興軍路 銀州(현 산서성 榆林市 米脂縣·佳縣)가 있다. 관할구역은 현 요녕성 동북부 鐵嶺市에 해당한다.

52 通州 : 거란 東京道 소속이며 軍額은 安遠軍, 州格은 節度州이다. 관할 현은 歸安縣·安遠縣·漁谷縣·通遠縣 등 4개이다. 원래 부여국의 王城이었던 곳인데 渤海는 926년에 扶餘府를 설치하였다. 부여부는 거란 태조가 발해를 멸망시킬 때 황룡이 나타났다고 하여 '龍州'로 바꾸었고, 태종 때 황룡부로 승격되었다. 황룡부

는 975년에 일어난 발해인 장수 燕頗의 난으로 인해 철폐되었다가 聖宗 開泰 9년(1020)에 通州로 바뀌었다. 관할구역은 현 길림성 중북부 長春市의 북쪽에 해당한다.

53 韓州 : 거란 東京道 소속이며 軍額은 東平軍, 州格은 刺史州이다. 頭下軍州로서 관할 현은 柳河縣(현 내몽고자치구 鐵嶺市 昌圖縣)이다. 낮은 구릉과 窪地가 종횡으로 분포되었으며 현재 科爾沁沙地가 확대되고 있다. 관할구역은 현 요녕성 동북부 鐵嶺市의 북동쪽에 해당한다.

54 烏州 : 거란 上京道 소속이며 軍額은 靜安軍, 州格은 軍事州이다. 頭下軍州로서 관할 현은 愛民縣(현 내몽고자치구 興安盟 科爾沁左翼中旗)이고 관할구역은 현 내몽고자치구 동중부 興安盟 남쪽에 해당한다.

55 遂州 : 거란 東京道 소속이며 본래 頭下軍州로서 치소 겸 관할 현은 山河縣(현 요녕성 阜新市 彰武縣)이다. 같은 지명으로 송의 梓州路 遂州(현 사천성 遂寧市)가 있다. 관할구역은 현 요녕성 중북부 阜新市의 동북쪽에 해당한다.

56 春州 : 거란 上京道 소속이며 현 내몽고자치구 동중부 興安盟 남쪽 突泉縣에 해당한다. 단 余蔚의 『中國行政區劃通史』에는 관련 자료가 수록되어 있지 않다. 같은 지명으로 송의 廣南東路 春州(현 광동성 陽江市 陽春市)가 있다.

57 靖州 : 다른 사료에서 관련 자료를 찾지 못하였다. 같은 지명으로 송 荊湖南路 靖州(현 호남성 懷化市 靖州自治縣)가 있다.

58 泰州 : 거란 上京道 소속이며 軍額은 德昌軍, 州格은 節度州이다. 치소는 樂康縣(현 흑룡강성 齊齊哈爾市 泰來縣)이고 관할 현은 樂康縣·興國縣 등 2개이다. 같은 지명으로 南京道 泰州(현 하북성 保定市 清苑區·滿城區)가 있고, 송의 淮南東路 泰州(현 강소성 泰州市)도 있다. 흑룡강·내몽고와의 접경지대로 松嫩平野의 洮兒河 유역이며 관할구역은 현 흑룡강성 중서부 齊齊哈爾市 남서부에 해당한다.

59 遼東路 : 원문은 '遼東'인데 뒤의 長春路가 財政路의 명칭이므로 그에 대응하려면 같은 재정로에 해당하여야 한다. 그러나 거란의 8개 재정로에는 물론이고 10개 軍事路에도 '遼東路'는 없다. 그런데 본권 7엽에서 "遼陽路則東京兵馬都部署司, … 空扼高麗"라 하였고, 『遼史』 권46 「百官志二」에서도 "遼陽路諸司控扼高麗"라고 하였으며, 『契丹國志』 권22 「州縣載記」의 '控制諸國'條에서도 "遼東路控扼高麗"라고 하였다. 따라서 '遼東路'는 '遼陽路'의 별칭으로 통용된 듯하다.

60 上京路 : 上京留守司 관할 軍事路를 말한다. 거란은 五京道 외에 宋의 轉運使路 제도를 도입하여 興宗 후기에 8개의 財政路를 설치하였고, 또 安撫使路 제도를 도입하여 10개의 軍事路도 설치하였다.

61 祖州 : 거란 上京道 소속이며 軍額은 天成軍, 州格은 節度州이다. 치소는 長霸縣(현 내몽고자치구 赤峰市 巴林左旗)이고 관할 현은 長霸縣과 咸寧縣 등 2개 현과 頭下越王城 1개이다. 長霸縣은 발해 扶餘府 長平縣, 咸寧縣은 발해 遼陽 長寧縣 주민을 이주시켜 만들었다. 지명은 거란 태조의 고조·증조·조부·부친의 출생지인 데서 취하였으며, 태조는 이곳에 西樓를 세웠는데, 사실상 초기 도성의 역할을 하였다. 서북쪽에는 內城과 전각, 동쪽에는 州 관아와 綾錦院, 동남쪽에는 시장이 있었다. 대흥안령산맥 남단으로 거란 태조가 가을이면 자주 사냥하던 곳이었다. 관할구역은 현 내몽고자치구 동남부 赤峰市의 북동쪽에 해당한다.

62 天膳堂 : 거란 태조의 능침에 있는 전각이다. 금군이 상경을 점령한 뒤 불을 질러 소각시키고 대규모로 도굴하여 폐허로 만들었다. 이하 崇元殿·望聖殿·神仙殿·坤儀殿 등도 마찬가지다.

63 懷州 : 거란 上京道 소속이며 軍額은 泰陵軍, 州格은 節度州이다. 치소는 扶餘縣(현 내몽고자치구 赤峰市 巴林右旗)이고 관할 현은 扶餘縣과 顯理縣 등 2개이다. 태조가 天贊 연간에 龍泉府 扶餘城과 顯理府를 공략하고 그곳 주민을 옮겨와 거주하게 하였고, 또 會同 연간에 연경에서 획득한 포로를 정주시킨 곳이다. 대흥안령산맥 남단으로 태종의 능묘인 懷陵을 관리하기 위한 奉陵邑이 되었다. 같은 지명으로 송 河北西路 懷州(현 하남성 焦作市 沁陽市)가 있다. 현 내몽고자치구 동남부 赤峰市의 북쪽에 해당한다.

64 거란 太宗(902~947, 재위 926~947) : 태조의 둘째 아들로 중국식 이름은 耶律德光, 字는 德謹이다. 石敬瑭을 도와서 후당을 멸망시키고 연운 16주와 견 30만 필을 세폐로 받았다. 946년에 後晉을 멸망시키고 하북을 점령하였으나 각처에서 반발이 끊이지 않자 부득이 회군하다가 사망하였다.

65 '坤儀殿'은 일반적으로 皇后가 거처하는 전각의 명칭으로 쓴다. 따라서 선제의 능묘 명칭으로는 '神儀殿'이 옳을 듯하나, 확인하지 못하여 '곤의전'으로 번역한다.

66 木葉山 : 거란 中京道 永州(현 내몽고자치구 赤峰市 翁牛特旗)에 있는 해발 652m의 산인데, 거란의 발상지로 신성시되었다. 木葉은 거란어로 '높은 산'이란 뜻이며, 바

로 옆에 있는 罕山(669m) 및 鍋撑子山(575m)과 합해 海金山이라고 칭한다.

67 내고 3국 : 원문은 '內三局'인데, 본권 3엽의 "潛令內庫三局提擧官"에 근거하여 '內庫三局'으로 번역한다. 천조제는 1118년에 상경의 '內庫三局'에 있던 보물을 중경으로 옮기게 하였는데, 1122년에 중경이 함락되면서 그 보물이 모두 금군의 수중에 들어가게 되었음을 뜻한다.

68 長公主 : 본래 황제의 姑母나 嫡長女, 또는 각별한 공을 세운 공주나 황제의 여형제에게 부여하는 작위로 漢代에는 제후왕과 같은 직위였다. 東漢 때 다시 황제의 고모에게는 大長公主, 여형제에게는 長公主, 딸에게는 公主를 봉하기로 정해진 뒤 후대로 전해졌다.

69 石窟寺 : 석굴사는 석굴 형태로 만든 사찰을 뜻하는 보통명사지만 雲中府에서는 통상 현 雲岡石窟을 가리키는 말로 쓰였다. 천조제의 이동 경로로 볼 때 운강석굴을 경유했을 가능성이 크지만 확정하긴 어렵다.

70 원문은 '接見'인데, '接見'은 통상 '손아랫사람' 혹은 '위아래를 논할 관계가 아닌 사람'을 대상으로 하지만, 『通典』 권81 「禮41」의 '諸侯之大夫爲天子服議'에서 "諸侯之大夫接見於天子"라고 한 예처럼 천자와의 '會見'에도 '接見'을 쓴다.

71 天德軍 : 거란 西南面招討司 소속으로 군의 치소(현 내몽고자치구 巴彦淖爾市 烏拉特前旗)만 있을 뿐 관할 현은 따로 없다. 唐朝 중기 이래 오르도스 지역의 振武軍과 함께 回鶻汗國을 견제하는 임무를 수행하였으나 중요성은 상대적으로 크지 않았다. 後梁이 처음 節度使를 임명하였고(911), 이어서 西南面招討司를 설치하였으며(916), 치소를 豐州로부터 옮겨 와 천덕군절도사를 임명하였는데(920), 거란 태조가 920년에 점령하였다. 西南面의 서쪽 끝에 있으며 황하를 사이에 두고 남·서쪽으로 西夏와 국경을 마주하였다. 현 내몽고자치구 중북부 巴彦淖爾市의 동쪽, 오르도스의 건너편에 해당한다.

72 漁陽嶺 : 大青山脈을 감아 돌아가는 긴 고갯길로서 北魏 때 白道嶺이라고 했고, 당대 이후 漁陽嶺으로 개칭하였다. 현 내몽고자치구 呼和浩特市에서 五川市로 이어지는 呼武公路에 위치한 蜈蚣壩에 해당한다. 천조제는 현 大同市에서 呼和浩特市를 지나 漁陽嶺을 거쳐 협산산맥으로 도주한 것이다.

73 耶律大石(1087 혹은 1094~1143) : 거란 태조의 8세손으로 翰林應奉, 泰州·祥州刺史와 遼興軍節度使를 역임하였다. 거란에서는 翰林을 林牙라고 칭하였기에 大石林

牙로도 알려졌다. 1122년 천조제가 도피하여 행방이 묘연해지자 야율순을 황제로 추대하였지만 야율순이 급사했고 야율대석은 천조제와 불편한 관계가 되자, 1130년에 서쪽으로 이주하여 1134년에 현 키르키스탄을 중심으로 西遼(Kara Kitai)를 건국하였다. 그리고 1141년에 사마르칸트 북쪽의 카타완에서 셀주크왕조와 전면전을 벌여 대승함으로써 중앙아시아의 패권을 장악하였다. 셀주크왕조의 패전 소식을 전해 들은 기독교 세계에서는 야율대석을 동방의 기독교 군주 '프레스터 존'이라는 가공의 인물로 간주하고 매우 호의적으로 생각하였다.

74 毛割石 : 당시 몽골초원에 있던 여러 부족 가운데 하나이다.

75 廣平淀 : 거란 中京道 永州에 있는 평지로 西拉木倫과 老哈河 두 강의 합류지이다. 거란 태조는 고위 관료와 함께 전국을 순행하며 주민을 안무하고 군사적 상황을 확인하는 捺鉢(行帳·行營)제도를 확립하였는데, 廣平淀도 4대 나발 장소 가운데 하나이다. 현 내몽고자치구 赤峰市 翁牛特旗에 해당한다.

76 東勝州 : 거란 西南面招討司 소속이며 軍額은 武興軍, 州格은 軍事州이다. 치소는 楡林縣(현 내몽고자치구 呼和浩特市 托克托縣)이고 관할 현은 楡林縣·河濱縣 2개이다. 관할구역은 현 내몽고자치구 중남부 呼和浩特市 서남쪽에 해당한다.

77 奄遏下水 : 원문은 '遼水'이지만 武州 일대의 강은 桑干河의 상류에 해당하는 恢河뿐이고, 遼水는 遼河의 옛 지명이어서 武州 지역과는 무관하다. '奄遏下水'는 본서에서 여러 차례 등장한 '鴛鴦泊'의 거란식 명칭이다.

78 山金司 : 山金은 '구리'를 뜻하는 말이며, 산금사는 陰山山脈의 구리 광산을 관리하기 위한 관아로 西京 소속 諸司의 하나이다. '山陰司'라고도 한다. 현 내몽고자치구 呼和浩特市 북쪽에 있는 漁陽嶺 인근 동쪽에 있었다.

79 南面官 : 거란의 북부 지역에서는 거란인을 비롯한 유목민이, 남부 지역에서는 한인과 발해인 등 농경민이 거주하였으므로 태종은 두 지역의 특성을 고려하여 통치기구를 이원화하였다. '남면관'은 당의 제도를 모방하여 3省6部를 비롯해 臺·院·寺·監·諸衛 등을 두었다. 거란인도 남면관에 임명되면 漢官·漢兒官이라 칭하였으며, 한인 복장을 해야 하고 조세 징수 등을 주관하였다.

80 원문은 '中書·門下共一省'이다. 隋·唐代에 완성된 중앙 행정 조직인 三省은 정책을 결정하고 조서의 초안을 작성하는 中書省, 조서에 대한 심의 기능을 가진 門下省, 집행 기관인 尙書省으로 이루어졌다. 하지만 실제 운영에 있어서는 차이가

있었다.

81 중서성 소속 堂後官 이하 관리의 사무실을 가리켜 制敕院이라 하는데, 송조의 제칙원에는 五房堂後官·主事·錄事·主書·守當官 등이 있었고, 정원은 당후관(5品)이 8명, 주사(從8品) 7명, 녹사 10명, 주서 14명, 수당관 20명으로 모두 59명이었다. 반면 거란 제칙원의 정원은 모두 3명이라는 말이다.

82 尙書省 : 수·당대 상서성은 吏·戶·禮·兵·刑·工 등 6부와 그 아래 24개의 司로 구성되어 거의 모든 행정업무를 망라하던 중앙 행정기관이었다. 하지만 거란에서는 상서성이 추밀원에 병합되어 漢人에 관한 군정과 민정을 담당하였다.

83 副都承旨 : '承旨'는 본래 '뜻을 받든다'는 말로서 唐代에 한림원에 한림학사승지를 두어 황제와 직접 면대하여 詔令 등을 작성하게 한 데서 유래하였다. 五代부터 추밀원에도 승지를 두기 시작했고, 거란도 그 제도를 수용하였다. 단 송조에서는 도승지와 달리 부도승지를 반드시 임명하지는 않았다.

84 원문의 '廳房卽工部也'에서 '卽工部也'는 본래 본문 속에 포함된 주석인데 본문으로 잘못 작성한 것으로 보인다.

85 移離畢 : 거란의 부재상급 관리로 송조의 執政에 해당한다. '夷離畢'로도 쓴다.

86 簽書樞密院事 : 簽書는 부서의 정식 장관이지만, 기안권부터 결재권까지 모두 장악한 것이 아니라 결재권만 부여받은 제한된 의미의 樞密院 장관이다. 송과 거란의 제도가 크게 다르지 않을 것으로 보인다.

87 관리 임명 : 원문은 '差除'이다. '差遣職을 제수한다'는 송의 제도를 모방한 용어이다.

88 南院都部署司 : 원문은 '南面都部署司'인데, 거란의 군사 기구 명칭으로 '南面'이 아니라 '南院'으로 써야 맞다. 南院이라는 이름처럼 병력은 남면 소속이지만 지휘관은 北面官이 맡았다.

89 計司 : 재정·조세·무역 등을 담당하는 관서의 통칭이다. 오경에 각각 설치된 재정 관련 부서를 통칭하여 '五計司' 또는 '五京計司'라고 한다.

90 平州路 : 거란 태조는 923년에 후당으로부터 平州(현 하북성 秦皇島市 盧龍縣)와 營州(현 하북성 秦皇島市 昌黎縣)를 점령한 뒤 평주의 일부를 나누어 灤州(현 하북성 唐山市 灤州市)를 신설하고 이들 3개 주로 平州路를 설치하였다. 관할구역은 현 하북성 북동부 秦皇島市의 서쪽에 해당한다.

91 錢帛司 : 화폐의 주조 등을 관장하는 기관이다. 재정과 관련된 五京計司와 三路錢帛司의 위상은 대등하였으며 모두 興宗 말에 설치되었다.

92 興中府 : 거란 中京道 소속이며 軍額은 彰武軍, 州格은 節度州이다. 당의 營州를 神冊 연간(916~922)에 霸州로 바꾸었고 重熙 10년(1041)에 남추밀원 산하에 설치한 3개 府 가운데 하나인 홍중부로 승격하여 建州·黔州·潭州·安德州·榆州·利州·川州·霸州·惠州 등 9개 주를 관할하였다. 興宗 후기에 遼西錢帛司가 설치되었다. 府의 치소는 霸城縣(현 요녕성 朝陽市 雙塔區이며 후에 興中縣으로 개칭)이고 관할 현은 象雷縣·閭山縣·靈丘縣·霸城縣 등 4개이다. 관할구역은 현 요녕성 서북부에 해당한다.

93 남왕부·북왕부 : 원문은 '南·北王府'이다. 거란 8部는 가장 강력한 迭剌部와 乙室部를 중심으로 2개의 집단을 구성하였다. 이에 迭剌部 등 5부를 北宰相府에, 乙室部등 3부를 南宰相府에 속하게 하였는데, 질랄부의 힘이 통제하기 어려울 정도로 커지자 태조는 질랄부를 南·北院大王府로 다시 나누었다.

94 乙室王府 : 거란 8部 가운데 迭剌部와 함께 가장 강력한 部였는데, 태조는 당의 제도를 모방하여 乙室部를 乙室王이라 칭하고 그 수령에게 迪骨里節度使를 수여하였다. 奚王府, 南·北王府와 함께 거란의 4대 王府라고 알려졌다.

95 원문의 '節鎭州'는 '節度州'의 별칭이다. 그리고 본문에서는 節度州가 43개라고 했지만 실제로는 42개만 썼고, 武安州는 본래 刺史州였다가 후에 觀察州로 승격했으므로 節鎭州에 해당하지 않는다. 본권 지명에 관한 각주는 『遼史』「地理志」보다 余蔚의 『中國行政區劃通史 : 遼金卷』을 우선하여 작성하였다.

96 奉聖州 : 거란 西京道 소속이며 軍號는 武定軍, 州格은 節度州이다. 치소는 永興縣(현 하북성 張家口市 涿鹿縣)이고 관할 현은 望雲縣·礬山縣·永興縣·龍門縣 등 4개이다. 봉성주는 唐代의 新州로서 거란·後唐·後晉이 거듭 점령하여 군호와 주격 등의 변화가 컸다. 桑干河와 洋河의 합류지로서 洋河를 사이에 두고 歸化州와 마주 보고 있으며, 黃帝와 炎帝가 연합하여 蚩尤와 싸웠다는 涿鹿 전투 전설의 배경이기도 하다. 관할구역은 현 하북성 서북부 張家口市의 남서쪽에 해당한다.

97 豐州 : 거란 西南面招討司 소속이며 軍額은 天德軍, 州格은 節度州이다. 치소는 富民縣(현 내몽고자치구 呼和浩特市 賽罕區)이고 관할 현은 富民縣·振武縣 2개이다. 唐의 天德軍 주민을 동쪽으로 이주시켜 만들었고, 후에 천덕군 본래의 터에 별도의 천

덕군을 설치하였다. 같은 지명으로 東京道 豐州(현 길림성 靖宇縣)와 上京道의 頭下軍州 豐州(咸雍 연간에 澄州로 바꿈, 현 내몽고자치구 赤峰市 翁牛特旗), 또 송의 河東路 豐州(현 섬서성 楡林市 府谷縣 북쪽)가 있다. 산지와 구릉·평야가 섞여 있는 내몽고고원의 일부이며, 관할구역은 현 내몽고자치구 중부 呼和浩特市 동남쪽에 해당한다.

98 宜州 : 거란 中京道 소속이며 軍額은 崇義軍, 州格은 節度州이다. 치소 겸 관할 현은 弘政縣(현 요녕성 錦州市 義縣)이다. 같은 지명으로 송의 廣南西路 宜州(치소는 광서자치구 河池市)가 있다. 전체적으로 구릉지이지만 大陵河 주변 평야도 상당하다. 관할구역은 현 요녕성 요동만에 연한 錦州市의 북쪽에 해당한다.

99 雙州 : 거란 北女直兵馬司 관할이며 軍額은 保安軍, 州格은 節度州이다. 치소 겸 관할 현은 雙城縣(현 요녕성 鐵嶺市 鐵嶺縣·法庫縣)이다. 동쪽은 낮은 구릉지이고 서쪽은 요하 충적평야 지대이며, 관할구역은 현 요녕성 동북부 鐵嶺市의 서쪽과 남쪽에 해당한다.

100 遼州 : 거란 東京道 소속이며 軍額은 始平軍, 州格은 節度州이다. 치소는 遼濱縣(현 요녕성 瀋陽市 新民市)이고 관할 현은 安定縣·遼濱縣 등 2개이다. 같은 지명으로 송의 河東路 遼州(현 산서성 晉中市 昔陽縣)가 있다. 遼河와 柳河가 교차하는 충적평야 지대이며, 관할구역은 현 요녕성 중북부 瀋陽市의 서북쪽에 해당한다.

101 饒州 : 거란 上京道 소속이며 軍額은 匡義軍, 州格은 節度州이다. 치소는 長樂縣(현 내몽고자치구 赤峰市 林西縣)이고 관할 현은 安民縣·臨河縣·長樂縣 등 3개이다. 같은 지명으로 송의 江南東路 饒州(현 강서성 上饒市)가 있다. 大興安嶺山脈 남단의 저산 구릉지이며, 관할구역은 현 내몽고자치구 동남부 赤峰市의 북쪽에 해당한다.

102 驤州 : 본문을 제외한 다른 사료에서 관련 자료를 찾지 못하였다.

103 川州 : 거란 中京道 소속이며 軍額은 長寧軍, 州格은 節度州이다. 치소는 咸康縣(현 요녕성 朝陽市 北票市)이고 관할 현은 宜民縣·咸康縣·洪理縣(후에 弘理縣으로 개칭) 등 3개이다. 940년에 覇州에서 분리된 頭下百川州를 951년에 일반 주로 바꿨고 후에 다시 川州로 바꿨다. 大陵河와 牤牛河 이북 지역을 관장하였으며, 관할구역은 현 요녕성 서북부 朝陽市의 동북쪽에 해당한다.

104 成州 : 거란 中京道 소속이며 軍額은 興府軍, 州格은 節度州이다. 본래 頭下軍州였는데, 후에 일반 주로 바뀌었고 치소 겸 관할 현은 同昌縣(현 요녕성 阜新市 新邱區)이

다. 같은 지명으로 송의 秦鳳路 成州(현 감숙성 隴南市 成縣)가 있다. 醫巫閭山脈과 小興安嶺山脈 사이의 가늘고 긴 분지에 자리하였으며, 관할구역은 현 요녕성 중북부 阜新市의 동북쪽에 해당한다.

105 來州 : 원문은 '業(州)'인데, 余蔚은 '來州'를 잘못 쓴 것이라 하였다. 거란 中京道 소속이며 軍額은 歸德軍, 州格은 節度州로서 隰州·潤州·遷州를 관할하였다. 치소 겸 관할 현은 來賓縣(현 요녕성 葫蘆島市 綏中縣)이며, 관할구역은 현 요녕성 서남부 葫蘆島市 서남쪽에 해당한다.

106 懿州 : 거란 東京道 소속의 頭下軍州이며 軍額은 寧昌軍, 州格은 節度州이다. 치소는 寧昌縣(현 요녕성 阜新市 阜新縣)이고 관할 현은 順安縣·寧昌縣 2개이다. 같은 지명으로 송의 荊湖北路 懿州(치소는 현 호남성 懷化市 芷江自治縣)가 있다. 인근의 成州와 마찬가지로 醫巫閭山脈과 小興安嶺山脈 사이의 가늘고 긴 분지에 자리하였다. 관할구역은 현 요녕성 서북부 阜新市의 서북쪽에 해당한다.

107 龍化州 : 거란 上京道 소속이며 軍額은 興國軍, 州格은 節度州이다. 치소 겸 관할 현은 龍化縣(현 내몽고자치구 赤峰市 敖漢旗·奈曼旗)이다. 태조가 즉위하기 전에 연경에서 노획한 재물과 포로를 안치하기 위해 축조한 개인 성곽으로 출발했으며, 황제 즉위 의식을 올린 초기 도성으로 東樓라고도 칭하였다. 동서 2개 성곽으로 구성되었으며 거란의 발상지인 老哈河와 西拉木倫의 합류처 서쪽에 자리하였다. 관할구역은 현 내몽고자치구 동남부 赤峰市 동쪽에 해당한다.

108 儀坤州 : 원문은 '宜坤州'이지만 余蔚은 '儀坤州'를 잘못 쓴 것이라 하였다. 거란 上京道 소속이며 軍額은 啓聖軍, 州格은 節度州이다. 치소 겸 관할 현은 廣義縣(현 내몽고자치구 赤峰市 克什克騰旗)이다. 태조의 아내 應天皇后 출생지이며 몽골고원과 대흥안령산맥 남단 및 연산산맥 북단이 만나는 산지이다. 관할구역은 현 내몽고자치구 동남부 赤峰市 북서쪽에 해당한다.

109 建州 : 거란 中京道 소속이며 軍額은 保靜軍, 州格은 節度州이다. 치소는 永霸縣(현 요녕성 朝陽市 朝陽縣)이고 관할 현은 永康縣·永霸縣 2개이다. 같은 지명으로 송의 福建路 建州(치소는 현 복건성 南平市 建甌市)가 있다. 낮은 구릉과 산간 평야로 이루어졌으며 大陵河가 흐른다. 관할구역은 현 요녕성 서북부 朝陽市의 남서쪽에 해당한다.

110 高州 : 거란 中京道 소속이며 軍額은 保靜軍, 州格은 觀察州이다. 치소 겸 관할 현은

三韓縣(현 내몽고자치구 赤峰市 松山區)으로 聖宗 開泰 3년(1014)에 고려의 포로를 이주시켜 설치하였다. 같은 지명으로 송의 廣南西路 高州(현 광동성 茂名市 高州市)가 있다. 관할구역은 현 내몽고자치구 동남부에 해당한다.

111 利州 : 거란 中京道 소속이며 州格은 軍事州이고 치소 겸 관할 현은 阜俗縣(현 요녕성 朝陽市 喀喇沁左翼 蒙古族自治縣)이다. 같은 지명으로 송의 利州路 利州(치소는 현 사천성 廣元市)가 있다. 朝陽市와 하북성 承德市를 잇는 교통망에 있다. 관할구역은 현 요녕성 서북부 朝陽市의 남서쪽에 해당한다.

112 歸州 : 거란 東京道 소속이며 州格은 觀察州이고 치소 겸 관할 현은 歸勝縣(현 요녕성 營口市 蓋州市)이다. 발해 유민을 이주시켜 설치하였고, 聖宗 때 고려의 포로(新羅戶)들을 추가로 정주시켰으나 景宗·聖宗 때 폐지되었다. 같은 지명으로 송의 荊湖北路 歸州(치소는 현 호북성 宜昌市 秭歸縣)가 있다. 관할구역은 현 요녕성 遼東灣에 연한 營口市의 남쪽에 해당한다.

113 永州 : 원문은 '允州'지만 余蔚은 '永州'를 잘못 쓴 것이라 하였다. 거란 上京道 소속이며 軍額은 永昌軍, 州格은 觀察州이다. 치소는 長寧縣(현 내몽고자치구 赤峰市 翁牛特旗)이고 관할 현은 義豐縣·慈仁縣·長寧縣 등 3개인데 장녕현은 발해 顯德府 장녕현 주민을 이주시켜 만들었다. 거란 시조의 탄생 설화인 白馬青牛 고사의 배경인 木葉山이 있는 곳이어서 始祖廟가 건립되었다. 관할구역은 현 내몽고자치구 동남부 赤峰市 북쪽에 해당한다.

114 吉州 : 거란 東京道 소속이며 軍額은 福昌軍, 州格은 軍事州이다. 주의 치소(현 요녕성 大連市 莊河市·丹東市)만 있을 뿐 관할 현은 따로 없다. 송의 『武經總要』에서는 '압록강 이북의 吉州와 鹽州는 본래 三韓의 故城이며 고려에 대비하여 군대를 배치했다'고 하였다. 관할구역은 현 요녕성 요동반도 남부 황해에 연해 압록강까지 연결된 곳에 해당한다.

115 武安州 : 원문은 '安武州'이지만, 余蔚은 '武安州를 잘못 쓴 것'이라 하였다. 거란 中京道 소속이며 州格은 觀察州이고 치소 겸 관할 현은 沃野縣(현 내몽고자치구 赤峰市 敖漢旗)이다. 後唐 同光 2년(924)에 威塞軍을 新州로 승격시키되 刺史州여서 媯州 관할로 삼았으나 무안주로 명칭을 바꾸면서 관찰주로 승격시켰다. 3중 성벽으로 둘러싼 유적이 남아 있으며, 관할구역은 현 내몽고자치구 동남부 赤峰市의 동쪽에 해당한다.

116 『契丹國志』 권22에는 '節鎭州'에 이어서 '觀察 · 防禦 · 團練使八處'를 나열하고 있는데, 8곳 중 6곳이 절진주에 포함되어 있다. 軍額의 승급이 있기 마련이어서 관련 자료의 작성 시기에 따른 변동은 있을 것으로 보이나 8곳 가운데 6곳이나 됨은 사료의 신뢰성이 좀 의심스럽다.

117 '溫'과 '隰'은 『契丹國志』에서도 판본에 따라 혼용되고 있어 확정하기 힘들다. 단 『遼史』 「地理志」에는 '溫州'가 없고, '遷州 · 潤州 · 隰州가 인근 來州의 歸德軍節度使司의 관할'이라는 기록에 따라 '隰州'로 파악하였다.

118 可汗州 : 거란 西京道 소속이며 본래 嬀州였는데 會同 1년(938)에 可汗州로 개칭하였다. 軍額은 清平軍, 州格은 軍事州이며, 관할 현은 懷來縣(현 하북성 張家口市 懷來縣)이다. 蔚州 · 奉聖州와 함께 桑干河 유역에 있으며 연경 서북을 방어하는 요충지이다. 치소는 涿鹿縣 서남쪽이어서 현 懷來縣의 행정구역과는 다소 차이가 있다. 관할구역은 현 하북성 북서부 張家口市의 남동쪽에 해당한다.

119 愼州 : 거란 東京道 소속이며 州格은 軍事州이고 주의 치소(현 길림성 吉林市 龍潭區)만 있을 뿐 관할 현은 따로 없다. 발해 때부터 있던 행정편제지만 거란 말에 이미 폐지되었다. 관할구역은 현 길림성 중동부 吉林市의 북쪽에 해당한다.

120 隰州 : 河東路 소속이며 등급은 下, 郡名은 大寧郡, 州格은 團練州이다. 치소는 隰川縣(현 섬서성 臨汾市 隰縣)이고 관할 현은 大寧縣 · 石樓縣 · 隰川縣 · 永和縣 · 溫泉縣 · 蒲縣 등 6개이다. 같은 지명으로 거란 中京道 隰州(치소는 현 요녕성 葫蘆島市 興城市)가 있다. 황하를 사이에 두고 永興軍路 延安府와 마주한 곳이며, 관할구역은 현 산서성 臨汾市 서북부와 呂梁市 남부에 해당한다.

121 嚴州 : 거란 中京道 소속이며 『遼史』 「地理志」에서는 巖州로 쓰여 있다. 軍額은 保肅軍, 州格은 軍事州이다. 치소 겸 관할 현은 興城縣(현 요녕성 葫蘆島市 興城市)이며 해안에서 9㎞ 떨어진 발해만 최대의 섬인 覺華島(13.5㎢)에 설치되었다. 같은 지명으로 송의 兩浙路 嚴州(현 절강성 杭州市 建德市)가 있다. 관할구역은 현 요녕성 서남부 葫蘆島市의 서남쪽 菊花島에 해당한다.

122 降聖州 : 거란 上京道 소속이며 軍額은 開國軍, 州格은 軍事州이다. 치소 겸 관할 현은 永安縣(현 내몽고자치구 赤峰市 庫倫旗)이고, 발해 懷州 永安縣 주민을 이주시켜 설치하였다. 지명은 應天皇后가 태종의 태몽을 꾼 데서 유래하였다. 관할구역은 현 요녕성 동남부 赤峰市의 동쪽에 해당한다.

123 北安州 : 거란 中京道 소속이며 軍額은 興化軍, 州格은 軍事州이다. 치소 겸 관할 현은 興化縣(현 하북성 承德市 隆化縣)으로, 漢人을 이주시켜 설치하였다. 연산산맥의 일부로서 독특한 형태와 붉은 퇴적암 토양으로 이루어진 丹霞 지형으로 유명하다. 관할구역은 현 하북성 북동부 承德市의 북쪽에 해당한다.

124 松山州 : 거란 中京道 소속이며 軍額은 勝安軍, 州格은 軍事州이다. 치소 겸 관할 현은 松山縣(현 내몽고자치구 赤峰市 松山區)인데 松州라고도 칭하였으며, 上京道에도 頭下軍州인 松山州가 있다. 관할구역은 현 요녕성 동남부 赤峰市에 해당한다.

125 恩州 : 거란 中京道 소속이며 軍額은 懷德軍, 州格은 軍事州이다. 치소 겸 관할 현은 恩化縣(현 내몽고자치구 赤峰市 喀喇沁旗)이고, 같은 지명으로 송의 河北東路 恩州(현 하북성 邢台市 清河縣)가 있다. 관할구역은 현 내몽고자치구 동남부 赤峰市의 남서쪽에 해당한다.

126 靖州 및 아래의 衞州 · 燕州 · 瀕州 · 田州 · 石州 · 演州 · 賦州 · 文州 · 欄州 · 拱州 · 遠州 · 振武州 등은 거란의 지명으로 본서를 제외한 다른 사료에서는 확인하기 어렵다.

127 빈주 : 원문은 '寅州'인데, 余蔚은 '賓州'를 잘못 쓴 것이라고 하였다.

128 祥州 : 거란 東京道 소속이며 軍額은 瑞聖軍, 州格은 節度州로 黃龍府都部署司 관할이다. 치소 겸 관할 현은 懷德縣(현 길림성 長春市 農安縣)이다. 같은 지명으로 中京道 祥州(현 길림성 朝陽市 일대)와 송의 梓州路 祥州(현 사천성 宜賓市 서남쪽)가 있다. 관할구역은 현 길림성 중북부 長春市의 북쪽에 해당한다.

129 雍州 : 거란 東京道 소속이며 州格은 軍事州이다. 주의 치소(현 길림성 長春市 農安縣 일대)만 있을 뿐 관할 현은 따로 없다. 거란 말에 이미 폐지되었으며 관할구역은 현 길림성 중북부 長春市의 북쪽에 해당할 것으로 추정한다.

130 招州 : 거란 西北路招討司 소속이며 軍額은 綏遠軍, 州格은 軍事州이다. 주의 치소(현 몽골 항가이산맥의 오르혼Orkhon강 상류)만 있을 뿐 관할 현은 따로 없다. 여진을 이주시켜 설치하였다. 관할구역은 현 몽골 중북부로, 울란바토르 서쪽에 해당한다.

131 淥州 : 거란 東京道 소속이며 본래 神州였다. 軍額은 鴨淥軍, 州格은 節度州이다. 치소는 弘聞縣(현 길림성 白山市 臨江市)이고 관할 현은 神鄉縣 · 弘聞縣 2개이다. 발해의 西京 鴨淥府가 4개 주를 관할하던 체제를 그대로 유지하여 正州 · 豐州 · 桓州를 관할하였다. 성곽 둘레가 20리에 달하는 군사적 거점이었으나 거란 말에 폐지

되었다. 관할구역은 현 길림성 서북부 白城市의 동쪽에 해당한다.

132 遼西州 : 거란 東京道 소속이며 軍額은 阜成軍, 州格은 軍事州로 顯州 奉先軍節度使司 관할이었다. 치소 겸 관할 현은 長慶縣(현 요녕성 錦州市 義縣)이었고, 거란 말에 폐지되었다. 관할구역은 현 요녕성 요동만에 연한 錦州市의 북쪽에 해당한다.

133 海北州 : 거란 東京道 소속이며 軍額은 廣化軍, 州格은 軍事州이다. 본래 宜州 관할에서 후에 乾州 관할로 바뀌었다. 치소 및 관할 현은 開義縣(현 요녕성 錦州市 義縣)이다. 관할구역은 현 요녕성 요동만에 연한 錦州市의 북쪽에 해당한다.

134 黔州 : 원문은 '黠州'인데, 余蔚은 '黔州'를 잘못 쓴 것이라고 하였다. 거란 中京道 소속이며 軍額은 阜昌軍, 州格은 軍事州이다. 興中府 관할이며 치소 겸 관할 현은 盛吉縣(현 요녕성 朝陽市 北票市)이다. 같은 지명으로 송의 夔州路 黔州(현 중경시 彭水縣·黔江區)가 있다. 관할구역은 현 요녕성 서북부 朝陽市의 동북쪽에 해당한다.

135 澤州 : 거란 中京道 소속이며 軍額은 廣濟軍, 州格은 刺史州이다. 치소는 神山縣(현 하북성 承德市 平泉縣)이고 관할 현은 灤河縣·神山縣 2개이다. 같은 지명으로 송의 河東路 澤州(현 산서성 晉城市 澤州縣)가 있다. 관할구역은 현 하북성 북동부 承德市의 동쪽에 해당한다.

136 榆州 : 거란 中京道 소속이며 軍額은 高平軍, 州格은 刺史州이다. 頭下軍州로서 치소는 和衆縣(현 요녕성 朝陽市 凌源市)이고 관할 현은 永和縣·和衆縣 2개이다. 관할구역은 현 요녕성 서북부 朝陽市의 서남쪽에 해당한다.

137 保州 : 거란 東京道 소속이며 軍額은 宣義軍, 州格은 節度州이다. 치소 겸 관할 현은 來遠縣(현 압록강 부근)이며 定州·來遠城과 함께 압록강을 지키는 역할을 담당하였다. 같은 지명으로 송의 河北西路 保州(현 하북성 保定市)가 있다. 관할구역은 현 요녕성 동남부 丹東市의 남쪽에 해당한다.

138 嘉州 : 거란 東京道 소속이며 軍額은 嘉平軍, 州格은 軍事州로서 顯州 奉先軍節度使司 관할이었다. 거란 말에 폐지되었으며 치소는 현 요녕성 錦州市 北鎭市로 추정된다. 관할구역은 요녕성 요동만에 연한 현 錦州市의 북동쪽에 해당한다.

139 集州 : 거란 東京道 소속이며 軍額은 懷衆軍, 州格은 刺史州이다. 치소 겸 관할 현은 奉集縣(현 요녕성 瀋陽市 蘇家屯區)이며 渾河 남단의 저구릉지와 평야로 이루어졌다. 관할구역은 현 요녕성 중북부 瀋陽市 남쪽에 해당한다.

140 連州 : 거란 東京道 소속이며 軍額은 德昌軍, 州格은 刺史州이다. 치소 겸 관할 현은

安民縣(현 요녕성 동남부)인데, 거란 말에 폐지되어 정확한 위치는 비정하기 힘들다. 같은 지명으로 송의 廣南東路 連州(현 광동성 淸遠市 連州市)가 있다.

141 康州 : 거란 東京道 소속이며 州格은 軍事州이고 奉先軍節度使司 관할이다. 치소 및 관할 현은 率賓縣(현 요녕성 錦州市 北鎭市)인데 거란 말에 폐지되었다. 관할구역은 현 요녕성 요동만에 연한 錦州市의 북동쪽에 해당한다.

142 肅州 : 원문은 '蕭州'인데 余蔚은 『亡遼錄』의 蕭州와 『契丹國志』의 粟州는 肅州를 잘못 쓴 것이라고 하였다. 거란 東京道 소속이며 軍額은 信陵軍, 州格은 軍事州이다. 치소 겸 관할 현은 淸安縣(현 요녕성 鐵嶺市 昌圖縣)이며, 관할구역은 현 요녕성 동북부 鐵嶺市의 북동쪽에 해당한다.

143 桓州 : 거란 東京道 소속이며 치소는 고구려의 수도 국내성이었다. 거란 말에 폐지되었다. 관할구역은 현 길림성 중남부 通化市의 남쪽 集安市에 해당한다.

144 河州 : 거란 東京道 소속이며 軍額은 德化軍, 州格은 軍事州이고 軍器坊이 설치되었다. 발해의 하주(현 길림성 通化市 梅河口市)를 계승하였으나 거란 말에 폐지되었다. 관할구역은 현 길림성 중남부 通化市의 북쪽에 해당한다.

145 金肅軍 : 원문은 '金肅'인데, '金肅軍'을 가리킨다. 거란 西南面招討司 소속이며 군의 치소(현 내몽고자치구 鄂爾多斯市 准格爾旗)만 있을 뿐 관할 현은 따로 없다. 거란 重熙 12년(1043)에 설치되었으며, 관할구역은 현 내몽고자치구 鄂爾多斯市의 북동쪽 황하 서안에 해당한다.

146 河淸軍 : 거란 西南面招討司 소속이며 거란 重熙 12년(1043)에 설치되었다. 州와 동급이나 군의 치소(현 내몽고자치구 鄂爾多斯市 達拉特旗)만 있을 뿐 관할 현은 따로 없다. 관할구역은 현 내몽고자치구 중서부 鄂爾多斯市의 북쪽, 황하 남안에 해당한다.

147 河董城 : 본문의 '馬'는 '河'를 잘못 쓴 것이다. 거란 上京道 소속이며 烏古敵烈統軍司의 치소(현 몽골 Choibalsan市)이다. 본래 回鶻의 可敦城이었다. 서북 변방 방어를 위해 설치한 상경도의 邊防城 가운데 하나여서 丁賦를 징수하지 않았다.

148 五花城 : 거란 西南面招討司 관할의 성이다.

149 『契丹國志』 권22에서는 '요동 먼 변방의 이름을 기록하지 않은 10여 개 주와 200여 개 현 외에, 현재 5곳을 기록한다.(遼東邊遠不記州十餘縣二百餘外見記五處.)'라고 하고, '金肅'부터 '振武'까지의 5개 지역을 추가하였다. 다만 이 가운데 '河董城'이라 번역

한 '馬董'이 『契丹國志』에는 '曷童'으로 되어 있다.

150 頭下軍州 : 원문은 '下州'인데, 『契丹國志』 권22에는 '諸藩臣投下州二十三處'로 되어 있다. '頭下'란 왕·외척·대신 또는 各部가 획득한 포로들을 집단 이주시켜 만든 사적 행정단위로서 諸王·國舅·공주에게만 성을 신축할 수 있게 해 주었다. 두하군주의 절도사는 조정에서 임명하지만, 刺史 이하의 임명은 자율에 맡겼다. 9品官 이하와 상인은 세금을 頭下軍州에 내고 酒稅만 上京鹽鐵司에 납부하였다.

151 徽州 : 거란 上京道 소속이며 軍額은 宣德軍, 州格은 節度州이다. 頭下軍州로서 치소(현 요녕성 阜新市 阜新縣)의 節度使司를 제외하곤 모두 公主府署에 속한다. 같은 지명으로 송의 江南東路 徽州(현 안휘성 黃山市)가 있다. 관할구역은 현 요녕성 서북부 阜新市의 서북쪽에 해당한다.

152 壕州 : 본문의 '濠'는 '壕'를 잘못 쓴 것이다. 거란 上京道 소속이며 군 편제 미상의 頭下軍州이다. 치소는 현 요녕성 서북부 阜新市의 서북쪽(현 요녕성 阜新市 阜新縣)에 해당한다.

153 驩州는 衡州·閭州·隨州·澄州·金州·義州·昌州·圓州·茂州 등과 함께 본문을 제외한 다른 사료에는 수록되어 있지 않아 확인하기 어렵다.

154 豫州 : 거란 上京道 소속이며 頭下軍州이다. 치소는 현 내몽고자치구 동남부 通遼市의 북서쪽(현 내몽고자치구 通遼市 札魯特旗)에 해당한다.

155 福州 : 거란 上京道 소속이며 國舅 蕭寧(蕭排押)이 설치한 頭下軍州(현 요녕성 瀋陽市 法庫縣)이다. 같은 지명으로 송의 福建路 福州(현 복건성 福州市)가 있다. 관할구역은 현 요녕성 동북부 鐵嶺市의 서쪽에 해당한다.

156 榮州 : 거란 東京道 소속이며 頭下軍州(현 요녕성 瀋陽市 康平縣)이다. 같은 지명으로 송의 梓州路 榮州(현 사천성 自貢市)가 있다. 관할구역은 현 요녕성 중북부 瀋陽市의 북쪽에 해당한다.

157 黑河州 : 원문은 '里河'인데 余蔚은 『亡遼錄』의 里河州와 『契丹國志』의 黑州·河州 모두 黑河州를 잘못 쓴 것이라고 하였다. 거란 上京道 소속으로 폐지되었다가 1031년에 聖宗 永慶陵의 奉陵邑인 慶州(현 내몽고자치구 赤峰市 巴林右旗)로 다시 설치되었다. 관할구역은 현 내몽고자치구 동남부 赤峰市의 북쪽에 해당한다.

158 麓州 : 거란 東京道 소속이며 州格은 軍事州이고 頭下軍州이다. 治所는 미상이며 관할구역은 현 요녕성 중남부로 추정된다.

159 宗州 : 거란 東京道 소속이며 權臣 耶律隆運(韓德讓)이 설치한 頭下軍州이다. 치소 겸 관할 현은 熊山縣(현 요녕성 丹東市 鳳城縣)이며, 관할구역은 현 요녕성 동남부 丹東市의 북서쪽에 해당한다.

160 西北路都招討府 : 서경도의 서북부를 관장하는 군 조직으로 招討使·副使·都監 등을 임명하였다. 都招討司라고도 칭한다.

161 迪烈 : 거란 통치 기간 현 몽골 동부 지역에 살던 유목민이다. 敵拉·迭烈·敵剌·迪里·迪烈子·敵烈得(德)·迪烈得(德)·迭烈德·達里底·德哷勒 등으로 다양하게 표기한다.

162 都總管府 : 거란의 5경에 설치한 군 최고 지휘부이며 장관은 都總管이다.

163 侍衛馬步軍控鶴都指揮使 : 侍衛親軍司 소속 숙위군인 控鶴軍의 도지휘사이다. 당의 則天武后가 宿衛 전담 시위대로 控鶴府를 처음 설치하였다.

164 都統軍司 : 南·北大王院에 설치한 군 관련 조직으로 소속 부대에 대한 지휘권을 행사하였다. 장관은 都統軍使이고 차관은 副統軍使이다.

165 石門詳穩司 : 詳穩司는 統軍司 또는 招討司 소속 군 편제로서 '사령부'나 '지휘부'를 뜻한다. 거란은 중앙에 四帳都詳穩司·近侍詳穩司·北院詳穩司, 皮室軍詳穩司를, 각 지역에는 屬國詳穩司·部族詳穩司를 두는 등 다양한 상온사를 설치 운영하였다. 규모가 큰 상온사에는 詳穩·都監·將軍·小將軍을 두었고, 작은 상온사에는 詳穩만 두었다. 石門詳穩司는 南京道 景州 遵化縣 石門鎭(현 하북성 唐山市 遵化市 石門鎭)에 설치한 상온사인 것으로 보인다.

166 南北皮室軍詳穩司 : 원문은 '南北皮室司'인데 '南北皮室軍詳穩司'의 약칭이다. '皮室'은 거란말로서 '金剛'을 뜻한다. 태종은 정예병 30만으로 황제 직속의 皮室軍을 편성하고 황제와 左·右·南·北 4개 皮室詳穩司에 속하게 하였다. 이 가운데 최정예병을 선발하여 '御帳親軍'으로 운영하였다.

167 猛拽剌司 : '拽剌'은 '巡警' 또는 '走卒'이란 뜻이고, '猛拽剌司'는 拽剌詳穩司 소속 3개 부대인 鼓拽剌·干拽剌·猛拽剌 가운데 하나이다. '拽剌'은 '腹心拽剌'이라고도 하는데, 태조가 정예병 1천 명을 선발하여 侍衛親軍을 구성하고 '腹心部'라 칭한 데서 유래하였다.

168 諸軍都虞候司 : 都虞候를 지휘관으로 하는 부대로 변방 방어 임무를 수행하였다.

169 大國舅司 : 거란 황실과 대대로 혼인을 맺은 拔里部·乙室部·述律部는 별도의 族帳

을 설치하고 운영할 수 있게 하고 이를 가리켜 '國舅帳'이라고 칭하였다. 세종 때 肖氏가 國舅別部를 추가하였고, 성종 때에는 拔里·乙室部와 述律·別部를 각각 통합하여 2帳으로 만들었다. 조정에서는 大國舅司를 설치하여 이들 國舅帳 업무를 전담하게 하였다.

170 大常袞司 : 거란 태조는 자신이 황제에 즉위하기 전부터 可汗 직을 세습하던 遙輦氏의 권위를 존중하여 그 서열을 황족보다 높게 인정하고 大常袞司를 설치하여 大常袞·太師·太保·太尉·司徒·司空·侍中 등 고위직을 임명할 권한을 부여하였다. 단, 사실상 명예직에 불과하였다.

171 원문은 '五院·六院'이다. 거란의 중추 세력인 迭剌部의 힘이 커져서 통제하기 어렵게 되자 태조는 질랄부를 五院部와 六院部 2개 部로 나누고 夷离를 임명하였다. 태종은 五·六院部를 南·大王院으로 바꿨다.

172 金吾營 : 遼陽路 수비 임무를 담당한 거란군 부대명으로 남면관에 속하였다. 본래 '金吾'는 황제나 대신의 경호대 및 의장대 역할, 또는 도성의 수비나 치안을 담당하는 부대를 뜻하나 실제 조직과 임무는 왕조에 따라 각기 다르다.

173 杓窊司 : 遼陽路에 배치된 거란군 부대명으로 북면관에 속하였다. '杓窊'는 '稍瓦'라고도 하는데 이는 '海東靑'을 뜻하므로 '杓窊司'는 해동청을 잡거나 연변 부족에게 해동청 진상을 요구하는 역할을 담당한 것으로 보인다.

174 『遼史』·『契丹國志』·『亡遼錄』 등에는 각 부대의 명칭만 적어 놓았을 뿐 편성과 규모, 지휘계통 등에 대하여는 구체적으로 언급하지 않았다. 따라서 각 부대의 구체적인 상황은 파악하기 힘들다.

175 尙主 : 공주를 아내로 맞이할 때 '娶'라는 단어를 쓸 수 없어서 '받든다'는 뜻에서 '尙'이라 하였다. 『史記』「孫子吳起列傳」에서 유래하였다.

176 林攄(1067~1124) : 자는 彦振이고 福建路 福州 長樂縣(현 복건성 福州市 長樂市) 사람이다. 부친이 顯謨閣直學士여서 蔭補로 출사하였지만, 휘종의 신임을 얻어 進士及第 자격을 하사받고 起居舍人과 翰林學士로 발탁되었다. 開封府尹을 지냈고, 蔡京과도 원만한 관계를 유지하였다. 大觀 1년(1107)에 吏部尙書에서 同知樞密院事·中書侍郎으로 승진하였다.

177 본문에서 '측근을 보내 투항을 권유(遣近貴諭降)'한 주체는 루숙발근이다. 그러나 『契丹國志』 권12에는 '粘罕'이 주어로 나온다.

178 원문은 '陰夾山'이다. 夾山山脈은 陰山山脈의 지맥으로 현 내몽고자치구 包頭市와 呼和浩特市 사이에 있는 大青山脈이다.

179 蔡絛는 천조제가 협산산맥에 숨어든 이후 송조의 일부 모리배들이 천조제를 송으로 불러오자고 주장했으며, 그 결과 다음 단락에 보이는 것처럼 한 승려를 통해 연통하게 되었다고 했다. 천조제가 협산에서 나와 운중부를 공격한 것과 송에 귀순하는 것에는 별 관련이 없으나 채조는 이 또한 귀순하려는 과정의 하나로 보면서, 전체적으로 천조제가 협산에서 나온 것 자체가 잘못된 판단이라고 비판하고 있다.

180 燕王 : 神宗의 열두째 아들 趙俁(1083~1127)이다. 처음에 成國公에 봉해졌고 咸寧郡王·莘王·衛王·魏王을 거쳐 연왕이 되었다. 북송 멸망 후 금국으로 압송되던 중 餓死하였다.

181 越王 : 神宗의 열넷째 아들 趙偲(1085~1129)이다. 북송 멸망 후 금국으로 압송되었다.

182 徽宗은 1082년생이고, 天祚帝는 1075년생이다. 이에 황제의 형으로 대우해 주겠다는 말이다. 또 휘종은 신종의 열한 번째 아들이고, 연왕은 열두째, 월왕은 열넷째이므로 두 친왕보다 위의 서열로 대우해 주겠다는 말이다.

183 원문은 '后妃'이다. 천조제의 황후 蕭奪裏懶는 천조제를 따라 협산으로 도피하던 중 병사하였고, 秦王의 모친 文妃는 도피 중 모함을 받아 피살되었다. 유일하게 살아남아 이때 동행한 황후는 趙王의 모친 元妃인데, 원비는 후에 병사했다는 설과 포로가 되었다는 두 가지 설이 있다.

184 秦王 : 天祚帝의 다섯째 아들 耶律定(1103~?)이다. 모친 文妃가 천조제의 총애를 받았고, 외숙이 추밀사 蕭奉先이라서 태자의 물망에 올랐으며, 北遼의 耶律淳 사후 蕭太后에 의해 후계자로 천거되기도 하였다. 天慶 10년(1120)에 천조제와 함께 夾山으로 도피하였고, 이듬해 금군에 붙잡혔다

185 趙王 : 天祚帝의 첫째 아들 耶律習泥烈(1089~?)이다. 天慶 9년(1119)에 西京留守였고, 이듬해 천조제와 함께 夾山으로 도피하였으나 1년 만에 금군에 붙잡혔다. 동생인 秦王 耶律定과 후계 문제로 갈등을 겪기도 하였다. 『遼史』「皇子表」에서는 넷째 아들이라고 잘못 썼다.

186 小斛祿 : 거란 西京道 天德軍과 雲中府 사이에 거주하던 党項族 출신의 부족장 명칭

이자 부족의 명칭이기도 하다.

187 色目人 : '色目'은 본래 서로 다른 각종 명칭과 종류를 뜻하는 '各色名目'이란 말이고, '色目人'은 외양이 다른 사람을 가리키는 말이다. 唐代부터 널리 쓰이기 시작했고, 송대에는 점차 '雜姓人'을 가리키는 말로, 元代에는 西域 각국 사람을 뜻하는 말로 정착되었다.

188 천조제가 이때 죽은 것이 아니나 황제가 곧 국가라는 발상에서 '멸망'이라고 표현한 것이다.

189 告慶使 : 국가에 경사가 있을 때 그것을 알리기 위해 파견한 사신을 말한다. 반대의 경우, 告哀使라고 한다.

190 『亡遼遺錄』 : 저자 미상이며 이미 일실된 사료로서 『三朝』에 수록된 것이 전부이다.

191 큰 도끼 : 원문은 '斧鉞'이다. 본래 무기이자 형벌용 도구인 斧과 鉞을 뜻하나 軍權과 통치권, 형벌권의 상징이기도 하다.

192 郊祀 : 교외에서 황제가 주관하는 천신과 지신에 대한 제사를 뜻한다. 冬至에는 南郊에서 하늘에, 夏至에는 北郊에서 땅에 제사를 지내는데, 천자로서의 정통성을 과시한다는 점에서 매우 중요한 행사로 간주된다. 특히 3년에 한 번 거행되는 南郊에서 제사를 마치면 통상 대사면과 함께 후한 포상과 蔭補의 혜택을 제공하므로, 교사에 참여할 수 있는 관직에 포함되느냐의 여부가 관리들에게는 매우 중요한 사안이었다. '郊禮'·'郊祀禮'라고도 한다.

193 원문은 '骨寒命薄'인데, 骨相學에서 '骨寒者는 박복하다'고 한 데서 유래한 말이다.

194 원문은 '軹道之放'이다. '軹道'는 정자의 명칭인데, 秦의 3대 황제인 子嬰이 咸陽에 입성한 유방을 맞아 항복했던 곳으로서 현 섬서성 西安에 있다. 이 사건 이후 '軹道'는 '나라가 망하여 항복함'을 뜻한다. 이때 유방이 자영을 살려 둔 것을 두고 '풀어 주심(放)'이라 표현한 것이다. 한 달 뒤 항우가 함양에 들어온 뒤 항우는 자영과 그의 종친을 모두 살해하였다. 『史記』 권6 「秦始皇本紀」에 관련 내용이 실려 있다.

195 원문은 '新安之歎'이다. 章邯이 秦의 주력군 20만을 이끌고 항우에게 투항하자 항우는 이들을 자신의 군대에 편입하였다. 하지만 函谷關에서 200㎞ 떨어진 新安에 도착했을 때 이들의 동태가 심상치 않다고 여긴 항우는 그들을 몰살시켰다.

이 사건을 가리켜 '新安之禍'라고 칭한다.

196 漢高祖(기원전 247~기원전 195, 재위 기원전 206~기원전 202) : 漢의 창업자로 자는 季이며 邦이란 이름은 즉위 후에 사용한 것으로 보인다. 楚의 沛縣(현 강소성 徐州市 沛縣) 사람으로 평범한 집안에서 태어났으나 진의 폭정에 맞서 봉기하여 수도 咸陽을 점령하고 항우와의 대결에서 승리한 뒤 漢을 건국함으로써 중국식 통일왕조의 전형을 이루었다. 諡號는 高皇帝이고 廟號는 태조이며, 陵號는 長陵이다. 『史記』에서 '漢高祖'라고 하여 일반적인 칭호로 굳어졌다.

197 項羽(기원전 232~기원전 202) : 성은 姬, 씨는 項, 字는 羽이며 이름은 籍이다. 泗水郡 下相縣(현 강소성 宿遷市) 사람으로 楚의 명문가 출신이며 발군의 무공을 지닌 인물로 秦2세 1년(기원전 209)에 陳勝의 난에 호응하여 會稽에서 거병한 이후 反秦세력의 중심이 되어 章邯의 20만 대군을 坑殺하고 관중으로 진군하여 권력을 장악하였다. 이어 西楚霸王이라 자칭하고 彭城을 수도로 정한 뒤 제후를 분봉하였으나 곧 유방의 반발로 전란이 발생하였다. 항우는 전투에서 거듭 승리를 거두었지만, 전략적 실패로 결국 수세에 몰려 垓下에서 패사하였다.

198 范仲熊 : 자는 益謙이며 京西北路 西京洛陽 河南府(현 하남성 洛陽市) 사람이다. 명신 范祖禹의 손자로서 建炎 연간에 吏部員外郎을 지냈다. 苗傅·劉正彦의 반란에 참여하여 編管 유배되었다. 紹興 4년(1134)에 右承事郎이 되었으나 소흥 15년(1145)에 다시 불충 혐의로 臨安府에서 出界되었다.

199 『北記』 : 懷州 河内縣 縣丞으로 있던 范仲熊이 靖康 1년(1126) 11월 금군의 포로가 되어 이듬해 4월 풀려나 돌아올 때까지 금군에 억류되어 체험한 내용을 기록한 책이다.

200 耶律濬(1058~1077) : 이름은 耶魯斡이고 중국식 이름은 耶律濬이다. 도종의 큰아들로 언변과 학식이 뛰어났으며 황태자에 책봉되었고 南北樞密院使가 되어 국정을 전담하였다. 야율준은 권신 耶律伊遜의 권력을 누르려다 오히려 모함을 받고 구금되었다가 살해되었다. 야율이손은 도종에게 조카인 耶律淳을 후계자로 삼을 것을 강력하게 추천하였고 도종도 한때 망설였으나 결국 손자 耶律延禧에게 황제 위를 넘겨주었다. 도종 말에 복원되어 昭懷太子로 추증되었다.

201 橫山山脈은 오르도스와 섬서의 경계선, 즉 현 섬서성 북부 榆林市 서북쪽 장성과 거의 일치하는 산맥으로 거란의 발상지와 무관하다. 횡산산맥은 현재 사용하지

않는 지명으로 지금은 白于山脈이라고 칭한다.

202 東胡 : 春秋戰國時代에 강성하였던 동북방 유목민으로서 匈奴의 동쪽에 위치하였다고 해서 붙여진 이름인데, 그 기원 등은 다소 불명확하다. 燕·趙는 물론 匈奴에게도 강한 군사적 압박을 가할 정도로 강력하였던 동호는 秦末에 흉노에게 패하여 복속되었으나 일부는 烏桓山脈 일대로 이주하여 烏桓이 되었고, 일부는 鮮卑山脈 일대로 이주하여 鮮卑가 되었다. 그리고 鮮卑에서 慕容·宇文·拓跋氏를 비롯하여 柔然·契丹·室韋·蒙古 등 매우 많은 유목민이 분화되었다.

203 鮮卑 : 홍안령산맥에서 발원한 동호는 秦末에 흉노의 冒頓單于에게 패하여 복속되었으나 일부는 烏桓山脈 일대로 이주하여 烏桓이 되었고, 일부는 鮮卑山脈 일대로 이주하여 鮮卑가 되었다. 그리고 鮮卑에서 慕容·宇文·拓跋氏를 비롯하여 柔然·契丹·室韋·蒙古 등 매우 많은 유목민이 분화되었다.

204 潢水 : 내몽고자치구 赤峰市에서 발원하여 西遼河를 거쳐 遼河에 유입되는 380㎞의 강이다. 거란족의 발상지인 '시라무렌'으로 널리 알려졌는데, 시라무렌은 몽고어로 '누런 강'이란 뜻이다.

205 元魏(386~534) : 北魏의 별칭이다. 鮮卑族 拓跋部의 拓跋珪가 화북지역에 세운 北朝의 첫 왕조이다. 현 산서성 大同市로 천도하였다가 다시 하남성 洛陽市로 천도하여 본격적인 '征服王朝'의 효시가 되었다. 정권의 안정을 위해 均田制를 실시하고 漢化政策을 강력히 추진하여 번영을 이룩하였으나 내부 갈등에 시달리다 후에 東魏와 西魏로 분열되었다. 한화정책을 추진하면서 탁발씨를 元씨로 바꿨기 때문에 元魏라고도 한다.

206 송막도독부 : 원문은 '松漠府'이다. 당조는 邊地의 관리를 위해 都護府를 설치하고, 그 아래 都督府를 두었다. 도독부의 長인 도독과 자사는 세습제로 운영하였으며, 조세 등도 재량껏 처분하도록 해 주었다. 당은 자신의 지배체제에 편입된 거란을 상대로 648년에 송막도독부를 설치하고 거란의 발상지인 현 내몽고자치구 西拉木倫과 老哈河 일대의 자치권을 인정해 주었다.

207 摩會 : 거란 씨족연맹의 長으로서 628년 거란을 이끌고 당조에 귀부하였다. 당조는 이듬해 旗와 북을 내려 주었고, 648년 송막도독부를 설치하면서 마회를 도독으로 임명하였다.

208 원문은 '懿僖之亂'이다. 唐 懿宗 咸通 1년(860)에 발생한 裘甫의 난과 南詔의 安南 공

세를 시작으로 桂州의 兵亂, 龐勛의 반란, 王仙芝의 반란 등 전란이 끊이지 않았다. 특히 僖宗 乾符 5년(878)에 발생한 黃巢의 난은 당조의 통치 명맥이었던 조운 체계를 무너뜨려 당조를 멸망으로 몰아가는 결정적인 요인이 되었다.

209 盧文進(863~944) : 자는 國用이며 幽州 范陽縣(현 하북성 保定市 涿州市) 사람이다. 幽州 節度使 劉守光의 부하로서 後晉에 투항하였으나 다시 반란을 일으켰다가 실패하고 거란으로 달아났다. 이후 거란을 위해 연경 일대를 공략하고 많은 한인을 잡아가 거란의 경제적 발전에 크게 기여하였다. 후당 明宗은 즉위 직후 노문진을 설득하여 투항하게 한 뒤 후대하였다. 하지만 석경당이 후당을 무너뜨리고 칭제하자 거란과 불편한 관계에 있던 노문진은 다시 반란을 일으켰고, 결국 南唐에 투항하였다.

210 後唐 明宗(866?·867?~933, 재위 926~933) : 沙陀族 출신으로 晉王 李克用 부자를 도와 後唐의 건국에 공을 세워 출세하였으나, 결국 莊宗을 몰아내고 황제에 즉위하였다. 절제와 절약에 힘쓰고, 부역의 경감과 吏治에 힘써 五代의 군주 가운데 보기 드문 명군으로 꼽힌다. 그러나 말년에는 공신을 살해하는 오류와 함께 후계자 선정에 과오를 범하여 정권의 몰락을 자초하였다.

211 원문은 '改元稱制'이다. 연호를 바꾸면 해당 연호의 '元年'이 되므로 연호를 바꾸는 것을 '改元'이라고 한다. 진시황 때부터 황제의 명령을 '制'라고 하였는데, '稱制'는 황제의 즉위를 뜻하나 황태후 등이 황제 직권을 대행하는 것을 뜻하기도 한다.

212 後晉 高祖(892~942, 재위 936~942) : 원문은 '晉祖'로 石敬瑭을 가리킨다. 沙陀族 출신으로 군공을 세워 후당 明宗 李嗣源의 사위가 되었고, 하동절도사에 임명되었다. 하지만 후당 末帝 李從珂와 반목하게 되자, 거란에 칭신하며 연운 16주 할양과 30만 필의 세폐 제공을 조건으로 후원을 받아 후당을 멸망시키고 황제에 즉위하였다. 즉위 후 거란에 굴종하였으나 거란의 압박에 시달리다 사망하였다. 연운 16주 할양과 세폐의 지급, 거란 황제에게 '父皇帝'라고 칭한 점 등으로 인해 후대에 혹평을 받았다.

213 洛陽 : 京西北路의 치소인 西京 河南府(현 하남성 洛陽市)의 오랜 지명이다. 서주 때 본래 雒邑이라고 했는데, 전국 때부터 오행을 고려, 雒水의 북쪽에 있다고 하여 雒陽이라고 고쳐 불렀다. 秦의 통일 후에는 雒水를 洛水로, 漢은 雒水로, 삼국의 魏

는 洛水로 거듭 고치면서 도시 이름도 그에 따라 변화하였다. 북쪽의 산서성, 서쪽의 섬서성, 동쪽의 하북성을 통제할 수 있는 중원의 중심지여서 長安과 함께 13개 왕조의 도성으로 각광을 받았다.

214 代北 : 현 산서성 忻州市 代縣의 북쪽을 뜻하지만 산서성 북부와 하북성 서북부 일대를 포괄하는 용어로도 쓰인다.

215 寰州 : 거란 西京道 소속이며 군 편제는 朔州 順義軍節度使司 관할이다. 후당 明宗 天成 1년(926)에 朔州에서 분리되어 설치되었고 936년에 거란에 할양되었다. 986년에 폐지되어 다시 朔州 馬邑縣이 되었다. 치소 겸 관할 현은 寰淸縣(현 산서성 朔州市 山陰縣)이다. 서남북 3면이 산으로 둘러싸인 大同盆地의 일부이며 중간에 동쪽으로 흐르는 桑干河 유역 충적평야가 발달했다. 관할구역은 현 산서성 북서부 朔州市의 동북쪽, 懷仁市 남서쪽에 해당한다.

216 원문의 '蔚州' 뒤에 있는 '范陽'은 范陽節度司 관할인 연경, 또는 거란 南京道 涿州 范陽縣(현 하북성 保定市 涿州市)을 뜻하는데, 본문에서 말하고 있는 하동에 해당되지 않고 바로 뒤에 나오는 '幽州'와도 중복된다. 이에 번역하지 않았다.

217 幽州 : 거란 南京道 析津府(치소는 현 북경시 城區)의 속칭이다. 북방은 太陰에 속한다고 하여 幽冥에서 그 뜻을 취한 것으로, 漢代부터 唐代까지 현 북경 일대를 포괄하는 지명으로 쓰였다. 유주의 치소(현 북경시 城區)는 큰 변화가 없었지만, 관할 범위는 시대에 따라 크게 달라서 幽州 외에도 幽薊·幽燕·燕京 등 다양한 별칭이 사용되었다. 따라서 '禹貢 9州'의 '유주'가 아니면 통상 '연경'으로 번역하여도 무방하다.

218 瀛州 : 河北東路 河間府(현 하북성 滄州市 河間市)의 이전 지명으로 당 武德 4년(621)에 처음 설치되어 大觀 1년(1107)까지 유지되었다. 지명은 춘추전국시대 9개 강의 유역에 자리한 데서 취하였다. 비옥한 충적평야 지대로 소택지가 발달하였으며, 황하를 경계로 남쪽의 산동성과 마주 보는 곳이다. 관할구역은 현 하북성 동남부 滄州市 서쪽의 河間市에 해당한다.

219 莫州 : 河北東路 소속이며 등급은 上, 郡名은 文安郡, 州格은 防禦州이다. 치소 겸 관할 현은 臨邱縣(현 하북성 滄州市 任丘市)이다. 지명은 전국시대 莫邑에서 유래하였다. 진시황이 중국을 통일한 뒤 莫과 邑을 합하여 鄚縣을 설치하였는데, 開元 연간(713~741)에 鄚州가 鄭州와 유사하다고 하여 莫州로 변경하였다. 같은 지명으

로 거란 上京道 莫州(현 내몽고자치구 通遼市 科爾沁左翼後旗)가 있다. 959년, 後周 世宗이 거란의 莫州와 함께 瀛州·3關을 점령하고 '關南'이라 칭한 곳이다. 하북 최대의 호수인 百洋淀 동남방으로 수로와 소택지가 종횡으로 형성된 전략적 요충지였다. 관할구역은 현 하북성 남동부 滄州市 서북쪽의 任邱市에 해당한다.

220 山後 : 五代 盧龍節度使 劉仁恭이 燕山山脈의 지맥 북단에 山後 8軍을 설치한 데서 산전·산후라는 개념이 나왔다. 그 기준과 영역은 시대에 따라 다르다. 본문에서는 代北을 산후와 별도로 취급하고 있는데, 范陽에 대한 착오와 함께 저자의 지리적 이해 부족으로 인한 것이 아닌가 생각한다.

221 儒州 : 거란 西京道 소속이며 軍額은 縉陽軍, 州格은 軍事州이다. 嬀州에서 분리되어 설치되었으며 치소 겸 관할 현은 縉山縣(현 북경시 延慶區)이다. 삼면이 軍都山脈으로 둘러싸인 산간분지이며 현 북경시 서북쪽 延慶區에 해당한다.

222 嬀州 : 거란 西京道 소속이며 軍額은 清平軍, 州格은 軍事州이다. 치소 겸 관할 현은 懷來縣(현 하북성 張家口市 懷來縣)이며 會同 1년(938)에 可汗州로 개칭하였으나 송조는 계속 당대의 지명인 嬀州라고 칭하였다. 지명은 관내의 嬀水에서 취하였다. 蔚州·奉聖州와 함께 桑干河 유역에 있어 연경 서북을 방어하는 요충지이다. 치소는 涿鹿縣 서남쪽이어서 현 懷來縣의 행정구역과는 다소 차이가 있으며, 관할구역은 현 하북성 북서부 張家口市의 남동쪽에 해당한다.

223 소제 : 원문은 '少主'이다. 後晉의 2대 황제인 石重貴(914~974)를 가리킨다. 『舊五代史』에서는 '少帝', 『新五代史』에서는 '出帝'라 각기 다르게 칭하였다, 석중귀는 석경당의 조카이자 양자였는데, 석경당의 다섯 아들이 일찍 죽고, 막내는 어렸기 때문에 석중귀가 제위를 이었다. 석중귀는 요나라에 稱臣하기 싫어 稱孫하면서 거란의 사자를 구금하고 상인을 죽이는 등 거란에 대한 정책을 바꾸다 거란의 침입을 받고 패전하여 포로가 되었다. 석중귀가 즉위한 것이 34세이므로 少主를 '어린 군주'라고 하기는 부적절하여 『舊五代史』에 따라 '소제'로 번역하였다.

224 개봉 : 원문은 '汴京'이다. 後梁 태조가 汴州를 開封府로 승격하여 도성으로 삼은 뒤 북송까지 東都 혹은 東京 開封府라고 불렀다. 북송 멸망 직후인 貞元 1년(1153)에 금조는 개봉을 汴京으로 개칭하였다. 汴都는 그에 따른 별칭이다. 춘추시대 魏의 도성이었던 大梁에서 유래한 梁州, 汴河에 위치한 데서 유래한 汴州도 개봉의 별칭으로 쓰인다. 본문의 상황은 아직 개봉을 '변경'으로 개칭하기 전인데 변

경이라고 한 것은 范仲熊의 『北記』가 북송 멸망 이후에 작성되었기 때문이다.

225 원문은 '滅晉而歸'로 단순히 후진을 멸하고 회군한 것처럼 기술하고 있으나, 야율덕광은 후진을 멸한 뒤 개봉에서 황제 대관식을 거행하고, 국호를 '契丹'에서 '遼'로 바꾸며 직접 중원을 통치하려 했다. 그러나 워낙 가혹한 수탈과 착취로 인해 여러 곳에서 격렬한 반란이 일어나고, 무더위에도 적응하지 못하자 중원 지배를 포기하고 개봉에서 철수하게 되는데 철수 도중 병사한 것이다.

226 殺胡林 : 원문은 '滅胡林'인데, 통상 '殺胡林'으로 쓰며, 그 외에 '殺虎林'·'殺狄林'·'殺狐林' 등으로도 쓴다. '滅胡林'은 異稱일 수도 있으나 '殺'에서 잘못 유추한 표기라고 볼 수도 있다. 현 하북성 石家莊市 欒城區 서북쪽 乏馬村에 해당한다. 『方輿紀要』 권14 「欒城縣」조에 따르면 唐 則天武后 때 돌궐이 하북에 침입하였다가 당군의 습격을 받아 다수 사망한 데서 유래한 지명이라고 한다.

227 嗣聖帝 : 원문은 '嗣聖'으로 본래는 '嗣皇'과 같이 '제위를 계승한 새로운 황제'라는 의미인데, 태종은 이 보통명사를 존호로 채택하였다. 그러나 그 뒤 황제들은 天授·天順·天贊·天輔·天祚 등 '天'자를 이용한 존호를 사용하였다.

228 인황왕 : 원문은 '天皇王'인데 이는 '人皇王'을 잘못 쓴 것이다. 거란은 당조에 의해 왕에 책봉되었기 때문에 可汗과 王 두 호칭을 함께 사용하던 전통이 있어 태조 耶律阿保機는 天皇王·天皇帝·天皇可汗 등의 호칭을 겸용하였다. 그리고 황후를 地皇后, 장남 耶律倍를 人皇王, 차남 耶律德光을 元首太子라고 칭하였다.

229 거란 穆宗(931~969, 재위 951~969) : 거란의 제4대 황제로 태종의 장자이며 이름은 耶律述律이고 중국식 이름은 耶律景이다. 後周 원정군을 이끌던 중 세종이 피살되자 반란 세력을 진압하고 제4대 황제로 즉위하였다. 그러나 後周 세종의 공세에도 사냥과 음주에 탐닉하여 정사를 돌보지 않았고, 잠만 잔다고 하여 '睡王'이라 불리며 조롱의 대상이 되었다. 많은 음모와 반란에 시달렸기 때문이기도 하지만, 주변 사람들에게 매우 잔혹하게 굴고 살육을 일삼다가 피살되었다.

230 거란 景宗(948~982, 재위 969~982) : 목종의 차남으로 이름은 耶律明扆이고 중국식 이름은 耶律賢이다. 목종이 피살되자 신속히 반란을 진압하고 군신의 추대를 받아 제5대 황제로 즉위하였다. 혹정을 폐지하고 인재를 중용하여 국세를 크게 진작시켰고, 979년 高梁河, 980년 瓦橋關에서 송 태종의 공세를 거듭 좌절시켜 대송관계에서 절대적 우세를 점할 수 있게 하였다. 그러나 전쟁 종료와 동시에 병사

하였다. 거란의 중흥을 이끈 황제로 손꼽힌다.

231 蕭撻覽(?~1005) : 자는 駞宇이며 耶律斜軫을 따라 송의 潘美를 격파하고 楊業을 사로잡는 공을 세웠고, 황태후를 따라 西夏를 원정하였다. 諸軍副部署와 南院都監을 거쳐 南京統軍使가 되었으며 澶州를 공략하다가 전사하였다. 예상치 못한 蕭撻覽의 전사는 거란군의 사기를 크게 저하시켰으며 맹약 체결의 주요한 계기로 작용하였다. 蕭撻凜으로도 쓴다.

232 원문은 '尋盟'으로 '기존 맹약을 새롭게 고친다'는 말이다. 거란 홍종은 북송이 서하와의 전쟁에서 계속 패하는 것을 보면서 重熙 11년(1042)에 대규모로 병력을 동원하여 송의 국경을 압박하는 한편 세폐 증액을 요구하였다. 그리하여 그해 9월에 은 10만 냥, 絹 15만 필을 더 받기로 맹약을 수정하게 되는데, 거란에서는 이를 '重熙增幣', 송에서는 '慶曆增幣'라 칭한다.

233 거란 興宗(1016~1055, 재위 1031~1055) : 거란 제7대 황제로서 성종의 장자이며 이름은 夷不堇이고 중국식 이름은 耶律宗眞이다. 도량이 넓고 유학과 음률에 정통하였다. 즉위 초 생모가 섭정하며 폐위시키려 해서 위기에 처하는 등 모자 관계가 매우 좋지 못하였다. 보수적인 국가 운영으로 외면적인 안정세를 보였지만, 내부 모순은 계속 커져만 갔다. 重熙 11년(1042)에 송을 압박하여 세폐를 늘리는 성과를 거두었지만 1049년 서하와의 전쟁에서 실패하는 등 성종 때의 성세를 유지하지 못하고 하향세를 보였다. 홍종이 중원문화에 심취하고, 한족이 관할하던 남추밀원까지 거란인이 장악하면서 거란은 유목국가적 성격보다 정복왕조의 성격을 더 지니게 되었다.

234 원문은 '鳴鏑之謀'이다. 원래 '鳴鏑'은 날아갈 때 소리가 나는 화살로서 공격 개시를 알리는 신호지만, 여기에서는 반란군이 공격할 준비를 획책하고 있었음을 나타낸다. 흉노의 2대 선우인 冒頓이 '鳴鏑'을 이용하여 부친인 頭曼을 시해하고 즉위한 사건에서 유래하였다. 太康 1년(1075)에 北院樞密使인 耶律乙辛 등이 야율준의 모친인 蕭觀音을 모함하여 賜死하게 한 사건이 있었다. 이 일로 마음이 불안했던 耶律乙辛이 두 차례에 걸쳐 야율준이 역모를 꾸몄다는 무고 사건을 일으켰으며, 그때 수사를 맡은 耶律燕哥가 야율을신과 같은 도당이었으므로 결국 야율준은 연금되고 야율을신이 보낸 자객에게 살해되었다.

235 마지막 황제인 天祚帝는 폐위되었기 때문에 謚號·廟號·陵號 등이 없어서 존호인

천조제로 불린다.

236 삭주와 무주는 송이 접수하였지만 영변주는 접수한 일이 없고, 부주는 본래 河東路에 속한 곳이니 동관의 표문은 사실에 부합하지 않는다.

237 근년 : 원문은 '前年'이다. 천조제가 협산으로 달아난 것은 保大 2년(1122) 3월이고, 점한에게 사로잡힌 것은 保大 5년·선화 7년(1125) 정월이므로, 원문의 '前年'은 정확한 기술이 아니다. 이에 '근년'으로 번역하였다.

238 '照牒'은 송대에 관에서 발급한 신분 증명 문서이므로 본문에서는 타당치 않다. 한편 袁本의 '照會'는 관의 부서 사이에서 오가는 공문, 관아에서 통지하는 문건, 또는 외교문건을 뜻한다. 또 '참조하다·대조하다·통지하다'라는 뜻도 있다.

239 원문의 '武州' 뒤에 있는 '太山'은 衍字로 보인다. 태산은 太原市 서남쪽인 晉源區에 있어 위치가 본문에 부합하지 않고, 행정지명 사이에 태산이 들어 있는 것도 어색하다. 이에 생략하고 번역한다.

240 寧化軍 : 河東路 소속이며 등급은 同下州이고 치소 겸 관할 현은 寧化縣(현 산서성 忻州市 寧武縣 남쪽)이다. 五代에 北漢이 처음 설치하였는데, 熙寧 3년(1070)에 철폐되었고, 元祐 1년(1086)에 寧化縣만 회복되었으나 崇寧 3년(1104)에 다시 鎭으로 강격되었다. 지명은 '寧靖歸化'를 기원하는 뜻에서 취하였다. 거란의 武州와 마주하고 있는 최전방으로 거의 모든 지역이 산지이다. 관할구역은 현 산서성 중북부 忻州市의 북서쪽에 해당한다.

241 將佐 : 북송 말, 남송 초 추밀원 소속 지휘관의 서열은 都統制·副都統制·統制·統領·將·副將·準備將領·部將·隊將·押隊·擁隊 순이었다. 將佐는 將·副將·準備將領의 통칭이다. 한편 막료의 보좌를 받는 고위직 장수를 뜻하기도 한다.

242 원문은 '准'인데, '准'은 唐·五代부터 사용한 公文用語로서 '허가, 비준' 또는 '공문의 접수'를 뜻한다.

243 원문은 '牒臣照會'이다. '牒'은 '첩문·공문을 보내다'의 동사로 사용될 수 있으며, '照會' 또한 관의 부서 사이에서 오가는 공문, 관아에서 통지하는 문건, 또는 외교문건을 뜻하나 '참조하거나 대조하다, 통지하다'라는 뜻도 있다. 따라서 '牒臣照會'는 '신에게 보낸 공문의 조회'를 뜻한다.

244 提點 : '선발하여 추천한다(提拔薦擧)'라는 의미의 '提擧'와 '點檢'을 합한 명칭으로 송이 처음 설치한 관직이다. 본래는 지방관을 관리 감독하는 직책이었으나 점

차 司法·刑獄·河渠·坑冶·道觀 등 특정 업무를 주관하는 差遣職名으로 바뀌었다는 점에서 '提擧'와 '提點'은 크게 다르지 않다. 또 '提點'·'提點官'은 제점 업무를 맡은 관리에 대한 일종의 약칭이다. 거란에서도 유사한 업무를 관장한 것으로 보이나, 본문의 경우 어떤 직무를 맡았는지는 확인하기 어렵다.

245 원문은 '八部之酋'로서 거란의 황제를 가리키는 말이다. 거란 태조는 원래 8部로 이루어진 연맹체를 해체하고 907년에 可汗에, 916년에 제위에 올랐지만 迭剌部와 乙室部를 중심으로 한 8부의 전통은 상당 부분 유지되었다.

246 三代 : 중국 역사의 효시인 夏·商·周 3개 왕조의 통칭이다. 『論語』「衛靈公」에서 유래하였다.

247 원문은 '匪茹'이다. 鄭玄은 '茹'를 '度'라고 하였으니 '匪茹'는 '적당한 정도 또는 자기 역량을 벗어나다'라는 말로서 '분수를 모르고 설치다' 또는 '날뛰다, 기세가 등등하다'라는 뜻으로 쓰인다. 『詩經』「小雅」의 '南有嘉魚之什·六月'에서 유래하였다.

248 單于 : 匈奴帝國의 최고 통치자에 대한 호칭이다. 『한서』「흉노전」에 따르면 선우는 '撑犂孤塗單于'의 약칭인데 '撑犂'는 '하늘', '孤塗'는 '아들', '單于'는 '광대하다'는 뜻으로서 '위대한 하늘의 아들', 즉 '天子'라는 뜻이다.

249 원문은 '白狼之裔'이다. 匈奴를 비롯해 烏孫과 突厥의 기원 설화에 모두 흰 늑대가 등장한다.

250 赤狄 : 춘추시대 산서 남동부에 살던 부족으로 邢과 衛를 멸망시키고 周를 침입하는 등, 중원 각국의 분쟁을 틈타 강력한 군사력을 과시하였다. 후에 晉에 의해 멸망되었다.

251 오대 시기에 다섯 나라에서 여덟 성씨가 교체된 혼란기를 말한다. 나라 이름과 각 성씨는 梁(① 朱氏), 唐(② 莊宗은 李氏, ③ 明帝는 성씨는 불명이며 沙陀族, ④ 廢帝는 王氏), 晋(⑤ 石氏), 漢(⑥ 劉氏), 周(⑦ 太祖는 郭氏, ⑧ 世宗은 柴氏)이다.

252 원문은 '九貉五戎'이다. 고대 중원을 중심으로 외부의 변방 지역을 구분하는 용어이다. 『周禮』「夏官」'職方氏'에서는 邦國·都鄙, 四夷·八蠻, 七閩·九貉, 五戎·六狄 순으로 구분하였다. 따라서 九貉·五戎은 북방의 유목민을 뜻한다.

253 원문은 '代魏'이다. '代'는 전국시대 현 산서성 북부 大同市와 하북성 蔚縣 일대에 있던 국가이고, '魏'는 戰國七雄 가운데 하나로 그 영토는 현 하남성 북부와 산서성 남부였다.

254 원문은 '封豕長蛇'인데 '돼지처럼 탐욕스럽고 큰 뱀처럼 잔폭하다'는 말이다. 탐욕스럽고 잔혹한 사람을 비유하기도 한다. 여기서 封은 '크다'라는 뜻으로 쓰였다.

255 원문은 '帝命式于九圍'이다. 帝는 '天帝 또는 上帝', 式은 '법칙이나 典範', 九圍는 '九州·천하'로서 '天帝가 湯王에게 천하의 법을 수립하고 통치하라고 명하였다'는 말이다.『詩經』「商頌」의 '長發'에서 유래하였다.

256 원문은 '寒盟不自於我先'이다. '寒盟'은 '맹약을 파기한다'는 말이다. '不自於我先'은 '지금·당대의 일'임을 뜻하는데,『詩經』「小雅」'祈父之什·正月'편과「大雅」'蕩之什·瞻卬'편 등의 '나의 조상부터 시작된 것도 아니고 나의 후손부터 시작된 것도 아니다(不自我先, 不自我後)'에서 유래하였다.

257 '合沓'은 '어떤 것이 많은 모양, 많이 쌓인 모양'이며, '沓沓'은 '여러 가지 소리가 뒤섞여 시끄럽다'는 말로 통상 '물이 끓듯 요란하다'라는 뜻의 '沓沓而沸'로 쓴다.

258 원문은 '犄角之勢'이다. '犄'는 '다리를 잡고 끌다', '角'은 '뿔을 움켜쥐다'라는 말로 '양쪽에서 협공한다'는 뜻이며, '일부 병력을 동원하여 적을 견제한다'는 뜻으로도 쓴다.『左傳』「襄公14年條」에서 유래하였다.

259 원문은 '效牽'이다. 본래 말·양·개 등을 바친다는 말로서 '적의 말과 양을 끌고 오다', '항복을 받다'라는 뜻으로 쓰였다.『禮記』「曲禮上」의 "말이나 양을 바칠 때는 오른손으로 끌고 가고, 개를 바칠 때는 왼손으로 끌고 간다.(效馬效羊者右牽之, 效犬者左牽之.)"에서 유래하였다.

260 질지선우(?~기원전 36) : 원문은 '郅支'이다. 기원전 60년경, 흉노는 후계 문제로 5명의 선우가 대립하다 결국 남북으로 분열되어 싸웠다. 남흉노의 呼韓邪單于는 한에 투항하였고(기원전 53), 북흉노의 郅支單于는 康居王(현 신강성 북부)의 도움을 받고 烏孫을 비롯한 많은 국가를 공격하며 세력을 키운 뒤 마침내 康居를 격파하고 한에 대하여 적대적인 태도를 견지하였다. 이에 한 조정은 西域都護 甘延壽와 西域副校尉 陳湯을 시켜 질지선우를 격파하고 살해하였다.

261 頡利可汗(579~634) : 동돌궐 제1제국의 마지막 카간으로 '일릭카간'이라 칭하기도 한다. 당 태종 즉위 직후의 정치적 혼란을 틈타 장안 부근까지 공략하여 당조를 위협할 정도로 강력한 힘을 과시하였다. 하지만 부친 啓民可汗과의 내분이 계속되었고, 627년에는 鐵勒·薛延陀·回紇의 반란과 혹한으로 세력이 크게 위축되

었다. 그리고 이 틈을 탄 태종의 적극적인 공략에 무너져 포로가 되어 장안으로 압송되었다. 頡利可汗에 대한 승리로 태종은 回紇을 비롯한 각 유목민의 수장들로부터 天可汗으로 추대되었다.

262 원문은 '役無再籍'이다. '役'은 병사가 되어 전투에 출정하는 '병역'을, '籍'은 '병적부에 이름을 올리는 것'을, '再籍'은 '두 번 징집하는 것'을 말한다. 『孫子兵法』「作戰」의 "용병을 잘하는 자는 병역으로 두 번 차출하지 않고, 군량은 3번 실어 나르지 않는다(善用兵者, 役不再籍, 糧不三載)"에서 유래하였다.

263 원문은 '九功之敘'이다. 재화를 이루는 여섯 가지 요소인 六府(水·火·金·木·土·穀)와 덕치를 이루기 위한 세 가지 사업인 三事(正德·利用·厚生)를 가리킨다. 『書經』「大禹謨」에서는 九功을 萬世治平과 教化積功을 달성하기 위한 기초로 강조한다. 敘(叙)는 순서나 안배를 뜻한다.

264 원문은 '七德之經'이다. 七德의 내용은 다양한데, 『詩經』「周頌」 '武'에 대한 『春秋左傳』의 釋義에서는 "무릇 '무'란 폭력을 못 쓰게 하고, 전쟁이 사라지게 하며, 강대함을 지키고, 공업은 안정시키며, 백성을 편안케 하고, 다양한 무리를 화목하게 하고, 재화가 풍부하게 하는 것이니, 이것이 무의 일곱 가지 덕이다.(夫武, 禁暴·戢兵·保大·定功·安民·和眾·豐財者也. 此武七德.)"라고 하였다.

265 章聖皇帝(968~1022, 재위 998~1022) : 송의 3대 황제인 眞宗 趙恒으로 尊諡는 '膺符稽古神功讓德文明武定章聖元孝皇帝'이다. 통상 간략하게 '章聖皇帝'라 칭한다.

266 관남의 조세 : 원문은 '關南之幣'이다. 송이 서하와의 소모적인 전쟁으로 곤경에 처하자 거란은 병력을 국경에 집결시키고 後周 世宗 때 점거한 關南地 반환을 요구하였다. 이에 송 仁宗은 富弼을 파견하여 영토 할양 대신 代稅를 명목으로 한 세폐 증액을 허용하는 새로운 맹약을 慶曆 2년(1042)에 체결하였다.

267 원문은 '侮亡'이다. '멸망의 조짐이 있는 국가에 압력을 가하거나 타격을 준다'는 말이다. 『尚書』「仲虺之誥」에서 유래하였다.

268 원문은 '對揚於令聞'이다. '令聞'은 '아름다운 명성'이란 말이고, '對揚'은 신하가 군주로부터 무엇인가를 받을 때 관용적으로 쓰는 감사와 頌揚의 용어이다. 후에 점차 '보답한다'라는 의미로 쓰였고, 唐·宋부터는 관리로 제수된 뒤 감사를 표하는 의식에서 '황제에게 직접 상주하거나 문답한다'는 뜻으로 쓰였다.

269 中書舍人 : 舍人은 詔勅을 작성하는 황제의 측근이며, 중서사인은 중서성에서 詔

勅의 작성을 관장하면서 詔令이나 인사명령이 부당할 경우 황제에게 주청하여 재고를 요청할 수 있는 요직이었다. 중서성의 吏房·戶房·禮房·兵房·刑房·工房 등 6방의 업무를 전담할 수 있도록 정원은 6명이었다. 전기에는 正5品下였으나 원풍 이후 正4品이 되었다.

270 王雲(?~1126) : 자는 利應이며 成都府路 果州 西充縣(사천성 南充市 西充縣) 사람이다. 校書郞·簡州 지사·섬서로 轉運副使·起居舍人·中書舍人을 거쳐 선화 연간 말에 給事中이 되었다. 금군의 개봉 공격 시, 그리고 태원부 함락 후 금국에 사신으로 다녀와 刑部尙書가 되었다. 靖康 1년(1126)에 資政殿學士로 다시 금국에 사신으로 가다가 磁州에서 간신으로 몰려 주민에게 살해당하였다. 젊어서 고려에 사신으로 다녀간 뒤 『鷄林志』를 편찬하였다.

271 원문은 '天寧節'이다. 황제 생일은 만수무강을 기원하는 의미에서 '萬壽節'이라고 했으나 황제에 따라 자신의 생일에 '天長節'·'千秋節' 등 고유한 명칭을 부여하기도 한다. 천녕절은 휘종의 생일을 가리키는 말이다.

272 郞官 : 尙書省 소속 24司의 책임자인 郞中의 별칭이다. 송의 경우 원풍 관제 개혁 후 28司로 늘었지만 수·당대 이래의 오랜 관습으로 여전히 24司 郞中이라고 칭하였다. 6부의 장관인 尙書와 차관인 侍郞 바로 아래의 직급으로 국정 실무를 처리하는 중요 직책이다. 원풍 이후 從6品이었다. 郞官 외에도 郞·郞官·郞曹·尙書郞 등 별칭이 대단히 많다.

273 제점형옥공사 : 원문은 '提刑'으로 각 路 提點刑獄司의 장관인 提點刑獄公事의 약칭이다. 提點刑獄司는 각 路의 법률·사건 수사·형사 업무·권농·관리 고과 등을 맡은 부서로서 景德 4년(1007)에 처음 설치하였으며 약칭은 提刑司·刑獄司·憲司·外臺 등이다. 장관인 提點刑獄公事의 지위는 京畿路를 제외하고는 轉運使 바로 아래 직급이기 때문에 주지사를 역임한 고위직 관리로 보임하였다.

찾아보기

인 명

ㄱ

강공필 187
강수 77
경수충 319
경종 497
고경예 50
곽약사 59
구양수 404
기리불 68

ㄴ

노문진 496
노익 46

ㄷ

담진 266
답돈 389
도군황제 274
도모 265
동관 109
동방아 59
동재 340
두목 387

ㅁ

마확 45
마회 496
목종 497

ㅂ

배도 142
백시중 182
범중웅 494

ㅅ

사군대왕 134
살로무 62
설사창 339
소간 188
소달람 498
소사선 465
소수길 466
소태후 140, 186
순임금 137, 196
시립애 186
신종 황제 194, 196
신홍종 346

ㅇ

아골상 45, 112
안록산 209
알리부 266
야율녕 466
야율대석 474
야율덕광 269
야율순 142
야율아보기 118
야율여도 121
야율연희 285
야율융서 201
야율장노 467
야율준 494
야율홍기 335
양가세 112
양사성 330
연왕 468, 487
오걸매 263
오용 466
올실 58
올욱 405
왕괴 111
왕보 42, 183
왕안중 110
왕앙 345
왕운 508
왕조 284
왕종초 324
요우중 347
요평중 77
우문무소 73
우문허중 77
우중문 191
원상 389
월왕 487
위상 48
유겹 255
유수광 396
유언종 185
유연경 116
유육부 335
유인공 142
이방언 182
이석 190
이엄 254
이처능 57
이태자 274
임종요 146
임터 484

ㅈ

장각 130
장고 340
장돈고 250
장림 466
장목 340
장방창 182
장성황제 506
장효순 48
점한 56
정거중 47
조덕균 385
조량사 45
조야 182
조왕 488
조용의 191
조조 389
종방직 197
좌기궁 54
주무중 45
진왕 488

질지선우 505

ㅊ

채간 255
채술 255
채유 109
채정 209
천조제 68
첨도 145
충사도 327
충사중 112

ㅌ

태조황제 136
태종 471

ㅍ

포로호 260

ㅎ

하윤중 345
한경민 213
한 고조 494
한기선 259
한방 57
한수언 340
함보 259
항우 494
허함도 80
허항종 379
호교 404
홍중부 332
화선 197
황소 45
황잠선 324
효문제 48
후당 명종 496
후당 장종 383
후진 고조 497
홍종 498
힐리카간 505

지 명

ㄱ

가주 478
가한주 478
갈석산 138
강동 405
강성주 478
강주 478
개봉 497
거마하 383
거용관 121
건주(乾州) 405
건주(建州) 477
검주 478
경기 197
경동 197
경서 197
경주(經州) 391
경주(慶州) 464

경주(景州) 73
계주(桂州) 466
계주(薊州) 73
고북구 146
고안현 112
고양관로 197
고주 477
곽음현 133
관남 321
관서 200
광남동로 202
광남서로 379
광신군 132
광양군 313
광평전 474
구원 387
귀신현 383
귀의현 133
귀주 477
귀화주 68
규주 497
금숙군 478
금주 404
금파관 398
기주 138
길주 477

ㄴ

낙양 497
낙평현 412
내수현 133
노구하 69
노룡령 270
노주 314

ㄷ

단주 68
대군 383
대북 497
대주 127
덕주 185
동경도 215
동승주 474
동주 413

ㄹ

란주 118
란하 191
래류하 418
래주 402, 477
로하 389
로현 133
록주(淥州) 478
록주(麓州) 479

ㅁ

막주 497
망도현 397
목야 140
목엽산 471
무안주 477
무주 48
무청현 133

ㅂ

백구 197, 382
백단현 387
백수락 185
백수박 122
범양 384
병주 127

보신사당 389
보주(保州) 340, 478
복주(復州) 466
복주(福州) 479
봉성주 477
부가구 62
북안주 478
북왕부 476
비호현 327
빈주(邠州) 346
빈주(賓州) 416, 478

ㅅ

4관 388
4진 388
사천성 80
삭주 48
산전 48
산후 46
산후지역 497
살호림 497
삼하현 133
상경로 471
상곡군 400
상주(商州) 465
상주(祥州) 478
서경 42
서주 144
석문진 270
석성현 394
석진부 387
석진현 133
섬서 112, 326
섬서 6로 347
성주 477
소주 471
송막 190
송산주 478
송정관 77
수주 471
숙주 478
순주 73
순창군 329
습주(習州) 402
습주(隰州) 478
신성현 112
신주(信州) 413, 471
신주(愼州) 478
신주(新州) 470
심주 407
십삼산 404
쌍주 477

ㅇ

아지천 283
아측호 256
안문관 400
안성현 133
안숙군 132
안주 465
안차현 112
안희현 397
양어무 406
양주 477
양한 127
양향현 133
어양군 390
어양령 473
엄알하수 474
엄주 478
여양현 385
역수 383

역주 61
연경 45, 215
연산부 109
연산부로 46
연산산맥 388
연운 312
연주 478
영강부 259
영구현 327
영변주 62
영주(榮州) 479
영주(永州) 477
영주(瀛州) 497
영주(營州) 118
영청현 134
영화군 501
예주 479
오대산 398
오주 471
오화성 478
옥전현 133
옹주 478
완평현 133
요서주 478
요석강 113
요주(遼州) 477
요주(饒州) 412, 477
요하 406
용성현 383
용화주 477
운주(鄆州) 127
운주(雲州) 182
운중 387
운중로 118
운중부 123
운중부로 46
울주 264
웅주 63
원앙락 72
원앙박 121
위무군 183
위성현 133
위하 135
유계 344, 400
유관 77
유연 73
유주(儒州) 497
유주(幽州) 497
유주(楡州) 478
윤주 213
은주(恩州) 478
은주(銀州) 471
을실왕부 476
음산산맥 72
응주 328
의곤주 477
의무려산맥 137
의주(宜州) 477
의주(懿州) 477
의풍현 186
이주 477
익주 416

ㅈ

장박어무 470
장춘로 467
장춘주 468
전연 144
정주 471, 478
제주 127
조주 471
종주 479

중경 216
중산부 326
진정부로 332
진주 324
집주 478

ㅊ

천덕군 473
천주(遷州) 213
천주(川州) 477
철주 128
청원현 80
청주(青州) 144
청주(淸州) 324, 392
청화현 133
초연주 272
초주 478
춘주 471
출하점 465
충주 46

ㅌ

탁록 384
탁수 389
탁주 51
탁주군 384
태원부 48
태주 471
택주 478
토아와 405
통주 471

ㅍ

평로군 133
평주 118
평주로(平州路) 469, 476
풍주 477

ㅎ

하간부 273
하동 112
하동로 142
하동성 478
하북로 266
하삭 117, 337
하주 478
하청군 478
한성진 391
한주 471
함주 408
해북주 478
해주 464
현주 121
협산산맥 191, 486
혜주 146
호주 479
호타하 387
혼동강 417
화주 211
환주(寰州) 497
환주(桓州) 478
환주(驩州) 479
황룡부 414
황수 496
황하 389
회주 471
휘주 479
흑하주 479
홍주 408
홍중부 215, 476

관 제

ㄱ

각염원 213
간의대부 64
감군 469
객성사 420
검교 207
검남동천절도사 184
경국공 183
계사 476
고경사 492
공부상서 46
관구기의문자 255
관내관찰사 314
관반사 51
관압예물관 379
교방 76, 426
구당공사 255
구당공사관 202
국부인 254
국신사 46
권관구평주절도사 247
금군 465
금오영 481
기의문자 77

ㄴ

남면관 475
남북피실군상온사 480
남원도부서사 476
낭관 508
내시성 341

ㄷ

단련사 146
대국구사 481
대리시경 314
대부 463
대상곤사 481
대성부전악 255
대제 251
대중대부 50
도관압시위 465
도록원 255
도수감 385
도총관부 480
도통 247
도통군사 480
도할예물관 381
동경병마도부서사 464
동북로통군사 464
동중서문하평장사 269
동지사 269

ㅁ

맹예랄사 480
무공대부 211
무의대부 379
무익대부 46
문하시랑 183

ㅂ

방어사 146
병부상서 211
보빙사 76
보화전직학사 184

봉의랑 379
부도승지 475
북추밀원 464
비룡원 470
비서랑 345
비서성 255

ㅅ

사공 465
사등보위국신사 310
사봉사 379
산금사 474
삼사사 252
삼성 142
상서령 260
상서성 475
상청보록궁사 184, 266
서북로도초토부 479
서예국공 184
서표사 381
석문상온사 480
선무사사 56
선봉대부 255
선사사인 347
섬서하북하동로선무사 131
소경 250
소보 207
소부 184
소사 183
송막도독부 496
송반사 324
수신 197
술고전학사 255
승상 120
승선포정사사 80
시 50
시독 184
시위공학 465
시위마보군공학도지휘사 480
시종관 339
시중 259
신소옥청만수궁사 345

ㅇ

안무사 184, 334
안비고 382
양부 210
연강전학사 211
연창궁사 469
염방사 346
영상서성사 260
영추밀원사 142
영흥궁사 469
용위 381
원외랑 345
위위시 466
유수 188
의란사 381
의사관 191
이리필 476
이부시랑 46
임아 216

ㅈ

자사 46, 464
자정전학사 269
장공주 472
장서기 250
장수 111
장우후 381
장작감 250
장좌 501

재집 76
전백사 476
전전도점검 465
절급 381
절도부사 329
절도사 183
접반사 345
제거관 470
제거태일궁사 254
제군도우후사 481
제점 502
제점형옥공사 509
조련사 381
좌지후낭군반상온사 466
중경제로도우후 465
중대부 50
중사 409
중서사인 508
지응 381
지휘사 381
직학사 50
진해군절도사 184
집영전 수찬 255
집정 127

ㅊ

찰시 381
참모관 255
참지정사 187
첨서추밀원사 476
총관 327
추밀사 47, 467
추밀원 200
추밀원지사 188
추밀직학사 467
친위병 389

ㅌ

탁지사 389
태관국 382
태보 182
태부 142
태사 184, 258
태사고 314
태위 210
태자소보 186
태재 183
통병관 48
통제관 77
통판 127

ㅍ

편장과 비장 200
포정사 80
표와사 481

ㅎ

하대금황제등보위국신사 379
학사원 335
한림사 381
한림학사 190
합문사 52, 421
합문사 지사 191
합문선찬사인 46
해왕부 270
행대 260
형부상서 341
호익군 382
홍려시 250
후원작 382

기 타

ㄱ

갈호 144
거인 269
건복 186
격구 260
경 422
경룡문 193
고명 280
고죽국 397
고칙 265
곡 323
곤의전 471
골타 424
공문 58
과파기 427
관 316
관보 75
관첩 393
광양군왕 142
교사 493
9군 196
군액 387
군영 41
궁장 145
궁전수 315
궁화복두 272
『금국태조실록』 263
금명지 203
금패 188
급각체 276
기복 266

ㄴ

나발 383
낙직 329
낭군 50
내고3국 472
내관 208
내시 332
내탕고 337
녹반 43

ㄷ

달단 185
당상악 429
당항 416
『대금국지』 73
대내 309
대모 119
대일통 343
대행 314
동호 496

ㄹ

로 188, 316

ㅁ

만맥 144
만세 125
말갈 415
망루 121
『망요록 252
『망요유록』 493
맥족 342
명공 190

명당 139
명함 393
『모재자서』 45
모전 423
『모하록』 284
모할석 474
목면 119
묘당 182
문덕전 181
문신 320
물놀이 203
밀전 382

ㅂ

발근 65, 314
발근 탁살의 영채 415
발해인 128
방향 409
배무변도 423
백희 427
번진 190
별채 309
보검 270
보문각 322
보화전 139
본진 202
『봉씨편년』 110
봉조청 278
북극성 140
『북기』 494
『북정기실』 116
비고 423
비단솜 119
비답 268

ㅅ

사당 427
사대부 186
사부 426
사성제 497
사졸 115
사진사출신 80
사해 340
산봉 423
삼대 503
삼산영교 385
상등호 129
상승군 77
새로운 변방법 317
색목인 491
석고 140
석굴사 472
석목 137
석진 118
선비 496
선우 503
『선화록』 131
『선화을사봉사행정록』 380
성주 405
세물 45
세사 334
세운 꿇어앉기 자세 64
소곡록 488
『송막기문』 260
수국 259
『수수한거록』 139
숭나라 137
숭정전 41
습의 427
『신록기』 256
신소옥청만수관 266

『신안문헌지』 333
신창염전 62
신출내기 환관 209
실위 416

ㅇ

어록 116
연강전 255
『연운봉사록』 41
영실 395
영제염전 62
예사전 266
오경 145
오대 135
오사 416
오환 389
옥대 142
옥화각 205
완안씨 256
용뇌 119
용대 423
용도각 50
용지 424
원군 207
원위 496
은패 57
읍 430
의승군 319
이정표 401
인반 69
『입연록』 110

ㅈ

자신전 312
자치권 인정 213
장정 146
적렬 479
적적 503
전모 427
전연의 맹약 201
전염소 403
『절요』 262
절월 183
정 200
정1품 관모 80
조령 254
조서 281
조세 144
조종 117
존호 268
주고 271
주곡 382
중국 116
중화 144
지휘 56
진 409
진봉 182
집영전 44

ㅊ

차자 341
천선당 471
천세 125
철리 415
첨차 127
첩문 328
초국공 182
『춘추』 343
치미 424
칠정 137

ㅋ

큰 깃발 112

ㅌ

태릉 259
태창 389
토루 392
토성 422
토혼 415

ㅍ

판 188
팔적 144
『평연록』 110
폐백 429
표문 194

ㅎ

해상의 맹약 79
해인 72
『행정록』 197
향산사 323
향서 119
허읍 393
험윤 135
현모각 255
혼천의 137
홀 52
회흘 416
후당 118
후진 387
휘유각 251

찬자 소개

서몽신徐夢莘(1126~1207)

남송 때의 사람으로 자字가 상로商老이며 강남서로江南西路 임강군臨江軍 청강현淸江縣(현 강서성 의춘시宜春市 장수시樟樹市) 출신이다. 평범한 집안 출신으로 어려서부터 경전과 사서, 소설에 이르기까지 탐독하였는데, 탁월한 암기력을 자랑하였다고 한다. 지방관을 역임하면서 현지 실정에 맞는 정책을 소신에 따라 추진하였으며 그로 인한 불이익을 기꺼이 감수한 인물이었다.
서몽신은 『삼조북맹회편』 외에도 『북맹집보北盟集補』, 『회록會錄』, 『독서기망讀書記忘』 등의 저작이 있다고 하나 모두 실전失傳되고 현재는 『삼조북맹회편』만 전해지고 있다.

역주자 소개

유원준兪垣濬

경희대학교 사학과를 졸업하고 대만 중국문화대학 사학과에서 송대사 전공으로 석사 및 박사학위를 취득하였으며, 현재 경희대 사학과 명예교수, 한국사립대학교수회연합회 이사장직을 맡고 있다. 저서로는 『중국역사지리』, 『대학자치의 역사와 지향』(I·II), 역서로는 『중국문화의 시스템론적 해석』, 『이견지』(갑·을·병·정지) 등이 있으며 송사와 대학정책 관련 논문이 있다.

역주자 소개

박영록朴英綠

성균관대학교 중문학과를 졸업하고 동 대학원에서 한어사를 전공으로 석사와 박사학위를 취득하였으며, 한국교통대학교 중국어학과 교수로 재직 중이다. 불경, 선어록, 송대 사료, 원대 백화비와 법전 등의 문헌을 두루 다루고 있으며, 『송대방문宋代榜文』, 『《고려사》 몽원대 몽문직역체 한어 공독公牘 연구』 및 『원대 공문의 몽어직역문과 문언역 한어 비교』 등 다수의 논저와 역서가 있다.

역주자 소개

장미경張美卿

성균관대학교 중문학과를 졸업하고 대만 정치대학과 성균관대학교에서 중국 속문학 전공으로 석사와 박사학위를 취득하였다. 현재 한국교통대학교 동아시아연구소 연구교수로 재직 중이며 『세상은 큰 웃음집—笑府』, 『중국 고대 장서문화』 등 다수의 논저와 역서가 있다.

역주자 소개

김금남金金南

성균관대학교 중어중문학과를 졸업하고 동 대학교에서 석사학위를, 중국 남경대학교 중문과에서 돈황문학 전공으로 박사학위를 취득하였다. 현재 성균관대학교 중어중문학과 초빙교수로 재직 중이다. 역서로는 『사고전서총목제요의 주해와 해설—사부와 집부』(1-8)(공역)가 있으며, 돈황문학과 관련한 다수의 논문이 있다.

삼조북맹회편

三朝北盟會編